사회복지 연구방법론 시리즈 II

사회복지 자료분석론: 원리와 활용

유태균 · 이선우 · 김경휘 공저

SOCIAL WELFARE RESEARCH METHODS II

STATISTICS IN SOCIAL WELFARE: PRINCIPLES AND APPLICATIONS

학지사

서문

'분명히 누군가 밤사이에 나 몰래 원고를 고쳐 놓고 간 것이 틀림없어. 내가 이렇게 글을 썼을 리는 없으니 말이야!' 이 책을 집필하는 과정에서 수없이 들었던 생각이다. 바로 전날 새벽녘까지 쓰고 고치기를 반복하다가 '아! 이제 된 것 같다.'라는 만족감을 느끼면서 잠들었다가 아침에 일어나 어제 쓴 원고 내용을 읽어 볼 때 종종 들었던 생각이다. 이 책을 함께 쓴 우리 세 사람 중 누구 한 사람 예외 없이 우리의 삶 곳곳에 숨어 있던, 지금 되돌아보면 정말 하찮은 여러 가지 덫에 발목이 걸려 수년간 쓰고 고치기를 더디게 더디게 반복한 끝에 비로소 이 책의 집필 작업을 마치게 되었다. 이제 독자들에게 일단 이 책을 선보인 후에 책 내용 중 잘못된 부분은 어디인지, 더 자세한 설명이 있으면 좋을 것 같은 부분은 어디인지, 읽어도 도대체 무슨 말인지 이해되지 않는 부분은 어디인지 등에 관한 의견을 기다려 볼 때가 된 것 같다. 독자들의 반응을 들어 볼 생각을 하니 한편으로는 매우 신나지만 다른 한편으로는 사실 매우 겁이 나기도 한다. 그래도 이 책을 사람들에게 선보일 생각을 하고 있으니 걱정보다는 기대감이 점점 더 커지기 시작해서 다행이다.

혼자 이 책을 준비하다가 아무래도 이 책을 더 나은 책으로 만들려면 두 분 정도의 공동 저자가 필요하다는 결정을 내렸다. 오랜 친구이자 본받고 싶은 선배 연구자이신 이선우 교수님과 나의 제자이면서 현재 본인도 제자들을 길러내고 있는 김경휘 교수님께 이 책을 쓰는 데 함께 해 주실 것을 부탁드렸고 두 분 모두 흔쾌히 허락해 주셨다. 그리고 그 두 분은 정말 좋은 제안을 해 주셨다. 두 분의 현명한 제안을 받아들여 컴퓨터 프로그램을 이용해서 자료를 분석하는 방법 부분을 과감하게 책 내용에 포함하였다. 이 책을 기획하면서 '이 책은 PC용 자료분석 프로그램 이용법을 소개하는 책이 절대 아니어야 해!'라는, 지금 생각해 보면 전혀 현실감 없는 그래서 창피하기 그지없는 지적 오만으로 가득 차 있었던 나를 두 분이 설득하는 데는 그리 많은 시간이 걸리지 않았다. 이선우 교수님이 *R* 프로그램 그리고 김경휘 교수님이 *SPSS* 프로그램을 이용한 자료분석 방법 부분을 맡아 주셨기에 무미건조하기 짝이 없었을 뻔했던 이 책이 지금의 내용으로 탈바꿈될 수 있었다.

그리고 드디어 오늘 나는 우리 세 사람의 저자를 대표하여 이 책의 머리말을 쓰고 있다. 이 책이 나오기까지 두 분이 맡아 준 역할의 무게감을 생각해 보면 두 분에게 어떻게 고마운 마음을 표해야 할지 모르겠는데 서문을 쓰는 명예 또한 양보해 주셨으니 정말 감사할 따름이다. 다음에 이 책의 내용을 보완하여 개정판을 낼 때는 우리 세 사람의 이름뿐만 아니라 동료들과 제자들의 이름이 이 책의 겉표지에 함께 있게 될 것을 기대해 본다. 그때가 올 때까지 우리 세 사람은 우리가 쓴 이 책에 대해서 많은 독자로부터 다양한 반응을 들어 보는 가슴 설레는 경험을 할 수 있을 것이다. 분명 그러한 경험은 제자들에게 우리가 가진 지식과 경험을 나누어 주고 좋은 동료 연구자들과 하고 싶은 연구를 마음껏 할 수 있는 교수라는 직업을 가진 사람들만이 누릴 수 있는 기쁨이기에 그저 감사할 따름이다.

이제 글을 마치기 전에 독자들에게 이 책을 새롭게 내놓고 싶다는 바람을 흔쾌히 받아들여 준 학지사에, 이 책의 원고를 읽고 솔직한 의견을 준 여러 제자들에게, 그리고 전화로 이메일로 그리고 때로는 직접 얼굴을 마주하고 이 책이 어떤 내용을 어떻게 설명하는 책이 되어야 할지에 관한 귀중한 의견을 준 많은 동료 연구자들에게, 진솔해야 하기에 아무런 미사여구를 덧붙이지 않은 "감사합니다."라는 말로써 우리 세 사람이 그들의 도움을 잊지 않고 있음을 전하고자 한다.

2025년 3월 어느 저녁
Pink Floyd의 Comfortably Num과 함께 하루를 마감하면서
저자 대표 유태균

이 책의 독자들에게

이 책을 바라보면서 '과연 이 책이 내게 맞는 책일까?'라는 질문을 스스로에게 던지게 될 현명한 독자들에게 본 저자는 독자들이 그러한 질문에 대한 답을 찾는 데 조금이나마 도움을 주고자 하는 바람에서 다음과 같은 세 가지 사항을 말해 주고자 한다.

첫째, 이 책은 확률이론보다는 추론통계에 더 많은 비중을 두고 쓰여진 책이다. 독자들 간에 분명히 존재할 것으로 예상되는, 통계학에 관한 지식의 양에 있어서의 차이가 어느 정도인지를 전혀 모르는 상태에서 이 말의 의미를 설명한다는 것은 결코 쉽지 않은 일이기는 하지만 그럼에도 불구하고 다음과 같은 설명을 시도해 보고자 한다. 통계학에 있어서 확률은 매우 중요한 역할을 담당하는데, 한마디로 말해서 확률은 우리가 궁극적으로 알고자 하지만 관찰이 불가능한 모집단이라는 하나의 세계와 모집단의 일부에 불과하지만 관찰이 가능한 표본이라는 또 하나의 세계를 연결해 주는 다리의 역할을 한다. 확률을 매개체로 하여 이루어지는 모집단과 표본 간의 이러한 관계는 다음과 같이 도식화해 볼 수 있는데

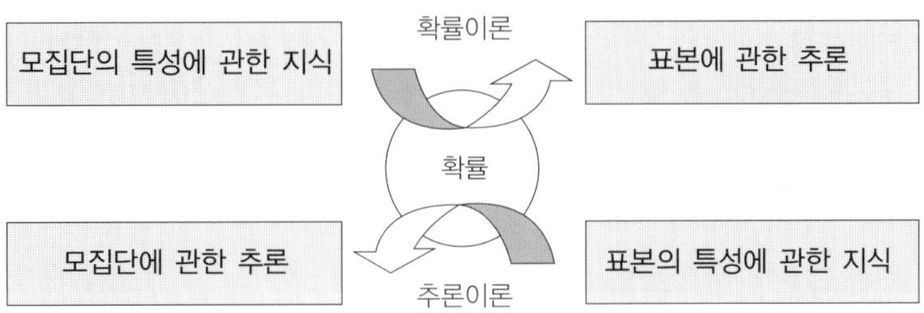

위의 그림에서 제시된 바와 같이, 모집단과 표본 간의 한 가지 관계는 모집단의 특성을 알고 있는 상태에서 확률이론에 근거하여 특정 사건 또는 모집단으로부터 뽑은 특정 표본과 관련된 확률을 계산하는 것이고 또 다른 관계는 표본의 특성에 관한 지식을 바탕으로 표본과 관련된 확률을 계산하여 이를 바탕으로 직접적인 관찰이 불가능한 모집단(실재)의 특성을 이해 또는 추론하는 것이다.

앞의 그림에 제시된, 모집단과 표본 간의 첫 번째 관계에 있어서 가장 핵심이 되는 것은 확률이론, 즉 모집단의 특성에 대한 이해를 바탕으로 구체적인 사건 또는 표본과 관련된 확률을 계산해 내는 데 기초가 되는 이론이다. 따라서 전자관계에 주안점을 둘 경우, 논의의 비중은 절대적으로 확률이론의 내용을 설명하고 이해하는 데 실리게 되며 아울러 통계학에서 많이 활용되는 확률분포의 특성에 관한 고찰에 상당한 논의의 비중을 두게 된다. 예를 들어 설명하자면, 모집단과 표본 간의 첫 번째 관계에 주안점을 둔다는 것은 다음과 같은 질문들이 주된 대상이 된다는 것을 의미한다.

> '두 개의 주사위를 차례로 던질 때, 첫 번째 주사위에서는 짝수가 나오고, 두 번째 주사위에서는 홀수가 나올 확률은 얼마인가?'

> '어떤 사회복지관의 경우 사회복지사의 근무년수는 평균과 표준편차가 6, 21인 정규분포를 따른다. 이 복지관에서 무작위로 뽑은 남성 사회복지사의 근무년수가 10년 미만일 확률은 얼마인가?'

이와 달리, 모집단과 표본 간의 두 번째 관계에 있어서의 핵심은 추론통계, 즉 표본의 특성에 관한 지식을 바탕으로 직접 관찰이 불가능한 모집단의 특성을 추론하는 것이다. 물론 이 경우에도 앞의 그림에 제시된 바와 같이 우리는 확률의 역할을 필요로 한다. 그러나 이 경우에 있어서 필요한 확률의 역할은 구체적인 사건과 관련된 확률을 계산해 내기 위한 이론을 제공하는 역할이 아니라 표본을 관찰하여 얻은 구체적인 결과가 얼마나 발생하기 쉬운 또는 어려운 결과인지를 판단하고 그러한 판단을 바탕으로 모집단의 특성을 미루어 짐작하는 데 필요한 기준을 제공하는 역할이다. 따라서 모집단과 표본 간의 두 번째 관계에 주안점을 둘 때 우리의 관심의 초점은 이제 다음과 같은 질문으로 옮겨 가게 된다.

> '…라는 가설을 검정하기 위한 검정통계량으로서 F값을 사용하게 되는 원리는 무엇인가?'
> '검정통계량 t값과 관련된 확률이 …일 때 영가설을 기각할 수 있는 논리적 근거는 무엇인가?'

이상의 내용을 이해했으리라는 가정하에 이제 이 책이 추론통계에 더 많은 비중을 두고 쓰여진 책이라는 말의 의미를 간단히 설명하자면 다음과 같다. 이 책에서는 제2장과 제3장에서 확률이론을 다루고 있으나 구체적인 사건이나 표본과 관련된 확률을 실제로 계산하는 방법을 설명하기 위해서 확률이론을 다루기보다는 확률이 무엇인지를 개념적으로 이해하는 데, 그리고 표본을 관찰하여 얻은 지식을 바탕으로 확률에 근거하여 모집단을 추론하는 방법을 이해하는 데 필요한 최소한의 확률이론만을 소개하고 있다. 이와 함께 이 책에서는 통계학에서 자주 사용되는 확률분포의 특성을 별도의 장에서 설명하지 않고 가설검정기법을 설명하면서 필요할 때마다 설명하고 있다. 따라서 이 책은 확률이론과 확률계산방법에 대한 자세한 논의를 원하는 독자들의 욕구를 충족시키기에 분명한 한계를 가진 책이라는 사실을 말해 두고자 한다.

둘째, 이 책은 추론통계를 위한 자료분석기법 가운데 초급 자료분석기법의 원리를 사회복지라는 맥락 속에서는 가능한 한 개념적으로 설명하기 위해 쓰여진 책이다. 본 저자가 이 책을 쓰면서 염두에 두었던 주된 독자층은 '궁극적으로는 중급 및 고급 자료분석기법을 접하게 되겠지만 그에 앞서 초급 자료분석기법의 원리를 이해하고자 하는 사회복지 분야의 연구자와 실천가'이다. 이 책의 내용 가운데 독자들이 보기에 불필요하다고 생각되는 부분이나 부족하다고 생각되는 부분이 있다면 아마도 그 이유는 독자들이 궁극적으로는 중급 및 고급 자료분석기법의 원리를 접하게 될 것이라는 저자의 막연한 바람에서 비롯된 것이라 이해해 주길 바란다. 아울러 이 책에 제시된 모든 예들은 독자들이 사회복지학에 관한 기초적인 지식을 가지고 있을 것이라는 가정하에서 만들어진 예임을 말해 두고자 한다. 그러나 사회복지학과 관련된 기초적인 지식을 접할 기회가 없는 독자라고 할지라도 이 책에 제시된 예들을 단순히 예 그 자체로서 이해하는 데는 아무런 문제가 없을 것이라고 생각한다.

마지막으로 독자들에게 말해 두어야 할 또 한 가지는, 이 책에는 독자들로 하여금 자료분석의 원리를 좀 더 효과적으로 이해할 수 있게 하려는 목적에서 사회복지 분야에서 가장 널리 쓰이는 통계 소프트웨어 사용법이 제시되어 있기는 하지만 이 책은 여전히 자료분석의 원리에 더 많은 비중을 두고 있다는 점이다. 왜냐하면 자료분석기법의 원리를 이해하는 것과 자료분석 프로그램의 사용법을 익히는 것이 어떤 이유에서든 동일시되어서는 안 되며, 그런 동일시가 사회복지학 연구자들 사이에서 사라지지 않는 한 사회복지학이 새로운 지식을 생산해 내는 학문으로서 발전하기는 좀 어려울 것이기 때문이다. 그리고 더 나아가서 사회복지학을 전공하는 다음 세대 학자들 중에서 누군가는 중급 또는 고급 자료분석기법의 원리를 이해하고자 도전해야 할 것이며 그럴 수 있으려면 적어도 초급 자료분석의 원리에 대해 이해해야 하기 때문이다.

차례

- 서문 / 3
- 이 책의 독자들에게 / 5

PART 01 확률과 분포

제1장 용어와 개념 — 19

1. 통계학이란 …… 19
2. 모집단과 표본 …… 20
3. 용어 및 개념 정리 …… 21
4. 자료의 특성을 나타내는 측도 …… 28
5. *SPSS* 프로그램 소개 …… 37
6. *R*과 *Rstudio* 소개 …… 53

◆ 참고문헌 …… 58

◆ 연습문제 …… 59

제2장 확률이론 — 61

1. 확률개념 …… 61
2. 확률의 특성 …… 66
3. 확률변수 …… 71

4. 확률분포 ··· 74
5. 확률분포의 기대값과 분산 ··· 75
6. 정규분포 ··· 80
7. 표준정규분포 ··· 82
8. 결합확률변수와 결합확률분포 ··· 86
9. *SPSS*의 데이터 불러오기와 분석결과 보내기 ··· 93
10. *R*과 데이터 불러오기 ··· 107
◆ 참고문헌 ··· 109
◆ 연습문제 ··· 110

제3장 표본분포 ··· 113

1. 표본 ··· 113
2. 확률표본 ··· 115
3. 표본평균과 표본분산 ··· 117
4. 표본분포 ··· 118
5. 표본평균의 표본분포 ··· 119
6. 표본분산의 표본분포 ··· 123
7. 중앙극한정리 ··· 125
8. 표본의 크기와 표본분포와의 관계 ··· 129
9. *SPSS*를 이용한 변수변환 ··· 130
◆ 참고문헌 ··· 148
◆ 연습문제 ··· 149

제4장 모수추정 ··· 151

1. 점추정 ··· 151
2. 구간추정 ··· 155
3. 모평균에 대한 구간추정 ··· 156
4. 모분산에 대한 구간추정 ··· 162

5. 표본의 크기 ··· 165
6. 자료의 변환 ··· 166
7. R을 이용한 자료의 변환 ··· 178
◆ 참고문헌 ··· 180
◆ 연습문제 ··· 181

PART 02 가설검정: 모수검정

제5장 가설검정의 기본원리 ··· 185
1. 영가설과 대립가설 ··· 185
2. 가설검정의 기본원리 ··· 186
3. 가설검정에 있어서의 확률의 역할 ··· 192
4. 유의수준, 기각역, 임계값 ··· 194
5. p값 ··· 196
6. 가설검정에 있어서의 두 가지 오류 ··· 198
7. 가설검정의 7단계와 영가설 기각의 의미 ··· 201
8. 단일 모평균에 대한 가설검정 ··· 202
9. 양측검정과 단측검정 ··· 209
10. 단일 모분산에 대한 가설검정 ··· 212
11. $SPSS$를 이용한 단일표본 t검정 ··· 215
12. R을 이용한 단일표본 t검정 ··· 222
◆ 참고문헌 ··· 224
◆ 연습문제 ··· 225

제6장 두 모집단의 모수에 관한 가설검정 ··· 227
1. 두 모집단의 모평균에 관한 가설검정 - 독립표본 ··· 227
2. 두 모집단의 모분산에 관한 가설검정 - 독립표본 ··· 234

3. 두 모집단의 모평균에 관한 가설검정 - 대응표본 ········ 238
4. *SPSS*를 이용한 두 모집단의 모수에 관한 가설검정 - 독립표본 ········ 241
5. *R*을 이용한 두 모집단의 모수에 관한 가설검정–독립표본 ········ 251
6. *SPSS*를 이용한 두 모집단의 모수에 관한 가설검정 - 대응표본 ········ 254
7. *R*을 이용한 두 모집단의 모수에 관한 가설검정 - 대응표본 ········ 259
◆ 참고문헌 ········ 261
◆ 연습문제 ········ 262

제7장 분산분석의 원리: 일원분산분석 ———— 265
1. 분산분석의 필요성 ········ 265
2. 일원분산분석의 기본원리 - 분포의 형태를 바탕으로 한 개념적 이해 ········ 268
3. 일원분산분석의 기본원리 - 수리모형을 바탕으로 한 수리적 이해 ········ 277
4. 등분산성 검정 ········ 283
5. 사후검정 ········ 284
6. *SPSS*를 이용한 일원분산분석 ········ 287
7. *R*을 이용한 일원분산분석 ········ 296
◆ 참고문헌 ········ 302
◆ 연습문제 ········ 339

제8장 이원분산분석 ———— 307
1. 이원분산분석의 원리 ········ 307
2. 이원분산분석의 표본구조 ········ 310
3. 이원분산분석의 모형 ········ 312
4. 이원분산분석을 이용한 가설검정의 두 단계 ········ 322
5. *SPSS*를 이용한 이원분산분석 ········ 329
6. *R*을 이용한 이원분산분석 ········ 334
◆ 참고문헌 ········ 338
◆ 연습문제 ········ 339

제9장 상관분석 343

1. 상관분석 343
2. 피어슨 상관 345
3. 피어슨 상관계수에 관한 가설검정 347
4. 피어슨 상관계수의 의미에 대한 해석 350
5. 스피어맨 순위상관 352
6. $SPSS$를 이용한 상관분석 355
7. 이상값에 대한 진단과 처치 364
8. 정규성 확인 371
9. 이상값에 대한 정규성 가정 충족을 위한 변수변환(Variable Transform) 377
10. R을 이용한 상관분석 388
- ◆ 참고문헌 399
- ◆ 연습문제 400

제10장 회귀분석 403

1. 단순선형회귀모형과 단순회귀식 403
2. 최소제곱추정 407
3. 회귀계수에 관한 가설검정 411
4. 회귀식의 적합성 검정 413
5. 회귀식의 설명력 419
6. $SPSS$를 이용한 단순회귀분석 421
7. 회귀분석 결과의 해석범위 427
8. 회귀분석에서 이상점 찾기 428
9. 선형성 검정과 변수변환 431
10. R을 이용한 단순회귀분석 454
11. R을 이용하여 회귀분석에서 이상점 찾기 456
12. R을 이용한 선형성 검정과 변수변환 458
- ◆ 참고문헌 472
- ◆ 연습문제 473

제11장 다중회귀분석 — 475

1. 단순회귀분석과 다중회귀분석의 차이 ······ 476
2. 다중회귀분석에 앞서 점검해야 할 사항 ······ 477
3. 다중회귀분석결과 해석 ······ 491
4. 다중공선성 확인 ······ 497
5. 독립변수 투입방법 ······ 498
6. 다중회귀분석에 앞서 검정해야 할 사항(R) ······ 503
7. 다중회귀분석 결과 해석(R) ······ 507

◆ 참고문헌 ······ 509

◆ 연습문제 ······ 510

제12장 χ^2분포를 이용한 적합성 및 독립성 검정 — 511

1. χ^2분포를 이용한 적합성 검정 ······ 511
2. 모집단의 확률분포에 관한 추론의 적합성 검정 ······ 515
3. χ^2분포를 이용한 독립성 검정 ······ 518
4. χ^2검정 시 주의해야 할 사항 ······ 521
5. $SPSS$를 이용한 χ^2검정 ······ 522
6. R을 이용한 χ^2검정 ······ 535

◆ 참고문헌 ······ 540

◆ 연습문제 ······ 541

제13장 이항검정 — 545

1. 이항변수, 이항자료 및 이항분포 ······ 545
2. 이항검정-단일 모비율에 관한 가설검정 ······ 548
3. 이항검정-두 모비율에 관한 가설검정 ······ 550
4. $SPSS$를 이용한 이항분석의 결과 해석 ······ 552
5. R을 이용한 이항검정 ······ 555

◆ 참고문헌 ······ 556

◆ 연습문제 ······ 557

PART 03 비모수검정

제14장 비모수검정 I ———— 561

1. 모수검정기법과 비모수검정기법 비교 ······ 561
2. 부호검정 ······ 563
3. 맥니마검정 ······ 566
4. 윌콕슨 부호-순위검정: 대응표본 ······ 568
5. 윌콕슨 부호-순위검정: 독립표본 ······ 572
6. 맨휘트니 U 검정 ······ 577
7. 등분산성 비모수검정 ······ 579
8. 크러스컬-월리스 검정 ······ 581
9. 프리드만 검정 ······ 583
10. $SPSS$를 이용한 비모수검정 ······ 585
11. R을 이용한 비모수검정 I ······ 592

◆ 참고문헌 ······ 595

◆ 연습문제 ······ 596

제15장 비모수검정 II ———— 599

1. 콜모고로브 검정 ······ 599
2. 콜모고로브-스미르노브 검정 ······ 602
3. 중앙값 검정 ······ 608
4. R을 이용한 비모수검정 II ······ 614

◆ 참고문헌 ······ 616

◆ 연습문제 ······ 617

부록

A1. Z분포 ······ 620
A2. χ^2분포 ······ 622
A3. t분포 ······ 624
A4.1. $F-Max$ 검정통계량의 임계값 ······ 625
A4.2. F분포 ······ 626
A5. 표준범위통계량 q의 임계값 ······ 636
A6. 피어슨 상관계수 r의 임계값 ······ 637
A7. 스피어맨 상관계수 r_2의 임계값 ······ 638
A8. 이항분포 ······ 639
A9. 윌콕슨 대응표본 부호-순위 검정통계량 T의 임계값 ······ 644
A10. 윌콕슨 독립표본 부호-순위 검정통계량 R_1의 임계값 ······ 645
A11. 맨휘트니 검정통계량 U의 임계값 ······ 651
A12. 콜모고로브 검정통계량 K의 임계값 ······ 652
A13. 콜모고로브-스미로노브 검정통계량 K의 분위수 ······ 653

■ 찾아보기 / 655

제 1 부

확률과 분포

제1장 / 용어와 개념

제2장 / 확률이론

제3장 / 표본분포

제4장 / 모수추정

1

용어와 개념

이 장에서는 자료분석의 기본 원리를 공부하기에 앞서 반드시 이해해야 할 몇 가지 기본적인 개념과 용어에 대해서 살펴보기로 하겠다. 이 장에서 소개될 개념과 용어들은 이 책의 나머지 부분에서 별도의 설명 없이 반복적으로 사용될 것이므로 그 의미에 대한 충분한 이해가 필수적임을 지적해 두고자 한다.

1. 통계학이란

통계학(statistics)이란 직접적으로 관찰이 불가능한 어떤 실재(reality)를 이해하기 위해 실재를 반영하는 자료(data)를 분석하여 얻은 결과를 바탕으로 확률에 근거하여 실재를 추론(inference)하는 방법에 관한 학문이라고 정의할 수 있다. 통계학을 이렇게 이해하면 우리는 통계학과 조사방법론의 차이를 아주 분명하게 이해할 수 있게 된다. 통계학이 자료를 분석하여 실재를 추론하는 방법에 관한 학문이라면 조사방법론은 통계분석의 대상이 되는 자료가 실재를 반영할 수 있도록 자료를 수집하는 방법에 대한 학문이다. 따라서 통계학에서는 자료가 실재를 반영하고 있는지 여부에 초점을 두는 것이 아니라, 수집된 자료가 실재를 반영하고 있다는 전제하에서 자료 속에 담긴 실재에 관한 정보(information)를 어떻게 자료로부터 끄집어 낼 것인가에 주목한다.

이러한 통계학은 사회복지학 연구자들에게 과연 어떤 유용성을 갖는가? 사회복지학을 연구하는 연구자들은 일반적으로 사회와 사회를 이루고 있는 인간과 관련된 다양한 현상, 사건 또는 문제 등을 연구대상으로 삼아 그러한 현상, 사건 또는 문제의 본질을 이해하고자 한다. 바로 이러한 본질이 곧 사회복지학 연구자들에게 있어서는 이해하고자 하는 실재이며, 이러한 실재를 이해하기 위해서 사회복지학 연구자들은 실재를 반영하는 자료를 분석해야 할 필요성을 느끼게 된다.

이렇게 볼 때, 사회복지학 연구자들에게 있어서 통계학은 사회복지와 관련된 다양한 현상, 사건 및 문제의 본질을 이해하는 데 꼭 필요한 중요한 도구 중 하나이며, 따라서 적어도 모든 사회복지학 연구자들이 객관적 실재의 존재를 전적으로 부정하는 인식론적 입장을 가진 연구자들이 아니라고 한다면 '도대체 통계학을 왜 알아야 하는가?'라는 물음에 대한 답은 비교적 쉽게 찾을 수 있을 것이라고 생각한다. 보다 나은 연구자(물론 이 또한 지극히 상대적인 개념이겠지만)가 되기 위한 방법에는 여러 가지가 있다. 통계학에서 다루는 다양한 자료분석 및 추론방법들을 익히는 것은 보다 나은 연구자가 될 수 있는 가장 효과적인 방법들 중 하나임에 틀림이 없는바, 사회복지학 연구자들이 통계학을 공부해야 하는 이유는 바로 여기에 있다고 하겠다.

2. 모집단과 표본

앞서 언급한 바와 같이, 통계학의 중심과제는 실재를 반영하는 자료를 분석하여 그 결과를 바탕으로 실재에 관하여 추론하는 것이다. 여기서 혹자는 '왜 실재 그 자체를 관찰하지 않고 실재를 반영하는 자료를 분석하여 실재를 이해하고자 하는가?'라는 의문을 가질 수 있을 것이다. 이 질문에 대한 답은 매우 간단하다. 왜냐하면 일반적으로 실재를 직접 관찰한다는 것은 불가능하며 설령 가능하더라도 매우 어렵기 때문이다.

예를 들어서, 오래 전에 죽은 A라는 사람이 어떤 사람이었는지 알고자 한다고 가정해 보자. 현시점에서 직접 관찰이 불가능한 A를 어렴풋이나마 이해할 수 있는 가장 좋은 방법 중 하나는 A의 자손들 중 A를 가장 많이 닮았다고 여겨지는 A'를 관찰하여 그 결과를 바탕으로 A가 어떤 사람이었을 것이라 추론하는 것이다. 이 경우, A는 우리가 알고자 하지만 직접 관찰이 불가능한 실재며 A'는 비록 실재 그 자체는 아니지만 실재의 속성(attribution)을 반영하고 있으면서 직접 관찰이 가능한, 그렇기 때문에 우리가 필요로 하는 자료를 제공해 주는 출처가 된다.

또 다른 예를 생각해 보기로 하자. 2024년 기준 우리나라에서 월가구소득이 국민기초생활보장제도 수급자 선정기준 소득인정액은 초과하지만 생계급여 300만 원 수준에는 미치지 못하는 모든 4인 가구의 한 달 실제 가구소득이 얼마인지 알아보고자 한다고 가정해 보자. 이 경우, 연구자는 실재, 즉 위의 조건을 만족하는 '4인 가구의 월가구소득'을 알기 위해 위의 조건에 해당하는 모든 4인 가구를 일일이 방문하여 월가구소득이 얼마인지 파악해야 한다.

그러나 이런 방법으로 실재를 이해한다는 것은 현실적으로 불가능하다. 왜냐하면 위의 조건을 만족하는 모든 4인 가구를 일일이 찾아다니는 것은 너무도 많은 시간과 자원을 필요로 하는 일이기 때문이다. 이러한 현실적인 어려움을 극복하기 위한 한 가지 대안으로서 연구자는 위의 조건을 만족하는 모든 4인 가구를 대표할 수 있는 적절한 수의 4인 가구를 선택하여 이들 가구의 한 달 가구소득을 파악한 뒤, 이를 근거로 하여 모든 4인 가구의 월가구소득을 추론해 볼 수 있다.

위의 두 가지 예를 통해 알 수 있듯이 실재를 직접 관찰한다는 것은 불가능하거나 설령 가능하더라도 여러 가지 현실적인 제약으로 인해 매우 어렵다. 따라서 연구자는 실재를 직접 관찰하기보다는 실재의 속성을 반영하고 있는, 그리고 현실적으로 관찰가능한 개체를 관찰하여 이를 통해 얻어진 자료(data)를 바탕으로 실재를 파악하게 된다.

이제까지의 내용을 바탕으로 우리는 모집단과 표본이라는 매우 중요한 두 가지 개념을 정의할 수 있다. 먼저 모집단(population)이란 연구의 대상이 되는 어떤 속성[1]을 가진 모든 개체(element)들의 총집합을 말한다. 이러한 모집단의 속성을 반영하는, 모집단으로부터 뽑은 모집단의 일부를 표본(sample)이라고 부른다. 즉, 표본은 모집단의 부분집합이다. 바로 위에서 소개한 두 가지 예 중 두 번째 예의 경우, 월가구소득이 소득인정액을 초과하되 200만 원 미만인 모든 4인 가구는 모집단이며 모집단의 속성을 파악하기 위해 직접 관찰한 적절한 수의 4인 가구는 표본이다.

모집단과 표본 간의 관계에서 중요한 것은 표본을 관찰하여 얻은 자료를 바탕으로 모집단의 속성을 추론하려면 표본이 모집단의 속성을 반영하고 있다는 전제가 반드시 있어야 한다는 것이다. 앞서 언급한 바와 같이, 모집단의 속성을 반영하도록 표본을 뽑는 것은 조사방법론의 영역에 해당하는 문제이다. 통계학에서는 일단 모든 표본이 모집단의 속성을 반영하고 있다고 가정한다. 지금부터 우리가 이 책을 가지고 공부할 것은 통계학이며 따라서 별도로 명시하지 않는 한, 이 책의 나머지 부분에서 '표본'이라는 말이 나오면 그 표본은 당연히 모집단의 속성을 반영하고 있는 표본이라고 생각하기 바란다.

3. 용어 및 개념 정리

모집단과 표본에 대한 이해를 바탕으로 이제 통계적 자료분석 및 추론방법을 이해하는 데 필요한 다음과 같은 용어와 개념을 살펴보기로 하자.

1) 속성이란 어떤 사물이나 현상의 성격을 나타내는 특질을 의미한다. 이 장의 뒷부분에서 설명하겠지만 연구대상이 가진 어떤 속성을 측정가능한 상태로 정의해 놓은 것을 변수라고 하고 변수를 측정한 결과로서 얻어지는 구체적인 속성을 변수값이라고 한다. 예를 들어서, 성별(sex)이라는 속성은 '남성'과 '여성'이라는 구체적인 속성을 변수값으로 갖는 변수이며, 장애 유무 여부라는 속성은 '장애가 있다'와 '장애가 없다'라는 구체적인 속성을 변수값으로 갖는 변수이다.

1) 구성원소

모집단과 표본을 구성하는 가장 작은 단위의 개체로서 모집단을 구성하는 모든 개체들을 모집단의 구성원소(population elements)라고 하고, 표본을 구성하는 모든 개체들을 표본구성원소(sample elements)라고 한다.

2) 표본의 크기와 수

표본의 크기(the size of a sample)란 하나의 표본을 구성하고 있는 구성원소의 개수를 말하는 반면, 표본의 수(the number of samples)란 '표본 1, 표본 2, 표본 3, …'과 같이 몇 개의 표본이 존재하는지를 나타내는 표본의 개수를 말한다.

3) 모수

모수(parameter)란 모집단의 속성(an attribute or characteristics)을 나타내는 값을 말한다. 앞서 언급한 바와 같이, 모집단은 직접 관찰이 불가능하다. 그렇기 때문에 모집단의 속성을 나타내는 값인 모수 역시 직접 관찰이 불가능하며 따라서 알지 못하는 값이기 때문에 연구를 통해 알고자 하는 값이다. 일반적으로 모수는 α, β, λ 등의 그리스어 알파벳으로 표기한다.

4) 통계량과 추정량

통계량(statistic)이란 표본의 특성을 나타내는 값으로서 표본자료를 바탕으로 구한 값이다. 모수와 구별하기 위해서 통계량은 a, b, X 등과 같은 영어 알파벳으로 표기한다. 이러한 통계량 가운데 알려지지 않은 모수를 대신하는 통계량을 모수에 대한 추정량(estimate)이라고 하고 추정량이 갖는 구체적인 값을 추정값이라고 한다.

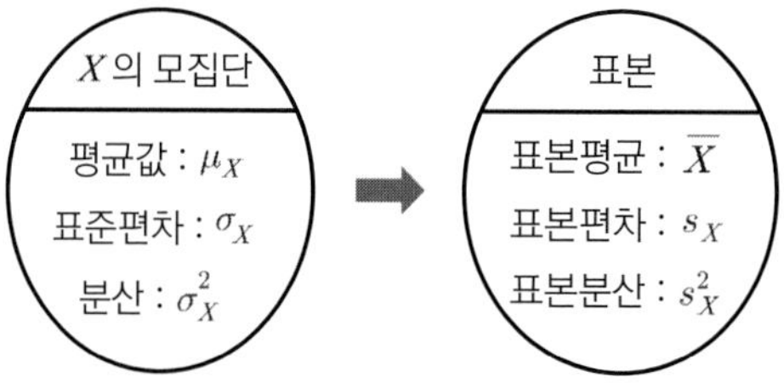

[그림 1-1]

5) 변수와 변수값

변수(variables)란 어떤 속성을, 두 개 이상의 값을 가질 수 있는 관찰 또는 측정 가능한 상태로 정의해 놓은 것을 말하며 변수가 가질 수 있는 구체적인 값을 변수값(value)이라고 한다. 연구대상을 어떤 변수(속성)에 대해서 관찰 또는 측정할 수 있다는 말은 달리 표현하자면 연구대상 간에 해당 변수(속성)에 있어서 차이가 있다는 것을 의미한다.

예를 들어서, 사회복지사의 '월소득: 90만 원, 100만 원, 120만 원, …' '자활사업참여자의 연령: 46세, 38세, 30세, …' '정신분열증환자의 지난 5년간 입원횟수: 0회, 5회, 7회, …' 등은 모두 서로 다른 두 개 이상의 실수값을 갖는 속성을 측정가능한 형태로 정의한 것이므로 변수이다. 일반적으로 변수는 알파벳의 대문자로 표기하고 변수값은 소문자로 표기한다. 예를 들어서, 어떤 변수 X가 있을 때 변수 X가 갖는 i 번째 변수값을 x_i라고 표기한다.

6) 측정과 관찰

모집단 또는 표본의 구성원소 각각에 대해서 어떤 속성 또는 변수에 해당하는 구체적인 값을 부여하는 것을 측정(measurement)이라고 하고 각각의 구성원소가 어떤 속성 또는 변수에 대해서 어떤 값을 갖는지를 파악하는 것을 관찰(observation)이라고 한다.

측정과 관찰을 이상과 같이 구분하는 것은 개념적으로는 의미가 있으나 실제로는 측정과 관찰을 동일한 것으로 이해해도 큰 무리는 없다. 측정 또는 관찰을 통해서 얻은 값을 관찰값 또는 관측값이라고 하는데, 예를 들면 어떤 표본의 구성원소 각각이 변수 X에 대해 갖는 일련의 구체적인 값 $x_1, x_2, \cdots x_i, \cdots$ 을 말한다. 이 책에서는 이러한 값을 관찰값이라고 부르기로 하겠다.

관찰값과 관련해서는 두 가지 것을 기억해 둘 필요가 있다. 첫째, 일반적으로 관찰값이란 표본 관찰값을 의미한다. 모집단은, 정의에 의해서, 직접적인 관찰이 불가능하므로 모집단의 관찰값이라는 말은 개념적으로만 생각해 볼 수 있는 값임을 쉽게 이해할 수 있으리라 본다.

둘째, 앞서 우리는 모집단 또는 표본을 구성하고 있는 가장 작은 단위의 개체를 구성원소라고 정의한 바 있는데, 이 중에서 표본을 이루고 있는 개체의 경우는 표본구성원소라는 용어보다는 표본관찰값(sample observation)이라는 용어로 표현하는 것이 (물론 두 용어 간에 약간의 의미 차이는 있으나) 더 일반적이다. 이 책에서는 후자의 표현방식을 따르기로 하겠다.

아울러 표본관찰값을 관찰대상이라고 부르기도 하는데 전자가 '값'이라는 의미를 강조하는 반면, 후자는 '대상'이라는 의미를 강조한다는 차이가 있을 뿐 두 용어가 의미하는 바는 동일하다고 봐도 무방하다.

7) 측도

측도(measure)란 어떤 속성을 측정하기 위한 도구 또는 기준을 말한다. 앞서 소개한 모수, 통계량, 추정량 등은 모두 측도이다.

8) 척도

척도(scale)와 변수를 동일한 개념으로 볼 수도 있으나 엄밀히 말해서 척도란 변수를 측정하는 방식을 말한다. 척도에는 아래와 같은 네 가지 종류가 있으며 어떤 척도로 변수를 측정하는지에 따라서 변수에 담긴 정보의 양이 달라진다. 정보의 양은 비율척도로 측정된 자료의 경우가 가장 많고 등간, 서열, 명목척도로 갈수록 적어진다.

자료분석의 관점에서 볼 때, 측정된 척도의 종류에 따라서 자료에 담겨 있는 정보의 양이 달라진다는 것은 자료를 분석하기 위해서 사용할 수 있는 분석방법이 달라진다는 것을 의미하는데, 정보의 양이 적은 자료일수록 사용할 수 있는 분석방법의 범위가 더 제한적이 된다. 이에 대한 자세한 설명은 앞으로 자료분석기법을 다루게 될 때까지 미루어 두기로 하겠다.

9) 명목척도

명목척도(nominal scale)란 성별, 이름, 지명 등과 같이 대상을 분류하거나 구분하기 위한 목적에서 범주 또는 숫자를 부여하는 척도를 말한다. 따라서 명목척도로 측정된 변수는 일반적으로 상호배타적인 범주(mutually exclusive categories)를 변수값으로 갖는다.

물론 명목척도로 측정된 변수도 운동선수의 등번호나 남=1, 여=0과 같이 숫자를 변수값으로 가질 수 있다. 그러나 이런 숫자는 수량적 의미가 전혀 내포되어 있지 않은, 구분을 위한 범주에 불과하다. 그렇기 때문에 명목척도로 측정하여 얻은 값에 대해서 산술적인 연산을 한다는 것은 아무런 의미가 없을 뿐만 아니라 연산을 할 수도 없다.

따라서 어떤 변수를 명목척도로 측정하여 얻은 자료를 가지고 연구자가 할 수 있는 것은 하나의 구성원소를 다른 구성원소와 구분하는 것이 전부이다. 이러한 의미에서 명목척도로 측정된 자료는 이하에서 소개될 다른 척도로 측정된 자료에 비해 포함하고 있는 정보의 양이 가장 제한적이다.

10) 서열척도

서열척도(ordinal scale)란 선호도나 서열과 같이 순서(order)를 구분하기 위한 목적으로 숫자를 부여하는 척도를 말한다. 서열척도로 측정된 변수는 숫자를 변수값으로 갖지만 이러한 숫자에는 순서(order) 이외의 어떤 수량적 의미도 포함되어 있지 않으므로 명목척도와 마찬가지로 역시 산술적인 연산을 할 수 없다.

자료에 포함된 정보의 양을 기준으로 볼 때, 서열척도로 측정된 자료는 대상의 분류나 구분뿐만이 아니라 대상 간의 순서관계를 밝힐 수 있음에 따라 명목척도로 측정된 자료보다 더 많은 정보를 포함하고 있음을 알 수 있다.

11) 등간척도

등간척도(interval scale)란 명목척도나 서열척도보다 한 단계 더 나아가서 이제 변수값을 구분하고 순위를 매길 수 있을 뿐만 아니라 수량적으로 동일한 간격을 갖는 숫자를 변수값으로 부여할 수 있는 척도이다. 따라서 등간척도로 측정된 변수의 경우, 변수값 간의 차이는 이제 수량적 차이를 말하며 자료에 담겨진 정보의 양과 적용가능한 분석방법이 명목척도나 서열척도에 비해 많다.

등간척도와 관련해서 주의해야 할 사항은 등간척도에는 임의영점은 존재하지만 어떤 속성이 전혀 없는 상태를 의미하는 절대영점(absolute zero)은 존재하지 않으며 그렇기 때문에 변수값 간의 비율(ratio)을 계산할 수 없다는 점이다. 이러한 의미에서 등간척도는 뒤이어 설명하게 될 비율척도와 구분되는데 등간척도와 비율척도의 차이에 대해서는 비율척도를 소개한 다음 보다 자세히 설명하기로 하겠다.

12) 비율척도

비율척도(ratio scale)는 등간척도가 가진 모든 속성과 더불어 절대영점이라는 속성까지 가진 척도를 말한다. 따라서 비율척도로 측정된 변수의 변수값은 비율계산이 가능하며 모든 통계적 분석방법을 적용할 수 있다. 〈표 1-1〉에 제시된 예를 통해서 알 수 있듯이, 비율척도로 측정된 자료는 다른 척도로 측정된 자료보다 자료에 포함되어 있는 정보의 양이 가장 많은바, 가능한 한 모든 변수를 비율척도로 측정하는 것이 바람직하다.

〈표 1-1〉 척도별 변수값 및 포함된 정보의 양

척도	변수값	포함된 정보의 양
명목	있다, 없다	소득 유무 여부, 명목적 소득 수준
서열	100만 원 미만, 100만 원 이상 ~ 150만 원 미만 150만 원 이상	소득 유무 여부, 명목적 소득 수준 상대적 의미의 소득 순위 및 수준

등간, 비율	____________ (원)	소득 유무 여부, 명목적 소득 수준 상대적 의미의 소득 순위 및 수준 절대적 의미의 소득 순위 및 수준

등간척도와 비율척도는 매우 유사한 속성을 가지고 있다. 그러나 앞서 언급한 바와 같이 등간척도는 절대영점이 존재하지 않고 따라서 비율계산이 가능하지 않은 반면, 비율척도는 절대영점이 존재하고 비율계산이 가능하다는 차이가 존재한다.

이러한 차이가 무엇을 의미하는지를 명확하게 이해하는 것은 매우 중요하다. 예를 들어서, 한 직장에서 근무하고 있는 10명의 직원들을 대상으로 이들이 매달 납부하고 있는 건강보험료를 조사한 결과 평균값이 10만 원인 다음과 같은 자료를 얻었다고 가정해 보자.

자료 A	5,	6,	7,	7,	9,	10,	11,	13,	14,	18	(단위: 만 원)
자료 B	−5,	−4,	−3,	−3,	−1,	0,	+1,	+3,	+4,	+8	

자료 A는 관측된 건강보험료이며, 자료 B는 자료 A의 관찰값에서 평균값인 10을 빼 얻은 자료이다. 이때, 자료 A는 비율척도로 측정된 자료임을 쉽게 알 수 있는데, 만일 이 자료에 0값이 포함되어 있다면 이는 해당 근로자가 '건강보험료를 내지 않는다'는 사실, 즉 해당 속성이 존재하지 않음을 말하는 절대영점을 의미한다.

이와 달리 자료 B에서 0값의 의미는 보험료를 내지 않는다는 것이 아니라 해당 근로자가 납부하는 건강보험료가 10명의 평균값과 같다는 것을 의미한다. 따라서 이때의 0값은 속성이 존재하지 않는 절대영점이 아니라 단지 '평균값과 같음'을 나타내는 임의영점인바, 자료 B는 등간척도라는 것을 알 수 있다.

위의 자료를 통해 알 수 있는 또 한 가지 중요한 사실은 자료 A에서는 비율계산이 가능하지만 자료 B는 비율계산이 가능하지 않다는 점이다. 예를 들어서, 자료 A의 두 값 7과 14를 비교할 경우, 14만 원의 보험료를 내는 근로자가 7만 원을 내는 근로자에 비해 건강보험료를 실제로 2배 더 내고 있으므로 전자가 후자에 비해 건강보험료를 2배 더 낸다고 말하는데 아무런 문제가 없다. 그러나 등간척도로 측정된 자료 B의 경우, +8 값을 갖는 근로자가 +4 값을 갖는 근로자에 비해 건강보험료를 '2배 더 낸다'는 표현은 할 수 없으며 단지 두 값 +8과 +4 간의 차이가 4라는 것을 말할 수 있을 뿐이다.

이처럼 등간척도는 앞서 설명한 바와 같이 비율계산을 한다는 것이 무의미하며 사실상 계산할 수도 없다. 등간척도와 비율척도 간에는 바로 이러한 차이가 존재하며 이 차이를 분명하게 이해해야만 연구자는 자신의 자료에 대해서 어떤 분석을 해도 되고 해서는 안 되는지를 스스로 판단할 수 있다.

13) 질적변수와 양적변수

질적변수(qualitative variable)란 명목 또는 서열척도로 측정된 변수를 말한다. 일반적으로 질적변수는 범주나 서열 같은 수량적 의미가 없는 변수값을 갖는다. 양적변수(quantitative variable)는 등간 또는 비율척도로 측정된 변수를 말하며 수량적 의미를 가진 변수값을 갖는다.

14) 이산변수와 연속변수

이산변수(discrete variable)란 정수(integer)와 같이 하나씩 따로 떼어 열거할 수 있는 유한(finite) 또는 무한(infinite)한 변수값을 갖는 변수를 말하는 반면, 연속변수(continuous variable)란 정수뿐만이 아니라 분수와 같이 열거할 수 없는 유한 또는 무한한 수의 변수값을 갖는 변수를 말한다.

15) 종속변수와 독립변수

종속변수(dependent variable)란 다른 변수에 의해서 설명 또는 예측되거나 영향을 받는 변수를 말하며, 독립변수(independent variable)란 다른 변수를 설명, 예측하거나 다른 변수에 영향을 주는 변수를 말한다.

16) 자료

자료(data)란 정보(information)를 포함하고 있는 값을 말한다. 변수값 또는 관찰값과 동일한 의미로 사용되기도 하지만 일반적으로는 변수를 측정하여 얻은 변수값 또는 관찰값들의 집합이라는 의미로 사용된다.

17) 일변량자료, 이변량자료, 다변량자료

관찰대상에 대해서 단 한 개 변수를 측정하여 얻은 자료를 일변량자료(univariate data)라고 하고, 두 개 변수를 측정하여 얻은 자료를 이변량자료(bivariate data)라고 하며, 세 개 이상의 변수를 측정하여 얻은 자료를 다변량자료(multivariate data)라고 한다.

18) 기술통계와 추론통계

기술통계(descriptive statistics)란 자료의 특성과 분포를 파악하고 파악된 내용을 정리하여 제시하는 것을 주된 목적으로 하는 통계를 말한다. 추론통계(inferential statistics)란 모집단의 일부를 표본으로 뽑아 표본으로부터 얻은 자료를 분석하여 얻은 결과를 바탕으로 모집단에 관한 추론을 주 목적으로 하는 통계를 말한다.

4. 자료의 특성을 나타내는 측도

앞서 언급한 바와 같이, 통계학의 주된 관심사는 자료를 분석하여 자료가 가지고 있는 정보를 활용하는 것이다. 따라서 일단 자료가 수집되면 연구자는 무엇보다 먼저 자료가 가진 특성을 이해해야 한다. 자료의 특성을 이해한다는 것은 다른 말로 하자면 자료가 어떻게 분포(distribution)되어 있는지를 이해하는 것을 말한다. 분포에 대해서는 제2장에서 설명할 것인바, 이 장에서는 자료의 특성을 나타내는 측도를 이해하는 데 필요한 수준에서만 분포에 대해 설명하기로 하겠다.

분포란 자료가 존재하는 양상을 말한다. 자료는 변수를 측정하여 얻은 결과이므로 모든 자료에는 적어도 변수값과 각 변수값에 해당하는 빈도(frequency)라는 두 가지 종류의 정보가 포함되어 있다. 이 두 가지 정보 중 변수값을 가로축에 나열하고 각 변수값의 빈도를 세로축에 나열한 다음 각 관찰대상을 2차원 평면 위의 점으로 나타내면 자료의 존재양상, 즉 자료의 분포를 그림으로 나타낼 수 있다.

예를 들어서, 10명의 관찰대상에 대해서 몸무게를 조사하여 얻은 표본자료가 있을 때, 이 자료의 변수값을 X축에 나열하고 빈도를 Y축에 나열한 다음 각 관찰대상의 위치를 2차원 평면상의 점으로 나타내면 [그림 1-2]의 (a)와 같은 그림이 그려지는데 이와 같이 표현된 자료의 존재양상을 분포라고 한다. 만일 표본의 크기를 $n=10$에서부터 점점 늘려 무한히 크게 만든다면 무수히 많은 서로 다른 변수값들이 그림에 포함될 것이고 그 결과 자료의 분포는 (b)와 같은 모양을 보일 것이다.

X	48	55	62	65	74	86
Y	1	2	2	3	1	1

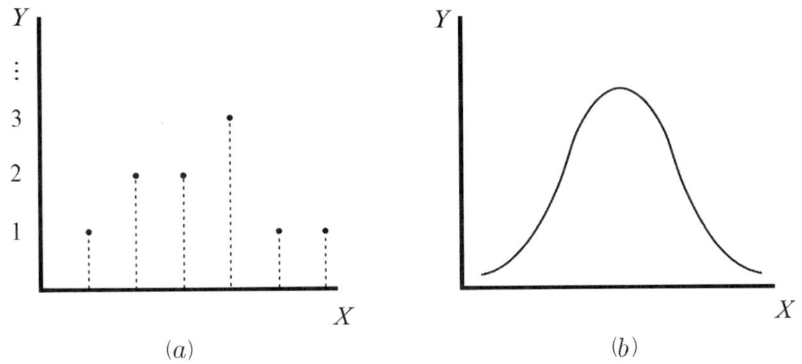

[그림 1-2]

모든 자료는 저마다의 특성을 가지고 있다. 이는 모든 사람이 저마다의 서로 다른 특성을 가지고 있는 것과 마찬가지라고 할 수 있다. 어떤 사람에 대해서 알고자 할 때 우리는 그 사람이 가진 특성, 즉 생김새나 성격 등을 이해하고자 한다. 이와 마찬가지로 어떤 자료 또는 자료의 분포에 대해서 알고자 할 때 우리는 그 자료가 가진 특성을 나타내는 어떤 측도를 통해서 자료의 특성을 이해하고자 접근하게 된다. 사람의 생김새나 성격이 사람의 특성을 나타내는 측도라고 한다면 자료의 경우는 일반적으로 자료의 중심경향도, 산포도 및 비대칭도라는 측도를 파악함으로써 자료의 특성을 이해한다.

1) 중심경향도

자료의 특성을 이해하기 위해서는 먼저 자료가 무엇을 중심으로 분포하고 있는지 나타내는 중심경향도(central tendency)를 파악해야 한다. 중심경향도를 나타내는 대표적인 측도에는 평균값, 중앙값 그리고 최빈값이 있다.

(1) 평균값

평균값(mean)이란 모든 관찰값의 합을 관찰값의 수로 나눈 값을 말한다. 예를 들어서, 변수 X로 대변되는 어떤 속성을 공유하고 있는 크기가 N인 모집단이 있다고 가정해 보자. 이 모집단의 구성원소들이 변수 X에 대해 갖는 변수값을 $x_1,\ x_2,\ \cdots,\ x_i,\ \cdots$이라고 하면 변수 X의 모집단의 평균값 μ_x[2]는 다음과 같이 정의된다. 모집단의 평균값을 간단히 모평균값 또는 모평균

2) μ_x에서 아래첨자 X는 모수 μ_x가 확률변수 X의 모집단의 모수라는 것을 의미한다. 이 책의 이하 내용에서, 모수가 어떤 확률변수의 모수인지가 분명하다면 확률변수를 나타내는 아래첨자를 생략하기로 한다. 예컨대, μ, σ가 확률변수 X의 모수임이 분명하다면 굳이 μ_x, σ_X라고 표기하지 않고 μ, σ라고 표기하기로 한다. 모집단의 평균값, 모수 및 확률변수 등에 대한 설명은 제2장에서 보다 자세하게 설명하기로 한다.

이라고 한다.

$$\mu_x = \frac{x_1 + x_2 + x_3 + ... + x_n}{N} = \frac{\sum_{i=1}^{N} x_i}{N}$$

이번에는 이 모집단으로부터 크기가 n인 표본을 뽑았다고 가정해 보자. 표본의 구성원소 각각이 X에 대해 어떤 값을 갖는지 관찰하여 얻은 n개의 관찰값을 x_1, x_2, $\cdots$, x_n라고 할 때 변수 X의 표본의 평균값 $\overline{X}$를 다음과 같이 정의하고 간단히 표본평균값 또는 표본평균이라고 부른다.

$$\overline{X} = \frac{x_1 + x_2 + x_3 + ... + x_n}{n} = \frac{\sum_{i=1}^{n} x_i}{n}$$

(2) 중앙값

평균값이 자료의 산술평균값(arithmetic mean)이라고 한다면 중앙값(median)이란 모든 관찰값을 크기 순서대로 일렬로 나열할 때 정확하게 중간에 위치하는 값을 말한다. 예를 들어서, 크기가 n인 표본의 중앙값은 다음과 같다.

n이 홀수인 경우, $\frac{(n+1)}{2}$ 번째 값

n이 짝수인 경우, $\frac{n}{2}$ 번째 값과 $\frac{(n+2)}{2}$ 번째 값의 평균값

(3) 최빈값

최빈값(mode)이란 말 그대로 관찰값 가운데 빈도가 가장 높은 값을 말한다. 예를 들어서, 크기가 10인 표본이 있고 각 구성원소의 값이 1, 2, 3, 3, 4, 5, 6, 3, 5, 2이라고 할 때, 변수값 중 가장 빈도가 높은 3이 이 표본의 최빈값이 된다.

(4) 중심경향도 측도 비교

이상에서 소개한 세 가지 중심경향도 측도 가운데 평균값은 중앙값이나 최빈값이 가지지 못한 매우 유용한 이론적 특성을 가지고 있기 때문에 가장 대표적인 중심경향도 값으로 사용된다. 그런데 경우에 따라서는 평균값보다 중앙값이나 최빈값이 더 적절한 중심경향도 값이 되기도 한다.

예를 들어서, 질적자료를 바탕으로 모집단 또는 표본의 중심경향도를 파악하는 경우를 생각해 보기로 하자. 명목척도나 서열척도로 측정된 값은 수량적인 의미를 갖지 못하므로 수리적 연산이 불가능하다. 따라서 이러한 자료에서 평균값은 중심경향도 값이 될 수 없으며 당연히 중앙값이나 최빈값 중 하나를 중심경향도 값으로 사용하는 것이 타당하다.

그러나 질적자료가 아니라 양적자료를 바탕으로 중심경향도 값을 구하는 경우라고 하더라도 관찰값 중 극단적인 값이 포함되어 있다면 평균값은 적절한 중심경향도 값이 될 수 없다. 왜냐하면 〈표 1-2〉를 통해 알 수 있듯이 중앙값이나 최빈값은 표본에 극단적인 값이 포함되어 있을 때나 포함되어 있지 않을 때 크게 차이가 없는 반면, 평균값은 극단적인 값의 존재 여부에 따라 값이 상당히 달라지기 때문이다. 즉, 평균값은 극단적인 관찰값에 의해 왜곡되는 정도가 심한 중심경향도이며 그렇기 때문에 극단적인 관찰값이 포함되어 있는 표본의 경우 중심경향도 측도로 사용하기에는 적절하지 않다.

〈표 1-2〉 평균값, 중앙값 및 최빈값 비교

표본자료	평균값	중앙값	최빈값
10, 11, 23, 23, 25, 31, 37, 40, 42	26.89	25	23
10, 11, 23, 23, 25, 31, 37, 40, 150	38.89	25	23

또 어떤 경우에는 최빈값이 평균값 값이나 중앙값보다 더 나은 중심경향도 척도가 되기도 한다. 대표적인 경우를 꼽자면 사용할 수 있는 자료의 양이 매우 제한적이거나 자료의 신뢰도가 그다지 높지 않는 상황을 꼽을 수 있다. 예를 들어서, 표본의 크기가 $n=3$이라고 한다면 중앙값을 구한다는 것은 그다지 의미가 없을 것이며, 사람들이 기억하고 있는 약속시간이 서로 다른 상황에서는 각자가 기억하고 있는 시간을 바탕으로 평균값을 구한다거나 중앙값을 구하기보다는 가장 많은 사람들이 공통적으로 기억하고 있는, 즉 가장 빈도가 높은 시간을 중심경향도 값으로 선택하는 것이 더 타당한 방법이라고 하겠다.

이와 같은 예를 통해서 알 수 있듯이, 세 가지 중심경향도 값 중 어느 것이 더 적절한 중심경향도 값인지는 주어진 상황이나 자료의 종류 등에 따라서 얼마든지 가변적일 수 있다. 따라서 어떤 값을 중심경향도 값으로 선택할 것인지를 판단해야 하는 연구자에게 있어서 중요한 것은 각각의 중심경향도 값의 특성과 차이점을 정확하게 이해하는 것이라고 하겠다.

예제 1-1

다음과 같은 표본의 중심경향도를 알아보기 위해 평균값, 중앙값 및 최빈값을 구해 보기로 하자.

10, 11, 11, 13, 14, 17, 20, 22, 22, 22, 25, 31, 33, 35, 38, 40

평균값은 모든 표본 관찰값을 모두 더해 표본의 크기인 n=16으로 나눈 값이므로

(10+11+11+13+14+17+20+22+22+22+25+31+33+35+38+40)/16=364/16=22.75이다.

중앙값은 관찰값의 개수가 n=16인 짝수이므로

$\frac{16}{2}$번째 값과 $\frac{(16+2)}{2}$번째 값의 평균값=22이다.

끝으로 최빈값은, 관찰값 가운데 빈도가 가장 높은 값, 즉 22임을 알 수 있다.

2) 산포도

산포도(degree of dispersion)란 관찰값들이 분포의 중심(예를 들면, 평균값 같은)으로부터 떨어져 있는 정도를 말한다. 산포도는 중심경향도와 함께 자료분포의 특성을 이해하는 데 있어서 매우 중요한 역할을 한다.

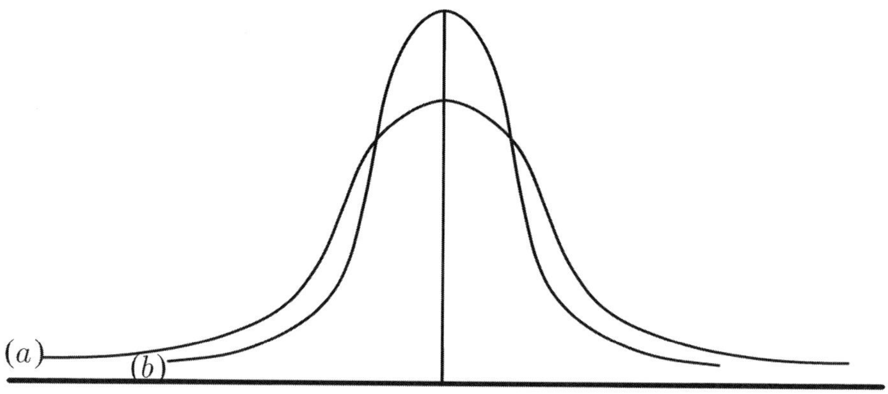

[그림 1-3]

산포도를 직관적으로 이해하는 방법은 산포도를 분포의 퍼짐 정도로 이해하는 것이다. 예를 들어서, [그림 1-3]에 제시된 두 분포 (a)와 (b)는 평균값이 동일하므로 중심경향도만 생각하면 동일한 분포이지만 분포의 퍼짐 정도가 다르기 때문에 두 분포의 모양이 일치하지 않는다. 이와 같은 분포의 퍼짐 정도를 산포도라고 하며 대표적인 측도에는 범위, 사분위, 표준편차 등이 있다.

(1) 범위

모집단 또는 표본으로부터 얻은 자료의 산포도를 나타내는 측도 가운데 가장 단순한 측도는 범위(range: R)이다. 범위는 관찰값 가운데 가장 큰 값과 가장 작은 값 간의 차이, 즉

$$R = \text{관찰값}_{max} - \text{관찰값}_{min}$$

을 말한다. 범위는 계산하기는 쉬우나 관찰값의 양 극단이 얼마나 떨어져 있는지를 알려 줄 뿐 양극단에 해당하는 값을 제외한 나머지 관찰값들의 분포에 대해서는 아무런 정보를 제시하지 못할 뿐만 아니라, 관찰값 가운데 극단적인 값이 포함되어 있을 경우, 극단적인 값에 의해서 왜곡될 수 있는 가능성이 높기 때문에 산포도의 측도로는 일반적으로 잘 사용되지 않는다.

(2) 백분위수와 사분위수

백분위수(percentile)란 모든 관찰값을 가장 작은 것부터 가장 큰 것까지 일렬로 배열한 상태에서 백등분할 때 각각의 등분점에 해당하는 관찰값을 말하는 것으로서 n번째 백분위수를 P라고 표기한다. 백분위수가 이와 같을 때, 사분위수(quartile)란 모든 관찰값을 크기에 따라 일렬로 배열한 상태에서 일렬로 배열한 관찰값을 4등분하는 수를 말하는데, 25번째 백분위수 P_{25}를 1사분위수(first quartile)라고 하고, Q_1으로 표기하며, 50번째 백분위수 P_{50}, 즉 중앙값과 75번째 백분위수 P_{75}를 각각 2사분위수(second quartile)와 3사분위수(third quartile)라고 하고 Q_2와 Q_3라고 표기한다. 예를 들어서, 크기가 n인 표본의 1사분위수와 3사분위수는

$$Q_1 = \left[\frac{n}{4}\right] + 1\text{번째 값},\ Q_3 = \left[\frac{3n}{4}\right] + 1\text{번째 값}$$

단, [ ] 안의 값은 소수점 이하를 버린 값임.

과 같다. 이때, 3사분위수에서 1사분위수를 뺀 값, 즉 $(Q_3 - Q_1)$을 사분위범위(Interquartile Range: IQR)이라고 한다. 이때, 정의에 의해서 사분위범위에는 전체 관찰값의 50%가 포함된다는 것을 알 수 있다.

(3) 분산과 표준편차

표본으로부터 얻은 자료의 산포도를 나타내는 측도 가운데 가장 일반적으로 사용되는 값은 분산(variance)과 표준편차(standard deviation)이다. 먼저, 분산은 각각의 관찰값들이 평균값으로부터 떨어져 있는 정도를 제곱하여 더한 값을 말한다. 예를 들어서, 변수 X의 모집단의 평균값이 μ_X일 때, 모집단의 분산 σ_X^2과 이 모집단으로부터 뽑은 크기가 n인 표본의 분산은 각각

$$\sigma_X^2 = \frac{\sum_{i=1}^{N}(x_i - \mu_x)^2}{N}, \quad s_X^2 = \frac{\sum_{i=1}^{n}(x_i - \overline{X})^2}{n-1} \qquad [1-1]$$

과 같이 정의된다. 모집단의 분산과 표본의 분산을 각각 모분산과 표본분산이라고 한다. 위의 [1-1]에서 표본분산의 경우는 모분산과 달리 분모를 표본의 크기인 n이 아니라 $n-1$로 나누어 줘야 하는데, 이 점에 대해서는 제2장에서 자유도라는 개념을 소개하면서 보다 자세하게 설명하겠다.

분산개념을 정확하게 이해하기 위해서는 먼저 편차(deviation)라는 개념을 이해할 필요가 있다. 앞서 살펴보았던 [그림 1-3]에 나타난 바와 같이, 각각의 관찰값이 평균값으로부터 떨어져 위치한다는 것은 관찰값과 평균값 간에 차이가 존재한다는 것을 의미한다. 통계학에서는 이러한 차이를 가리켜 편차 또는 변량(variation)이라고 부르며 경우에 따라서는 오차(error)라고 부르기도 한다.

편차가 이처럼 각각의 관찰값이 평균값으로부터 떨어져 있는 정도를 나타내는 값임에도 불구하고 편차는 산포도 측도로 사용되지 않는다. 왜냐하면 편차로 산포도를 나타내려면 일단 각각의 관찰값과 평균값 간의 편차를 구해 모두 더해야 하는데, 평균값이 모든 관찰값을 더해서 관찰값의 수로 나눈 값이기 때문에 각각의 관찰값과 평균값 간의 편차를 구해 모두 더하면 그 값은 항상 0이 되기 때문이다. 즉,

$$\Sigma(x_i - \overline{X}) = 0$$

이 문제를 해결하기 위해서 관찰값과 평균값 간의 편차를 더하는 것이 아니라 편차를 제곱하여 더해 구한 산포도 측도가 바로 분산이다. [1-1]로부터 알 수 있듯이 분산은 모집단 또는 표본이 가진 편차의 크기를 하나의 값으로 나타내 준다. 그러나 분산은 앞서 설명한 바와 같이, 편차를 제곱한 값이기 때문에 실제 편차보다 항상 큰 값을 갖게 될 뿐만 아니라 편차를 제곱하면서 자료의 단위 또한 제곱해야 하기 때문에 단위를 해석하는 데 어려움이 따르는 문제를 내포하고 있다.

분산이 가진 이러한 문제점들을 해결하기 위해서 분산 그 자체를 산포도 측도로 사용하기보다는 분산의 양의 제곱근인 표준편차(standard deviation)를 산포도를 나타내는 측도로 사용한다. 모집단과 표본의 표준편차를 각각 모표준편차와 표본표준편차라고 부르는데 각각은 다음과 같이 정의된다.

$$\sigma_X = \sqrt{\sigma_X^2} = \sqrt{\frac{\sum_{i=1}^{N}(x_i - \mu_X)^2}{N}}, \quad s_X = \sqrt{s_X^2} = \sqrt{\frac{\sum_{i=1}^{n}(x_i - \overline{X})^2}{n-1}} \qquad [1\text{-}2]$$

(4) 평균값절대편차

평균값절대편차(Mean Absolute Deviation: MAD)란 편차의 절대값의 합을 관찰값의 수로 나눈 값을 말한다. 평균값절대편차는 편차의 단점을 극복할 수 있는 측도이기는 하지만 분산에 비해 계산하기가 편리하지 않음에 따라 일반적으로 잘 사용되지 않는다. 모집단과 표본의 평균값절대편차는 각각 다음과 같다.

$$\text{모집단의 } MAD = \frac{\sum_{i=1}^{N}|x_i - \mu_X|}{N}, \text{ 표본의 } MAD = \frac{\sum_{i=1}^{n}|x_i - \overline{X}|}{n}$$

3) 비대칭도

비대칭도란 말 그대로 자료가 자료의 중심을 기준으로 대칭이 아니라 어느 한 쪽으로 편향(skewed)되어 있는 정도를 말한다.

[그림 1-4]의 (a)에서 자료의 대부분은 분포의 오른쪽에 몰려 분포하고 있으며 왼쪽으로 갈수록 분포의 꼬리가 길게 늘어져 있는 것을 볼 수 있다. 이처럼 자료는 분포의 오른쪽에 몰려 있고 분포의 왼쪽이 길게 늘어져 있는 경우를 가리켜 자료분포가 좌편향(skewed to left) 또는 음의 방향으로 편향(negatively skewed)되어 있다고 한다.

이와 정반대로 [그림 1-4]의 (b)처럼 자료의 대부분이 분포의 왼쪽에 치우쳐 있으면서 오른쪽 꼬리가 상대적으로 길게 늘어져 있는 경우를 가리켜 자료분포가 우편향(skewed to right) 또는 양의 방향으로 편향(positively skewed)되어 있다고 한다.

자료가 어느 쪽으로 편향되어 있는지 판단하는 가장 간단한 방법은 분포의 어느 쪽 꼬리가 길게 늘어져 있는지 보는 것이다. 분포의 왼쪽 꼬리가 길게 늘어져 있으면 자료는 좌편향된 것이며 오른쪽으로 늘어져 있으면 우편향된 것이다.

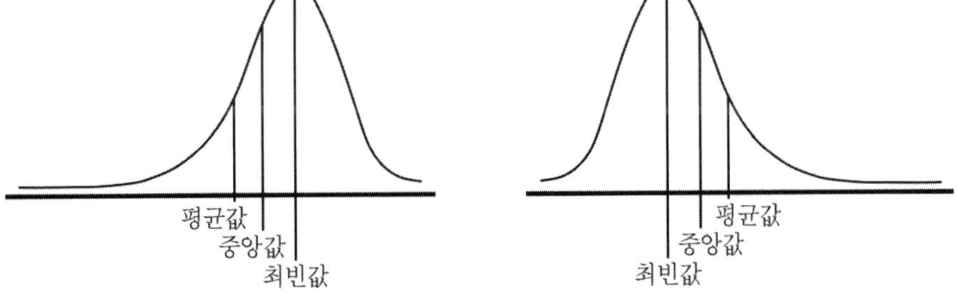

(a) 좌편향(negative skew) (b) 우편향(positive skew)

[그림 1-4]

한 가지 기억해야 할 것은 분포가 편향된 방향과 자료가 몰려 있는 방향은 반대라는 사실인데, 일단 분포의 꼬리를 근거로 편향된 방향을 판단한 다음 자료가 몰려 있는 방향은 편향된 방향과 반대로 생각하는 것이 가장 편리한 방법이다.

자료분포의 비대칭 정도를 나타내는 측도로는 피어슨 비대칭계수(coefficient of skewness)가 가장 일반적으로 사용된다. 피어슨 비대칭계수는 C_S라고 표기하고 다음과 같이 정의하는데

$$C_S = \frac{3(\mu - \text{중앙값})}{\sigma} \tag{1-3}$$

C_S가 음(-)의 값을 가질 경우 자료분포는 좌편향되어 있음을 의미하고 양(+)의 값을 가질 경우 우편향되어 있음을 의미하며 C_S값의 절대값이 클수록 편향된 정도가 크다는 것을 의미한다.[3)]

$$C_S < 0 : \text{좌편향},\ C_S = 0 : \text{대칭},\ C_S > 0 : \text{우편향}$$

예제 1-2

다음의 표본자료를 이용하여 표본의 범위, 사분위범위, 중앙값, 분산 및 표준편차를 구해 보기로 하자.

10, 11, 13, 14, 17, 22, 22, 31, 33, 38, 40

표본자료의 범위는 표본관찰값 가운데 최대값은 40이고 최소값은 10이므로 범위는 R= 40−10=30이다.

사분위범위를 구하기 위해서 1사분위수 Q_1과 3사분위수 Q_3를 구하면

$$Q_1 = \left[\frac{11}{4}\right] + 1 = 3\text{번째 값} = 13,\quad Q_3 = \left[\frac{(3)11}{4}\right] + 1 = 9\text{번째 값} = 33$$

이므로 사분위범위는 $IQR = Q_3 - Q_1$=33−13=20이다.

중앙값은 관찰값의 개수가 n=11이므로 6번째 값인 22가 중앙값임을 알 수 있다.

이상의 다섯 가지 측도, 즉 최대값, 최소값, Q_1, Q_3 및 중앙값을 가리켜 자료분포의 특성을 요약하는 다섯 요약값(five-number summary)이라고 한다. 일반적으로 다섯 요약값은 작은 값에서부터 큰 값의 순서로 다음과 같이 표기한다.

다섯 요약값=[최소값, Q_1, 중앙값, Q_3, 최대값]

마지막으로 분산과 표준편차를 구하기 위해서, 먼저 아래 표본분산 공식

---

3) [1-3]에서 μ는 모평균값이며 이는 이 책의 뒷부분에서 자세하게 다루게 될 개념인바, 비대칭계수에 대한 보다 정확한 이해는 모평균값의 개념을 다룬 이후로 미루기로 한다.

$$s_X^2 = \frac{\Sigma(x_i - \overline{X})^2}{n-1}$$

의 분자를 다음과 같이 정리하면

$$\begin{aligned}\Sigma(x_i - \overline{X})^2 &= \Sigma(x_i^2 - 2x_i\overline{X} + \overline{X^2}) \\ &= \Sigma x_i^2 - 2\Sigma x_i\overline{X} + n\overline{X^2} \\ &= \Sigma x_i^2 - 2n\overline{X^2} + n\overline{X^2} \\ &= \Sigma x_i^2 - n\overline{X^2}\end{aligned}$$

표본분산 공식은 다음과 같이 변형되는데 이를 표본분산의 계산식이라고 한다.

$$s_X^2 = \frac{\Sigma x_i^2 - n\overline{X^2}}{n-1} \qquad [1-4]$$

[1-4]는 앞서 소개한 표본분산 공식에 비해서 계산하기에 편리하기 때문에 자료를 바탕으로 실제로 표본분산을 계산할 때에는 이 공식을 사용한다. 이제 각 관찰값의 제곱의 합과 표본평균값의 제곱을 구하면

$$\Sigma x_i^2 = 10^2 + 11^2 + 13^2 + 14^2 + 17^2 + 22^2 + 22^2 + 31^2 + 33^2 + 38^2 + 40^2 = 6937$$
$$\overline{X^2} = (22.82)^2 = 520.75$$

과 같고 이 값들을 [1-4]에 대입하면 표본분산과 표준편차는 각각

$$s_X^2 = \frac{\Sigma x_i^2 - n\overline{X^2}}{n-1} = \frac{6937 - (11)520.75}{10} = 120.875$$
$$s_X = \sqrt{120.875} = 10.99$$

임을 알 수 있다.

---

5. *SPSS* 프로그램 소개

*SPSS*는 사회과학 분야에서 널리 쓰이고 있는 통계분석용 소프트웨어 프로그램이다. 이 프로그램의 명칭인 *SPSS*는 'Statistical Package for Social Sciences'라는 네 가지 영어 단어 각각의 첫 번째 알파벳을 따서 만든 약자이다.

1) *SPSS* 프로그램의 구성

(1) 데이터 편집기 창

*SPSS*는 데이터 편집기(Data Editor), 명령문(Data Syntax), 결과(Output Viewer)라는 세 가지 창을 통해 자료를 입력, 처리 및 분석한 결과를 사용자에게 보여 준다. 이 중에서 *SPSS*를 시작하면 가장 먼저 제시되는 창은 [그림 1-5]의 '데이터 편집기' 창이다.

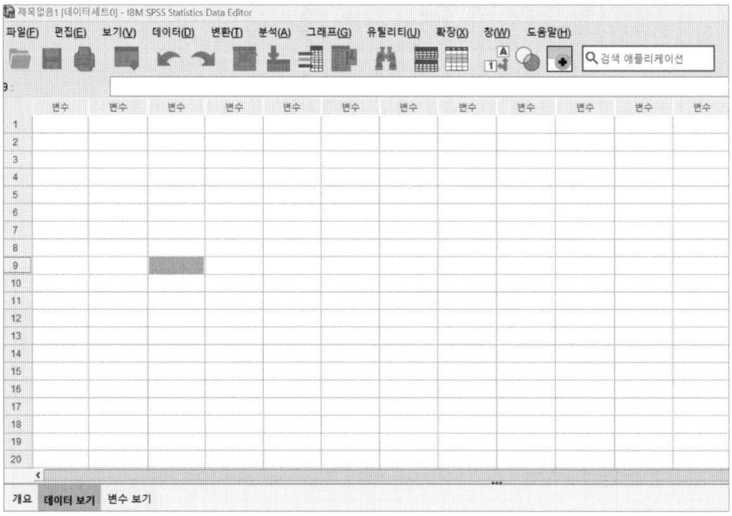

[그림 1-5]

[그림 1-5]의 맨 윗줄을 보면 '데이터 편집기(Data Editor)'라고 표기되어 있는데, *SPSS*는 항상 이처럼 화면의 맨 윗줄에 현재 화면이 *SPSS*의 세 가지 창 중 어떤 창에 해당하는 화면인지 제시해 준다. 따라서 사용자는 화면의 맨 윗줄을 봄으로써 자신이 어떤 창을 사용하고 있는지 쉽게 알 수 있다.

[그림 1-5]의 하단 맨 왼쪽을 보면 '데이터 보기(Data view)'와 '변수 보기(Variable view)'라고 쓰여 있는 부분을 찾을 수 있다. 이 두 가지 창 모두는 '데이터 편집 창'의 하위 창이다. [그림 1-5]의 경우 '데이터 보기'와 '변수 보기' 중 '데이터 보기' 부분이 노란색을 띠면서 약간 앞쪽으로 나와 있는데 이런 상태를 가리켜 해당 창이 '활성화되어 있다'고 한다.

*SPSS*에서 어떤 창이 활성화되어 있다는 것은 사용자가 현재 그 창을 사용하고 있다는 것을 뜻한다. 따라서 [그림 1-5]의 경우 현재 사용자가 '변수 보기' 창과 '데이터 보기' 창 중 '데이터 보기' 창을 사용하고 있다는 것을 알 수 있다.

(2) 데이터 편집기 메뉴 바

'데이터 편집기(Data Editor)' 창의 상단에는 [그림 1-6]과 같은 메뉴 바가 있는데 이 메뉴 바에는 *SPSS*를 손쉽게 사용할 수 있도록 *SPSS*의 모든 명령이 아이콘으로 제시되어 있다. 먼저 [그림 1-6]의 첫 번째 줄에 있는 명령 아이콘들은 *SPSS*의 최상위 명령 아이콘들로서 각 명령 아이콘을 누르면 유사한 성격을 가진 다수의 하위명령들이 제시된다.

[그림 1-6]은 메뉴 바에 제시된 상위명령 아이콘 각각이 어떤 작업을 하기 위한 것인지 간략하게 정리한 표이다. 앞서 언급한 바와 같이, 최상위 명령 아이콘을 누르면 다수의 하위명령들이 제시된다. 따라서 연구자는 원하는 작업을 하기 위해 어떤 명령을 내려야 하는지 정확하게 모르더라도 대략 어떤 종류의 작업을 해야 하는지 정도만 알고 있다면 해당 최상위 명령 아이콘을 눌러 자신이 원하는 작업명령을 찾아갈 수 있다.

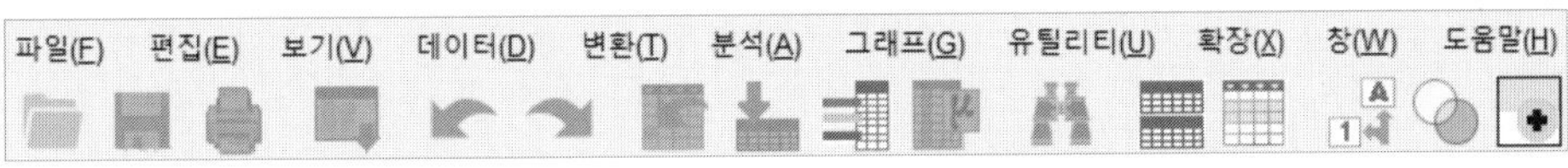

[그림 1-6]

〈표 1-3〉

구분	내용
파일(F)	분석할 자료를 입력 또는 불러오기, *SPSS* 이외 형식의 자료를 불러오기, 인쇄 등의 명령이 있다.
편집(E)	자료의 복사, 찾기 명령 등이 있다.
보기(V)	메뉴 바의 명령 및 글꼴 등이 있다.
데이터(D)	분석자료의 변형과 관련된 모든 명령이 포함되어 있다.
변환(T)	분석자료의 형태를 변환시키는 모든 명령이 있다.
분석(A)	분석과 관련된 모든 분석기법이 포함되어 있다.
그래프(G)	분석결과를 시각화하는 그래프에 관한 모든 명령이 있다.
유틸리티(U)	프로그램 운영에 관한 모든 명령이 포함되어 있다.
확장(X)	확장 허브, 로커 확장 번들 설치/생성 편집 등의 명령이 있다
창(W)	지금까지 실행하여 불러온 여러 창에 대한 정보가 있다.
도움말(H)	*SPSS* 프로그램 사용에 도움이 되는 정보가 있다.

〈표 1-3〉은 [그림 1-6]의 메뉴 바에 있는 상위명령 아이콘 각각의 용도가 설명되어 있다. 이 아이콘들은 각 상위명령에 해당하는 하위명령들 가운데 가장 기본이 되고 많이 사용되는 하위명령을 나타내는 아이콘들이다.

〈표 1-4〉에 제시된 최상위 명령들 중 기억해 두면 매우 편리한 몇 가지 것을 살펴보기로 하자. 먼저 는 이제까지 내린 명령들을 모두 보여 주고 재실행시킬 수 있게 해 주는 '최근 사용

한 대화상자 다시 호출(Dialog Recall)' 명령이다. 이 명령을 실행시키면 [그림 1-7]과 같은 창이 나타난다. 새로 나타난 창에는 이 명령을 내리기 이전에 실행시켰던 명령들이 가장 최근 것에서부터 순서대로 제시된다. 따라서 [그림 1-7]에 따르면, 사용자가 가장 최근에 실행시킨 명령이 '빈도분석(Frequency)'이었고 가장 먼저 실행시킨 명령이 '교차분석(Crosstabs)'이었음을 알 수 있다.

〈표 1-4〉

구분	설명
	이미 만들어져 있는 파일을 불러들일 때 사용한다.
	작업한 파일을 저장할 때 사용한다.
	작업한 파일을 출력할 때 사용한다.
	지금까지 작업한 명령을 최근 작업순서로 확인할 수 있고, 다시 실행시킬 수도 있다.
	실행한 명령을 전 단계로 되돌릴 수 있다.
	실행한 명령을 다시 실행할 수 있다
	찾고자 하는 케이스의 번호를 입력하여 케이스를 찾을 수 있다.
	찾고자 하는 변수로 이동할 수 있다
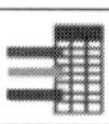	분석하고자 하는 자료에 포함된 모든 변수의 속성을 한 번에 확인할 수 있다.
	기술통계량 값을 확인할 수 있다.
	분석자가 원하는 값을 입력하여 찾을 수 있다. 보통 잘못 입력된 입력값 및 이상값을 찾을 때 유용하다.
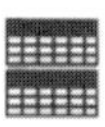	특정 변수를 기준으로 자료를 분할하여 통계값을 제시할 때 유용하다. 이 메뉴에 대해서는 제4장을 참고하면 이해가 더 쉬울 것이다.
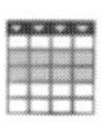	특정 조건을 충족하는 케이스만을 선택할 때 사용한다. 이 메뉴는 제4장에서 자세하게 설명할 것이다.
	각 숫자값에 부여된 변수값 설명을 볼 수 있다.
	사용할 변수군(기존변수, 새롭게 만든 변수)을 지정해서 데이터 보기 창에 나오게 할 수 있다.
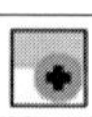	사용할 도구를 분석자가 필요에 따라 설정하여 추가/삭제할 수 있다.

[그림 1-7]은 '최근 사용한 대화상자 다시 호출' 명령 중 가장 최근에 실행한 분석인 '빈도분석(Descriptive)'에 해당하는 명령 아이콘을 선택할 때 나타나는 '빈도분석' 창이다. '최근 사용한 대화상자 다시 호출' 명령을 모르는 사용자는 빈도분석을 하기 위해서 최상위 메뉴 중 분석(Analysis)명령 아이콘을 선택하고, 그다음으로 기술통계량(Descriptive statistics)을 선택해야 한다. 그런데 만일 '최근 사용한 대화상자 다시 호출' 명령을 알고 있다면 이러한 과정을 거치지

않고 바로 '최근 사용한 대화상자 다시 호출' 명령 아이콘을 클릭하여 손쉽게 빈도분석을 할 수 있다(물론 '최근 사용한 대화상자 다시 호출' 명령을 내기 전에 반드시 한 번은 기술분석 명령을 내렸어야 한다). 따라서 '최근 사용한 대화상자 다시 호출' 명령에 익숙해지면 자료를 분석하는 데 걸리는 시간을 상당히 절약할 수 있다.

빈도분석
독립표본 *T*검정
선도표 회귀모형
변수계산
새로운 변수로 코딩변경
교차분석

[그림 1-7]

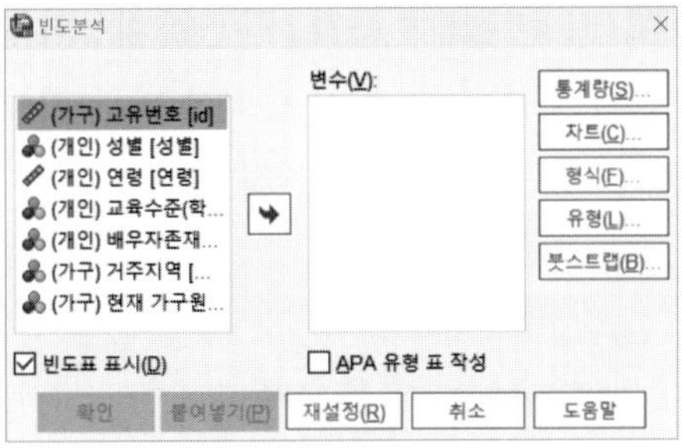

[그림 1-8]

2) 데이터 보기

*SPSS*의 데이터 편집기 창을 열면 두 가지 하위 창 중 [그림 1-9]에 제시된 '데이터 보기(Data View)' 창이 먼저 나타난다. '데이터 보기' 창은 수집한 자료를 숫자나 문자 등의 형태로 컴퓨터에 입력할 때 사용하는 창이다. '데이터 보기' 창은 엑셀 프로그램과 유사한 스프레드 시트(spread sheet)이다. 스프레드 시트를 이루고 있는 각각의 직사각형 공간을 셀(cell)이라고 부르는데 바로 이 셀이 사용자가 자료를 입력하는 공간이다.

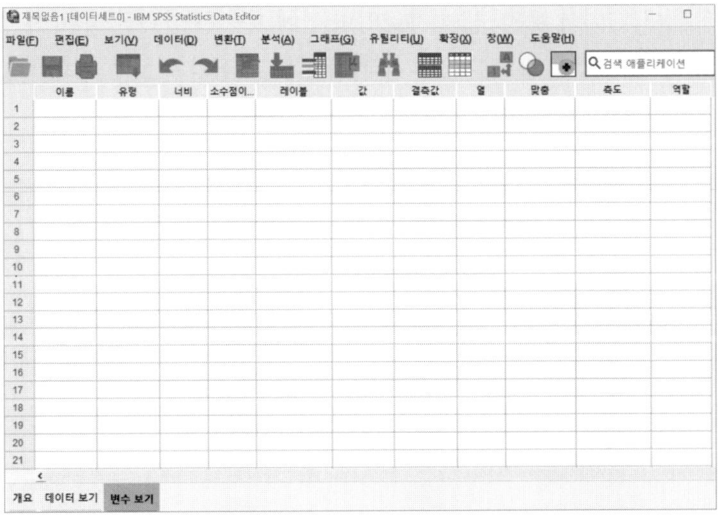

[그림 1-9]

[그림 1-10]은 '데이터 보기' 창을 설명하기 위해서 이 책의 자료 CD에서 'C1-프로그램소개-데이터보기' 자료를 *SPSS*로 불러들인 것이다. 화면의 맨 위쪽 가로축에는 id, 성별, 연령, 교육수준 등이 표기되어 있는데 이들은 모두 변수명이다. 맨 왼쪽 세로축에 표기되어 있는 숫자 1, 2, 3, …은 관찰대상의 순서를 나타낸다.

만일 사용자가 자료파일을 만들면서 'id' 라는 변수를 만들지 않았다면 맨 왼쪽 세로축에 쓰여 있는 숫자를 'id' 변수의 변수값, 즉 관찰대상의 순서로 봐도 된다. 그러나 나중에 좀 더 자세하게 설명하겠지만 'id' 변수는 이 숫자와 다른 기능을 가지므로 자료파일을 만들 때는 반드시 'id' 변수를 만들어 두는 것이 바람직하다.

	id	성별	연령	교육수준	배우자유무	거주지역	가구원수	변수	변수
1	1.00	2.00	65.00	5.00	2.00	1.00	1.00		
2	2.00	1.00	58.00	5.00	1.00	1.00	3.00		
3	2.00	2.00	57.00	4.00	1.00	1.00	3.00		
4	3.00	1.00	61.00	5.00	1.00	1.00	2.00		
5	3.00	2.00	52.00	5.00	1.00	1.00	2.00		
6	4.00	1.00	57.00	4.00	1.00	1.00	2.00		
7	4.00	2.00	49.00	4.00	1.00	1.00	2.00		
8	5.00	1.00	84.00	6.00	2.00	1.00	1.00		
9	6.00	1.00	52.00	5.00	1.00	1.00	3.00		
10	6.00	2.00	49.00	4.00	1.00	1.00	3.00		

[그림 1-10]

[그림 1-10]과 같이 '데이터 보기' 창의 자료입력 셀에 자료를 입력한 다음 파일형태로 저장해 두면 필요할 때마다 *SPSS*로 불러들여 분석에 사용할 수 있다. [그림 1-10]처럼 '데이터 보기' 창에 입력하고 저장하여 만든 파일을 자료파일이라고 한다.

3) 변수 보기

'데이터 보기' 창 오른쪽에 있는 '변수 보기(Variable View)' 창을 누르면 [그림 1-11]과 같은 창이 나타난다(자료 CD에서 'C1-프로그램소개-변수보기설명'을 불러들인다). 화면의 맨 윗줄을 보면 '이름' '유형' '너비' '소수점 자리' '설명' '변수값' '결측값' '열' '맞춤' '측도' 등이 있다.

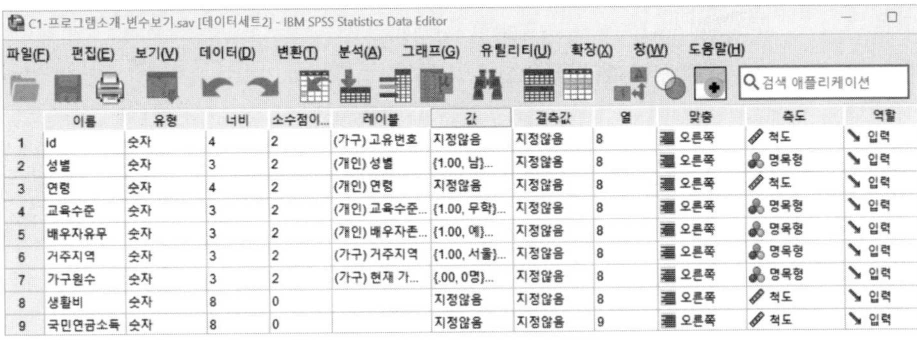

[그림 1-11]

(1) 이름

'이름(Name)'은 연구자가 만든 변수의 이름이다. *SPSS*에서 변수 이름(이하, 변수명)을 지정할 때는 기억해야 할 것들이 몇 가지 있다. 첫째, 변수명의 첫 글자는 반드시 한글 또는 영어 문자이어야 한다. 변수명의 첫 글자를 숫자나 특수기호로 입력할 경우 변수명 지정이 이루어지지 않는다.

둘째, 변수명 글자 사이에 공간이 있으면 변수명으로 지정할 수 없다. 그렇기 때문에 모든 변수명은 글자 사이에 공간을 두지 않고 붙여서 입력해야 한다.

셋째, *SPSS* 중 오래된 버전(version)들은 변수명을 지정할 때 사용할 수 있는 글자 수에 제한이 있다. 따라서 변수명을 지정할 때 자신이 사용하는 버전의 *SPSS* 프로그램이 허용하는 글자 수를 알아둘 필요가 있는데 11.0 이하 버전에서는 한글은 4글자, 영어는 8글자까지만 입력이 가능하고 12.0 버전 이상부터는 변수명을 훨씬 길게 지정할 수 있다.[4)]

예를 들어서, 어떤 설문지의 첫 번째 문항이 다음과 같다고 가정해 보자.

Q1. 귀하의 성별은 무엇입니까? ( )

① 남성 ② 여성

이 문항은 응답자의 '성별'을 묻는 문항이며 이 문항은 변수이다. 위의 [그림 1-11]에 따르면 이 변수가 자료파일의 첫 번째 변수이고 연구자가 이 변수의 이름을 '성별'이라고 지정했다는 것을 알 수 있다.

---

4) *SPSS* 프로그램에서는 글자 하나에 배정된 자릿수(columns)가 한글인지 아니면 영어 또는 특수기호인지에 따라 다른데 한글 한 글자에는 2자리(two columns), 영어 알파벳이나 특수기호 한 글자는 1자리를 배정한다. 예를 들어서, 변수명 '성별'은 한글 두 글자이므로 4자리를 차지하고 'Name'이라는 변수명은 4자리를 차지한다.

(2) 유형

'유형(Type)'은 변수가 갖는 변수값의 유형을 지정하는 곳이다. 변수 유형은 자료를 분석하는 모든 과정에서 매우 중요한 사항이므로 분명하게 이해해 둘 필요가 있다. 구체적인 논의를 위해 위에서 예로 들었던 설문 문항 Q1을 다시 예로 들어 보자.

이 변수 '성별'에 대해서 응답자는 자신의 성별을 '남성'이나 '여성'이라는 문자가 아니라 주어진 두 응답범주에 해당하는 번호인 ①과 ② 중 하나를 선택하여 괄호에 써넣어 답하게 된다. 따라서 이 문항에 대한 응답내용을 데이터 보기 창의 자료입력 셀에 입력할 때 연구자는 응답내용을 번호, 즉 숫자 형태로 입력한다.

이 말을 달리 표현하면, 이 문항이 '성별'이라는 변수이고 이 문항에 대한 응답내용은 변수값이므로 '성별' 변수의 변수값은 ①이나 ② 같은 숫자라는 것이다. 이러한 사실을 *SPSS*에 알려 주기 위해서는 [그림 1-12]와 같이 '성별' 변수의 유형을 숫자(N)로 지정해 줘야 한다.

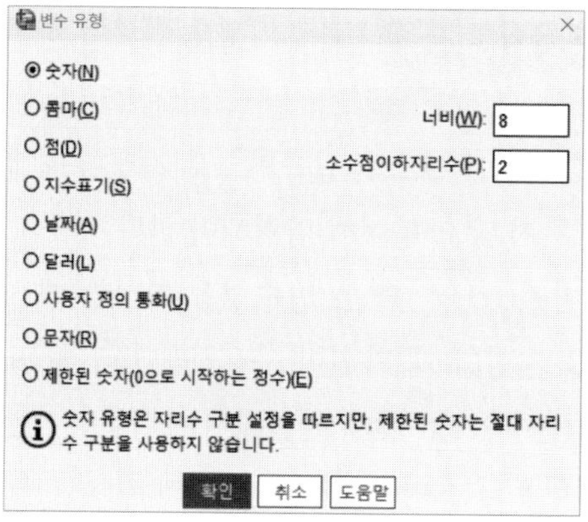

[그림 1-12]

'변수 유형'의 선택사항(option) 중 매우 유용한 것은 '날짜(A)'이다. '날짜'는 조사된 내용이 날짜라는 사실을 *SPSS*에 알려 준다. 이 기능은 관찰대상의 개인이력이나 어떤 사건의 시간적 변화를 분석할 때 매우 유용하다. 예를 들어서, 설문내용 중 다음과 같이 근로 시작 날짜 또는 근로 중단 날짜처럼 각 관찰대상에 대해서 두 시점에 해당하는 자료가 있을 때,

Q2. 귀하께서 최근에 종사하신 일자리의 근로 시작일은 언제입니까?

( )년 ( )월 ( )일

Q3. 귀하께서 최근에 종사하신 일자의 퇴사일은 언제입니까?

( )년 ( )월 ( )일

'날짜' 기능을 이용하면 두 시점 간의 기간을 매우 편리하게 계산하고 분석할 수 있다.

[그림 1-13]에 제시된 것처럼 날짜는 여러 가지 방식으로 입력할 수 있다. 따라서 분석자가 입력이 편한 방법을 선택하면 된다. [그림 1-13]에서 현재 선택되어 있는 날짜 입력 방식은 날짜를 일-월-년 순서로 입력하는 방식으로서 'd'는 일(day), 'm'은 월(month), 'y'는 년(year)을 의미한다.

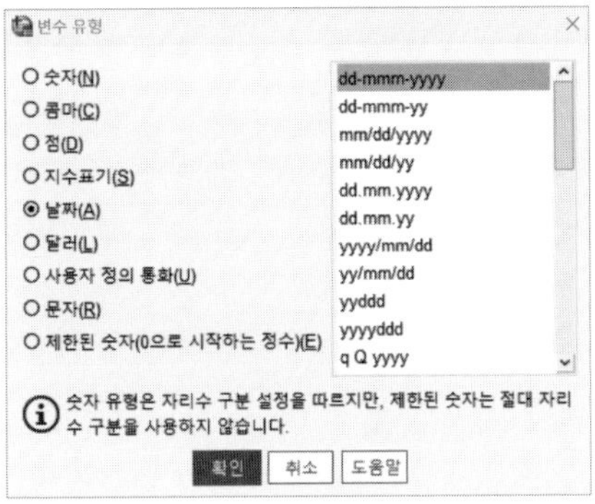

[그림 1-13]

'변수 유형' 중 많이 활용되는 또 한 가지 선택사항은 '문자'(string)이다. '문자'는 개방형 질문에 대한 응답자의 응답내용을 자료로 입력할 때 사용한다. 예를 들어서, 다음과 같은 질문 Q4는

Q4. 귀하께서는 A 복지관의 프로그램에 대해 만족하신다고 응답하셨는데, 구체적으로 만족하시는 이유가 무엇인지 써 주시면 감사하겠습니다.

( )

응답자에게 자신의 생각을 글로 써줄 것을 부탁하는 개방형 질문이며, 따라서 이 질문에 대한 응답내용을 자료로 입력할 때는 불가피하게 문자로 입력해야 한다. 이 경우, 데이터 보기 창의 셀에 문자 형태의 자료를 입력하려면 반드시 변수 유형을 '문자'로 먼저 지정해야 한다. 물론 개방형 질문이라고 해서 모두 문자 형식으로 자료를 입력해야만 하는 것은 아니다. 예를 들자면, 개방형 질문이라도 다음 문항처럼

Q5. 귀하의 연령은 몇 세입니까? ( )세

숫자 입력을 요구하는 경우는 변수값의 유형이 숫자이므로 변수 유형은 '숫자'로 지정한 다음 자료를 입력해야 한다.

문자 형태의 자료를 입력하는 경우 또 한 가지 유의해야 할 것은 문자의 자리수이다. 연구자가 변수 유형을 '문자'로 지정하면 [그림 1-14]처럼 문자수(characters)에서 '4'라는 숫자가 나타난다. 이는 4자리에 해당하는 문자를 입력할 수 있다는 것을 의미한다.

앞서 변수명 부분에서 각주로 설명한 바와 같이, *SPSS* 프로그램에서 한글 한 글자는 2자리를 차지하고 영어 알파벳 한 글자나 특수기호 한 글자는 1자리를 차지한다. 따라서 개방형 질문에 대한 응답내용이 길 경우 자료를 입력할 때 문자수를 충분히 지정해 주어야 한다. 예를 들어서, 문자수에 '30'이라는 숫자를 입력하면 한글의 경우는 15자 정도를 입력할 수 있다.

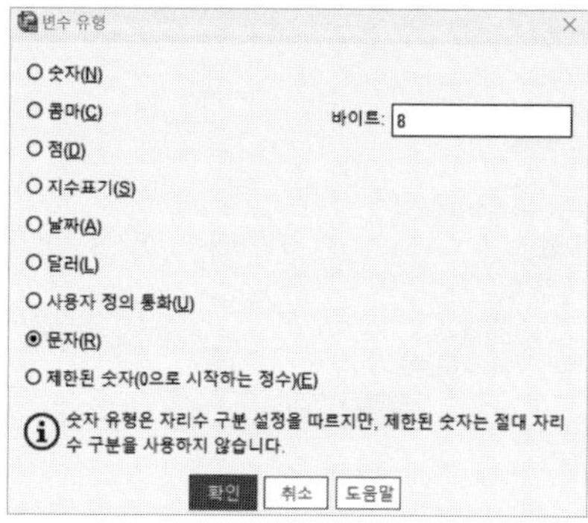

[그림 1-14]

(3) 변수 길이

'변수 길이(Width)'는 입력하고자 하는 변수값의 길이를 말한다. 연구자는 변수값의 예상되는 길이에 맞게 변수 길이를 조정할 수 있다. 만일 입력된 변수값의 길이가 *SPSS* 데이터 보기 창에 할당된 변수값의 길이보다 긴 경우 *SPSS*는 [그림 1-15]처럼 변수값을 다른 방식으로 제시하기도 한다. 예를 들어서, 연구자가 소득이라는 변수에 대해서 789456123을 변수값으로 입력한다면 입력된 변수값은 789,456,123이지만 자료입력 셀에는 7.89E+008이 변수값으로 나타난다.

[그림 1-15]

물론 셀에 변수값이 7.89E+008로 나타난다고 하더라도 연구자가 입력한 값은 *SPSS*의 메모리에 저장되어 있다. 입력한 변수값을 보고자 할 경우, [그림 1-15]의 붉은색으로 표시된 부분에 마우스를 가져다 놓고 오른쪽 단추를 누른 상태에서 마우스 포인터를 오른쪽으로 잡아 늘리면 '지수(E)' 방식으로 표기된 값이 아니라 원래 값을 볼 수 있다.

(4) 변수의 소수점 길이

'변수의 소수점 길이(Decimals)'는 입력된 변수값을 소수점 몇 째 자리까지 보여 줄 것인지 지정하는 기능이다. *SPSS* 프로그램은 연구자가 별도로 지정하지 않는 한 모든 변수값을 소수점 2번째 자리까지 제시하는 것을 기본(default)으로 하고 있다.

(5) 변수 설명

'변수 설명(Label)'은 각 변수가 무엇을 묻는 또는 무엇을 내용으로 하는 변수인지 설명하는 공간이다. 변수를 설명하는 것이 중요하다는 것을 분명하게 인식할 수 있는 가장 좋은 방법은 안타깝게도 '후회해 보는 것'이다. 만일 자료파일이 10개 남짓의 변수들로만 이루어져 있다면 연구자는 변수명만 보면 해당 변수가 어떤 변수인지 금방 알 수 있게 변수명을 만들 수 있다. 그러나 변수의 수가 많아지면 변수명을 만든다는 자체가 또 하나의 큰 골칫거리가 되기 때문에 연구자들은 종종 변수명을 V1, V2, … 같은 식으로 만든다.

문제는 변수명을 이런 식으로 만들면 각각의 변수가 무엇을 묻는 변수인지 금방 잊어버린다는 것이다. 그리고는 '왜 각각의 변수가 어떤 변수인지를 미리 어딘가에 써 두지 않았을까…'라는 후회를 하곤 한다. '변수 설명'은 바로 이러한 상황에서 V1이라는 변수가 어떤 내용의 변수인지 글로 써서 남겨 둠으로써 언제든지 변수의 내용을 알아볼 수 있게 하는 기능이다.

'변수 설명'의 중요성은 이미 입력해둔 변수들을 필요에 따라 연산을 통해 변형시켜 새로운 변수를 만들어야 하는 상황에서 또 다시 부각된다. 다수의 변수들을 더하거나 나누거나 곱해서 새로운 한 개의 변수로 변형하는 경우, 새로 만들어진 변수가 어떤 변수들을 어떻게 변형하여 만들어진 변수인지 기록해 두지 않는다면 연구자는 시간이 조금만 지나더라도 자신이 새로 만든 변수가 어떤 변수인지 기억하지 못하게 된다.

따라서 연구자는 자신의 기억력에 의존하기보다 '변수 설명' 란에 변수의 내용을 구체적으로 기록해 두는 습관을 반드시 길러야 한다. 그렇게 함으로써 '후회'가 변수 설명의 중요성을 깨닫게 하는 가장 효과적인 방법이라는 사실을 경험을 통해 알게 되지 않기를 바란다.

(6) 변수값 정의

'변수값 정의(Value)'는 한마디로 말해서 폐쇄형 질문의 응답범주를 *SPSS* 프로그램에 입력하는 것이라고 할 수 있다. 예를 들어서, 앞서 제시했던 다음과 같은 질문에 대해서

Q6. 귀하의 성별은 무엇입니까?

① 남성　② 여성

연구자는 변수 보기 창에 변수명을 '성별'로 지정하고 변수 유형을 '숫자'로 지정한 다음, 변수 설명에 이 변수가 묻고 있는 내용을 입력할 것이다. 그런 다음 연구자는 변수값을 정의해야 하는데 이를 위해서 '값'의 ... 부분을 누르면

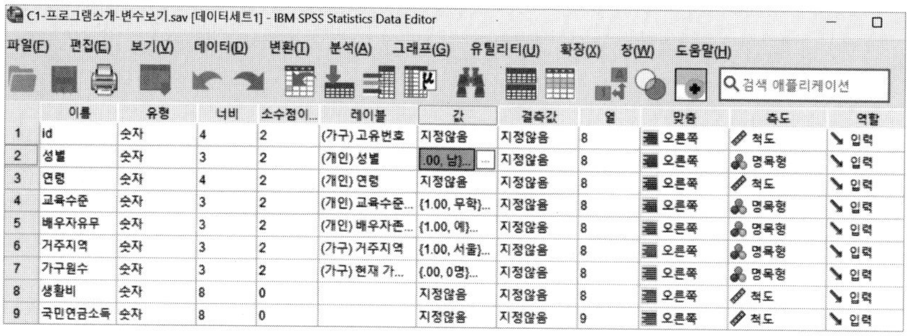

[그림 1-16]

[그림 1-17]과 같은 창이 나타난다. 이 창에서 '값'이라고 하는 맨 위 입력란에는 Q6. 질문의 응답범주 중 첫 번째 응답범주에 해당하는 숫자를 입력하고, 그 아래 '레이블'란에는 해당 응답범주의 내용을 입력한다.

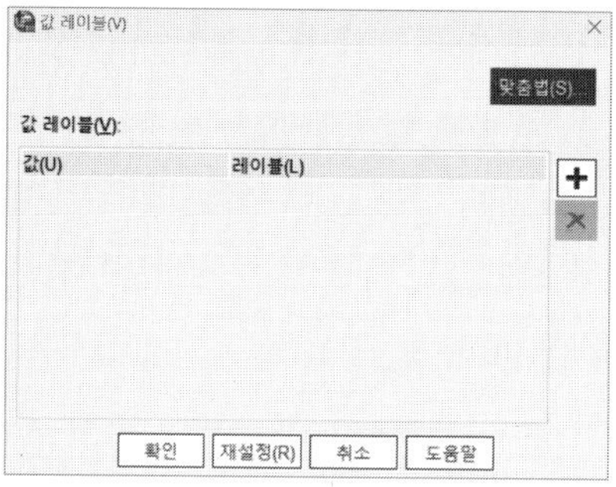

[그림 1-17]

Q6의 경우, '1'이 '남성'이고 '2'가 '여성'이므로 변수값 정의 창에 '값'란에 '1'을 입력하고 설명에는 '남성'을 입력하고 같은 방식으로 '2'와 '여성'을 각각 값과 레이블에 입력한다. [그림 1-18]은 이러한 방식으로 변수값을 정의한 결과가 제시되어 있다.

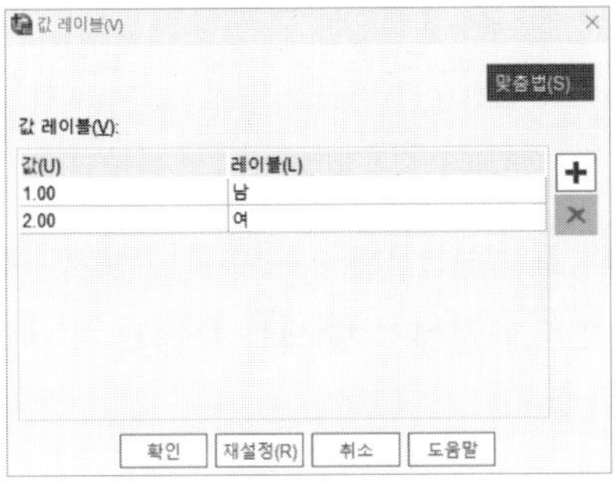

[그림 1-18]

물론 등간척도나 비율척도로 측정된 변수의 경우는 변수값을 정의할 필요가 없다. 등간 또는 비율척도로 측정된 변수가 어떤 변수인지 분명하게 이해하고 있는 독자들은 그 이유를 쉽게 이해할 수 있겠지만 그렇지 못한 독자들을 위해서 다음과 같은 예를 보기로 하자.

Q7. 귀하의 가구가 한 달을 생활하는 데 필요한 생활비는 얼마입니까?

( ) 만 원

위의 Q7은 명목변수나 서열변수처럼 응답범주가 제시된 질문이 아니다. 따라서 응답자들은 저마다 서로 다른 값을 답으로 써넣을 수 있는데 응답자들이 제시한 무수히 많은 변수값을 일일이 정의하는 것은 무의미할 뿐만 아니라 정의할 수도 없다. 따라서 이 경우처럼 변수가 등간 또는 비율변수인 경우는 '변수값 정의' 란은 공란으로 남겨 두고 조사된 자료를 [그림 1-19]처럼 직접 데이터 보기 창의 셀에 입력하면 된다.

[그림 1-19]

(7) 결측값 정의

'결측값(Missing value)' 정의는 응답자가 해당 질문에 대해서 아무런 정보를 제공하지 않았다는 사실을 *SPSS*에 입력하는 것이다. '결측값'이란 응답자가 특정 질문에 대해서 어떤 이유에서든(예를 들면, 해당 사항이 없거나 해당 사항이 있어도 응답을 거부한 경우) 응답을 하지 않았다는 사실을 나타내는 값이다. 조사과정에서 발생한 무응답에 대해서 연구자는 그러한 사실을 *SPSS*에 반드시 알려 줘야 한다.

어떤 변수의 결측값을 정의하려면 [그림 1-20]에 제시되어 있는 것처럼 '변수 보기' 창에서 해당 변수와 결측값 열이 만나는 셀의 ⋯ 부분을 누른다. 그러면 [그림 1-21]과 같은 창이 나타나는데 *SPSS*에서는 '결측값 없음'이 자동으로 선택되어 있다.

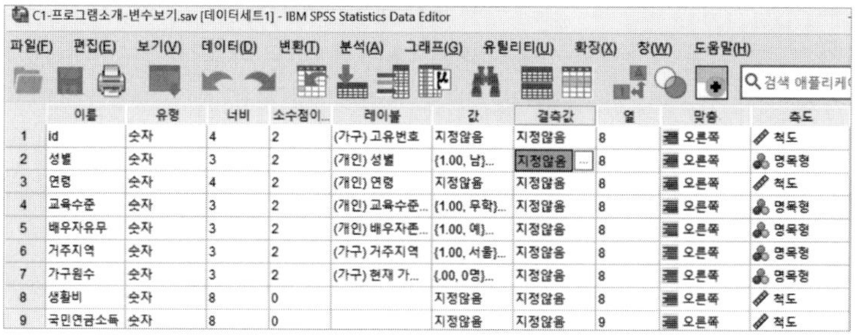

[그림 1-20]

'결측값'은 [그림 1-22]에 제시된 것처럼 두 가지 방식으로 정의할 수 있다. 먼저, 이산형 결측값(discrete missing values)을 정의하는 방식이 있는데, 서로 다른 세 개 값까지 결측값을 정의할 수 있다. 이 방식으로 결측값을 정의할 때 주로 사용되는 값은 9, 99, 999 등이다. 이 값들을 결측값으로 입력하고 '확인'을 누르면 [그림 1-23]처럼 '변수 보기' 창에 9, 99, 999 값이 해당 변수의 결측값으로 정의되었다는 것이 나타난다.

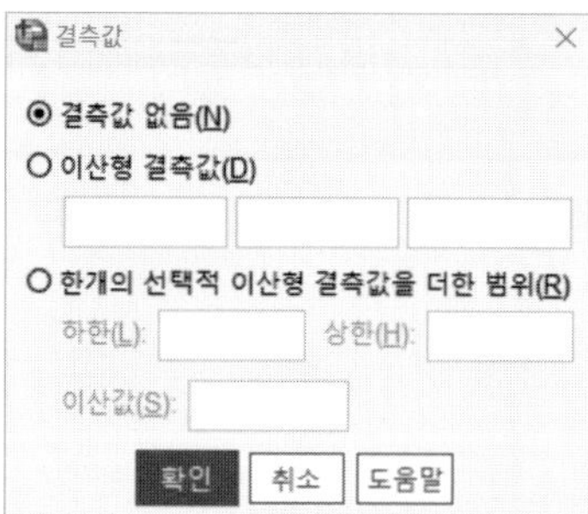

[그림 1-21]

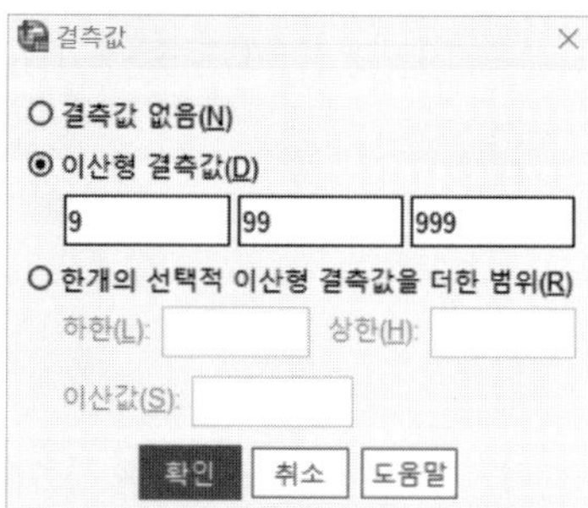

[그림 1-22]

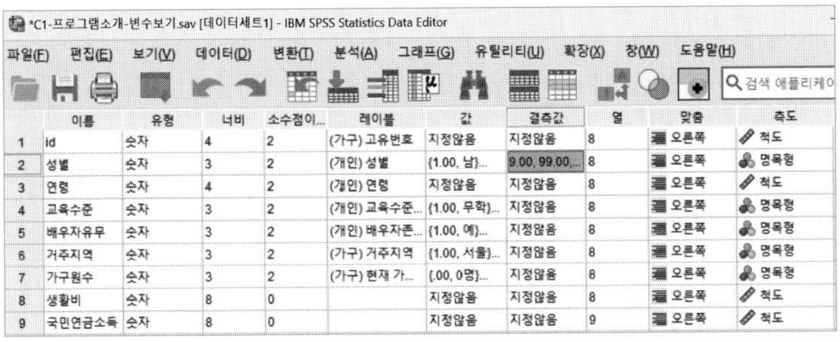

*C1-프로그램소개-변수보기.sav [데이터세트1] - IBM SPSS Statistics Data Editor

	이름	유형	너비	소수점이...	레이블	값	결측값	열	맞춤	측도
1	id	숫자	4	2	(가구) 고유번호	지정않음	지정않음	8	오른쪽	척도
2	성별	숫자	3	2	(개인) 성별	{1.00, 남}...	9.00, 99.00,...	8	오른쪽	명목형
3	연령	숫자	4	2	(개인) 연령	지정않음	지정않음	8	오른쪽	척도
4	교육수준	숫자	3	2	(개인) 교육수준...	{1.00, 무학}...	지정않음	8	오른쪽	명목형
5	배우자유무	숫자	3	2	(개인) 배우자존...	{1.00, 예}...	지정않음	8	오른쪽	명목형
6	거주지역	숫자	3	2	(가구) 거주지역	{1.00, 서울}...	지정않음	8	오른쪽	명목형
7	가구원수	숫자	3	2	(가구) 현재 가...	{.00, 0명}...	지정않음	8	오른쪽	명목형
8	생활비	숫자	8	0		지정않음	지정않음	8	오른쪽	척도
9	국민연금소득	숫자	8	0		지정않음	지정않음	9	오른쪽	척도

[그림 1-23]

어떤 변수의 결측값을 정의할 때 주의해야 할 것은 해당 변수가 가질 수 있는 변수값을 결측값으로 정의하는 오류를 범하지 않는 것이다. 예를 들어서, 다음과 같은 문항

Q8. 귀하의 국민연금소득은 얼마입니까? (　　　　) 만 원

에 대한 응답자들의 답을 *SPSS*에 자료로 입력하기 위해서 [그림 1-24]처럼 '국민연금소득'이라는 변수를 만들고 변수의 결측값을 '99'로 지정했다고 가정해 보자.

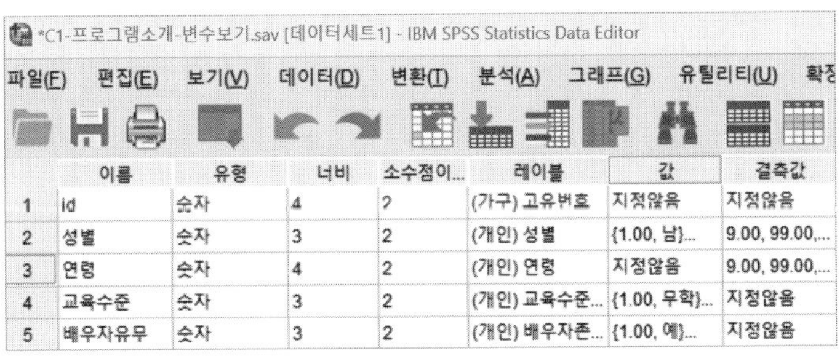

*C1-프로그램소개-변수보기.sav [데이터세트1] - IBM SPSS Statistics Data Editor

	이름	유형	너비	소수점이...	레이블	값	결측값
1	id	숫자	4	2	(가구) 고유번호	지정않음	지정않음
2	성별	숫자	3	2	(개인) 성별	{1.00, 남}...	9.00, 99.00,...
3	연령	숫자	4	2	(개인) 연령	지정않음	9.00, 99.00,...
4	교육수준	숫자	3	2	(개인) 교육수준...	{1.00, 무학}...	지정않음
5	배우자유무	숫자	3	2	(개인) 배우자존...	{1.00, 예}...	지정않음

[그림 1-24]

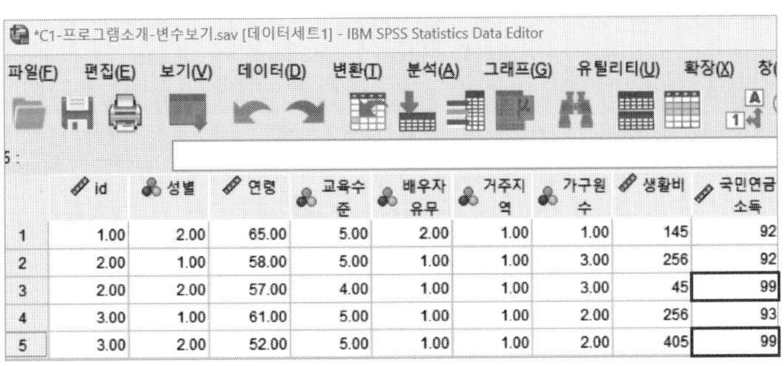

*C1-프로그램소개-변수보기.sav [데이터세트1] - IBM SPSS Statistics Data Editor

	id	성별	연령	교육수준	배우자유무	거주지역	가구원수	생활비	국민연금소득
1	1.00	2.00	65.00	5.00	2.00	1.00	1.00	145	92
2	2.00	1.00	58.00	5.00	1.00	1.00	3.00	256	92
3	2.00	2.00	57.00	4.00	1.00	1.00	3.00	45	99
4	3.00	1.00	61.00	5.00	1.00	1.00	2.00	256	93
5	3.00	2.00	52.00	5.00	1.00	1.00	2.00	405	99

[그림 1-25]

문제는 관찰대상 중 어떤 사람의 국민연금소득이 99만 원일 수 있다는 것이다. 예를 들어서, [그림 1-25]를 보면 관찰대상 3번과 5번의 국민연금소득이 99만 원으로 입력되어 있는데, 이 두 관찰대상의 국민연금소득이 실제로 99만 원일 경우, 앞서 '국민연금소득' 변수를 정의할 때 결측값을 '99'로 지정했기 때문에 *SPSS*는 이 두 사람의 국민연금소득이 실제로 99만 원임에도 불구하고 이 두 값을 모두 결측값으로 인식한다는 것이다.

이 예를 통해서 알 수 있듯이 자칫 연구자가 지정한 결측값이 해당 변수가 가질 수 있는 변수값인 경우, 애써 수집한 귀중한 자료를 분석에 활용하지 못하게 되는 상황이 벌어질 수 있다. 따라서 결측값을 지정할 때 연구자는 이러한 오류를 범하지 않도록 각별히 주의해야 한다.

결측값으로 9, 99, 999 등의 값이 자주 사용되는 이유는 이들 값들이 실제 변수값일 가능성이 상대적으로 낮은 값들이기 때문이지 이 값들이 절대 나올 수 없는 값이기 때문은 결코 아니다. 따라서 결측값을 지정할 때는 해당 변수의 예상 변수값이 될 수 없을 것 같은 숫자나 예상 변수값보다 한두 단위 큰 숫자를 결측값으로 지정하는 것이 바람직하다. 즉, 위의 예에서라면 '국민연금소득'의 결측값을 '99999' 정도의 큰 값으로 지정하는 것이 안전하다고 하겠다.

(8) 측도

'측도(Measure)'는 해당 변수를 어떤 척도로 측정된 변수로 할 것인지 정하는 것이다. *SPSS*는 척도를 세 가지로 구분한다. 해당 변수와 '측도' 열이 만나는 셀의 … 부분을 누르면 척도(S), 순서(O) 그리고 명목(N)이 선택사항으로 제시된다. 이 중에서 척도는 해당 변수가 등간척도나 비율척도로 측정된 변수일 때 선택하고 '순서'와 '명목'은 각각 해당 변수가 서열척도와 명목척도로 측정된 변수일 때 선택한다.

이러한 변수 구분은 이 장의 '3. 용어 및 개념 정리(8)~12))' 부분에서 다루었던 변수 구분과 다른 것처럼 보이지만 *SPSS*에서는 등간척도와 비율척도를 하나로 묶어 척도(scale)라고 부르는 것만 다를 뿐 앞서 소개했던 변수 구분과 동일하다는 것을 이해하기 바란다.

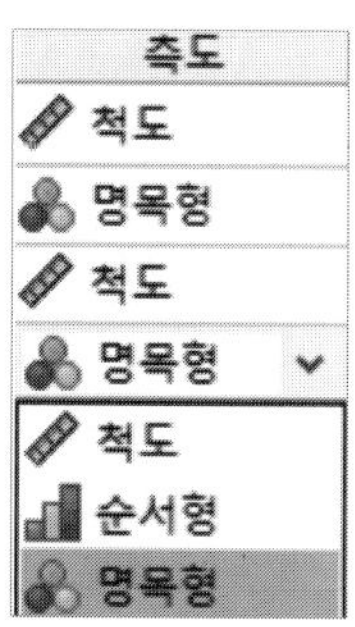

[그림 1-26]

'측도'와 관련해서 반드시 기억해야 할 것은 *SPSS*는 척도 종류의 기본값(default value)을 '척도'로 설정해 놓고 있다는 점이다. 따라서 명목척도나 서열척도로 측정된 변수의 경우 측도를 반드시 명목 또는 순서로 지정해 줘야 한다.

변수의 측도를 명목척도나 서열척도로 설정해 놓으면 *SPSS*는 해당 변수의 변수값이 수량적인 값이 아니라는 사실을 인식하고 해당 변수를 모든 분석에서 제외시킨다. 그러나 자칫 측도를 명목 또는 서열로 지정하는 것을 잊어버리면(이런 실수는 실제로 자주 발생한다) *SPSS*는 명목변수나 서열변수의 변수값을 수량적 값으로 인식하고 분석하여 성별의 평균값, 거주지역의 분산, 선호 브랜드의 표준편차 등을 제시하는 어처구니없는 경우가 발생한다. 이런 오류를 범하지 않기 위해서 연구자는 새로 변수를 만들면 반드시 그 즉시 해당 변수의 측도를 지정해 주는 습관을 길러야 한다.

6. *R*과 *Rstudio* 소개

*R*은 최근 가장 많이 사용하는 통계프로그램으로, 무료로 사용이 가능한 오픈소스 프로그램이다. *R*은 매우 강력하며, 특히 시각화 능력이 우수하다.

1) *R* 프로그램 설치

*R*은 https://cran.r-project.org/에서 운영체제에 맞는 파일(Windows는 현재 *R* 4.3.1 버전)을 다운로드 받아서 사용하면 된다. Download *R* for Windows 버튼을 클릭하고, 이어서 base를 클릭한 후 Download *R* 4.3.1 for Windows를 다운로드하여 저장하고, 더블 클릭하여 설치한다.

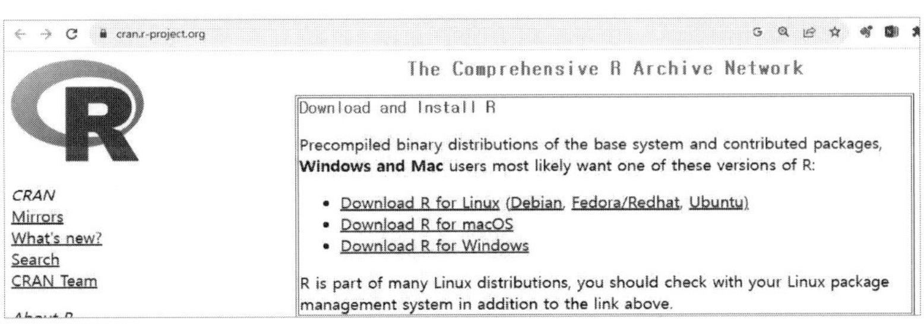

[그림 1-27]

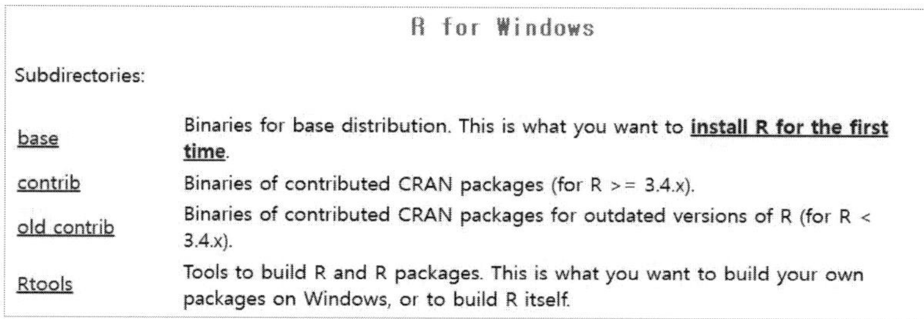

[그림 1-28]

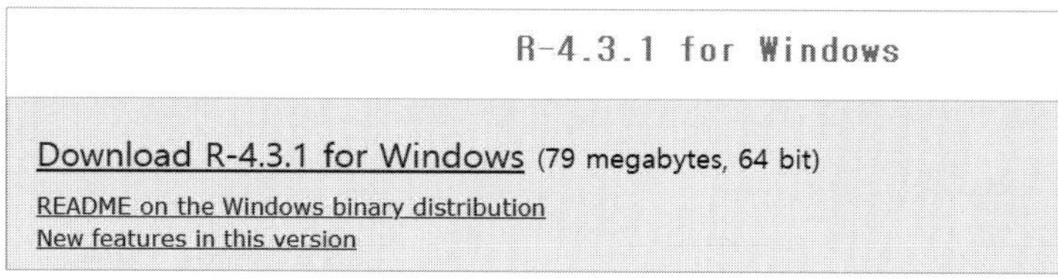

[그림 1-29]

R 이 강력하며, 무료이지만 초보자들이 힘들어하는 이유는 프로그래밍 언어에 가깝기 때문이다. 이에 따라 *R* 을 좀 더 쉽게 사용할 수 있도록 하기 위해 *Rstudio* 가 개발되었다. *Rstudio* 는 *R* 을 명령문 메뉴로 사용할 수 있도록 만든 도구이다.

R 을 설치한 후에 https://posit.co/download/rstudio-desktop/에서 운영체제에 맞는 파일을 다운로드한다. 위의 주소 화면으로 들어가면 아래와 같은 화면이 나타나는데, Windows는 DOWNLOAD RSTUDIO DESKTOP for Windows (Rstudio-2023.06.1.-524.exe)를 저장한 후에 설치한다.

[그림 1-30]

Rstudio 를 설치한 후 최초로 실행하면, 다음과 같은 화면이 나타난다.

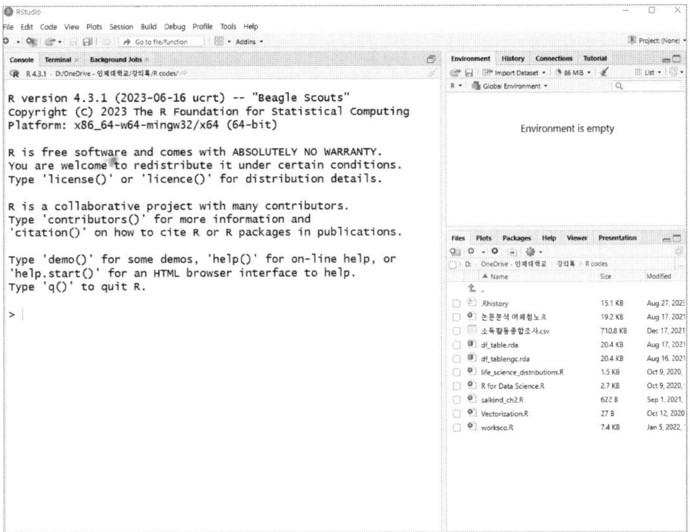

[그림 1-31]

이 화면의 왼쪽 창의 '>' 프롬프트에 명령문을 입력한 후 Enter 키를 누르면 명령이 실행되어 실행한 결과가 나타난다. *R*은 단순한 계산에서부터 복잡한 함수까지 모두 사용한다. *R*을 편리하게 사용하기 위해서는 명령문을 사용하는 것이 필요하다. 명령문 창 또는 스크립트 창은 그림 메뉴 아래에 왼쪽에 있는 네모 가 겹쳐져 있는 그림을 클릭하여 열 수 있다.

[그림 1-32]

그렇게 하면 [그림 1-33]과 같이 4개의 창이 나타나는데, 왼쪽 위의 창이 명령문 창 또는 스크립트 창이며, 왼쪽 아래의 창이 콘솔(Console) 창이며, 명령문과 함께 결과가 나타나는 창이다. 오른쪽 위의 창은 Environment 창인데, 해당 세션에서 만든 변수, 데이터프레임을 보여 준다. 오른쪽 아래의 창은 파일 창으로, 해당 디렉토리 내에 있는 파일을 보여 주며, 그래프를 생성하는 경우에는 그래프가 표시되는 창이다.

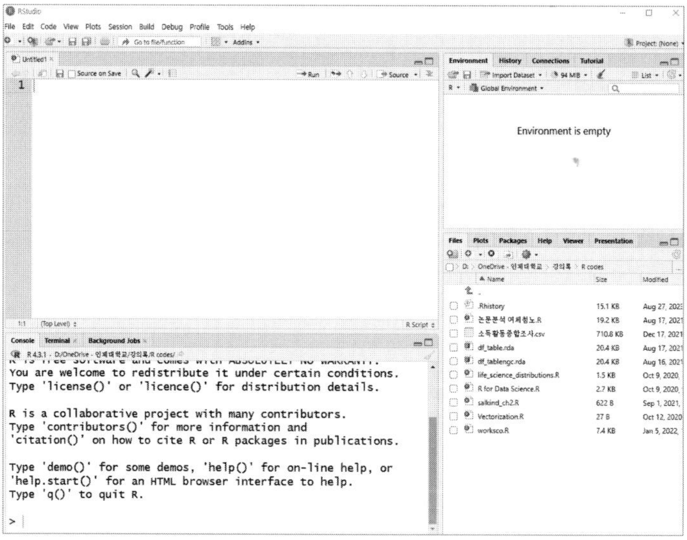

[그림 1-33]

2) R에서 변수 만들기

R에서 변수를 만드는 방법은 간단하다. 예를 들어서, 5명인 집단에서 v1의 값이 (2, 1, 2, 1, 2)인 변수를 만든다고 하자. 아래와 같이 콘솔 창에 입력한 후 enter 키로 명령을 수행하면 된다. "<-" 표시는 화살표를 나타내는데, "=" 표시와 동일한 결과를 가져오기 때문에 어떤 표시를 사용해도 무관하다. 엄격하게는 "<-" 표시는 오른쪽 내용을 왼쪽 객체(object)에 "배정"한다는 의미이다. 괄호 앞의 c는 벡터(여러 값)를 만들 때 사용하는 부호이다.

$v1 \leftarrow c(2, 1, 2, 1, 2)$ # 5개 숫자로 구성된 v1 생성

$v1 = c(2, 1, 2, 1, 2)$ # 위의 내용과 동일한 결과

또는 위의 내용을 스크립트 창에 입력한 후 Run →Run 을 클릭하면 실행되어 v1이라는 변수가 만들어지며, Environment 창에 아래 그림과 같이 나타난다.

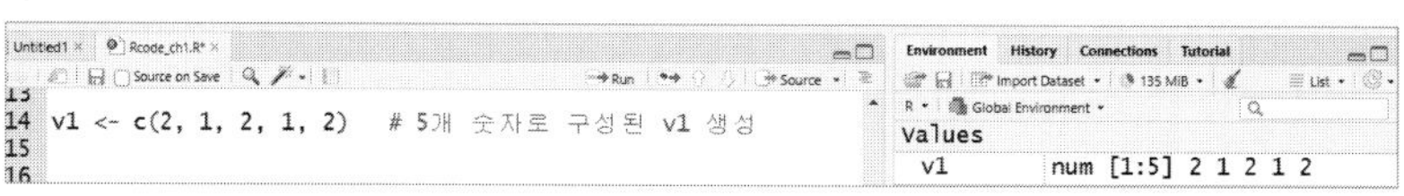

[그림 1-34]

R에서는 일반적으로 스크립트 창에 명령문을 입력하여 실행하는데, 스크립트 창만 저장하면 언제라도 동일한 결과를 가져올 수 있기 때문이다. 스크립트 창에서는 # 이후의 내용은 명령

문으로 인식하지 않기 때문에 설명을 하기 위해 사용한다.

변수를 숫자만으로 만드는 것은 아니며 문자로도 만들 수 있다. 예를 들어서,

*v*2 <- *c* ("F", "M", "F", "M", "F")   # 5개 문자로 구성된 v2 생성

이번에도 환경(Environment) 창을 보면 v2가 생성되었다는 것을 알 수 있는데, v1과 달리 chr 표시가 있어서 문자 변수라는 것을 알 수 있다.

[그림 1-35]

일반적으로 사용되는 데이터는 변수가 여러 개이며, 사례도 여러 명이다. 위에서 설명한 벡터는 사례가 5명이며, 변수는 1개인 경우를 보여 준다. 하지만 실제로는 변수도 여러 개인 경우가 대부분이다. *R* 에서는 *SPSS* 와 동일하게 행은 사례(case)를 나타내고, 열은 변수를 나타내는데, 여러 사례와 여러 변수로 구성된 데이터를 데이터 프레임(Data Frame)이라고 부른다.

R 에서 데이터프레임을 만드는 방법은 다음과 같다.

```
c1df ← data.frame( sex = c(2, 1, 2, 1, 2),
                   age = c(65, 58, 57, 61, 52),
                   edu = c(5, 5, 4, 5, 5))
```

스크립트 창에서 명령문이 완성되지 않은 경우 엔터 키를 입력하면 명령문이 이어지고 있다는 것을 보여주는 방법으로 배열이 된다. 스크립트 창에서 위의 명령문을 작성한 후 Run 을 클릭하면 환경창에 c1df라는 데이터(Data)가 생성되었다는 것을 알 수 있다. 여기에서 데이터는 데이터프레임을 의미한다.

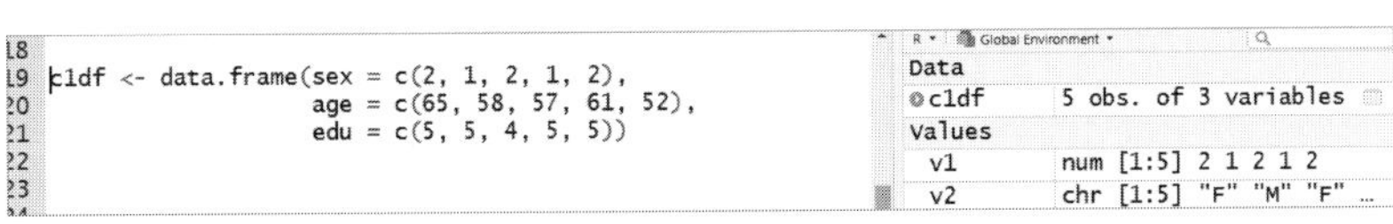

[그림 1-36]

참고문헌

Gravetter, F., & Wallanu, L. (1992). *Statistics for the Behavioral Sciences* (3rd ed.). St. Paul, MN: West Publishing Company.

Kachigan, S. (1991). *Multivariate Statistical Analysis* (2nd ed.). New York, NY: Radius Press.

Langhauser, C. (1990). Unpublished Manuscript. University of California at Berkeley, Berkeley, CA.

Stigler, S. (1986). *The History of Statistics: The Measurement of Uncertainty Before 1900.* Cambridge, MA: Harvard-Bellknap.

Vogt, P. (1993). *Dictionary of Statistics and Methodology.* Newberry Park, CA: Sage Publications Inc.

| 연습문제 |

01 구체적인 예를 들어 자신이 알고자 하는 실재를 정의한 다음 정의한 실재를 직접 관찰하는 데 어떤 어려움이 따르는지 설명하고 어떤 대안적 접근이 가능한지 설명하십시오.

02 다음 각각의 변수가 어떤 측도로 측정된 변수인지를 설명하십시오.

연령, 성별, 직업, 만족도(1=매우 만족~5=매우 불만족), 지능지수(IQ)

03 두 개 이상의 속성을 선정하여 각각의 변수를 명목, 서열 및 등간(비율)척도로 측정한 다음 각각의 경우에 포함되어 있는 정보의 양을 비교하십시오.

04 등간척도와 비율척도의 차이를 구체적인 예를 통해 설명하십시오.

05 다음 자료를 바탕으로 자료의 중심경향도 및 산포도를 구하십시오(단, 소수의 계산은 소수점 둘째 자리에서 버림한 값을 바탕으로 하십시오).

22, 25, 34, 35, 41, 41, 47, 47, 47, 48, 49, 53, 53, 59, 60

06 S대학 사회복지학과에서 지난 학기 개설된 사회복지통계과목 기말고사 점수가 다음과 같을 때, 주어진 자료의 특성을 서술하십시오(단, 소수의 계산은 소수점 둘째 자리에서 버림한 값을 바탕으로 하십시오).

77, 84, 86, 88, 91, 75, 69, 85, 85, 84, 87, 60, 79, 79, 78

79, 81, 95, 90, 83, 85, 77, 74, 90, 97, 69, 77, 85, 86, 84

07 새로 개발된 집단대상 사회복지실천기법의 효과를 알아보기 위해 구성된 실험집단과 비교집단 참여자의 연령을 조사한 결과가 다음과 같을 때, 두 집단의 특성을 비교하십시오.

실험집단 : 54, 58, 35, 41, 46, 25, 47, 61, 55, 45, 49, 46, 40, 37, 22

비교집단 : 50, 57, 26, 22, 20, 47, 39, 57, 60, 64, 21, 58, 35, 33, 43

08 자료의 분포가 좌편향 분포에 해당할 것이라 생각되는 경우와 우편향 분포에 해당할 것이라 생각되는 경우의 예를 각각 2개 이상 들어 보십시오. 또한 각각의 경우, 분포상에서의 평균값, 중앙값 및 최빈값의 상대적 위치를 그림으로 그려 비교하고 그 근거를 제시하십시오.

09 [예 1-2]에서 표본 관찰값 각각에 10을 더해 변형한 자료를 바탕으로 평균값과 분산을 구한 다음 결과를 바탕으로 어떤 표본자료에 일정한 값을 더하는 것이 평균값과 분산에 어떤 영향을 미치는지 설명하십시오.

10 [예 1-2]에서 표본 관찰값 각각에 10을 곱해 변형한 자료를 바탕으로 평균값과 분산을 구하십시오. 표본자료에 일정한 값을 곱하는 것이 평균값과 분산에 어떤 영향을 미치는지 설명하십시오.

2

확률이론

통계학에 있어서 확률은 확률이론 및 추론통계를 위한 자료분석기법의 발달에 기초가 되는 매우 중요한 개념이다. 이 책의 서문에서 밝힌 바와 같이, 이 책은 확률이론과 추론통계 가운데 후자, 즉 표본자료를 분석하여 얻은 정보를 바탕으로 직접 관찰이 불가능한 실재를 이해하는 추론통계에 주안점을 두고 있다. 이러한 관점에서 이번 장에서는 확률이론을 살펴보되, 논의의 범위를 확률개념에 대한 이해 및 이 책의 뒷부분에서 소개하게 될 추론통계를 위한 자료분석기법들을 이해하는 데 필수적으로 알고 있어야 할 내용으로 한정하기로 하겠다.

1. 확률개념

확률개념을 이해하기 위해서 우리는 먼저 다음과 같은 네 가지 개념들을 이해해야 한다.

- 무작위 실험(a random experiment)

통계학에서 말하는 무작위 실험(이하, 실험)이란 실제로 또는 적어도 이론적으로 무수히 반복할 수 있고 일련의 가능한 결과를 가질 수 있으나 어떤 결과가 실험의 결과로써 나타나게 될지는 실제로 실험을 실시하기 이전에는 알 수 없는 실험을 말한다. 별도의 언급이 없는 한, 이 책의 나머지 부분에서 '실험'이란 무작위 실험을 의미하는 것으로 이해하기 바란다.

- 표본공간(sample space)

표본공간은 실험의 결과로 나타날 수 있는 모든 가능한 실험결과들의 집합체로서 S라고 표기한다. 표본공간을 구성하고 있는 낱낱의 결과를 표본결과(sample outcome)라고 하고 S로 표기한다.

• 사건(an event)

사건이란, 실험의 결과로 나타날 수 있는 모든 가능한 실험결과들 가운데 연구자가 관심을 갖는, 특정 범주에 해당하는 결과를 말한다. 따라서 사건은 반드시 표본공간의 부분집합이어야 하므로 표본공간상에서만 정의될 수 있다.

• 동일 발생 가능성(equally likely)

어떤 두 개의 실험결과가 동일 발생 가능성을 가지고 있다는 말은 각각의 결과가 실험의 결과로써 발생하게 될 가능성이 동일하다는 것을 말한다.

이상의 개념들을 정확하게 이해하고 있는지를 확인하는 의미에서 다음과 같은 예를 들어 보기로 하자.

예제 2-1

다음의 경우에 대해서 실험, 표본공간 및 사건을 정의해 보기로 하자. 한 개의 주사위를 던져 주사위의 윗면에 1부터 6까지의 숫자 가운데 홀수 숫자가 나오는지를 알아본다.

주사위를 던져 윗면에 나오는 숫자를 알아보는 행위가 실험에 해당하며, 주사위를 던져 나올 수 있는 가능한 모든 결과인 1부터 6까지의 숫자는 표본공간을 구성한다. 이 실험에서 연구자가 관심을 가지는 것은 총 6개의 숫자 가운데 홀수 숫자가 나오는 경우에만 관심이 있다고 한다면, 우리는 1, 3 또는 5라는 숫자가 새겨진 면이 나오는 경우를 사건으로 정의할 수 있다. 마지막으로, 주사위를 한 번 던질 때 1부터 6까지 숫자 각각이 나올 수 있는 가능성은 1/6로 동일하므로 이들 6개의 숫자는 동일 발생 가능성을 갖는다.

예제 2-2

위의 [예 2-1]에서와 마찬가지로 다음과 같은 경우에 대해서 실험, 표본공간 및 사건을 정의해 보기로 하자. 대학에서 사회복지학을 전공하고 사회복지기관에서 근무한 지 2년째가 되는 사회복지사에게 대학에서 자신이 수강했던 전공 교과목 가운데 사회복지 실무에 가장 도움이 된다고 생각하는 3과목을 고르게 하고 그 가운데 자료분석론이 포함되는지를 알아본다.

이 경우, 사회복지사들로 하여금 사회복지 실무에 가장 도움이 되는 과목 3개를 고르게 하는 행위를 실험으로 정의할 수 있다. 각각의 사회복지사가 고른 3개의 과목들이 하나의 표본결과로서 표본공간을 구성하며, 3개 과목 가운데 자료분석론이 포함되는 경우가 사건이 된다.

1) 고전적 확률개념

아마도 확률이라는 개념을 가장 쉽게 이해할 수 있는 방법은 확률을 '특정 사건이 일어날 가능성(likelihood)'으로 이해하는 것이라고 할 수 있다. 예를 들어서, 우리는 실직자가 취업하게 될 가능성, 자활사업 참여자가 자활하게 될 가능성, 정신장애인이 지역사회에서 자립생활을 하게 될 가능성을 각각 '실직자가 취업하게 될 확률' '자활사업 참여자가 자활하게 될 확률', 그리고 '정신장애인이 자립생활하게 될 확률'이라는 말로 바꿔 표현할 수 있다.

이처럼 어떤 사건이 일어날 가능성이라는 개념으로 이해되는 확률을 통계학에서는 고전적 확률개념이라고 한다. 어떤 사건이 일어날 확률 또는 가능성이란 그 사건이 일어난 횟수와 모든 가능한 결과의 수의 비율(ratio)로 정의할 수 있다. 예를 들어서, 어떤 무작위 실험을 반복하여 상호배타적이고 동일 발생 가능성을 가진 n개의 결과가 발생했고 그 중에서 특정 사건 A가 발생한 빈도(frequency)를 f_A라고 하면 사건 A의 확률은 다음과 같이

$$P(A) = \frac{f_A}{n}$$

정의된다. 예를 들어서, 앞서 소개한 [예 2-1]에서 주사위를 던질 때 홀수가 나올 경우를 사건 A라고 정의한다면 우리는 사건 A의 확률은 다음과 같이 계산할 수 있다.

$$P(A) = \frac{f_A}{n} = \frac{3}{6} = \frac{1}{2}$$

이러한 고전적 확률개념은 확률을 단순히 개념적으로 이해하고자 할 때에는 매우 유용하지만 우리 주변에서 일어나는 모든 자연현상이나 사회현상과 관련된 확률을 실제로 계산하고자 할 때는 다음과 같은 두 가지 문제를 야기하게 된다.

첫 번째 문제는 만일 우리가 실제로 실험을 할 수 없거나, 실험을 할 수 있더라도 표본공간이 얼마나 많은 표본결과로 구성되어 있는지를 모른다면 확률을 계산할 수 없다는 것이고, 두 번째 문제는 가능한 모든 표본결과의 발생 가능성이 동일하지 않을 수 있다는 것이다. 이 두 가지 문제 중 첫 번째 문제는 문제의 내용이 그 자체로서 명백한바, 두 번째 문제에 대해서만 좀 더 부연 설명하기로 하겠다.

앞서 소개한 [예 2-1]에서 주사위를 던지는 경우, 일반적으로 우리는 1부터 6까지의 숫자 각각이 실험결과로 나올 가능성은 동일하다고 암묵적으로 생각한다. 그러나 만일 주사위에 어떤 결함이 있어 특정 면이 다른 면들에 비해서 더 잘 나올 수밖에 없다면 6개 숫자의 발생 가능성은 동일하지 않게 된다. [예 2-2]의 경우에도 만일 어떤 대학의 사회복지학과에는 자료분석이 학부과정 과목에 포함되어 있는 반면, 어떤 대학의 경우 자료분석이라는 과목 자체가 아예 개

설되어 있지 않다면 전자 대학과 후자 대학의 졸업생이 고른 3개 과목 가운데 자료분석이 포함될 가능성은 당연히 다를 수밖에 없다.

고전적 확률개념은, 정의내용에 제시된 바와 같이, 모든 표본결과가 상호배타적이고 동일 발생 가능성을 갖는다는 것을 기본 전제로 하고 있기 때문에 이러한 전제가 반드시 성립하지 않을 수 있는 현실상황에 적용하는 데는 어려움이 따른다.

2) 상대빈도 확률개념

고전적 확률개념의 이러한 문제점을 극복하기 위해 통계학에서 주로 사용되는 확률개념은 콜모고로브(Kolmogorove)에 의해 제시된 상대빈도(relative frequency) 확률개념이다. 상대빈도란 다음과 같이 정의되는데, 표본공간 S상에서 정의된 어떤 특정 사건을 A라고 하고 어떤 실험을 n회 반복할 때 사건 A가 발생한 빈도를 m이라고 한다면 m/n은 총 실험횟수에 대한 사건 A의 상대빈도가 된다. 이 상대빈도는 실험횟수 n이 커질수록 어떤 특정 값으로 수렴하게 되는데 바로 이 수렴값을 사건 A의 경험적 확률(empirical probability)이라고 한다. 즉,

$$P(A) = \lim_{n \to \infty} \frac{m}{n} \qquad [2\text{-}1]$$

위의 [2-1]을 볼 때, 콜모고로브의 상대빈도 확률개념은 표본공간을 구성하는 표본결과의 개수를 실제로 알아야 한다거나 모든 표본결과가 동일 발생 가능성을 가져야 한다는 전제를 반드시 필요로 하지는 않음을 알 수 있다. 바로 이러한 의미에서 상대빈도 확률개념은 고전적 확률개념보다 일반적인 확률개념으로 알려져 있다.

그러나 상대빈도 확률개념에 근거해서 확률을 계산하더라도 다음과 같은 문제는 존재하는데, 어떤 실험의 경우, 실험의 성격상 실험을 반복한다는 것이 가능하지 않을 수 있고 설령 실험을 반복할 수 있다고 하더라도 과연 실험을 얼마나 반복할 때에야 비로소 '실험을 무수히 반복했다'고 말할 수 있는지에 대한 뚜렷한 기준을 찾는다는 것은 결코 쉬운 일이 아니라고 하겠다. 이러한 문제점 때문에 [2-1]의 상대빈도 확률개념을 이용하더라도 어떤 현상이나 사건과 관련된 확률을 계산하는 것이 언제나 가능한 것은 아니라고 하겠다.

예제 2-3

15개의 검은 공과 5개의 흰 공이 든 상자에서 공을 보지 않고 한 개의 공을 꺼내는 실험을 실시하여 꺼낸 공이 검은 공일 확률과 흰 공일 확률을 각각 계산해 보기로 하자.

상자 속에 든 공의 개수가 20이므로 한 개의 공을 꺼내는 실험을 총 20회 반복할 수 있다. 이때, 20회의 실험결과 가운데 검은 공을 꺼낸 경우가 발생한 빈도와 흰 공을 꺼낸 경우가 발생한 빈도를 각각 f_B, f_W 라고 하면 상자 속에는 검은 공과 흰 공이 각각 15개와 5개 있으므로 고전적 확률개념을 이용하여 확률을 계산하면

$$\text{검은 공을 꺼낼 확률: } \frac{f_B}{n} = \frac{15}{20} = \frac{3}{4} = .75 = 75\%$$

$$\text{흰 공을 꺼낼 확률 : } \frac{f_W}{n} = \frac{5}{20} = \frac{1}{4} = .25 = 25\%$$

이다.

예제 2-4

한 개의 주사위를 던져 나온 숫자를 알아보는 실험을 20회 반복하여 다음과 같은 결과를 얻었다고 가정해 보자. 이 실험의 결과를 바탕으로 주사위에 새겨진 1부터 6까지의 숫자 각각에 해당하는 확률을 구해 보기로 하자.

1, 6, 1, 4, 5, 2, 3, 4, 6, 2, 3, 5, 4, 3, 5, 4, 3, 4, 5, 4

이 경우 역시 고전적 확률개념을 이용하여 확률을 계산할 수 있는데 1부터 6까지의 숫자 각각에 해당하는 확률은 총 $n=20$회의 실험결과 가운데 각각의 숫자가 나온 빈도, 즉 상대빈도이다.

X	f	$P(X)$
1	2	.1
2	2	.1
3	4	.2
4	6	.3
5	4	.2
6	2	.1
	20	1.0

2. 확률의 특성

이상에서 살펴본 것처럼 고전적 확률개념과 상대빈도 확률개념은 각각 나름대로의 장점과 단점을 가지고 있기 때문에 통계학에서 이 두 확률개념은 상호보완적으로 사용된다. 즉, 고전적 확률개념을 이용하여 확률을 정의하기 어려운 경우에는 상대빈도 확률개념을 이용하여 확률을 정의하고 반대로 상대빈도 개념을 적용하기 어려울 때는 고전적 확률개념을 이용하여 확률을 정의한다.

이 두 가지 확률개념 중 어떤 확률개념에 근거하여 확률을 이해하는가와 상관없이 확률은 다음과 같은 두 가지 공통적인 특성을 갖는데 이를 확률의 두 가지 공리(axiom)라고 한다.

공리 1. 표본공간 S상에서 정의된 어떤 사건을 A라고 할 때,

$$P(A) \geq 0$$

공리 2. $P(S)=1,\ P(\varnothing)=0$

공리 1과 2로부터 우리는 확률이 항상 0과 1 사이의 실수값을 갖는다는 것을 알 수 있다. 어떤 사건이 발생할 확률이 0이라면 그 말은 그 사건이 발생할 가능성이 전혀 없다는 것을 의미하며, 반대로 확률이 1이라는 말은 그 사건은 반드시 발생한다는 것을 의미한다.

이와 같은 확률의 두 가지 공리로부터 우리는 확률에 관한 일련의 유용한 정리(theorem)를 도출해낼 수 있는데, 이러한 정리들을 이해하기에 앞서 먼저 다음과 같은 3가지 개념을 정의해 보도록 하자.

• **독립성**(independence)

두 개의 사건이 있을 때, 어느 한 사건의 발생 여부가 나머지 한 사건의 발생 여부에 영향을 미치지 않는다면 두 사건은 서로 독립이라고 한다.

• **상호배타성**(mutually exclusiveness)

두 개의 사건이 있을 때, 어느 한 사건이 발생할 때 나머지 한 사건이 동시에 발생할 수 없다면 두 사건은 상호배타적이라고 한다.

• **포괄성**(exhaustiveness)

어떤 실험의 결과로 정의되는 한 사건의 집합이 그 실험의 결과로 나타날 수 있는 모든 실험

결과를 포함하고 있으면 그 집합은 포괄적이라고 한다.

이러한 세 가지 개념에 대한 이해를 바탕으로 이제 앞서 설명한 확률의 두 가지 공리로부터 도출되는 확률에 관한 8가지 정리를 살펴보면 다음과 같다.

정리 1. 표본공간 S상에서 정의된 어떤 사건을 A라고 할 때, $P(A^c) = 1 - P(A)$이다. 이를 벤다이어그램으로 표현하면 다음과 같다.

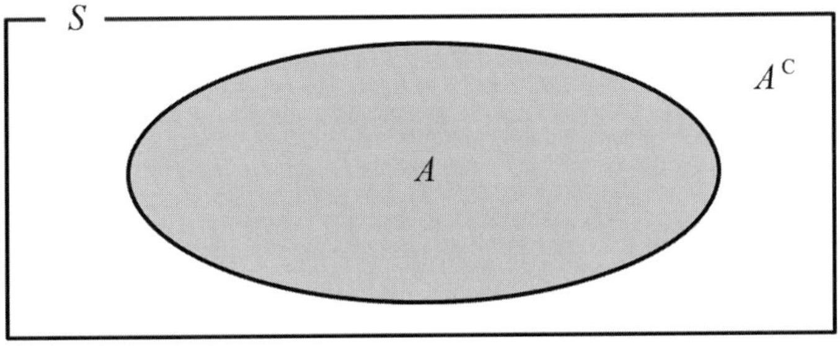

[그림 2-1]

정리 2. 표본공간 S상에서 정의된 두 개의 사건을 A와 B라고 할 때, $A \subset B$이면 $P(A) \subset P(B)$이다.

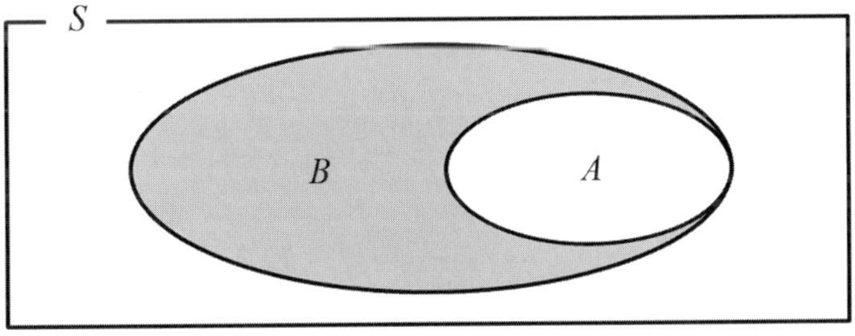

[그림 2-2]

정리 3. 표본공간 S상에서 정의된 일련의 상호배타적인 사건을 $A_1, A_2, A_3, \cdots$ 라고 할 때, 이 가운데 어느 한 사건이 발생할 확률은 각각의 사건이 발생할 개별 확률의 합과 같다. 이를 확률의 덧셈법칙이라고 한다.

$$P\left(\bigcup_{i=1}^{\infty} A_i\right) = \sum_{i=1}^{\infty} P(A_i)$$

정리 4. 표본공간 S상에서 정의된 두 개의 사건을 A와 B라고 할 때, 만일 두 사건이 상호배타적이라면 $P(A \cup B) = P(A) + P(B)$이고 두 사건이 상호배타적이지 않다면 $P(A \cup B) = P(A) + P(B) - P(A \cap B)$이다.

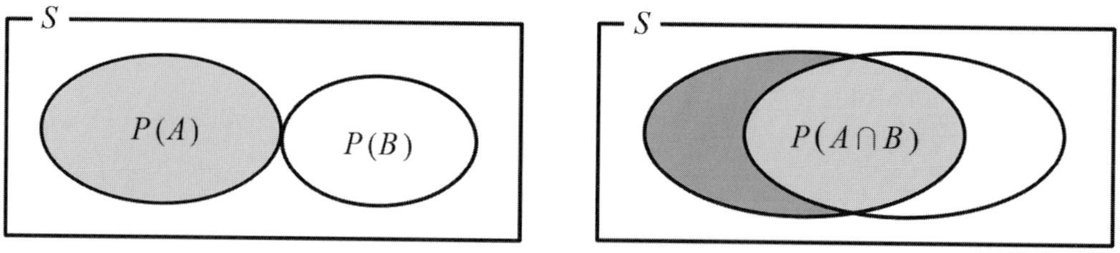

[그림 2-3]

정리 5. 표본공간 S상에서 정의된 서로 독립인 일련의 사건을 $A_1, A_2, A_3, \cdots$ 라고 할 때, 이들 사건이 동시에 발생할 확률은 각 사건이 일어날 개별 확률의 곱과 같다. 이를 확률의 곱셈법칙이라고 한다.

$$P\left(\bigcap_{i=1}^{\infty} A_i\right) = \prod_{i=1}^{\infty} P(A_i)$$

정리 6. 표본공간 S상에서 정의된 두 개의 사건을 A와 B라고 할 때, 사건 B가 발생한다는 조건하에서 사건 A가 발생할 확률을 'A의 B에 대한 조건확률'이라고 하고 $P(A|B)$라고 표기하며 다음과 같이 정의한다.

$$P(A|B) = \frac{P(A \cap B)}{P(B)},\ P(A|B) \cdot P(B) = P(A \cap B) \text{ 단, } P(B) > 0$$

동일한 원리에 의해서 B의 A에 대한 조건확률 $P(B|A)$는 다음과 같다.

$$P(B|A) = \frac{P(B \cap A)}{P(A)},\ P(B|A) \cdot P(A) = P(A \cap B) \text{ 단, } P(A) > 0$$

이때, 만일 두 사건 A, B가 독립이라면 정리 5의 곱셈법칙에 의해서

$$P(A \cap B) = P(A) \cdot P(B)$$

이므로 조건확률은 다음과 같아진다는 것을 알 수 있다.

$$P(A|B) = P(A),\ P(B|A) = P(B)$$

정리 7. 표본공간 S가 일련의 상호배타적인 사건 A_1, A_2, A_3, $\cdots$, A_n에 의해서 분할될 때, 동일한 표본공간 S상에서 정의되는 어떤 사건 B가 발생할 확률 $P(B)$는 다음과 같다.

$$P(B) = \sum_{i=1}^{n} P(B|A_i)P(A_i)$$

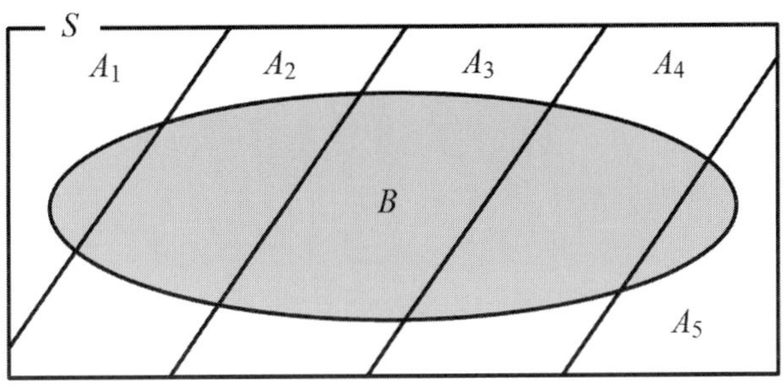

[그림 2-4]

위의 벤다이어그램에 제시된 바와 같이 A_1, A_2, A_3, $\cdots$, A_n 가운데 어떠한 사건이 발생할 때마다 그에 조건하여 발생하는 사건 B의 확률을 모두 더하면 결국 사건 B의 총발생확률이 된다는 것을 알 수 있다.

정리 8. 표본공간 S가 일련의 상호배타적인 사건 A_1, A_2, A_3, $\cdots$, A_n에 의해서 분할되고 동일한 표본공간 S상에서 정의되는 어떤 사건 B가 있을 때(정리 7의 벤다이어그램 참조), 사건 B가 발생하고 그것을 조건으로 하여 사건 A_j가 발생할 확률은 다음과 같이 정의할 수 있다.

$$P(A_j|B) = \frac{P(B \cap A_j)}{\sum_{i=1}^{n} P(B \cap A_i)} = \frac{P(B|A_j)P(A_j)}{\sum_{i=1}^{n} P(B|A_i)P(A_i)}$$

단, $P(A_i) > 0$, $P(B) > 0$, $i \neq j$

위의 식을 베이즈 정리(Bayes' theorem)[1]라고 하는데, 한마디로 말해서 베이즈 정리란 우리가 알고 있는, 어떤 사건의 조건확률이라는 정보를 바탕으로 다른 어떤 사건의 조건확률을 계산해 낼 수 있게 해 주는 이론이다. 위의 경우는 우리가 알고 있는, 사건 B의 조건확률에 관한 정보를 바탕으로 또 다른 사건 A_i의 조건확률을 알아내는 경우에 해당한다.

이상의 정리들 가운데 정리 6의 조건확률과 정리 8의 베이즈 정리가 실제로 확률을 계산할 때 어떻게 활용되는지를 다음과 같은 예를 통해서 이해해 보기로 하자.

예제 2-5

남자 5명과 여자 4명으로 이루어진 집단을 대상으로 실시한 사회복지실천 프로그램의 효과를 알아보기 위해서 프로그램 참여자 집단으로부터 한 명씩 차례로 두 명의 참여자를 표본으로 뽑을 때, 두 명의 표본이 모두 여자일 확률을 구해 보기로 하자.

두 명의 표본을 뽑는 방법, 첫 번째 표본을 뽑은 후 두 번째 표본을 뽑기에 앞서 첫 번째 표본을 프로그램 참여자 집단에 포함시킨 다음 두 번째 표본을 뽑는 방법과 첫 번째 표본을 프로그램 참여자 집단에 다시 포함시키지 않고 두 번째 표본을 뽑는 방법 두 가지가 있다.

두 번째 표본을 뽑기 전에 첫 번째 뽑은 표본을 프로그램 참여자 집단에 포함시킨 후 두 번째 표본을 뽑는 경우를 가리켜 복원추출이라고 하고, 첫 번째 표본을 포함시키지 않는 상태에서 두 번째 표본을 뽑는 경우를 가리켜 비복원추출이라고 한다. 두 명의 표본이 모두 여자일 확률은 이 두 가지 방법 가운데 어떤 방법에 따라 표본을 뽑는가에 따라 달라진다.

첫 번째 표본이 여성인 경우를 사건 A라고 하고 두 번째 표본이 여성인 경우를 사건 B라고 하면 두 표본이 모두 여성일 확률은 $P(A \cap B)$이다. 복원추출의 경우, 두 번째 표본이 여성일 확률 $P(B)$은 첫 번째로 뽑힌 표본의 성별에 의해서 아무런 영향을 받지 않으므로 두 사건 A와 B는 서로 독립임을 알 수 있다.

반면에 비복원추출의 경우는, 일단 첫 번째 표본을 뽑고 나면 두 번째 표본을 뽑을 수 있는 참여자 집단의 크기가 $n = 8$로 달라질 뿐만 아니라 첫 번째 표본이 여성일 경우 $n_{여성}$까지 달라지게 된다. 따라서 사건 B는 사건 A에 의해서 영향을 받게 되는데 이러한 경우를 가리켜 사건 B가 A에 종속적 또는 조건적이라고 한다.

위에서 설명한 조건부 확률개념을 이용할 경우, 실제로 복원추출과 비복원추출 각각에 해당하는 $P(B|A)$, 즉 B의 A에 대한 조건확률은

$$\text{복원}: P(B|A) = P(B) = \frac{4}{9} \qquad \text{비복원}: P(B|A) = \frac{3}{8}$$

로 다르며 따라서 복원추출과 비복원추출 각각에 해당하는, 두 표본 모두 여성일 확률 $P(A \cap B)$ 또한 다음과 같이 다르다는 것을 알 수 있다.

$$P(A \cap B) = P(B) \cdot P(A) = \frac{4}{9} \times \frac{4}{9} = \frac{16}{81} = .20,$$

$$P(A \cap B) = P(B|A) \cdot P(A) = \frac{3}{8} \times \frac{4}{9} = \frac{3}{18} = .17$$

---

1) 베이즈 정리(Bayes' theorem)란 어떤 사건에 대해서 알고 있는 정보에 기준을 두고 어떤 사건이 일어나게 될 확률을 계산해 내는 이론을 의미한다.

예제 2-6

우리나라 지역건강보험 신규 가입자의 건강상태를 기준으로 상, 중, 하의 세 등급으로 나눌 때 가입자의 건강상태가

'상'일 확률 : $P(A_3) = .3$ '중'일 확률 : $P(A_2) = .5$ '하'일 확률 : $P(A_1) = .2$

이라고 가정해 보자. 또한 각 건강상태에 해당하는 가입자가 건강보험가입 후 일정 기간이 지난 다음 보험료를 3개월 이상 체납하게 될 확률은

'상'인 가입자 : $P(B|A_3) = .2$ '중'인 가입자 : $P(B|A_2) = .4$ '하'인 가입자 : $P(B|A_1) = .6$

라고 가정해 보자. 이러한 정보를 바탕으로 3개월 이상 건강보험료 체납자 중 한 명을 뽑을 때, 그 가입자의 건강보험 가입 당시 건강상태가 '중'이었을 확률을 계산해 보기로 하자.

주어진 정보를 단순화시켜 정리하면 이 경우는 $P(A_1)$, $P(A_2)$, $P(A_3)$와 $P(B|A_1)$, $P(B|A_2)$, $P(B|A_3)$를 알고 있는 상태에서 $P(A_2|B)$를 구하는 경우임을 알 수 있다. 즉, 어떤 사건 B의 조건확률에 관한 정보를 바탕으로 또 다른 사건 A의 조건확률을 구하는 경우로서 바로 이러한 경우에 위에서 설명한 베이즈 정리를 이용할 수 있다. 정리 8의 공식을 이용하여 확률을 구하면 다음과 같다.

$$P(A_2|B) = \frac{P(A_2 \cap B)}{P(A_1 \cap B) + P(A_2 \cap B) + P(A_3 \cap B)}$$

$$= \frac{P(B|A_2)P(A_2)}{P(B|A_1)P(A_1) + P(B|A_2)P(A_2) + P(B|A_3)P(A_3)}$$

$$= \frac{.4 \times .5}{(.6 \times .2) + (.4 \times .5) + (.2 \times .3)} = .526$$

3. 확률변수

확률변수(random variable)의 개념을 이해하기 위해서 앞서 제1장에서 정의했던 변수를 이제 하나의 실험(experiment)이라고 생각하기로 하자. 모든 변수를 실험이라고 여긴다면 이제 우리는 어떤 변수가 가질 수 있는 변수값을 실험을 통해 얻게 되는 실험결과라고 이해할 수 있고, 더 나아가서 어떤 변수가 가질 수 있는 모든 변수값을 그 변수라는 실험을 통해 얻을 수 있는 모든 실험결과의 집합, 즉 표본공간이라고 생각할 수 있다.

이러한 이해를 바탕으로 이제 확률변수를 정의해 본다면 확률변수 X란 [그림 2-5]와 같이 표본공간을 이루고 있는 모든 실험결과를 확률공간에 함수대응할 수 있는 변수라고 정의할 수 있다. 어떤 실험을 통해 얻은 결과, 즉 변수값을 확률에 함수대응한다는 것은 각각의 변수값을 확률에 일대일 또는 다대일 대응시키는 것을 말한다.

일반적으로 통계학에서는 변수값과 확률 간의 이러한 함수관계 그 자체에 초점을 맞추고 확률변수를 '어떤 변수가 가질 수 있는 모든 변수값을[2] 0과 1 사이의 확률에 대응시키는 함수'라고 정의한다. 이 책에서는 확률변수를 좀 더 쉽게 개념적으로 이해할 수 있게 하기 위한 목적에서 확률변수를 함수 그 자체라고 정의하기보다는 '모든 변수값을 확률에 함수 대응시킬 수 있는 변수'라고 정의하기로 하겠다.

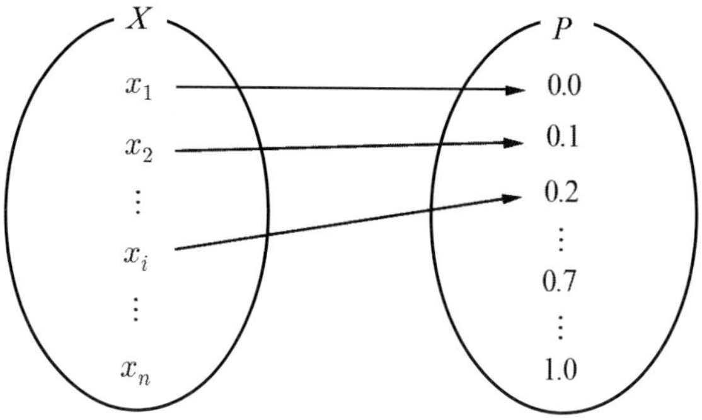

[그림 2-5]

1) 이산확률변수

확률변수가 가질 수 있는 변수값의 범위는 유한(finite)하거나 무한(infinite)할 수 있다. 어떤 확률변수가 유한 또는 무한한 불연속적인 변수값을 가질 때 그 확률변수를 이산확률변수라고 하고 연속적인 변수값을 가질 때 연속확률변수라고 하겠다.

이해를 쉽게 하기 위해서 먼저 이산변수이면서 유한한 변수값을 갖는 확률변수를 생각해 보기로 하자. 예를 들어서, 주사위 한 개를 던질 때 나오는 눈의 수를 확률변수 X라고 정의하고 X가 가질 수 있는 변수값을 x_1, x_2, x_3, $\cdots$ 라고 하고 변수값에 대응하는 확률을 $P_{X=x_1}$, $P_{X=x_2}$, $P_{X=x_3}$, ...라고 한다면 확률변수 X의 변수값과 각각의 변수값에 해당하는 확률은 다음과 같다.

$$X = x_1 = 1,\ P_{x_1} = P(X=1) = 1/6 \quad X = x_2 = 2,\ P_{x_2} = P(X=2) = 1/6$$
$$X = x_3 = 3,\ P_{x_3} = P(X=3) = 1/6 \quad X = x_4 = 4,\ P_{x_4} = P(X=4) = 1/6$$
$$X = x_5 = 5,\ P_{x_5} = P(X=5) = 1/6 \quad X = x_6 = 6,\ P_{x_6} = P(X=6) = 1/6$$

2) 제1장에서 우리는 변수란 어떤 속성을 두 개 이상의 값을 가질 수 있도록 측정가능하게 정의해 놓은 것이라 소개한 바 있으며 측정에 사용한 척도의 종류에 따라서 변수의 종류를 명목, 서열, 등간, 비율변수로 구분할 수 있음을 논의한 바 있다. 이러한 네 가지 종류의 변수 가운데 확률변수는 수량적 변수값을 가질 수 있는 변수에 대해서만 생각할 수 있는 개념인바, 확률변수란 적어도 등간 또는 비율척도로 측정된 변수를 말한다는 것을 이해할 수 있다.

이때, 이산확률변수 X가 가질 수 있는 모든 변수값을 확률에 대응시키는 함수를 확률질량함수(probability mass function)라고 하고 $P_X(x)$ 또는 간단히 $P(x)$로 표기한다. 확률질량함수는 다음의 두 가지 조건을 만족해야 한다.

조건 1. 이산확률변수 X가 가질 수 있는 모든 변수값 x_i에 대해 $P(x_i) \geq 0$
조건 2. $\Sigma P(x_i) = 1$

2) 연속확률변수

이산확률변수에 이어서 이번에는 연속확률변수의 경우를 생각해 보도록 하자. 예를 들어서, 우리나라 임금근로자의 월평균 소득을 확률변수 X라고 정의한다면 확률변수 X가 가질 수 있는 변수값 x_i는 무한히 많으며 따라서 일일이 나열한다는 것이 불가능한 연속적인 값을 갖는다. 이처럼 확률변수 X가 무한히 많은 연속적인 변수값을 가질 때, X가 특정값 x_i를 변수값으로 가질 확률은 0에 가깝기 때문에 X가 어떤 특정 변수값을 갖게 될 확률을 계산한다는 것은 한 마디로 말해서 무의미하다고 할 수 있다.

바로 이러한 이유에서 어떤 확률변수가 연속확률변수인 경우는, 그 확률변수가 특정 변수값을 가질 확률을 구하는 것이 아니라 특정 실수구간, 즉 일련의 범위에 해당하는 변수값을 가질 확률을 구하게 된다. 연속확률변수 X가 실수구간 (x_o, x_n)에 해당하는 값을 가질 확률은 연속확률변수 X가 가질 수 있는 모든 변수값을 확률에 대응시키는 함수 $f(x)$를 실수구간에 대해 적분하여 구한다. 즉,

$$P(x_0 \leq X \leq x_n) = \int_{x_0}^{x_n} f(x)dx$$

이때, $f(x)$를 확률밀도 함수(probability density function)라고 하는데 확률밀도 함수는 다음의 2가지 조건을 만족시켜야 한다.

조건 1. 연속확률변수 X가 가질 수 있는 모든 변수값 x_i에 대해 $f(x_i) \geq 0$
조건 2. $\int_{-\infty}^{+\infty} f(x)dx = 1$

4. 확률분포

앞서 우리는 확률변수를 '변수값을 0과 1 사이의 확률에 함수대응시킬 수 있는 변수'라고 정의한 바 있다. 확률분포란 바로 이러한 확률변수의 변수값과 확률 간의 함수대응관계를 말하는 것으로서 보다 정확하게 말하자면 그러한 대응관계를 정의하는 함수식을 말한다. 그러나 함수식 그 자체만을 가지고는 확률분포를 개념화하는 것이 쉽지 않기 때문에 일반적으로 확률분포는 [그림 2-6]과 같이 변수값과 확률 간의 함수대응관계를 나타내는 그림으로 표현한다.

확률분포에는 이산확률분포와 연속확률분포가 있는데 이 가운데 먼저 이산확률분포의 예를 들어 보기로 하자. 어떤 지역사회정신건강센터에서 센터를 방문하는 정신질환자를 5명씩 한 단위로 묶어 그 중에 약물남용 문제를 가진 정신질환자가 몇 명인지를 알아보기 위해 100명의 방문자에 대해 조사를 실시한 결과가 다음과 같다고 가정해 보자. 정신질환자 중 약물남용문제를 가진 정신질환자의 수를 X라고 하면 이산확률변수 X의 확률분포는 [그림 2-6]의 (a)와 같은 형태로 나타날 것이다.

X	f_x	$P(x)$
0	2	.1
1	4	.2
2	6	.3
3	5	.25
4	2	.1
5	1	.05

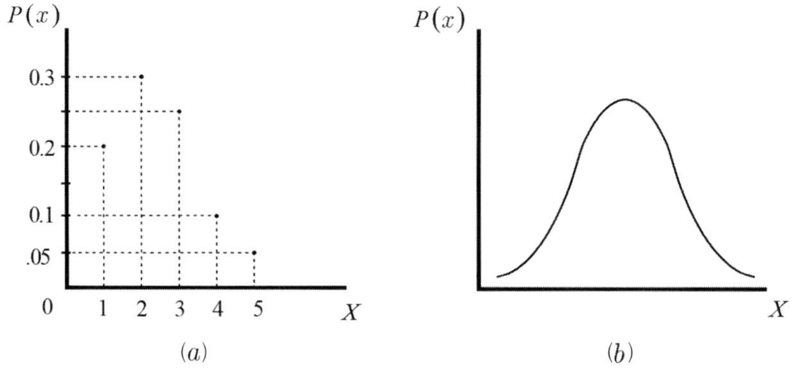

[그림 2-6]

이번에는 연속확률분포를 이해하기 위해서 앞서 소개했던 임금근로자의 월평균소득의 예를 다시 들어보기로 하자. 임금근로자의 월평균소득을 확률변수 Y라고 정의해 보자. 확률변수

Y는 무수히 많은 변수값을 가질 수 있는 연속확률변수인데 왜냐하면 100만 원과 101만 원이라는 두 변수값 사이에만도 무수히 많은 서로 다른 변수값이 존재하기 때문이다.

따라서 연속확률변수 Y가 가질 수 있는 가능한 모든 변수값을 가로축에 나열하고 각각의 변수값에 대응하는 0과 1 사이의 확률을 세로축에 나열하면 Y의 확률분포는 [그림 2-6] (b)와 같은 곡선이 된다.[3] 즉, 연속확률분포는 불연속적인 점들로 표현되는 이산확률분포와 달리 무수히 많은 일련의 점들로 이루어진 곡선형태를 갖는다.

5. 확률분포의 기대값과 분산

제1장에서 우리는 어떤 자료의 특성은 그 자료의 특성을 나타내는 중심경향도나 산포도 측도(measure)와 같은 측도를 통해서 파악할 수 있다는 것을 이미 배운 바 있다. 확률변수의 확률분포가 가진 특성을 이해하는 경우도 이와 마찬가지라고 할 수 있는데, 어떤 확률분포의 특성 또한 그 확률분포의 특성을 나타내 주는 측도를 통해서 파악할 수 있다. 확률분포의 평균과 분산은 이러한 목적에서 각각 확률분포의 중심경향도와 산포도를 나타내 주는 유용한 측도로 사용된다.

1) 확률분포의 평균: 기대값

통계학에서는 확률분포의 평균을 기대값(expectation)이라고 하는데, 확률변수 X의 확률분포의 기대값은 $E(X)$라고 표기하고 다음과 같이 정의한다.[4]

X가 이산확률변수인 경우, $E(X) = \sum x_i P(x_i)$

X가 연속확률변수인 경우, $E(X) = \int x f(x) dx$

단, $P(x)$와 $f(x)$는 각각 이산확률함수와 연속확률함수[5]

확률분포의 평균을 기대값이라고 부르는 이유는, 확률분포의 평균이란 실제로 관찰할 수 있는 값이라기보다는 이론적으로만 '생각' 또는 '기대'해 볼 수 있는 값이기 때문이다. 이해를 돕기 위해서 앞서 소개했던 예를 다시 들어보기로 하자. 확률변수 X를 우리나라 임금근로자의 월

3) [그림 2-6]과 같은 모양의 확률분포를 가리켜 정규분포라고 한다. 정규분포에 대해서는 이 장의 뒷부분에서 보다 자세하게 논의하게 될 것이며 여기서는 [그림 2-6]을 단순히 하나의 확률분포로 이해하기 바란다.

4) 이산확률분포의 기대값을 구하는 공식은 $E(*) = \sum * P(*)$로 기억하면 편리하다.

5) 위의 식에서 $\sum$와 $\int$는 각각 $\sum_{i=1}^{n}$와 $\int_{-\infty}^{+\infty}$를 간단히 표기한 것이다.

소득이라고 정의할 때, 확률변수 X의 확률분포의 평균을 직접 관찰을 통해서 구한다는 것은 불가능하다. 왜냐하면 모든 임금근로자를 한 명도 빠짐없이 조사해 이들의 월소득을 파악한다는 것은 현실적으로 불가능하기 때문이다.

그렇기 때문에 확률변수 X가 따르는 확률분포의 평균을 알기 위해서는 불가피하게 전체 임금근로자 가운데 일부를 표본으로 뽑아 월소득을 파악하고 각 표본 구성원소의 월소득에 대응하는 확률을 바탕으로 확률함수를 구해야 한다. 다시 말해서, 우리는 표본을 바탕으로 확률분포의 평균을 추정해야 한다는 것이다.

이때, 아무리 대표성 높은 표본을 뽑는다고 할지라도 모집단으로부터 뽑은 단 하나의 특정 표본을 바탕으로 구한 확률분포의 평균이 우리가 실제로 알고자 하는 모집단의 확률분포의 평균과 정확하게 일치할 수는 없다. 그러나 만일 우리가 표본의 크기를 점점 늘릴 수 있다고 가정해 본다면 우리의 표본은 이론적으로 점점 모집단과 유사해질 것이다.

표본의 크기가 커지면 커질수록 표본을 바탕으로 구한 확률함수 역시 모집단 수준에서의 실제 확률함수에 이론적으로 점점 더 근접하게 될 것인바, 이제 우리는 표본의 크기가 무한대로 커짐에 따라 모집단의 확률함수에 근접한 확률함수를 가지고 확률분포의 평균을 이론적으로 구할 수 있게 된다.

이렇게 볼 때, 어떤 확률분포의 평균은 실제로 관찰을 통해서 구할 수 있는 값이 아니라 표본을 바탕으로 구하게 되는 값으로서

'표본의 크기가 무한대로 늘어날 때에 관찰할 수 있을 것으로 기대되는 값'

이라는 것을 알 수 있다. 확률분포의 평균을 기대값이라고 부르는 이유는 이러한 맥락에서 쉽게 이해될 수 있으리라 본다.

2) 기대값과 모평균의 관계, 확률분포와 모집단의 관계

이상의 설명을 듣고 혹자는 '그렇다면 확률분포의 평균인 기대값과 모집단의 평균인 모평균은 같은 것인가?'라는 질문을 할 수도 있을 것이다. 이 질문에 답하기에 앞서 먼저 모집단과 확률분포가 어떻게 다른지를 알아보기로 하자.

모집단은 연구하고자 하는 특정 속성을 가진 모든 개체들의 집합인 반면, 확률분포는 그러한 모든 개체들이 갖는 구체적인 변수값과 그에 대응하는 확률로 이루어진 분포라는 점에서 모집단과 확률분포는 서로 다른 개념이다. 다시 말해서, 모집단은 확률이라는 개념 없이도 정의할 수 있는 개념인 반면, 확률분포는 각각의 변수값에 대응하는 확률을 알아야만 정의할 수 있는 개념이다.

이러한 차이를 이해한다면 모평균은 단순히 모집단의 구성원소가 특정 변수에 대해서 갖는 변수값만을 바탕으로 구한 평균값인 반면, 확률분포의 기대값은 모집단의 구성원소 각각이 갖는 변수값에 확률이라는 가중치(weight)를 곱한 값을 바탕으로 구한 평균값이라는 것을 알 수 있다.

그러나 모평균과 확률분포의 기대값 간의 이러한 차이는 개념적인 차원에서의 차이일 뿐이며 모평균과 확률분포의 기대값은 실제로는 같은 것임을 이해할 수 있어야 한다. 앞서 우리는 확률분포가 어떤 확률변수가 가질 수 있는 모든 변수값과 각각의 변수값에 대응되는 확률 간의 함수관계임을 설명한 바 있다. 이때, 확률분포에서 각 변수값에 대응되는 확률이란 모집단에 있어서는 각 변수값의 빈도를 모집단의 크기로 나눈 값인 상대빈도, 즉 각 변수값의 확률에 해당한다. 따라서 결국 확률분포의 기대값은 모평균과 같을 수밖에 없다.

이러한 사실을 다음과 같은 예를 통해서 쉽게 이해할 수 있다. 모집단의 크기가 $N=10$에 불과한 이산확률변수 X가 다음과 같은 변수값을 갖는다면

$$1, 1, 1, 1, 1, 2, 2, 2, 3, 3$$

X의 모평균 μ_x와 확률분포의 기대값 $E(X)$는 동일하다는 것을 알 수 있다.

$$\text{모평균} = \mu_X = \sum(\text{변수값}\times\text{빈도})/(\text{모집단의 크기})$$
$$= 1(5)+2(3)+3(2)=17/10=1.7$$

$$\text{확률분포의 기대값} = E(X) = \sum(\text{변수값}\times\text{확률})$$
$$= 1(5/10)+2(3/10)+3(2/10)=17/10=1.7$$
$$\therefore \mu_x = E(X)$$

이제 이상에서 살펴본 모집단과 확률분포 간의 차이를 정확하게 이해한다면 이 책의 나머지 부분을 배우는 과정에서 '확률변수의 확률분포'를 '확률변수의 모집단'과 같은 의미로 이해해도 무방하다고 하겠다. 오히려 어떤 면에서는 모집단과 확률분포를 동일한 것으로 이해할 때 확률분포의 개념을 좀 더 쉽게 이해할 수도 있다.

확률분포의 기대값은 다음과 같은 몇 가지 중요한 특성을 갖는다.

특성 1. $E(a)=a$, 단, a는 상수
특성 2. $E(aX+b)=aE(X)+b$, 단, b는 상수, X는 확률변수
특성 3. $E(X+Y)=E(X)+E(Y)$, 단, X와 Y는 확률변수

특성 1과 2에서 상수(constant)라는 것은 말 그대로 '변하지 않는 수'이므로 상수의 기대값은 상수 그 자체가 될 수밖에 없다. 따라서 변수와 상수의 곱의 기대값은 변수의 기대값에 변하지 않는 상수를 곱한 값과 같다. 특성 3에 대한 증명은 확률변수의 결합확률변수분포에 대한 이해를 필요로 하는바, 일단은 잠시 나중으로 미뤄 두기로 하겠다.

3) 확률분포의 분산

확률분포의 기대값이 확률분포의 중심경향성을 나타내는 측도라면 확률분포의 분산은 확률변수의 변수값들이 확률분포의 중심, 즉 기대값으로부터 얼마나 흩어져 있는지를 나타내는 측도이다. 확률변수 X의 분산 $Var(X)$는 다음과 같이 정의된다.

$$Var(X) = E\left[\{x_i - E(X)\}^2\right] = \sum[x_i - E(X)]^2 P(x_i) \quad X\text{가 이산확률변수일 때}$$

(6)

$$Var(X) = \int [x - E(X)]^2 f(x)dx \quad X\text{가 연속확률변수일 때}$$

이때, 모평균과 확률분포의 기대값은 $E(X) = \mu_X$ 기대값이므로 확률분포의 분산을 아래와 같이 다시 정리할 수 있으며

$$Var(X) = \sum(x_i - \mu_X)^2 P(x_i) \quad X\text{가 이산확률변수일 때}$$

$$Var(X) = \int (x - \mu_X)^2 f(x)dx \quad X\text{가 연속확률변수일 때}$$

때로는 확률분포의 분산을 다음과 같이 표현하기도 한다.

$$\begin{aligned} Var(X) &= E\left[\{x_i - E(X)\}^2\right] \\ &= E\left[(x_i - \mu_x)^2\right] \\ &= E\left[x_i^2 - 2x_i\mu_X + \mu_X^2\right] \\ &= E(x_i^2) - 2E(x_i)\mu_X + \mu_X^2 \\ &= E(x_i^2) - \mu_X^2 \end{aligned}$$

6) 앞서 이산확률분포의 기대값을 $E(*) = \sum * P(*)$로 기억했던 것과 마찬가지로 이산확률분포의 분산공식은 $Var(*) = \sum[* - E(*)]^2 P(*)$로 기억하면 쉽게 기억할 수 있다.

확률분포의 분산은 다음과 같은 두 가지 특성을 갖는다.

특성 1. $Var(a+bX) = b^2 Var(X)$, 단, a, b 는 상수, X는 확률변수
특성 2. $Var(X+Y) = Var(X) + Var(Y)$, 단, X와 Y는 서로 독립인 확률변수

이 가운데 특성 1은 다음과 같이 증명할 수 있다. 확률변수 X가 이산확률변수일 때

$$\begin{aligned}
Var(a+bX) &= E[\{(a+bX) - E(a+bX)\}^2] \\
&= \sum[\{(a+bX) - E(a+bX)\}^2]P(x) \\
&= \sum[\{a+bX-a-bE(X)\}^2]P(x) \\
&= \sum[b^2\{X-E(X)\}^2]P(x) \\
&= b^2\sum\{X-E(X)\}^2P(x) \\
&= b^2E[\{X-E(X)\}^2] \\
&= b^2 Var(X)
\end{aligned}$$

특성 2는 특성 1과 달리 별도의 증명과정 없이도 쉽게 이해할 수 있다. 두 확률변수 X와 Y가 서로 독립이라는 말은 두 변수 중 어느 한 변수가 어떤 값을 갖는지가 다른 한 변수가 어떤 변수값을 갖는지에 전혀 영향을 미치지 않는다는 것을 의미한다. 따라서 두 확률변수 X와 Y가 서로 독립이라면 X의 분산(즉, X의 변수값들이 기대값으로부터 떨어져 있는 정도)은 Y 또는 Y의 분산에 의해 아무런 영향을 받지 않는다.

이러한 이유에서 두 확률변수를 덧셈 또는 뺄셈으로 결합하여 새로운 변수를 만든 다음 그 변수의 분산을 구한 값과 각 확률변수의 분산을 따로 구해서 두 값을 합한 값은 결국 같다는 것을 알 수 있다.

예제 2-7

확률변수 X가 가질 수 있는 모든 변수값이 다음과 같을 때

5, 6, 7, 10, 10, 11, 11, 12, 13, 15

확률변수 X가 따르는 확률분포의 기대값과 분산을 구해 보기로 하자. 위의 변수값이 확률변수 X가 가질 수 있는 모든 변수값이라는 말은 위의 변수값이 곧 확률변수 X의 모집단의 변수값임을 의미한다. 확률변수 X는 이산확률변수이므로 확률분포의 기대값과 분산은 다음과 같다.

X	f	$P(X)$	$E(X)=X \cdot P(X)$	$X-E(X)$	$(X-E(X))^2$	$(X-E(X))^2 \cdot P(X)$
5	1	.1	.5	-5	25	2.5
6	1	.1	.6	-4	16	1.6
7	1	.1	.7	-3	9	.9
10	2	.2	2.0	0	0	0
11	2	.2	2.2	1	1	.2
12	1	.1	1.2	2	4	.4
13	1	.1	1.3	3	9	.9
15	1	.1	1.5	5	25	2.5
	10	1.0	$\sum x_i P(x_i)=10$			$\sum (x_i - E(x_i))^2 P(x_i)=9$

6. 정규분포

확률분포의 종류에는 여러 가지가 있으나 통계학에서는 주로 몇 개의 매우 유용한 특성을 가진 확률분포를 바탕으로 우리 주변에서 일어나는 많은 자연적 혹은 사회적 현상이나 사건을 설명한다. 그 가운데에서도 특히 정규분포와 표준정규분포는 통계적 추론에 있어서 활용도가 매우 높은 유용한 확률분포라고 할 수 있다. 이번 장에서는 이 두 가지 확률분포에 대해서만 먼저 살펴보기로 하고 그 밖에 자주 사용되는 확률분포에 대해서는 통계적 추론부분을 다루면서 살펴보기로 하겠다.

정규분포(normal distribution)는 [그림 2-7]과 같은 좌우대칭 구조를 가진 연속확률분포로서 그 모양이 종(bell)과 같다고 해서 종형분포(bell curve)라고 불리기도 하고 때로는 오차분포(error curve) 또는 가우스분포(Gauss curve)라고 불리기도 한다.

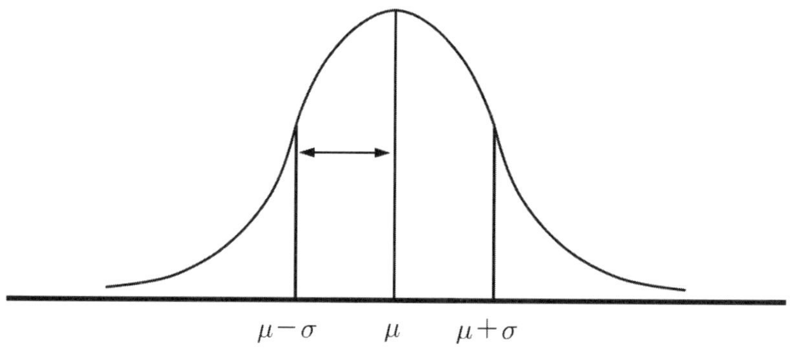

[그림 2-7]

어떤 확률변수 X가 평균과 분산이 각각 μ, σ^2 인 정규분포를 따른다는 것을

$$X \sim N(\mu_X, \sigma_X^2)$$

라고 표기하고 그 확률변수 X를 정규분포변수라고 한다. 이때, 확률변수 X가 정규분포를 따른다는 말은 확률변수 X의 확률분포가 정규분포라는 것을 의미한다.

정규분포는 평균과 분산이라는 두 개의 모수(parameter)에 의해서 분포의 형태가 전적으로 결정되는데, [그림 2-8]은 μ와 σ^2의 값이 서로 다른 4가지 정규분포의 형태를 보여 준다.

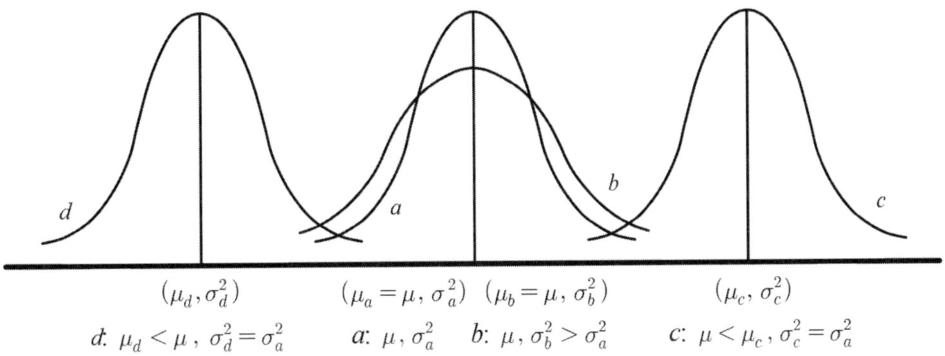

[그림 2-8]

정규분포는 다음과 같은 특성을 갖는데 이러한 정규분포의 특성은 정규분포를 이용하여 통계적 추론을 하는 데 매우 유용한 특성이다.

특성 1. 정규분포는 평균을 중심으로 좌우대칭 구조를 갖는다. 따라서 정규분포의 경우, 평균(mean) = 중앙값(median) = 최빈값(mode)

특성 2. 정규분포의 범위는 $-\infty \sim +\infty$ 이다.

특성 3. 정규분포곡선 아래의 면적의 합은 1이다.

특성 4. 정규분포변수가 확률분포의 평균을 중심으로 일정 범위에 해당하는 변수값을 가질 확률은 정규분포변수가 어떤 변수인가에 상관없이 모든 정규분포변수에 있어서 동일하다.

이러한 특성 가운데 특성 1~3에 대한 설명은 [그림 2-9]로 대신할 수 있으며 특성 4는 표준정규분포를 이해할 경우 보다 쉽게 이해할 수 있으므로 바로 뒷부분에서 소개할 표준정규분포에 대한 논의 마지막 부분에서 설명하기로 하겠다.

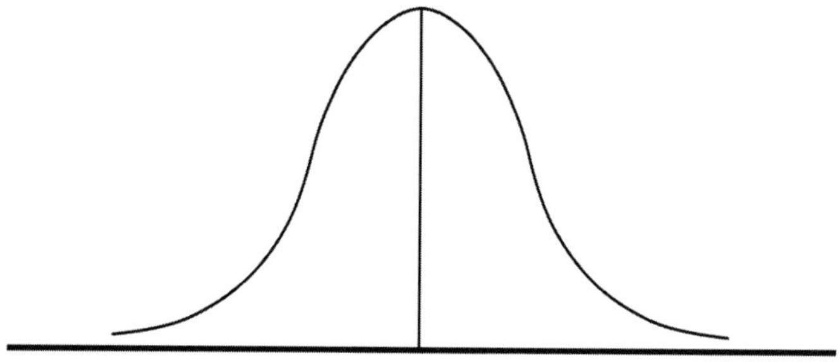

[그림 2-9]

7. 표준정규분포

정규분포 가운데서도 특히 기대값과 분산이 $\mu = 0, \sigma^2 = 1$인 정규분포를 표준정규분포(standard normal)라고 부르며 표준정규분포를 확률분포로 갖는 확률변수를 표준정규분포변수 또는 Z 변수라고 표기한다. 예를 들어서, 어떤 확률변수 X가 기대값이 μ_X이고 분산이 σ_X^2인 정규분포변수일 때 표준정규분포변수 Z는 다음과 같이 정의된다.

$$X \sim N(\mu_X, \sigma_X^2),\ Z = \frac{X - \mu_X}{\sigma_X} \sim N(0, 1)$$

이처럼 기대값과 분산이 μ, σ^2인 어떤 정규분포변수를, 변수값과 기대값 간의 차이를 표준편차로 나누어 주면 기대값과 분산이 0, 1인 표준정규분포변수로 전환할 수 있게 되는데 이러한 전환과정을 가리켜 표준화(standardization)라고 한다.[7]

위에 제시된 Z 변수의 정의를 통해 알 수 있듯이, 정규분포변수를 표준화할 경우 그 결과로서 얻어지는 Z 변수는 앞서 소개한 정규분포의 4가지 특성과 함께 기대값과 분산이 μ, σ^2인 일반적인 정규분포를 기대값과 분산이 $\mu = 0$과 $\sigma^2 = 1$인 정규분포로 전환함으로써 확률계산을 매우 용이하게 만드는 또 하나의 특성을 갖게 된다. 이를 보다 구체적으로 설명하면 다음과 같다.

표준정규분포변수와 관련된 확률은 부록의 [표 $A1$] 표준정규분포표(이하, Z 분포표)에 제시되어 있다. 이 분포표와 정규분포의 4가지 특성을 이용하여 우리는 Z 변수가 특정 범위에 해당

7) 표준화와 관련해서 한 가지 주의해야 할 사항은 표준화는 정규분포변수의 경우에만 가능한 것이 아니라 모든 확률변수에 대해서 가능하다는 점이다. 즉, 어떤 확률변수이든 그 확률변수의 모든 변수값과 기대값 간의 차이를 구해 표준편차로 나누어 주면 우리는 그 확률변수를 표준화할 수 있다. 따라서 표준화란 정규분포변수에만 해당되는 개념이 아니라 모든 확률변수에 대해서 적용되는 일반적인 개념이라는 것을 꼭 기억해 두기 바란다.

하는 변수값을 가질 확률을 쉽게 계산할 수 있다.

예를 들어서, Z가 -1.64와 +1.64 범위에 해당하는 값을 가질 확률을 부록 [표 $A1$]의 Z분포표를 이용하여 알아보기로 하자. [표 $A1$]의 Z분포표에는 맨 왼쪽 행(column)에 Z값들이 제시되어 있다. 이 행에 제시된 값들 가운데 1.64를 찾은 다음, 동일한 열(row)에 오른쪽으로 두 번째 행으로 옮겨가면 그 자리에는 Z변수가 Z분포상에서 1.64와 같거나 더 작은 값을 가질 확률, 즉 $P(Z \le 1.64)$가 제시되어 있다. 이러한 방법으로 [표 $A1$]을 이용하여 Z변수가 1.64와 같거나 더 큰 값을 가질 확률을 구하면 그 값이 .95임을 알 수 있다.

정규분포를 표준화하여 얻은 Z분포는 그 또한 정규분포이고 정규분포의 특성 1에 의해서 좌우대칭이므로 Z값이 -1.64와 같거나 더 작은 값을 가질 확률은 0.05이다. 따라서 Z변수가, 우리가 알고자 하는 [-1.64, +1.64] 범위에 해당하는 값을 가질 확률은

$$P(-1.64 \le Z \le +1.64) = P(Z \le +1.64) - P(Z \le -1.64) = .95 - .05 = .90$$

이라는 것을 알 수 있다.

동일한 원리에 의해서, 예를 들어서 Z변수가 [-1.96, 1.96] 범위에 해당하는 값을 가질 확률은 부록의 [표 $A1$]로부터

$$P(-1.96 \le Z \le +1.96) = P(Z \le +1.96) - P(Z \le -1.96) = .975 - .025 = .95$$

임을 쉽게 알 수 있다.

이러한 Z분포의 특성을 이해할 때, 우리는 모든 정규분포변수를 표준정규분포변수로 표준화할 수 있다는 것을 알고 있으므로 만일 어떤 정규분포변수 X의 μ와 σ^2을 안다면 X가 특정 범위에 해당하는 변수값을 가질 확률을 계산할 수 있다. 예를 들어서, $\mu = 6,\ \sigma^2 = 4$일 때 $x \le 10$일 확률은

$$P(X \le x) = P\left(\frac{X-\mu}{\sigma_X} \le \frac{x-\mu}{\sigma_X}\right) = P(Z \le z)$$

이므로 여기에 $x = 10, \mu = 6$ 및 $\sigma^2 = 2$를 대입하면

$$P(X \le 10) = P\left(Z \le \frac{10-6}{2}\right) = P(Z \le 2)$$

이다. [표 $A1$]으로부터 $P(Z \ge 2)$를 구하면 그 값은 .0228이고 Z분포는 총면적이 1이고 좌우

대칭이므로 $P(Z \le 2) = 1 - .0228 = .9772$라는 것을 알 수 있다. 따라서 우리가 알고자 하는 확률은

$$P(X \le 10) = P(Z \le 2) = .9772$$

이다. [그림 2-10]에 제시된 Z값 범위와 각각의 범위에 해당하는 확률은 앞으로 자주 언급될 값들이므로 기억해 두면 매우 편리하다.

이상의 내용을 이해할 때, 앞에서 설명을 잠시 미뤄 두었던 정규분포의 특성 4를 쉽게 이해할 수 있다. 이제 우리는 모든 정규분포변수는 일단 표준화하면 표준정규분포를 따른다는 것을 알고 있다. 다시 말해서, 표준화 이전의 변수값은 표준화를 거쳐 Z값이라는 표준화된 변수값으로 전환되며 부록의 [표 A1]을 이용하면 표준화된 변수값과 관련된 확률을 계산할 수 있다는 것이다.

이 원리를 이용하여 우리는 k개의 정규분포변수가 있을 때, 비록 각각의 정규분포변수가 서로 다른 기대값과 분산을 가질지라도 이들 k개의 변수들이 각각의 모평균으로부터 일정 범위에 해당하는 변수값을 가질 확률이 동일하다는 것을 확인할 수 있다. [예 2-8]을 통해서 이러한 사실을 확인해 보기로 하자.

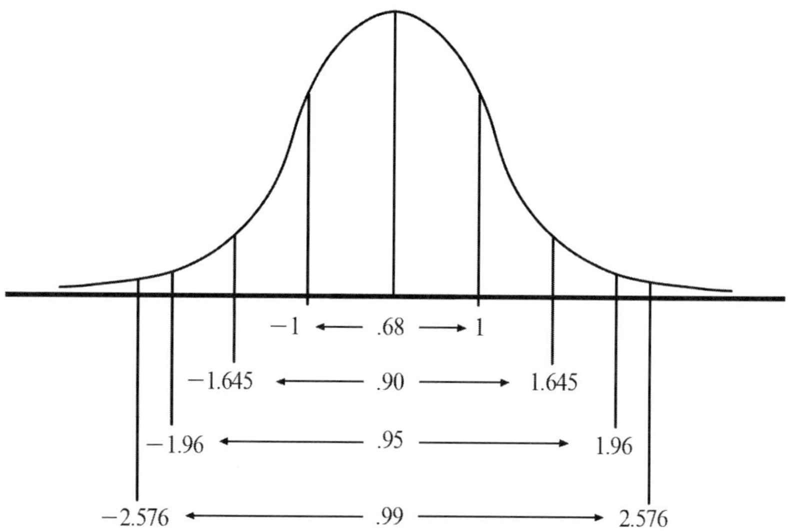

[그림 2-10]

예제 2-8

정규분포를 따르는 확률변수 $X \sim N(10, 9)$와 $Y \sim N(120, 1600)$이 있을 때, 두 확률변수 각각이 기대값을 중심으로 하여 양 방향으로 1 표준편차 이내의 범위에 해당하는 변수값을 가질 확률이 같은지를 확인해 보기로 하자.

먼저, 두 변수의 표준편차는 각각 3과 40이므로

$$P(10-3 \le X \le 10+3) = P(7 \le X \le 13) \qquad P(120-40 \le Y \le 120+40) = P(80 \le Y \le 160)$$

이고 X와 Y를 각각의 기대값과 표준편차를 이용하여 표준화하면 다음과 같다.

$$P\left(\frac{7-10}{3} \le Z \le \frac{13-10}{3}\right) = P(-1 \le Z \le 1) = P\left(\frac{80-120}{40} \le Z \le \frac{160-120}{40}\right)$$

따라서 X와 Y가 모두 정규분포변수인 이상, 두 변수의 기대값과 분산이 서로 다를지라도 두 변수가 각각의 기대값으로부터 양 방향으로 동일한 범위 내에 해당하는 변수값을 가질 확률은 같다는 것을 알 수 있다.

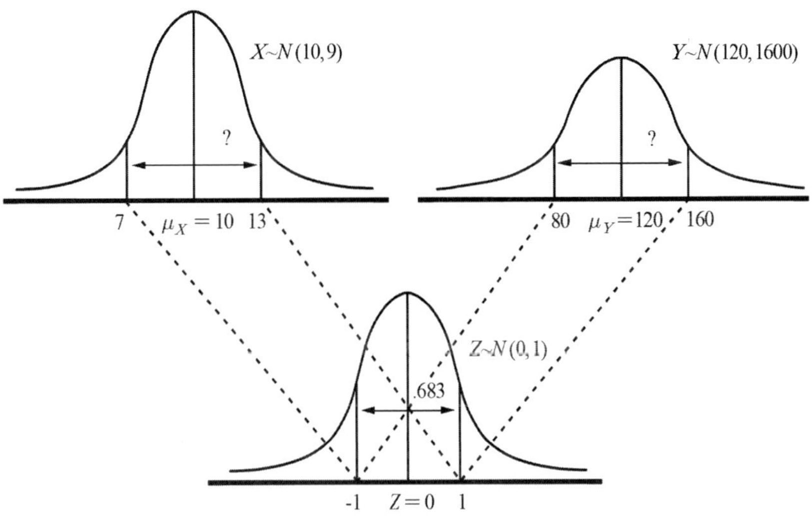

[그림 2-11]

부록의 [표 A1]에 제시된 Z분포표에 따르면 $P(-1 \le Z \le 1) = .683$이다.

이러한 예를 통해서 우리는 정규분포변수를 표준화할 경우, 비교하고자 하는 두 개 이상의 정규분포변수가 서로 다른 기대값과 분산을 갖는다고 할지라도 각각의 변수가 갖는 변수값과 관련된 확률을 비교할 수 있다는 것을 알 수 있다. 예를 들어서, $X \sim N(8, 16)$인 X가 12와 같거나 더 큰 값을 가질 확률과 $Y \sim N(13, 25)$인 Y가 20과 같거나 더 큰 값을 가질 확률을 비교하고자 한다면

$$P(X \ge 12) : P\left(\frac{X-8}{4} \ge \frac{12-8}{4}\right) = P(Z \ge 1) = .159$$

$$P(Y \ge 20) : P\left(\frac{Y-13}{5} \ge \frac{20-13}{5}\right) = P(Z \ge 1.4) = .081$$

이므로 X가 12와 같거나 더 큰 값을 가질 확률이 더 크다는 것을 알 수 있다.

정규분포변수에 대한 표준화 및 표준정규분포는 이 책에서 앞으로 다루게 될 여러 가지 중요한 자료분석 원리를 이해하는 데 필수적인 내용이므로 반드시 그 개념을 정확하게 이해해 두어야 한다. 아울러 [표 A1]에 제시된 Z분포표를 이용하여 Z값과 관련된 확률을 구하는 방법과 이와 정반대로 Z분포상에서 설정된 면적범위(즉, 확률)에 해당하는 Z값을 구하는 방법 또한 이해할 수 있어야 한다.

8. 결합확률변수와 결합확률분포

단일확률변수의 확률분포에 이어서 이번에는 n개의 확률변수들이 결합하여 이루어진 결합확률변수와 결합확률변수의 확률분포인 결합확률분포에 대해서 살펴보기로 하자.[8] 이해를 돕기 위해서 가장 단순한 결합확률변수인 두 개의 확률변수가 결합하여 하나의 결합확률변수를 이룬 경우, 즉 $n=2$ 인 경우를 예로 들어 보기로 하자.

1) 결합확률변수

두 개의 확률변수 X와 Y가 있을 때, X와 Y의 결합확률변수 (X, Y)는 일련의 변수값 쌍 $(x_1, y_1), (x_2, y_2), (x_3, y_3), \cdots$을 변수값으로 가지며 각 변수값 쌍을 확률 $P(X=x_1, Y=y_1)$, $P(X=x_2, Y=y_2)$, $P(X=x_3, Y=y_3)\cdots$에 함수대응시킬 수 있는 변수이다.

단일확률변수 경우와 마찬가지로, 결합확률변수 (X, Y)가 이산확률변수일 때 변수값 (X, Y)로 이루어진 표본공간 S를 확률공간에 대응시키는 함수를 확률질량함수라고 부르고 $P_{X,Y}(x,y)$로 표기하며, 결합확률변수 (X, Y)가 연속확률변수일 때에는 확률밀도함수라고 부르고 $f_{X,Y}(x, y)$로 표기한다. 확률질량함수와 확률밀도함수는 다음과 같은 조건을 만족해야 한다.

조건 1. $0 \le P_{X,Y}(x,y) \le 1$ 단, (X, Y)가 이산확률변수일 때

$0 \le f_{X,Y}(x,y) \le 1$ 단, (X, Y)가 연속확률변수일 때

조건 2. $\sum\sum P_{X,Y}(x,y)=1$ 단, (X, Y)가 이산확률변수일 때

$\iint f_{X,Y}(x,y)=1$ 단, (X, Y)가 연속확률변수일 때

8) 그런데 아마도 지금 당장은 결합확률변수와 결합확률분포를 이해하는 것이 왜 중요한지를 이해하기 쉽지 않을 것이다. 따라서 지금은 결합확률변수와 결합확률분포에 대한 이해가 향후 공부하게 될 다변량자료분석(multivariate data analysis)의 원리를 이해하는 데 필수적이라는 것만 말해 두기로 하고, 우선은 결합확률변수와 분포의 특성을 이해하는 데만 초점을 맞추기로 하겠다.

위의 예를 일반화하여 n개의 확률변수가 결합하여 이루어진 결합확률변수$(X_1, X_2, X_3, \cdots, X_n)$가 있다고 가정하면 이 결합확률변수가 가질 수 있는 변수값과 각 변수값에 대응하는 확률은

$$\begin{array}{ll} \text{표본공간 } S & \text{표본공간 } P \\ (x_{11}, x_{12}, x_{13}, \cdots, x_{1n}), & P(X_1 = x_{11}, X_2 = x_{12}, X_3 = x_{13}, \cdots, X_n = x_{1n}), \\ (x_{21}, x_{22}, x_{23}, \cdots, x_{2n}), & P(X_1 = x_{21}, X_2 = x_{22}, X_3 = x_{23}, \cdots, X_n = x_{2n}), \\ \vdots & \vdots \\ \vdots & \vdots \\ (x_{i1}, x_{i2}, x_{i3}, \cdots, x_{in}), & P(X_1 = x_{i1}, X_2 = x_{i2}, X_3 = x_{i3}, \cdots, X_n = x_{in}) \\ \vdots & \vdots \\ \vdots & \vdots \end{array}$$

과 같고 이때, 확률질량함수와 확률밀도함수는 각각 다음과 같다.

$$P_{X_1, X_2, X_3, \cdots, X_n}(x_1, x_2, x_3, \cdots, x_n), \ f_{X_1, X_2, X_3, \cdots, X_n}(x_1, x_2, x_3, \cdots, x_n)$$

2) 결합확률분포

단일확률변수의 경우와 마찬가지로 결합확률변수 또한 확률변수이므로 결합확률변수 역시 확률분포를 갖는다. [그림 2-12]의 (a)와 (b)는 각각 결합확률변수 (X, Y)가 이산확률변수인 경우와 연속확률변수인 경우를 나타낸다. 두 확률변수 X와 Y의 결합확률분포란 말 그대로 X의 확률분포와 Y의 확률분포가 결합하여 이루는 확률분포이다.

[그림 2-12]의 (c)와 (d)는 이러한 결합확률분포의 개념을 이해할 수 있게 해 주는 그림이다. 예를 들어, 두 확률변수 X와 Y 각각의 확률분포는 정규분포이므로 X와 Y가 맞물려 이루는 결합확률분포는 결합정규확률분포가 된다. 이러한 결합정규확률분포를 Y축에 수평이 되게 자르면 이는 X가 결합확률분포에 미치는 영향을 일정 수준으로 고정시켜 배제시킨다는 것을 의미한다. 따라서 이때 나타나는 절단면은 X가 결합확률분포에 미치는 영향을 배제한 상태에서 순수하게 Y가 결합확률분포에 미치는 영향을 나타낸다.

정규결합확률분포를 Y축에 수평이 되게 자를 때 나타나는 [그림 2-12] (c)의 절단면은 더 이상 두 확률변수 X와 Y의 결합확률분포가 아닌 Y만의 확률분포로서 [그림 2-6]의 (b)와 다를 바 없다는 것을 알 수 있다. 마찬가지로 [그림 2-12] (d)의 절단면은 Y의 영향력을 배제한 X만의 확률분포이다. 이렇게 볼 때, [그림 2-12] (a)의 결합확률분포는 X나 Y 가운데 어느 하나만으로는 만들어질 수 없는 확률분포이며 반드시 X와 Y의 확률분포가 함께 맞물릴 때에만 이루어지는 확률분포라는 것을 알 수 있다.

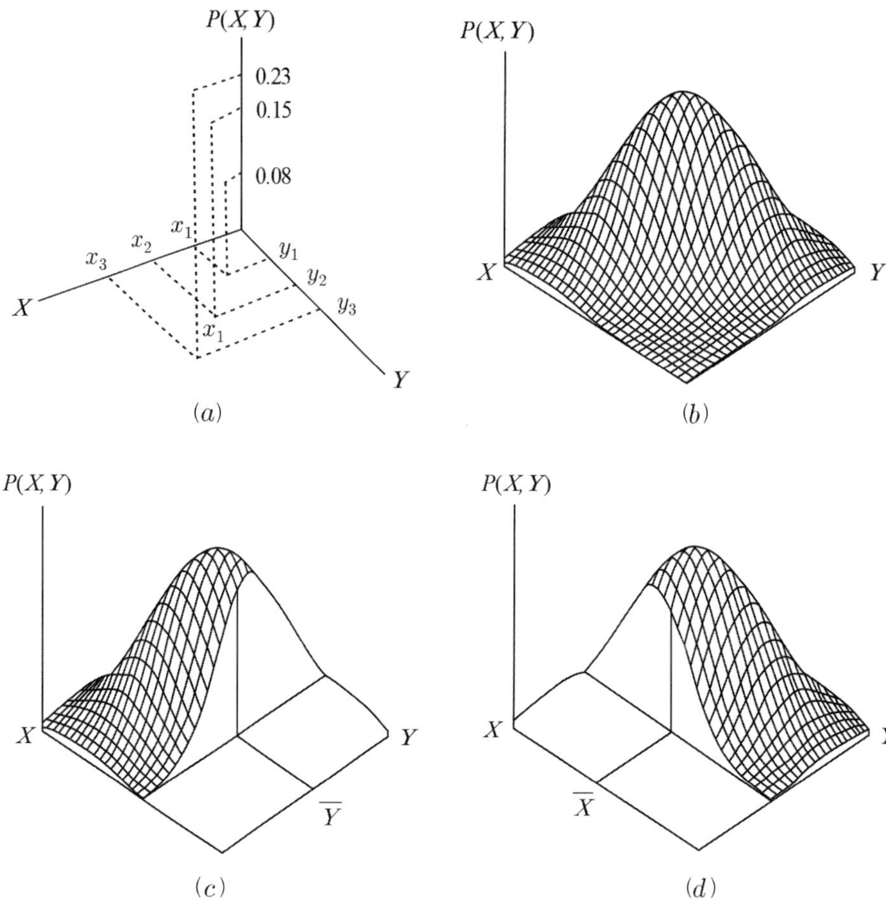

[그림 2-12]

(1) 결합확률분포의 기대값

앞서 살펴보았던 단일확률분포의 특성을 나타내는 기대값과 분산을 구하는 공식은 이제 두 개 이상의 확률변수가 결합하여 이루어진 결합확률변수의 확률분포에도 그대로 적용된다. 예를 들어서, 결합확률변수 (X, Y)의 기대값은 (X, Y)가 이산확률변수일 때와 (X, Y)가 연속확률변수일 때 각각 다음과 같이 정의할 수 있다.

$$E(X, Y) = \sum_x \sum_y (x, y) P(x, y) \qquad E(X, Y) = \int_x \int_y (x, y) f(x, y) dy dx$$

만일 두 확률변수 X와 Y에 의해서 정의되는 어떤 결합확률변수의 확률함수를 $g(x, y)$라고 한다면 함수 $g(X, Y)$는 X와 Y의 결합확률함수이고 $g(X, Y)$ 또한 하나의 확률변수이므로 다른 모든 확률변수와 마찬가지로 당연히 어떤 하나의 확률분포를 따른다. 이때, 결합확률함수 $g(X, Y)$의 확률분포의 기대값은 다음과 같이

$$E[g(X, Y)] = \sum_x \sum_y g(x, y)P(x, y)$$
$$E[g(X, Y)] = \int_x \int_y g(x, y)f(x, y)dydx$$

정의할 수 있는데, 이는 앞서 소개했던 단일확률변수의 기대값과 기본적으로 전혀 다르지 않다는 것을 알 수 있다.

이제 보다 구체적인 논의를 위해 X와 Y로 이루어진 결합확률변수를 X와 Y의 함수인 $g(x, y) = (X+Y)$라고 정의해 보기로 하자. $g(x, y)$는 결합확률변수이므로 당연히 확률분포를 가질 것이며 기대값은 (X, Y)가 이산확률변수일 때 다음과 같다.

$$\begin{aligned} E[g(X, Y)] = E(X+Y) &= \sum_x \sum_y (x+y)P(x, y) \\ &= \sum_x \sum_y xP(x, y) + \sum_x \sum_y yP(x, y) \\ &= \sum_x x\left[\sum_y P(x, y)\right] + \sum_y y\left[\sum_x P(x, y)\right] \\ &= \left[\sum_x xP(x)\right] + \left[\sum_y yP(y)\right] \\ &= E(X) + E(Y) \\ &= \mu_X + \mu_Y \end{aligned}$$

동일한 원리에 의해서 만일 $g(X, Y) = (X-Y)$라고 한다면 기대값은 각 확률변수의 기대값의 차이와 같다는 것을 이해할 수 있다. 즉,

$$E[g(X, Y)] = E(X-Y) = \sum_x \sum_y (x-y)P(x, y) = \mu_X - \mu_Y$$

이상과 같은 경우, 결합확률분포 기대값의 두 가지 특성은 결합확률변수가 연속확률변수인 경우에도 동일하게 적용된다. 이제 이상의 내용을 일반화하면 n개 확률변수 각각의 기대값의 합(또는 차)과 같다는 것을 알 수 있다. 즉,

$$E(X_1 + X_2 + \cdots + X_n) = E(X_1) + E(X_2) + \cdots + E(X_n)$$

(2) 결합확률분포의 분산

두 확률변수 X와 Y의 결합확률변수가 따르는 확률분포의 분산은 두 확률변수 X와 Y가 독립인 경우와 독립이 아닌 경우로 나누어 생각해 볼 수 있는데, 여기서는 X와 Y가 독립인 경우만을 살펴보도록 하겠다. 먼저 두 확률변수 X와 Y의 결합확률함수의 모든 (x, y)에 대해서

$$P(x,y)=P(x)P(y) \qquad \text{단, } (X, Y)\text{가 이산확률변수일 때}$$
$$f(x,y)=f(x)f(y) \qquad \text{단, } (X, Y)\text{가 연속확률변수일 때}$$

일 때, 두 확률변수 X와 Y는 서로 독립인 관계에 있다고 말할 수 있다.

위의 식에서 두 확률변수의 결합확률함수가 각 확률변수의 확률함수의 곱과 같다는 것은 X와 Y가 서로 독립일 때 X(또는 Y)의 변수값이 어떤 확률값에 대응되는가 하는 것이 Y(또는 X)의 변수값이 어떤 확률값에 대응되는가에 전혀 영향을 주지도 받지도 않는다는 것을 의미한다.

이러한 조건을 만족하는, 서로 독립인 관계의 두 확률변수 X와 Y의 함수를 $g(X, Y)=E(X+Y)$라고 정의하면 $g(X, Y)$의 결합확률분포의 분산은 다음과 같이 정의할 수 있다.

$$E[g(X, Y)-E[g(X, Y)]]^2 = E[(X+Y)-E(X+Y)]^2 \qquad [2-1]$$

위의 [2-1]로부터 $E(X+Y)=\mu_X+\mu_Y$이므로 [2-1]은

$$\begin{aligned} E[g(X, Y)-E[g(X, Y)]]^2 &= E[(X+Y)-E(X+Y)]^2 \\ &= E[(X+Y)^2]-2(\mu_X+\mu_Y)E(X+Y)+(\mu_X+\mu_Y)^2 \\ &= E[(X+Y)^2]-2(\mu_X+\mu_Y)^2+(\mu_X+\mu_Y)^2 \\ &= E[(X+Y)^2]-(\mu_X+\mu_Y)^2 \\ &= E(X^2)+E(Y^2)+2E(XY)-(\mu_X+\mu_Y)^2 \end{aligned} \qquad [2-2]$$

가 된다. 이때, 만일 $E(XY)=\mu_X\mu_Y$라면 [2-2]는 다음과 같게 된다.

$$\begin{aligned} E(X^2)-\mu_X^2+E(Y^2)-\mu_Y^2 &= E(X^2)-[E(X)]^2+E(Y^2)-[E(Y)]^2 \\ &= Var(X)+Var(Y) \qquad [2-3] \\ &= \sigma_X^2+\sigma_Y^2 \end{aligned}$$

이제 X와 Y가 서로 독립일 때 결합확률분포의 분산이 [2-1]임을 보이기 위해서는 [2-3]에서 두 확률변수 X와 Y가 독립일 때, $E(XY)=\mu_X\mu_Y$라는 것을 이해해야 하는데 이를 이해하기 위해서는 먼저 공분산(covariance)이라는 개념에 대한 이해가 필요하다.

공분산이란 서로 독립이 아닌 두 개 이상의 확률변수들이 결합한 상태에서 각각의 평균으로부터 얼마나 떨어져 위치하는지를 나타내는 측도이다. 독립이 아닌 두 확률변수의 공분산을 알

기 위해서는 두 확률변수가 결합한 상태에서 맞물려 기준으로부터 변하는 정도, 즉 일종의 분산을 구해야 한다. 공분산이란 바로 이러한 결합확률변수의 분산을 말한다. 그 결합확률변수를 이루고 있는 변수들의 공분산이라고 하고 우리는 이를 변량(variation)이라고 부른다.

예를 들어서, 서로 독립이 아닌 확률변수 X와 Y가 있다고 가정할 때, X와 Y의 공분산은 다음과 같이 정의된다.

$$Cov(X, Y) = E[\{X - E(X)\}\{Y - E(Y)\}] = E[(X - \mu_X)(Y - \mu_Y)] \quad [2-4]$$

여기서 우리는 어떤 단일확률변수의 분산이 [2-4]에 정의된 공분산의 특별한 경우라는 것을 이해함으로써 공분산이라는 개념을 보다 명확하게 이해할 수 있다. 예를 들어서, 우리는 두 개의 단일확률변수 X와 Y 각각의 분산이 다음과 같다는 것을 알고 있다.

$$\begin{aligned} Var(X) &= E[(X - \mu_X)^2] = E[(X - \mu_X)(X - \mu_X)] \\ Var(Y) &= E[(Y - \mu_Y)^2] = E[(Y - \mu_Y)(Y - \mu_Y)] \end{aligned} \quad [2-5]$$

이제 [2-4]와 [2-5]를 비교해 보면 어떤 단일확률변수의 분산이란 다름 아닌 그 확률변수와 그 확률변수 자신의 공분산이라는 것을 알 수 있다. 즉, 공분산과 분산은 확률분포의 산포도를 나타내는 측도라는 점에서는 다를 바가 없다. 다만, 확률분포가 어떤 확률변수와 그 확률변수가 아닌 다른 어떤 확률변수가 결합하여 이루어진 확률분포라면 그 확률분포의 산포도를 나타낼 때는 산포도 측도를 공분산이라고 부르고 어떤 확률변수와 그 확률변수 자신이 결합하여 이루어진 확률분포의 산포도를 나타낼 때는 분산이라고 부르는 차이가 있을 뿐이다.

이러한 공분산 개념에 대한 이해를 바탕으로 다시 [2-5]로 돌아가서, 만일 두 확률변수 X와 Y가 독립이라고 한다면 확률변수 X의 각 변수값들이 X의 기대값으로부터 얼마나 떨어져 위치하는지는 확률변수 Y의 변수값들이 Y의 기대값으로부터 얼마나 떨어져 위치하는지에 아무런 영향을 미치지 않는다. 따라서 앞의 [2-5]에서 서로 독립인 것으로 가정한 X와 Y의 공분산, 즉 X와 Y가 함께 맞물려 변하는 정도는 0이 될 수밖에 없다는 것을 논리적으로 쉽게 이해할 수 있다. 즉,

$$\begin{aligned} Cov(X, Y) &= E[\{X - E(X)\}\{Y - E(Y)\}] \\ &= E[(X - \mu_X)(Y - \mu_Y)] \\ &= E[XY - \mu_X Y - \mu_Y X + \mu_X \mu_Y] \\ &= E(XY) - \mu_X \mu_Y \\ &= 0 \\ \therefore E(XY) &= \mu_X \mu_Y \end{aligned} \quad [2-6]$$

따라서 서로 독립인 두 확률변수 X와 Y의 결합확률변수인 함수 $g(X, Y)=(X+Y)$의 분산은 [2-1], [2-2] 그리고 [2-3]에 의해서 다음과 같게 된다.

$$\begin{aligned} E[g(X, Y)-E[g(X, Y)]]^2 &= E[(X+Y)-E(X+Y)]^2 \\ &= \sigma_X^2+\sigma_Y^2 \end{aligned} \quad [2-7]$$

이상의 내용을 통해서 우리는 서로 독립인 두 확률변수의 합으로 정의되는 결합확률변수의 경우, 확률분포의 분산은 각 확률변수의 분산의 합과 같다는 것을 알 수 있다. 이를 일반화하면 서로 독립인 관계에 있는 n개의 확률변수의 합으로 정의되는 결합확률변수의 확률분포는 분산이 n개 확률변수 각각의 분산의 합과 같다는 것을 알 수 있다. 즉,

$$Var(X_1+X_2+X_3+\cdots+X_n)=\sigma_{X_1}^2+\sigma_{X_2}^2+\sigma_{X_3}^2+\cdots+\sigma_{X_n}^2$$

만일 서로 독립인 두 확률변수 X와 Y의 함수를 $g(X, Y)=(X-Y)$라고 정의한다면 $g(X, Y)$의 확률분포의 분산은 다음과 같이 정의할 수 있다.

$$\begin{aligned} E[g(X, Y)-E[g(X, Y)]]^2 &= E[(X-Y)-E(X-Y)]^2 \\ &= E[(X-Y)^2]-2(\mu_X-\mu_Y)E(X-Y)+(\mu_X-\mu_Y)^2 \\ &= E[(X-Y)^2]-2(\mu_X-\mu_Y)^2+(\mu_X-\mu_Y)^2 \\ &= E[(X-Y)^2]-(\mu_X-\mu_Y)^2 \\ &= E(X^2)+E(Y^2)-2E(XY)-(\mu_X-\mu_Y)^2 \\ &= E(X^2)-\mu_X^2+E(Y^2)-\mu_Y^2 \\ &= E(X^2)-[E(X)]^2+E(Y^2)-[E(Y)]^2 \\ &= Var(X)+Var(Y) \\ &= \sigma_X^2+\sigma_Y^2 \end{aligned}$$

앞서 결합확률변수가 서로 독립인 확률변수의 합인 경우와 마찬가지로 서로 독립인 두 확률변수의 차이로 정의되는 결합확률변수의 경우 또한 확률분포의 분산은 다름 아닌 두 확률변수 각각의 분산을 합한 값과 같다. 이를 일반화하면 서로 독립인 n개 확률변수의 차이로 정의되는 결합확률변수의 확률분포의 분산은 n개 확률변수 각각의 분산을 모두 합한 것과 같다는 것이다. 이 내용을 수식으로 표현하면 다음과 같다.

$$Var(X_1-X_2-X_3-\cdots-X_n)=\sigma_{X_1}^2+\sigma_{X_2}^2+\sigma_{X_3}^2+\cdots+\sigma_{X_n}^2$$

9. *SPSS*의 데이터 불러오기와 분석결과 보내기

제1장에서 우리는 *SPSS* 자료편집기를 이용하여 자료파일을 만드는 방법을 배웠다. 그런데 연구를 하다보면 종종 연구자들은 직접 데이터파일을 만들기보다는 이미 만들어진 데이터파일을 *SPSS*로 불러와 분석을 하게 되는 경우가 있다. 특히 요즘은 많은 공공 또는 민간기관들이 다양한 인구집단과 사회현상에 관한 자료를 수집하여 연구자들로 하여금 사용할 수 있게 하고 있기 때문에 더더욱 이미 만들어진 데이터파일을 사용하는 경우가 점점 더 많아지고 있다.

이 장에서는 바로 이러한 경우를 위해 *SPSS*가 아닌 다른 프로그램을 이용하여 만들어진 자료를 *SPSS* 형식으로 변환하여 불러들이는 방법과 자료를 분석하여 얻은 결과를 논문이나 연구보고서에 제시하기 위해서 논문이나 연구보고서를 작성할 때 일반적으로 많이 사용하는 워드프로세싱 프로그램으로 보내는 방법에 대해서 알아보기로 하겠다.

1) 자료파일 불러오기

SPSS 프로그램은 ASCII, EXCEL, ACCESS 등으로 만들어져 파일형식이 *SPSS* 파일 형식과 다른 자료들도 분석자료로 사용하기 위해 불러들일 수 있다. 가장 일반적인 경우는 ASCII(text) 형식으로 저장된 자료나 EXCEL로 만들어진 자료를 불러들이는 경우이다. 연구자가 조사한 표본의 크기가 큰 경우, 자료파일을 *SPSS*에서 직접 만드는 것보다 ASCII(text) 형식의 텍스트 파일이나 엑셀을 이용하여 자료파일을 만드는 것이 더 효과적이다. 따라서 연구자는 이 두 형식의 파일을 *SPSS*로 불러들여야 할 경우가 종종 있다.

(1) ASCII 파일(*.txt)

ASCII 형식의 파일은 파일명의 확장자가 *.txt인 파일로서 흔히 텍스트 형식 파일이라고 불리는 파일이다. ASCII 파일을 *SPSS*로 불러오는 과정은 총 6단계로 이루어져 있다. 이제 구체적인 예를 통해서 ASCII 파일형식의 자료를 *SPSS* 파일로 불러오는 방법을 익혀 보기로 하자.

아래 제시된 자료파일은 ASCII 형식으로 입력된 자료파일이다. ASCII 자료파일은 아래한글이나 MS 워드 같은 워드프로세싱 프로그램뿐만 아니라 MS 윈도우의 메모장 같은 텍스트 편집기를 이용해서 만들 수 있다. 자료파일을 ASCII 형식 파일로

123456789123456789123456789123456789123456789
123456789123456789123456789123456789123456789
123456789123456789123456789123456789123456789

만들려면 파일을 저장할 때 파일의 형식을 텍스트 파일로 저장해야 한다. 아래한글을 이용하여 파일을 만든 경우는 파일명의 확장자를 *.hwp가 아니라 *.txt로 바꿔야 하고 메모장에서 자료파일을 만든 경우에는 메모장의 파일명 확장자가 *.txt이므로 별도로 확장자를 변경하지 않아도 된다. [그림 2-13]은 아래한글을 이용하여 자료파일을 만든 다음, 연구자가 미리 만들어 둔 '데이터 불러오기'라는 폴더에 'ascii 파일'이라는 이름으로 파일을 저장하면서 확장자를 아래한글의 파일명 확장자의 고정값인 *.hwp에서 *.txt로 바꾸는 과정을 보여 준다.

[그림 2-13]

아래한글이나 메모장을 이용하여 만든 ASCII 파일을 *SPSS*로 불러오기 위해서는 먼저 *SPSS* 자료편집기의 최상위 메뉴에서 '파일(File)'을 클릭한 다음 '데이터 가져오기'의 하위메뉴 중 '텍스트 데이터(Read Text Data)'를 클릭한다.

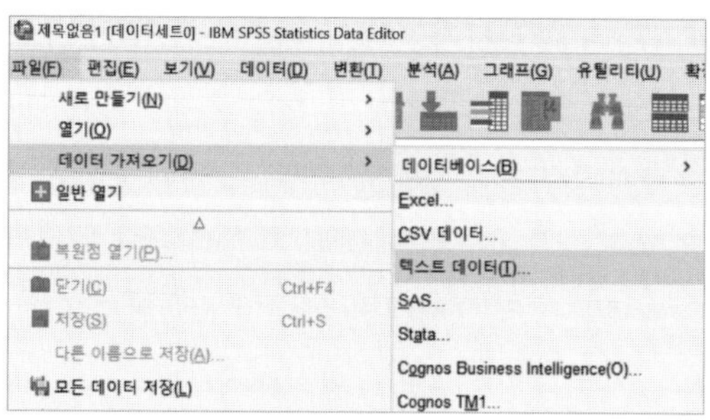

[그림 2-14]

'텍스트 데이터'를 클릭한 다음 ASCII 파일을 찾기 위한 경로를 설정하여 파일을 찾는다. 경로가 올바르게 설정되었다면 [그림 2-15]처럼 이미 만들어 두었던 ASCII 형식의 자료파일이 창에 나타난다.

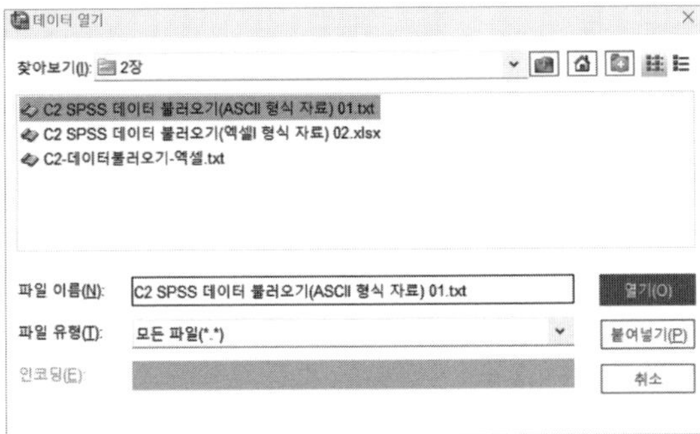

[그림 2-15]

불러올 파일을 선택한 다음 '열기(Open)'를 클릭하면 '텍스트 파일 불러오기 마법사'가 시작된다. [그림 2-16]은 '텍스트 파일 불어오기 마법사'의 1단계로서 이 단계에서는 불러오려는 텍스트 파일이 사전에 정의된 형식과 일치하는지 여부(Does you text file match a predicted format?)를 묻는다. 자료파일을 ASCII 형식으로 올바르게 저장했다면 '다음(Next)'을 클릭하면 된다.

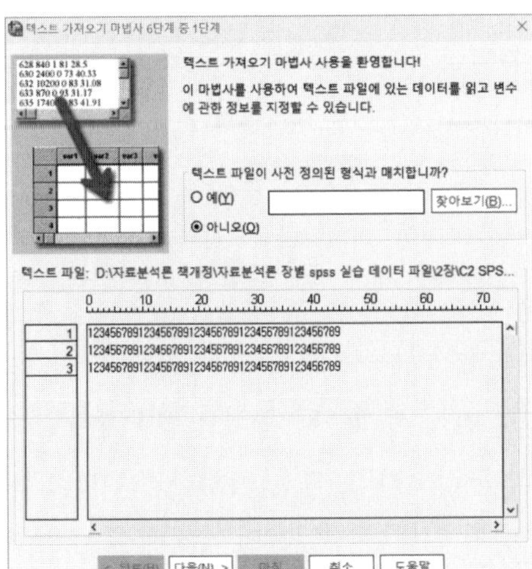

[그림 2-16]

2단계는 자료배열방식 및 자료파일 내에 변수명이 포함되어 있는지 여부를 묻는 단계이다. 먼저, 각 변수의 변수값을 다른 변수의 변수값과 구분하기 위해 변수를 어떻게 배열했는지 *SPSS*에 알려줘야 한다. 박스에 제시된 두 가지 방식 중 '구분자에 의한 배열(Delimited)' 방식은 워드프로세싱 프로그램을 이용하여 자료를 입력할 때 서로 다른 변수의 변수값 사이에 특수문자(예를 들면, 콤마, 탭, 스페이스 등)를 넣어 변수값을 구분하는 방식이다.

이와 달리 '고정 너비 배열(Fixed width)' 방식은 서로 다른 변수의 변수값을 특별한 기준을 가지고 구분하지 않고 입력한 경우이다. '고정 너비' 방식은 많은 변수의 변수값을 신속하게 입력해야 할 때 '구분자' 방식에 비해 훨씬 편리하다. 단, 이 방식을 이용할 때는 각 변수 길이, 즉 각 변수의 변수값이 차지하는 '자릿수(columns)'를 정확히 알고 있어야만 한다. 그렇지 않을 경우, 나중에 변수를 구분하는 과정에서 자칫 오류를 범하기 쉽다. 따라서 이 방식은 코딩 지침서 등을 통해 변수값의 자릿수를 확인할 수 있을 때만 사용하는 것이 안전하다.

그 다음 창은 자료파일의 첫 줄에 변수명이 포함되어 있는지 여부를 묻는 창이다. 그리고 소숫점 기호는 기본값인 '주기'를 클릭한다.

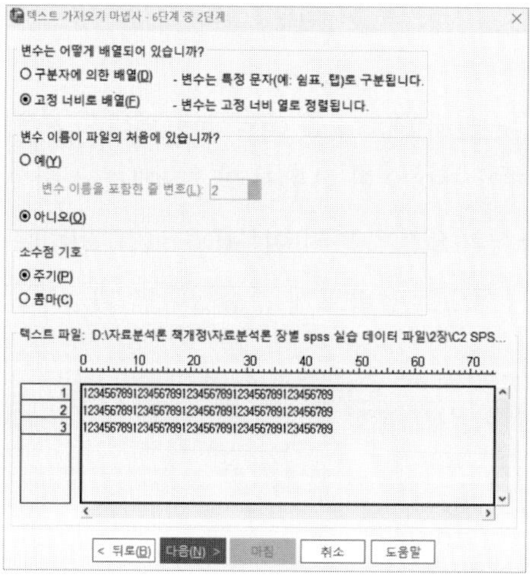

[그림 2-17]

3단계는 ASCII 파일에서 불러오려는 사례 수 및 사례 수의 시작점을 지정해 주는 단계이다. 예를 들어서, 자료파일에서 첫 번째 사례부터 불러오고자 한다면 첫 번째 선택 박스에 숫자 '1'을 입력하고 34번째 사례부터 불러오려면 '34'를 입력하면 된다. 그다음 선택 박스는 한 개 사례에 해당하는 자료가 몇 줄에 걸쳐 입력되어 있는지 지정해 주는 박스이다.

세 번째 선택박스는 불러올 사례의 수를 지정하는 박스이다. 만일 ASCII 파일에 있는 모든 자료를 불러들이고자 한다면 '모든 사례'를 선택하고, 처음부터 ○○번째 사례까지 불러들이려면 '처음'을 선택하고 박스에 원하는 사례 수를 입력한다. 마지막으로 전체 사례 중 ○○%를 불러들이려면 '케이스 퍼센트(a percentage of the cases) 00%'를 선택한다. 이 세 가지 선택사항 중 전체 사례를 불러들이는 경우를 예로 들어 보기로 하겠다.

4단계는 '변수의 길이(columns)'를 지정하는 단계이다. 앞서 2단계에서도 언급했듯이 변수값이 '고정 너비' 방식으로 입력되었다면 각 변수의 변수값이 차지하는 자릿수를 *SPSS*에 알려줘야 한다. 따라서 4단계 작업을 위해서는 변수의 길이를 알 수 있는 코딩북이 반드시 있어야 한다.

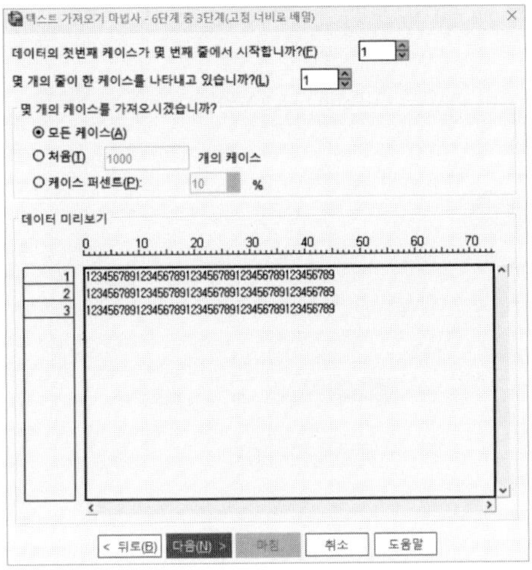

[그림 2-18]

모든 변수의 길이를 안다는 전제하에 연구자는 이제 [그림 2-19]의 '자료 미리보기(Data preview)'에 제시된 자료에 서로 다른 변수의 변수값 사이에 한쪽 끝에만 화살표가 있는 줄을 그어 각 변수의 길이를 정해 준다. 줄을 긋는 방법은 원하는 위치에 마우스 포인터를 가져다 놓고 클릭하면 된다. 줄을 잘못 그은 경우, 눈금자와 숫자 사이 공간에 있는 화살표 부분을 클릭하면 잘못 그은 줄을 지우면 된다.

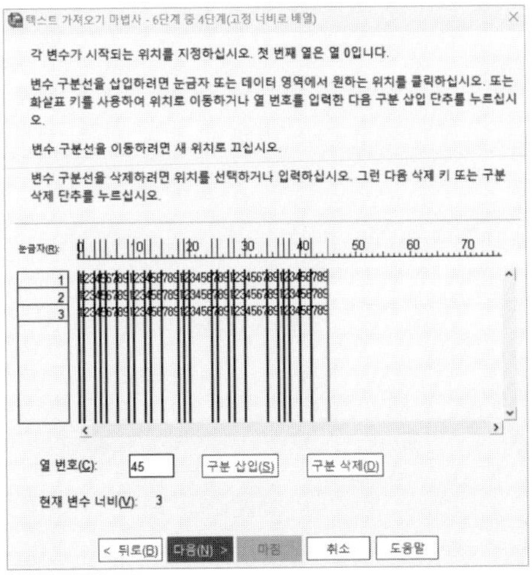

[그림 2-19]

5단계에서는 *SPSS* 로 불러올 변수들 각각의 변수명과 변수유형을 정의한다.

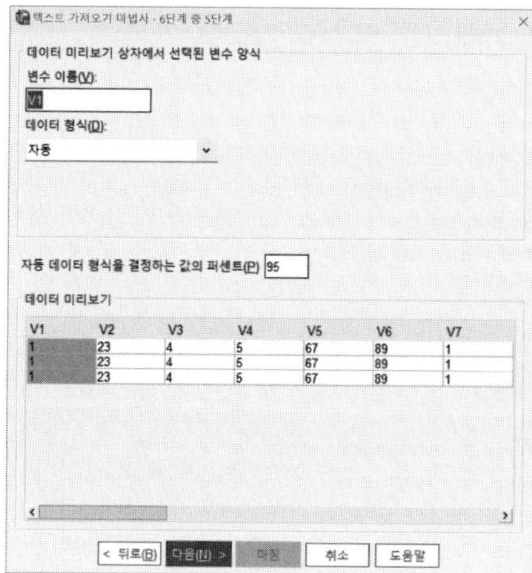

[그림 2-20]

6단계는 텍스트 파일이 성공적으로 불러들여졌다(You have successfully defined the format of your text)는 메시지와 함께 1~5단계에서 연구자가 불러들이려는 파일의 형식과 관련해서 지정했던 내용들을 지정한 파일 형식으로 저장하겠는지를 묻는다. [그림 2-21]은 1~6단계를 거쳐 불러들인 자료파일이다.

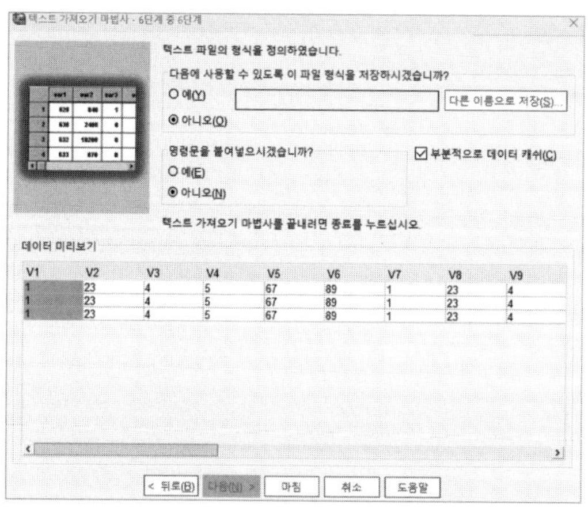

[그림 2-21]

	V1	V2	V3	V4	V5	V6	V7	V8	V9	V10
1	1	23	4	5	67	89	1	23	4	56
2	1	23	4	5	67	89	1	23	4	56
3	1	23	4	5	67	89	1	23	4	56

[그림 2-22]

파일 불러들이기는 6단계에서 끝나지만 연구자에게는 한 가지 단계가 더 남아 있다. [그림 2-22]의 불러들인 자료파일에는 V1~V7까지의 변수는 있지만 V1~V7이 어떤 변수들이고 각 변수의 변수값이 어떤 의미를 갖는지 등의 정보는 포함되어 있지 않다. 이는 ASCII 파일로 자료파일을 만들 때 자료만 입력하고 변수에 관한 정보는 입력하지 않기 때문에 ASCII 파일을 *SPSS* 파일로 변환하여 불러들일 때 5단계에서 지정해준 변수 관련 정보 이외에는 다른 정보가 포함되어 있지 않기 때문이다. 따라서 연구자는 5단계에서 지정해준 변수에 관한 정보 이외에 더 필요한 정보를 제1장에서 배운 방법을 이용하여 입력하여 불러들인 자료파일을 분석가능한 자료파일로 만들어야 한다.

2) 엑셀 파일

이번에는 엑셀 프로그램으로 만들어진 자료파일을 *SPSS* 파일로 변환하여 불러들이는 연습을 해보도록 하자. 예를 들어서, [그림 2-23]과 같은 엑셀 자료파일이 있다고 가정해 보자. 이 파일을 보면 첫 번째 줄에 다행히 변수명이 입력되어 있다. 그런데 엑셀을 사용하여 자료를 입력하다 보면 첫 줄에 변수명을 입력해야 하는 것을 잊어버리고 변수값을 입력하는 경우가 종종 있다.

만일 그런 엑셀 파일을 *SPSS*로 불러오게 되면 *SPSS*는 자동으로 엑셀 파일의 첫 번째 줄에 입력된 내용을 변수명으로 인식하기 때문에 엑셀 자료파일의 첫 줄에 입력된 첫 번째 관찰대상의 변수값들이 *SPSS* 자료파일의 변수명으로 지정되는 오류가 발생한다.

이런 오류를 범하지 않기 위해서 엑셀로 자료파일을 만들 때는 반드시 첫 번째 줄에 변수명을 입력해야 한다는 것과 엑셀 파일을 불러올 때는 반드시 먼저 그러한 사실을 확인해야 한다는 것을 기억하기 바란다.

	A	B	C	D	E	F
1	sex	age	fam	type	edu	health
2	2	23	1	2	5	1
3	3	12	3	4	4	6
4	2	34	3	4	3	6
5	1	43	3	4	5	6
6	1	12	3	4	2	6

[그림 2-23]

엑셀 자료파일을 *SPSS*로 불러오려면 먼저 *SPSS*의 최상위 메뉴에서 '파일(File)'을 클릭하고, '데이터 가져오기(Open Data)'의 하위메뉴 '데이터베이스(Data base)'를 클릭 후에 보이는 '새 쿼리(New Query)'를 클릭한다.

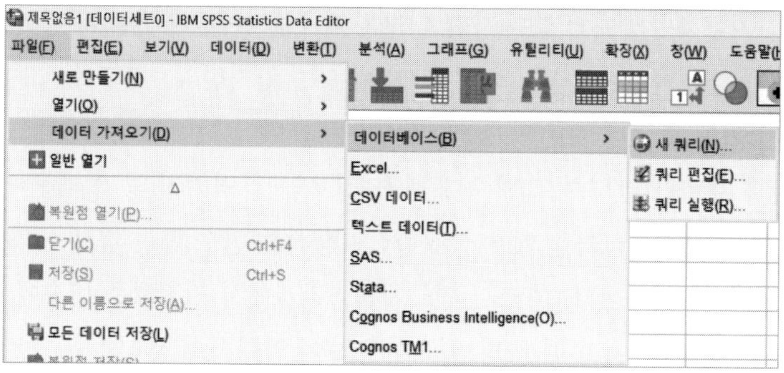

[그림 2-24]

그러면 [그림 2-25]와 같은 '데이터베이스 마법사'가 나타나는데 오른쪽 선택박스에서 불러올 데이터의 형식 중 '엑셀'을 클릭하고 '다음(Next)'을 클릭한다.

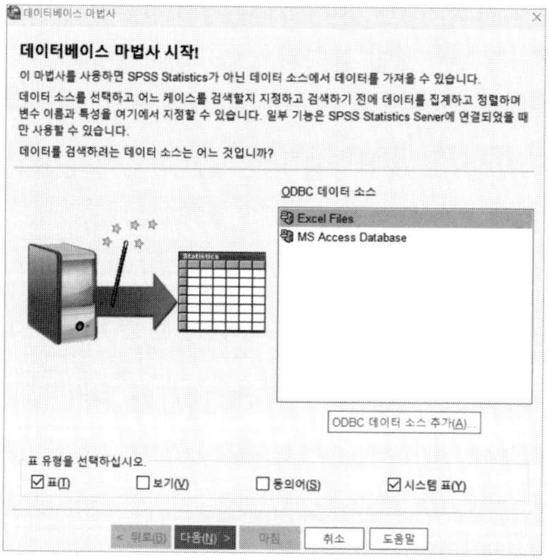

[그림 2-25]

그러면 [그림 2-26]처럼 불러올 파일이 있는 위치를 입력하는 창이 나타난다. 이 창에서 '찾아보기(Browse)'를 클릭하여 올바른 경로를 설정하고 '확인(OK)'을 클릭한다.

[그림 2-26]

예를 들어서, 불러올 엑셀 파일이 '데이터 불러오기' 폴더에 있다는 사실을 입력하고 확인을 클릭하면 [그림 2-27]과 같은 창이 나타난다. 이제 불러올 자료파일을 선택하고 '열기(Open)'를 클릭하면 된다.

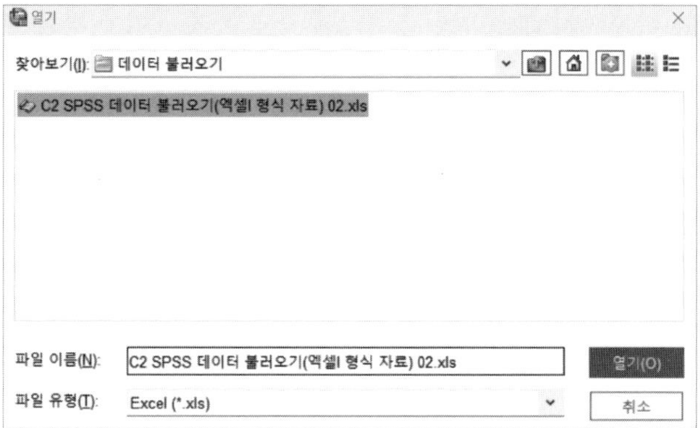

[그림 2-27]

그러면 [그림 2-28]의 창이 나타난다. 이 창의 왼쪽에 있는 '사용가능 표(*A*)'라는 박스를 보면 Sheet1$~Sheet3$이 제시되어 있는데 이는 클릭한 자료파일 안에 엑셀 시트가 3개 있다는 것을 말해준다. 이 중에서 불러올 자료가 있는 시트인 Sheet1$을 클릭한 상태에서 오른쪽 박스로 '끌어 오기(drag)'하면 Sheet1$의 자료가 변수명 순서대로 나타나는데 그 중에서 불러올 변수의 목록을 확인한 후 '다음(Next)'을 클릭한다. [그림 2-29]는 불러올 사례 중 일부의 형태를 바꾸는 명령이며 크게 신경 쓸 필요 없이 '다음(Next)'을 클릭해도 된다.

[그림 2-28]

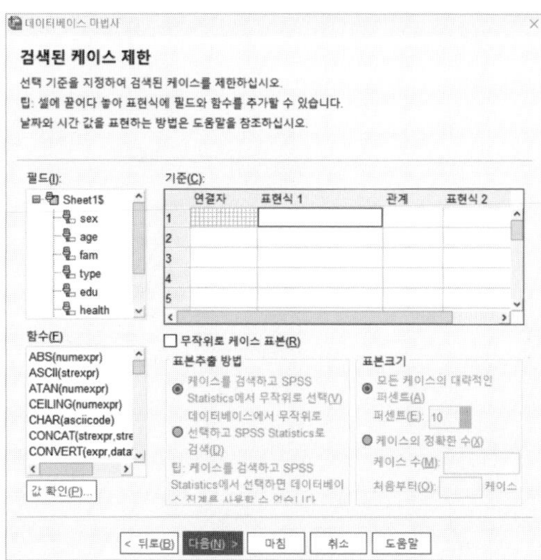

[그림 2-29]

새로 나타나는 [그림 2-30]의 창은 불러올 변수의 변수명과 '변수 유형(type)'을 결정하는 창이다. 만일 불러올 엑셀 자료파일의 어떤 변수가 '문자(string)' 유형 변수인데 이 변수를 *SPSS*로 불러올 때 '숫자(numeric)' 유형 변수로 불러오고자 한다면 그 변수에 대해서 변수값을 숫자 유형으로 변환하라는 '숫자로 코딩변경(Recode to Numeric)'을 클릭한다. [그림 2-31]은 최종적으로 변형된 변수명을 확인하고 이제까지 내린 명령을 명령문으로 저장할지 여부를 묻는 창이므로 무시하고 '마침'을 누르면 된다.

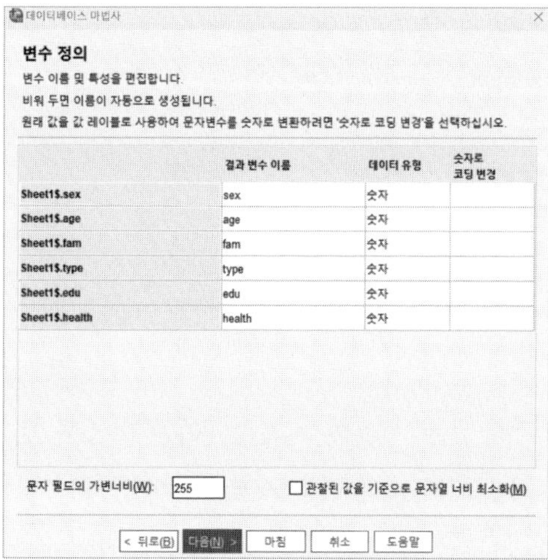

[그림 2-30]

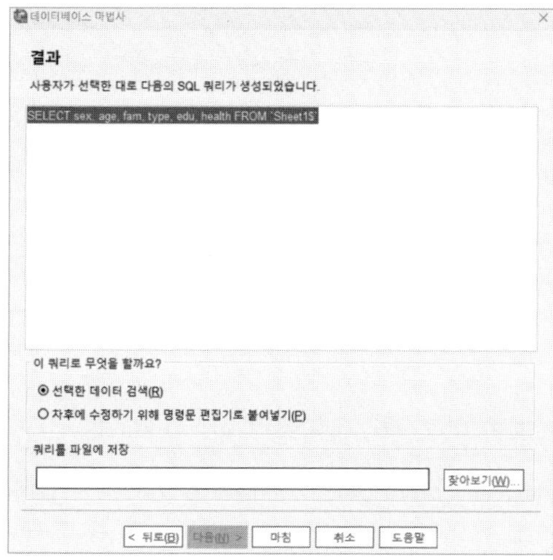

[그림 2-31]

[그림 2-32]는 엑셀 자료파일을 성공적으로 *SPSS* 자료파일로 불러들인 경우이다. 앞서 언급했던 바와 같이 엑셀 자료파일의 첫 번째 줄에 있던 값들은 *SPSS*의 자료파일의 변수명 자리에 나타나게 된다는 것을 다시 한번 기억하기 바란다.

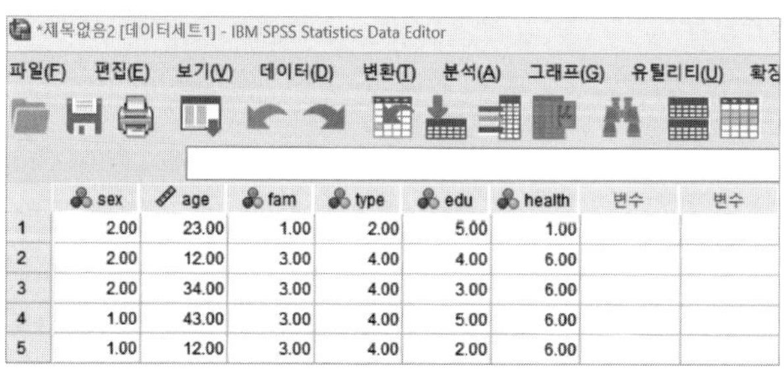

[그림 2-32]

3) 분석결과 내보내기

'내보내기(Export)' 기능은 *SPSS* 분석결과를 논문이나 연구보고서에 제시하기 위해서 문서 작성이 용이한 워드프로세싱 프로그램으로 보내는 기능이다. 보내기 기능을 쉽게 이해하게 하기 위해 다음과 같은 예를 들어 보자. 연구자가 성별변수에 대해서 '빈도분석'을 실시하여 다음과 같은 결과를 얻은 다음 이 분석결과표를 아래한글에서 편집하고자 한다고 가정해 보자.

성별

		빈도	퍼센트	유효퍼센트	누적퍼센트
유효	남	2	40.0	40.0	40.0
	여	3	60.0	60.0	100.0
	합계	5	100.0	100.0	

[그림 2-33]

SPSS 에서 분석결과를 다른 프로그램으로 내보내는 방법은 세 가지인데 가장 간단한 방법은 다음과 같이 결과 창(Out View)의 최상위 메뉴 중 을 클릭하는 것이다.

[그림 2-34]

다른 방법으로는 [그림 2-35]나 [그림 2-36]과 같은 방법이 있다. [그림 2-35]는 *SPSS* 데이터 편집기 최상위 메뉴에서 '파일(File)'을 클릭하고 하위메뉴 중 '내보내기(Export)'메뉴를 선택하여 파일을 내보내는 방법이다. [그림 2-36]은 보내려는 분석결과표 위에 마우스를 가져다 놓고 마우스 오른쪽 버튼을 클릭하면 '다른 이름으로 복사, 잘라내기…' 등의 하위메뉴가 나타나고 그 중에서 '내보내기(Export)' 메뉴를 선택하는 방법이다.

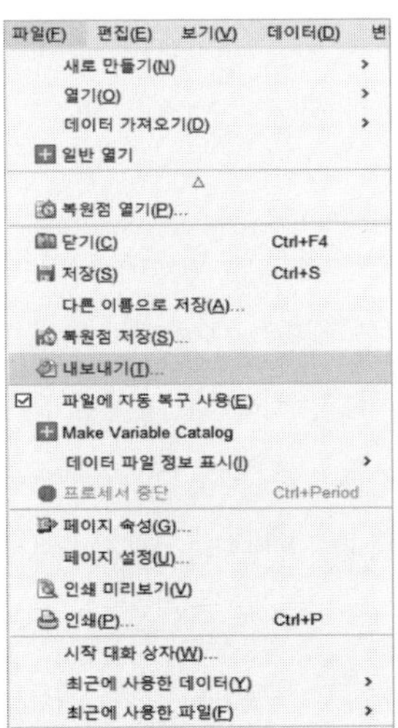

[그림 2-35]

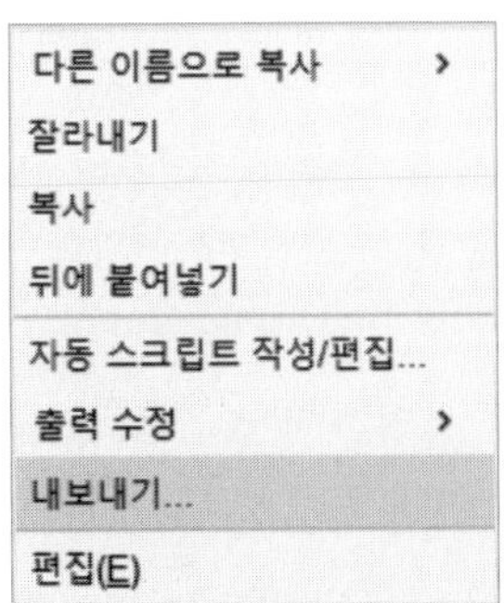

[그림 2-36]

이 두 가지 방법 중 어느 것을 사용하더라도 '내보내기'를 실행시키면 [그림 2-37]과 같은 창이 나타난다. 먼저 연구자는 파일의 저장경로, 즉 파일을 내보내서 어디에 저장할지를 '찾기(Browse)'를 이용하여 지정한다.

그 다음으로 연구자는 무엇을 내보낼지 지정해야 한다. 모든 분석결과를 보내기 위해서는 '모든 개체(All Objects)'를, 현재 화면에 보이는 개체만 내보내려면 '화면에 보이는 개체(All Visible Objects)'를, 그리고 원하는 개체만 선택하여 내보내려면 '선택한 개체(Selected Objects)'를 선택한다. 여기서는 모든 개체를 내보내는 경우를 예로 들어 설명하기로 하겠다.

내보내려는 개체를 지정한데 이어서 연구자는 내보낼 파일의 형식도 지정해야 한다. 만일 연구자가 파일의 형식을 지정하지 않으면 *SPSS*는 내보낼 파일의 형식을 인터넷 문서(HTML FILE)로 자동 지정한다. 이제 '확인(OK)'을 클릭하면 내보내기가 성공적으로 이루어진다.

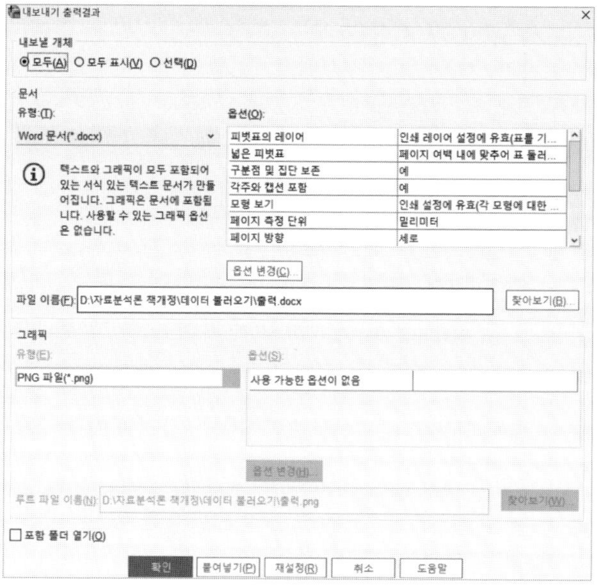

[그림 2-37]

'내보내기' 기능을 사용할 때 주의해야 할 것 중 하나는 내보낸 파일이 어디에 저장되었는지 잘 알아두어야 한다는 것이다. 저장경로를 지정하지 않을 경우 *SPSS*는 내보낸 파일을 프로그램이 자체적으로 설정한 경로(C:/Program/SPSS)에 저장한다. 따라서 내보낸 파일의 저장경로를 지정하지 않거나 지정하고도 잊어버리는 경우 파일이 어디 있는지 찾느라 애쓰는 경우가 종종 발생한다. 따라서 내보낼 파일의 저장경로를 입력하고 나면 반드시 어딘가에 저장경로를 기록해두는 습관을 길러야 한다.

'내보내기'가 정상적으로 이루어지면 한글 프로그램에서 *SPSS* 결과 파일을 불러올 수 있다. 한글 프로그램에서 파일을 불러오려면 한글 프로그램의 '불러오기' 아이콘을 눌러 저장한

파일을 찾아야 한다. 이때, 한글 프로그램의 파일 '불러오기'는 기본적으로 '*.hwp' 파일만 보이도록 설정되어 있다는 점에 유의해야 한다. 따라서 *SPSS* 프로그램에서 결과값을 한글 프로그램으로 내보낼 때 설정한 인터넷 문서 형식의 파일이 보이도록 파일의 확장자를 '*.hwp'에서 '모든 파일' 또는 '인터넷 문서(Html file)'로 변경해야 한다.

한글 프로그램에서 *SPSS* 파일을 불러올 때는 파일형식을 [그림 2-38]처럼 인터넷 파일로 바꿔야만 찾는 파일이 창에 나타난다. 파일을 찾아 선택한 다음 '열기'를 누르면 [그림 2-39]와 같은 '인터넷 문서 창'이 나타나는데 문자 코드선택을 '한글'로 선택한 상태에서 '확인'을 누르면 [그림 2-40]과 같은 결과가 나타난다.

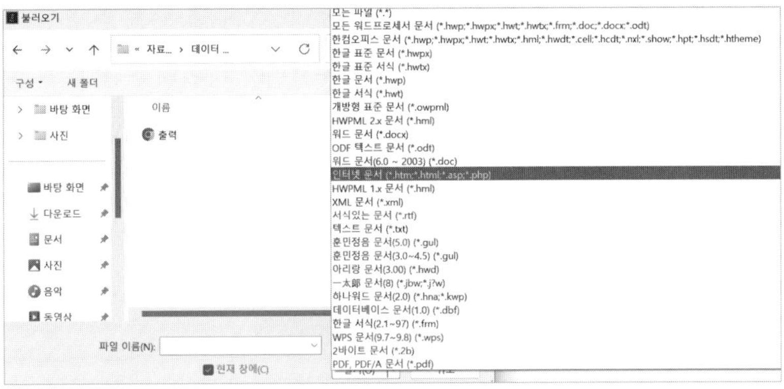

[그림 2-38]

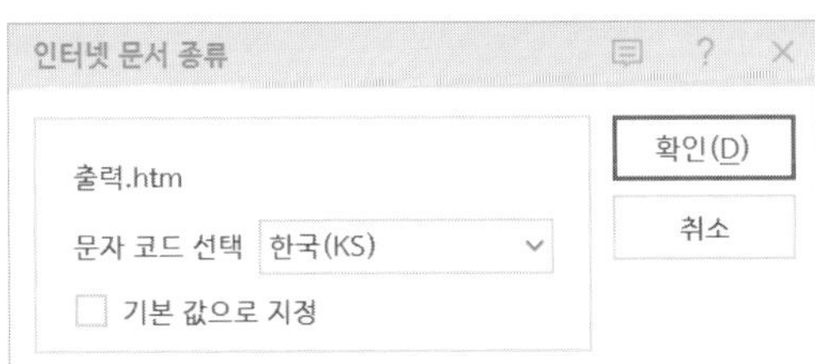

[그림 2-39]

(개인) 성별

		빈도	퍼센트	유효퍼센트	누적퍼센트
유효	남	2	40.0	40.0	40.0
	여	3	60.0	60.0	100.0
	합계	5	100.0	100.0	

[그림 2-40]

SPSS 분석결과를 아래한글로 불러오는 방법 중에는 이상에서 소개한 방법이 가장 안정적인 방법이다. 물론 좀 더 간단하게 '복사(Copy)'나 '개체복사(Copy Objects)' 명령을 사용할 수도 있지만 앞서 소개한 방법보다는 안정적이지 못하다.

예를 들면, '복사(Copy)'는 복사하려는 분석결과표를 선택한 상태에서 마우스 오른쪽 버튼을 눌러 복사하는 기능이다. 이 방법은 매우 간단하지만 선택한 분석결과표가 제대로 복사되지 않거나 표가 깨지거나 이상한 표가 복사되는 경우가 자주 발생한다. 따라서 다소 번거롭더라도 앞서 소개한 가장 안정적인 방법을 사용하여 표를 불러들이는 것이 궁극적으로는 시간을 절약하는 방법이라고 할 수 있다.

SPSS 분석결과표를 불러오는 또 다른 방법인 '다른 이름으로 복사(엑셀 파일, 이미지 등)'는 복사하려는 분석결과표를 선택한 상태에서 마우스 오른쪽 버튼을 눌러 [그림 2-41]과 같이 개체복사명령을 사용하는 방법이다. 이 방법 역시 매우 간편한 방법이지만 모든 분석결과가 [그림 2-42]처럼 이미지로 복사되기 때문에 분석결과표를 편집할 수 없다는 단점이 있다.[9]

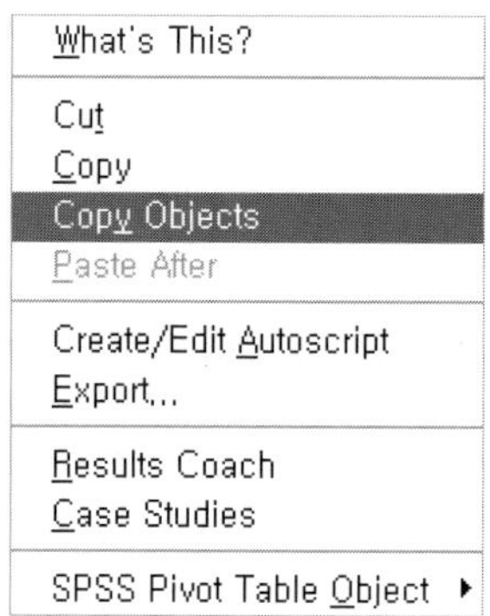

[그림 2-41]

(개인) 성별

		빈도	퍼센트	유효퍼센트	누적퍼센트
유효	남	2	40.0	40.0	40.0
	여	3	60.0	60.0	100.0
	합계	5	100.0	100.0	

[그림 2-42]

9) 최근에 새롭게 출시된 PASW 18.0 버전부터는 '개체복사'명령이 없어졌다.

10. R로 데이터 불러오기

R에서는 ASCII, CSV, EXCEL, SPSS, SAS, Stata로 만든 파일 형식을 분석자료로 사용하기 위해 불러들일 수 있다. 가장 일반적인 경우는 CSV, EXCEL, SPSS로 불러들이는 것이다. EXCEL 파일을 불러들이기 위해서는 메뉴 명령문에서 FILE/Import Dataset/From Excel을 누른다.

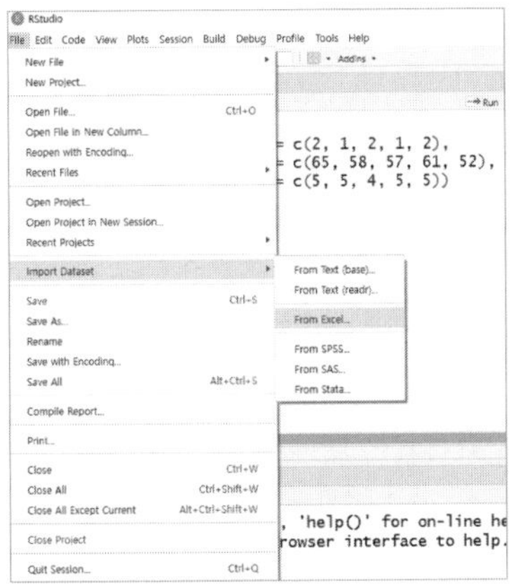

[그림 2-43]

그리고 [그림 2-44]와 같이 Import Excel Data 창이 뜨면 Browse... 버튼을 눌러 불러들이고자 하는 Excel 파일을 찾아서 누른 후 오른쪽 아래의 Import 버튼을 누른다.

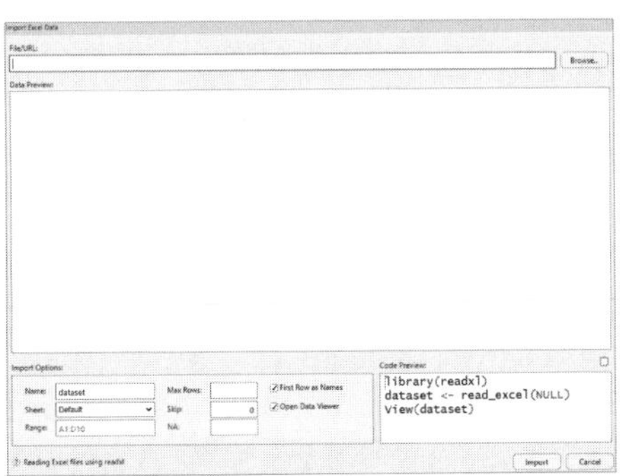

[그림 2-44]

스크립트 창에서 명령문으로도 Excel 파일을 불러올 수 있는데, 이를 위해서는 "readxl"이라는 패키지를 먼저 설치해야 한다. R은 처음에 설치할 때 base 패키지를 설치하며, 그 외에 많은 통계를 수행하기 위해서 필요한 패키지를 설치하면 된다. readxl 패키지를 설치하기 위해서는 먼저 install.packages 명령문을 수행하는데, 스크립트 창의 명령문을 수행하기 위해서는 실행하고자 하는 명령문에 커서를 위치시키고 Run 명령문 Run 을 클릭하면 된다.

또한 패키지를 설치한다는 것은 외부의 저장소에서 자신의 컴퓨터에 해당 패키지를 가져오는 것이며, 이를 사용할 수 있기 위해서는 library 명령문을 실행시켜야 한다. install.packages는 이용자가 사용하는 컴퓨터에 설치하는 것으로, 한 번 설치하면 다시 설치할 필요가 없다. 반면에 library 명령문은 새로운 세션을 시작할 때마다 필요하다. 두 개 이상의 명령문을 실행하기 위해서는 모든 명령문을 하이라이트 한 후 Run을 클릭한다. 이 때 install.packages() 안에 “readxl”을 적어 넣을 때 반드시 따옴표(“ ”) 또는 반따옴표(‘ ’)를 사용해야 한다. library() 안에서는 따옴표, 반따옴표를 사용하지 않아도 된다.

readxl 패키지가 설치된 후에는 read_excel 함수를 사용할 수 있다. 아래와 같이 read_excel(file.choose())를 쓰고 Run 을 클릭하면 파일선택 창이 뜨게 된다. 해당 창에서 불러들이고자 하는 엑셀파일(예를 들어, “C2 *SPSS* 데이터 불러오기(엑셀I 형식 자료) 02.xlsx”)을 찾아서 클릭한 후 열기를 클릭한다. 이 때 불러들인 엑셀 파일을 별도의 *R* 파일(rda 파일)로 저장하지 않으면 그 내용을 콘솔 창에서 볼 수는 있지만 *R* 에서 계속해서 사용할 수는 없다. 따라서 별도의 객체(object)로 지정해 줘야 한다. [그림 2-45]에서는 c2df라는 객체로 지정했다. 주의할 점은 c2df는 현재의 세션이 지속되는 동안은 환경창에서 나타나는 것처럼 저장되어 있지만 다음의 세션에서도 사용하려면 별도로 메뉴의 File/Save As...를 통해 저장해 줘야 한다. 하지만 스크립트 창의 명령문을 저장해 두면 언제나 동일한 실행을 할 수 있기 때문에 특별한 경우가 아니라면 rda 파일로 저장하지 않는 경우가 대부분이다.

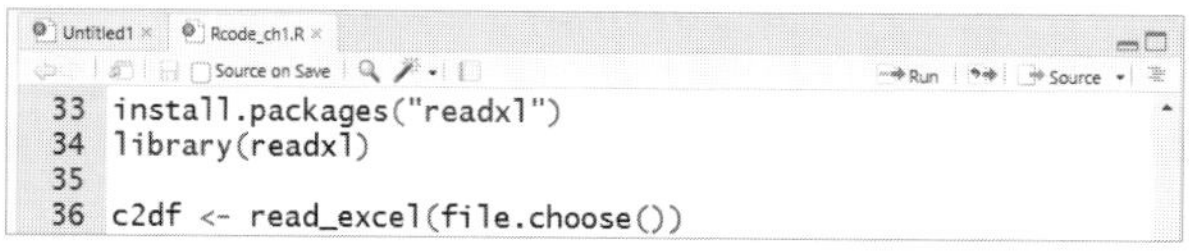

[그림 2-45]

한편 *SPSS* 파일을 불러들이기 위해서는 “haven” 패키지를 설치해야 한다. haven 패키지는 *SPSS* 뿐 아니라 SAS, Stata 파일을 불러들이기 위해서도 사용할 수 있다. [그림 2-46]과 같이 haven 패키지를 설치한 후에 read_sav 함수에서 file.choose() 옵션을 사용하면 파일선택 창이 뜨게 되고, 불러들이고자 하는 *SPSS* 파일(예를 들어, “C3-변수변환-변수계산.sav”)을 선택하여 c3df라는 *R* 데이터프레임에 지정해 둔다.

```
install.packages("haven")
library(haven)

c3df <- read_sav(file.choose())
```

[그림 2-46]

참고문헌

Goldberg, A. (1994). *A Course in Econometrics*. Cambridge, MA: Harvard Univ.Press.

Iversen, G. (1984). *Bayesian Statisical Inference*. Newbury Park, CA: Sage publications Inc.

Mendenhall, W., Wackerly. D., & Scheaffer, R. (1990). *Mathematical Statistics with Applications* (4th ed.). Boston, MA: PWS-KENT Publishing Co.

Larsen, R., & Marx, M. (1986). *Introduction to Mathematical Statistics and Its Applications* (2nd ed.). Englewood Cliffs, NJ: Prentice-Hall.

Rudas, T. (2004). *Probability Theory*. Newbury Park, CA: Sage Publication Inc.

| 연습문제 |

01 확률변수 X가 가질 수 있는 모든 변수값이 다음과 같을 때 확률변수 X의 확률분포의 기대값과 분산을 구하십시오(단, 소수의 계산은 소수점 둘째 자리에서 버림한 값을 바탕으로 하십시오).

29	15	20	20	18	17	23	12	15	23
20	26	17	18	18	20	24	23	24	26

02 문제 1의 자료를 바탕으로 확률분포의 기대값과 분산이 각각 모평균 및 모분산과 같음을 증명하십시오.

03 서울시 25개 구별 기초생활보호대상자의 수를 확률변수 Y라고 할 때, 확률변수 Y의 모평균과 표준편차를 구하십시오(단, 소수의 계산은 소수점 둘째 자리에서 버림한 값을 바탕으로 하십시오).

735	736	873	929	734	828	944	843	1005
1285	2307	1577	1927	613	6186	1407	1176	1655
5183	1078	1173	1449	831	2857	767		

04 확률변수 X의 확률분포가 $N(\mu_X, \sigma_X^2)$이고 역시 정규분포를 따르는 또 다른 확률변수 Y가 $Y=a+bX$일 때, 확률변수 Y의 기대값과 분산을 구하십시오.

05 어떤 확률분포의 기대값이 $E(X)=56$이라고 한다. 이 확률변수의 값이 40일 때, 이에 대응하는 Z값이 -2라고 한다면 이 확률분포의 분산을 구하십시오.

06 어떤 확률변수가 평균과 분산이 각각 $\mu=25$와 $\sigma^2=25$인 정규분포를 따를 때 다음 각각의 변수값에 해당하는 Z값을 구하십시오,

23, 27, 17, 15, 35, 33, 28, 34

07 정규분포를 따르는 확률변수 X의 모평균과 모분산이 각각 $\mu=60$, $\sigma^2=16$ 으로 알려져 있을 때, 확률변수 X가 66과 같거나 더 큰 값을 가질 확률을 구하십시오.

08 우리나라 대도시 지역에 근무하는 1급 사회복지사의 월평균소득 X의 확률분포가 정규분포를 따르고 모평균과 모표준편차가 각각 $\mu=120$만 원과 $\sigma=25$라고 한다. X가 다음과 같은 값을 가질 때 각각에 해당하는 Z값을 구하십시오.

95, 98, 100, 115, 145, 155

09 어떤 확률변수 X의 기대값과 분산은 $E(X)=10$, $Var(X)=4$인 것으로 알려져 있고 또 다른 확률변수 Y의 기대값과 분산은 $E(Y)=11$, $Var(Y)=9$인 것으로 알려져 있을 때, $g=(2X+3Y)$로 정의되는 결합확률변수의 기대값을 구하십시오.

10 위의 문제 9에서 두 확률변수 X, Y가 서로 독립일 때, $g=(2X+3Y)$의 분산을 구하십시오.

3

표본분포

이제까지 우리는 제1장에서 자료분석의 기본원리를 이해하기 위해 필요한 기본적인 용어와 개념을 살펴보았으며, 제2장에서는 확률, 확률변수 그리고 확률분포가 무엇인지를 살펴보았다. 이러한 기초과정을 바탕으로 이번 장부터는 자료분석의 궁극적인 관심사, 즉 자료를 바탕으로 직접 관찰이 불가능한 실제를 이해하는 것과 관련된 구체적인 이론과 방법들을 살펴보게 될 것이다. 먼저 이러한 과정의 맨 첫 단계로서 이번 장에서는 표본(sample) 및 표본의 특성을 이해하는 방법에 대해서 살펴보기로 하자.

1. 표본

앞서 언급한 바와 같이 자료분석의 궁극적인 관심사는 자료 속에 담긴 정보를 바탕으로 직접 관찰이 불가능한 실재를 이해하는 것이다. 이와 관련해서 우리는 이제 앞서 제1장과 제2장의 내용을 바탕으로 두 가지 것을 이해할 필요가 있는데, 첫째는 우리가 이해하고자 하는 실재라는 것이 바로 우리가 관심 있어 하는 어떤 속성을 가진 모든 개체들의 집합, 즉 다름 아닌 모집단을 말한다는 사실이다. 이에 대해서는 별도의 설명이 필요 없으리라 본다.

이와 더불어서 또 한 가지 이해해야 할 것은 이제까지 제1장과 제2장의 내용을 공부하면서 우리가 해온 것은 모집단의 속성을 알고 있는 상태에서 모집단의 속성으로부터 확률을 도출하여 표본에 관해 추론을 하는 것이었다는 사실이다. 예를 들어서, 검은 공 10개와 흰 공 5개가 들어있는 주머니에서 한 개의 공을 꺼낸다고 해 보자. 이때, 우리가 이 실험(또는 확률변수)의 모집단이 15개의 검은 공과 흰 공으로 구성되어 있다는 것을 안다는 것은 우리가 이 모집단의 속성을 이미 알고 있는 것을 의미한다.

그렇기 때문에 우리는 공을 하나 꺼내는 실험의 결과를 100% 정확하게 예측할 수는 없지만 적어도 실험의 결과로서 검은 공이 나올 확률은 2/3이고 흰 공이 나올 확률은 1/3이라는 것을 알고 있다. 그렇기 때문에 주머니에서 표본을 한 개 뽑을 때 그 표본이 검은 공일 가능성이 높다는 것을 실제로 실험을 하기 전에도 알 수 있는 것이다. 다시 말하면, 우리는 모집단에 관한 정보를 바탕으로 표본에 대한 추론을 할 수 있다는 것이다.

기억을 더듬어 본다면 제1장과 제2장에서 다루었던 모든 예와 연습문제들은 바로 이러한 성격의 문제였음을 알 수 있을 것이며, 실제로 이제까지 다루었던 모든 내용들이 확률변수의 확률분포, 즉 모집단의 특성을 나타내는 척도를 구하는 방법이었다는 사실을 보더라도 이제까지 우리가 공부한 모든 내용들은 모집단에 관한 것이었음을 쉽게 이해할 수 있다.

그렇다면 이제까지 우리가 공부해왔던 이러한 내용들에서 확률은 과연 어떤 역할을 한 것인가? 한마디로 말해서, 확률은 모집단과 표본을 연결시켜 주는 다리와 같은 역할을 한 것이라 말할 수 있다. 보다 구체적으로 말하자면, 모집단의 특성을 알고 있는 상태에서 우리는 모집단 구성원소 각각에 해당하는 확률을 계산할 수 있었고, 확률을 알 수 있었기 때문에 모집단으로부터 뽑은 표본이 어떤 값을 가질 것이라는 추론을 할 수 있었다. 이러한 의미에서 확률은 모집단과 표본을 연결해 주는 연결고리로서의 역할을 한 것이며 보다 정확하게 말하자면 표본에 관한 추론을 가능하게 해 준다.

여기서 혹자는 '정작 중요한 것은 표본에 관한 추론을 하는 것이 아니라 실재라는 모집단에 관한 추론을 하는 것이 아닌가?'라는 의문을 제기할는지 모르겠다. 통계학의 궁극적인 목적은 분명히 표본이 아닌 실재를 이해하는 것이다. 그렇다면 이제까지 우리가 공부해 온 내용은 도대체 어떤 의미를 갖는 것인가? 한마디로 말하자면, 확률을 이용하여 표본에 관해 추론하는 방법을 이해하는 것은 우리로 하여금 이제 모집단에 관한 추론을 할 수 있는 방법을 알게 해 준다.

그 방법은 의외로 매우 간단하다. 모집단의 특성을 알 때 확률이라는 연결다리를 통하여 표본에 관한 추론을 할 수 있다는 것을 알고 있는 이상, 이제 그 과정을 역순으로 밟는다면 모집단으로부터 뽑은 표본의 특성을 이해할 때 우리는 표본과 관련된 확률을 계산할 수 있으므로 그 결과를 바탕으로 모집단의 특성을 추론할 수 있게 된다. 이상의 내용을 [그림 3-1]과 같이 도식화해 볼 수 있다.

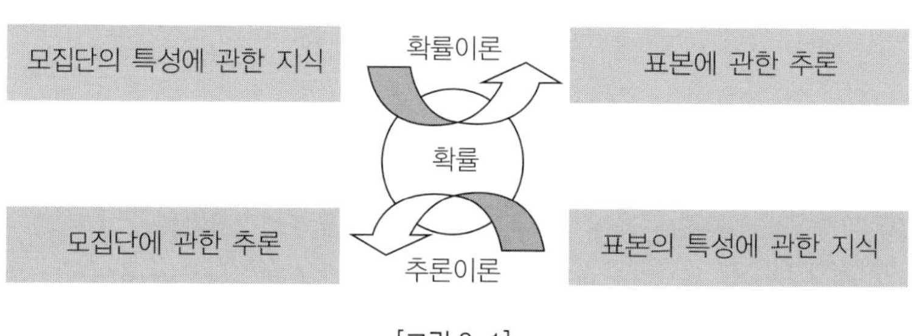

[그림 3-1]

물론 이 경우에도 확률은 표본과 모집단을 연결하는 다리로서의 역할을 한다. 바로 이러한 의미에서 확률은 통계학, 특히 추론 통계학에 있어서 가장 핵심이 되는 내용이라는 것을 알 수 있다. 이상의 내용을 이해한다면 아마도 '왜 이번 장에서부터는 논의의 초점이 표본으로 옮겨가게 되는가?'라는 질문에 대한 답을 쉽게 찾을 수 있으리라 본다.

다시 정리하자면, 이제까지 이 책에서 살펴보았던 내용이 모집단의 특성을 알고 있는 상태에서 확률을 통해 구체적인 사건이나 표본에 관한 추론을 하는 방법이었다면 이제부터는 표본의 특성을 이해한 다음 확률을 이용하여 모집단의 특성을 추론하는 방법을 살펴보게 될 것인바, 그러한 과정의 맨 처음 단계로서 표본과 표본의 특성을 이해하는 방법을 살펴보기로 하겠다.

2. 확률표본

이제까지 우리는 어떤 확률변수(또는 실험)에 대해서 말할 때 그 확률변수의 모집단의 특성을 알고 있다고 가정해 왔다. 다시 말해서, 어떤 확률변수가 있을 때, 그 확률변수의 모집단 평균 μ와 분산 σ^2과 같은 값들은 당연히 우리에게 주어지는 것이며 따라서 구할 필요가 없다고 가정해 왔다는 것이다.

그러나 이제까지 여러 차례에 걸쳐 언급한 바와 같이 모집단이란 직접적으로 관찰한다는 것이 불가능하며 그렇기 때문에 우리가 알고자 하는 모집단의 속성에 관한 정보가 우리에게 단순히 주어지는 경우는 생각하기 어렵다. 따라서 어떤 모집단의 특성을 알고자 할 때, 우리는 불가피하게 모집단을 대표하는 표본을 바탕으로 표본의 특성을 나타내는 통계량을 구해 이를 바탕으로 모집단의 특성을 나타내는 모수(parameter)를 추정해야 하며 결국 이러한 추정과정이 추론 통계학의 핵심이라고 할 수 있다.

그런데 이와 같은 추정은 말 그대로 '추정'이기 때문에 한 가지 문제를 내포하게 되는데 표본을 바탕으로 구한 통계량과 모집단의 모수는 일반적으로 일치하지 않는다는 것이 그것이다. 예컨대, 확률변수 X의 모평균 μ_X를 추정하기 위해 모집단으로부터 표본을 뽑아 표본평균 $\overline{X}$를 구할 때 통계량인 $\overline{X}$는 모수인 μ_X와 정확하게 일치하지 않는다는 것이다. 왜냐하면 표본은 모집단의 일부, 즉 부분집합일 뿐 모집단 그 자체가 아니므로 아무리 대표성 있는 표본을 뽑는다고 할지라도 표본을 바탕으로 구한 통계량과 모수 간에는 차이가 존재할 수밖에 없기 때문이다.

따라서 통계량을 바탕으로 모수를 추정할 때에는 '통계량과 모수 간의 불일치'에 해당하는 오차(error)가 발생하기 마련인데, 이러한 오차를 가리켜 표본을 바탕으로 모수를 추정할 때 발생하는 오차라는 뜻에서 표본오차 또는 표집오차(sampling error)라고 한다.

앞서 언급한 것처럼 자료분석의 궁극적인 목적이 주어진 표본자료를 분석하여 모집단의 특성을 추정하는 것이다. 그렇기 때문에 모수를 추정하기 위해 분석하는 표본자료는 표집오차가 가

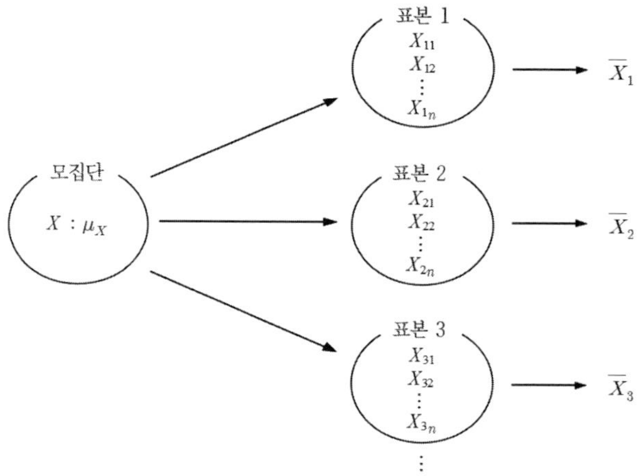

[그림 3-2]

능한 한 적은, 즉 모집단의 특성을 반영하는 대표성 있는 표본자료이어야만 한다. 대표성 있는 표본을 추출하는 방법 및 이와 관련된 이론은 조사방법론의 영역에 해당하며 이 책에서 다룰 내용은 아니지만 이 장에서는 확률표본을 설명하기 위한 목적에서 단순무작위표본추출방법에 대해서만 설명하도록 하겠다.

단순무작위표본추출(simple random sampling)이란 한마디로 말해서 모집단의 모든 구성원소가 표본으로 뽑힐 확률이 동일하고 각각의 구성원소가 표본으로 뽑히는 것이 상호독립적인 상태에서 표본을 추출하는 방법을 말한다. 예를 들어서, 크기가 N인 모집단이 있다고 할 때, 모집단의 모든 구성원소가 표본으로 뽑힐 확률을 동일하게 한다는 것은 매번 표본의 구성원소를 뽑을 때마다 모집단의 모든 구성원소가 $1/N$의 확률을 가지고 표본으로 뽑힐 수 있게 한다는 것을 말한다. 이를 위해서는 복원추출방식(sampling with replacement), 즉 하나의 구성원소를 뽑아 표본에 포함시킨 다음 그 구성원소를 다시 모집단에 포함시킨 후에 그 다음 표본구성원소를 뽑는 방식으로 표본추출이 이루어져야 한다.

이러한 방식으로 표본을 추출한 경우, 모든 구성원소가 표본으로 뽑힐 확률은 항상 $1/N$로 동일하며 또한 하나의 구성원소가 표본으로 뽑히는 것이 다른 구성원소가 표본으로 뽑히는 것에 아무런 영향을 미치지 않는 상태에서 표본추출이 이루어지게 할 수 있기 때문에[1] 표본추출에 있어서 무작위성(randomness)을 확보할 수 있다. 이와 같은 단순무작위표본추출방식을 이용하여 뽑은 표본을 가리켜 확률표본(random sample)이라고 한다.

어떤 표본이 확률표본인지의 여부를 안다는 것은 그 표본이 어떤 확률분포를 따르는 모집단으로부터 뽑은 표본인지를 아는 데 있어서 매우 중요하다. 만일 모집단으로부터 표본을 뽑을 때 확률표본이 되게 뽑는다면 그 표본을 이루고 있는 각각의 구성원소들은 그 표본이 뽑혀져

1) 예를 들면, 특정 구성원소가 다른 구성원소에 비해 더 많이 혹은 더 적게 표본으로 뽑히게 되는 경우가 발생하는 것을 막을 수 있다.

나온 모집단이 따르는 확률분포, 즉 모집단 확률분포와 동일한 확률분포를 따르게 된다. 예를 들어서, 평균이 μ이고 분산이 σ^2인 정규분포를 따르는 모집단으로부터 크기가 n인 표본을 확률표본이 되게 뽑는다면 표본을 구성하고 있는 n개의 구성원소 각각은 모집단과 동일한 μ와 σ^2을 평균과 분산으로 갖는 정규분포를 확률분포로 갖게 된다.

따라서 표본이 모집단과 동일한 확률분포를 갖게 하기 위해서는 모집단으로부터 뽑은 표본은 반드시 확률표본이어야 한다는 것을 기억해 둘 필요가 있다. 확률표본의 중요성은 앞으로 표본분포, 표본평균의 분포 및 중앙극한정리 등을 다루면서 좀 더 자세하게 설명하기로 하겠다.

3. 표본평균과 표본분산

모집단의 특성을 나타내는 측도를 통해서 모집단의 특성을 이해하는 것과 마찬가지로 확률표본의 특성을 이해하기 위해서 우리는 표본의 특성을 나타내 주는 측도를 필요로 하게 된다. 표본의 특성을 나타내는 측도에는 여러 가지 것이 있으나 가장 대표적인 측도로는 표본평균과 표본분산을 꼽을 수 있다.

어떤 모집단으로부터 크기가 n인 확률변수 X의 확률표본을 뽑는다고 할 때, 표본평균 $\overline{X}$는 다음과 같은 n개의 표본구성원소(또는 관찰값)의[2] 선형함수(linear function)로 정의되는 측도,

$$\overline{X} = \frac{(x_1 + x_2 + x_3 + \ldots x_n)}{n} = \frac{\sum_{i=1}^{n} x_i}{n} \qquad [3\text{-}1]$$

즉, 표본 관찰값을 모두 더한 다음 표본의 크기인 n으로 나눈 산술평균을 말하는 것으로서 이는 표본의 중심경향도(central tendency)와 위치(location)를 나타낸다.

표본분산 s^2은 표본 관찰값의 산포도, 즉 흩어짐 정도를 나타내는 측도이다. 예를 들어서, 확률변수 X의 모집단으로부터 크기가 n인 확률표본을 뽑는다고 할 때 표본분산 s^2이란 각각의 관찰값과 표본평균과의 차이를 제곱하여 모두 더한 값을 $n-1$로 나눈 값, 즉

$$s_X^2 = \frac{\sum_{i=1}^{n} (x_i - \overline{X})^2}{n-1} \qquad [3\text{-}2]$$

2) 표본구성원소라는 용어는 '표본을 이루고 있는 가장 작은 단위'라는 의미를 명확하게 나타내는 용어이기는 하지만 엄밀하게 말하자면, '구성원소'라는 용어는 집합이론(set theory)에서 사용하는 용어이며 통계학에서는 표본구성원소라는 말보다는 관찰값(observation)이라는 용어를 사용한다. 그러나 두 용어 간에 이러한 차이가 있다는 것을 이해하는 한, 표본구성원소나 관찰값 가운데 어떤 용어를 사용하더라도 크게 문제될 것은 없는바, 이 책의 이하 내용에서는 두 용어를 동일한 의미로 사용하기로 하겠다.

으로 정의된다. 위 공식 [3-2]에서 분자에 해당하는 $\sum_{i=1}^{n}(x_i - \overline{X})^2$ 은 각각의 표본 관찰값이 평균이라는 하나의 기준점으로부터 떨어져 있는 정도를 제곱하여 모두 더한 값이며 이를 가리켜 제곱합(SS: Sum of Squares)이라고 한다.

이 표본분산의 공식을, 앞서 살펴본 바 있는 모분산 공식, 즉

$$\sigma_X^2 = \frac{\sum_{i=1}^{N}(x_i - \mu)^2}{N}$$

과 비교해 보면 두 경우 모두 제곱합을 구한다는 점에서 두 공식이 기본적으로 동일한 구조를 가지고 있다는 것을 알 수 있다. 다만, 한 가지 차이점은 모분산의 경우는 분모가 모집단의 크기인 N인데 비해 표본분산의 경우는 분모가 표본의 크기인 n이 아니라 표본의 크기에서 1을 뺀 값인 $n-1$이라는 점이다. 이에 대한 설명, 즉 표본분산의 경우는 왜 n이 아닌 $n-1$로 제곱합을 나누어야 하는지에 대해서는 이 장의 마지막 부분에서 확률분포에 대해서 살펴보면서 간략하게 설명하도록 하겠다.

4. 표본분포

동일한 모집단으로부터 일정한 크기의 확률표본을 뽑아 어떤 통계량을 구하는 과정을 반복하여 무수히 많은 통계값을 얻게 되었다고 가정해 보자. 이때, 우리는 무수히 많은 변수값을 갖는 이 통계량을 하나의 확률변수라고 정의할 수 있다. 예를 들어서, 모집단으로부터 일정한 크기의 표본을 뽑아 표본평균 $\overline{X}$를 구하는 과정을 무수히 반복하여 $\overline{X_1}, \overline{X_2}, \overline{X_3}, \cdots \overline{X_n}, \cdots$ 라는 통계값들을 얻었다면 표본평균 $\overline{X}$는 $\overline{X_1}, \overline{X_2}, \overline{X_3}, \cdots \overline{X_n}, \cdots$ 를 변수값으로 갖는 하나의 확률변수라고 할 수 있다.

이처럼 모수를 추정하기 위해 구한 통계량 그 자체도 하나의 확률변수가 되기 때문에 우리는 확률변수가 가질 수 있는 모든 변수값과 각각의 변수값에 대응하는 확률을 바탕으로 [그림 3-3]과 같은 확률분포를 그려볼 수 있다.[3] 이와 같이, 모집단으로부터 뽑은 확률표본을 바탕으로 구한 특정 통계량의 통계값들이 이루는 확률분포를 표본분포(sample distribution)라고 한다.

3) 이러한 표본분포는 제2장에서 소개한 모집단 분포와 마찬가지로 하나의 확률분포이다. 다만, 모집단 분포는 모집단 구성원소로 이루어진 확률분포인데 비해 [그림 3-3] (b)는 표본을 바탕으로 구한 통계량인 표본평균으로 이루어진 확률분포라는 차이가 있을 뿐이다.

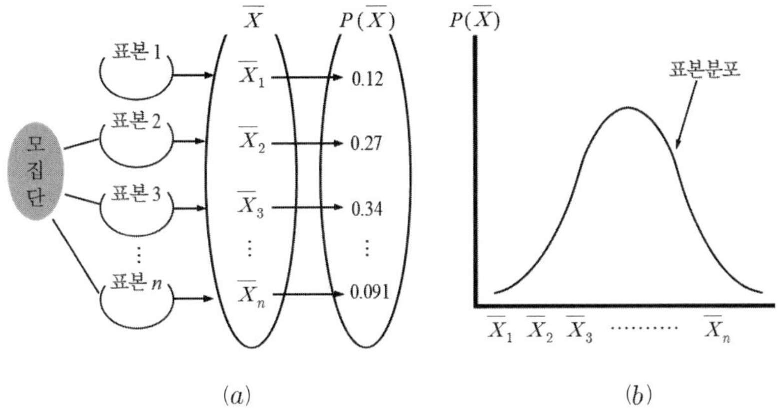

[그림 3-3]

5. 표본평균의 표본분포

표본분포의 종류에는 여러 가지가 있으나 그 가운데에서도 특히 표본평균으로 이루어진 표본분포(이하, 표본평균분포)[4)]는 다른 표본분포에 비해 추론통계에 있어서 중요도가 매우 높다고 하겠다. 다시 한번 구분하여 정의하건대 표본평균이란 말 그대로 모집단으로부터 뽑은 표본의 평균을 말하며 표본평균분포란 앞서 정의한 바와 같이 모집단으로부터 일정 크기의 표본을 뽑아 표본평균을 구하는 과정을 반복하여 얻은 무수히 많은 표본평균값들이 이루는 확률분포를 말한다. 이때,

표본평균분포	=	모집단으로부터 일정한 크기의 표본을 뽑아 표본평균을 구하는 과정을 반복하여 얻어진 표본평균들의 확률분포

라는 의미를 개념적으로 명확하게 이해하는 것은 표본분포에 관한 다른 여러 가지 내용들을 이해하는 데 있어서 매우 중요한바, 이에 대해서 좀 더 구체적으로 살펴볼 필요가 있다. 어떤 확률변수 X의 모집단으로부터 크기가 n인 확률표본, 즉 단순무작위표본추출방법을 이용하여 크기가 n인 표본을 반복하여 뽑는다고 가정해 보자.

4) 별도로 달리 구분하지 않는 한 이 책의 이하 내용에서는 표본평균의 확률분포를 간단히 표본평균분포라고 부르기로 하겠다.

〈표 3-1〉

확률변수	표본 1	표본 2	표본 3	…
X_1	x_{11}	x_{12}	x_{13}	…
X_2	x_{21}	x_{22}	x_{23}	…
X_3	x_{31}	x_{32}	x_{33}	…
⋮	⋮	⋮	⋮	
X_n	x_{n1}	x_{n2}	x_{n3}	…
$\Sigma X_i/n=\overline{X}$	$\overline{X_1}$	$\overline{X_2}$	$\overline{X_3}$	…

위 표에서 각 표본의 i번째 관찰값, 예컨대 $i=2$라면 $x_{21}, x_{22}, x_{23},\cdots$을 나타내는 확률변수를 X_i라고 정의하기로 하자. 모든 X_i는 확률표본이므로—왜냐하면 모든 표본은 확률표본이고 X_i는 확률표본의 i번째 관찰값을 나타내므로—앞서 살펴보았던 확률표본의 정의에 의해서 n개의 확률변수 X_i는 모두 모집단과 동일한 확률분포를 따를 뿐만 아니라 서로 독립이라는 것을 알 수 있다.

위 표의 내용을 이해한다면 이제 우리는

모집단으로부터 크기가 n인 표본을 뽑아 표본평균을 구하는 과정을 반복하는 것	=	모집단으로부터 서로 독립인 n개의 확률변수 $X_1, X_2, X_3, \cdots, X_n$를 표본으로 뽑아 평균을 구하는 것

임을 알 수 있는데 이러한 두 가지 표현방식 가운데 어떤 방식을 택하더라도 위 실험의 결과로서 서로 다른 값을 갖는 무수히 많은 표본평균을 얻게 된다는 사실을 이해하는 데에는 아무런 차이가 없다. 첫 번째 표현의 경우, 말 그대로 크기가 n으로 일정한 무수히 많은 표본을 뽑는다는 것은 곧 표본의 수만큼 무수히 많은 수의 표본평균을 얻게 된다는 것을 의미한다.

두 번째 표현방식의 경우, 자칫 실험결과로 얻게 되는 표본평균이 단 한 개라고 생각할지 모른다. 모집단으로부터 뽑은 n개의 확률변수를 바탕으로 구한 표본평균을 다음과 같이 n개의 확률변수 $X_1, X_2, X_3, \cdots, X_n$의 선형함수로 표현할 경우

$$\overline{X}=\frac{1}{n}(X_1+X_2+X_3+\cdots+X_n) \qquad [3\text{-}3]$$

각각의 X_i는 서로 다른 무수히 많은 값을 가질 수 있는 확률변수이므로 X_i가 다른 값을 가질 때마다 위의 실험을 통해서 얻게 되는 표본평균의 값 또한 달라지게 된다. 따라서 n개의 확률변수 X_i를 바탕으로 평균을 구할 때에서도 우리는 무수히 많은 서로 다른 값을 갖는 표본평

균을 얻게 된다. 표본평균 표본분포는 바로 이렇게 무수히 많은 서로 다른 값을 갖는 표본평균들로 이루어진 확률분포를 말한다.

여기서 한 가지 주의해야 할 것은 표본분포란 단지 표본평균의 확률분포만을 말하는 것이 아니라는 점이다. 모든 통계량은 저마다의 확률분포를 가질 수 있는바, 표본평균의 확률분포뿐만 이 아니라 통계량의 종류에 상관없이 통계량으로 이루어진 모든 확률분포를 가리켜 표본분포라고 한다. 다시 말해서, 표본평균분포는 표본분포 가운데 단지 하나일 뿐이라는 것을 분명하게 이해할 수 있어야 한다.

1) 표본평균분포의 기대값

표본평균분포 또한 하나의 확률분포인 이상, 우리는 앞서 제2장에서 배웠던 것처럼 분포의 특성을 나타내는 측도인 기대값과 분산을 구할 수 있다. 표본평균분포의 기대값을 간단히 표본평균 기대값이라고 부르며 $E(\overline{X})$로 표기하고 다음과 같이 정의한다.

$$\begin{aligned} E(\overline{X}) &= E[\frac{1}{n}(X_1+X_2+X_3+\cdots+X_n)] \\ &= \frac{1}{n}[E(X_1)+E(X_2)+E(X_3)+\cdots+E(X_n)] \\ &= \frac{1}{n}[\mu_{X1}+\mu_{X2}+\mu_{X3}+\cdots+\mu_{Xn}] \\ &= \frac{1}{n}(n\mu_X)=\mu_X \end{aligned} \qquad [3\text{-}4]$$

모집단으로부터 뽑은 확률표본의 관찰값 X_i는, 확률표본의 정의에 의해서 서로 독립이므로 표본평균 $\overline{X}$의 기대값은 각 X_i의 기대값의 합을 n으로 나눈 값과 같다. 또한 각각의 X_i는 확률표본이므로 모집단과 동일한 확률분포를 따르는바, 모든 X_i의 기대값은 모집단의 평균 μ와 같다. 따라서 [3-4]에 제시된 바와 같이 X_i의 선형함수인 표본평균 기대값은 다름 아닌 모평균 μ_X임을 알 수 있다.[5)]

이러한 사실은 바로 앞장에서 살펴보았던 결합확률변수 기대값의 특성을 이용해서도 쉽게 이해할 수 있다. 제2장에서 우리는 n개의 확률변수 $X_1,\ X_2,\ X_3,\ \cdots,X_n$로 이루어진 결합확률변수의 기대값은, 결합확률변수의 특성에 의해서 각 확률변수의 기대값의 합과 같다는 것을 확인한 바 있다. 그런데 표본평균 $\overline{X}$란 다름 아닌 n개의 확률변수들이 '평균'이라는 형태로 결합되어 있는 결합확률변수이므로 표본평균 $\overline{X}$의 기대값을 구하는 것은 결국 평균이라는 결합확률변수

5) 제2장에서 언급했던 바와 같이, 어떤 확률변수와 확률분포와 그 확률변수의 모집단을 동일한 것으로 본다면 표본평균분포의 기대값이 모집단의 평균과 같다는 것은 당연한 것임을 쉽게 이해할 수 있으리라 본다.

의 기대값을 구하는 것과 같다. 따라서 표본평균 $\overline{X}$의 기대값은 [3-4]와 같다는 것을 알 수 있다.

2) 표본평균분포의 분산

표본평균 기대값에 이어서 표본평균의 산포도 측도인 표본평균 분산에 대해서 살펴보기로 하자. 모집단으로부터 뽑은 n개의 확률변수 $X_1, X_2, X_3, \cdots, X_n$를 바탕으로 구한 표본평균은 관찰값들이 달라질 때마다 서로 다른 값을 갖게 된다. 표본평균 분산이란 바로 이러한 무수히 많은 표본평균들이 표본평균분포의 중심으로부터 얼마나 흩어져 분포하는지를 알려 주는 값이다. 표본분포 분산은 각각의 표본평균과 표본평균분포 기대값 $E(\overline{X}) = \mu_X$ 간의 차이를 제곱하여 더한 제곱합의[6] 기대값, 즉 다음과 같이 정의된다.

$$Var(\overline{X}) = \sigma_{\overline{X}}^2 = E[(\overline{X} - \mu_X)^2]$$

표본평균의 경우와 마찬가지로, n개의 확률변수 $X_1, X_2, X_3, \cdots, X_n$은 확률표본이므로 모집단과 동일한 확률분포를 따르면서 서로 독립인 확률변수들이다. 앞서 제2장에서 설명한 바와 같이, 서로 독립인 두 확률변수가 합의 형태로 결합된 결합확률변수의 분산은 각 확률변수의 분산의 합과 같다. 따라서 표본평균 $\overline{X}$의 분산은

$$\begin{aligned} Var(\overline{X}) &= Var[\frac{1}{n}(X_1 + X_2 + X_3 + \cdots + X_n)] \\ &= \frac{1}{n^2}[Var(X_1) + Var(X_2) + Var(X_3) + \cdots + Var(X_n)] \\ &= \frac{1}{n^2} \cdot n \cdot \sigma_X^2 = \frac{\sigma_X^2}{n} \end{aligned}$$

이 되기 때문에 표본평균 $\overline{X}$의 분산은 확률변수 X의 모분산 σ_X^2을 표본의 크기 n으로 나눈 것과 같음을 알 수 있다.

모분산과 마찬가지로 표본평균 분산 $\sigma_{\overline{X}}^2$은 단위가 제곱이기 때문에 제곱된 단위의 의미를 개념적으로 이해하는 데 어려움이 따른다. 따라서 표본평균 분산보다는 표본평균 분산에 제곱근을 취해 본래의 단위로 되돌린 표본평균 표준편차가 더 일반적인 측도로 사용된다. 통계학에서는 표본평균을 포함한 모든 표본통계량의 표준편차를, 모집단의 표준편차와 구별하기 위해서 표준오차(standard error)라고 부른다.

---

6) 어떤 확률변수를 측정하여 얻은 변수값이 n개 있을 때, 각각의 변수값과 기준이 되는 어떤 값(예컨대, 그 확률변수의 평균 또는 기대값) 간의 차이를 제곱하여 얻게 되는 n개의 제곱값을 모두 더한 값을 제곱합(SS: Sum of Squares)이라고 한다.

표본통계량 확률분포의 표준편차 = 표준오차

이상에서 우리는 모집단으로부터 n개의 확률변수 $X_1, X_2, X_3, \cdots, X_n$을 확률표본으로 뽑아 이를 바탕으로 구한 표본평균의 분포는 기대값과 분산이 각각 μ_X와 σ_X^2/n이라는 것을 알게 되었다. 이러한 사실을 바탕으로 우리는 이제 만일 n개의 확률변수 $X_1, X_2, X_3, \cdots, X_n$이 확률표본으로 뽑혀져 나온 모집단의 확률분포가 평균과 분산이 μ_X와 σ_X^2인 정규분포라면 표본평균 $\overline{X}$는 확률변수 $X_1, X_2, X_3, \cdots, X_n$의 선형함수이므로 이 역시 모집단의 확률분포인 정규분포를 따르되 평균과 분산은 μ_X와 σ_X^2/n이라는 것을 알 수 있다. 즉,

$$X_i \sim N(\mu_X, \sigma_X^2) \text{ 이면 } \overline{X} \sim N(\mu_X, \sigma_X^2/n)$$

이 내용은 이 장의 뒷부분에서 설명하게 될 중앙극한정리를 이해하는 데 있어서 매우 중요한 개념이므로 반드시 기억해 두기 바란다.

예제 3-1

평균과 분산이 각각 $\mu_X = 15$, $\sigma_X^2 = 100$인 확률변수 X의 모집단으로부터 서로 독립인 10개의 확률변수 $X_1, X_2, X_3, \cdots, X_{10}$을 표본으로 뽑아 구한 표본평균의 기대값과 분산을 구해 보기로 하자. 이들 10개의 확률변수로 구할 수 있는 표본평균은 하나의 확률변수이며 이 확률변수가 가질 수 있는 무수히 많은 변수값은 표본분포를 이루게 될 것이다. 이러한 표본분포의 기대값과 분산은 앞서 정의한 표본평균의 기대값 공식과 분산공식에 의해서 쉽게 구할 수 있는데, 확률변수 X의 모평균과 모분산이 각각 15와 100이고 표본평균의 기대값과 분산은 다음과 같다.

$$\text{표본평균 기대값} = \mu_{\overline{X}} = \mu_X = 15, \ \text{표본평균 분산} = \sigma_{\overline{X}}^2 = \sigma_X^2/10 = 10$$

---

6. 표본분산의 표본분포

모집단으로부터 n개의 확률변수 $X_1, X_2, X_3, \cdots, X_n$을 확률표본으로 뽑아 이를 바탕으로 표본분산 s_X^2을 구할 때, 앞서 표본평균의 경우에서와 마찬가지로 표본분산 또한 각각의 X_i가 어떤 값을 갖는가에 따라 그 값이 달라지게 된다. 따라서 표본분산은, 표본평균과 마찬가지로 확률변수이며 또한 통계량이므로 확률분포를 생각해 볼 수 있다. 표본분산으로 이루어진 표본분포를 간단히 표본분산분포라고 한다.

1) 표본분산분포의 기대값

표본분산들로 이루어진 표본분포의 기대값을 가리켜 간단히 표본분산 기대값이라고 한다. 어떤 확률변수 X의 모집단의 평균과 분산이 각각 μ_X, σ_X^2이라면 이 모집단으로부터 n개의 확률변수 $X_1, X_2, X_3, \cdots, X_n$를 확률표본으로 뽑을 때 확률변수 X의 표본분산은

$$s_X^2 = \frac{\sum_{i=1}^{n}(X_i - \overline{X})^2}{n-1}$$

으로 정의할 수 있다. 이러한 표본분산들의 기대값 $E(s_X^2)$은 [3-5]와 같이 정의되는데 [3-5]로부터 표본분산 기대값이 곧 모분산과 같다는 것을 알 수 있다.

$$\begin{aligned}
E(s_X^2) &= E[\frac{1}{n-1}\sum_{i=1}^{n}(X_i - \overline{X})^2] \qquad [3\text{-}5] \\
&= \frac{1}{n-1}E\left\{\sum_{i=1}^{n}\left[(X_i - \mu_X) - (\overline{X} - \mu_X)\right]^2\right\} \\
&= \frac{1}{n-1}E\left[\sum_{i=1}^{n}(X_i - \mu_X)^2 - 2\sum_{i=1}^{n}(X_i - \mu_X)(\overline{X} - \mu_X) + \sum_{i=1}^{n}(\overline{X} - \mu_X)^2\right] \\
&= \frac{1}{n-1}E\left[\sum_{i=1}^{n}(X_i - \mu_X)^2 - 2n(\overline{X} - \mu_X)(\overline{X} - \mu_X) + n(\overline{X} - \mu_X)^2\right] \\
&= \frac{1}{n-1}E\left[\sum_{i=1}^{n}(X_i - \mu_X)^2 - n(\overline{X} - \mu_X)^2\right] \\
&= \frac{1}{n-1}\left[\sum_{i=1}^{n}E(X_i - \mu_X)^2 - n\sum_{i=1}^{n}E(\overline{X} - \mu_X)^2\right] \\
&= \frac{1}{n-1}(n\sigma^2 - n^2\sigma^2/n^2) \\
&= \frac{1}{n-1}\sigma^2(n-1) \\
&= \sigma^2
\end{aligned}$$

여기서 우리는 이제까지 설명을 미루어 두었던 모분산 공식과 표본분산 공식의 차이, 즉 표본분산의 경우는 분자를 n이 아니라 $n-1$로 나눠야 하는 이유를 쉽게 이해할 수 있다. 표본분산을 구하는 궁극적인 목적은 모분산을 추정하기 위한 것인바, 모분산에 대한 표본추정치인 표본분산은 추정하고자 하는 모분산 σ_X^2과 일치해야 한다. 이때, 만일 [3-5]에서 표본분산에서 분자를 n으로 나누어 준다면 표본분산 기대값은 σ^2이 아니라 $\sigma^2(n-1)/n$이 되기 때문에 표본분산 기대값이 모분산과 일치하지 않게 되며 따라서 표본분산을 바탕으로 모분산을 정확하게 추

정할 수 없는 문제가 발생하게 된다. 바로 이러한 문제를 해결하기 위해서, 다시 말해서 표본분산이 모분산에 대한 정확한 추정치가 되게 하기 위해서는 표본분산의 공식에서 분자를 반드시 $n-1$로 나눠 주어야 한다.[7)]

2) 표본분산분포의 분산

표본분산 기대값에 이어서 우리는 표본분산의 흩어짐 정도를 나타내는 측도인 표본분산 분산 $\sigma^2_{s^2_X}$을 생각해 볼 수 있다. 표본분산 분산이란 모집단으로부터 n개의 확률변수 $X_1, X_2, X_3, \cdots, X_n$ 를 확률표본으로 뽑아 구한 표본분산과 앞서 정의한 표본분산 기대값 $E(s^2)=\sigma^2$ 간의 차이를 제곱한 값의 기대값, 즉 다음을 말한다.

$$\sigma^2_{s^2} = Var(s^2) = E[\{s^2 - E(s^2)^2\}] = [E(s^2 - \sigma^2)^2] \quad [3\text{-}6]$$

통계학에서 표본분산의 분산은 그 자체보다는 표본분산 분산을 약간 변형시키면 χ^2(Chi-Square: 카이제곱)이라는 확률변수를 얻게 된다는 특성 때문에 널리 이용된다. 여기서는 일단 위의 [3-6]을 통해서 표본분산의 분산이 어떤 것인지를 개념적으로만 이해하기로 하고 표본분산 분산을 변형시켜 얻게 되는 χ^2에 대해서는 제7장과 제12장에서 보다 자세하게 논의하기로 하겠다.

7. 중앙극한정리

중앙극한정리(central limit theorem)는 앞서 제2장에서 배웠던 확률과 이번 장에서 배운 표본을 연결시켜 주는 정리로서 가장 중요한 확률이론 가운데 하나라고 할 수 있다. 중앙극한정리의 의미를 이해하기 위해서는 먼저 이제까지 우리가 다루었던 내용들 가운데 반드시 이해하고 있어야 할 몇 가지 사항들을 다시 한번 정리해 볼 필요가 있다.

- 정규분포변수 X를 표준화하여 얻어지는 표준확률변수 Z는 표준정규분포를 따른다. 즉,

$$X \sim N(\mu_X, \sigma^2_X),\ Z = \frac{(X-\mu_X)}{\sigma_X} \sim N(0,1)$$

---

7) 이와 같이 모수를 추정하기 위해 구한 어떤 통계치가 추정하고자 하는 수와 일치할 때 그 통계치를 모수에 대한 불편추정치(unbiased estimator)라고 한다.

- 표본평균은 그 표본평균을 구하기 위해 표본을 뽑은 모집단과 동일한 확률분포를 따른다. 다시 말해서, 표본평균분포 = 모집단의 확률분포

- 정규분포를 따르는 모집단으로부터 n개의 확률변수 $X_1,\ X_2,\ X_3, \cdots, X_n$ 을 확률표본으로 뽑아 구한 표본평균은 기대값과 분산이 μ_X와 σ_X^2/n인 정규분포를 표본분포로 갖는다. 즉,

$$X \sim N(\mu_X,\ \sigma_X^2),\quad \overline{X} \sim N(\mu_X, \sigma_X^2/n)$$

이상의 내용에 대한 이해를 바탕으로, 이제 중앙극한정리에 대해서 살펴보도록 하자. 먼저 우리는 평균과 분산이 각각 μ와 σ^2인 정규분포를 따르는 모집단으로부터 n개의 확률변수 $X_1,\ X_2,\ X_3, \cdots, X_n$ 을 확률표본으로 뽑아 이를 바탕으로 구한 표본평균 $\overline{X}$는 그 자체가 하나의 확률변수이며 이를 표준화하면

$$\overline{X} \sim N(\mu_X, \frac{\sigma_X^2}{n}),\qquad Z = \frac{\overline{X} - \mu_X}{\sigma_X / \sqrt{n}} \sim N(0,1)$$

라는 것을 알고 있다. 이때, 표본평균 $\overline{X}$는 확률변수 X_i 의 선형함수이며 X_i 는 모집단의 확률분포인 정규분포를 따르므로 표본평균 $\overline{X}$를 표준화하여 얻게 되는 확률변수 Z는 표준정규분포(standard normal distribution)를 따르게 된다. 이러한 특성을 이용하여 우리는 $\overline{X}$가 가질 수 있는 구체적인 값들과 관련된 확률을, $\overline{X}$를 표준화함으로써 부록의 [표 $A1$]에 제시된 Z분포표, 즉 표준정규분포표를 이용하여 구할 수 있게 된다.

여기서 한 가지 기억해야 할 것은, 우리가 $\overline{X}$의 값들과 관련된 확률을 계산할 수 있는 이유는 $\overline{X}$가 정규분포라는 확률분포를 따른다는 사실을 이미 알고 있기 때문이라는 점이다. 즉,

X_i가 정규분포를 따른다.

↓

∴ $\overline{X}$ 또한 정규분포를 따른다.

↓

∴ $\overline{X}$를 표준화한 표준확률변수 Z는 표준정규분포를 따른다.

↓

∴ $\overline{X}$와 관련된 확률은 표준정규분포의 특성을 이용하여 계산할 수 있다.

이러한 사실을 이해할 때, 이제 우리는 '만일 X_i 나 $\overline{X}$가 어떤 확률분포를 따르는지를 모른다면 $\overline{X}$와 관련된 확률은 과연 어떻게 계산할 수 있을까?'라는 문제에 대해서 생각해 보지 않

을 수 없다. 왜냐하면 실제 상황에서 어떤 확률변수가 어떤 확률분포를 따르는지에 관한 정보가 단순히 연구자에게 주어지는 경우란 거의 기대할 수 없기 때문이다. 다행스럽게도 우리는 이러한 문제에 대한 답을 중앙극한정리로부터 찾을 수 있다.

중앙극한정리 : 평균과 분산이 각각 μ, σ^2인 확률변수 X의 모집단으로부터 n개의 확률변수 $X_1, X_2, X_3, \cdots, X_n$을 확률표본으로 뽑아 이를 바탕으로 표본평균 $\overline{X}$를 구할 때, 표본의 크기 n이 커질수록 표본평균 $\overline{X}$를 표준화하여 얻은 확률변수 Z의 확률분포는 평균과 분산이 각각 $\mu=0, \sigma^2=1$인 표준정규분포에 가까워진다. 즉,

$$Z=\frac{\overline{X}-E(\overline{X})}{\sigma_{\overline{X}}}=\frac{\overline{X}-\mu_X}{\sqrt{\sigma_X^2/n}}=\frac{\sqrt{n}\,(\overline{X}-\mu_X)}{\sigma_X}\sim N(0,1)$$

중앙극한정리와 관련해서는 다음의 두 가지 사항을 반드시 이해하고 있어야 한다. 첫째, 위의 정리 내용 중에는 모집단이나 표본평균의 확률분포가 어떠해야 한다는 언급이 전혀 포함되어 있지 않다는 점이다. 이러한 사실은, 중앙극한정리의 중요성을 한마디로 대변해 주는 것이라고 할 수 있다. 만일 우리가 n개의 확률변수가 뽑혀져 나온 모집단의 확률분포를 모른다면 우리는 표본평균 $\overline{X}$가 어떤 확률분포를 따르는지를 알 수 없고 따라서 표본평균과 관련된 확률을 계산한다는 것은 불가능하다. 이러한 상황에서 중앙극한정리는 우리에게, 만일 표본평균 $\overline{X}$를 구하는 데 사용한 표본의 크기가 크다면 $\overline{X}$를 표준화한 변수 Z의 확률분포는 모집단의 확률분포가 무엇이든 상관없이 표준정규분포를 따른다는 것을 말해 주는 것이며 더 나아가서는 그렇기 때문에 표본평균 $\overline{X}$와 관련된 확률을 표준정규분포의 특성을 이용하여 계산할 수 있다는 것을 말해 준다.

둘째, 위의 정리 내용 가운데 n은 표본의 수가 아니라 표본평균을 구하는 데 사용된 표본의 크기라는 점이다. 즉, 중요한 것은 표본평균을 구할 때 표본을 몇 개 사용했는지가 아니라 얼마나 큰 표본을 바탕으로 표본평균을 구했는가라는 것이다. 따라서 관건이 되는 것은 과연 표본의 크기가 얼마나 클 때, '표본이 크다'라고 말할 수 있는지를 아는 것이라고 하겠다. 통계학에서는 모집단으로부터 뽑은 확률표본의 크기가 $n=30$에 가까워지거나 그 이상이 되면 표본을 바탕으로 구한 통계량의 표본분포는 정규분포를 따르는 것으로 알려져 있다. [그림 3-4]는 표본의 크기가 변화할 때 통계량의 표본분포는 정규분포에 가까워지고 통계량을 표준화한 Z변수는 표준정규분포에 가까워진다는 것을 보여 준다.[8)]

8) 중앙극한정리의 적용 가능성을 판단하는 데 있어서 실제로 표본의 크기보다 더 중요한 것은 표본평균의 확률분포가 대칭구조인지의 여부이다. 그러나 이에 대한 논의는 이 책의 범위를 넘어서는 것이므로 생략하기로 하겠다.

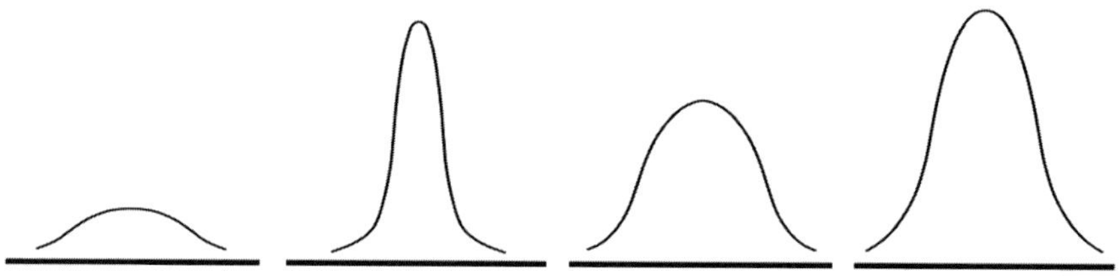

[그림 3-4]

이 장의 뒷부분에서 보다 자세히 논의하게 되겠지만 어떤 확률변수 X와 관련된 가설을 검정하기 위해서 우리는 확률변수 X와 관련된 확률을 알아야만 하는데 이를 위해서는 무엇보다 먼저 확률변수 X가 어떤 확률분포를 따르는지를 밝혀야만 한다. 그런데 만일 우리가 알고자 하는 확률변수 X가 표본평균 또는 표본평균의 선형함수의 형태로 정의되는 확률변수라고 한다면 우리는 중앙극한정리에 근거해서 구태여 확률변수 X가 어떤 확률분포를 따르는지를 밝히지 않고서도 쉽게 확률을 계산할 수 있으며 따라서 확률변수 X와 관련된 가설을 검정할 수 있게 된다.

다시 말해서, 중앙극한정리는 표본평균의 확률분포에 대한 유용한 이론적 정보를 제공해 줌으로써 모집단의 확률분포에 관한 정보가 없는 상황에서도 가설검정 및 통계적 추론을 가능하게 해주는 매우 중요한 이론이다. 따라서 중앙극한정리의 내용과 의미는 반드시 기억해 둘 수 있어야 한다.

예제 3-2

평균과 분산이 $\mu_X = 22$, $\sigma_X^2 = 100$인 것으로 알려진 어떤 확률변수 X의 모집단으로부터 크기가 n=36인 표본을 뽑아 구한 표본평균이 $\overline{X} \geq 25$일 확률을 알고자 한다고 가정해 보자.

표본평균 $\overline{X}$가 특정 값 또는 범위에 해당하는 값을 가질 확률을 알기 위해서는 먼저 $\overline{X}$가 어떤 확률분포를 따르는지를 알아야 하며, 그것을 알기 위해서는 $\overline{X}$를 구하는 데 사용한 확률변수 X의 표본이 어떤 확률분포를 따라 모집단으로부터 뽑혀져 나왔는지를 알아야 한다.

확률변수 X의 모집단이 어떤 확률분포를 따르는지는 모르나 모집단으로부터 뽑은 표본의 크기가 n=36이므로 우리는 중앙극한정리에 의해서 이 표본을 바탕으로 구한 표본평균 $\overline{X}$를 표준화한 값은 표준정규분포, 즉 Z분포를 따른다는 것을 알고 있다. 따라서 표본평균 $\overline{X}$에 관한 확률은 Z분포의 특성을 이용하여 구할 수 있다. 부록 [표 A1]에 제시된 Z분포표에 따르면 $\overline{X}$가 25와 같거나 더 극단적인 값을 가질 확률 $P(\overline{X} \geq 25)$는

$P(\frac{\overline{X} - \mu_X}{\sigma_X / \sqrt{n}} \geq \frac{25-22}{1.667}) = P(Z \geq 1.8) = .0359$이다.

8. 표본의 크기와 표본분포와의 관계

앞서 우리는 표본평균의 표준편차 $\sigma_{\overline{X}}$를 모표준편차 σ_X와 구별하기 위해서 표준오차(standard error)라고 부른다는 것을 언급한 바 있다. 표준오차 공식을 통해서 쉽게 알 수 있듯이 표준오차는 표본의 크기가 커질수록 점점 작아지게 된다. 예를 들어서, 만일 표본의 크기가 무한히 커져서 표본이 곧 모집단이 된다면 표본을 바탕으로 구한 표본평균은 모평균과 같아질 것이기 때문에 표본을 바탕으로 구한 표본평균과 모평균 간의 불일치 정도를 나타내는 표본평균 표준오차는 0이 될 수밖에 없다는 것을 쉽게 이해할 수 있다.

〈표 3-2〉는 어떤 확률변수 X의 모표준편차가 14.15라고 할 때, 모집단으로부터 뽑은 표본의 크기 n이 커질수록 표준오차의 크기는 줄어든다는 것을 보여 준다. 표본의 크기가 커질수록 표준오차가 작아진다는 것은, 표본의 크기가 커질수록 표본을 바탕으로 구한 표본평균은 점점 표본분포의 기대값인 모평균 μ에 근접한다는 것을 의미한다. 달리 표현하자면, 이는 곧 표본의 크기가 커질수록 통계량인 $\overline{X}$를 가지고 모수인 μ를 추정하는 데 있어서 추정의 정확도가 높아진다는 것을 의미한다.

〈표 3-2〉

표본의 크기	표준오차의 크기
25	$14.15/\sqrt{25} = 2.83$
100	$14.15/\sqrt{100} = 1.42$
1000	$14.15/\sqrt{1000} = .45$
10000	$14.15/\sqrt{10000} = .14$

따라서 만일 다른 모든 조건이 동일하다면, 표본의 크기가 클수록 보다 정확한 모수추정이 가능해진다는 것을 알 수 있는데 이러한 원리를 가리켜 대표본법칙(the law of large numbers)이라고 한다. 조사연구를 계획할 때 일반적으로 '표본의 크기는 가능한 한 크게 할수록 바람직하다'고 말하는 것은 표본의 크기와 모수추정의 정확도 간의 바로 이러한 대표본법칙에 근거한 것이다.

대표본법칙은 관념적으로도 쉽게 증명할 수 있다. 예를 들어서, 어떤 모집단으로부터 크기가 $n=1$인 표본을 뽑는다면 이 표본이 모집단의 특성을 제대로 반영할 수 없는 왜곡된(biased) 표본일 가능성은 당연히 높을 수밖에 없다. 그러나 만일 크기가 $n=1000$인 표본을 뽑는다고 한다면 설사 관찰값 가운데 극단적인 값을 갖는 관찰값이 일부 포함되어 있다고 할지라도 극단적인 값을 갖지 않은 나머지 관찰값들이 표본 내에 함께 존재함으로 인해 전체 표본이 모집단의 특성을 대표할 수 있는 가능성은 표본의 크기가 $n=1$인 경우보다는 훨씬 높을 것으로 기대할 수 있다.[9)]

9. *SPSS*를 이용한 변수변환

수집한 자료를 있는 그대로 *SPSS*에 입력하여 얻은 분석자료를 원자료(raw data)라고 한다. 연구자는 자료를 분석할 때 필요에 따라 원자료를 변형하기도 한다. 예를 들면, '원' 단위로 조사하여 얻은 소득변수를 '백만 원' 단위로 바꿔야 하거나 가구원 개개인의 소득을 모두 더해 가구소득이라는 새로운 변수를 만들어야 할 경우가 발생하기도 한다. 또 표본자료를 가능한 한 모집단과 유사한 특성을 갖게 만들기 위해서 원자료 중 어떤 변수에 적절한 가중치를 부여해야 하기도 한다. 이처럼 연구자의 필요에 맞게 원자료의 변수를 변형하는 것을 '변수변환(transform variables)'이라고 한다. 변수를 변환하는 방법에는 여러 가지가 있으나 가장 많이 사용되는 것은 '변수계산(Compute Variable)'과 '코딩변경(Recode)'이다. 이제 이 두 가지 방법을 차례대로 살펴보기로 하자.

1) 변수계산

'변수계산(Compute Variable)'이란 어떤 변수의 변수값에 수리적 연산을 가하여 변수값을 변형시키거나 서로 다른 변수들을 연산으로 연결하여 새로운 변수를 만드는 것이다. '변수계산'은 두 가지 방식으로 할 수 있는데 하나는 연구자가 하고자 하는 연산의 함수식을 *SPSS*에 직접 입력하여 변수를 변형시키는 것이고 다른 하나는 *SPSS*에 저장되어 있는 연산함수 메뉴를 이용하는 것이다. 이 두 가지 방법 중에서 먼저 연산함수식을 직접 입력하는 방식을 다음과 같은 예를 통해서 알아보기로 하자.

예제 3 3

어떤 연구자가 지역주민의 자산규모를 파악하기 위해서 설문조사를 실시하여 주택자산, 사업체자산, 부동산자산, 금융자산, 적금, 개인연금, 저축성보험, 펀드, 주식, 유가증권, 빌려준 돈, 기타금융, 기타자산을 조사하였다. 조사를 완료한 다음 연구자는 가구별 총자산 규모를 파악하기 위해 가구별로 조사된 13가지 자산을 합하여 총자산이라는 새로운 변수를 만들고자 한다.

9) 대표본법칙과 관련해서 한 가지 기억해 두어야 할 것은 Tversky, A., & Kahneman, D. (1974)이 지적한 바와 같이 표본을 바탕으로 한 추론에 있어서 보다 중요한 것은 특정 사건이 표본에서 차지하는 비율이 아니라 표본의 크기라는 사실이다.

위의 예에서 연구자에게 필요한 것은 계산기이며 '변수계산'이 바로 그러한 기능을 하게 된다. *SPSS*의 '변수계산' 기능을 이해하기 위해서 자료 CD에서 'C3-변수변환-변수계산'을 불러들여 보자. '변수계산'을 위해서는 '데이터 편집기' 창의 최상위메뉴에서 '변환(Transform)'을 누른 다음, 하위명령 중 '변수계산(Compute Variable)'을 선택한다. '변수계산'을 누르면 [그림 3-5]와 같은 창이 나타난다. [그림 3-6]의 왼쪽 상단에는 '목표변수(Target Variable)'라는 박스가 있고 맞은편에는 '숫자표현식(Numeric Expression)'이라는 박스가 있는 것을 볼 수 있다. 이제 연구자가 해야 할 일은 '총자산'이라는 새로운 변수를 만들고자 한다는 것을 *SPSS*에게 알려 주는 것이다. 이를 위해서 '목표변수' 박스에 '총자산'이라는 변수명을 입력한다. 그런 다음 '유형 및 레이블(Type & Label)' 박스에 제시되어 있는 변수들 중 필요한 변수를 하나씩 오른쪽 상단에 위치한 '숫자표현식' 박스에 옮겨 놓은 다음 변수와 변수 사이에 덧셈표시 '+'를 입력하여 연산함수식을 [그림 3-6]과 같이 입력한 다음 '확인(OK)'을 누른다.

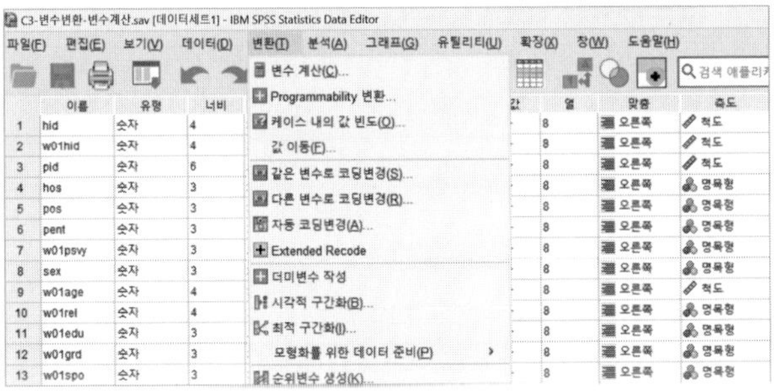

[그림 3-5]

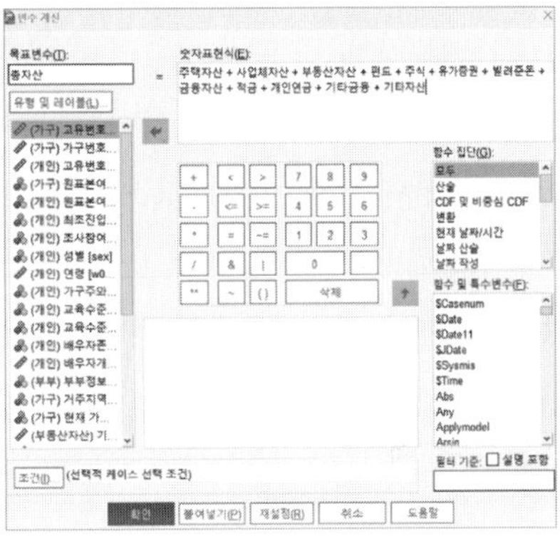

[그림 3-6]

'변수계산'을 마친 다음 데이터 편집기로 가보면 [그림 3-7]과 같이 '총자산'이라는 변수가 만들어진 것을 볼 수 있다. 그런데 '총자산'의 변수값이 전혀 제시되어 있지 않다. 무엇이 잘못된 것인가? '총자산'을 만들 때 사용한 연산함수식을 다시 살펴보았으나 아무런 문제가 없는 것이 확인되었다. 그렇다면 도대체 왜 이런 현상이 나타난 것인가?

*C3-변수변환-변수계산.sav [데이터세트1] - IBM SPSS Statistics Data Editor

파일(F) 편집(E) 보기(V) 데이터(D) 변환(T) 분석(A) 그래프(G) 유틸리티(U) 확장(

12 : 개인연금

		빌려준돈	금융자산	적금	개인연금	저축성보험	기타금융	기타자산	총자산
1	.	.	.	.	.	.	.	7500.00	.
2	.	.	.	.	.	.	.	3000.00	.
3	.	.	.	.	.	.	.	3000.00	.
4	.	.	35000.00	35000.00	.	.	.	2000.00	.
5	.	.	35000.00	35000.00	.	.	.	2000.00	.
6	.	.	13200.00	.	.	13200.00	.	20000.00	.
7	.	.	13200.00	.	.	13200.00	.	20000.00	.
8	.	.	650000.00	650000.00	.	.	.	.	.
9	.	.	300000.00	300000.00	.	.	.	30000.00	.
10	.	.	300000.00	300000.00	.	.	.	30000.00	.
11	.	.	9400.00	7000.00	.	2400.00	.	18000.00	.
12	.	.	9400.00	7000.00	.	2400.00	.	18000.00	.
13	.	.	2000.00	2000.00	.	.	.	2000.00	.
14	.	.	2000.00	2000.00	.	.	.	2000.00	.
15	.	.	.	.	.	.	.	5000.00	.
16	.	.	.	.	.	.	.	5000.00	.
17	.	.	.	.	.	.	.	300.00	.
18	.	.	110600.00	80000.00	.	30600.00	.	23000.00	.
19	.	.	110600.00	80000.00	.	30600.00	.	23000.00	.

[그림 3-7]

문제의 원인은 '결측값(Missing Value)'이다. 조사에 참여한 지역주민들 중에서 자산관련 13개 변수 모두에 대해서 빠짐없이 응답한 사람이 단 한 명도 없었던 것이다. 예를 들어서, 〈표 3-3〉처럼 13명의 주민이 13개 자산 변수 중 각기 다른 변수 하나씩에 대해서 응답하지 않아 각각의 관찰대상(주민)이 한 개씩 결측값을 가지고 있다고 가정해 보자.

〈표 3-3〉

사례 ID	결측값이 발생한 변수	사례 ID	결측값이 발생한 변수
1	1번 변수	8	8번 변수
2	2번 변수	9	9번 변수
3	3번 변수	10	10번 변수
4	4번 변수	11	11번 변수
5	5번 변수	12	12번 변수
6	6번 변수	13	13번 변수
7	7번 변수	–	–

이 경우, 13개 관찰대상 중 단 한 관찰대상도 '총자산' 변수를 만들 때 사용할 수 없게 되는데 왜냐하면 *SPSS*는 연구자가 하고자 하는 연산분석과 관련된 변수들 중 결측값을 하나라도 가진 관찰대상을 분석에서 제외시키기 때문이다. 따라서 13개 자산 변수 중 어느 하나라도 결측값을 가지고 있는 관찰대상들을 가지고 13개 변수들을 덧셈기호 +로 연결하여 '총자산' 변수를 만들면 [그림 3-7]의 결과가 나타날 수밖에 없다. 이 문제를 해결하려면 연구자는 '합계함수

(Sum Function)'라는 명령을 사용하여 연산함수식을 다음과 같이

총자산 = sum(주택자산, 사업체자산, 부동산자산, 금융자산, 적금, 개인연금, 저축성보험, 펀드, 주식, 유가증권, 빌려준 돈, 기타금융, 기타자산)

만들어야 한다. 이 명령은 *SPSS*로 하여금 어떤 관찰대상이 13개 자산 변수들 중 하나 또는 그 이상에 대해 응답하지 않은 경우 그 관찰대상 자체를 아예 분석에서 제외시키는 것이 아니라 해당 관찰대상이 응답하지 않은 변수를 제외한 나머지 응답한 변수들의 변수값을 모두 더해 해당 관찰대상의 '총자산' 변수를 만들게 하는 명령이다.

이 명령을 이해하려면 연구자는 먼저 '변수계산(Compute)' 방식을 이해해야 한다. [그림 3-8]을 보면 오른쪽 중간에 '함수집단(Function group)'이라는 박스가 있다. '함수집단'에는 여러 가지 선택사항이 제시되어 있는데 이 선택사항 중 하나를 선택하면 '함수집단' 박스 바로 아래 위치한 '함수종류 및 특수변수(Functions and Special Variables)' 박스에 여러 가지 하위 선택사항들이 나타난다.

예를 들어, '함수집단' 중 '모두(All)'를 선택하면 [그림 3-8]처럼 '함수집단'의 각 선택사항에 해당되는 모든 하위 선택사항들이 알파벳 순서대로 '함수종류 및 특수변수' 박스에 제시된다. [그림 3-8]은 '모두(All)'을 누른 다음 '함수종류 및 특수변수' 박스에 문자기호부터 시작해서 알파벳 순서대로 제시되어 있는 많은 선택사항들 중 'Sum'

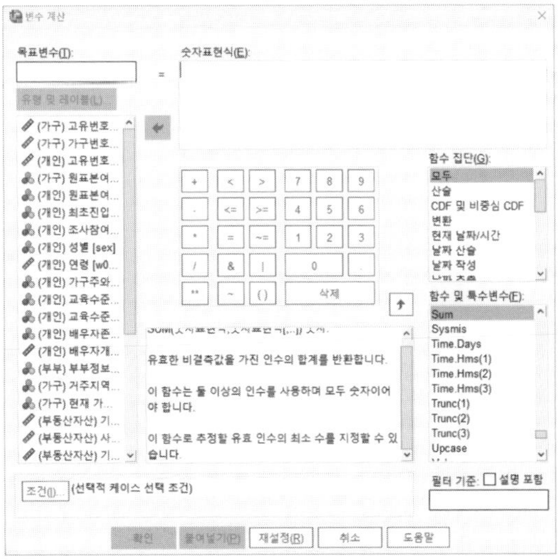

[그림 3-8]

〈표 3-4〉

		수식표현	
Abs	절대값	Abs(변수)	개별변수의 절대값 계산
Exp	지수값	Exp(변수)	개별변수의 지수값 계산
Lg10	상용로그	Lg10(변수)	개별변수의 상용로그
Ln	자연로그	Ln(변수)	개별변수의 자연로그
Sqrt	제곱값	Sqrt(변수)	개별변수의 제곱합
sum	총합	sum(변수 1, 변수 2, 변수 2 등)	개별변수값을 더해 총합을 계산
mean	평균값	mean(변수 1, 변수 2, 변수 3 등)	개별변수값을 더해 평균값을 계산
missing	결측	missing(변수)	한 변수의 미씽값을 '1'로, 나머지는 '0'값으로 지정하는 명령
substr (1)	문자분리	substr(변수, 위치)	문자형 변수를 위치자리를 기준으로 분리하는 명령 변수 : 문자형 변수 위치 : 분리할 위치 ㉠ 주민번호(651205)를 두 변수로 분리할 때 sub(주민번호, 3) 명령을 주면, 변수는 65와 1205변수로 분리됨
substr (2)	문자분리	substr(변수, 위치, 길이)	변수 : 문자형 변수 위치 : 분리할 위치 길이 : 분리할 길이 ㉠ 분리할 위치 ㉠ 주민번호(651205)를 두 변수로 분리할 때 sub(주민번호, 3, 2) 명령을 주면, 주민번호 변수의 3번째 자리부터 2개의 길이를 선택하여 변수는 12값만 선택하여 분리됨
Datediff	시간차 계산	Datediff(두 번째 시간변수, 첫 번째 시간변수, "단위")	두 시점의 날짜 및 시간의 차이를 계산 * 단위 : years, quarters, months, weeks, days, hours, minutes, seconds

이라는 명령이 선택된 경우를 보여 준다. 〈표 3-4〉에는 *SPSS*가 제공하는 여러 가지 연산 선택사항들 중에 많이 활용되는 몇 가지를 선택하여 각각의 기능을 설명해 놓았다.

이상의 내용을 이해했다면 이제 '합계함수(Sum Function)' 명령을 실제로 내려보자. 우선 [그림 3-9]처럼 '대상변수(Target Variable)' 박스에 '총자산 1'이라는 새로운 변수명을 입력한다. 그런 다음 '함수집단'에서 '모두(All)'를 선택하면 '함수종류 및 특수변수'에 여러 가지 하위 선택사항들이 제시되는데 마우스를 이용하여 알파벳 S로 시작하는 하위 선택사항까지 내려와 'Sum'을 선택한다.

그러면 창의 오른쪽 맨 위에 위치한 '숫자표현식(Numeric Expression)' 박스에 'sum(?,?)'이 나타나는데 앞서 연산함수를 직접 입력했을 때와 마찬가지로 연산에 사용할 변수들을 왼쪽 박스에서 하나씩 선택하여 sum(?,?)의 괄호 속에 옮겨 놓음으로써 연산함수식을 완성한다. 이때, 주의해야 할 것은 이번에는 괄호 속의 변수들을 덧셈기호로 연결하는 것이 아니라 콤마로 연결해야 한다는 것이다. 따라서 원하는 변수를 괄호 속에 옮겨 놓고 나서 연구자는 변수들 사이에 콤마가 있는지 다시 한 번 확인한 다음 '확인(OK)'을 눌러 '합계함수' 명령을 실행시킨다.

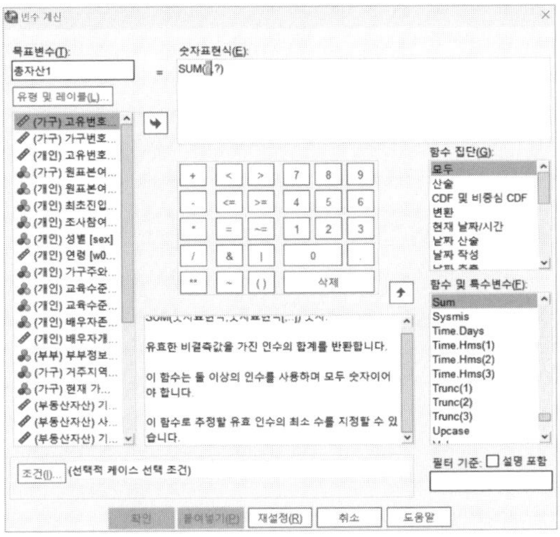

[그림 3-9]

명령이 올바르게 실행됐는지 확인하기 위해 '데이터 편집기'로 가 보면 [그림 3-10]처럼 먼저 만들었던 '총자산' 옆에 '합계함수' 명령을 사용하여 만든 '총자산1' 변수가 만들어져 있고 '총자산'과 달리 '총자산1'은 모든 사례가 변수값을 가지고 있는 것을 볼 수 있다.

[그림 3-10]

위의 예를 통해서 변수를 변환하기 위해 연구자가 연산함수를 직접 입력하는 방법과 이미 만들어진 연산함수를 사용하는 방법을 모두 이해했으리라 생각한다. 간단한 변수변환은 직접 연산함수식을 입력해도 별문제가 없지만 복잡한 변수변환은 연산 선택사항을 잘 이용할 수 있어야 수월하게 할 수 있으므로 각 선택사항의 기능을 잘 이해해 둘 필요가 있다.

결측값이 있는 자료를 분석할 때 유용성이 매우 높은 또 한 가지 명령은 '평균값 함수(Mean Function)'이다. 예를 들어, 연구자가 다음과 같은 5개 변수의 합계와 평균값을 구하고자 한다고 할 때

$$X1, X2, X3, X4, X5$$

자료 중 결측값을 가진 관찰대상이 극히 적다면 다음과 같이 연산함수식을 직접 입력해도 되지만

합계 : $Y1 = X1 + X2 + X3 + X4 + X5$
평균값 : $Y2 = (X1 + X2 + X3 + X4 + X5)/5$

자료 중에 결측값을 가진 관찰대상이 많다면 다음과 같은 '평균값 함수' 명령을 사용해야만 결측값을 가진 관찰대상도 포함하여 평균값을 구할 수 있다.

합계 : $Y1 = Sum(X1,\ X2,\ X3,\ X4,\ X5)$
평균값 : $Y2 = Mean(X1,\ X2,\ X3,\ X4,\ X5)$

2) 코딩변경

'코딩변경(Recode)'이란 이미 정의한 변수의 변수값을 필요에 따라 다시 정의하는 것이다. 예를 들어, 어떤 연구자가 '학력'이라는 명목변수의 변수값을 '1 = 무학' '2 = 초등학교' '3 = 중학교' '4 = 고등학교' '5 = 대학 이상'으로 정의하고 자료를 수집한 이후에 '학력'의 응답범주를 '1 = 무학' '2 = 초등학교에서 고등학교' '3 = 대학 이상'으로 단순화해야 할 필요성을 갖게 되었다고 가정해 보자. '코딩변경'은 바로 이런 경우 변수값을 재정의하기 위해 사용하는 명령이다.

'코딩변경'을 하려면 [그림 3-11]처럼 데이터 편집기 창의 최상위 명령 중 '변환(Transform)'을 선택하고 하위명령 중 '같은 변수로 코딩변경(Recode into Same Variable)' 또는 '다른 변수로 코딩변경(Recode into Different Variable)' 중 하나를 선택한다. '같은 변수로 코딩변경'은 변수값을 재정의하여 기존 변수의 변수값을 바꾸는 명령이고, '다른 변수로 코딩변경'은 기존 변수의 변수값을 재정의하되 기존 변수의 변수값은 그대로 놔두고 재정의된 변수값을 갖는 새로운 변수를 만드는 명령이다.

'코딩변경' 시 반드시 기억해야 할 것은 부득이 한 이유가 없는 한 항상 '다른 변수로 코딩변경'을 선택해야 한다는 것이다. '동일 변수로 코딩변경'은 기존 변수값을 재정의한 변수값으로 덮어 쓰기 때문에 자칫 원자료를 잃게 되는 상황이 발생한다. 자료를 분석하다 보면 원자료가 어떠했는지 확인해야 하는 경우가 반드시 발생하는데 어떤 이유에서든 원자료를 변경해버리고 나면 '원자료'를 잃게 되고 최악의 경우에는 자료를 재입력해야 하는 상황이 벌어질 수도 있다.

따라서 일단 자료를 입력하여 자료파일을 만들고 나면 원자료는 가능한 한 변경하지 말아야 하며, 특히 '코딩변경'을 할 때 '동일 변수로 코딩변경' 명령을 가급적 사용하지 말고 '다른 변수로 코딩변경' 명령을 사용함으로써 원자료를 변경하지 않도록 주의해야 한다.

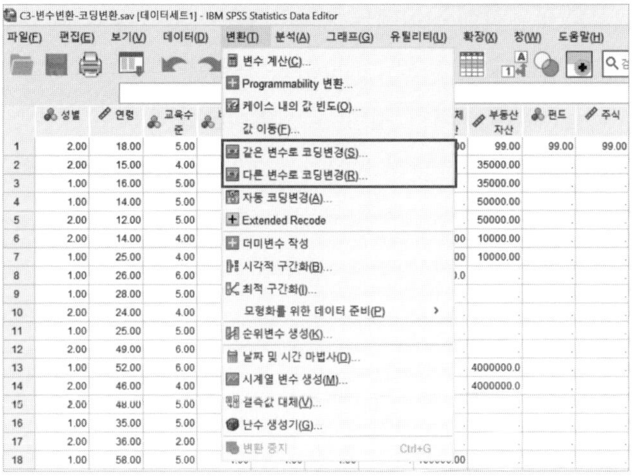

[그림 3-11]

이제 구체적인 예를 통해 '코딩변경'을 이해해 보기로 하자. 'C3-변수변경-코딩변경'은 어떤 연구자가 자활사업 참여자를 대상으로 조사를 실시하여 얻은 자료이다. 이 자료에 포함되어 있는 '성별'의 변수값은 '1 = 남성' '2 = 여성'으로 코딩되어 있다. 그런데 이 변수의 변수값과 숫자를 뒤바꿔야 하는 상황이 벌어졌다고 가정해 보자.

코딩변경을 위해 최상위명령 중 '변환'과 '다른 변수로 코딩변경'을 차례대로 선택한다. [그림 3-12]와 같은 창이 나타나면 왼쪽의 '변수목록' 박스에서 코딩변경하려는 변수인 '성별'을 선택하여 '숫자변수(Numeric Variable) -> 출력변수(Output)' 박스로 옮겨 놓는다. 그러면 '성별 -> ?' 라는 메시지가 나타나는데 이는 '성별'을 코딩변경하여 만들 새 변수의 이름을 무엇으로 할 것인지 묻는 메시지이다.

당연히 새 변수의 이름은 기존 변수의 이름과 다르게 지정해야 한다. 새 변수의 이름을 지정하기 위해 창의 맨 오른쪽에 위치한 '결과변수(Output Variable)' 박스 바로 아래 있는 '변수명(Name)' 박스에 '성별리코드'라고 입력해 보자. 그 아래 있는 '변수설명(Label)'은 새로 만든 변수

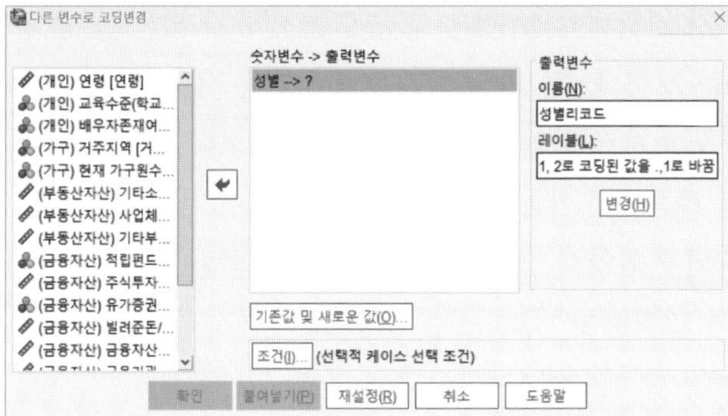

[그림 3-12]

에 대한 설명을 입력하는 박스인데 여기에는 '성별을 리코드하여 만든 변수'라고 입력해 보자.

변수명과 변수설명을 입력한 후 '변경(Change)'을 클릭하면 [그림 3-12]에서는 '성별 -> ?'이었던 박스 안의 내용이 [그림 3-13]처럼 '성별 -> 성별리코드'로 바뀐 것을 확인할 수 있다. 여기서 한 가지 주의해야 할 것은 의외로 많은 연구자들이 '변경'을 클릭하는 것을 잊고는 도대체 변수변환이 왜 안 되는지 모르겠다고 어리둥절해 하는 경우를 종종 접하게 되는데 새로운 변수명과 변수설명을 입력한 후에는 반드시 '변경'을 클릭하는 것을 잊지 않도록 주의하기 바란다.

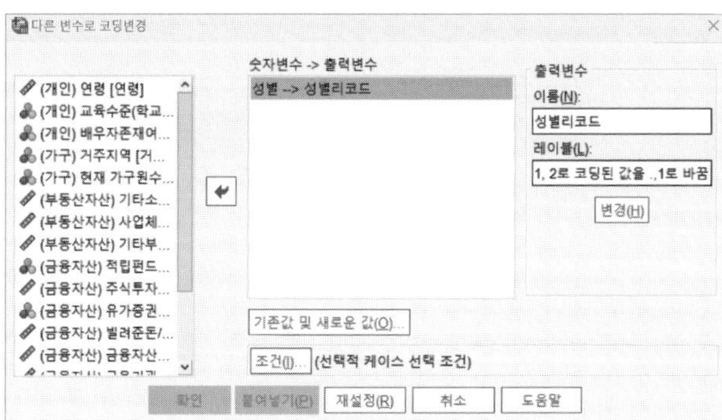

[그림 3-13]

그다음 단계는 새로운 변수의 변수값을 정의하는 단계이다. [그림 3-13]에서 '기존값 및 새 값(Old and New Values)'을 클릭하면 [그림 3-14]와 같은 창이 나타났다. 얼핏 보기에 이 창은 매우 복잡해 보이지만 모든 자료분석 프로그램이 그러하듯이 *SPSS*도 모든 창을 마치 논리적으로 사고하는 연구자의 머릿속에 떠오르는 이미지처럼 만들어 놓았기 때문에 창의 내용을 하나씩 차근차근 들여다보면 전혀 복잡한 것이 아님을 금방 알 수 있다.

먼저 '기존 값(Old Value)' 바로 아래 위치한 '변수값(Value)'은 기존 변수값과 새로운 변수값의 코딩을 1 대 1로 바꿀 때 선택한다. 예를 들면, 앞서 들었던 예처럼 남성 1, 여성 2로 코딩되었던 것을 남성 2, 여성 1로 변환하는 것처럼 기존 변수값을 하나씩 새로운 변수값으로 재코딩할 때 이 메뉴를 선택한다.

'범위(Range)'는 일정 범위에 해당하는 기존 변수값을 새로운 변수값으로 바꿀 때 선택한다. 예를 들면, 비율변수인 '연령'을 20~29세는 '1', 30~39세는 '2', 40~49세는 '3', 50~59세는 '4'로 코딩변경하려면 이 메뉴를 선택하면 된다.

그런데 만일 연령을 이렇게 코딩하려 할 때 20세 미만인 사람들이 조사대상 중에 많이 포함되어 있다면 연령이 20~29세인 경우만 '1'로 코딩하기 때문에 20세 미만인 조사대상은 코딩변경에서 제외될 것이다. 이런 경우에는 '최소값부터 다음값까지 범위' 메뉴를 선택하고 박스에 '29'를 입력하면 연령의 최소값이 무엇이건 상관없이 최소값부터 29세까지를 하나의 연령대로 묶을 수 있다.

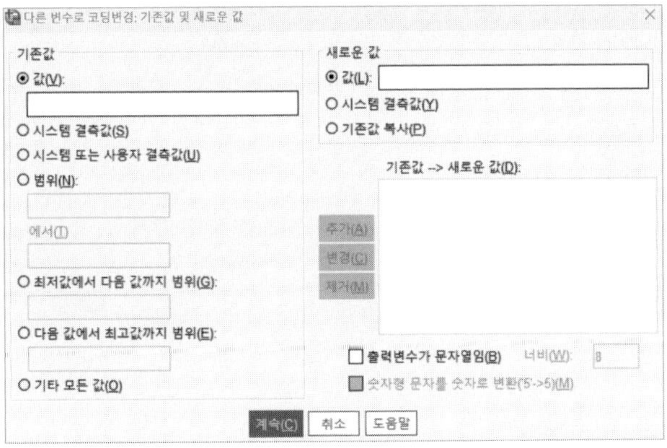

[그림 3-14]

바로 아래 위치한 '다음값부터 최대값까지 범위'는 반대로 지정해 준 값에서부터 최대값까지를 하나의 연령대로 묶고자 할 때 선택한다.

〈표 3-5〉

기존값 구분	기능
Value	변수값을 1 : 1 맞변환
시스템 결측값(System missing)	시스템 결측값
시스템 또는 사용자 결측값(System or user-missing)	시스템 결측값 및 분석자 결측값
Range A through B	A값부터 B값까지
Range, LOWEST through value	최소값부터 다음값까지 범위
Range, value through HIGHEST	다음값부터 최대값까지 범위
All other values	나머지 모든 변수값

[그림 3-15]의 오른쪽에 위치한 '새로운 값(New Value)'은 새로운 변수값을 지정해 주기 위한 박스이다. 이제 '성별'의 남성 = 1, 여성 = 2라는 코딩을 역으로 코딩해 보도록 하자. 일단 기존 변수값을 하나씩 새로운 변수값으로 코딩변경하는 것이므로 '변수값(Value)'을 선택한다.

남성에 해당하는 기존 변수값이 '1'이므로 '기존 값' 박스 아래 '변수값' 박스에 '1'을 입력하고 '새 값(New Value)' 박스로 가서 남성에 해당하는 새로운 변수값인 '2'를 입력한다. 그 다음 '추가(Add)'를 클릭하면 [그림 3-16]과 같이 창의 오른쪽 아래 박스에 '1 → 2'라는 메시지가 나타난다. 이는 기존 값 '1'을 새 값 '2'로 바꾸라는 명령이다.

동일한 논리에 따라 여성에 해당하는 기존 변수값 '2'를 '변수값' 박스에 입력하고 '새 값' 박스에 '1'을 입력한 후 '추가'를 클릭하면 이번에는 '2 → 1'이라는 메시지가 나타난다.

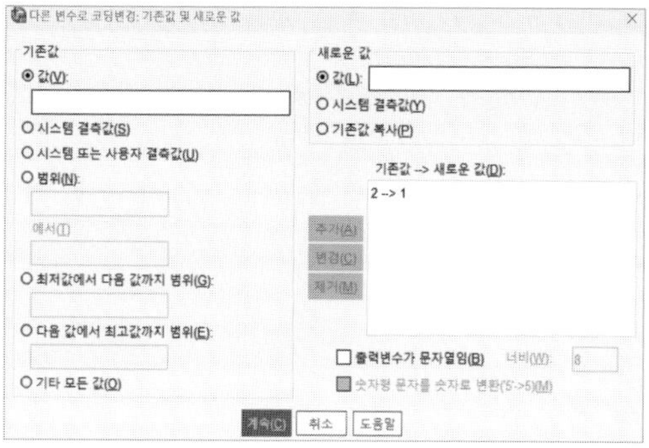

[그림 3-15]

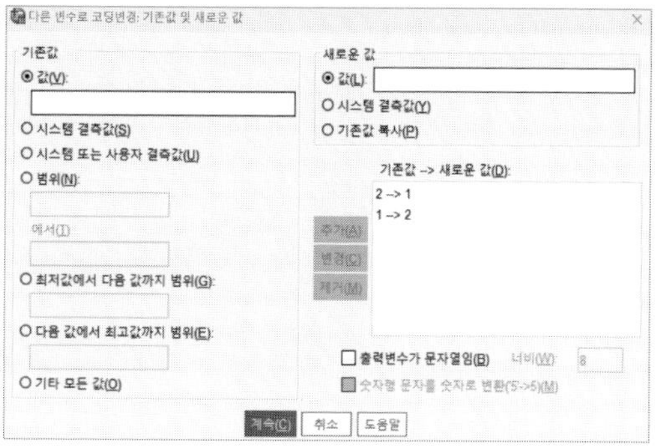

[그림 3-16]

'성별'은 응답범주가 2개인 변수이므로 여기까지만 하면 모든 기존 변수값을 새로운 변수값으로 코딩변경할 수 있다. 그러나 만일 코딩변경하려는 변수가 10개 응답범주를 가진 변수라면 이상과 같은 과정을 10번 반복해야 기존 변수값을 모두 새로운 변수값으로 코딩변경할 수 있다.

이제 '계속(Continue)'을 클릭한 후 '확인(Ok)'을 클릭하면 '성별'에 대한 코딩변경이 이루어진다. [그림 3-17]에 따르면, '성별' 옆에 '성별리코드' 변수가 만들어져 있고 두 변수의 변수값을 비교해 보면 기존값 '1'은 '2'로 그리고 기존값 '2'는 '1'로 바뀐 것을 확인할 수 있다.

	성별	성별리코드	연령	교육수준	배우자유무	거주지역	가구원수	주택자산
1	2.00	1.00	18.00	5.00	2.00	1.00	1.00	99.00
2	2.00	1.00	15.00	4.00	1.00	1.00	3.00	.
3	1.00	2.00	16.00	5.00	1.00	1.00	3.00	.
4	1.00	2.00	14.00	5.00	1.00	1.00	2.00	.
5	2.00	1.00	12.00	5.00	1.00	1.00	2.00	.
6	2.00	1.00	14.00	4.00	1.00	1.00	2.00	.
7	1.00	2.00	25.00	4.00	1.00	1.00	2.00	.
8	1.00	2.00	26.00	6.00	2.00	1.00	1.00	.
9	1.00	2.00	28.00	5.00	1.00	1.00	3.00	600000.00
10	2.00	1.00	24.00	4.00	1.00	1.00	3.00	600000.00

[그림 3-17]

'코딩변경' 시 반드시 유의해야 할 점은 절대로 이 단계가 코딩변경의 끝이 아니라는 점이다. 코딩변경 후 연구자는 코딩변경을 거쳐 만든 새로운 변수의 변수값의 의미를 반드시 정의해 줘야 한다. 이 경우, 아직 '성별리코드'의 각 변수값이 무엇을 의미하는지 정의해 주지 않았으므로 제1장에서 배운 방법을 사용하여 다음과 같이 '성별리코드'의 1은 여성, 2는 남성임을 정의해 준다. 이 역시 많은 연구자들이 종종 잊어버리는 과정이므로 반드시 기억해 두기 바란다.

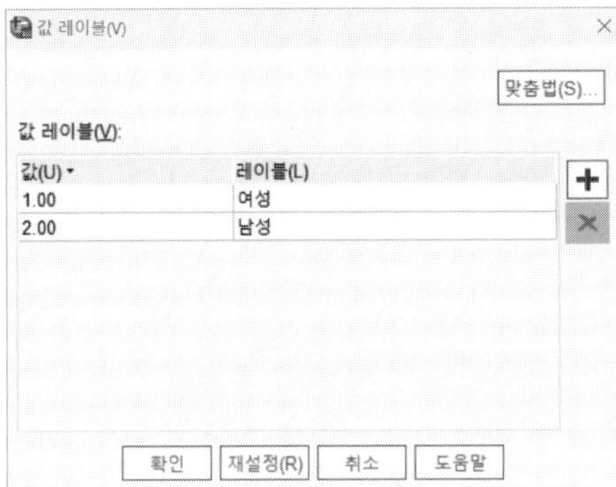

[그림 3-18]

'성별리코드' 변수값의 의미를 정의한 다음 마지막으로 변수값이 제대로 정의되었는지 확인해볼 필요가 있다. [그림 3-19]에 빨간 사각형으로 표시한 아이콘은 데이터 편집기 최상위 아이콘 중 '값 레이블(Value Labels)'이라는 아이콘이다. 이 아이콘의 기능은 연구자가 코딩시 정의한 변수값의 의미를 보여 주는 것이다.

[그림 3-19]

'값 레이블'을 누르면 '데이터 보기'에 숫자형태로 제시되어 있던 변수값들이 문자로 바뀌어 나타난다. [그림 3-20]에서 '연령'과 '연령리코드'를 비교해 보면 기존 변수와 새로운 변수의 변수값이 동일한 의미를 갖고 있다는 것을 알 수 있는데 이는 어떤 변수를 일대일 '코딩변경'하여 새로운 변수를 만들면 새로운 변수의 변수값은 기존 변수의 변수값과 달라지지만 변수값의 의미 자체는 바뀌지 않기 때문이다.

[그림 3-20]

변수인 '연령'을 서열변수인 '연령대'로 코딩변경하는 예를 들어 보기로 하자. [그림 3-21]과 같이 코딩변경 창의 '변수목록'에서 '연령'을 오른쪽 박스로 옮겨 놓은 후, '결과변수(Output Variable)'의 '변수명'에 '연령리코드'라고 입력하고 '변경(Change)'을 클릭하면 '연령 -> 연령리코드'라는 메시지가 나타난다.

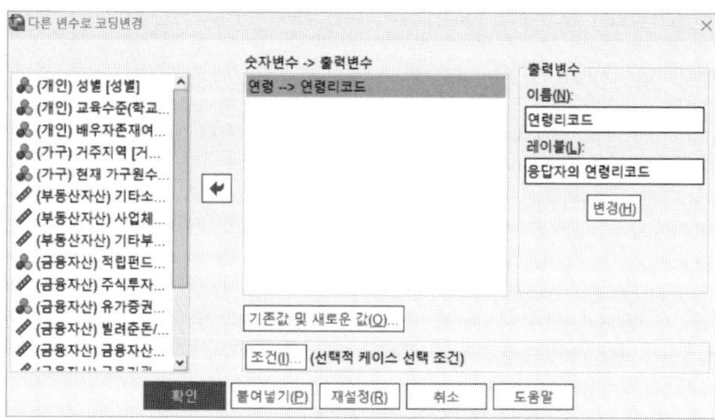

[그림 3-21]

'변수명 변경'이 끝나면 '기존값과 새로운 값(Old and New Values)'을 클릭하여 변수값을 변환해 보자. 먼저 '연령' 중 19세 미만에 해당하는 모든 연령을 동일 연령대로 묶고 1값을 부여해 보자. 이를 위해서 [그림 3-22]처럼 '기존값(Old Value)'의 선택메뉴 중 '최저값부터 다음 값까지 범위(Range, Lowest through value)'에서 '19'를 입력하고 '새로운 값(New Value)'에는 1을 입력한 후 '추가(Add)'를 클릭한다.

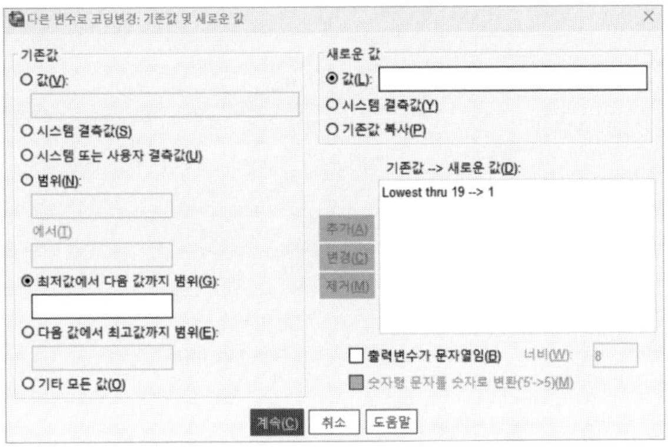

[그림 3-22]

이제 20대라는 연령대를 만들어 보자. 20대는 20～29범위에 해당하는 연령대이므로 '범위(Range)'를 선택하고 시작값과 끝값을 지정해 준다. '범위' 박스에 '20～29'를 입력하고 '새로운 값(New Value)'에 '2'를 입력한 후 '추가(Add)'를 입력한다. [그림 3-24]는 동일한 방식으로 30대, 40대 및 50대라는 연령대가 만들어져 있는 것을 보여 준다.

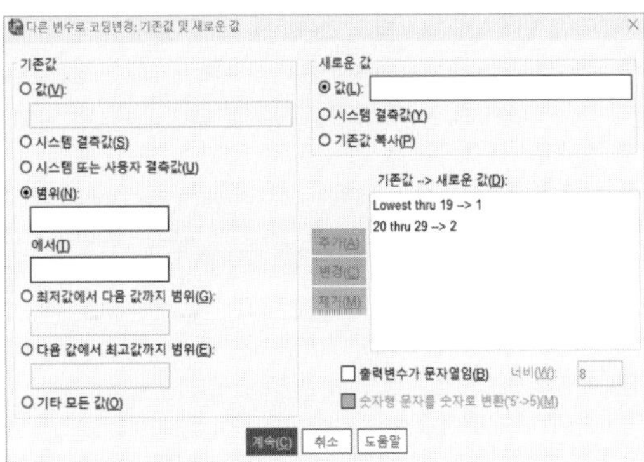

[그림 3-23]

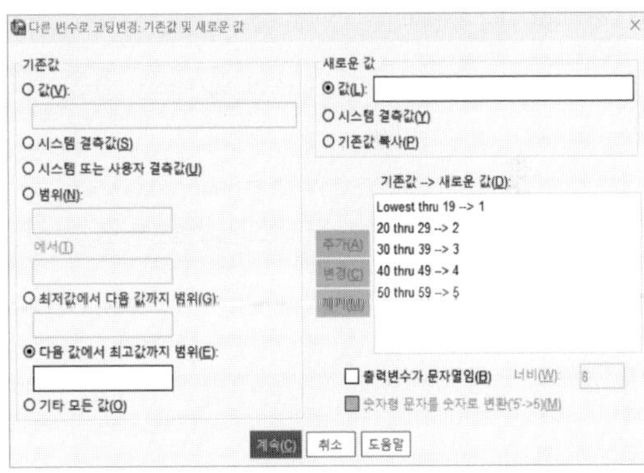

[그림 3-24]

마지막으로 연령이 60세 이상인 사람들을 또 하나의 여섯 번째 연령대로 묶어 보자. 이를 위해 '다음값에서 최고값까지 범위(Range, value througt Highest)'를 선택하고 '60'을 입력하자. '새로운 값'에 '6'을 입력하고 '추가(Add)'를 클릭하면 최종적으로 [그림 3-25]와 같이 여섯 가지 연령대가 만들어진다.

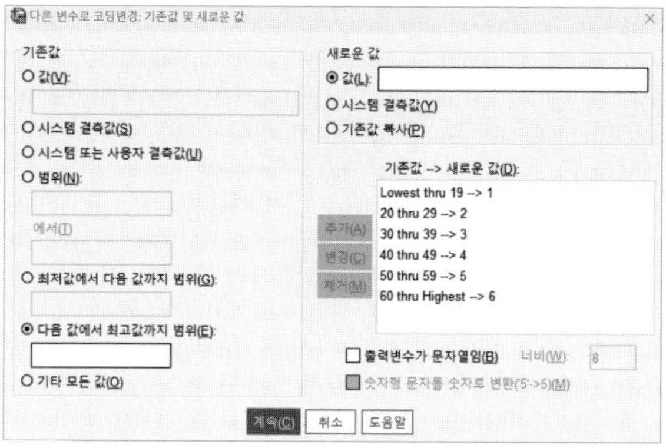

[그림 3-25]

등간변수나 비율변수를 코드변환하는 경우, 새로 만들어진 '연령리코드'의 변수값을 [그림 3-26]과 같이 정의하는 것에서 한 가지 단계를 더 거쳐야 코드변환이 완료된다. 잊지 말아야 할 것은 '연령리코드'는 서열변수이므로 변수유형을 서열변수로 지정해 줘야 한다는 것이다. 이 과정 또한 연구자들이 쉽게 잊어버리는 과정 중 하나이다. 등간변수나 비율변수를 코딩변경하면 변수값을 변환하는 것에서 그치는 것이 아니라 측도가 달라진다는 사실을 꼭 기억하기 바란다. 이제 '데이터 보기'로 가서 '값 레이블(Value Labels)'을 클릭하면 [그림 3-27]처럼 비율변수인 '연령'이 서열변수인 '연령리코드'로 바뀐 것을 확인할 수 있다.

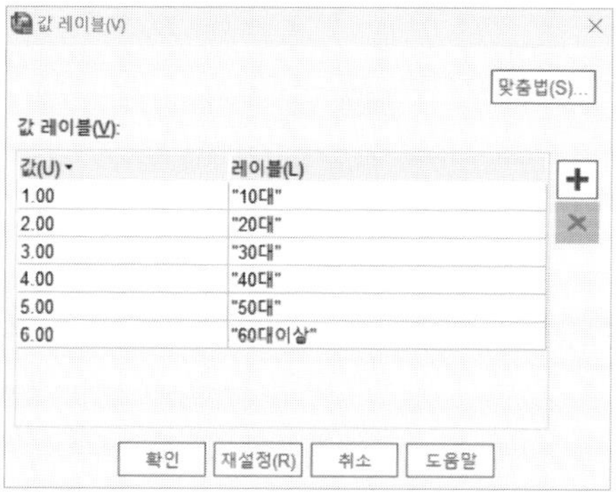

[그림 3-26]

[그림 3-27]

3) *R*을 이용한 변수변환

(1) 변수 계산하기

*R*에서 변수를 계산하여 새로운 변수를 만드는 방법은 매우 간단하다. 예를 들어서, 2장에서 불러들여 만든 데이터프레임 c3df에 있는 주택자산, 사업체자산, 부동산자산, 금융자산, 적금, 개인연금, 저축성보험, 펀드, 주식, 유가증권, 빌려준 돈, 기타금융, 기타자산을 모두 합하여 총자산이라는 새로운 변수를 만든다고 하자. *R*에서는 스크립트 창에 아래와 같이 명령문을 적어넣고 Run 을 눌러 실행시키면 된다.

```
c3df$총자산 <- c3df$주택자산+c3df$사업체자산+c3df$부동산자산+
  c3df$펀드+c3df$주식+c3df$유가증권+c3df$빌려준돈+
  c3df$금융자산+c3df$적금+c3df$개인연금+c3df$저축성보험+
  c3df$기타금융+c3df$기타자산
```

[그림 3-28]

[그림 3-28]에서 보는 바와 같이 *R*에서는 '데이터프레임이름$변수명'의 형태로 써 줘야 인식할 수 있다. *R*에서는 여러 데이터프레임을 동시에 사용할 수 있기 때문에 데이터프레임 이름과 변수명을 함께 써 줘야만 한다.

c3df에 총자산이 제대로 만들어졌는지 확인하는 방법은 전체 데이터프레임을 보기 위해 View(c3df)를 실행하는 방법과 해당 변수의 처음 6 사례를 볼 수 있는 head(c3df$총자산)을 실행하는 방법이 있다. 그런데 총자산의 처음 6 사례 값을 살펴보니 모두 NA로 나타났는데, *R*에서 NA는 결측값을 의미한다.

```
> head(c3df$총자산)
[1] NA NA NA NA NA NA
```

[그림 3-29]

[그림 3-29]에 따르면, 실제로 총자산의 값이 모두 결측값으로 나타난 것을 확인할 수 있다. 이를 해결하기 위해서는 [그림 3-30]과 같이 rowSums 함수를 사용해야 한다. rowSums 함수를 사용할 때는 괄호 안에 데이터프레임 이름(c3df)을 써 주고, 행(사례)과 열(변수)을 구분하기 위해 '[,]'를 사용해야 하는데, 열, 즉 변수를 계산한다는 것을 보여 주기 위해 콤마(,) 앞에는 빈칸을 넣고, 콤마 뒤에는 여러 변수를 넣기 위해 벡터라는 것을 보여 주는 *c*( )를 사용한다. 변수명에는 모두 따옴표를 사용하며, 각 변수 다음에는 콤마를 사용하여 구분한다. 마지막으로 중요한 것은 'na.rm = TRUE' 옵션을 사용하는 것이다. 이는 통계 분석할 때 결측값을 제외한다는

것을 의미한다. 즉, 총자산을 계산할 때, 주택자산, 사업체자산 등 더하는 자산에 결측값(NA)이 있는 경우 그 값을 제외하고 다른 값들을 모두 더한다는 의미이다.

```
c3df$총자산 <- rowSums(c3df[, c("주택자산", "사업체자산",
                                "부동산자산", "금융자산", "적금",
                                "개인연금", "저축성보험", "펀드",
                                "주식", "유가증권", "빌려준돈",
                                "기타금융", "기타자산")],
                       na.rm = TRUE)
```

[그림 3-30]

이렇게 실행해서 총자산을 새로이 만든 후에 head( ) 명령문으로 처음 6개의 값을 살펴보면 [그림 3-31]과 같이 나타난다. 우리가 기대했던 결과라는 것을 알 수 있다.

```
> head(c3df$총자산)
[1]    7509   38000   38000 122000 122000 206400
```

[그림 3-31]

(2) 코딩변경

R 에서 코딩변경을 하는 가장 간단한 방법은 ifelse 함수를 사용하는 것이다. c3df 데이터프레임에 있는 sex라는 변수는 '1 남', '2 여'로 변수값이 구성되어 있는데, 이를 코딩변경하여 '1 남', '0 여'인 더미변수 male을 만들기 위해서는 아래와 같은 명령문을 쓰고 실행하면 된다. 여기에서 괄호 안의 c3df$sex는 코딩변경을 하고자 하는 원래의 변수를 적고, sex가 1이면, 1, 그 외에는 0을 배정한다는 의미이다. 이미 기존에 있는 값을 나타낼 때는 등호를 두 개 연결(==)해서 표시한다. 또한 새로이 만든 male 변수의 첫 6개 값을 보기 위해서는 head 함수를 사용한다.

```
c3df$male <- ifelse(c3df$sex == 1, 1, 0)

head(c3df$male)
```

[그림 3-32]

ifelse 함수로 변수값이 3개 이상인 변수도 코딩변경이 가능하다. c3df 데이터프레임에 있는 w01age라는 변수는 비율변수 연령인데, ~29세는 '1', 30~39세는 '2', 40~49세는 '3', 50세 이상은 '4'로 코딩을 변경하여 age4로 저장하려면 아래 그림과 같이 명령문을 쓰고 실행하면 된다. 첫 번째, 두 번째 ifelse 함수에서 '그 외의 경우'는 이어지는 ifelse 함수이다. 마지막 ifelse 함수에서 그 외의 경우는 '4'를 배정한다는 의미이다.

```
c3df$age4 <- ifelse(c3df$w01age <= 29, 1,
                    ifelse(c3df$w01age <= 39, 2,
                           ifelse(c3df$w01age <= 49, 3, 4)))
```

[그림 3-33]

새로 만든 age4는 서열변수로 1, 2, 3, 4라는 변수값을 새로이 정의해야 한다. *R* 에서 변수값의 정의는 [그림 3-34]와 같이 명령문을 쓰고 실행하면 된다. 일반적으로 apply_labels 함수를 사용하는데, 이 함수를 사용하기 위해서는 "expss" 패키지를 설치한다. apply_labels 함수를 실행한 후에 제대로 실행되었는지 확인하기 위해 head 명령문을 실행하면 처음 6사례의 값과 함께 Value Labels가 결과에 나타난다.

```
install.packages("expss")
library(expss)

c3df = apply_labels(c3df,
                    age4 = c("~29" = 1, "30~39" = 2,
                             "40~49" = 3, "50~" = 4))

head(c3df$age4)
```

[그림 3-34]

참고문헌

박명섭, 박광태(1996). 통계학개론. 서울: 홍문사.

Craft, J. (1990). *Statistics and Data Analysis for Social Workers* (2nd ed.). Itasca, IL: F. E. Peacock.

Gravetter, F., & Wallnau, L. (1988). *Statistics for the Behavioral Sciences* (2nd ed.). St. Paul, MN: West Publishing Company.

Kachigan, S. (1991). *Multivariate Statistical Analysis* (2nd ed.). New York, NY: Radius Press.

Rudas, T. (2004). *Probability Theory*. Newbury Park, CA: Sage Publications Inc.

Tversky, A., & Kahneman, D. (1974). Judgment under Uncertainty: Heuristics and Biases. *Science*, *185*, 1124-1131.

| 연습문제 |

01 어떤 확률변수 X에 대해서 X의 확률분포와 표본분포의 차이를 설명하고 표준오차가 무엇인지를 설명하십시오.

02 단 4개의 구성원소 1, 2, 3, 4로 이루어진 확률변수 X의 모집단으로부터 $n = 2$인 가능한 모든 표본을 실제로 뽑아 표본평균 표본분포의 기대값을 구하십시오.

03 위의 자료를 표본평균 표본분포의 분산을 구하십시오.

04 기초생활보장제도에 의해서 보호를 받는 4인 가구의 월소득은 평균과 분산이 각각 $\mu = 150$, $\sigma^2 = 24$(단위: 만 원)인 것으로 알려져 있다고 할 때, 이 모집단으로부터 $n = 36$인 표본을 뽑아 구한 표본평균이 과연 모평균과 어느 정도의 차이를 보일지 설명하십시오.

05 표본을 바탕으로 모집단의 속성을 추론하고자 하는 추론통계에 있어서 중앙극한정리가 갖는 중요성을 설명하십시오.

06 확률변수 Y의 모집단은 평균과 분산이 $\mu = 200$, $\sigma^2 = 120$이라고 한다. 이 모집단으로부터 $n = 64$인 표본을 뽑는다면 표본평균을 구할 때 표본평균이 $\overline{X} \geq 203$일 확률을 구하십시오.

07 평균과 분산이 $\mu = 29$, $\sigma^2 = 225$인 모집단으로부터 표본을 뽑아 구한 표본평균 표준오차가 $\sigma_{\overline{X}} = 3$이라고 한다. 이 모집단으로부터 뽑은 표본의 크기는 얼마입니까?

08 아래의 연구결과를 바탕으로 성인 정신질환자의 약물남용 수준에 대해서 이제까지 알려져 왔던 바에 대해서 어떤 언급이 가능할는지 서술하십시오.

"우리나라에서 30세 이상 정신질환자의 1년간 약물남용 횟수는 평균 38회이고 분산은 3600이라고 알려져왔다. 최근 실시된 조사에서 전국의 30세 이상 정신질환자 가운데 100명의 표본을 뽑아 이들의 지난 1년간의 약물남용 횟수의 평균을 구한 결과 평균이 50회인 것으로 나타났다."

09 만일 문제 8의 연구결과에서 평균이 50회가 아니라 41회로 조사되었다면 어떤 언급이 가능할는지 서술하십시오.

10 구체적인 예를 들어서 대표본법칙을 설명하십시오.

4

모수추정

앞서 제1장에서 우리는 모수를 추정하기 위해서 표본을 바탕으로 구한 통계량을 모수에 대한 추정량(estimate)이라고 부른다는 것을 언급한 바 있다. 이번 장에서는 표본을 바탕으로 모수에 대한 추정량을 구하는 두 가지 방법인 점추정 방법과 구간추정 방법에 대해서 살펴보기로 하겠다. 아울러 이번 장을 공부하면서 우리는 이제까지 공부했던 확률, 확률분포 및 표본분포에 관한 내용들이 모수에 대한 추정량을 구하는 데 어떻게 활용되는지도 함께 살펴보기로 하겠다.

1. 점추정

표본을 바탕으로 모수를 추정하는 방법에는 단 한 개 통계량을 구해 모수를 추정하는 방법과 일정한 구간을 설정함으로써 모수를 추정하는 방법이 있다. 이 두 가지 방법 중 전자를 점추정(point estimation)이라고 하고, 후자를 구간추정(interval estimation)이라고 한다.

예를 들어서, 어떤 연구자가 현행 기초생활보장제도에 의해 보호를 받고 있는 수급가구 중 4인 가구의 확률표본을 구해 이들이 실제로 한 달을 빠듯하게 사는 데 필요한 생계비가 110만 원이라는 조사결과를 얻었다고 가정해 보자. 이러한 조사결과를 바탕으로 기초생활보장 수급가구 중 4인 가구의 월평균 필요생계비가 110만 원 정도가 될 것이라고 말하는 것은 단 하나의 통계값(point), 즉 4인 가구 확률표본을 바탕으로 얻은 110만 원이라는 표본평균을 가지고 모수를 추정하는 점추정에 해당한다.

단 한 개의 통계량으로 모수를 추정하는 점추정과 관련해서 우리는 다음과 같은 두 가지 문제점을 생각해 보지 않을 수 없다. 첫 번째 문제점은 아무리 대표성 높은 표본을 뽑는다고 하더라도 표본은 모집단의 일부, 즉 부분집합이기 때문에 표본을 바탕으로 구한 단 한 개의 통계량이 모수와 일치하기를 기대한다는 것은 무리이며 설령 모수와 일치할 가능성이 높은 점추정량을 사용한다 하더라도 그 값이 옳은 값이라고 확신하기는 매우 어렵다는 것이다.

두 번째 문제점은 특정 모수에 대해서는 단 한 개의 추정량만이 존재하는 것이 아니라 일반적으로 다수의 추정량이 존재하는바, 다수의 추정량들 가운데 과연 어떤 추정량이 모수에 대한 가장 적합한 추정량인지를 어떻게 판단할 수 있는가 하는 것이다.

이 두 가지 문제점 중 첫 번째 문제점의 경우는 단 한 개의 표본만을 가지고 통계량을 구해 모수를 추정하는 것이 아니라 앞서 제3장에서 배운 바와 같이 모수추정을 위해 구한 특정 통계량의 확률분포를 이용하여 모수를 추정함으로써 문제를 해결할 수 있다. 이처럼 단 한 개의 추정량이 아니라 추정량의 확률분포를 이용하여 모수를 추정하는 방법을 구간추정(interval estimation)이라고 한다. 구간추정에 대해서는 이 장의 뒷부분에서 자세하게 다루기로 하고 여기서는 일단 두 번째 문제를 해결하는 방법을 먼저 살펴보기로 하겠다.

두 번째 문제를 해결하기 위한 방법은 한 마디로 말해서 다수의 추정량 가운데에서 어떤 추정량이 가장 바람직한 추정량인지를 판단하는 데 필요한 기준을 마련하는 것이다. 통계학에서는 이러한 판단의 기준이 되는 세 가지 기준을 제시하고 있는데 일반적으로 이러한 기준을 가리켜 바람직한 추정량이 갖추어야 할 특성이라고 한다.[1)]

1) 바람직한 추정량의 특성

불편성(unbiasedness) 불편성이란 모수를 추정하기 위해 구한 추정량의 기대값이 추정하고자 하는 모수와 일치하는 성질을 말한다. 예를 들어서, 추정하고자 하는 모수를 θ라고 하고 추정량을 $\hat{\theta}$ 이라고 표기할 때, 만일 추정량의 기대값과 모수가 같다면, 즉

$$E(\hat{\theta}) = \theta \ (\hat{\theta} \text{ : 추정량, } \theta \text{ : 모수})$$

라면 추정량 $\hat{\theta}$ 를 모수 θ에 대한 불편추정량(unbiased estimator)이라고 한다. 반면에 추정량의 기대값과 모수가 일치하지 않는다면 추정량 $\hat{\theta}$ 를 모수 θ에 대한 편추정량(biased estimator)이라고 하고 $\hat{\theta}$ 과 모수가 다른 정도를 다음과 같이 정의한다.

$$\hat{\theta} \text{ 의 편의}(bias) \text{ 정도} = E(\hat{\theta}) - \theta$$

예를 들어서, 제3장에서 배웠던 표본평균의 기대값 $E(\overline{X})$은 모평균 μ와 일치하므로 표본평

1) 바람직한 추정량을 선택하는 기준 가운데는 이 장에서 소개하고 있는 세 가지 기준 이외에 충분성(sufficiency)이 있으나, 충분성은 초급원리 수준에서 다루어질 내용이 아닌바, 이에 대한 논의는 생략하기로 하겠다.

균은 모평균에 대한 불편추정량이며, 또한 표본분산 s^2의 기대값 역시 모분산 σ^2과 같으므로 표본분산은 모분산에 대한 불편추정량이라고 할 수 있다. 여기서 우리는 표본분산을 구할 때, 분자를 n이 아니라 $(n-1)$로 나눠야 하는 이유를 다시 한번 이해할 수 있는데 표본분산을 구할 때 분자를 n으로 나눈다면 표본분산의 기대값은 모분산과 일치하지 않게 된다. 따라서 표본분산을 모분산에 대한 불편추정량이 되게 하기 위해서는 반드시 표본분산을 구하는 공식에서 분자를 n 대신 $(n-1)$로 나눠 줘야 한다는 것을 이해할 수 있다.

효율성(efficiency) 모수를 추정하기 위해 구한 두 개의 추정량을 $\hat{\theta}_1$과 $\hat{\theta}_2$라고 할 때, 만일 $\hat{\theta}_1$의 분산 또는 표준오차가 $\hat{\theta}_2$의 분산 또는 표준오차에 비해 더 작다면, 즉

$$Var(\hat{\theta}_1) < Var(\hat{\theta}_2)$$

이라면 $\hat{\theta}_1$이 $\hat{\theta}_2$보다 모수 θ를 추정하는 데 있어서 더 효율적이라고 한다. 두 추정량의 상대적 효율성은 아래의 [4－1]과 같이 두 추정량의 분산의 비(ratio)로 정의한다.

$$\frac{Var(\hat{\theta}_2)}{Var(\hat{\theta}_1)} > 1 \qquad [4\text{-}1]$$

[4-1]에서 분산의 비가 1보다 크다는 것은 $\hat{\theta}_1$의 분산이 $\hat{\theta}_2$의 분산에 비해 상대적으로 작다는 것을 의미하므로 $\hat{\theta}_1$을 가리켜 $\hat{\theta}_2$에 비해 상대적 효율성이 더 높은 추정량이라고 한다. 이 때, $\hat{\theta}_1$과 $\hat{\theta}_2$는 모수 θ에 대한 불편추정량일 수도 있고 불편추정량이 아닐 수도 있다. 만일 두 추정량 $\hat{\theta}_1$과 $\hat{\theta}_2$ 모두가 모수 θ에 대한 불편추정량이라면 두 추정량 중에서는 상대적 효율성이 더 높은 $\hat{\theta}_1$이 모수 θ에 대한 더 바람직한 추정량이 된다. 만일 $\hat{\theta}_1$과 $\hat{\theta}_2$ 가운데 어느 한 쪽만이 불편추정량이고 나머지 하나는 편추정량이라고 한다면 당연히 불편추정량이면서 상대적 효율성이 높은 추정량이 더 바람직한 추정량이 된다.

물론 여기서 혹자는 $\hat{\theta}_1$과 $\hat{\theta}_2$ 중 어느 하나가 불편추정량이지만 상대적인 효율성은 더 낮거나 반대로 편추정량이지만 상대적인 효율성은 더 높은 경우는 어떤 추정량을 더 바람직한 추정량으로 판단해야 하는가라는 의문을 가질는지도 모른다. 그런데 어떤 추정량이 일단 모수에 대한 불편추정량이라고 한다면, 그 추정량은 표본분산의 정의에 의해서 불편추정량이 아닌 다른 어떤 추정량보다 상대적 효율성이 더 높을 수밖에 없다. 이러한 사실을 이해한다면 두 개의 추정량 중 어느 한 쪽이 불편추정량이면서 상대적인 효율성은 낮거나 반대로 편추정량이지만 상대적 효율성이 더 높은 경우는 생각할 수 없다는 것을 쉽게 알 수 있을 것이다.

이러한 맥락에서 통계학에서는 불편성을 가리켜 바람직한 추정량이 되기 위한 필요조건이라고 하고, 효율성이 가장 높다는 것을 충분조건이라고 하며, 마지막으로 불편추정량이면서 동

시에 효율성이 가장 높은 추정량을 가리켜 추정하고자 하는 모수에 대한 최소분산불편추정량(minimum variance unbiased estimator)이라고 부른다. 정리하면,

> 불편성 = 바람직한 추정량이 되기 위한 필요조건
> 효율성 = 바람직한 추정량이 되기 위한 충분조건
> 불편추정량이면서 효율성이 가장 높은 추정량 = 최소분산추정량

일관성(consistency) 일관성이란 표본의 크기가 커질수록 표본을 바탕으로 구한 추정량이 추정하고자 하는 모수에 수렴, 즉 근접해 가는 성질을 말한다. 예를 들어서, 표본의 크기가 점점 커져서 표본이 모집단에 가까워질수록 표본을 바탕으로 구한 표본평균의 값은 추정하고자 하는 모평균 값에 점점 더 가까워진다. 이러한 경우를 가리켜 추정량이 모수에 확률적으로 혹은 수렴적으로 일치한다(asymptotically unbiased)고 하는데, 바로 이러한 성질을 갖는 추정량을 모수에 대한 일관적 추정량(consistent estimator)이라고 한다.

어떤 추정량이 일관적 추정량이 되기 위해서는 다음과 같은 두 가지 조건 가운데 어느 한 가지 조건을 반드시 만족시켜야 한다.

조건 1. $\lim_{n\to\infty} P\left[\left|\hat{\theta}_n - \theta\right| < \varepsilon\right] = 1$. 단, ε는 0이 아닌 매우 작은 임의의 실수

조건 2. $\lim_{n\to\infty} E\left[\left(\hat{\theta}_n - \theta\right)^2\right] = 0$

조건 1은 표본의 크기 n이 무한대로 커질 때 모수와 추정량 간의 차이가 0보다는 큰 어떤 임의의 실수보다 작을 확률이 1에 수렴한다는 것을 의미한다. 조건 2는 표본의 크기가 무한대로 커질 때 모수와 추정량 간의 차이를 제곱한 값의 기대값이 0에 수렴한다는 것을 의미한다.

이 두 가지 조건 가운데 조건 1의 만족 여부에 대한 검정은 실제로는 그다지 용이하지 않은바, 어떤 추정량이 모수에 대한 일관적인 추정량인지의 여부에 대한 판단은 일반적으로 조건 2의 만족 여부에 대한 검정을 통해 이루어진다. 예를 들어서, 표본평균 $\overline{X}$가 모평균 μ_X에 대한 일관적인 추정량인지를 검정한다고 가정해 보자. 이를 위해서 먼저 우리는 표본평균 $\overline{X}$가 μ_X에 대한 불편추정량이라는 사실과 표본평균 $\overline{X}$의 분산이 σ_X^2/n이라는 사실을 알고 있으므로

$$
\begin{aligned}
&\lim_{n\to\infty} E\left[(\overline{X} - \mu_X)^2\right] \\
&= \lim_{n\to\infty} E\left[\overline{X} - E(\overline{X})^2\right] \\
&= \lim_{n\to\infty} Var(\overline{X}) \\
&= \lim_{n\to\infty} \sigma_X^2/n = 0
\end{aligned}
\qquad [4\text{-}2]
$$

표본평균 $\overline{X}$는 [4-2]에 의해서 위의 두 가지 조건 가운데 조건 2를 만족시킨다. 따라서 표본평균 $\overline{X}$는 모평균 μ_X에 대한 일관적 추정량임을 알 수 있다.

2. 구간추정

점추정이 단 하나의 통계량을 가지고 모수를 추정하는 방법인 데 비해 구간추정은 말 그대로 특정 실수구간을 설정하여 모수를 추정하는 것을 말한다. 이때, 모수를 추정하기 위해서 설정한 특정 실수구간을 구간추정량이라고 하는데 특정 실수구간을 설정한다는 것은 그 구간 내에 속하는 모든 점들(points), 즉 단 하나의 추정값이 아니라 일련의 추정값들을 바탕으로 모든 수를 추정한다는 것을 의미한다. 따라서 구간추정의 경우 점추정이 가진 문제점, 즉 표본을 바탕으로 구한 단 하나의 추정값은 일반적으로 모수와 일치하지 않는다는 문제를 상당 수준 극복할 수 있는 장점을 가지고 있다.[2)]

점추정에 비해 구간추정이 가진 또 다른 장점은 모수를 추정하기 위해 설정한 구간추정량이 모수를 포함하고 있을 확률을 제시할 수 있다는 점이다. 점추정의 경우 특정 표본을 바탕으로 구한 단 한 개의 추정값이 모수와 일치할 확률은 사실 0과 다를 바가 없기 때문에 표본추정량을 가지고 모수를 추정할 수 있는 확률을 논한다는 것 자체가 무의미하다. 그러나 구간추정의 경우는 단일 추정값이 아니라 일련의 추정값들로 모수를 추정하기 때문에 모수추정을 위해 설정한 실수구간이 실제 모수를 포함하고 있을 확률, 다시 말해서 구간추정값이 모수를 추정할 수 있는 실질적인 확률을 생각해볼 수 있다.

앞서 언급한 바와 같이, 구간추정이란 특정 실수구간을 설정하는 것이므로 단순화시켜 말하자면 구간추정이란 실수구간을 정의하는 데 필요한 두 점인 상한추정값(upper bound estimator)과 하한추정값(lower bound estimator)을 정하는 것이라고 말할 수 있다. 이때, 상한추정값과 하한추정값 각각이 하나의 확률변수이므로 이제 우리는 구간추정량을 다름 아닌 상한추정값이라는 하나의 확률변수와 하한추정값이라는 또 하나의 확률변수로 이루어진 확률변수 쌍(pair)으로 이해할 수 있다. 즉,

$$\text{구간추정량} = (\text{하한추정값}, \text{상한추정값})$$

이러한 구간추정량에 의해서 정의되는 특정 실수구간이, 추정하고자 하는 모수를 포함하고

2) 모수추정을 모집단이라는 호수 속에 살고 있는 모수라는 물고기 한 마리를 잡는 것에 비유해 볼 수 있다. 이때, 점추정이 작살을 던져 모수라는 물고기를 잡고자 시도하는 것이라면 구간추정은 그물을 던져 물고기를 잡고자 시도하는 것이라고 할 수 있다. 당연히 작살보다는 그물을 사용할 때 물고기를 잡을 확률이 더 높은 것과 마찬가지로 점추정보다는 구간추정의 경우가 모수를 추정할 수 있는 확률이 더 높다는 것을 알 수 있다.

있을 확률을 가리켜 신뢰수준(level of confidence)이라고 한다. 신뢰수준이란 말 그대로 구간추정량이 모수를 포함하고 있다고 '믿을 수 있는 정도'를 확률로 나타낸 것이다. 만일 어떤 모수 θ의 하한추정값과 상한추정값을 각각 $\hat{\theta}_L$과 $\hat{\theta}_U$라고 하면 신뢰수준은 다음과 같이 정의되며3)

$$\text{신뢰수준} = P\left(\hat{\theta}_L \le \theta \le \hat{\theta}_U\right) = 1 - \alpha \text{ 단, } 0 \le \alpha \le 1 \qquad [4\text{-}3]$$

[4-3]의 구간추정값 $\left(\hat{\theta}_L, \hat{\theta}_U\right)$를 가리켜 추정하고자 하는 모수에 대한 $100(1-\alpha)\%$ 신뢰구간(confidence interval)이라고 한다.

$$\left(\hat{\theta}_L, \hat{\theta}_U\right) = \text{모수 } \theta \text{에 대한 } 100(1-\alpha)\% \text{ 신뢰구간}$$

위 [4-3]에서 α를 유의수준(significance level)이라 하고 $(1-\alpha)$를 신뢰계수(confidence coefficient)라고 한다. 유의수준이란 한마디로 말해서 표본을 바탕으로 구한 구간추정량이 모수를 포함하고 있지 못할 가능성을 말한다.

예를 들어서, [4-3]에서 유의수준이 .05라는 것은 표본을 바탕으로 구한 구간추정량이 모수를 포함하고 있을 것임을 .95수준까지는 신뢰하지만 동시에 그렇지 못할 확률 또한 .05라는 것을 의미한다. 유의수준은 이러한 의미와 더불어서 '모수추정의 정확성'이라는 의미를 가지고 있으나 이에 대한 설명은 잠시 미뤄 두기로 하겠다.

3. 모평균에 대한 구간추정

이상의 내용을 바탕으로 구간추정을 보다 정확하게 이해하기 위해서 이제까지 가장 많이 다루었던 모수인 모평균과 모분산을 예로 들어 모수를 구간추정하는 방법을 좀 더 구체적으로 살펴보기로 하자.

모평균에 대한 구간추정 방법은 모분산이 알려져 있는지의 여부와 표본의 크기가 중앙극한정리를 적용할 수 있는 수준인 $n \ge 30$인지의 여부에 따라 달라진다. 여기에서는 일단 모분산이 알려져 있고 표본의 크기가 $n \ge 30$이라는 가정하에서 모평균을 구간추정하는 방법에 대해서 설명하기로 하고 모분산이 알려져 있지 않거나 표본의 크기가 $n \le 30$인 경우에 대해서는 다음 장인 제5장에서 살펴보기로 하겠다.

정규분포를 확률분포로 갖는 어떤 모집단 $N(\mu, \sigma^2)$으로부터 크기가 n인 확률표본

3) θ는 그리스 알파벳으로서 '쎄타'라고 읽는다. $\hat{\theta}$에서 '^'은 모자를 뜻하는 영어 단어인 햇(hat)으로 읽는다. 어떤 모수를 나타내는 기호에 '^'을 붙인 기호는 해당 모수에 대한 추정량임을 의미하는데, 예를 들어 $\hat{\theta}$은 모수 θ에 대한 추정량이며 $\hat{\sigma}$는 σ에 대한 추정량임을 의미한다.

$X_1,\ X_2,\ X_3, \cdots, X_n$ 을 뽑아 구한 표본평균 $\overline{X}$는

$$\overline{X} \sim N(\mu,\ \sigma^2/n)$$

인 정규분포 확률변수가 되고 이 확률변수를 표준화한 확률변수 Z는

$$Z = \frac{\overline{X} - \mu}{\sigma/\sqrt{n}} \sim N(0, 1)$$

인 표준정규분포변수가 된다.

이러한 사실로부터 표준정규분포의 특성을 이용하여 모평균 μ에 대한 $100(1-\alpha)\%$의 신뢰구간을 추정해 보자. [그림 4-1]의 표준정규분포상에서 양 극단의 음영부분에 해당하는 면적(또는 확률)이 각각 $\alpha/2$가 되게 하는 확률변수 Z의 값을 $-z_{\alpha/2}, z_{\alpha/2}$ 라고 하면 표본을 바탕으로 구한 구간추정량이 모평균을 포함하고 있을 $(1-\alpha)$의 신뢰수준은

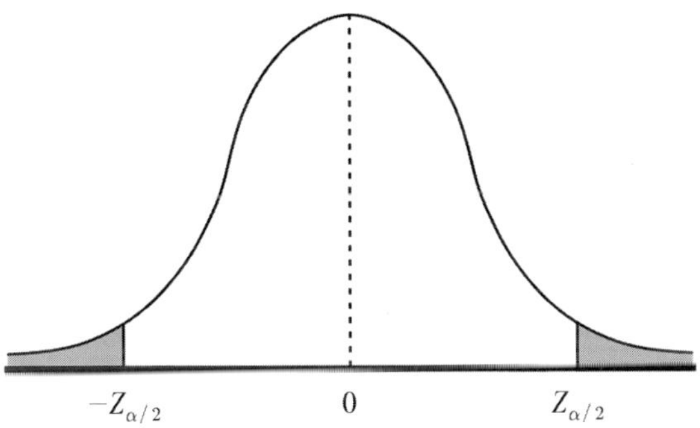

[그림 4-1]

$$P(-z_{\alpha/2} \le Z \le z_{\alpha/2}) = 1-\alpha$$

$$P\left(-z_{\alpha/2} \le \frac{\overline{X}-\mu}{\sigma/\sqrt{n}} \le z_{\alpha/2}\right) = 1-\alpha$$

$$P\left(-z_{\alpha/2}\frac{\sigma}{\sqrt{n}} \le \overline{X}-\mu \le z_{\alpha/2}\frac{\sigma}{\sqrt{n}}\right) = 1-\alpha$$

$$P\left(\overline{X}-z_{\alpha/2}\frac{\sigma}{\sqrt{n}} \le \mu \le \overline{X}+z_{\alpha/2}\frac{\sigma}{\sqrt{n}}\right) = 1-\alpha$$

이다. 따라서 모평균 μ에 대한 $100(1-\alpha)\%$에 해당하는 신뢰구간은 다음과 같이 정의할 수 있다.

$$\left(\overline{X}-z_{\alpha/2}\frac{\sigma}{\sqrt{n}},\ \overline{X}+z_{\alpha/2}\frac{\sigma}{\sqrt{n}}\right) \qquad [4-4]$$

이제 신뢰수준과 신뢰구간의 의미를 좀 더 정확하게 이해해 보기로 하자. 신뢰수준은 유의수준 α를 얼마로 설정하는가에 따라서 달라진다. 예를 들어서, 유의수준을 $\alpha = .05$로 설정하면 신뢰수준은 .95가 된다. 신뢰수준이 .95라는 말은 모평균을 추정하기 위해서 구간추정값을 [4-4]로 설정하면 그 구간추정값에 의해서 정의되는 구간이 실제 모평균을 포함하고 있을 확률이 .95라는 것을 의미한다. 이렇게 볼 때 구간추정값 [4-4]를 모평균에 대한 100(.95)% = 95% 신뢰구간이라고 부르는 이유를 이제 쉽게 이해할 수 있으리라 본다.

이때, 한 가지 주의해야 할 것은 '신뢰구간이 모평균을 포함하고 있다'라는 표현이 올바른 것이며 '모평균이 신뢰구간에 포함된다'라는 표현은 잘못된 표현이라는 점이다. 왜냐하면 어떤 확률변수의 모집단이란 단 하나밖에 없는 유일한 것이기 때문에 그 모집단의 특성을 나타내는 모수인 모평균 또한 하나밖에 없는 불변하는 값(fixed value)인 반면, 신뢰구간은 표본에 따라 달리 설정되는 가변적인 것이기 때문이다.

다시 말해서, 불변값인 모평균이 가변적인 신뢰구간에 포함되거나 포함되지 않는다는 표현은 올바른 표현이 아니라는 것이다. 제1장에서 배운 바 있는 모집단과 표본 간의 관계를 생각해 본다면 [그림 4-2]에 제시된 것처럼 모평균은 불변값으로 고정되어 있으므로 특정 표본을 바탕으로 구한 신뢰구간이 경우에 따라서 모평균을 포함할 수도 있고 그렇지 못할 수도 있다고 보는 것이 올바른 이해이다.

신뢰구간 [4-4]가 모평균을 포함하고 있을 확률이 .95라는 말의 의미를 좀 더 이해하기 쉽게 설명하자면 다음과 같다. 먼저 모집단으로부터 크기가 n인 확률표본을 단 한 번만 뽑는 것이 아니라 무수히 반복해서 뽑는다고 가정해 보자. 모집단으로부터 표본을 반복해서 뽑을 때, 우리는 매번 표본을 뽑을 때마다 새로운 표본평균값을 얻게 될 것인바, 매번 표본을 뽑을 때마다 서로 다른 구간추정값과 신뢰구간을 얻게 될 것이라 예상할 수 있다.

예를 들어서, 모집단으로부터 확률표본 100개를 뽑아 각각의 표본을 바탕으로 신뢰구간을 구한다면 우리는 [그림 4-2]와 같이 서로 다른 100개의 신뢰구간을 얻게 된다. 이때, 신뢰구간 [4-4]가 모평균을 포함하고 있을 확률이 .95라는 말은 이렇게 구한 100개의 실수구간들 중에서 적어도 95개는 우리가 추정하고자 하는 모평균을 포함하고 있을 것이라 확신할 수 있다는 것을 뜻한다. 달리 표현하면, 100개 실수구간 중 모평균을 포함하지 못할지도 모르는 실수구간의 수인 5개가 바로 유의수준의 값 $\alpha = .05$라는 것이다.

마지막으로 반드시 이해해야 할 또 한 가지 것은 유의수준과 신뢰구간 간에 상충적인 관계가 존재한다는 사실이다. 모수를 추정할 때 연구자는 신뢰수준, 즉 신뢰구간이 모수를 포함할 확률을 높임으로써 추정하려는 모수를 실제로 추정하고자 하기 마련이다. 이때, 신뢰수준을 높인다는 말은 곧 신뢰구간의 길이 ℓ를 넓히는 것을 의미하는데, 신뢰구간의 길이를 넓히게 되면 모수추정은 쉬워지지만 모수추정의 정확도는 떨어지는 결과가 나타나게 된다.

예를 들어서, [그림 4-3]과 같이 신뢰구간의 길이 ℓ를 늘리면 늘릴수록 모든 신뢰구간은 모

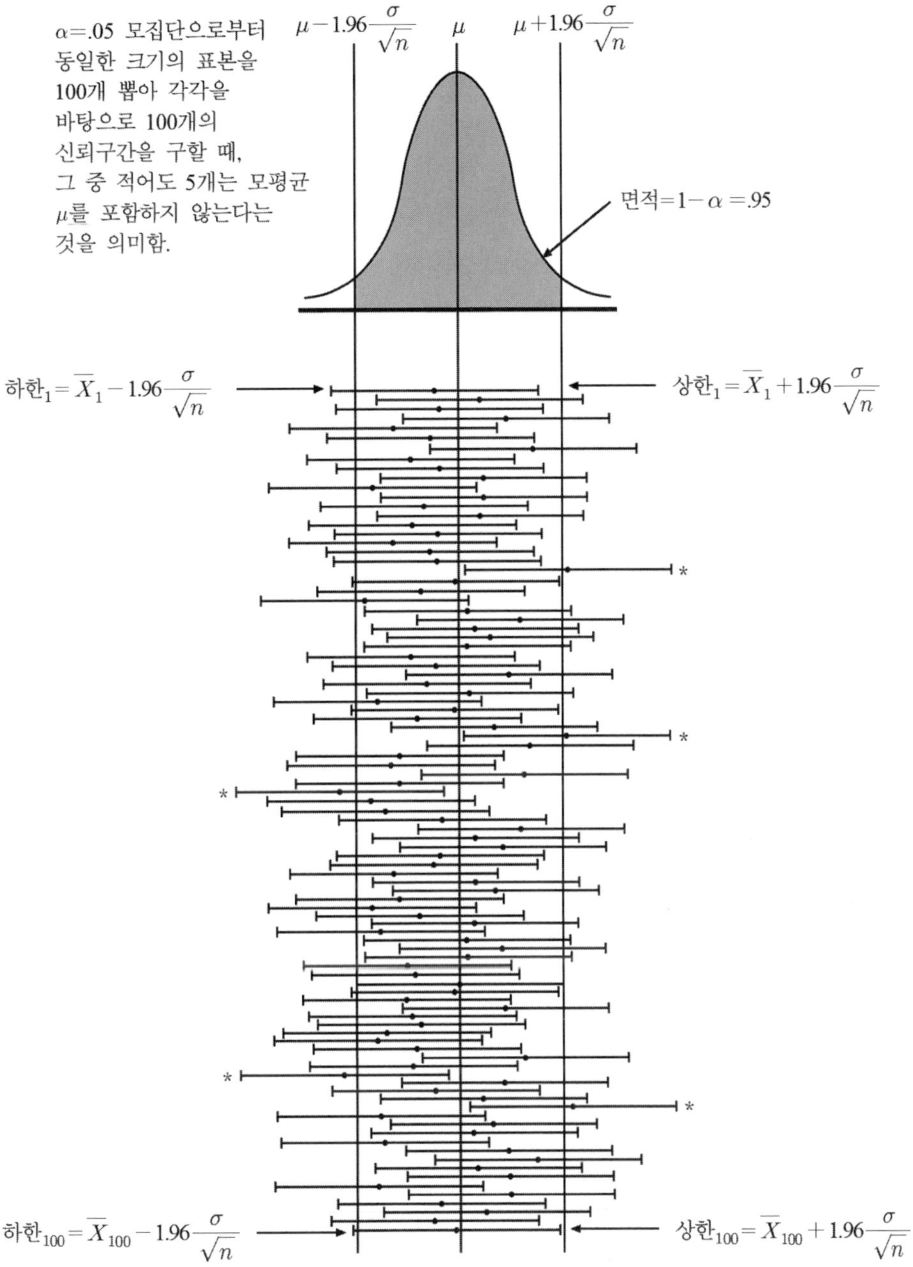

[그림 4-2]

평균을 포함할 수 있게 될 것이며, 따라서 신뢰구간이 모수를 포함할 확률, 즉 신뢰수준은 1에 가까워지는 반면, 모평균에 대한 추정 정확도는 점점 낮아지게 된다. 극단적인 예로써 만일 신뢰구간을 분포의 전 범위, 즉 $[-\infty, +\infty]$로 설정한다면 이 신뢰구간은 당연히 모수를 포함하게 될 것이므로 신뢰수준은 1이 될 것이다. 그러나 이 경우 모수추정을 위해 설정한 신뢰구간은

사실상 구간이라고 할 수 없는바, 모수추정의 정확도를 논의한다는 것 자체가 무의미해진다.[4)]

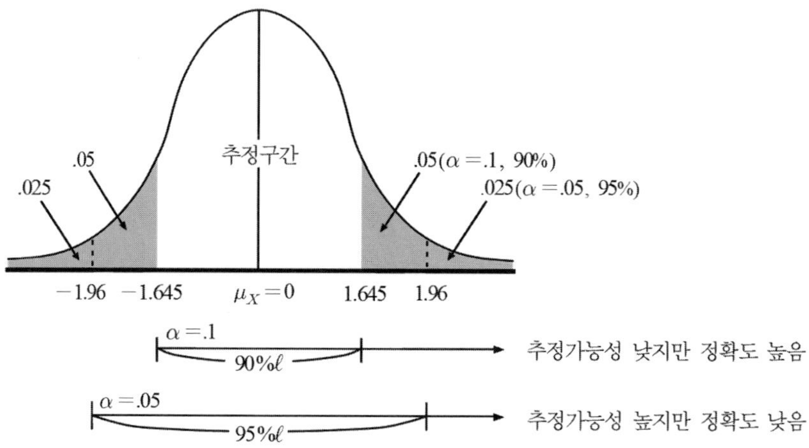

[그림 4-3]

이와 정반대로 만일 모수추정의 정확도를 높이고자 신뢰구간의 길이를 극단적으로 줄인다면 신뢰구간은 더 이상 구간이 아니라 점(point)이 될 것이며 그렇게 될 경우 모수에 대한 추정은 더 이상 구간추정이 아니라 점 추정이 될 것이다. 물론 단 한 개의 점, 즉 단 한 개의 통계량을 가지고 모수를 추정할 수 있다면 모수추정의 정확도는 극단적으로 높아질 것이다. 그러나 이미 앞서 언급한 바와 같이 단 한 개의 통계량을 가지고 모수를 추정한다는 것은 현실적으로 기대하기 어려우며 따라서 단 한 개의 통계량으로 정의되는 신뢰구간이 모수를 포함할 확률, 즉 신뢰수준은 0에 가깝다는 것을 쉽게 이해할 수 있다.[5)]

이제 여기서 우리는 설명을 잠시 미뤄 두었던 유의수준 α가 가진 또 하나의 의미를 살펴볼 필요가 있다. [그림 4-3]에는 두 가지 α값이 제시되어 있다. 이 가운데 $\alpha = .1$에 해당하는 신뢰구간이 $\alpha = .05$에 해당하는 신뢰구간에 비해 짧다는 것을 알 수 있는데, 앞서 유의수준의 의미를 구간추정량이 모수를 포함하고 있지 못할 확률이라고 정의했던 것을 기억한다면 더 큰 α값에 해당하는 신뢰구간의 길이가 더 짧다는 것은 당연하다고 하겠다.

이때, 위에서 설명한 바와 같이 신뢰구간의 길이가 더 짧다는 것은 모수추정의 정확도는 더 높다는 것을 의미하므로 모수추정의 정확도가 높을수록 우리는 큰 α값을, 그리고 모수추정의

---

4) 신뢰구간을 넓힌다는 것은 모수라는 물고기를 잡기 위해 사용하는 그물의 폭을 넓히는 것에 비유할 수 있다. 그물의 폭을 넓히면 넓힐수록 물고기를 잡을 가능성은 높아진다. 따라서 모수라는 물고기를 꼭 잡아야 한다면 신뢰구간이라는 그물의 폭을 호수의 면적만큼 넓히면 문제는 해결될 것이고, 이때 물고기를 잡지 못할 확률인 유의수준은 0이 될 것이다. 그러나 이 경우, 우리는 '그렇다면 구태여 구간추정을 해야 하는 이유는 무엇인가?'라는 질문에 대해서 고민하지 않을 수 없게 된다.

5) 즉, 모수라는 물고기를 잡을 수 있다는 보장만 있다면 당연히 작살을 사용하는 것이 그물을 사용하는 것보다 잡고자 하는 물고기만을 잡아내는 추정의 정확도는 더 높다는 것이다.

정확도가 낮을수록 작은 α값을 기대할 수 있다는 것을 알 수 있다. 이러한 논리에 의해서 유의수준 α는 구간추정량이 모수를 포함하고 있지 못할 가능성뿐만 아니라 모수추정의 정확도를 나타낸다는 것을 알 수 있다. 유의수준 α, 모수추정 가능성 및 모수추정의 정확도 간의 관계를 정리하면 다음과 같다.

〈표 4-1〉 α, 모수추정 가능성 및 추정 정확도 간의 관계

α ↑	모수추정 가능성 ↓	모수추정 정확도 ↑
α ↓	모수추정 가능성 ↑	모수추정 정확도 ↓

유의수준과 신뢰구간 간에 상충적인 관계가 존재한다는 것을 이해할 때 우리는 '모수를 실제로 추정할 수 있을 가능성과 추정의 정확도 가운데 어느 쪽에 더 비중을 둬야 하는가?'라는 질문에 직면하게 된다. 한마디로 말해서 이 질문에 대해서는 '정답'이 없다가 정답이다.

굳이 다른 답을 원한다면 이 질문에 대한 답은 '연구자가 가진 연구목적이 무엇인가에 따라 달라진다'이다. 따라서 이 질문에 대한 답을 찾기보다는 신뢰수준과 신뢰구간이 어떤 요인들에 의해서 영향을 받는지를 이해하는 것이 현실적으로 더 중요하다. 왜냐하면 이러한 이해를 바탕으로 연구자는 자신의 필요에 맞게 신뢰수준과 모수추정의 정확도를 설정할 수 있어야 하기 때문이다.

위의 [4-3]과 [4-4]로부터 알 수 있듯이 신뢰수준과 신뢰구간은 주로 모분산과 표본의 크기에 의해서 결정되는데 이 두 가지 요인과 신뢰구간의 관계는 〈표 4-2〉와 같다.

〈표 4-2〉 표본크기 및 모분산과 신뢰구간 간의 관계

n	↑	$\sigma^2_{\bar{X}}$ ↓, $\therefore \ell$ ↓
	↓	$\sigma^2_{\bar{X}}$ ↑, $\therefore \ell$ ↑
σ^2	↑	$\sigma^2_{\bar{X}}$ ↑, $\therefore \ell$ ↑
	↓	$\sigma^2_{\bar{X}}$ ↓, $\therefore \ell$ ↓
$(1-\alpha)$	↑	$z_{\alpha/2}$ ↑ $(-z_{\alpha/2}$ ↓$)$, $\therefore \ell$ ↑
	↓	$z_{\alpha/2}$ ↓ $(-z_{\alpha/2}$ ↑$)$, $\therefore \ell$ ↓

예제 4-1

정규분포를 따르고 모분산이 $\sigma_X^2 = 64$인 확률변수 X의 모집단으로부터 크기가 $n=16$인 표본을 뽑아 구한 표본평균이 $\overline{X} = 15$일 때 모평균 μ_X에 대한 95% 신뢰구간을 추정해 보기로 하자.

확률변수 X의 모집단의 확률분포가 정규분포이므로 표본평균 $\overline{X}$의 확률분포 또한 정규분포이고 $\overline{X}$를 표준화한 값의 확률분포는 Z분포가 된다. 따라서 우리는 Z분포의 특성을 이용하여 모평균을 구간추정할 수 있다. 95%의 신뢰구간을 추정하는 것이므로 신뢰수준은 $(1-\alpha)=.95$, $\alpha/2=.025$, $\pm z_{.025}=\pm 1.96$이므로 모평균 μ_X에 대한 95% 신뢰구간은 다음과 같이 정의된다.

$$P(-z_{.025} \le Z \le z_{.025}) = .95$$
$$P\left(-z_{.025} \le \frac{15-\mu}{\sigma/\sqrt{n}} \le z_{.025}\right) = .95$$
$$P(15 - z_{.025} \cdot 2 \le \mu \le 15 + z_{.025} \cdot 2) = .95$$
$$P(15 - 1.96 \cdot 2 \le \mu \le 15 + 1.96 \cdot 2) = .95$$
$$\therefore (11.08, 18.92)$$

4. 모분산에 대한 구간추정

모평균에 대한 구간추정에 이어서 이번에는 모분산을 구간추정하는 방법에 대해서 살펴보기로 하자. 모평균을 구간추정함에 있어서 표본평균의 분포를 이용하는 것과 동일한 원리에서 모분산을 구간추정하기 위해서 우리는 모분산에 대한 추정량인 표본분산의 표본분포를 이용하게 된다. 그런데 모평균에 대한 구간추정의 경우와 달리 모분산에 대한 구간추정의 경우는 표본분산의 표본분포 그 자체를 이용하는 것이 아니라 표본분산을 χ^2[6]변수로 변형시킨 다음 χ^2변수의 확률분포인 χ^2분포를 이용하게 된다. 이러한 내용을 보다 구체적으로 설명하기 위해서 먼저 χ^2분포에 대해서 알아보기로 하자.

1) χ^2분포

정규분포를 따르고 서로 독립인 k개의 확률변수 $X_i \sim N(\mu_i, \sigma_i^2)$가 있다고 가정할 때, 이들 k개의 확률변수 각각을 표준화하여 제곱하면 k개의 표준정규확률변수 Z_i^2를 얻게 되는데, 이들 k개의 표준정규 확률변수를 모두 더한 값, 즉

$$\sum_{i=1}^{k} Z_i^2 = \left(\frac{X_1-\mu_1}{\sigma_1}\right)^2 + \left(\frac{X_2-\mu_2}{\sigma_2}\right)^2 + \cdots + \left(\frac{X_k-\mu_k}{\sigma_k}\right)^2 \qquad [4\text{-}5]$$

6) '카이제곱'이라고 읽는다.

은 자유도(degree of freedom : df)가 k인 χ^2변수가 된다. 이때, χ^2변수가 따르는 확률분포를 자유도가 $df=k$인 χ^2분포라고 하고 χ_k^2라고 표기한다. χ^2분포표는 부록의 [표 $A2$]에 제시되어 있다. 일반적으로 χ^2분포는 다음과 같은 특성을 갖는다.

특성 1. χ^2분포는 [그림 4-4]에 나타난 바와 같이 자유도에 따라서 분포의 형태가 달라진다.

특성 2. χ^2변수는 표준화된 확률변수의 제곱의 합으로 정의되므로 항상 양(+)의 값만을 갖게 되는바, χ^2분포 또한 양의 범위만을 갖는다.

특성 3. χ^2분포의 기대값과 분산은 자유도에 의해 결정되는데 자유도가 $df=k$인 χ^2분포의 기대값과 분산은 각각 $E(\chi_k^2)=k$, $Var(\chi_k^2)=2k$이다.

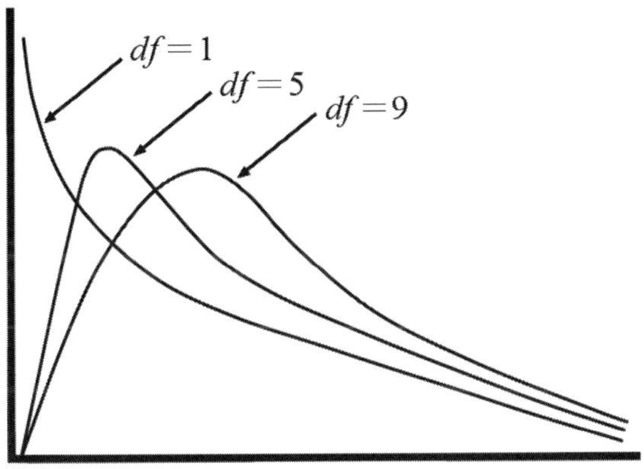

[그림 4-4]

정규분포나 표준정규분포와 달리 χ^2분포를 이해하기 위해서 우리는 이제 자유도라는 개념을 이해해야 한다. χ^2분포에 있어서 자유도란 한 마디로 말해서 χ^2값을 구하기 위해 사용된 서로 독립인 변수의 개수를 말한다. 이때, 서로 독립인 변수란 다른 변수가 어떤 변수값을 갖든 상관없이 자유롭게 어떤 변수값이든 가질 수 있는 변수를 말한다.

예를 들어, 우리는 앞서 [4-5]가 자유도가 k인 χ^2변수가 된다는 것을 언급한 바 있는데 [4-5]의 자유도가 k인 이유는 [4-5]가 서로 독립인 k개의 확률변수 Z_i^2의 합으로 정의되기 때문이다. 물론 이들 k개의 Z_i^2값이 서로 독립인 이유는 이들 Z_i^2값 각각이 k개의 서로 독립인 x_i에 의해서 정의되는 값이기 때문이다. 자유도에 대해서는 제5장에서 보다 자세하게 설명하기로 하겠다.

2) χ^2 분포를 이용한 모분산 추정

χ^2분포에 대한 이해를 바탕으로 이제 다시 모분산에 대한 구간추정 방법에 대한 논의로 돌아가 보기로 하자. 모분산을 추정하기 위해 구한 표본분산은 확률을 계산하는 데 용이하지 않는 표본분포를 따르는 것으로 알려져 있다. 이러한 이유에서 모분산을 구간추정하는 데 있어서는 표본분산의 확률분포 그 자체보다는 표본분산을 다음과 같이 변형시키면

$$\frac{(n-1)s^2}{\sigma^2}=\frac{(n-1)\sum(X_i-\overline{X})^2/(n-1)}{\sigma^2}\sim\chi^2_{n-1} \tag{4-6}$$

χ^2변수가 된다는 사실에 근거하여 χ^2분포를 이용하게 된다. 위의 [4-6]을 자세히 살펴보면 오른쪽 항 분자에서 표본평균 $\overline{X}$를 모평균 μ로 대치하면 [4-6]이 다름 아닌 [4-5], 즉 χ^2변수라는 것을 알 수 있다.

이때, 문제는 μ가 알려지지 않은 모수이기 때문에 [4-6]에서는 모평균이 아닌 표본평균을 사용할 수밖에 없다는 것이며 그렇기 때문에 엄밀하게 말해서 [4-6]은 χ^2변수가 아니라는 것이다. 그런데 이 문제는 모평균 대신 표본평균을 사용함으로 인해 발생하는 오차(error)를 없앰으로써 해결할 수 있는데, 그렇게 하기 위해서 [4-6]의 자유도를 1단위 줄이면 [4-6]은 χ^2변수가 된다. [4-5]와 [4-6]의 자유도를 비교할 때 [4-5]에서는 χ^2변수의 자유도가 $df=k=n$이지만 [4-6]에서는 자유도가 $df=n-1$인 이유는 바로 여기에 있다.

이러한 원리에 의해서 모분산에 대한 구간추정은 표본분산을 [4-6]과 같이 변형시킴으로써 χ^2분포의 특성을 이용하여 추정하게 된다. 이제 [4-6]을 이용하여 모분산 σ^2을 구간추정해 보면 먼저, 모분산에 대한 $(1-\alpha)$신뢰수준은 다음과 같이 정의되고

$$P\left(\chi^2_{1-\alpha/2,\,df=n-1}\le\frac{(n-1)s^2}{\sigma^2}\le\chi^2_{\alpha/2,\,df=n-1}\right)=1-\alpha$$

$$P\left(\frac{1}{\chi^2_{\alpha/2,\,df=n-1}}\le\frac{\sigma^2}{(n-1)s^2}\le\frac{1}{\chi^2_{1-\alpha/2,\,df=n-1}}\right)=1-\alpha$$

$$P\left(\frac{(n-1)s^2}{\chi^2_{\alpha/2,\,df=n-1}}\le\sigma^2\le\frac{(n-1)s^2}{\chi^2_{1-\alpha/2,\,df=n-1}}\right)=1-\alpha$$

따라서 모분산 σ^2에 대한 $100(1-\alpha)\%$의 신뢰구간은 다음과 같다.

$$\left(\frac{(n-1)s^2}{\chi^2_{\alpha/2,\,df=n-1}},\ \frac{(n-1)s^2}{\chi^2_{1-\alpha/2,\,df=n-1}}\right)$$

예제 4-2

정규분포를 따르는 확률변수 X의 모집단으로부터 크기가 $n=16$인 표본을 뽑아 구한 표본분산이 $s_X^2=25$라고 할 때, 모분산 σ^2에 대한 95% 신뢰구간을 추정해 보기로 하자.

확률변수 X의 모집단이 정규분포를 따르므로 X를 표준화하여 제곱한 Z^2는 χ^2변수라는 것을 알 수 있다. 따라서 크기가 $n=16$인 표본을 바탕으로 구한 표본분산을 [4-6]과 같이 변형시키면 그 값은 자유도 $df=15$인 χ^2분포, 즉

$$\frac{(16-1)25}{\sigma^2} \sim \chi^2_{df=15}$$

을 따른다. 문제에서 설정한 신뢰수준이 .95이므로 $\alpha/2=.025$이고 부록의 [표 A2]에 제시된 χ^2분포표로부터 $\chi^2_{.975,\,df=15}=6.26$, $\chi^2_{.025,\,df=15}=27.49$라는 것을 알 수 있다.

이제 아래의 신뢰수준 공식을 이용하면

$$P\left(\chi^2_{1-\alpha/2,\,df=n-1} \le \frac{(n-1)s^2}{\sigma^2} \le \chi^2_{\alpha/2,\,df=n-1}\right)=1-\alpha$$

모분산 σ_X^2에 대한 신뢰수준 .95에 해당하는 신뢰구간은 다음과 같다.

$$P\left(\chi^2_{.975,\,df=15} \le \frac{15\cdot 25}{\sigma^2} \le \chi^2_{.025,\,df=15}\right)=.95$$

$$P\left(\frac{15\cdot 25}{\chi^2_{.025,\,df=15}} \le \sigma^2 \le \frac{15\cdot 25}{\chi^2_{.975,\,df=15}}\right)=.95$$

$$P\left(\frac{15\cdot 25}{27.49} \le \sigma^2 \le \frac{15\cdot 25}{6.26}\right)=.95$$

$$\therefore \left(\frac{375}{27.49}, \frac{375}{6.26}\right)=(13.64, 59.9)$$

5. 표본의 크기

앞서 우리는 유의수준과 신뢰구간 간에 상충적인 관계가 존재한다는 것, 그리고 모수추정 가능성과 정확도 가운데 어느 쪽에 더 비중을 둘 것인지는 연구자가 판단할 문제라는 것을 언급한 바 있다. 실제 연구상황에서 신뢰수준과 추정의 정확도 모두를 일정 수준으로 유지하는 방법은 연구를 시작하기에 앞서 신뢰수준과 추정의 정확도 모두를 원하는 수준으로 유지하는 데 필요한 표본의 크기를 먼저 계산한 다음 그만큼의 표본을 확보하는 것이다.

모평균 μ에 대한 신뢰구간은 단순화하여 말하자면 다음과 같이 모평균에 대한 추정량 $\overline{X}$와 오차한계(margin of error)라는 두 가지 것에 의해서 결정되는데, 이 가운데 모수를 추정하기 위해 구하는 신뢰구간

$$\overline{X} \pm z \cdot \frac{\sigma}{\sqrt{n}}$$

의 길이에 영향을 주는 요인은 오차한계이다. 따라서 신뢰수준과 추정 정확도 모두를 원하는 수준으로 유지한다는 것은 결국 신뢰구간의 오차한계를 원하는 수준으로 고정시킨다는 것을 말한다.

이때, 오차한계의 수준을 정하기 위해서 연구자가 변화시킬 수 있는 것은 z와 n뿐이므로 만일 오차한계를 일정 수준 m으로 유지하는 데 필요한 표본의 크기를 알고자 한다면 위의 오차한계에 연구자가 원하는 수준의 α에 해당하는 z'값을 대입한 다음 전체를 m으로 놓고 표본의 크기인 n에 대해서 풀면 된다. 즉,

$$m = \frac{z'\sigma}{\sqrt{n}}, \; n = \left(\frac{z'\sigma}{m}\right)^2$$

물론 이 값은 모분산을 알고 있다는 전제를 바탕으로 하고 있으며[7] 이 식을 통해서 얻게 되는 표본의 크기가 현실적이지 않을 수도 있다. 그러나 이 방법은 주어진 조건하에서 신뢰수준과 추정의 정확성 모두를 연구자가 원하는 수준으로 유지할 수 있게 해 주는 방법이라는 점에서 기억해 둘 필요가 있다고 하겠다.

6. 자료의 변환

1) 자료 재구조화

[그림 4-5]의 *SPSS* 데이터 편집기 창에서 변수명이 나와 있는 맨 위 행을 가로축이라고 하고 사례번호가 제시되어 있는 맨 왼쪽 열을 세로축이라고 한다. 자료를 분석하다 보면 자료의

	id	성별	성별리코드	연령	연령리코드	교육수준	배우자유무	거주지역
1	1.00	여	여성	18.00	10대	대학(교)	아니오	서울
2	2.00	여	여성	15.00	10대	고등학교	예	서울
3	3.00	남	남성	16.00	10대	대학(교)	예	서울
4	4.00	남	남성	14.00	10대	대학(교)	예	서울
5	5.00	여	여성	12.00	10대	대학(교)	예	서울
6	6.00	여	여성	14.00	10대	고등학교	예	서울
7	7.00	남	남성	25.00	20대	고등학교	예	서울
8	8.00	남	남성	26.00	20대	대학원	아니오	서울
9	9.00	남	남성	28.00	20대	대학(교)	예	서울
10	10.00	여	여성	24.00	20대	고등학교	예	서울

[그림 4-5]

7) 모분산 σ^2을 모를 때, 일반적으로는 표본을 바탕으로 구한 표본분산 S^2을 σ^2 대신 사용한다. 이에 대해서는 제5장에서 논의하기로 하겠다.

가로축과 세로축을 맞바꿔야 하는 경우가 발생하기도 한다(자료 CD로부터 'C4-자료변환-자료재구조화'를 불러옴).

자료의 가로축과 세로축을 바꾸기 위해서는 [그림 4-6]과 같이 *SPSS*의 최상위 명령 중 '데이터(data)'를 선택한 다음, 하위명령 중 '구조변환(Restructure)'을 선택한다.

[그림 4-6]

'구조변환'을 선택하며 [그림 4-7]처럼 복잡해 보이는 그림과 함께 자료를 어떤 방식으로 구조변환하기 원하는지 묻는 창이 열린다. 자료의 가로축과 세로축을 뒤바꾸기 위해서는 제시된 세 가지 선택사항 중 맨 마지막에 있는 '모든 데이터 전치(Transpose all data)'를 선택한 후, '다음(N)'을 누른다.

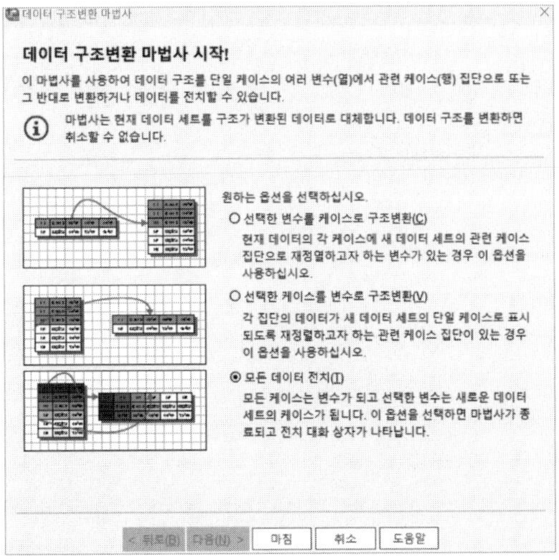

[그림 4-7]

그런 다음, '전치(transpose)'를 실행시키면 [그림 4-8]과 같은 창이 열린다. 이 창에서 먼저 사례번호를 나타내는 변수인 id를 '이름변수(Name Variable)'로 옮겨 놓고 성별, 연령, 교육수준에 대한 변수들을 '변수(Variables)'에 옮겨 놓은 다음 '확인(OK)'을 누른다.

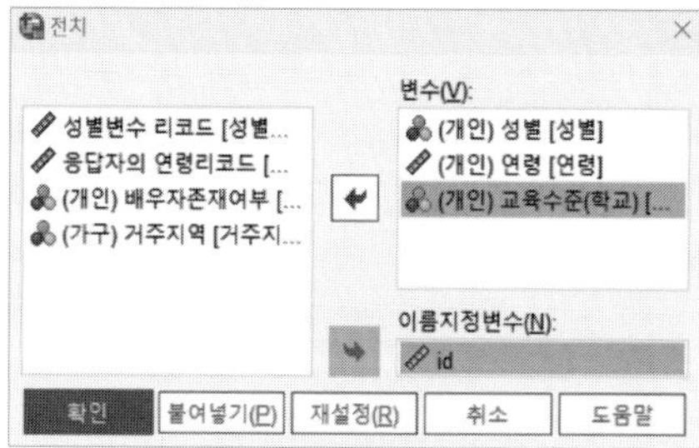

[그림 4-8]

이제 [그림 4-9]를 보면 자료의 축이 [그림 4-5]와 반대가 된 것을 볼 수 있다. [그림 4-9]에는 원래 'id' 변수가 있었던 자리에 새로운 변수 'CASE_LBL'이 만들어져 있고 성별, 연령, 교육수준 변수가 그 아래 위치해 있다. 원래 변수명이 제시되어 있었던 가로축에는 K_1.00, K_2.00 등의 새로운 변수명이 제시되어 있는데 K_1.00, K_2.00 등은 각 사례를 구분하기 위해 만들어진 사례구분용 변수들이다.

[그림 4-5]와 [그림 4-9]를 비교해 보면 [그림 4-5]에서는 id가 1인 사람의 정보가 1행에 가로방향으로 성별 2, 연령 18, 교육수준 5로 입력되어 있었으나 자료를 재구조화한 [그림 4-9]에서는 동일한 정보가 2열에 위치한 'K_1.00' 변수 아래 세로방향으로 성별 2, 연령 18, 교육수준 5로 입력되어 있는 것을 알 수 있다.

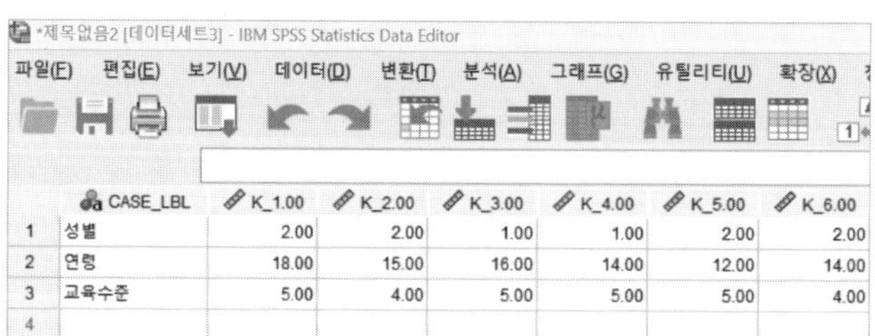

[그림 4-9]

2) 케이스 선택

자료를 분석할 때 모든 케이스가 아니라 특정 조건을 만족하는 케이스만 선별하여 분석하고자 할 때 '케이스 선택(Select cases)'이라는 명령을 사용한다. '케이스 선택'은 *SPSS* 메뉴 창에서 '데이터(Data)'를 누르면 나타나는 [그림 4-10]의 여러 하위명령 중 아래에서 두 번째에 위치해 있다(이를 위해 자료 CD에서 'C4-자료변환-케이스 선택'을 불러온다).

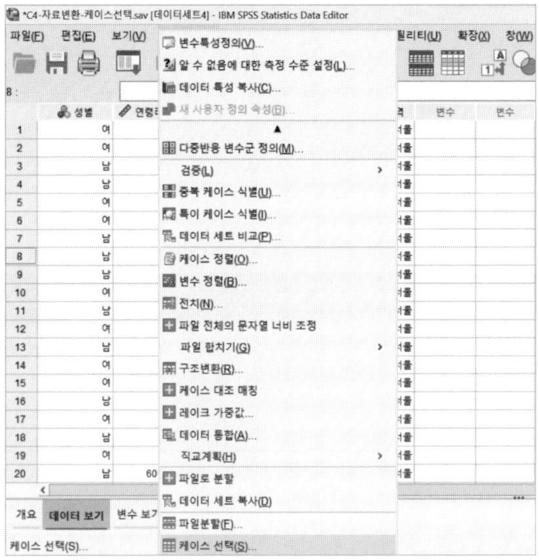

[그림 4-10]

'케이스 선택'을 실행시키면 [그림 4-11]의 창이 나타난다. 이 창의 '선택(Select)' 박스에는 다섯 가지 선택사항이 제시되어 있는데 *SPSS*의 기본 설정은 그 중에서 '모든 케이스(All cases)'이므로 연구자가 다른 옵션을 선택하지 않는 한 이 창이 열릴 때 항상 '모든 케이스'에 녹색 점이 찍힌 상태로 창이 열린다. '모든 케이스'는 자료파일의 모든 케이스를 분석에 사용하라는 것을 의미한다.

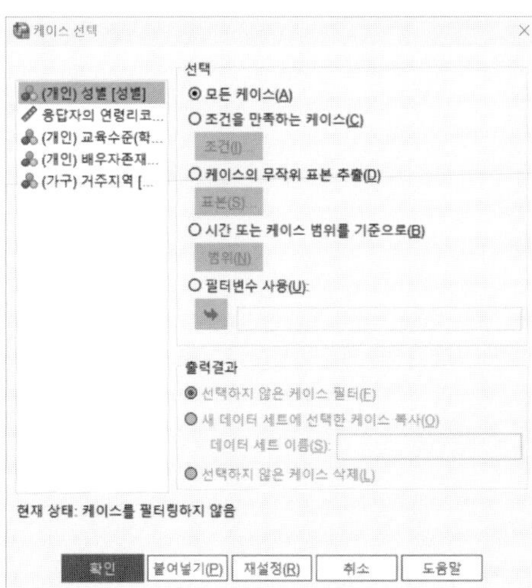

[그림 4-11]

만일 모든 케이스가 아니라 특정 조건을 만족하는 케이스만 선별하여 분석하고자 한다면 '선택' 박스의 두 번째 선택사항인 '조건을 만족하는 케이스(If condition is satisfied)'를 선택하고 'if' 아이콘을 눌러 구체적인 조건을 설정하면 된다. 다음과 같은 예를 통해서 조건을 설정하는 방법을 살펴보기로 하자.

예제 4-3

어떤 자료의 '성별' 변수에 대해서 빈도분석을 실시한 결과, 남성이 29명이고 여성이 31명인 것으로 나타났다고 가정해 보자.

(개인) 성별

		빈도	퍼센트	유효퍼센트	누적퍼센트
유효	남	29	48.3	48.3	48.3
	여	31	51.7	51.7	100.0
	합계	60	100.0	100.0	

만일 이 자료 중 남성만을 선택하여 남성 케이스들이 가진 특성들을 살펴보고자 한다고 한다면 데이터 메뉴에서 '케이스 선택'을 실행시키고 [그림 4-12]와 같이 '조건을 만족하는 케이스'를 선택한다.

'조건(If)' 아이콘을 누르면 [그림 4-13]과 같은 창이 열리고 구체적인 조건을 설정할 수 있다. 이 창의 변수목록 중 '성별' 변수를 클릭하여 오른쪽 박스로 옮긴 다음 '성별 = 1'이라는 식을 만든다. 이 식이 의미하는 바는 '성별' 변수에 대해서 '1'을 변수값으로 갖는 케이스, 즉 성별이 남성인 케이스만 선택하라는 것이다. 이제 '계속(Continue)'을 누르면 이전 단계의 창인 '케이스 선택' 창으로 되돌아가게 된다.

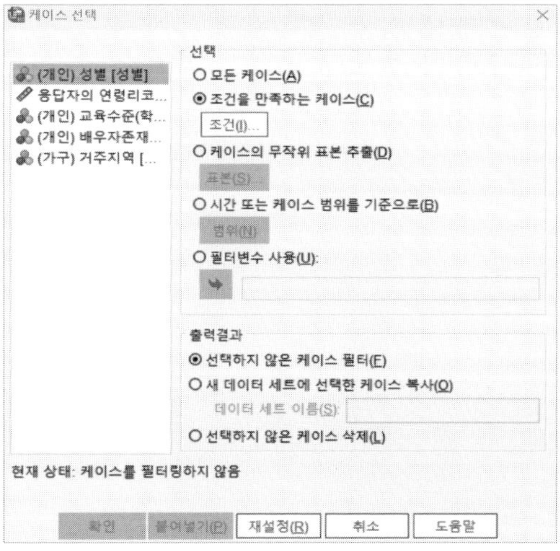

[그림 4-12]

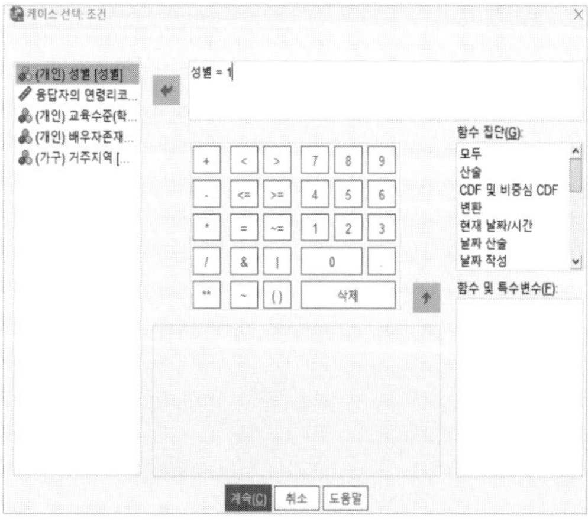

[그림 4-13]

조건을 설정한 다음, '케이스 선택' 창으로 돌아가 보면 'If' 아이콘 옆에 방금 설정한 조건문인 '성별 = 1'이 나와 있는 것을 확인할 수 있다. 이제 '확인(OK)'을 눌러 명령을 실행시킨다.

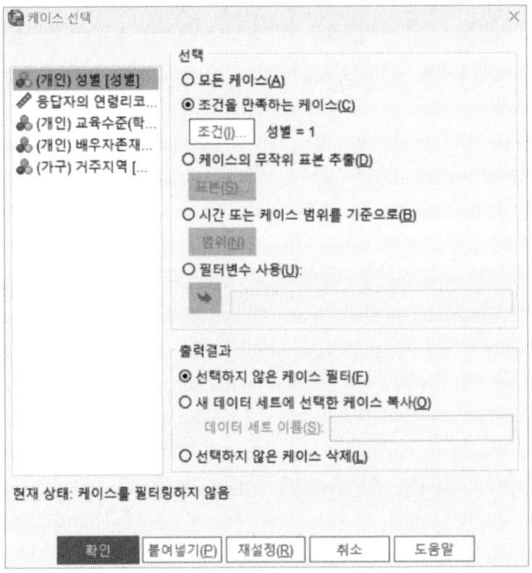

[그림 4-14]

[그림 4-15]는 '케이스 선택' 실행 후 자료파일이다. 자료 중 '성별'이 여성인 케이스들은 모두 빗금이 쳐져 있고 맨 오른쪽 열에 'filter_$'라는 새로운 변수가 만들어진 것을 알 수 있다. 빗금 쳐진 케이스들은 연구자가 설정한 '성별 = 1' 조건에 해당되지 않는 케이스라는 것을 의미한다. 'filter_$' 변수는 더미변수(Dummy Variable)로서 선택된 케이스들은 이 변수에 대해서 '1 = Selected' 값을 갖고 선택되지 않은 변수들은 '0 = Not Selected'라는 변수값을 갖는다. 이 변수는 어떤 케이스가 선택된 케이스인지 나타내 주는 변수이다.

[그림 4-15]

이제 이 자료의 '성별' 변수에 대해서 빈도분석을 실시하면 아래 분석결과에 나타난 것처럼 빈도분석에는 남성 29명의 자료만이 사용된다. 한 가지 주의해야 할 것은 일단 '케이스 선택' 명령을 이용하여 특정 조건을 설정하고 나면 그 이후에 실시하는 모든 분석에서는 설정한 조건을 충족하는 케이스들만이 분석에 사용된다는 점이다. 따라서 다른 조건을 설정하거나 모든 케이스를 분석에 사용하려면 반드시 '케이스 선택' 명령을 다시 실행해야만 한다.

〈표 4-3〉

(개인) 성별

		빈도	퍼센트	유효퍼센트	누적퍼센트
유효	남	29	100.0	100.0	100.0

예제 4-4

어떤 연구자가 [예 4-3]의 자료파일에서 남성이면서 연령이 20대인 케이스만을 선택하여 분석하고자 한다고 가정해 보자. 이를 위해서는 '케이스 선택'에서 성별과 연령 각각에 대해서 조건을 설정해야 하므로 복수 조건문을 만들어야 한다. 복수 조건문에서는 OR와 AND가 자주 쓰이는데 각각의 의미는 다음과 같다.

Or : A or B → A 또는 B 중 어느 한 가지 조건만 충족하더라도 선택

And : A and B → A와 B 두 가지 조건 모두를 충족하는 경우만 선택

연구자가 원하는 케이스는 '남성' 그리고 '20대 연령'이라는 두 가지 조건을 모두 만족하는 케이스를 원하는 것이므로 'If' 조건문을 입력할 'And'를 사용해야 한다. *SPSS*에서 'And'에 해당하는 기호는 '&'이다. 따라서 [그림 4-16]과 같이 조건문 박스에 "성별 = 1 & 연령리코드 = 2"를 입력하고 '계속(Continue)'을 누른 후 '확인(OK)'을 눌러 명령을 실행한다.

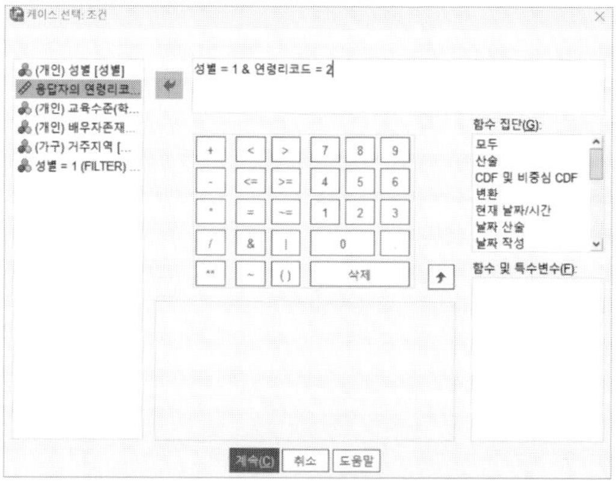

[그림 4-16]

이제 '케이스 선택' 명령이 올바르게 실행되었는지 여부를 확인해 보기 위해 [그림 4-17]의 자료파일을 보면 빗금이 쳐지지 않은 케이스는 모두 '성별'이 남성이면서 '연령리코드' 는 20대임을 확인할 수 있다.

[그림 4-17]

예제 4-5

이번에는 남성이거나 연령이 20대인 케이스만을 선택하여 분석해야 한다고 가정해 보자. 분석에 사용하고자 하는 케이스가 '성별'이 남성인 사례, 연령이 20대인 케이스 또는 남성이면서 20대인 케이스 모두이므로 'Or'를 사용하여 복수 조건문을 만들어야 한다. 'If' 조건문의 기호 중 Or에 해당하는 기호는 ' | '이다. 따라서 입력해야 할 조건문은 [그림 4-18]과 같이 "성별=1 | 연령리코드=2"이다. 이 명령을 실행한 후 [그림 4-19]를 보면 케이스 번호에 빗금이 쳐지지 않은 케이스를 살펴보면 남성은 모두 선택되었고, 연령이 20대인 케이스도 모두 선택되었고, 남성이면서 20대인 케이스도 모두 선택되었음을 알 수 있다.

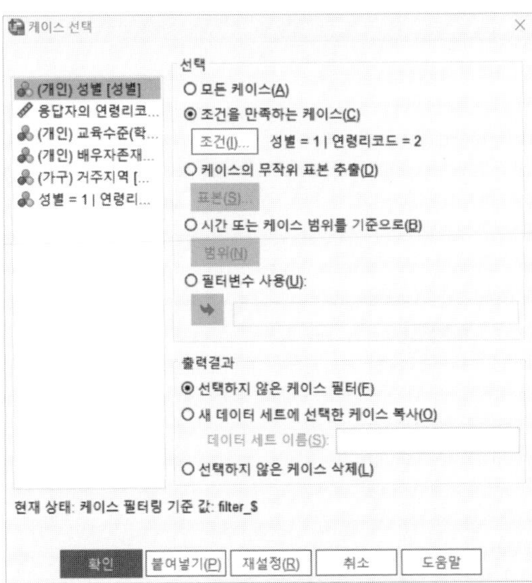

[그림 4-18]

[그림 4-19]

다시 강조하건대, 이 조건문은 이후에 실행되는 모두 분석에 계속해서 적용된다. 따라서 원하는 분석을 마친 다음 다시 모든 케이스에 대해서 분석을 하려면 반드시 '케이스 선택'에서 '모든 케이스(All cases)'를 선택해서 자료파일을 빗금이 없는 원상태로 되돌려놓아야 한다. 이 점을 잊어버리고 자료파일을 원상태로 되돌려 놓지 않은 채 분석을 실시하여 엉뚱한 분석결과를 어떻게 해석해야 하는지 고민하느라 시간을 허비하는 어처구니 없는 실수를 저지르지 않기 바란다.

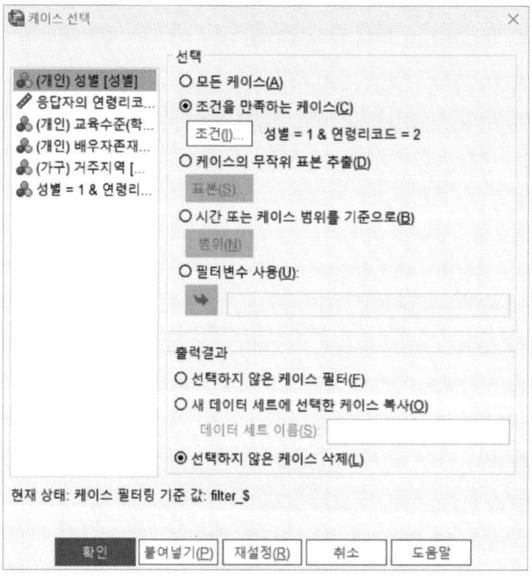

[그림 4-20]

마지막으로 '케이스 선택'에서 매우 유용한 또 한 가지 옵션을 알아 둘 필요가 있다. [그림 4-20]의 '사례선택' 창의 '결과물(Output)' 박스에는 두 가지 옵션이 제시되어 있는데, 이 중에서 '선택하지 않은 케이스 삭제(Delete unselected cases)'는 연구자가 설정한 조건을 충족하지 않는 케이스를 자료파일에서 삭제하는 명령이다.

	성별	연령리코드	교육수준	배우자유무	거주지역	filter_$	변수
1	남	20대	고등학교	예	서울	Selected	
2	남	20대	대학원	아니오	서울	Selected	
3	남	20대	대학(교)	예	서울	Selected	
4	남	20대	대학(교)	예	서울	Selected	
5	남	20대	대학(교)	예	서울	Selected	
6	남	20대	대학(교)	예	서울	Selected	
7	남	20대	고등학교	예	서울	Selected	
8	남	20대	고등학교	예	서울	Selected	
9	남	20대	대학(교)	예	서울	Selected	
10	남	20대	대학원	예	서울	Selected	
11							

[그림 4-21]

[그림 4-20]에서 연구자가 설정한 조건은 '남성이면서 연령이 20대인 케이스이고' '선택하지 않은 케이스 삭제(Delete unselected cases)' 옵션을 선택했으므로 이 명령을 실행시키면 [그림 4-21]처럼 '성별'이 여성인 케이스와 남성이지만 연령이 20대가 아닌 남성은 모두 자료파일에서 삭제된다.

이 명령어는 불필요한 케이스를 삭제함으로써 크기가 매우 큰 자료파일의 경우, 자료파일의 크기를 줄여 분석을 용이하게 만드는 장점이 있는 반면, 자칫 잘못하면 귀중한 자료를 영구 삭제해 버리게 되는 위험을 내포하고 있다. 따라서 이 명령을 실행하기에 앞서 이 명령어를 사용해야 할 필요성에 대해서 신중하게 생각해 보는 과정이 반드시 필요하다.

3) 파일 분할

'파일 분할(Split File)'은 특정 변수를 집단을 구분하기 위한 집단 변수(Group Variable)로 설정한 다음 그 변수를 중심으로 자료파일을 몇 개 집단으로 구분하여 각 집단의 특성을 분석하고 비교할 때 매우 유용한 명령이다. '파일 분할'은 앞서 살펴본 '케이스 선택'과 매우 유사한 명령이면서 '케이스 선택'보다 더 유용한 기능을 가지고 있다.

예를 들어서, 남성과 여성의 연령의 차이를 알아보고자 '케이스 선택'을 사용하여 남성과 여성을 번갈아 선택하여 연령을 분석하거나 독립표본 t 검정을 실시할 수 있지만 '케이스 선택'은 과정이 번거로울 뿐만 아니라 t 검정은 남성집단과 여성집단 각각의 연령의 평균, 표준편차, 평균 차이밖에 제시해 주지 못한다. 바로 이런 경우, '파일 분할' 명령을 사용하면 자료 분할 명령 이후에 이루어지는 모든 분석이 '파일 분할' 명령이 적용된 상태에서 이루어지므로 빈도분석이나 기술통계분석을 통해서도 남성집단과 여성집단의 특성을 손쉽게 비교할 수 있다.

'파일 분할'을 연습하기 위해서 자료 CD로부터 'C4-자료변환-자료분할'을 불러들인다. 그런 다음 [그림 4-22]와 같이 *SPSS* 최상위 명령 중 '데이터(data)'를 누르고 하위명령 중 '파일 분할(Split File)'을 누른다.

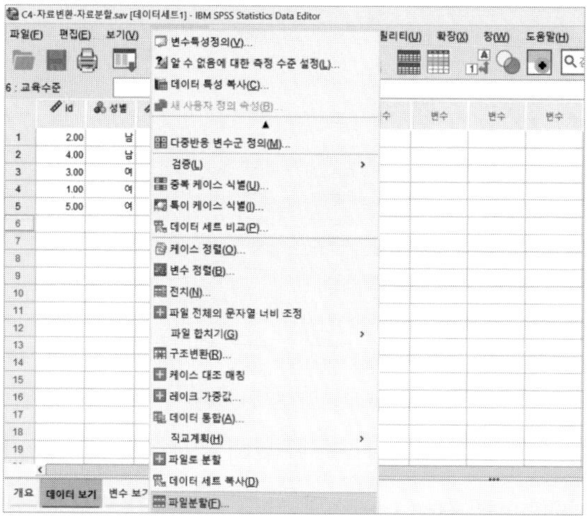

[그림 4-22]

'파일 분할'을 누르면 [그림 4-23]과 같은 창이 나타난다. [그림 4-23]의 창에는 '모든 케이스 분석, 집단은 만들지 않음(Analysis all cases, do not create groups)'이 선택되어 있는데, 이는 *SPSS* 의 기본 설정으로서 모든 분석에서 집단을 구분하지 말고 분석하라는 의미이다.

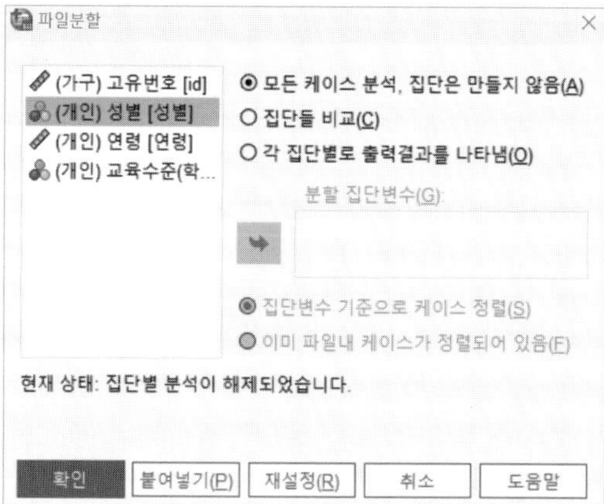

[그림 4-23]

다른 두 가지 선택사항은 '집단 간 비교(Compare groups)'와 '집단별 결과 제시(Organize output by groups)'이다. 이 두 가지 옵션은 기능 면에서는 사실상 아무런 차이가 없고 분석결과를 제시하는 방식에만 차이가 있다. 먼저 '집단 간 비교'를 선택한 후 왼쪽 변수 목록 중 '성별'을 선택하여 '집단기준(Groups Based on)'으로 옮기고 '확인(OK)'을 누른다.

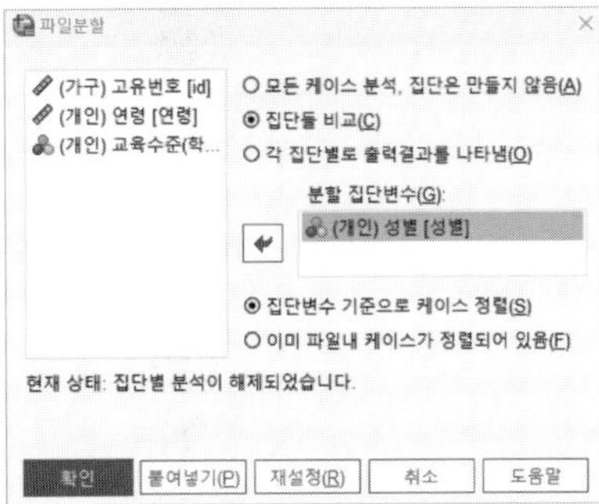

[그림 4-24]

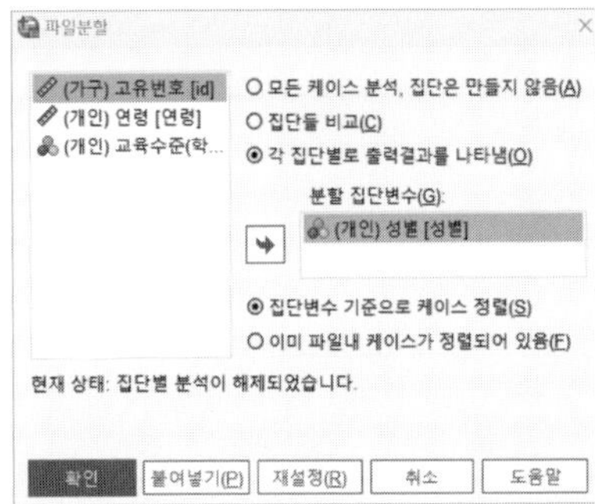

[그림 4-25]

그런 다음 연령에 대해서 빈도분석을 실시하면 전체 케이스가 성별에 따라 남성집단과 여성집단으로 나뉜 상태에서 빈도분석이 실시되어 〈표 4-4〉처럼 분석결과가 각 집단별로 제시된다.

〈표 4-4〉

(개인) 연령

(개인) 성별			빈도	퍼센트	유효퍼센트	누적퍼센트
남	유효	58.00	1	50.0	50.0	50.0
		61.00	1	50.0	50.0	100.0
		합계	2	100.0	100.0	
여	유효	52.00	1	33.3	33.3	33.3
		57.00	1	33.3	33.3	66.7
		65.00	1	33.3	33.3	100.0
		합계	3	100.0	100.0	

이번에는 '집단별 결과 제시'를 선택하고 '확인(OK)'을 누른 다음, 연령에 대해서 빈도분석을 실시해 보자. 그러면 〈표 4-5〉에 제시된 바와 같이 남성과 여성의 분석결과가 각각 별도의 표로 제시된다.

〈표 4-5〉

(개인) 성별 = 남

(개인) 연령 통계량[a]

N	유효	2
	결측	0

a. (개인) 성별 = 남

(개인) 연령[a]

		빈도	퍼센트	유효퍼센트	누적퍼센트
유효	58.00	1	50.0	50.0	50.0
	61.00	1	50.0	50.0	100.0
	합계	2	100.0	100.0	

a. (개인) 성별 = 남

(개인) 성별 = 여

통계량[a]

N	유효	3
	결측	0

a. (개인) 성별 = 여

(개인) 연령[a]

		빈도	퍼센트	유효퍼센트	누적퍼센트
유효	52.00	1	33.3	33.3	33.3
	57.00	1	33.3	33.3	66.7
	65.00	1	33.3	33.3	100.0
	합계	3	100.0	100.0	

a. (개인) 성별 = 여

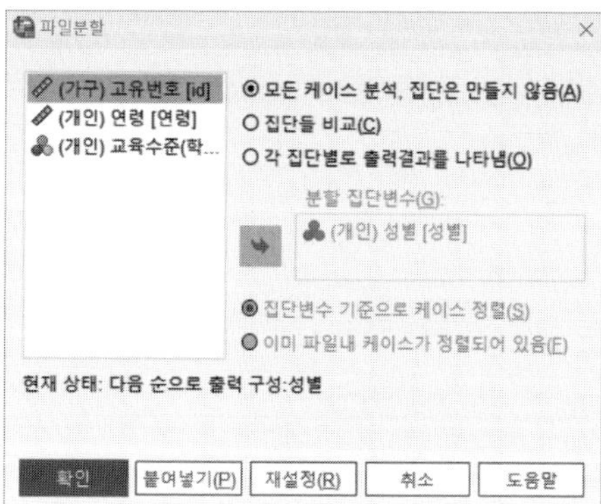

[그림 4-26]

'파일 분할' 명령은 앞서 살펴본 '케이스 선택'과 마찬가지로 명령을 내린 이후에 실시하는 모든 분석에 적용되기 때문에 분석을 마친 후 자료를 집단 구분이 없는 원래 상태로 되돌려 놓는 것을 잊지 말아야 한다. 이를 위해서는 [그림 4-26]과 같이 '모든 케이스' 옵션을 선택하면 된다.

7. R을 이용한 자료의 변환

1) 케이스 선택

R 에서 케이스 선택은 "dplyr" 패키지의 filter 함수를 사용한다. 예를 들어, 'C4-자료변환-케

이스 선택' 파일에서 성별 중 남성(성별=1)만을 선택한다고 하면 [그림 4-27]과 같이 dplyr 패키지를 설치한 후 filter 함수를 사용하면 된다. 여기에서 summarise 함수를 활용해서 해당되는 사례수를 확인하고자 했다.

```
install.packages("dplyr")
library(dplyr)

c4df %>% filter(성별==1) %>%
  summarise(n = n())
```

[그림 4-27]

남성이면서 연령이 20대(연령리코드=2)인 케이스만을 선택한다고 하면 [그림 4-28]과 같이 filter 함수를 사용하면 된다. 다음에서 보는 것처럼 '&'는 And(그리고)를 의미한다.

```
c4df %>% filter(성별==1 & 연령리코드==2) %>%
  summarise(n = n())
```

[그림 4-28]

남성이거나 연령이 20대인 케이스를 선택한다고 한다면 Or(또는)를 사용해야 하는데, filter 함수에서 이에 해당하는 부호 '|'를 사용하면 된다.

```
c4df %>% filter(성별==1 | 연령리코드==2) %>%
  summarise(n = n())
```

[그림 4-29]

*R*에서 파일 분할을 방법은 split 함수를 사용하는 것이다. [그림 4-30]과 같이 split 함수로 집단변수에 따른 여러 개의 데이터프레임을 각각 분석하면 된다. 다음의 명령문은 c4df 데이터프레임의 성별을 집단변수로 사용하여 파일을 분할하는 것인데, 성별 변수의 집단이 2개이므로 Splits에는 2개의 데이터프레임이 만들어진다. 이 때 Splits에 있는 각각의 데이터프레임을 별도의 데이터프레임으로 저장하여 분석하면 된다.

```
Splits <- split(c4df, c4df$성별)

sub_data1 <- Splits[[1]]
sub_data2 <- Splits[[2]]
```

[그림 4-30]

참고문헌

Goldberg, A. (1994). *A Course in Econometrics* (4th ed.). Cambridge, MA: Harvard Univ. Press.

Gravetter, F., & Wallnau, L. (1992). *Statistics for Behavioral Sciences* (3rd ed.). St. Paul, MN: West Publishing Company.

Henkel, R. (1976). *Test of Significance*. Newbury Park, CA: Sage Publications Inc.

Iversen, G. (1984). *Bayesian Statistical Inference*. Newbury Park, CA: Sage Publications Inc.

Mohr, L. (1990). *Understanding Significance Test*. Newbury park, CA: Sage publications Inc.

Smithson, M. (2002). *Confidence Intervals*. Newbury Park, CA: Sage Publication Inc.

| 연습문제 |

01 다음을 설명하십시오 : 구간추정, 신뢰수준, 유의수준, 신뢰구간

02 모수에 대한 구간추정에 있어서 신뢰수준과 신뢰구간 간의 관계를 설명하고 표본크기, σ 및 α 각각이 신뢰구간에 미치는 영향에 대해서 설명하십시오.

03 장애인이 가장인 가구의 월소득(단위 : 만 원)을 확률변수 X라고 할 때 X는 정규분포를 따르며 표준편차가 $\sigma_X = 8$인 것으로 알려져 있다고 가정해 보자. 크기가 $n = 36$인 표본을 뽑아 구한 표본평균이 $\overline{X} = 93$일 때 모평균 μ_X에 대한 95% 신뢰구간을 구하십시오.

04 위의 문제 3에서 표본평균이 $\overline{X} = 100$일 때 모평균 μ_X에 대한 90%, 95%, 99% 신뢰구간을 구하십시오.

05 다음 발표내용의 의미를 알기 쉽게 설명하십시오.

"전국의 18세 이상 성인 남녀 1,354명을 대상으로 현행 국민연금제도를 2층 구조체계(two-tier system)로 바꿔야 한다는 정책안에 대한 찬반의견을 조사한 결과, 응답자의 67%가 반대한다는 입장을 나타냈습니다. 이번 조사의 신뢰수준은 95%이며 오차범위는 ±3입니다."

06 χ^2분포표를 이용하여 $df = 5, 7, 9$일 때 다음에 해당하는 χ^2값을 구하십시오.

$$\chi^2_{\alpha=.1} \qquad \chi^2_{\alpha=.05} \qquad \chi^2_{\alpha=.025} \qquad \chi^2_{\alpha=.01}$$

07 자유도가 $df=9$인 χ^2분포를 이용하여 $\alpha=.01, .05, .1$인 경우 각각에 대해서 다음에 해당하는 χ^2 값을 구하십시오.

$$\chi^2_{\alpha/2}, \qquad \chi^2_{1-\alpha/2}$$

08 정규분포를 따르는 확률변수 X의 모집단으로부터 크기가 $n=25$인 표본을 뽑아 구한 표본분산이 $s^2=100$이라고 할 때, 모분산 σ^2에 대한 95% 신뢰구간을 구하십시오.

09 위의 문제 8의 조건을 바탕으로 모분산 σ^2에 대한 90% 및 99% 신뢰구간을 구하십시오.

10 확률변수 X의 모평균 μ_X를 추정하는 데 있어서 오차한계를 .001로 유지하면서 95% 신뢰수준을 유지하고자 합니다. 이를 위해 필요한 표본의 크기는 얼마입니까? 단, 모분산은 $\sigma_X^2=25$인 것으로 알려져 있습니다.

제 2 부

가설검정: 모수검정

제5장 / 가설검정의 기본원리

제6장 / 두 모집단의 모수에 관한 가설검정

제7장 / 분산분석의 원리: 일원분산분석

제8장 / 이원분산분석

제9장 / 상관분석

제10장 / 회귀분석

제11장 / 다중회귀분석

제12장 / χ^2 분포를 이용한 적합성 및 독립성 검정

제13장 / 이항검정

5

가설검정의 기본원리

앞서 제4장에서 우리는 표본을 바탕으로 모집단의 특성을 나타내는 모수를 추정하는 두 가지 방법에 대해서 알아보았다. 이러한 내용들을 바탕으로 이제 이번 장에서는 확률에 근거하여 모수에 관한 가설을 검정하는 원리와 방법에 대해서 살펴보기로 하자.

1. 영가설과 대립가설

통계적 가설검정에서 말하는 가설(hypothesis)이란 한마디로 말해서 연구자가 알고자 하는 어떤 모수의 값 또는 범위를 명시한 명제(statement)라고 정의할 수 있다. 예를 들어서, '모평균이 3.5이다' 또는 '모분산이 10.2와 같거나 크다'라는 말은 연구자가 알고자 하는 모수가 특정 값 또는 특정 범위를 갖는다는 진술이며, 따라서 가설이다. 이렇게 볼 때, 가설을 검정한다는 것은 위와 같은 모수에 관한 명제들이 참인지 아니면 거짓인지를 밝히는 것임을 이해할 수 있다.

그런데 모수는 모집단의 특성을 나타내는 숫자이므로 '어떤 모수의 값이 얼마다'라는 가설은 결국 모집단의 특성에 관한 진술이다. 따라서 가설이란 궁극적으로는 모집단의 특성에 관한 구체적인 진술이며 가설을 검정한다는 것은 연구자가 가지고 있는, 모집단의 특성에 대한 구체적인 생각, 추측 또는 주장이 타당한지 알아본다는 것이라고 이해할 수 있다.

가설을 검정하기 위해서는 무엇보다 먼저 검정의 대상이 되는 가설을 설정해야 한다. 연구자가 검정하고자 하는 가설, 즉 검정대상가설을 통계학에서는 영가설(null hypothesis) 혹은 귀무가설이라고 하고 H_0라고 표기한다. 일반적으로 모든 가설은 문장과 기호 두 가지로 표현할 수 있는데, 예를 들어서 '모평균이 0이다'라는 가설은 문장으로 표현된 가설이며 '$\mu = 0$'으로 표기한 것은 동일한 내용의 가설을 기호로 표현한 것이다.

일단 영가설을 설정하고 나면 영가설의 내용과 상반되는 내용을 가진 또 하나의 가설을 설정하게 되는데 이러한 가설을 가리켜, 영가설과 대립되는 내용의 가설이라는 의미에서 대립가설(alternative hypothesis) 또는 연구가설이라고 하고 H_a라고 표기한다. 영가설과 대립가설의 일반적인 형태를 모평균을 하나의 예로 들어서 표현해 보면 다음과 같다.

문장	기호
H_o : 모평균이 0이다.	$\mu = 0$
H_a : 모평균이 0이 아니다.	$\mu \neq 0$
H_o : 모평균이 0과 같거나 크다.	$\mu \geq 0$
H_a : 모평균이 0보다 작다.	$\mu < 0$
H_o : 모평균이 0과 같거나 작다.	$\mu \leq 0$
H_a : 모평균이 0보다 크다.	$\mu > 0$

2. 가설검정의 기본원리

영가설과 대립가설을 설정하고 나면 가설검정의 그 다음 단계는 설정한 영가설을 일단 사실이라고 가정한 상태에서 모수를 추정하기 위해서 표본을 바탕으로 구한 표본통계량(즉, 표본추정량)이 영가설이 사실이라는 가정을 뒷받침할 만한 증거를 제공하는지 알아보는 것이다. 그런데 왜 영가설을 사실이라고 가정해야 하는가? 이에 대해서는 잠시 후에 구체적인 예를 들면서 설명하기로 하겠다.

표본통계량이 영가설이 사실이라는 가정을 뒷받침할 만한 증거를 제공하는지 알아본다는 말은 달리 표현하면 표본을 바탕으로 구한 표본통계량이, 영가설이 사실일 때 나타날 것으로 기대되는 어떤 결과와 부합하는지 여부를 파악한다는 것이다. 만일 표본을 바탕으로 구한 표본통계량의 값이, 영가설이 사실일 때 나타날 것으로 기대되는 어떤 결과와 부합하는 값 또는 범위에 해당한다면 연구자는 '영가설이 사실이라는 가설을 뒷받침할 만한 증거를 표본으로부터 찾을 수 있다'고 말할 수 있다.

이때, 표본은 모집단이라는 실재(reality)를 반영하므로[1] 표본으로부터 영가설이 사실임을 뒷받침할 만한 증거를 찾을 수 있다는 것은 영가설의 내용과 표본을 통해 엿볼 수 있는 실재의 특성이 일치한다는 것을 의미한다. 그렇기 때문에 표본통계량이, 영가설이 사실일 때 나타날 것

1) 제1장에서 언급했던 바와 같이, 표본이 모집단의 특성을 반영하는지의 여부는 표본을 뽑는 방법에 관한 문제로서 이는 조사방법론의 영역에 해당한다. 자료분석의 관심사는 표본이 모집단을 반영한다는 전제하에서 표본을 바탕으로 모집단의 특성을 추론하는 데 있다.

으로 기대되는 어떤 결과에 부합하는 값(또는 범위)을 갖는다면 연구자는 자신이 실재에 대해서 가졌던 '가설'을 이제 '검증된 사실'로 주장할 수 있게 된다.

그러나 만일 표본을 바탕으로 구한 표본통계량이, 영가설이 사실일 때 볼 수 있을 것으로 기대되는 어떤 결과에 부합하지 않는 값을 갖는다면 이는 표본으로부터 영가설이 사실이라는 가설을 뒷받침할 만한 증거를 찾을 수 없는 것이며, 따라서 연구자는 영가설이 사실이라는 처음의 생각을 받아들일 수 없게 된다.

영가설은 모집단(실재)의 특성에 관한 구체적인 생각 또는 추측	표본통계량은 표본을 바탕으로 구한 모집단의 특성을 보여 주는 값
영가설이 사실일 때 볼 수 있을 것으로 기대되는 모집단의 모습 또는 현실	표본통계량의 값을 구해 모집단의 특성을 엿봄

일치?

일치: 모집단의 특성에 관한 연구자의 생각 또는 추측을 받아들임	불일치: 모집단의 특성에 관한 연구자의 생각 또는 추측을 받아들이지 않음

여기서 한 가지 분명하게 이해해야 할 것은 통계적으로 가설을 검정한다는 것은 '영가설이 사실이다' 또는 '영가설이 사실이 아니다'라는 식으로 영가설의 사실 여부를 직접적으로 입증하는 것이 아니라는 점이다. 실제로 통계적 가설검정에서 연구자가 하는 것은 모집단의 특성을 반영하고 있는 표본이 연구자가 설정한 영가설이 사실이라는 가정을 뒷받침할 만한 증거를 제공하고 있는지를 확률에 근거하여 판단하는 것이다.

이때, 전자, 즉 영가설의 사실 여부를 직접적으로 입증하는 것과 후자, 즉 영가설이 사실임을 뒷받침하는 증거를 표본으로부터 찾을 수 있는지 알아보는 것은 다른 것임을 이해할 수 있어야 한다. 전자와 달리 후자의 경우는 비록 영가설이 사실이라는 가정을 뒷받침해 줄 수 있는 증거를 찾았다고 할지라도 그것이 반드시 영가설이 사실임을 입증하는 것이 아니다. 다시 말해서, 영가설이 사실임을 뒷받침하는 증거를 찾는 것은 영가설의 사실 여부를 검정하는 데 있어서 필요조건일 뿐이지 충분조건은 아니라는 점을 분명하게 숙지해야 한다는 것이다.

이제 구체적인 예를 통해서 가설검정의 원리를 좀 더 명확하게 이해해 보도록 하자. 어떤 연구자가 '모든 백조는 희다'라는 가설을 세운 다음, 이 가설을 검증하기 위해서 세계 각지에서 100마리의 백조를 표본으로 잡아왔다고 가정해 보자. 영가설이 사실이라면 100마리의 백조표본 중 몇 마리가 흰색일 것이라 기대할 수 있을까? 영가설이 사실이라면 당연히 100마리 모두 흰색일 것이라 기대할 수 있다. 이때, 100마리 표본 중 실제로 흰색인 백조의 숫자를 표본통계량이라고 하면 영가설을 검정한다는 것은, 한마디로 말해서 표본통계량의 값이 100마리 모두 흰색이라는 기대를 뒷받침하는가?

를 확인하는 것이 된다.

아마도 이쯤에서 당연히 누군가는 '모든 백조가 흰 것은 아니다'라고 영가설을 설정하면 안 되는가라는 질문을 던질 것이다. 만일 영가설을 그렇게 설정하면 영가설이 사실일 때 나타날 것으로 기대되는 현실을 정의할 수 없거나 정의하기 매우 어려워진다. 왜냐하면 100마리 표본 중 도대체 몇 마리가 희지 않을 것이라 기대할 수 있는지를 아무도 정확하게 말해 줄 수 없기 때문이다.

그렇기 때문에 영가설을 '모든 백조가 흰 것은 아니다'라고 설정하면 잡아 온 100마리 백조 중 몇 마리가 흰색이 아닌지 확인하여 구체적인 값을 얻더라도 그 값이 과연 영가설을 뒷받침하는 값인지 여부를 판단할 수 없으므로 영가설을 검증할 수 없게 된다. 바로 이러한 이유에서 영가설의 내용은 '모수의 값이 ○○이 아니다'라는 식이 아니라 '모수의 값이 구체적으로 ○○이다'라는 식으로 설정해야 한다.

또 다른 예를 들어 보자. 어떤 사람 A가 방화혐의로 검찰에 의해 기소되어 재판을 받게 되었다고 가정해 보자. 영가설은 검찰이 주장하는 바인 'A가 불을 질렀다'이다. 이 영가설이 사실, 즉 A에 대한 검찰의 주장이 타당하다고 가정해 보자. 그렇다면 A와 관련하여 어떤 것을 기대할 수 있을까?

당연히 우리는 A가 불이 난 시간 즈음에 방화현장에 있었어야만 한다고 생각할 수 있다. 실제로 그런가? A의 변호사는 화재 당일 화재발생 시점 전후 얼마 동안에 해당하는 A의 알리바이를 제시하여 검찰의 주장이 타당하지 않음을 보여 주고자 할 것이다. 그리고 실제로 B와 C라는 두 사람으로부터 자신들이 화재발생시점으로부터 전후 2시간 동안 화재발생장소가 아닌 다른 장소에 있는 A를 목격했다는 진술을 확보했다고 가정해 보자.

만일 영가설이 사실이라면 B나 C가 말하는 A의 알리바이는 성립할 수 없다. 다시 말해서, 영가설이 사실일 때 기대할 수 있는 실재와 표본을 통해 엿본 실재가 일치하지 않는다는 것이다. 따라서 검찰의 주장이 타당성을 잃어 영가설은 받아들여지지 않고 재판 결과 A는 석방된다.

그런데 B와 C가 말하는 A의 알리바이가 'A가 불을 질렀다'는 검찰의 주장이 사실이 아니라는 것을 의미하는 것은 결코 아니다. 어쩌면 A가 실제로 불을 질렀을지도 모른다. 다만, B와 C의 증언이 검찰의 주장을 뒷받침하지 않는다는 것이며 그 결과 A는 석방된 것이다. 즉, A의 변호사는 A가 무죄임을 직접적으로 증명한 것이 아니라 검찰의 주장이 타당하지 않다는 것이 받아들여져 간접적으로 A가 혐의를 벗은 것이다.

가설검정에서 연구자는 영가설의 사실 여부를 직접적으로 증명하는 것이 아니라 A의 변호사처럼 표본통계량이 영가설을 뒷받침할 만한 증거를 제공하고 있는지 여부를 판단하여 간접적으로 영가설을 검정하는 것일 뿐이다. 이 점을 반드시 기억해 두기 바란다.

이상의 두 가지 예를 통해서 가설검정의 원리를 이해했다면 이제 다시 숫자와 기호의 세계로 돌아와 보자. 정규분포를 따르는 어떤 확률변수 X의 모평균에 관한 다음과 같은 영가설과 대립가설을 설정했다고 가정해 보자.

H_o : 모평균이 $\hat{\mu}$이다. 또는 H_o : $\mu_X = \mu_0 = \hat{\mu}$
H_a : 모평균이 $\hat{\mu}$이 아니다. 기호로 H_a : $\mu_X \neq \mu_0 = \hat{\mu}$ [5-1]

이 가설을 검정하기 위한 가장 첫 단계는 일단 영가설 [5-1]을 사실이라고 가정하고 그러한 가정하에서 모집단으로부터 표본을 뽑아 표본평균을 구한다면 과연 어떤 결과가 나타날 것이라 기대할 수 있는지를 생각해 보는 것이다. 우선 영가설이 사실이라고 가정한다는 것은 정규분포를 따르는 확률변수 X의 모평균이 특정값 $\mu_X = \mu_0 = \hat{\mu}$ 이라고 가정하는 것을 말한다. 이때, μ_0는 '영가설에서 말하는 모평균'을 의미한다. 따라서 영가설이 사실일 때, 확률변수 X의 모집단은 정규분포를 따르고 기대값과 분산이 μ_0과 σ^2이라는 것을 알 수 있다.

$$X \sim N(\mu_0 = \hat{\mu},\ \sigma_X^2)$$

우리가 검정하고자 하는 가설은 직접 관찰이 불가능한 모평균에 관한 가설이므로 모평균에 관한 가설을 검정하기 위해서는 모평균에 대한 추정량인 표본평균을 구해야 한다. 이를 위해서 정규분포를 따르는 X의 모집단으로부터 크기가 n인 확률표본을 뽑아 표본평균 $\overline{X_i}$를 구하게 되면 $\overline{X_i}$의 표본분포 역시 모집단의 확률분포와 동일한 정규분포를 따를 것이며 기대값은 모평균과 동일한 $\hat{\mu}$이 되고 분산은 모분산 σ^2을 표본의 크기인 n으로 나눈 값이 된다.[2] 즉,

$$\overline{X} \sim N(\mu_0, \sigma_X^2/n) \quad [5\text{-}2]$$

이때, 우리는 표본을 바탕으로 구할 수 있는 모든 표본평균 $\overline{X_i}$ 가운데 적어도 95%는 표본분포의 기대값인 μ_0으로부터 $\pm 1.96\sigma/\sqrt{n}$ 범위 내에 존재한다는 것을 알고 있다.[3]

그 이유는, 제2장에서 배운 정규분포 및 표준정규분포의 특성에 의해서 $\overline{X}$를 표준화한 Z값은

2) 이때, 만일 확률변수 X의 모집단이 어떤 확률분포를 따르는지를 모른다고 하더라도 표본평균 $\overline{X}$를 구하기 위해 모집단으로부터 뽑은 표본의 크기가 $n \geq 30$이라면 중앙극한정리에 의해서 우리는 표본평균들로 이루어진 표본분포가 정규분포라는 것을 배운 바 있다.

3) 정규분포의 특성 및 표준정규분포의 특성에 대해서는 제2장을 참조하기 바라며 $\overline{X}$ 가운데 95%가 $\mu_0 \pm 1.96\sigma/\sqrt{n}$ 범위 내에 존재한다는 사실을 쉽게 이해하기 위해서는 제4장의 [그림 4-2]와 [그림 4-3]을 참조하기 바란다.

$$P(-1.96 \le Z \le 1.96) = .95$$
$$P(-1.96 \le \frac{\overline{X} - \mu_0}{\sigma/\sqrt{n}} \le 1.96) = .95$$
$$P(\mu_0 - 1.96\sigma/\sqrt{n} \le \overline{X} \le \mu_0 + 1.96\sigma/\sqrt{n}) = .95$$

이기 때문이다.

따라서 모집단으로부터 어떤 하나의 표본을 뽑아 표본평균 $\overline{X}'$을 구했을 때 $\overline{X}'$이, 영가설이 사실이라고 가정할 때의 모평균인 μ_0을 중심으로 $\pm 1.96\sigma/\sqrt{n}$ 범위 내에 해당하는 어떤 값을 갖는다면 우리는 그러한 경우에 대해서

'영가설이 사실일 때 .95의 확률, 즉 95% 가능성을 가진 사건이 발생했다.'

또는 '영가설이 사실일 때 $\overline{X}$의 값이 바로 우리가 구한 값 $\overline{X}'$일 확률은 .95이다'라고 말할 수 있다. 반면에 만일 우리가 구한 표본평균 $\overline{X}$가 μ_0 $\pm 1.96\sigma/\sqrt{n}$ 범위 밖에 해당하는 값이라면 그러한 경우를 가리켜

'영가설이 사실일 때 .05의 확률, 즉 5%의 가능성을 가진 사건이 발생했다.'

또는 '영가설이 사실일 때 $\overline{X}$의 값이 바로 우리가 구한 값 $\overline{X}'$일 확률은 .05이다'라고 말하게 된다.

이러한 두 가지 경우 가운데 영가설이 사실이라는 가정하에서 발생확률이 .05에 불과한 후자 사건이 실제로 발생한다면 우리는 그러한 경우를 가리켜

'영가설이 사실일 때 좀처럼 발생할 것이라고 기대하기 어려운 사건이 발생했다.'

라고 말하게 된다. 이처럼 확률적으로 발생하기 어려운 사건이 실제로 발생할 때, 우리는 그러한 사건이 발생했다는 것의 의미를 다음과 같은 두 가지 것으로 해석해 볼 수 있다.

첫 번째 가능한 해석은, 영가설이 사실이고 따라서 표본이 뽑혀져 나온 모집단의 실제 모평균은 μ_0이지만 단순히 어떤 우연에 의해서 모집단으로부터 우리가 뽑은 표본을 바탕으로 구한 $\overline{X}'$이 모평균 μ_0과는 매우 다른, 다시 말해서 μ_0 $\pm 1.96\sigma/\sqrt{n}$ 범위 밖에 해당하는 값을 갖게 되었다는 것이다. 예를 들자면, 우리가 모집단으로부터 뽑은 표본에 우연찮게도 모집단의 특성을 대표하기 힘든 매우 극단적인 관찰값들이 포함되어 있어 표본이 왜곡되었을(biased) 수 있다

는 것이다. 이 경우 영가설은 사실이고 그럼에도 불구하고 발생할 것이라 기대하기 힘든 .05의 발생확률 또는 5%의 가능성을 가진 사건이 발생한 것은 단순한 우연에서 비롯된 것으로 여겨지게 된다.

이러한 해석과 달리 발생확률이 .05에 불과한 사건이 발생한 것을 단순한 우연으로 돌리기보다는 표본을 바탕으로 구한 $\overline{X'}$이 실제 모평균 μ_0과 매우 다른 값을 갖는 것으로 미루어 보아 확률변수 X의 모집단의 실제 모평균이 아마도 μ_0이 아닐 수 있다는 생각을 해 볼 수 있다. 이를 설명하기 위해서 [그림 5-1]의 상황을 예로 들어 보기로 하자. [그림 5-1]의 두 확률분포 A와 B 가운데 A는 모평균이 $\mu_A = \mu_0$이므로 영가설이 사실이라는 가정에 부합하는 분포인 반면, B는 μ_0이 아닌 다른 값을 모평균으로 가지므로 영가설이 사실이 아닌 경우에 해당하는 분포이다. 두 확률분포 모두 분포의 양 극단에 위치한 음영부분의 면적, 즉 확률이 각각 .025라고 하면 음영되지 않은 부분의 확률은 .95이다. 따라서 A에서 $\overline{X'}$은 μ_A를 중심으로 한 95% 범위 내에 속하지 않는 사건인 반면, B에서는 μ_B를 중심으로 한 95% 범위 내에 속하는 사건임을 알 수 있다.

이제 영가설이 사실이어서 확률변수 X의 모집단의 분포가 [그림 5-1]의 분포 A이고 모평균은 μ_A이며, 이 모집단으로부터 표본을 뽑아 구한 표본평균이 $\overline{X'}$이라고 가정해 보자. 위의 그림에서 알 수 있듯이, 만일 이러한 가정이 타당하다면, 즉 영가설이 사실이라면 이 모집단으로부터 뽑은 표본을 바탕으로 구한 표본평균이 모평균 μ_A와는 매우 동떨어진 $\overline{X'}$이라는 값을 가질 확률은 .05에 불과하다는 것을 알 수 있다. 그럼에도 불구하고 우리가 구한 표본평균의 값이 실제로 $\overline{X'}$이라면 이러한 결과에 대해서 우리는 '혹시 모집단의 분포가 분포 A가 아니라 분포 B이고 실제 모평균도 μ_A가 아니라 μ_B인 것이 아닌가?'라는 의문을 제기해 볼 수 있게 된다.

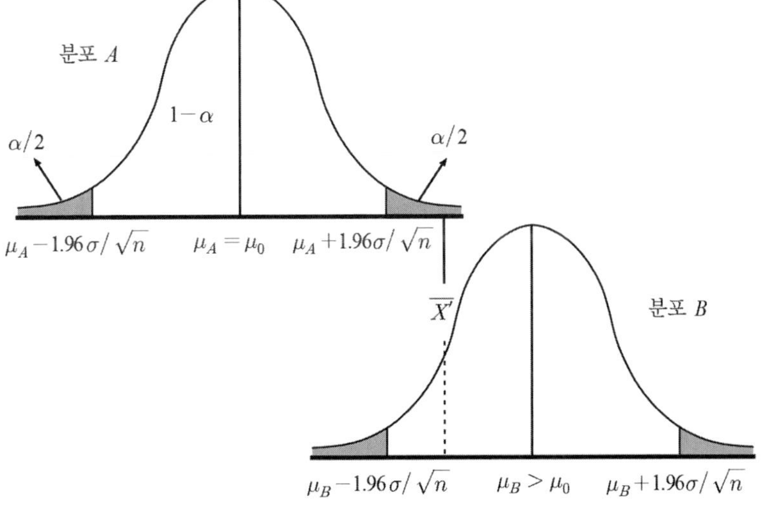

[그림 5-1]

왜냐하면 실제 모평균이 μ_B일 때 $\overline{X}$는 $\mu_B \pm 1.96\sigma/\sqrt{n}$ 범위 안에 위치하고 있을 뿐만 아니라 동시에 $\overline{X'}$을 중심으로 하는 모수에 대한 95%의 신뢰구간이 μ_B를 포함하는 반면, 실제 모평균이 μ_A일 때 $\overline{X'}$은 $\mu_A \pm 1.96\sigma/\sqrt{n}$ 범위 밖에 위치하고 있을 뿐만 아니라 $\overline{X'}$을 중심으로 설정된 95%의 신뢰구간이 μ_A일 때 $\overline{X'}$과 같은 표본평균을 얻을 수 있는 확률은 .5에 불과하므로 표본을 바탕으로 구한 표본평균이 $\overline{X'}$인 이상, 모집단의 실제 모평균을 μ_B로 보는 것이 더 타당하다는 것이다.

이러한 논리에 근거해서 보자면 앞서 소개한 두 가지 가능한 해석 가운데 '우연'에서 원인을 찾으려는 첫 번째 해석보다는 두 번째 해석이 더 타당한 해석이라고 볼 수 있다. 다시 말해서, 표본평균 $\overline{X'}$이 실제 모평균이라고 생각했던 μ_0과는 매우 다른 값을 갖는 사건이 발생하게 된 것은 우연에 의해서가 아니라 확률변수 X의 실제 모평균은 $\mu_0 = \mu_B$이지만 이를 $\mu_0 = \mu_A$라고 잘못 생각한 것에서 비롯된 필연적인 결과라고 해석할 수 있다는 것이다.

3. 가설검정에 있어서의 확률의 역할

이상의 설명에 대한 이해와 더불어서 우리는 가설검정의 원리와 관련된 또 한 가지 중요한 사실을 이해해야 하는데, 그것은 위의 예에서 '도대체 왜 두 번째 해석이 더 타당한가?'라는 질문에 대한 답을 우리는 다름아닌 확률에서 찾고 있다는 점이다. 다시 말해서, 우리는 두 번째 해석이 더 타당하다는 판단을 내림에 있어서 이제까지 우리가 배웠던 확률에 관한 지식을 활용하였으며 위에서 언급한 두 가지 상반된 해석 각각과 관련된 확률을 비교하여 확률이 더 높은 쪽을 타당한 해석으로 받아들인 것이다.

앞의 [그림 5-1]의 경우에서 우리는 모집단의 모평균이 μ_B일 때 표본을 바탕으로 $\overline{X'}$과 같은 표본평균을 얻을 수 있는 확률은 .95인 반면, 모집단의 모평균이 μ_A일 때 $\overline{X'}$과 같은 표본평균을 얻을 수 있는 확률은 .5에 불과하다는 사실을 알고 있었다. 따라서 표본을 바탕으로 구한 표본평균이 $\overline{X'}$인 이상, $\overline{X'}$이 발생할 확률은 모집단의 실제 모평균을 μ_A라고 볼 때보다 μ_B라고 볼 때와 관련된 확률이 더 높으므로 모집단의 실제 모평균을 μ_B로 보는 것이 더 타당하다는 판단을 내린 것이다.

이제 이러한 원리를 이용하여 실제로 가설을 검정해 보기로 하자. [5-1]의 가설을 검정하기 위해서 우리는 영가설이 사실이라는 가정하에서 모집단으로부터 표본을 뽑아 구한 표본평균 $\overline{X}$에 관한 확률을 계산해야 한다. 이를 위해서 우리는 표본평균과 관련된 확률은 표준정규분포를 이용하여 쉽게 계산할 수 있다는 것을 알고 있으므로 이러한 지식을 활용하여 다음과 같이 $\overline{X}$에 관한 확률을 구할 수 있다.

먼저 [5-2]의 표본평균 $\overline{X}$를 표준화하되 [5-1]의 영가설이 사실이라는 전제하에서 표준화하면, 다시 말해서 [5-1]의 영가설에서 말하는 실제 모평균 $\hat{\mu}$을 이용하여 $\overline{X}$를 표준화하면 그때 얻어지는 Z값은 다음과 같은

$$Z = \frac{\overline{X} - \mu_0}{\sigma / \sqrt{n}} \sim N(0,1) \qquad [5\text{-}3]$$

표준정규분포를 따른다. 분포의 양 극단에 [그림 5-2]와 같이 음영부분의 면적이 각각 $\alpha/2$가 되게 Z값을 설정하면 음영부분의 면적(즉, 확률)의 합은 α가 되고 분포상의 나머지 면적의 합은 $1-\alpha$가 된다. 이때, 만일 [5-1]의 가설을 검정하기 위한 유의수준을 $\alpha = .05$로 설정한다면 [그림 5-2]에서 양 극단의 음영부분의 면적은 각각 .025가 되고 나머지 부분의 면적은 $1-\alpha = .95$가 된다. Z분포의 특성상, 전체면적의 95%는 평균을 중심으로 범위 내에 존재하므로 양쪽 음영부분의 시작점은 ± 1.96임을 알 수 있다.

만일 '모평균이 μ_0이다'라는 영가설이 사실이라고 가정한다면 우리가 뽑은 표본은 모평균이 μ_0인 모집단으로부터 뽑힌 표본이 되므로 그러한 표본을 바탕으로 구한 표본평균을 표준화하여 얻게 되는 Z값은 [그림 5-2]의 표준정규분포의 기대값인 0과 같거나 매우 유사한 값을 가질 것이라 기대할 수 있다. 이때,

'평균과 매우 유사한 값' = '평균으로부터 ±1.96범위 내에 해당하는 값'

이라고 정의한다면 당연히

'평균과 유사하지 않은 값' = '평균으로부터 ±1.96범위 밖에 해당하는 값'

이 될 것이며, 이 두 종류의 값 각각에 해당하는 발생확률은 .95와 .05가 된다는 것을 알 수 있다.

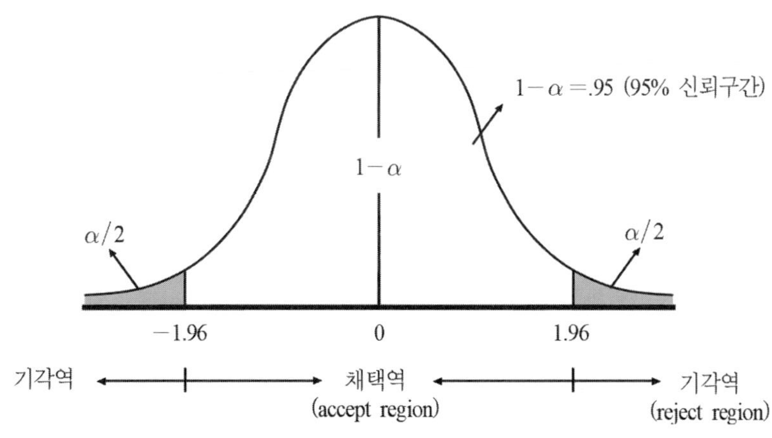

[그림 5-2]

이제 영가설이 사실이라는 가정에 부합하는[4] [그림 5-2]의 표준정규분포상에서, 모집단으로부터 표본을 뽑아 구한 표본평균을 표준화하여 얻은 Z값이 분포의 중심인 0으로부터 ±1.96 범위 내에 해당하는 값을 갖는다면, 이는 표본평균이 영가설이 사실일 때의 평균과 매우 유사한 값을 갖는 것이므로 발생확률이 .95인 사건이 발생한 것을 의미하는 반면, 만일 Z값이 ±1.96 범위 밖에 해당하는 값이라면 이는 발생확률이 .05에 불과한 사건이 발생한 것이 된다.

따라서 표본평균을 표준화하여 얻은 Z값이 ±1.96 범위 안에 해당하는 값을 가질 때, 우리는 모평균이 μ_0이라는 영가설이 사실임을 뒷받침하는 즉, 영가설에 부합하는 사건이 발생한 것이라 보고 영가설을 채택(accept)하게 된다. 이와 반대로 만일 Z값이 ±1.96 범위 밖에 해당하는 값을 갖는다면 이는 영가설을 뒷받침하지 않는, 즉 영가설에 부합하지 않는 사건이 발생한 것이므로 영가설을 사실로 받아들이지 않고 기각(reject)하는 것이 더 타당하다고 판단한다.

4. 유의수준, 기각역, 임계값

표본을 바탕으로 구한 표본평균 $\overline{X}$을 표준화하여 얻게 되는 Z값을 z'이라고 표기하기로 하자. 위의 예에서 z'이 표준정규분포의 평균인 0을 중심으로 ±1.96 범위 밖에 해당하는 값을 갖는다는 것은 표본평균 $\overline{X}$이 [그림 5-2]의 분포에서 양 극단에 위치한 음영친 부분에 해당하는 값을 갖는다는 것을 의미한다. 이 음영친 부분을 가리켜 가설검정에서는

'표본통계량이 이 영역에 해당하는 값을 갖게 될 때 영가설을 기각한다.'

는 의미에서 기각역(critical region)이라고 부르며 기각역을 정의하는 값 $\pm z_{\alpha/2}$를 임계값(critical value)이라고 하고 C로 표기한다. 예를 들면, 위의 예에서 임계값은

$$\text{임계값 } C = \pm z_{\alpha/2} = \pm 1.96$$

이 된다.

영가설의 기각 또는 채택 여부를 판단하는 기준이 되는 범위인 기각역과 기각역을 정의하는 값인 임계값은 가설검정을 위한 유의수준을 얼마로 설정하는가에 따라 결정된다. 앞의 [그림 5-2]에서 분포의 양 극단에 음영으로 표시된 기각역의 면적이 바로 제4장에서 소개한 유의수준 α에 해당한다. 유의수준은 연구자가 연구목적에 맞게 임의로 설정한다. 예컨대, 위의 가설검정

4) 다시 반복하여 언급하건대, [그림 5-2]가 영가설이 사실이라는 가정에 부합하는 분포인 이유는 [그림 5-2] 분포가 표본평균을, 실제 모평균이라고 영가설에서 말하는 μ_0을 이용하여 표준화한 값들로 이루어진 분포이기 때문이다.

예에서 임계값이 $C=\pm 1.96$인 이유는 유의수준을 $\alpha=.05$로 설정했기 때문이다. 즉, 유의수준이 .05이므로 분포의 양 극단 각각에 유의수준 .05의 절반에 해당하는 .025의 기각역을 설정한 것이므로 각 기각역의 면적이 .025가 되게 하는 임계값은 Z분포상에서 다음과 같기 때문이다.

$$\pm z_{\alpha/2} = \pm z_{.025} = \pm 1.96$$

이처럼 기각역과 임계값은 유의수준 α를 얼마로 설정하는가에 따라서 달라지는데, 예를 들어 [그림 5-2]에서 유의수준 α를 낮게 설정하면 할수록 기각역의 면적은 작아지게 되므로 임계값은 평균으로부터 더 멀리 떨어진 극단적인 값을 갖게 된다. 반면에 유의수준 α를 높게 설정할수록 기각역의 면적은 넓어지게 되므로 임계값은 평균에 더 근접한 값을 갖게 된다. 표준정규분포의 특성을 이용한 가설검정[5]에서 일반적으로 많이 사용되는 유의수준, 기각역, 임계값은 〈표 5-1〉 및 [그림 5-3]과 같다.

〈표 5-1〉 Z분포상에서의 유의수준별 양측검정 기각역 및 임계값

유의수준 α	기각역 $\alpha/2$	임계값 $\pm z_{\alpha/2}$	$\overline{X} \pm z_{\alpha/2} \cdot \sigma_{\overline{X}}$
.10	.050	±1.645	$\overline{X} \pm 1.645 \cdot \sigma_{\overline{X}}$
.05	.025	±1.960	$\overline{X} \pm 1.960 \cdot \sigma_{\overline{X}}$
.01	.005	±2.576	$\overline{X} \pm 2.576 \cdot \sigma_{\overline{X}}$

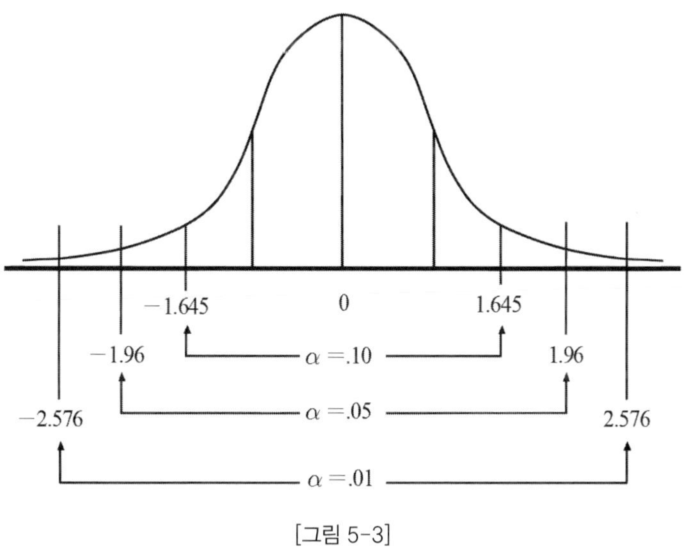

[그림 5-3]

5) 이러한 가설검정방식을 양측검정이라고 한다. 가설검정방식에는 양측검정과 단측검정이 있다. 이에 대해서는 이 장의 뒷부분에서 보다 자세하게 설명하기로 한다.

5. p값

가설검정에 있어서 p값(p value)이란 가설검정을 위해 정한 검정통계량이, 영가설이 사실이라는 가정하에서 표본을 바탕으로 실제로 구한 검정통계량의 값과 같거나 혹은 더 극단적인 값을 가질 확률을 말한다. 즉, 가설을 검정하기 위한 검정통계량이 Z일 때, 영가설이 사실이라는 가정하에서 표본을 바탕으로 실제로 구한 검정통계량의 값은 z'이라고 하면 p값은 다음과 같이

$$P(|Z| > |z'|) = p\text{값}$$

정의된다. 예를 들어, 검정통계량이 Z값이고 표본을 바탕으로 구한 검정통계값이 $Z=1.28$이라면 이 값에 해당하는 p값은 부록 [표 $A1$]의 표준정규분포표로부터

$$P(Z > 1.28) = .1003, \quad P(-Z < -1.28) = .1003$$
$$\therefore P(|Z| > |\pm 1.28|) = .2006$$

이다. 이러한 p값과 앞서 소개한 유의수준 α 및 임계값 C 간의 관계를 살펴보면 [그림 5-4]와 같다. [그림 5-4]에 제시된 세 개의 분포 가운데 맨 위와 맨 아래 분포의 양 극단에 위치한 음영부분은 표본을 바탕으로 구한 검정통계값 z'에 해당하는 p값을 나타내며 [그림 5-4]의 중간분포의 양 극단에 설정된 음영부분은 유의수준 α에 해당하는 기각역을 나타낸다.

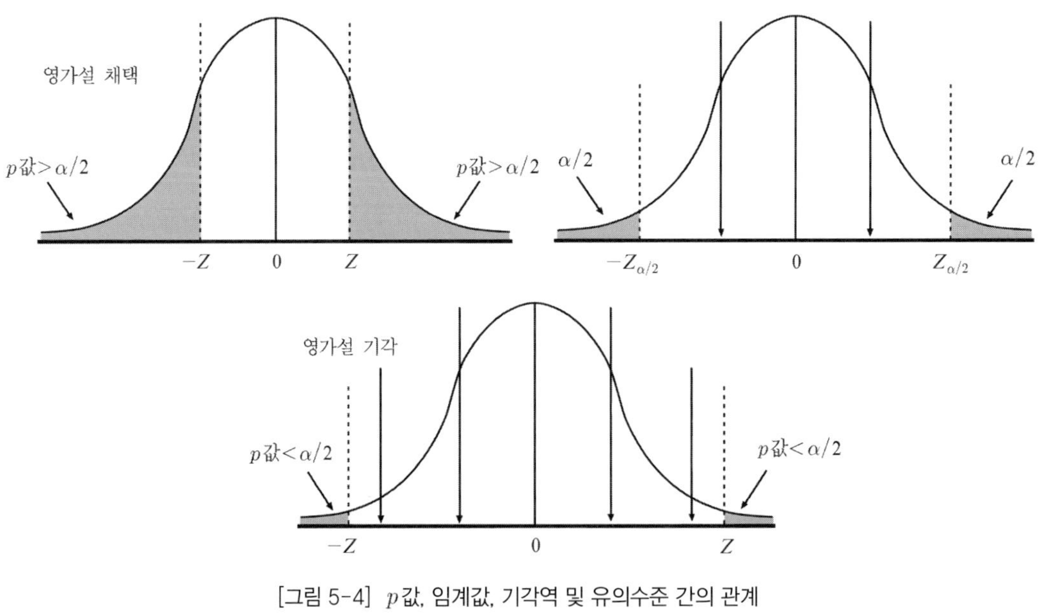

[그림 5-4] p값, 임계값, 기각역 및 유의수준 간의 관계

만일 표본을 바탕으로 구한 검정통계값 z'의 절대값이 임계값 $C=\pm z_{\alpha/2}$의 절대값보다 덜 극단적인 값을 갖는다면 z'은 기각역에 속하지 않으며 따라서 임계값보다 분포의 안쪽에 위치한 값을 갖게 되므로 영가설은 기각되지 않는다. [그림 5-4]에서 맨 위 분포의 p값은 바로 이 경우에 해당하는 p값인데, 이 p값을 두 번째 분포에 설정된 기각역과 비교해 보면 p값이 기각역의 면적인 α보다 크다는 것을 알 수 있다. 이러한 사실로부터 우리는 검정통계값에 해당하는 p값이 유의수준 α보다 크다면 영가설은 기각되지 않는다는 것을 알 수 있다.

이와는 정반대로 표본을 바탕으로 구한 검정통계값 z'의 절대값이 임계값의 절대값보다 더 극단적인 값을 갖는다면 검정통계값 z'는 기각역에 포함되는 값을 가질 것이다. [그림 5-4]에서 맨 아래 분포의 p값은 이 경우에 해당하는 p값으로서, 이 p값을 [그림 5-4]의 중간 분포에 설정되어 있는 기각역과 비교해 보면 p값이 기각역의 면적 α보다 작은 것을 알 수 있다. 이는 당연한 결과로서 임계값의 절대값보다 더 극단적인 검정통계값에 해당하는 p값은 기각역보다 분포상에서 더 바깥쪽에 설정되기 때문이다. 따라서 검정통계값에 해당하는 p값이 유의수준 α보다 작을 때, 영가설은 기각된다는 사실을 쉽게 이해할 수 있다.

이처럼 p값이 유의수준 α보다 작은 경우를 가리켜

'유의수준 α에서 통계적으로 유의하다.'

라고 말한다. 이때, '유의하다'는 말의 의미는 중요하다는 것이 아니라

'영가설이 사실임을 뒷받침하지 않는 증거의 수준이 미리 설정한 유의수준을 넘어섰다.'

라는 것을 의미한다.

이제 이러한 관계를 이해할 때, 우리는 기각역, 임계값 및 p값을 바탕으로 영가설의 기각 또는 채택 여부를 다음과 같이 판단할 수 있다.[6)]

영가설 기각: 검정통계량의 값이 어느 한 쪽 기각역에 속하거나, 검정통계량의 절대값이 임계값의 절대값과 같거나 더 극단적인 값을 갖거나, 또는 p값$<\alpha$인 경우

영가설 채택: 검정통계값의 값이 어느 기각역에도 속하지 않거나, 검정통계량의 절대값이 임계값의 절대값보다 덜 극단적인 값을 갖거나, 또는 p값$>\alpha$ 경우

6) 임계값과 기각역을 바탕으로 영가설의 기각 여부를 판단하는 경우에는 검정통계량의 확률분포를 바탕으로 임계값과 기각역을 실제로 구해야 하지만 p값의 경우는 단순히 p값과 유의수준 α의 크기를 비교함으로써 영가설의 기각 여부를 판단할 수 있다. 모든 컴퓨터 통계분석 프로그램에서는 검정통계값을 구할 경우 p값을 분석결과의 일부로서 함께 제시해 주기 때문에 연구자가 임계값이나 기각역을 직접 구하지 않고서도 p값만을 바탕으로 영가설 기각 여부를 판단할 수 있다. 이러한 편리함으로 인해 영가설의 기각 여부를 판단하는 기준으로는 기각역이나 임계값보다 p값이 더 일반적으로 사용되는 경향이 있다.

이상의 내용을 기호로 나타내면 다음과 같다.

$|z'| < |C = z_{\alpha/2}|$ 일 때, $P(|Z| > |z'|) = p$값$> \alpha = P(|Z| > |C = z_{\alpha/2}|)$이므로 H_0 채택

$|z'| \geq |C = z_{\alpha/2}|$ 일 때, $P(|Z| > |z'|) = p$값$< \alpha = P(|Z| > |C = z_{\alpha/2}|)$이므로 H_0 기각

6. 가설검정에 있어서의 두 가지 오류

제4장에서 우리는 유의수준이 두 가지 의미, 즉 '신뢰구간이 모수를 추정하지 못할 가능성'이라는 의미와 '모수추정의 정확도'라는 의미를 가지고 있음을 설명한 바 있다. 이 두 가지 의미와 더불어서 유의수준은 가설검정과 관련해서 또 한 가지 중요한 의미를 갖는다. 그 의미는 '영가설을 검정하는 과정에서 연구자가 오류를 범할 수 있는 확률'이라는 의미이다.

앞서 들었던 예에서 우리는 표본평균이 기각역에 속하는 값을 갖는다면 모평균이 μ_0이라는 영가설을 기각하는 것이 기각하지 않는 것보다 확률에 근거해 볼 때 더 타당한 판단이라는 것을 설명한 바 있다. 그럼에도 불구하고 이러한 판단이 절대적으로 '옳은' 판단이라고는 볼 수 없다.

그 이유는, 비록 매우 낮은 확률이기는 하지만 그러한 판단이 잘못된 판단일 수 있는 확률이 엄연히 존재하기 때문이다. 다시 말해서, 실제 모평균이 μ_0임에도 불구하고 단순히 우연에 의해서 표본평균이 모평균과 매우 다른 값을 갖게 된 것일 수도 있고, 그렇기 때문에 표본평균을 표준화한 값이 기각역에 속하게 되는 사건이 발생할 가능성을 완전히 배제할 수는 없다는 것이다.

앞서 소개했던 [그림 5-1]을 다시 예로 들어보자. 우리는 모집단의 실제 모평균이 μ_A일 때 $\overline{X}$와 같은 표본평균을 얻게 될 확률이 .05로 매우 낮기 때문에 μ_A가 아니라 μ_B를 모집단의 실제 평균으로 받아들이는 것이 타당하다고 판단했다. 그런데 이러한 판단과 달리 실제로 모평균이 μ_A라면 어떻게 되는 것인가? 만일 그렇다면 우리는 실제 모평균이 μ_A임에도 불구하고 μ_A와 관련된 확률이 μ_B와 관련된 확률보다 더 낮기 때문에 μ_A를 모평균으로 받아들이지 않는 것은 사실이기 때문에 채택해야 마땅한 영가설을 기각하는 오류를 범하는 것이다.

통계학에서는 이처럼 영가설이 사실임에도 불구하고 영가설을 기각하는 그릇된 판단을 내리는 오류를 통계적 가설검정의 제1종 오류(type I error)라고 부르고 이러한 제1종 오류를 범할 확률을 유의수준 α로 표기한다.[7)]

---

7) 제4장에서 우리는 구간추정을 설명하면서 유의수준이라는 용어를 정확한 개념 설명 없이 소개했었다. 이제 위와 같은 설명을 통해서 유의수준의 의미를 정확하게 이해할 수 있게 되었으리라 생각한다. 유의수준이란 한마디로 말해서 어떤 우연에 의해서 사실을 거짓으로 인식하는 오류를 범하게 될 확률로 이해할 수 있다. 유의수준의 의미를 이렇게 정의할 때, 혹자는 가설검정에 있어서의 유의수준의 의미는 비교적 쉽게 이해하는 반면, 구간추정에 있어서의 유의수준의 의미를 이해하는 데 있어서 다소 어려움을 겪게 될는지도 모른다. 만일 이러한 사람들을 위해서 구간추정에서의 유의수준을 일종의 오류로 표현하

제1종 오류가 사실인 영가설을 기각하는 오류라면 가설검정의 제2종 오류는 이와 반대로 거짓인 영가설을 채택하는 그릇된 판단을 내리는 오류를 말한다. 제2종 오류를 범할 확률은 β로 표기한다. 제1종 오류와 제2종 오류의 내용을 알아보기 쉽게 정리하면 〈표 5-2〉와 같다.

〈표 5-2〉 가설검정의 두 가지 오류

	H_0가 사실	H_0가 거짓
H_0를 기각	제1종 오류확률 $= \alpha$	$1-\beta =$ 검정력
H_0를 채택	$1-\alpha$	제2종 오류확률 $= \beta$

위 〈표 5-2〉의 내용은 [그림 5-5]를 통해서 쉽게 이해할 수 있다.

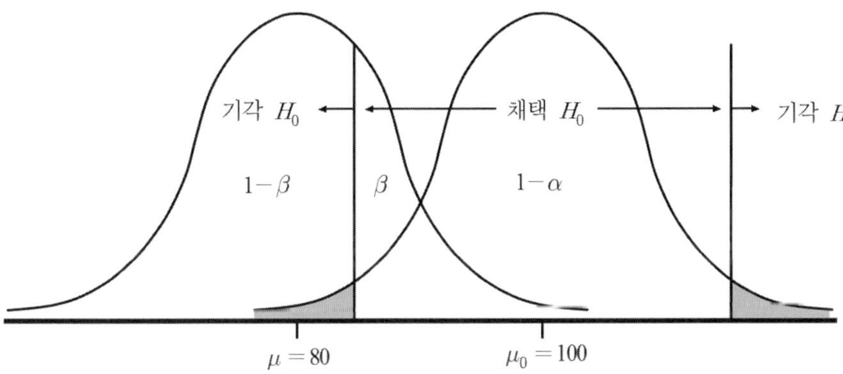

[그림 5-5]

[그림 5-5]의 오른쪽 분포와 왼쪽의 분포는 각각 다음과 같은 영가설과 대립가설에

$$H_0 : \mu_X = \mu_0 = 100$$
$$H_a : \mu_X < \mu_0 = 100$$

해당하는 분포이다. 즉, 오른쪽 분포의 모평균(기대값)은 100이므로 이 분포는 영가설이 사실이라는 가정에 부합하는 분포인 반면, 왼쪽 분포는 모평균이 100이 아니므로 영가설이 사실이 아닌 경우, 즉 대립가설이 사실이라는 가정에 부합하는 분포이다.

[그림 5-5]에서 음영부분의 면적은 기각역에 해당하며, 이미 알고 있는 바와 같이, 표본을 바탕으로 구한 표본평균값이 기각역에 속할 때 영가설은 기각된다. 따라서 오른쪽 분포에서 기

자면 다음과 같다. 구간추정에 있어서의 유의수준이란 모수추정의 정확도를 높이기 위해서 모수추정 가능성을 α만큼 낮춰 신뢰수준을 $1-\alpha$로 설정함으로 인하여, 그렇게 하지 않았더라면 추정할 수 있을지도 모르는 모수를 추정하지 못하게 되는 오류를 범할 확률을 말한다.

각역은, 비록 그 부분이 오른쪽 분포에 속하는 부분이기는 하지만 영가설이 거짓임을 나타내는 부분이다. 반면에 왼쪽 분포는 대립가설이 사실인 경우에 부합하는 분포이므로 왼쪽 분포의 모든 부분에서 영가설은 거짓이라고 여겨진다.

이러한 내용을 염두에 둔 상태에서 이제 왼쪽 분포와 오른쪽 분포가 겹치는 영역에 주목해 보자. 이 영역 중에서 기각역이 아닌 부분은, 왼쪽 분포에 속하므로 영가설이 거짓인 부분이다. 동시에 이 부분은 오른쪽 분포의 채택역에 속하므로 영가설이 기각되지 않는 부분이다. 다시 말해서, 이 부분의 면적은 영가설이 거짓임에도 불구하고 채택되는 오류, 즉 제2종의 오류를 범할 확률인 β에 해당한다.

이번에는 왼쪽 분포의 음영부분에 주목해 보자. 이 부분은 왼쪽 분포에 해당하면서 β가 아닌 부분이므로 면적이 $1-\beta$라는 것을 알 수 있다. 이 부분은 또한 왼쪽 분포에 해당하므로 대립가설이 사실임을 나타내는 부분이면서 동시에 오른쪽 분포의 기각역 바깥쪽에 해당하는 부분이다. 따라서 이 부분에서 영가설은 거짓이며 기각된다는 것을 알 수 있다. 통계학에서는 바로 이 면적, 즉 거짓인 영가설을 기각해버릴 수 있는 확률(능력)을 가리켜 가설검정의 검정력(Power of Test)이라고 부른다.

가설검정의 오류와 관련해서 또 한 가지 중요한 사실은 제1종 오류와 제2종 오류 간에는 상충적인 관계가 존재한다는 것이다. [그림 5-5]를 통해서 우리는 이러한 사실을 쉽게 이해할 수 있다. 만일 [그림 5-5]에서 제1종 오류를 범할 확률 α를 낮추기 위해서 임계값을 더 바깥쪽(평균을 기준으로 왼쪽)으로 이동시키면 제2종 오류를 범할 확률 β는 증가한다. 이와 반대로 β를 낮추기 위해서 임계값을 더 안쪽으로 이동시키면 이는 α를 높이는 결과를 가져온다.

이와 같이, 어느 한 종류의 오류를 범할 확률을 낮춘다는 것은 필연적으로 다른 한 종류의 오류를 범할 확률을 높이는 결과를 가져오게 되므로 두 종류의 오류를 동시에 낮추는 것은 불가능하다. 일반적으로 가설검정에서는 이 두 종류의 오류 가운데 제1종 오류의 확률을 낮추는 데 주안점을 두는데, 이를 위해서 가설검정에 앞서 제1종 오류를 범할 확률인 유의수준 α를 먼저 정함으로써 제2종 오류를 범할 확률을 일정 수준으로 고정시킨 다음 가설을 검정한다.

제1종 오류와 제2종 오류 간에 이러한 상충관계가 존재하는 반면, 제1종 오류와 검정력 $1-\beta$ 간에는 비례관계가 존재한다. 예를 들어, [그림 5-5]에서 왼쪽 임계값을 더 왼쪽으로 옮겨 제1종 오류를 범할 확률 α를 줄이면 왼쪽 분포의 그늘진 부분의 면적이 줄어드므로 검정력 또한 줄어든다는 것을 알 수 있다. 이 관계는 직관적으로 쉽게 이해된다. 제1종 오류의 확률이 줄어든다는 것은 기각역이 줄어들어 영가설을 기각하기(영가설의 사실 여부를 떠나서)가 더 어려워짐을 의미하므로 제1종 오류의 확률이 줄어들면 영가설이 비록 거짓일지라도 기각하기가 어려워져 검정력이 낮아지는 결과가 나타남을 이해할 수 있다.

7. 가설검정의 7단계와 영가설 기각의 의미

이상에서 설명한 가설검정의 기본원리에 대한 이해를 바탕으로 통계적 가설검정과정을 7단계로 나누어 정리하면 다음과 같다.

1단계: 연구하고자 하는 확률변수 X로 정의한다.

2단계: 확률변수 X의 모집단과 관련된 모수의 값 또는 범위가 명시된 영가설과 대립가설을 설정한다.

3단계: 제1종 오류를 범할 확률인 유의수준 α를 정한다.

4단계: 검정통계량(test statistic)을 결정한다. 검정통계량이란 검정대상 모수를 추정하기 위해 구한 표본통계량의 값 또는 표본분포를 말한다. 위의 예에서, 모평균 μ를 추정하기 위해 구한 표본통계량인 표본평균 $\overline{X}$는 정규분포를 따르며 이를 표준화하면 표준정규분포를 따르므로 모평균과 관련된 가설검정에서 검정통계량은 Z분포 또는 Z값이 된다.

5단계: 영가설과 대립가설의 내용을 바탕으로 검정통계량의 확률분포 양쪽 모두 기각역을 설정할 것인지 아니면 어느 한쪽에만 기각역을 설정할 것인지를 결정한다. 이때, 분포의 양쪽에 기각역을 설정하는 경우를 양측검정(two-tail test)이라고 하고 분포의 어느 한쪽에만 기각역을 설정하는 경우를 가리켜 단측검정(one-tail test)이라고 한다.[8)]

6단계: 표본을 바탕으로 검정통계값을 구한다. 검정통계값이 i) 기각역에 속하는지의 여부, ii) 임계값보다 더 극단적인 값을 갖는지의 여부 또는 iii) p값이 유의수준보다 작은지의 여부를 파악한다.

7단계: 영가설의 기각 여부를 결정하고 결론을 내린다.

가설검정과 관련해서 주의해야 할 것은 영가설을 기각한다는 것이 영가설이 거짓이라는 것을 의미하는 것이 아니라는 점이다.[9)] 이미 앞서 언급했던 바와 같이, 가설을 검정한다는 것은 어떤 주장이 사실인지를 직접적으로 밝히는 것이 아니라 서로 다른 주장을 놓고 각각의 주장과 관련된 확률에 근거해서 어떤 주장이 더 타당한지를 판단하는 것에 불과할 뿐 어떤 가설이 사

8) 양측검정과 단측검정에 대해서는 바로 다음인 '9. 양측검정과 단측검정'에서 자세히 설명하기로 하겠다.

9) 매년 동일한 숫자의 졸업생을 배출하는 A대학의 사회복지학과와 B대학의 사회복지학과 중에서 A대학의 사회복지학과는 매년 졸업생의 80%가 사회복지사 1급 자격증을 취득하는 반면, B대학의 사회복지학과는 50%가 1급 자격증을 취득한다고 가정해 보자. 확률에 근거하여 판단할 때 'B대학보다 A대학의 사회복지학과 졸업생이 1급 사회복지사가 될 가능성이 높다'는 주장은 타당한 주장이다. 그러나 확률 그 자체가 A대학의 사회복지학과 졸업생은 1급 사회복지사가 될 수 있다는 것을 보장해 주는 것이 결코 아님을 (물론 사회복지사로서의 자질을 갖춘 1급 사회복지사가 될 수 있을지는 더 말할 나위도 없거니와) 이해한다면 영가설을 기각한다는 것이 과연 무엇을 의미하는지는, 적어도 사회복지학을 전공했거나 현재 공부하고 있는 사람이라면 쉽게 이해할 수 있으리라 본다.

실 또는 거짓임을 입증하는 것이 결코 아니기 때문이다.

따라서 표본을 바탕으로 구한 검정통계값이 기각역에 속할 때, 우리가 내릴 수 있는 올바른 결론은 '주어진 표본으로부터 영가설을 사실로 받아들일 만한 증거를 찾을 수 없다' 내지는 '주어진 표본에 근거해 볼 때 영가설을 받아들이지 않는 것이 더 타당하다'라고 하겠다.

8. 단일 모평균에 대한 가설검정

이상에서 배운 내용을 바탕으로 이제 단일 모평균에 대한 가설을 실제로 검정해 보기로 하자. 단일 모평균에 대한 가설검정에 있어서 주의해야 할 사항은 단일 모평균에 대한 가설검정 방법은 [그림 5-6]에 제시된 바와 같이, 모집단의 확률분포가 정규분포인지의 여부와 모분산이 알려져 있는지의 여부에 따라 달라진다는 점이다. 먼저 모집단이 정규분포를 따르는지 여부에 따라 가설검정 방법이 어떻게 달라지는지를 살펴보기로 하자.

어떤 확률변수 X의 모집단이 정규분포를 따를 때, 이 모집단의 모평균에 대한 가설을 검정하기 위해서 우리는 표본으로부터 모평균에 대한 표본추정량인 표본평균 $\overline{X}$를 구해야 하며, 표본평균 $\overline{X}$는 확률변수 X의 선형함수이므로 확률변수 X와 마찬가지로 정규분포를 따른다는 것을 알고 있다. 이처럼 연구하고자 하는 확률변수의 모집단이 정규분포를 따른다면 모평균에 대한 가설검정은 당연히 표준정규분포의 특성에 근거하여 이루어지게 될 것이며, 따라서 검정통계량은 Z가 된다.

이번에는 모집단이 정규분포를 따르는지를 모르는 상황에서 모평균에 대한 가설을 검정하는 경우를 생각해 보기로 하자. 이 경우에도 모평균을 추정하기 위해서 표본평균 $\overline{X}$를 구해야 하는 것은 앞서의 경우와 마찬가지이다. 그러나 이제 문제가 되는 것은 모집단의 확률분포를 모르기 때문에 표본평균 $\overline{X}$가 어떤 표본분포를 따르는지를 알 수 없다는 것이며, 따라서 표본평균 $\overline{X}$가 특정 값을 가질 때 이 값과 관련된 확률을 어떤 분포의 특성에 근거해서 계산할지를 모른다는 것이다.

이 문제는 앞서 배웠던 중앙극한정리를 이용함으로써 해결할 수 있다. 만일 표본평균 $\overline{X}$를 구하기 위해 모집단으로부터 뽑은 표본의 크기가 $n \geq 30$이라면 중앙극한정리에 의해서 우리는 표본평균 $\overline{X}$가 모집단의 확률분포와 상관없이 정규분포를 따르며, 표본평균을 표준화한 Z값은 표준정규분포를 따른다는 것을 알고 있다. 따라서 모평균에 대한 가설을 표준정규분포의 특성을 이용하여 검정할 수 있고 검정통계량은 이 경우에도 역시 Z값이 된다.

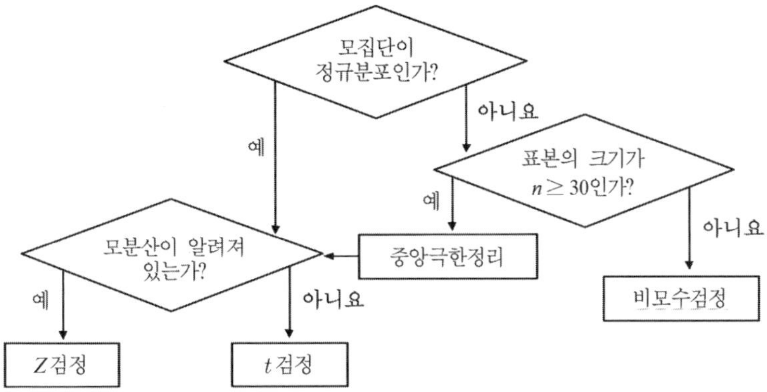

[그림 5-6]

그러나 만일 표본평균 $\overline{X}$를 구하기 위해 뽑은 표본의 크기가 충분히 크지 않다면 $(n < 30)$ 중앙극한정리를 적용할 수 없기 때문에 표본평균 $\overline{X}$가 어떤 확률분포를 따르는지 결국 알 수 없게 된다. 이처럼 검정하려는 모수에 대한 표본추정량이 어떤 확률분포를 따르는지를 알 수 없고, 특히 표본추정량이 정규분포를 따른다고 가정할 수 없는 경우에는 비모수검정기법(nonparametric test)을 사용하여 가설을 검정해야 한다.[10)]

일단 모집단이 정규분포를 따르거나 혹은 표본의 크기가 충분히 커서 중앙극한정리를 적용할 수 있는 것으로 판명되면 그다음으로는 모분산 σ^2의 값이 알려져 있는지의 여부를 고려해야 한다. 만일 모분산 σ^2의 값이 알려져 있다면 표본평균 $\overline{X}$는 다음과 같이

$$Z = \frac{\overline{X} - \mu_0}{\sigma / \sqrt{n}} \sim Z$$

표준화할 수 있으므로 모평균에 관한 가설은 검정통계량인 Z값과 표준정규분포의 특성을 이용하여 검정할 수 있게 된다.

이와 달리 만일 모분산 σ^2의 값이 알려져 있지 않다면 표본평균 $\overline{X}$에 대한 표준화는 미지수인 σ^2 대신 표본분산 s^2을 사용하여 이루어지게 된다. 이때, 표본분산 s^2을 사용하여 표본평균 $\overline{X}$를 표준화할 경우, 그 결과로서 얻어지는 확률변수 t는 표준정규분포가 아니라 t분포를 따르는 것으로 알려져 있다. 즉,

$$t = \frac{\overline{X} - \mu_0}{s / \sqrt{n}} \sim t_{n-1} \qquad [5\text{-}4]$$

10) 비모수검정기법은 이 책의 제14장과 15장에서 다루기로 한다.

따라서 모분산 σ^2이 알려져 있지 않은 경우, 모평균에 대한 가설검정은 표준정규분포가 아닌 부록 [표 $A3$]에 제시된 t분포의 특성에 근거하여 이루어진다. 표준정규분포와 달리 t분포는 표본자유도에 따라 분포의 모양이 달라지는 특성을 가지고 있으므로 가설검정을 위해서는 사용하게 될 t분포의 표본자유도를 알아야 한다.

앞서 χ^2분포를 설명하면서 정의했던 바와 같이, 자유도란 '다른 변수가 어떤 변수값을 갖는가와 무관하게 어떤 변수값이든 자유롭게 가질 수 있는 확률변수의 개수'를 말한다.[11)] 이러한 자유도 개념은 t분포에도 똑같이 적용된다. 단일 모평균에 관한 가설검정을 위해서 모집단으로부터 서로 독립인 n개의 확률변수를 표본으로 뽑게 되면 우리는 이 표본을 구성하고 있는 n개의 표본구성원소 각각을 하나의 독립된 확률변수로 볼 수 있으므로 이러한 확률표본의 자유도는 표본의 크기와 같은 n이 된다.

그런데 단일 모평균에 관한 가설을 검정하는 과정에서 모분산 σ^2을 몰라 [5-4]와 같이 모분산을 표본분산 s^2으로 대체하면 그 과정에서 표본을 이루고 있는 n개의 구성원소 중 최소한 1개 구성원소의 변수값은 전적으로 나머지 $n-1$개의 구성원소들이 어떤 변수값을 갖는가에 따라 결정되게 된다. 따라서 n개의 표본구성원소 가운데 1개만큼은 자유롭게 어떤 값이든 가질 수 있는 능력을 상실하게 되는바, 표본자유도는 n에서 $n-1$로 감소한다.

미지수인 σ^2을 표본분산 s^2으로 대치하는 과정에서 1개 구성원소의 변수값이 나머지 $n-1$개 표본구성원소들의 변수값에 의해 결정되는 이유는 다음과 같다. 모평균에 관한 가설검정을 위해 표본을 바탕으로 표본평균 $\overline{X}$의 값을 구하고 나면 그 값은 더 이상 확률변수가 아니라 다음과 같이 정의되는 어떤 특정 값 $\tilde{\overline{X}}$[12)]

$$\tilde{\overline{X}} = \frac{1}{n}(X_1 + X_2 + X_3 + \cdots + X_{n-1} + X_n) \qquad [5\text{-}5]$$

로 고정된다. 이와 같이 고정된 표본평균을 기준점으로 삼아 다음과 같은 공식에 따라 표본분산을 구하게 되는데

$$s^2 = \frac{\sum_{i=1}^{n}(X_i - \tilde{\overline{X}})^2}{n-1} \qquad [5\text{-}6]$$

위 [5-6]의 분자에서 각 표본구성원소의 값과 표본평균 간의 편차를 구할 때 $n-1$번째까지의 표본구성원소들은 어떤 변수값을 갖더라도 전혀 문제되지 않지만 맨 마지막에 해당하는 표본

11) 자유도에 대한 이러한 개념적 정의는 Walker, H.(1940)와 Toothaker, L., & Miller, L.(1995)를 참조하기 바라며 자유도에 대한 비교적 알기 쉬운 수학적 정의는 Green, W.(1991)를 참조하기 바란다.

12) X바 틸다(X bar tilda)라고 읽는다.

구성원소, 즉 n번째 표본구성원소만큼은 [5-5]에 의해서 반드시 다음과 같은 조건

$$X_n = \overline{\overline{X}} - \frac{1}{n}(X_1 + X_2 + X_3 + \cdots + X_{n-1})$$

을 만족시키는 변수값을 가져야만 한다. 이 말을 달리 표현하면, n번째 표본구성원소의 변수값은 전적으로 나머지 $n-1$개의 구성원소들이 어떤 변수값을 갖는가에 따라 결정된다는 것이며, 따라서 n번째 구성원소는 나머지 $n-1$개 구성원소들과는 달리 어떤 값이든 가질 수 있는 자유를 상실하게 된다는 것을 의미한다.

이러한 이유에서 미지수인 σ^2을 표본분산 s^2으로 대체하면 크기가 n인 표본의 자유도는 $n-1$로 감소한다. 위의 [5-6]에서 표본분산을 구하는 공식에서 표본의 크기인 n이 아니라 $n-1$로 분자를 나눠 줘야 하는 이유 또한 이와 동일한 맥락에서 설명할 수 있다. 간단히 말하면, 표본분산이란 제곱합(sum of squares)을 어떤 값이든 자유롭게 가질 수 있는 표본구성원소의 수로 나누어 준 값이다. 따라서 [5-6]에서 분모는 표본 자유도인 $n-1$이 되는 것이다.

여기서 한 가지 주의해야 할 것은 자유도를 잃는 결과는 σ^2을 s^2으로 대체하는 경우에만 발생하는 것이 아니라 모수의 종류가 무엇이든 상관없이 미지수인 모수를 표본통계량으로 대체하면 언제나 발생한다는 점이다.

예를 들어, 미지수인 모평균 μ를 추정하기 위해서 크기가 n인 표본을 바탕으로 표본평균 $\overline{X}$를 구해 대체할 때도 표본자유도는 1단위 감소한다. 이 경우, 표본을 바탕으로 추정해야 하는 모수의 수가 1개이므로 자유도는 1개 감소한다. 그런데 만일 추정해야 하는 모수의 수가 n개라고 한다면 표본자유도 역시 1개만 감소하는 것이 아니라 n개만큼 감소한다. 자유도와 관련해서는 이러한 사실들을 반드시 기억해 두어야 한다.

이제 다시 t분포에 대한 설명으로 돌아가 보기로 하자. 부록 [표 $A3$]에 나타나 있는 바와 같이, t분포는 표본자유도가 증가할수록 분포의 형태가 표준정규분포에 가까워지고 자유도가 $df \geq 30$이 되면 표준정규분포와 일치하게 되는 특성을 가지고 있다. 따라서 단일 모평균에 관한 가설을 검정할 때, 설령 모분산을 모르더라도 표본의 크기가 $n \geq 30$이라면 검정통계량으로서 t값 대신 Z값을 사용하여 가설을 검정해도 검정 결과에는 큰 차이가 없는 것으로 알려져 있다.[13)]

이제까지 설명한 내용들을 다음과 같은 두 가지 가설검정의 예를 통해서 보다 정확하게 이해해 보도록 하자.

---

13) 이러한 이유에서 부록의 [표 $A3$]에 제시된 자유도의 범위는 1부터 29까지로 한정되어 있으며 자유도가 30 이상이 되는 경우는 표준정규분포표를 이용하면 된다.

예제 5-1

의약분업이 실시된 이후 외래 의료서비스 이용횟수가 급증했다는 주장의 타당성을 검정해 보기 위해서 건강보험가입자 100명을 확률표본으로 뽑아 이들의 외래 의료서비스 이용횟수를 조사해 본 결과, 의약분업 실시 이후 3개월이 지난 시점의 평균 외래 의료서비스 이용횟수는 의약분업 실시 이전 연도의 연평균 외래 의료서비스 이용횟수인 10.3회에 비해 2.9회 증가한 13.2회로 나타났다고 가정해 보자.

이러한 조사 결과를 바탕으로 의약분업 이후 평균 외래 의료서비스 이용횟수가 증가했다는 주장이 타당한지의 여부를 검정해 보기로 하자. 이때, 외래 의료서비스 이용횟수는 정규분포를 따르고 분포의 표준편차는 6회인 것으로 알려져 있다고 가정해 보자. 연구하고자 하는 바가 '외래 의료서비스 이용횟수'이므로 건강보험가입자의 외래 의료서비스 이용횟수를 확률변수 X라고 정의하면 검정하고자 하는 영가설과 대립가설은 다음과 같이

H_0: 외래 의료서비스 이용횟수의 모평균은 10.3회이다.
H_a: 외래 의료서비스 이용횟수의 모평균은 10.3회가 아니다.

설정하거나 또는 기호로 다음과 같이 설정할 수 있다.

$$H_0 : \mu_X = \mu_0 = 10.3$$
$$H_a : \mu_X \neq \mu_0 = 10.3$$

외래 의료서비스 이용횟수 X가 정규분포를 따르는 것으로 알려져 있으므로 표본평균 $\overline{X}$ 또한 정규분포를 따르므로 Z값을 검정통계량으로 사용할 수 있다. 이때, 모집단의 표준편차가 6회로 알려져 있고 표본의 크기는 $n=100$이므로, 영가설이 사실이라는 가정하에서 $\overline{X}$의 확률분포는 다음과 같다는 것을 알 수 있다.

$$X \sim N(10.3,\ 36)$$
$$\overline{X} \sim N(10.3,\ \frac{36}{100})$$

가설검정을 위한 유의수준을 $\alpha=.05$로 설정한다면 검정통계량의 확률분포인 표준정규분포의 양극단에 $\alpha/2=.025$에 해당하는 기각역과 임계값은 다음과 같다.

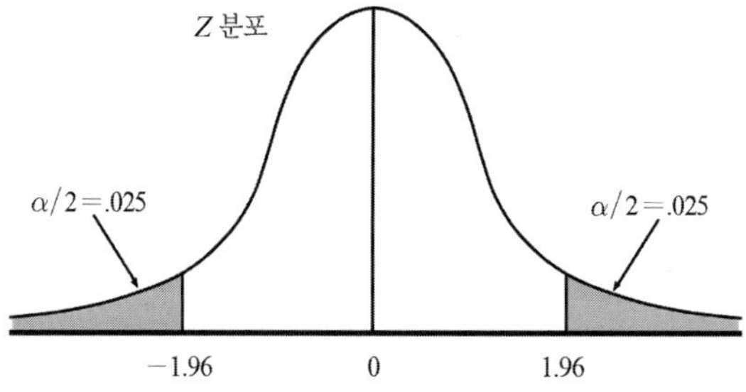

[그림 5-7]

표본을 바탕으로 구한 표본평균 13.2를, 영가설이 사실일 때의 모평균 $\mu_0=10.3$ 및 주어진 모표준편차를 이용하여 표준화하면 다음과 같다.

$$Z=\frac{\overline{X}-\mu_0}{\sigma_X/\sqrt{n}}=\frac{13.2-10.3}{6/\sqrt{100}}=4.833>1.96$$

예제 5-2

현행 국민기초생활보장제도의 수급자 선정기준 가운데 하나인 소득기준에 따르면 4인 가구의 경우, 월 최저생계비가 96만 원 미만일 때(2001년 기준) 수급자격을 인정받을 수 있게 되어 있다. 이러한 소득기준이 현실성 있는 기준인지를 알아보기 위해서 대도시지역에 거주하는 빈곤 4인 가구 가운데 15가구와 군지역에 거주하는 빈곤 4인 가족 가구 가운데 15가구를 표본으로 뽑아 조사한 결과가 다음과 같은 자료를 얻게 되었다고 가정해 보자.

이러한 자료를 바탕으로 현재 4인 가구에 대해서 적용하고 있는 월 96만 원의 소득기준이 과연 현실성 있는 기준인지를 검정해 보기로 하자. 먼저 저소득 4인 가구의 월 생활비를 확률변수 X라고 하면, 현행 제도하에서 4인 가족 가구에 대해 96만 원의 최저생계비 기준을 적용하는 것은 $\mu_X = 96$만 원이라는 것을 의미한다. 따라서 검정하고자 하는 영가설과 대립가설은 다음과 같이 설정할 수 있다.

가구번호	월생활비(만 원)	가구번호	월생활비(만 원)
1	87.6	16	112.5
2	88.5	17	112.5
3	92.5	18	112.5
4	94.2	19	114.5
5	95.3	20	116.2
6	96.5	21	118.5
7	98.3	22	118.5
8	100.0	23	119.4
9	102.4	24	120.5
10	103.7	25	123.3
11	105.0	26	123.5
12	107.3	27	128.0
13	107.5	28	128.6
14	107.7	29	135.4
15	110.2	30	138.5

$$\sum_{i=1}^{30} x_i = 3319.1, \quad \overline{X} = 110.6367, \quad s_X = 13.3795$$

H_o : 빈곤 4인 가구의 월 최저생계비는 96만 원이다.
H_a : 빈곤 4인 가구의 월 최저생계비는 96만 원이 아니다.

또는 기호로

$$H_0 : \mu_X = \mu_0 = 96$$
$$H_a : \mu_X \neq \mu_0 = 96$$

주어진 정보를 바탕으로 가설을 검정해 보면, 먼저 확률변수 X가 어떤 확률분포를 따르는지는 모르나 표본의 크기가 $n=30$임을 고려해 볼 때, 중앙극한정리에 의해서 표본평균 $\overline{X}$를 표준화한 값은 표준정규분포에 따른다는 것을 알 수 있다. 그러나 확률변수 X의 모분산 σ_X^2에 대한 정보는 주어져 있지 않기 때문에 주어진 표본자료를 이용하여 표본분산 s_X^2을 구해 모분산을 대체해야 함에 따라 검정통계량은 t가 되며 이때의 자유도는 $n-1=30-1=29$라는 것을 알 수 있다. 유의수준을 $\alpha=.05$로 설정한다면 분포의 양 극단에 면적인 각각 $\alpha/2=.025$에 해당하는 기각역을 정의하는 임계값은 부록의 [표 A3]으로부터 ±2.045이라는 것을 알 수 있으며, 따라서 기각역은 다음과 같이 설정된다.

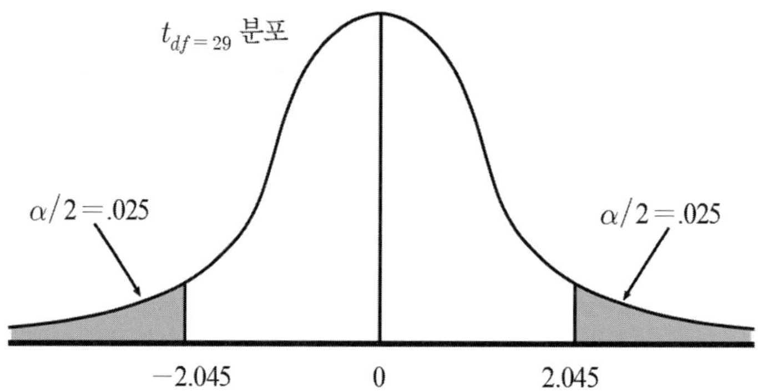

[그림 5-8]

이제 영가설이 사실이라는 가정하에서 표본자료를 바탕으로 검정통계량 t를 구하면 검정통계값 $t=5.9918$은 임계값 $C=2.045$보다 크므로

$$t=\frac{\overline{X}-\mu_0}{s_X/\sqrt{n}}=\frac{110.6367-96}{13.3795/\sqrt{30}}=\frac{14.6367}{2.4428}=5.9918>2.045$$

오른쪽 기각역에 속하는 값이다. 이때, 이 검정통계량에 해당하는 p값은 당연히 유의수준보다 작으므로

$$P(t_{29}\geq|\pm5.9918|)<.05,\quad P(t_{29}\geq5.9918)<.025$$

유의수준 .05에서 영가설은 기각된다.

이러한 검정 결과를 바탕으로 우리는 표본에 근거해 볼 때, 현행 국민기초생활보장제도에서 수급자격 심사를 위해 4인 가구에 대해 적용하고 있는 96만 원의 소득기준이 저소득 4인 가구의 실생활을 반영하고 있는 기준임을 뒷받침할 만한 증거를 찾을 수 없다는 결론을 내릴 수 있다.

9. 양측검정과 단측검정

이제까지 가설검정의 기본 원리를 살펴보는 과정에서 우리는 가설을 검정하기 위해서 기각역을 설정할 때, 항상 검정통계량이 따르는 확률분포의 양 극단 모두에 기각역을 설정하고 가설을 검정하는 방법을 설명했다. 그러나 기각역을 반드시 분포의 양쪽 극단 모두에 설정해야만 하는 것은 아니며 연구자의 판단에 따라 분포의 어느 한쪽 극단에만 기각역을 설정할 수도 있다.

검정통계량 분포의 양 극단 모두에 기각역을 설정하고 가설을 검정하는 검정방식을 양측검정이라고 하고 분포의 어느 한쪽에만 기각역을 설정하고 가설을 검정하는 검정방식을 단측검정이라고 한다. 앞의 [예 5-1]을 다시 예로 들어서 양측검정과 단측검정의 의미를 이해해 보기로 하자.

[예 5-1]에서 우리는 의약분업 실시 이후 외래서비스 이용횟수의 모평균이 10.3회인지의 여부를 양측검정을 통해 검정했다. 그런데 이 영가설에 대해서 단측검정을 실시할 것인지 양측검정을 실시할 것인지의 여부는 전적으로 대립가설의 내용에 따라 결정된다.

일단 주어진 정보를 바탕으로 다음과 같은 하나의 영가설과 세 개의 대립가설을 설정해 보자.

H_o : 외래 의료서비스 이용횟수의 모평균은 10.3회이다.
H_{a1} : 외래 의료서비스 이용횟수의 모평균은 10.3회가 아니다.
H_{a2} : 외래 의료서비스 이용횟수의 모평균은 10.3회보다 크다.
H_{a3} : 외래 의료서비스 이용횟수의 모평균은 10.3회보다 작다.

또는 기호로

$$H_0 : \mu_X = \mu_0 = 10.3$$
$$H_{a1} : \mu_X \neq \mu_0 = 10.3$$
$$H_{a2} : \mu_X > \mu_0 = 10.3$$
$$H_{a3} : \mu_X < \mu_0 = 10.3$$

위의 대립가설 중 'H_{a1} : 외래 의료서비스 이용횟수의 모평균은 10.3회가 아니다'라는 대립가설은 모평균이 10.3회와 다르다는 것을 의미하되 어느 방향으로 다른지, 즉 모평균이 10.3회보다 큰 방향으로 다른지 아니면 10.3회보다 작은 방향으로 다른지에 대해서는 전혀 언급하고 있지 않다.

이처럼 차이의 방향을 명시하지 않는 가설을 중립적 가설(neutral hypothesis)이라고 한다. 대립가설이 이처럼 중립적 가설일 때 영가설을 검정하려면 확률분포의 양 극단에 유의수준 α의 절반, 즉 $\alpha/2$에 해당하는 기각역을 설정해야 한다. 왜냐하면 영가설은 검정통계량의 값이 극단적으로 커도 기각되고 극단적으로 작아도 기각되는데 검정통계량이 어떤 값을 갖게 될지는 표본을 바탕으로 구해보기 전까지는 모르기 때문이다.

그렇기 때문에 두 극단적인 경우 중 어느 경우가 발생하더라도 영가설은 기각되어야 하며 그렇게 하기 위해서는 확률분포의 양 극단에 유의수준의 절반에 해당하는 $\alpha/2$의 기각역을 설정해야 한다. 이처럼 확률분포의 양 극단에 기각역을 설정하는 가설검정을 가리켜 양측검정이라고 한다.

이와 달리 연구자는 어떤 사전 지식을 바탕으로 'H_{a2}: 모평균이 10.3회보다 크다'는 대립가설을 설정할 수도 있다. 이 경우, 만일 연구자의 판단이 옳다면 영가설은 기각될 것이고, 모집단의 특성을 반영하는 표본을 바탕으로 구한 표본평균은 10.3회보다는 큰 값을 갖게 될 것이다. 따라서 연구자의 판단이 옳다면 10.3회보다 큰 표본평균값을 표준화하여 얻어지는 검정통계값은 항상 양의 값을 갖게 될 것이다. 즉,

$$Z = \frac{[\text{10.3보다 큰 양의 값}]-10.3}{\text{양의 값}} > 0$$

이 경우, 만일 영가설이 기각된다면 그 이유는 검정통계량이 극단적으로 큰 값을 갖기 때문일 것이라 예상할 수 있으므로 기각역을 설정함에 있어서 분포의 오른쪽 극단에만 유의수준 α에 해당하는 기각역을 설정하는 것이 논리적으로 타당하다. 이러한 가설검정을 가리켜 단측검정이라고 한다.

동일한 논리에 의해서 연구자는 모평균이 10.3회보다 작다는 확신을 바탕으로 대립가설을 'H_{a3}: 모평균이 10.3회보다 작다'라고 설정할 수도 있다. 이때, 만일 연구자의 판단이 옳다면 검정통계량은 다음과 같이

$$-Z = \frac{[\text{10.3보다 작은 양의 값}]-10.3}{\text{양의 값}} < 0$$

음(-)의 값만을 갖게 될 것이다. 따라서 이 경우 역시 단측검정을 실시하되 분포의 왼쪽 극단에만 유의수준 α에 해당하는 기각역을 설정하는 것이 더 타당하다.

이상의 내용을 이해한 상태에서, 연구자가 사전적 지식을 바탕으로 대립가설을

H_a : 외래 의료서비스 이용횟수의 모평균은 10.3회보다 크다.

라고 설정했다고 가정해 보자. 이 대립가설은 방향성을 갖는 가설이므로 단측검정을 실시하는 것이 바람직하다는 것을 알 수 있다. 또한 더 나아가서 대립가설의 내용이 '실제 모평균이 영가설에서 말하는 실제 모평균 10.3회보다 크다'는 것이며 대립가설이 사실일 때, 검정통계값 Z는

항상 양의 값을 가지므로 기각역은 분포의 오른쪽 극단에만 설정하는 것이 타당하다. 단측검정을 위해 분포의 오른쪽 극단에 $\alpha = .05$ 에 해당하는 임계값과 기각역을 설정하면 다음과 같다.

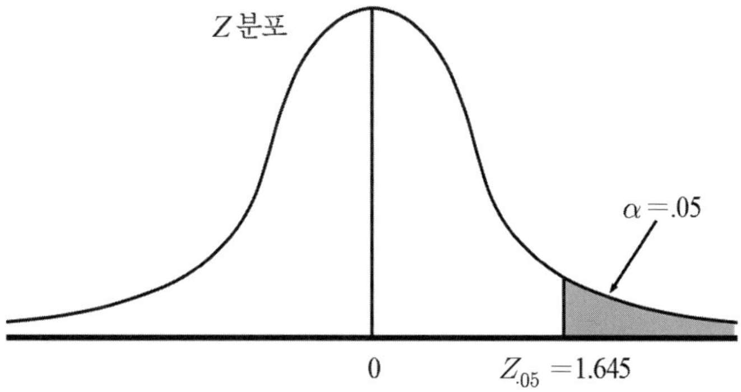

[그림 5-9]

부록 [표 $A1$]의 표준정규분포표로부터 기각역의 면적이 .05가 되게 하는 Z값은 1.645이므로 임계값은 1.645가 된다. 앞서 [예 5-1]에서 양측검정을 실시했을 때의 임계값이 $C=\pm 1.96$이었던 것을 기억한다면 단측검정에서의 임계값은 1.645로 줄어든 것을 알 수 있다. 임계값에 있어서의 이러한 변화는 단측검정을 하기 위해서 기각역을 오른쪽 극단에만 설정하기 때문에 기각역의 면적이 $\alpha/2$ 가 아니라 $\alpha = .05$이 되기 때문이다. 즉, 기각역의 면적을 .05로 넓히기 위해서는 임계값이 분포의 중심쪽에 더 가까운 값을 가져야 하기 때문이다.

이와 관련해서 한 가지 주목해야 할 사실은 단측검정의 임계값은 양측검정에서의 양의 임계값 1.96보다 작은 값이므로 모든 다른 조건이 동일하다면, 양측검정을 실시할 때보다 단측검정을 실시할 때 검정통계량이 덜 극단적인 값을 갖더라도 가설을 기각할 수 있는 가능성이 높아진다는 점이다. 다시 말해서 양측검정을 실시할 경우, 영가설을 기각하기 위해서는 검정통계값이 임계값 1.96보다 더 큰 값을 가져야만 하지만 단측검정을 실시할 경우에는 검정통계값이 1.645보다 크기만 하면 영가설을 기각할 수 있다는 것이다.

임계값과 기각역을 설정하는 데 있어서의 이상과 같은 차이를 제외하고는 가설을 검정하는 원리와 방법에 있어서 양측검정과 단측검정 간에는 아무런 차이가 존재하지 않는다. 이제 표본을 바탕으로 구한 표본평균 13.2를, 영가설이 사실일 때의 모평균 10.3 및 주어진 모표준편차를 이용하여 표준화하면 다음과 같고

$$Z = \frac{\overline{X} - \mu_0}{\sigma_X / \sqrt{n}} = \frac{13.2 - 10.3}{6/\sqrt{100}} = 4.833 > 1.645$$

이러한 계산을 통해 얻어진 검정통계값 4.833은 임계값 1.645보다 큰 값이므로 이 값은 기각역

에 속한다. 이때 이 값에 해당하는 p값은

$$P(Z \geq |\pm 4.833|) < .05, \quad P(Z \geq 4.833) < .025$$

이므로 영가설은 기각된다.

이러한 검정결과를 바탕으로 우리는 단측검정에서도 의약분업 실시 이후의 평균 외래 의료서비스 이용횟수가 의약분업 실시 이전 연도 평균인 10.3회와 같다는 주장을 뒷받침할 만한 증거를 표본자료로부터 찾을 수 없으며 의약분업 실시 이후의 외래 서비스 이용횟수의 모평균은 10.3회보다 크다는 결론을 내리게 된다.

10. 단일 모분산에 대한 가설검정

단일 모평균에 대한 가설검정에 이어서 이번에는 단일 모분산 σ^2에 대한 가설을 검정해 보기로 하자. 연구하고자 하는 확률변수 X의 모집단이 정규분포를 따른다고 할 때, 우리는 모분산 σ^2이 어떤 특정 값 또는 범위에 해당하는 값을 갖는다는 영가설과 이에 상반되는 대립가설을 다음과 같이 설정할 수 있다.

H_o : 모분산이 σ^2이다.[14)] 또는 $H_0 : \sigma^2 = \sigma_0^2$ [5-7]

H_a : 모분산이 σ^2이 아니다. 기호로 $H_a : \sigma^2 \neq \sigma_0^2$

단일 모평균에 대한 가설검정의 경우와 마찬가지로, 미지수인 모분산 σ^2에 대한 가설을 검정하기 위해서 우리는 σ^2에 대한 표본통계량인 표본분산 s_X^2의 확률분포를 알아야 한다. 그러나 모분산에 대한 가설을 검정하기 위한 목적에서 본다면 표본분산 확률분포 그 자체를 아는 것보다는 표본분산을 다음과 같이

$$\frac{(n-1)s^2}{\sigma_0^2} \sim \chi_{n-1}^2 \qquad [5\text{-}8]$$

변형시킴으로써 정의되는 확률변수가 χ^2분포를 따른다는 사실을 이해하는 것이 더 중요하다. [5-8]을 이해하기 위해서는 먼저 χ^2변수와 χ^2분포에 대한 이해가 선행되어야 할 필요가 있다. χ^2분포에 대해서는 앞서 제4장에서 간략하게 설명한 바 있으나 이번 장에서 좀 더 자세하게 살펴보기로 하자. 어떤 확률변수 X_i의 모집단이 정규분포를 따르고 모평균과 모분산이 다음과 같을 때,

14) 앞서 단일 모평균에 대한 가설검정에서와 마찬가지로, σ_0^2은 영가설이 사실일 때의 모분산을 의미한다.

$$X_i \sim N(\mu, \sigma^2)$$

X_i를 표준화하여 제곱한 값, 즉

$$Z_i^2 = \frac{(X_i - \mu)^2}{\sigma^2} \sim \chi_1^2$$

은 자유도 $df = 1$인 χ^2변수가 되며 이 변수가 따르는 확률분포를 χ^2분포라고 한다.[15)]

만일 확률변수 X_i가 단 한 개의 확률변수가 아니라 $N(\mu, \sigma^2)$인 모집단으로부터 서로 독립이 되게 뽑은 크기가 n인 표본이라고 하면 n개의 X_i 각각을 표준화하고 제곱하여 모두 더한 값 또한 χ^2분포를 따르는 χ^2변수가 되는데, 이때 자유도는 서로 독립인 확률변수 X_i의 개수인 n이 된다. 즉,

$$Z_1^2 + Z_2^2 + \cdots + Z_n^2 = \sum_{i=1}^{n} \frac{(X_i - \mu)^2}{\sigma^2} = \chi_n^2 \qquad [5-9]$$

이때, 만일 [5-9]에서 모평균 μ를 모른다고 한다면 우리는 n개의 표본구성원소를 바탕으로 $\overline{X}$를 구해 다음과 같이 μ를 대체하게 되는데

$$\sum_{i=1}^{n} \frac{(X_i - \overline{X})^2}{\sigma^2} = \chi_{n-1}^2 \qquad [5-10]$$

이 경우, 이미 앞에서 설명한 바와 같이, 미지수인 모수 μ를 표본통계량으로 대체하는 것이므로 표본자유도는, 추정해야 하는 모수의 개수인 1개만큼 감소하기 때문에 X_i변수의 자유도는 $n-1$이 된다는 것을 알 수 있다.

이제 [5-10]을 다음과 같이 변형시키면

$$\begin{aligned} \chi_{n-1}^2 &= \sum_{i=1}^{n} \frac{(X_i - \overline{X})^2}{\sigma^2} \\ &= \frac{1}{\sigma^2}(n-1)\sum_{i=1}^{n} \frac{(X_i - \overline{X})^2}{n-1} \\ &= \frac{(n-1)s_X^2}{\sigma^2} \end{aligned}$$

15) χ^2분포는 부록의 [표 $A2$]에 제시된 바와 같이 자유도에 따라 분포의 형태가 달라지는 특성을 갖는다.

다름 아닌 [5-8]의 검정통계량을 얻게 된다. 이러한 사실을 바탕으로 이제 우리는 모분산에 대한 가설을 자유도가 $df = n-1$인 χ^2분포의 특성을 이용하여 검정할 수 있다.

예제 5-3

현행 국민기초생활보장제도의 수급자 선정기준 가운데 하나인 소득기준이 가구 특성을 고려하지 못하고 있다는 의견이 제기됨에 따라 보건복지부가 현재 보호를 받고 있는 수급자 4인 가족 가구 중 30가구를 표본으로 뽑아 이들 가구의 실제 월생계비를 파악한 결과, 표본분산이 $s^2=137.5$인 것으로 나타났다고 가정해 보자.

수급가구 월생계비를 확률변수 X라 하고 X의 모집단이 정규분포를 따른다고 할 때, 이 조사결과를 바탕으로 수급가구 월생계비의 모분산이 $\sigma^2=81$이라는 주장의 타당성을 유의수준 .05에서 검정해 보기로 하자. 검정해야 하는 영가설과 대립가설은 다음과 같이 설정할 수 있다.

H_o :월생계비의 분산은 81만 원이다.
H_a : 월생계비의 분산은 81만 원이 아니다.

또는 기호로

$$H_0 : \sigma_X^2 = \sigma_0^2 = 81$$
$$H_a : \sigma_X^2 \neq \sigma_0^2 = 81$$

모집단의 정규분포를 따를 때, 표본분산을 [5-10]과 같이 변형시킨 값은 χ^2분포를 따르므로 검정통계량으로 χ^2값을 사용할 수 있다. 표본크기 $n=30$이므로 χ^2의 자유도는 $df=30-1=29$이다. 대립가설이 중립가설이므로 양측검정을 실시해야 하는데 유의수준 $\alpha=.05$에서 가설을 검정하는 것이므로 χ^2분포의 양 극단에 각각 면적이 $\alpha/2=.025$에 해당하는 기각역을 설정하면 각각의 기각역을 정의하는 임계값은 부록 [표 A2]로부터 다음과 같다.

$$\chi^2_{.975,\, df=29} = 16.0471, \quad \chi^2_{.025,\, df=29} = 45.7223$$

이제 주어진 조사결과를 바탕으로 검정통계값을 구하면

$$\frac{(n-1)s_X^2}{\sigma_X^2} = \frac{(29)(137.5)}{81} = 49.22$$

이며, 이 값은 우측 임계값보다 더 극단적인 값이므로 우측 기각역 안에 속하는 값이다. 따라서 이 값에 해당하는 p값은 구태여 계산하지 않더라도 p값<.025라는 것을 쉽게 알 수 있다.
이러한 검정결과를 바탕으로 수급자 4인 가구 월생계비의 모분산이 81만 원이라는 기존의 인식을 뒷받침하는 증거를 표본자료로부터 찾을 수 없다는 결론을 내릴 수 있다.

11. *SPSS*를 이용한 단일표본 t검정

이상에서 살펴본 가설검정의 원리에 대한 이해를 바탕으로 이제 *SPSS*를 이용하여 단일 모수에 관한 가설을 검정해 보기로 하자. 사실 *SPSS*를 이용하여 가설을 검정할 때 연구자가 *SPSS*를 이용하여 하는 것은 표본자료를 분석해서 가설검정에 필요한 검정통계량의 값과 그 값에 해당하는 p값을 구하는 것, 즉 계산에 불과하다. 가설검정에 있어서 정작 중요한 것은 그렇게 구한 수치들의 의미를 해석하고 이해하는 능력이다. 우리가 이 장의 앞부분에서 가설검정의 원리를 공부해야 했던 이유는 바로 그러한 능력을 기르기 위해서다.

그럼 이제 *SPSS*를 이용하여 앞서 들었던 [예 5-2]의 모평균에 관한 가설을 검정해 보자. 국민기초생활보장제도의 수급자 선정을 위한 소득기준에 따르면, 2001년 4인 가구의 경우, 월 최저생계비가 96만 원 미만일 때 수급자격을 인정받을 수 있다. 과연 이 기준이 현실성 있는 기준인지 여부를 실증적으로 알아보기 위해 [그림 5-10] 같은 표본자료 'C5-단일표본-검정-01'을 수집했다고 가정해 보자.

우리가 알고자 하는 바는 소득기준 96만 원이 현실성 있는 기준인지 여부이다. 만일 이 소득기준이 현실성 있는 기준이라면 기초생활보장 수급가구가 한 달을 살아가는 데 드는 실제 월생활비의 모평균은 96만 원일 것이다. 따라서 이러한 사실을 반영하여 영가설과 대립가설은 월생활비의 모평균이 특정 값(이 경우는 96만 원)인지 여부를 내용으로 갖게끔 다음과 같이

$$H_0 : \mu_X = \mu_0 = 96$$
$$H_a : \mu_X \neq \mu_0 = 96$$

설정한다. 이어서 가설을 검정함에 있어서 제1종 오류를 범할 수 있는 확률인 유의수준을 .05로 설정한다.

영가설이 단일 모평균에 관한 가설이므로 Z값 또는 t값을 검정통계량으로 사용할 수 있다. 그런데 [예 5-2]의 경우, σ_X^2이 알려져 있지 않았다. 따라서 표본분산 s_X^2으로 σ_X^2를 대체해야 하므로 t값을 검정통계량으로 사용하는 t검정을 실시해야 한다.

t검정을 실시하기 위해 우리는 모집단의 월생활비 모평균에 대한 표본통계량으로서 월생활비 표본평균을 구해야 한다. 이때, 우리는 표본을 이루고 있는 30가구를 단일집단으로 보고 30개 변수값 모두를 이용하여 월생계비의 표본평균을 구한다. 이 말을 달리 표현하면 30가구를 어떤 조건을 가지고 두 개 또는 그 이상의 집단으로 나누거나 하지 않고 30가구 모두를 하나의 집단으로 보고 표본통계량을 구한다는 것이다.

*SPSS*에서 단일 모평균에 관한 t검정을 '단일표본 t검정(One sample t-test)'이라고 부르는

이유는 바로 이처럼 표본을 하나의 집단으로 사용하여 표본통계량을 구하기 때문이다. 이와 관련해서는 제6장에서 두 모평균에 관한 가설검정을 설명하면서 좀 더 자세히 설명하기로 하겠다.

[그림 5-10]

SPSS 에서 단일표본 t 검정을 실시하려면 [그림 5-11]처럼 *SPSS* 데이터 편집기 창의 최상위 메뉴 중 분석(Analysis)을 선택한다. 그런 다음 제시된 하위메뉴 중 평균 및 비율 비교(Compare Means), 일표본 t 검정(One sample t-test)을 차례대로 선택한다.

[그림 5-11]

일표본 t 검정을 누르면 [그림 5-12]와 같은 창이 나타난다. 이 창에 있는 두 개의 박스 중 왼쪽 박스를 보면 'ID'와 '월생활비' 변수가 있음을 확인할 수 있다.

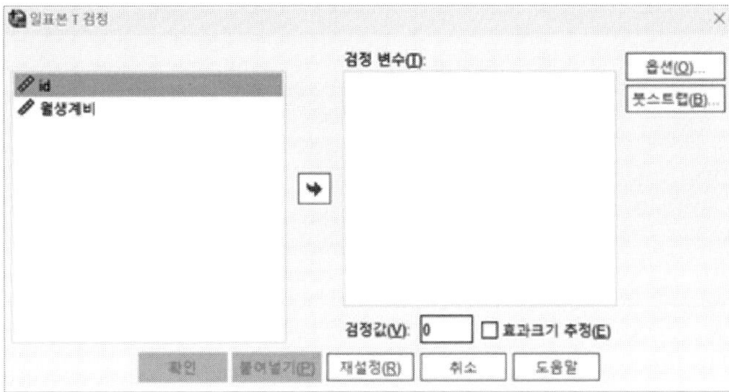

[그림 5-12]

두 변수 중 분석에 필요한 변수인 '월 생활비' 변수를 오른쪽의 검정변수(Test Variables) 박스로 옮겨 놓은 다음, 바로 아래 있는 검정값(Test Value) 박스에 [그림 5-13]처럼 '96'이라는 값을 입력한다. 이 값은 국민기초생활보장제도의 4인 가구의 월 최저생계비에 해당하는 값이며 영가설에서 말하는 월 생활비의 모평균 값이다.

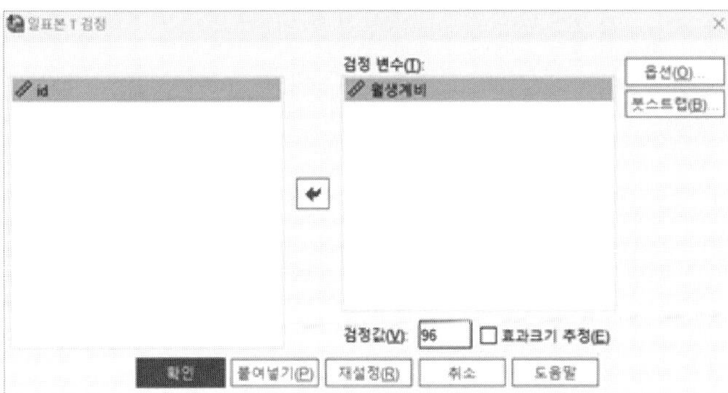

[그림 5-13]

이제 확인(OK)을 눌러 명령을 실행시키면 〈표 5-3〉과 〈표 5-4〉의 분석결과표가 제시된다. 이 두 분석결과표의 제목을 보면 '일표본 T검정'이라고 적혀 있는데, 이는 두 표에 제시된 분석결과가 단일 모수에 관한 가설검정을 위해 단일 표본을 분석하여 얻은 결과라는 것을 말해 준다.

〈표 5-3〉

일표본 통계량

	N	평균	표준편차	평균의 표준오차
월생계비	30	110.6367	13.37954	2.44276

〈표 5-4〉

일표본 검정

	검정값 = 96						
	t	자유도	유의확률		평균차	차이의 95% 신뢰구간	
			단측 확률	양측 확률		하한	상한
월생계비	5.992	29	<.001	<.001	14.63667	9.6407	19.6327

〈표 5-3〉을 보면 표의 맨 왼쪽에서부터 차례대로 확률변수 '월 생활비'에 관한 표본의 크기가 $n=30$이고, 이 표본을 분석하여 얻은 표본평균이 $\overline{X}=110.637$이며, 표준편차는 $s_X=13.380$이고, 표본평균 $\overline{X}$의 표준편차에 해당하는 표준오차는 2.443로 제시되어 있다.

〈표 5-4〉에 제시된 분석결과 중 첫 번째 열에 제시되어 있는 t값은 앞서 배웠던 t값 공식

$$t=\frac{\overline{X}-\mu_0}{s_X/\sqrt{n}}=\frac{110.6367-96}{13.3795/\sqrt{30}}=\frac{14.6367}{2.4427}=5.9918$$

에 따라 구한 값이다. 이 t값을 구할 때 사용한 표본의 자유도는 두 번째 열에 제시된 바와 같이 $df=n-1=29$인데 이는 σ_X^2가 알려지지 않음에 따라 이를 표본평균 s^2으로 대체해야 하는 과정에서 표본자유도가 1단위 상실되었기 때문이다.

이어서 제시되어 있는 유의확률은 검정통계값 $t=5.99$에 해당하는 p값이다. 이 값이 .000이라는 것은 자유도가 $df=29$인 t분포상에서 표본자료를 바탕으로 구한 검정통계값이 t=5.9918과 같거나 더 극단적인 값을 가질 확률은 거의 0에 가깝다는 것을 의미한다. 위의 표에서 '유의확률(양측)'이란 p값이 양측검정에 해당하는 p값, 즉

$$\begin{aligned}\text{제시된 } p\text{값} &= P(t_{df=29}\geq 5.9918)+P(-t_{df=29}\leq -5.9918)\\ &= P(t_{df=29}\geq 5.9918)\times 2\end{aligned}$$

라는 것을 의미한다. 그렇기 때문에 단측검정에 해당하는 p값을 구하기 위해서는 앞의 표에 제시된 p값을 2로 나눠 주어야 한다. 따라서 앞의 표에 제시된 p값을 이용하여 영가설 기각 여부를 판단하려면 영가설은 다음의 경우

p값이 유의수준 α보다 작거나 또는
p값의 1/2 값이 $\alpha/2$보다 작을 때

에 기각된다.

*SPSS*는 연구자가 유의수준을 달리 설정하지 않는 한 모든 검정에서 유의수준의 기본값(default value)을 .05로 설정하고 항상 양측검정에 해당하는 p값을 제시한다. 따라서 *SPSS* 분석결과표에 유의수준이 제시되어 있지 않더라도 유의수준은 .05이다. 이러한 사실을 이해할 때, 두 번째 분석결과표의 p값은 .05보다 작은 값이므로 유의수준 .05에서 영가설은 기각된다는 것을 알 수 있다.

따라서 이러한 분석결과에 근거하여 우리는 '표본자료로부터 국민기초생활보장제도의 4인가구 월 최저생계비 96만 원이 현실적인 최저생계비라는 주장을 뒷받침할 만한 결과를 얻을 수 없다'는 결론을 내릴 수 있다.

이제 마지막으로 〈표 5-4〉의 맨 오른쪽 두 개 열에 제시되어 있는 값의 의미를 살펴보기로 하자. 이 두 열에는 표본통계량 $\overline{X}$, s_X를 바탕으로 구한, 모평균 μ에 대한 $100(1-\alpha)\%$ 신뢰구간의 하한 및 상한값이 제시되어 있다. 이 신뢰구간은, 가설검정을 위한 유의수준을 .05로 설정했으므로, 모평균 μ에 대한 95% 신뢰구간이다. 영가설이 기각될 때, 이 신뢰구간은 0값을 포함하지 않는다. 그 이유를 설명하면 다음과 같다.

영가설이 기각된다는 것은 표본자료를 바탕으로 구한 $\overline{X}$값이, 영가설이 사실일 때의 모평균인 $\mu_0=96$과 매우 다른 값을 갖는다는 것을 의미한다. 그런데 얼마나 '다른' 값을 갖는다는 것인가? 우리는 $\overline{X}$가 위의 분석결과표에 제시된 95% 신뢰구간의 중심이라는 것을 알고 있는데 영가설이 유의수준 .05에서 기각된다는 것은 바로 이 $\overline{X}$가 $\mu_0=96$과 너무도 다른 값을 가져서 $\overline{X}$를 중심으로 95% 신뢰구간을 설정해도 그 구간의 하한(또는 상한)이 $\mu_0=96$보다도 크다(또는 작다)는 것을 의미한다.

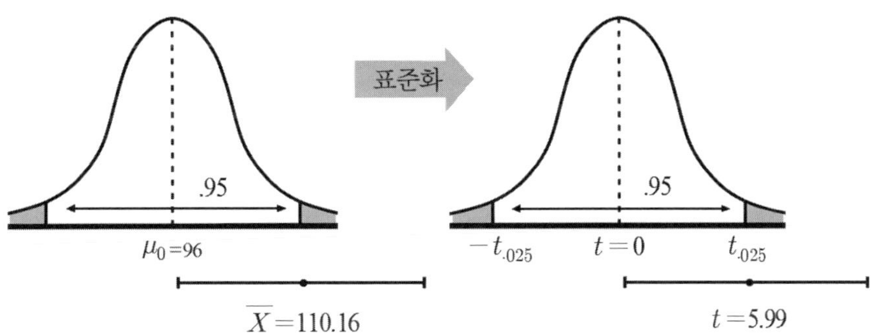

[그림 5-14]

이러한 사실을 이해했다면 〈표 5-4〉에 제시된 하한값과 상한값을 가지고 [그림 5-14] 같은 분포를 그려 보자. 유의수준 .05에서 영가설이 기각될 만큼 $\overline{X}$가 $\mu_0=96$으로부터 동떨어진 값을 갖는다는 것은 왼쪽 분포에서 신뢰구간의 중심인 $\overline{X}$가 $\mu_0=96$으로부터 양 방향으로 .95에 해당하는 범위 밖에 위치한다는 것을 의미한다.

왼쪽 분포는 모평균 $\mu_0=96$을 중심으로 갖는 분포이며, 이 분포를 표준화하여 $\mu_0=0$을 중심으로 갖는 오른쪽 t 분포로 전환하면 왼쪽 분포에 설정되었던 신뢰구간 또한 표준화된다. 이때, 두 번째 분석결과표(〈표 5-4〉)에 제시된 신뢰구간이 표준화 이전의 모평균 $\mu_0=96$을 포함하지 않았으므로 표준화된 신뢰구간 또한 표준화된 모평균 $t=0$을 포함하지 않는다는 것을 알 수 있다.

이러한 이유에서 모평균에 관한 가설검정에서는 엄밀하게 말하자면 모평균을 비롯한 모든 모수에 관한 가설검정에서는 유의수준 α에서 영가설이 기각되면 표본자료를 바탕으로 구한 모수에 대한 $100(1-\alpha)\%$ 신뢰구간은 0값을 포함하지 않는 반면, 영가설이 기각되지 않으면 검정대상 모수에 대한 $100(1-\alpha)\%$ 신뢰구간은 분포의 중심은 0값을 항상 포함한다.

또 한 가지 예를 통해서 *SPSS*를 이용하여 단일 모수에 관한 가설을 검정하는 방법을 분명하게 이해해 보기로 하자. 통계청이 추정한 바에 따르면, 현재 연령이 40~49세에 해당하는 국민의 기대수명은 약 80.8세라고 한다. 이 추정의 타당성을 검정해 보기 위해 현재 연령이 40~49세인 국민으로부터 확률표본을 132명 뽑아 이들의 성별, 현재 건강상태 등을 조사하여 기대수명을 추정했다고 가정해 보자.

[그림 5-15]는 이렇게 얻은 자료 'C5-단일표본 t검정-02'이며 이 자료를 이용하여 현재 40~49세에 해당하는 국민의 기대수명이 통계청이 추정한 기대수명과 같은지 여부를 유의수준 .05에서 검정해 보기로 하자. 먼저 검정해야 할 영가설과 대립가설은 다음과 같이 설정한다.

H_o : 현재 연령이 40~49세인 국민의 기대수명은 80.8세이다.

H_a : 현재 연령이 40~49세인 국민의 기대수명은 80.8세가 아니다.

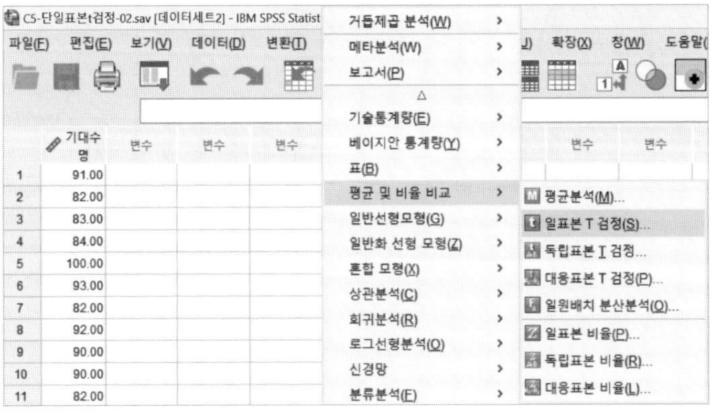

[그림 5-15]

앞서의 예와 마찬가지로 *SPSS*의 최상위 메뉴 중 분석(Analysis), 하위메뉴인 평균 및 비율 비교(Compare Means), (단)일표본 t 검정(One sample T-Test)을 차례대로 누른다.

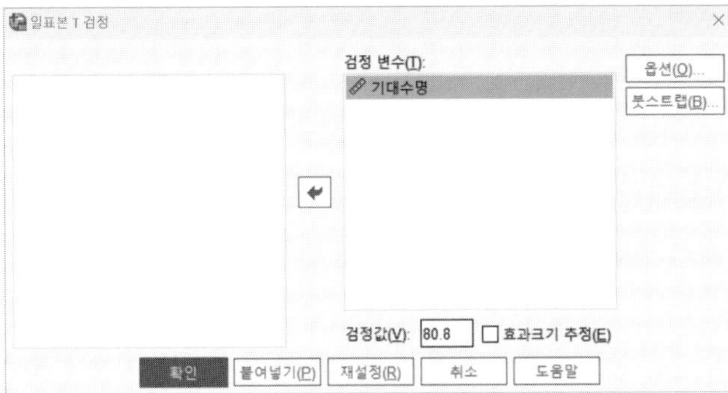

[그림 5-16]

[그림 5-16]의 왼쪽 박스에서 '기대수명' 변수를 오른쪽의 검정변수(Test Variables) 박스로 옮긴다. 그다음으로는 바로 아래의 검정값(Test Value) 박스에 '80.8' 값을 입력한다. 이 80.8이라는 값은 통계청이 말하는 기대수명이다. 마지막으로 '확인(OK)'을 눌러 명령을 실행시킨다.

〈표 5-5〉

일표본 통계량

	N	평균	표준편차	평균의 표준오차
기대수명	30	89.0000	6.73642	1.22990

〈표 5-6〉

일표본 검정

	검정값 = 80.8						
	t	자유도	유의확률		평균차	차이의 95% 신뢰구간	
			단측 확률	양측 확률		하한	상한
기대수명	6.667	29	<.001	<.001	8.20000	5.6846	10.7154

분석결과를 보면 표본의 평균 기대수명은 약 89.0세로서 이 값은 통계청의 추정값인 80.8세와 다소 차이가 있다. 제시된 t 값은 6.667이고 이 값에 해당하는 p값은 .000으로 나타났다. 따라서 앞서 설정한 영가설이 사실임을 뒷받침할 만한 증거를 표본자료로부터 찾을 수 없다. 즉, 현재 연령이 40~49세인 국민의 기대수명이 80.8세라고 보기 힘들다는 결론을 내릴 수 있다.

12. *R*을 이용한 단일표본 *t*검정

*R*로 최저생계비에 대한 단일표본 *t*검정을 실시해보도록 한다. 'C5-단일표본-검정-01.sav' 파일을 불러들이기 위해서는 haven 패키지를 사용해야 한다. haven 패키지는 이미 앞에서 설치했기 때문에 새로운 세션이라면 library 함수를 사용하는 것만으로 충분하다. 아래 그림과 같이 read_sav 함수를 사용하여 파일을 불러들이고 단일표본 *t*검정은 t.test 함수를 사용하면 된다. t.test 함수의 괄호 안에 변수를 지정하고, alternative 옵션에는 양측 검정을 의미하는 "two-sided"를 선택하며, mu에는 영가설의 평균을 입력하고, 신뢰수준인 conf.level에는 일반적으로 0.95를 입력한다.

```
library(haven)

c5df <- read_sav(file.choose())

t.test(c5df$월생계비, alternative = "two.sided", mu = 96,
       conf.level = .95)
```

[그림 5-17]

t.test 함수를 ⇒Run 을 눌러 실행하면 [그림 5-18]과 같은 결과가 콘솔 창에 나타나게 된다. *SPSS*와 유사하게 t값, 자유도(df), 그리고 p값이 제시되는데, $p<.05$보다 크게 낮다는 것을 알 수 있다. 또한 95% 신뢰구간은 105.6407에서 115.6327로 96은 신뢰구간에 포함되지 않아 영가설이 기각된다는 것을 알 수 있다.

```
        One Sample t-test

data:  c5df$월생계비
t = 5.9919, df = 29, p-value = 1.629e-06
alternative hypothesis: true mean is not equal to 96
95 percent confidence interval:
 105.6407 115.6327
sample estimates:
mean of x
 110.6367
```

[그림 5-18]

다음으로 국민의 기대수명에 대한 가설을 검정하기 위해서는 'C5-단일표본-*t*검정-02.sav' 파일을 불러들인다. t.test 함수에서는 변수를 지정하고, 영가설의 값을 80.8로 입력하면 된다.

```
c5_2df <- read_sav(file.choose())

t.test(c5_2df$기대수명, alternative = "two.sided", mu = 80.8,
       conf.level = .95)
```

[그림 5-19]

t.test 함수를 Run 을 눌러 실행하면 [그림 5-20] 같은 결과가 콘솔 창에 나타나게 된다. *SPSS*와 유사하게 t값, 자유도(df), 그리고 p값이 제시되고, $p<.05$라는 것을 알 수 있다. 또한 95% 신뢰구간은 86.48458에서 91.51542로 80.8은 신뢰구간에 포함되지 않아 영가설이 기각된다는 것을 알 수 있다.

```
        One Sample t-test

data:  c5_2df$기대수명
t = 6.6672, df = 29, p-value = 2.6e-07
alternative hypothesis: true mean is not equal to 80.8
95 percent confidence interval:
 86.48458 91.51542
sample estimates:
mean of x
       89
```

[그림 5-20]

참고문헌

이필영, 이해영(1993). 통계학의 이해. 서울: 법문사.

Chiang, C., Langhause, C., & Selvin, S. (1990). Introduction to probability and Statistics in Biology and Public Health. Unpublished Manuscript. University of California at Berkeley.

Cravetter, F., & Wallnau, L. (1992). *Statistics for the Behavioral Sciences* (3rd ed.). St. Paul, MN: West Publishing Co.

Green, W. (1991). *Econometric Analysis*. New York, NY: Macmillan publishing Company.

Mendenhall, W., Wackerly, D., & Scheaffer, R. (1990). *Mathematical Statistics with Applications* (4th ed.). Boston, MA: PWS-KENT Publishing Co.

Moore, D., & McCabe, G. (1993). *Introduction to the Practice of Statistics* (2nd ed.). New York, NY: W. H. Freeman & Company.

Toothaker, L., & Miller, L. (1995). *Introductory Statistics for the Behavioral Sciences* (2nd ed.). Pacific Grove, CA: Brooks/ Cole Publishing Company.

Walker, H. (1940). Degrees of Freedom. *Journal of Educational Psychology*, *31*, 253-269.

| 연습문제 |

01 아래와 같은 상황에서 검정하게 될 영가설과 대립가설을 문장과 기호로 표현하십시오. 대립가설의 경우, 중립적 대립가설과 비중립적 대립가설 모두를 문장과 기호로 표현하되 비중립적 대립가설은 주어진 상황에 부합하게 표현하십시오.

S중학교의 학교부적응 학생들을 대상으로 1년간 실시한 집단대상 프로그램의 효과를 알아보기 위한 노력의 일환으로서 프로그램 종료 후 학교부적응 학생들 가운데 36명을 표본으로 뽑아 이들의 지난 학기 결석횟수를 조사한 결과, 평균 결석횟수가 5.5회인 것으로 나타났다. 이제까지 알려진 바에 따르면 이 학교 학교부적응 학생의 한 학기 결석횟수의 평균과 분산은 각각 8.9회와 12회라고 한다.

02 왜 모든 영가설은 '모수의 값 또는 범위가 어떠하다'는 형식을 갖춘 모수에 관한 진술이어야 하는지를 설명하십시오.

03 다음 문장의 의미를 설명하십시오.

"··· 유의수준 $\alpha = .05$에서 통계적으로 유의하다."

04 다음과 같은 영가설을 검정하고자 할 때, 제1종 오류와 제2종 오류를 범한다는 것은 구체적으로 무엇을 의미하는지 설명하십시오.

H_o : 치료개입이 효과적이지 않다.
H_a : 치료개입이 효과적이다.

05 다음 표본자료는 정규분포를 따르고 $\sigma_X=12$ 인 확률변수 X 의 모집단으로 얻은 자료입니다. 이 표본자료를 바탕으로 $\mu_X=25$라는 주장의 타당성을 유의수준 .05에서 검정하십시오.

49, 35, 24, 43, 34, 21, 27, 4, 40, 28, 35, 15, 23, 26, 43, 33

06 위의 5번 문제를 유의수준 .1과 .01에서 검정하십시오. 유의수준이 .1, .05, .01로 변할 때 각각의 검정결과를 비교함으로써 무엇을 알 수 있는지 서술하십시오.

07 위의 5번 문제에서 모평균을 모른다고 가정한 상태에서 표본을 바탕으로 확률변수 X 의 모표준편차가 알려진 바와 같이 $\sigma_X=12$ 인지를 검정하십시오.

08 문제 1에서 자신이 설정한 영가설과 대립가설을 유의수준 α =.05에서 검정하되 중립적 대립가설과 비중립적 대립가설 각각의 경우에 대해서 검정하십시오.

09 A복지관이 지난 4년간 운영해온 '화목가정 만들기' 프로그램의 월평균이용가구 수는 125가구였다. 최근 들어 A복지관은 정부지원금 감소로 인하여 그 동안 무료 프로그램이었던 '화목가정 만들기' 프로그램에 대해서 가구당 매달 약간의 이용료를 부과하기에 이르렀다. 이러한 변화 이후 이용가구 수에 변화가 있는지를 알아보기 위해서 이용료 부과 이후 10개월 동안 매월 이용가구 수를 파악한 결과가 아래와 같다고 한다. 유의수준 .05에서 이용료 부과 방침이 지역주민들의 '화목가정 만들기' 프로그램의 이용 정도에 영향을 미쳤는지를 검정하십시오(단, 월이용가구 수는 정규분포를 따르며 $\sigma^2=400$이라고 한다).

월별 이용자 수: 132, 125, 104, 120, 99, 118, 121, 75, 82, 88

10 위의 9번 문제의 모평균을 모른다고 가정하고 이용료 부과가 지역주민들의 '화목가정 만들기' 프로그램 이용수준의 월별 변동폭에 영향을 미쳤는지의 여부를 유의수준 .05에서 검정하십시오.

6

두 모집단의 모수에 관한 가설검정

제5장에서 우리는 표본을 바탕으로 모집단의 모수에 관한 가설을 검정하는 기본적인 원리를 배웠으며 이러한 원리를 바탕으로 모집단의 모평균 및 모분산에 관한 가설을 실제로 검정해 보았다. 이제 이번 장에서는 단일 모집단의 모수에 관한 가설검정에서 한 걸음 더 나아가 두 모집단의 모수에 관한 가설을 검정하는 원리와 방법을 공부하기로 하겠다.

두 보십단의 모수에 관한 가설을 검정하는 방법은 각각의 모집단으로부터 뽑은 두 표본이 서로 독립인 경우와 독립이 아닌 경우의 두 가지 경우로 크게 나뉜다. 이 가운데 두 표본이 독립인 경우에 해당하는 가설검정 방법을 먼저 살펴본 다음 뒤이어서 두 표본이 서로 독립이 아닌 경우에 해당하는 가설검정 방법에 대해서 살펴보기로 하자.

1. 두 모집단의 모평균에 관한 가설검정-독립표본

두 모집단의 모수에 관한 가설을 검정하는 목적은 모수를 비교하여 궁극적으로는 두 모집단이 동일한 모집단인지 아니면 서로 다른 모집단인지 판단하는 것이다. 먼저 우리에게 가장 익숙한 모수인 모평균을 예로 들어 두 모집단의 모수에 관한 가설검정의 원리를 이해해 보기로 하자.

두 개의 모집단 모집단 1, 모집단 2가 있다고 가정하고 이 두 모집단의 모평균을 비교한다고 생각해 보자. 모평균은 미지수이므로 두 모집단의 모평균을 직접 비교할 수는 없다. 따라서 두 모집단 각각으로부터 확률표본을 하나씩 뽑아 각각의 표본을 바탕으로 모평균에 대한 표본추정량인 표본평균을 구해야 한다.

모집단 1과 모집단 2 각각으로부터 표본을 뽑은 다음 각 표본을 바탕으로 구한 두 개의 표본평균을 $\overline{X}_1$, $\overline{X}_2$이라고 하자. 이렇게 구한 두 표본평균 $\overline{X}_1$, $\overline{X}_2$는 매우 유사한 값을 가질 수도 있고 매우 다른 값을 가질 수도 있다. 만일 모집단 1과 모집단 2가 서로 매우 다른 모집단이라면 아마도 각 모집단으로부터 뽑은 표본을 바탕으로 구한 두 표본평균 $\overline{X}_1$, $\overline{X}_2$ 역시 매우 다른 값을 가질 가능성이 높다. 그러나 이와 반대로 두 모집단이 매우 유사하거나 혹은 동일한 모집단이라면 두 표본평균 역시 매우 유사하거나 혹은 동일한 값을 가질 가능성이 높을 것이라 기대해 볼 수 있다.

이러한 논리를 바탕으로 우리는 두 모집단의 모평균을 비교할 때 각 모집단으로부터 뽑은 표본을 바탕으로 구한 두 개의 표본평균값을 비교해 봄으로써 우리가 비교하려는 두 모평균이 동일한 한 개 모집단의 모평균인지 아니면 서로 다른 두 개의 모집단의 모평균인지를 판단해 볼 수 있다.

물론 이때 이러한 판단의 기준이 되는 것은 두 표본평균이 유사 또는 상이한 값을 갖는다는 사실 그 자체가 아니라 두 표본평균이 유사 또는 상이한 값을 가질 확률이라고 말하는 것이 더 정확한 표현이라고 하겠다. 이는 앞서 제5장에서 배웠던 바와 같이, 단일 모집단의 모수와 관련된 가설을 검정함에 있어서 관건이 되는 것은 검정통계량이 '어떤 값을 갖는가?'가 아니라 검정통계량이 '특정 값을 가질 확률'이었던 것과 마찬가지라고 하겠다. 이제 보다 구체적인 예를 들어서 설명해 보기로 하자.

[그림 6-1]과 같이 평균과 분산이 μ_1과 σ_1^2인 모집단 1과 평균과 분산이 μ_2와 σ_2^2 인 모집단 2가 있다고 가정해 보자. 이 두 모집단의 모평균이 동일한지의 여부를 검정하기 위한 영가설과 대립가설은 다음과 같이 설정할 수 있다.

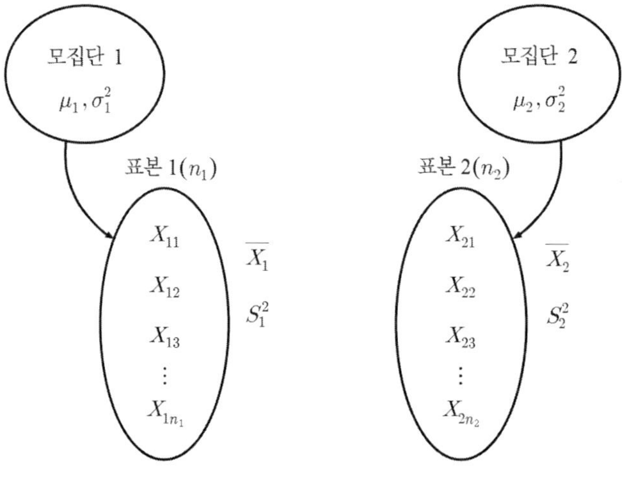

[그림 6-1]

H_o : 두 모평균이 같다 또는 $\mu_1 - \mu_2 = \mu_0 = 0$

H_a : 두 모평균이 다르다 또는 $\mu_1 - \mu_2 \neq 0$ [6-1]

이러한 가설을 검정하기 위해서 $(\mu_1 - \mu_2)$를 '두 모평균 간의 차이'라는 하나의 새로운 모수로 정의하고 μ_0으로 표기하기로 하자. 두 모집단 각각으로부터 크기가 n_1과 n_2인 확률표본을 뽑아 각각의 표본을 바탕으로 구한 표본평균을 $\overline{X}_1$과 $\overline{X}_2$라고 하면 μ_0에 대한 표본추정량은 $(\overline{X}_1 - \overline{X}_2)$이 되며 $(\overline{X}_1 - \overline{X}_2)$의 분산은 $\sigma^2_{(\overline{X}_1 - \overline{X}_2)}$로 표기할 수 있다.

이때, $\sigma^2_{(\overline{X}_1 - \overline{X}_2)}$는 제2장에서 배웠던 서로 독립인 두 확률변수로 이루어진 결합확률변수의 분산의 특성에 의해서

$$\sigma^2_{(\overline{X}_1 - \overline{X}_2)} = \sigma^2(\overline{X}_1 - \overline{X}_2) = Var(\overline{X}_1) + Var(\overline{X}_2) = \sigma_1^2/n_1 + \sigma_2^2/n_2 \qquad [6-2]$$

라는 것을 알 수 있다.

이때, 위에서 정의한 $(\mu_1 - \mu_2)$는 하나의 모평균에서 다른 하나의 모평균을 뺀 값으로 이 또한 분명히 하나의 모평균이라는 사실을 이해하는 것이 매우 중요하다. 왜냐하면 $(\mu_1 - \mu_2)$가 모평균인 이상, [6-1]은 다름 아닌 단일 모평균에 관한 가설인바, 우리는 제5장에서 배운 바와 같이 [6-1]의 가설검정을 위해서 Z값을 검정통계량으로 이용할 수 있게 되기 때문이다.

다만, 한 가지 주의해야 할 것은 $(\overline{X}_1 - \overline{X}_2)$을 표준화함에 있어서 σ_1^2과 σ_2^2은 알려지지 않는 미지수이기 때문에 이를 [6-3]과 같이 s_1^2과 s_2^2으로 대체해야 한다는 것이다. 이처럼 미지수인 σ_1^2과 σ_2^2을 표본분산 s_1^2과 s_2^2으로 대체하여 $(\overline{X}_1 - \overline{X}_2)$을 표준화하게 되면 그 값은 다음과 같이 더 이상 Z변수가 아니라 t 변수가 된다.

$$t = \frac{(\overline{X}_1 - \overline{X}_2) - (\mu_1 - \mu_2)}{\sqrt{s_1^2/n_1 + s_2^2/n_2}} \sim t_{n_1 + n_2 - 2} \qquad [6-3]$$

이때, 한 가지 주의해야 할 것은 [6-3]은 엄밀하게 말해서 아직 t 분포를 따르는 확률변수가 아니며 [6-3]이 t 분포를 따르기 위해서는 다음과 같은 세 가지 조건이 반드시 만족되어야 한다는 점이다.

조건 1. 두 모집단 모두 정규분포를 따른다.[1] 그러므로 두 표본 또한 정규분포를 따른다.

조건 2. 각 모집단 내에서 모든 구성원소들은 서로 독립이다. 따라서 각 표본 내에서 모든

1) 표본평균을 구하기 위해 뽑은 두 표본이 대표본, 즉 두 표본의 크기가 모두 $n \geq 30$이라면 조건 1이 만족되지 않더라도 중앙극한정리를 적용할 수 있다.

관찰값 또한 서로 독립이다.

조건 3. 두 모집단의 모분산은 알려져 있지 않으나 동일하다.

$$즉,\ \sigma_1^2=\sigma_2^2=\sigma^2$$

위의 조건 가운데 두 모분산이 $\sigma_1^2=\sigma_2^2=\sigma^2$ 으로 동일하다는 조건을 가리켜 등분산성(homogeneity of variance) 조건이라고 한다. 만일 이 조건이 만족된다면 모분산에 대한 표본추정량인 s_1^2과 s_2^2 또한 이론적으로 동일하다고 가정할 수 있고, 두 표본추정량 s_1^2과 s_2^2이 동일하므로 둘 가운데 어느 쪽을 모분산에 대한 표본추정량으로 사용해도 무방하다고 할 수 있다. 그러나 만일 두 표본의 크기가 동일하지 않다면, 즉 $n_1 \neq n_2$이라면 크기가 서로 다른 각각의 표본을 바탕으로 구한 s_1^2과 s_2^2을 같다고 보고 어느 한 쪽을 표본통계량으로 사용하기보다는 다음과 같이

$$s_P^2 = \frac{(n_1-1)s_1^2+(n_2-1)s_2^2}{n_1+n_2-2}$$

각각의 표본분산에 표본의 크기라는 상대적 가중치(relative weight)를 곱해 준 상태에서 구한 통합분산(pooled variance) s_P^2을 구해 이를 $\sigma_1^2=\sigma_2^2=\sigma^2$ 에 대한 표본추정량으로 사용하는 것이 바람직하다. 왜냐하면 두 개의 표본분산 가운데 어느 한쪽을 선택하여 표본추정량으로 사용한다는 것은 모수를 추정함에 있어서 어느 한쪽의 표본분산을 구하는 데 사용된 표본에 담겨진 정보만을 활용하는 것인 반면, 통합분산을 표본추정량으로 사용한다는 것은 두 표본 모두에 담겨진 정보를 활용하여 모수를 추정하는 것이기 때문이다.

엄밀하게 말하자면, 이러한 통합분산을 모분산에 대한 표본추정량으로 사용할 때에만 비로소 [6-3]은 t 분포를 따르는 확률변수가 된다. 이때, 통합분산을 모분산에 대한 표본추정량으로 사용할 수 있기 위해서는 두 모분산이 동일하다는 전제가 필요하다.[2)] 위의 조건 3이 필요한 이유는 바로 이 때문이다.

이상의 내용에 대한 이해를 바탕으로, 가설검정을 위해서 위의 세 조건이 만족된다고 가정하면 s_P^2을 모분산에 대한 표본추정량으로 사용할 수 있고 [6-3]은 다음과 같이 변형되어

$$t = \frac{(\overline{X}_1-\overline{X}_2)-(\mu_1-\mu_2)}{s_P\sqrt{1/n_1+1/n_2}} \sim t_{n_1+n_2-2} \qquad [6\text{-}4]$$

2) 이에 대한 설명은 이 책의 뒷부분에서 하게 될 것인바, 이에 대한 논의는 잠시 미뤄 두기로 하겠다.

자유도가 n_1+n_2-2인 t분포를 따르게 된다. 따라서 이제 비로소 우리는 [6-4]를 검정통계량으로 사용하여 [6-1]의 영가설을 검정할 수 있게 된다. 만일 가설검정을 위한 유의수준을 $\alpha=.05$로 설정한다면 부록 [표 $A3$]에 제시된 n_1+n_2-2인 t분포의 특성에 의해

$$P\left(-t_{n_1+n_2-2,\alpha/2} \le t \le +t_{n_1+n_2-2,\alpha/2}\right)=1-\alpha$$

이므로 임계값과 기각역은 다음과 같이 설정되며

$$C=\pm t_{n_1+n_2-2,\alpha/2}$$

$$-t \le -t_{n_1+n_2-2,\alpha/2} \qquad t \ge t_{n_1+n_2-2,\alpha/2}$$

모수 $(\mu_1-\mu_2)$에 대한 $100(1-\alpha\%)$ 신뢰구간은 다음과 같이 설정된다.

$$P\left(-t_{n_1+n_2-2,\alpha/2} \le \frac{\left(\overline{X}_1-\overline{X}_2\right)-(\mu_1-\mu_2)}{s_P\sqrt{1/n_1+1/n_2}} \le +t_{n_1+n_2-2,\alpha/2}\right)=1-\alpha$$

$$\left(\left(\overline{X}_1-\overline{X}_2\right)\pm t_{n_1+n_2-2,\alpha/2}\cdot s_P\sqrt{1/n_1+1/n_2}\right)$$

위의 [6-4]에서 분포의 자유도가 n_1+n_2-2인 이유는 미지수인 두 개의 모분산을 추정하기 위해서 s_P^2를 구하는 과정에서 각각의 표본을 바탕으로 s_1^2과 s_2^2을 구하게 되면, 앞서 제5장에서 설명했던 원리에 의해서 각 표본이 자유도를 1단위씩 상실하게 되기 때문이다. 보다 자세히 설명하자면 크기가 n_1인 표본 1을 바탕으로 s_1^2을 구하면 표본 1에서 자유롭게 어떤 변수값이든 가질 수 있는 표본구성원소의 수는 (n_1-1)개가 되고, 같은 원리에 의해서 표본 2를 바탕으로 s_2^2을 구하면 표본 2의 자유도는 (n_2-1)개가 되므로 표본의 자유도는 $(n_1-1)+(n_2-1)=n_1+n_2-2$가 되기 때문이다.

이제 검정통계량인 t값이 유의수준 α에 해당하는 기각역 내에 속할 경우 [6-1]의 영가설은 기각되는 반면, 검정통계량 값이 기각역 밖에 위치한다면 영가설은 채택된다. 이때, 영가설이 기각된다는 것은 표본자료에 근거해 볼 때 두 모평균이 동일한 모집단의 모평균이 아니라고 보는 것이 더 타당하다는 것을 의미한다. 즉, 모평균을 기준으로 하여 두 모집단을 비교해 본다면 두 모집단 간의 관계는 [그림 6-2]의 (a)와 (b) 가운데 (b)에 해당한다고 보는 것이 더 타당하다는 것을 말한다.

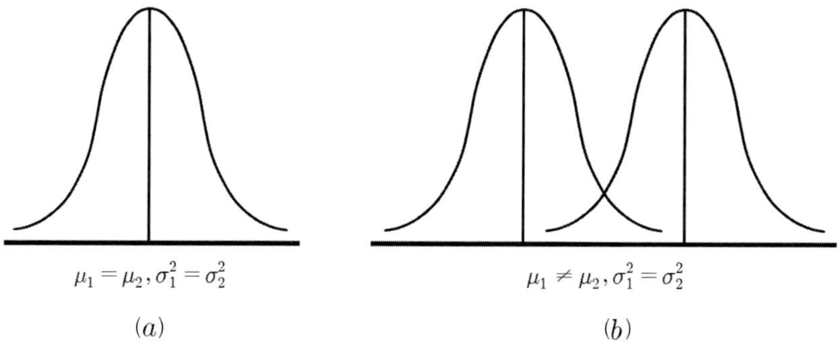

[그림 6-2]

예제 6-1

도시지역과 농어촌 지역 간 의료자원의 불균등 분포는 보건의료서비스에 대한 접근성 정도와 직결되는 매우 중요한 문제이다. 이 문제에 대해서 현재 많은 연구자들이 의료자원이 도시지역에 지나치게 밀집분포하고 있어 농어촌 지역에 거주하는 주민은 보건의료서비스에 대한 접근성이 도시지역 주민에 비해 현저히 낮다고 주장하고 있다. 이러한 주장을 접하게 된 어떤 연구자가 과연 도시지역과 농어촌 지역의 의료자원 분포에 차이가 있는지 여부를 실증적으로 알아보기 위해서 의료자원이라는 개념을 병원의 수라는 변수로 조작화한 다음, 전국에서 15개 시와 15개 군을 표본으로 뽑아 각각의 시와 군 지역에 위치한 병원의 수를 조사해 본 결과 다음과 같다고 가정해 보자.

도시지역	1, 3, 2, 5, 4, 2, 3, 0, 2, 4, 3, 2, 5, 4, 1
농어촌 지역	3, 2, 1, 1, 1, 0, 2, 3, 2, 1, 1, 0, 1, 3, 2

이 표본자료를 바탕으로 도시지역과 농어촌 지역 간에 병원 수에 있어서 차이가 있는지의 여부를 검정해 보자. 확률변수인 병원 수를 X라고 하고 도시지역의 병원 수를 X_1, 농어촌 지역의 병원 수를 X_2라고 표기하기로 하자.

만일 도시와 농어촌 간 의료자원이 불균등하게 분포하지 않는다면 X의 확률분포는 [그림 6-2]의 (a)처럼 하나의 확률분포로 보는 것이 타당하다. 그런데 만일 의료자원이 불균등하게 분포되어 있다면 도시지역의 병원 수와 농어촌 지역의 병원 수가 매우 다를 것이고 그렇다면 X의 확률분포를 (a)처럼 하나의 분포로 보는 것보다는 (b)처럼 X_1의 확률분포와 X_2의 확률분포로 나뉘어져 있다고 보는 것이 더 타당하다.

[그림 6-2]의 (a)와 (b)의 차이는 결국 (a)는 X의 모평균이 하나인 데 비해 (b)는 두 개 분포 각각이 모평균을 가지고 있어 모평균이 두 개라는 것이다. 따라서 의료자원이 불균등하게 분포하고 있다는 주장의 타당성을 검정하기 위해 우리가 해야 할 것은 (b)의 두 모평균이 과연 서로 다른 값을 갖는지 아니면 동일한 값을 갖는지 여부를 알아보는 것, 즉 두 모평균을 비교하는 것으로 단순화된다.

만일 도시지역과 농어촌 지역 간 병원 수에 있어서 차이가 없다면 (b)의 두 확률분포는 동일한 모평균을 가지게 되므로 (b)의 두 분포는 하나로 합쳐져서 결국 (a)가 되어야 한다. 그런데 (b)의 두 분포가 합쳐져서 (a)처럼 하나의 분포가 되려면 (b)의 두 분포가 가진 모평균이 동일해야 할 뿐만 아니라 모분산도 동일해야 한다. 만일 (b)의 두 분포의 모분산이 다르다면 두 분포의 모평균이 동일하더라도 (a)처럼 하나의 확률분포가 되는 것이 아니라 동일한 모평균을 공유하면서 산포도는 다른 두 개의 확률분포가 만들어진다. 다시 말해서, 도시지역과 농어촌 지역 간에 병원 수에 있어서 차이가 없다는 주장이 사실이어서 (b)의 두 분포가 (a)가 되려면 (b)의 등분산성 가정이 반드시 필요하다는 것이다.[3)]

이제 앞서 소개한 등분산성 가정의 중요성을 좀 더 쉽게 그리고 좀 더 명확하게 이해했으리라 보고 일단 이 예에서는 병원 수 X가 정규분포를 따르고, 도시지역의 병원수 X_1과 농어촌 지역의 병원 수 X_2의 모분산이 동일하다고 가정하자. 두 확률변수 X_1과 X_2는 서로에게 영향을 미치지 않으므로 서로 독립이다. 따라서 우리가 해야 할 검정은 독립표본을 바탕으로 두 모집단의 평균이 다른지 여부를 검정하는 것이다. 영가설과 대립가설은 다음과 같다.

H_o : 두 모평균이 같다.	또는	$H_0 : \mu_1 - \mu_2 = \mu_o = 0$
H_a : 두 모평균이 다르다.	기호로	$H_a : \mu_1 - \mu_2 \neq 0$

두 모집단 모두가 정규분포를 따르고 모분산이 알려지지는 않았지만 동일하므로 [6-4]를 검정통계량으로 이용할 수 있다. 이때, 제1종 오류를 범할 수 있는 확률인 유의수준을 $\alpha = .05$로 설정한다면 임계값과 기각역은 부록 [표 A3]에 의하면 다음과 같이 설정된다.

$$C = \pm\, t_{28,\,.025} = \pm\, 2.048$$
$$-t_{28} \leq -2.048,\ t_{28} \geq 2.048$$

이제 [6-4]를 이용하여 검정통계량 t값을 구하면

$$\overline{X}_1 = 2.733 \quad s_1^2 = 2.209$$
$$\overline{X}_1 = 1.533 \quad s_2^2 = 0.981$$
$$s_P^2 = \frac{(n_1-1)s_1^2 + (n_2-1)s_2^2}{n_1+n_2-2} = \frac{(14)2.209 + (14)0.981}{28} - 1.595$$
$$s_P = 1.263$$
$$\therefore t = \frac{(\overline{X}_1 - \overline{X}_2) - (\mu_1 - \mu_2)}{s_P\sqrt{1/n_1 + 1/n_2}} = \frac{1.2 - 0}{1.263\sqrt{2/15}} = 2.602$$

이 값은 임계값 2.048보다 더 극단적인 값이며, 따라서 기각역에 속하는 값이고 이 값에 해당하는 p값 또한

$$P(t_{28} \geq |\pm 2.602|) = .014 \leq .05,\ P(t_{28} \geq 2.602) = .007 < .025$$

이므로 유의수준 .05에서 영가설은 기각된다. 따라서 주어진 표본에 근거해 볼 때, 도시지역의 병원 수와 농어촌 지역의 병원 수가 같지 않다고 보는 것이 더 타당하다는 결론을 내릴 수 있다.

---

3) 이러한 설명이 등분산성 가정의 중요성을 설명하는 매우 효과적이기는 하지만 이론적으로 옳은 설명은 아니라는 점을 밝혀 두고자 한다.

2. 두 모집단의 모분산에 관한 가설검정-독립표본

두 모평균에 관한 가설검정에 이어서 이번에는 두 모집단의 모분산에 관한 가설을 검정하는 경우를 생각해 보기로 하자. 앞서 두 모평균에 관한 가설검정에서와 마찬가지로 두 모집단의 모분산에 관한 가설을 검정하는 궁극적인 목적은 두 모집단의 분산이 동일한지의 여부, 즉 등분산성을 판단하는 것이다. 예를 들면, 앞서 소개했던 [그림 6-1]에서 모집단 1과 모집단 2는 모두 정규분포를 따르며 각각의 분산이 σ_1^2과 σ_2^2이라고 할 때, 이 두 모집단의 분산에 관한 가설을 검정한다는 것은 이 두 모집단의 분산이 동일한지의 여부를 검정한다는 것을 말한다. 이 경우, 우리는 영가설과 대립가설을 다음과 같이 설정할 수 있다.

H_o : 두 모분산이 동일하다. 또는 $H_o : \sigma_1^2 = \sigma_2^2 = \sigma_0^2$

H_a : 두 모분산이 동일하지 않다. 기호로 $H_a : \sigma_1^2 \neq \sigma_2^2$ [6-5]

두 모집단의 분산이 동일한지의 여부를 검정하는 데 있어서 우리는 이제 F분포라는 또 하나의 유용한 확률분포를 이용하게 되는데, F분포를 이용하여 두 모분산에 관한 가설을 검정할 수 있는 논리적 근거는 다음과 같다. 먼저 [6-5]에서 미지수인 σ_1^2과 σ_2^2을 추정하기 위해서 각각의 모집단으로부터 크기가 n_1과 n_2인 확률표본을 뽑아 각각을 바탕으로 표본분산 s_1^2과 s_2^2을 구했다고 하자. 이때, 우리는 크기가 n인 표본을 바탕으로 구한 표본분산을 다음과 같이

$$\chi^2 = \frac{(n-1)s^2}{\sigma^2} \sim \chi^2_{n-1}$$

변형할 때 얻게 되는 χ^2변수가 자유도 $df = n-1$의 χ^2분포를 따른다는 것을 알고 있다. 이러한 사실을 이용하여 두 표본분산 s_1^2과 s_2^2을 다음과 같이 변형시키고

$$\frac{(n_1-1)s_1^2}{\sigma_1^2} = \chi^2_{n_1-1}, \frac{(n_2-1)s_2^2}{\sigma_2^2} = \chi^2_{n_2-1} \quad [6\text{-}6]$$

각각을 다시 각각의 자유도로 나누어 준 다음, 두 값의 비(ratio)를 구하면 다음과 같은 F변수를 얻게 되는데,

$$F = \frac{\chi^2_{df_1}/df_1}{\chi^2_{df_2}/df_2} = \frac{\chi^2_{n_1-1}/(n_1-1)}{\chi^2_{n_2-1}/(n_2-1)} = \frac{(n_1-1)s_1^2/\sigma_1^2(n_1-1)}{(n_2-1)s_2^2/\sigma_2^2(n_2-1)}$$

$$= \frac{s_1^2/\sigma_1^2}{s_2^2/\sigma_2^2} \sim F_{df_1 = n_1 - 1,\, df_2 = n_2 - 1}$$

이렇게 정의된 F변수는 자유도가 $df_1 = n_1 - 1$, $df_2 = n_2 - 1$인 F분포를 따른다.

이제 [6-5]의 영가설이 사실이라고 가정하면 $\sigma_1^2 = \sigma_2^2 = \sigma_0^2$이므로 위의 식은 단순히 두 표본분산의 비, 즉

$$F = \frac{s_1^2/\sigma_1^2}{s_2^2/\sigma_2^2} = \frac{s_1^2/\sigma_0^2}{s_2^2/\sigma_0^2} = \frac{s_1^2}{s_2^2} \qquad [6\text{-}7]$$

가 된다. 이때, 만일 [6-7]에 의해서 두 표본분산의 비가 1과 같거나 혹은 매우 유사한 값을 갖는다면 이는 표본을 바탕으로 구한 두 모분산에 대한 표본추정량이 같거나 혹은 매우 유사한 값을 갖는다는 것을 의미하므로 두 모집단의 분산이 동일하다는 영가설을 뒷받침해 주는 결과로 받아들일 수 있다. 이와 반대로 만일 [6-7]이 1과 매우 다른 값을 갖는다면 이는 표본을 바탕으로 구한 두 표본분산이 매우 다르다는 것을 의미하는 것이며, 궁극적으로는 두 모분산이 동일하다는 영가설과 표본에 의해서 간접적으로 관찰된 실재(reality)가 부합하지 않다는 것을 말해준다.

이상과 같은 논리를 바탕으로 우리는 [6-7]에서 정의한 F변수값이 1과 얼마나 유사한지의 여부 및 F변수가 특정 값을 갖게 될 확률을 근거로 영가설의 기각 또는 채택 여부를 판단할 수 있다는 것을 알 수 있다. 따라서 모분산의 동일성에 관한 가설은 F값을 검정통계량으로 이용하여 F분포의 특성에 근거하여 검정하게 된다. F분포는 부록 [표 $A4.2$]에 제시되어 있으며 다음과 같은 특성을 갖는다.

특성 1. F분포는 두 개의 자유도 df_1, df_2에 따라 분포의 형태가 달라진다.

특성 2. F변수는 항상 양(+)의 값을 갖는 두 χ^2변수의 비(ratio)이므로 그 자신 또한 항상 양의 값만을 갖는다. 따라서 F분포의 범위는 $0 \sim +\infty$이다.

특성 3. $F_{n_1-1,\, n_2-1}$의 역수는 $\dfrac{1}{F_{n_1-1,\, n_2-1}} = F_{n_2-1,\, n_1-1}$이다.

이 가운데 특성 3을 증명하면 다음과 같다.

특성 3의 증명: $F_{n_1-1,\, n_2-1} = \dfrac{s_1^2/\sigma_1^2}{s_2^2/\sigma_2^2} = \dfrac{s_1^2\sigma_2^2}{s_2^2\sigma_1^2}$이므로

$$\frac{1}{F_{n_1-1,\,n_2-1}} = \frac{s_2^2\sigma_1^2}{s_1^2\sigma_2^2} = \frac{s_2^2/\sigma_2^2}{s_1^2/\sigma_1^2}$$
$$= \frac{(n_2-1)s_2^2/\sigma_2^2(n_2-1)}{(n_1-1)s_1^2/\sigma_1^2(n_1-1)}$$
$$= \frac{\chi^2_{n_2-1}/(n_2-1)}{\chi^2_{n_1-1}/(n_1-1)}$$
$$= F_{n_2-1,\,n_1-1}$$

이때, 위에서 소개한 F분포의 특성 3에 의해서

$$P\left(F_{n_1-1,\,n_2-1,\,1-\alpha/2} \le F \le F_{n_1-1,\,n_2-1,\,\alpha/2}\right) = 1-\alpha$$
$$P\left(F_{n_1-1,\,n_2-1,\,1-\alpha/2} \le \frac{s_1^2/\sigma_1^2}{s_2^2/\sigma_2^2} \le F_{n_1-1,\,n_2-1,\,\alpha/2}\right) = 1-\alpha$$
$$P\left(F_{n_1-1,\,n_2-1,\,1-\alpha/2} \le \frac{s_1^2\sigma_2^2}{s_2^2\sigma_1^2} \le F_{n_1-1,\,n_2-1,\,\alpha/2}\right) = 1-\alpha$$
$$P\left(F_{n_2-1,\,n_1-1,\,1-\alpha/2} \le \frac{s_2^2\sigma_1^2}{s_1^2\sigma_2^2} \le F_{n_2-1,\,n_1-1,\,\alpha/2}\right) = 1-\alpha$$
$$P\left(F_{n_2-1,\,n_1-1,\,1-\alpha/2}\frac{s_1^2}{s_2^2} \le \frac{\sigma_1^2}{\sigma_2^2} \le F_{n_2-1,\,n_1-1,\,\alpha/2}\frac{s_1^2}{s_2^2}\right) = 1-\alpha$$

이므로, 유의수준 $\alpha = .05$에서 모수 σ_1^2/σ_2^2에 대한 $100(1-\alpha\%)$ 신뢰구간은 다음과 같이 정의된다.[4)]

$$\left(F_{n_2-1,\,n_1-1,\,1-\alpha/2}\cdot\frac{s_1^2}{s_2^2},\ F_{n_2-1,\,n_1-1,\,\alpha/2}\cdot\frac{s_1^2}{s_2^2}\right)$$

이상의 내용을 염두에 둔 상태에서 [6-5]의 영가설을 유의수준 $\alpha = .05$에서 검정하고자 한다면 F분포의 특성에 따라 임계값과 기각역은 다음과 같이 설정된다.[5)]

4) 아래 공식에서 $F_{n_2-1,\,n_1-1,\,1-\alpha/2}$는 $F_{n_1-1,\,n_2-1,\,\alpha/2}$의 역수, 즉 $1/F_{n_1-1,\,n_2-1,\,\alpha/2}$이다.

5) F분포를 이용한 등분산검정에서는 일반적으로 검정통계량 [6-7]의 두 분산 가운데 더 큰 분산을 분자로 놓아 검정통계값이 항상 양의 값을 갖게 함으로써 기각역을 분포의 오른쪽 극단에만 설정하고 F값이 1보다 극단적으로 클 경우 영가설을 기각하기도 한다.

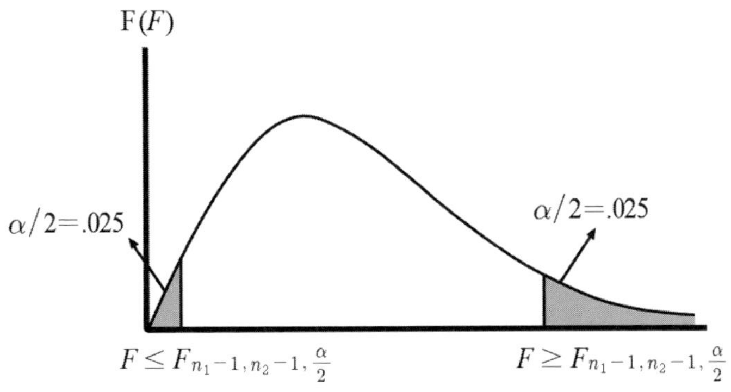

[그림 6-3]

예제 6-2

[예 6-1]의 표본자료를 바탕으로 도시지역 병원 수의 모집단과 농어촌 지역 병원 수의 모집단의 분산이 동일한지를 유의수준 $\alpha = .05$에서 알아보기로 하자.

두 모분산의 동일성을 검정하는 것이므로 영가설과 대립가설을 문장과 기호로 표현하면 다음과 같고

H_o : 두 모집단의 분산이 동일하다. 또는 $H_0 : \sigma_1^2 = \sigma_2^2 = \sigma_0^2$
H_a : 두 모집단의 분산이 동일하지 않다. 기호로 $H_a : \sigma_1^2 \neq \sigma_2^2$

검정통계량으로 F값을 사용할 수 있다는 것을 알 수 있다. 이때, F값을 구함에 있어서 두 개의 표본분산 가운데 더 큰 값을 분자로 놓으면 F값은 1보다 큰 값을 갖게 된다. 따라서 이러한 방법으로 F값을 구하면 분포의 오른쪽 극단에만 기각역을 설정하고 단측검정을 할 수 있다. 자유도가 $df_1=14$, $df_2=14$인 F분포상에서 유의수준 $\alpha = .05$에 해당하는 단측검정 임계값과 기각역은 부록 [표 A4.2]에 의하면

$$C = F_{14,14,.05} = 2.484,\ \ F_{14,14} \ge 2.484$$

이다. 위의 공식 [6-7]을 이용하여 검정통계값을 구하면

$$F = \frac{s_1^2}{s_2^2} = \frac{2.209}{0.981} = 2.251$$

이다. 이 값은 임계값 2.484보다 작은 값이므로 기각역에 포함되지 않으며 그렇기 때문에 이 값에 당하는 p값은 당연히 유의수준 .05보다 크다는 것을 알 수 있다.

$$P(F_{14,14} \ge 2.251) = .229 \ge .05$$

따라서 유의수준 .05에서 영가설은 기각되지 않으므로 주어진 표본자료가 두 모분산이 같다는 주장을 뒷받침한다는 결론을 내릴 수 있다.

3. 두 모집단의 모평균에 관한 가설검정-대응표본

앞서 서로 독립인 두 모집단의 모평균에 관한 가설을 검정하는 경우와 달리 이번에는 서로 독립이 아닌 두 모집단의 모평균에 관한 가설을 검정하는 경우를 살펴보기로 하자.

예를 들어서, 약물중독치료 프로그램의 효과를 알아보기 위해서 프로그램 참여자들로부터 확률표본을 뽑아 프로그램 참여 이전과 이후의 이들의 월평균 약물복용 횟수를 비교해야 하는 경우를 생각해 볼 수 있다. 또 다른 예로는 기초생활보장제도의 조건부 수급자들을 대상으로 이들이 참여하고 있는 자활지원 프로그램이 조건부 수급자들의 소득을 증진시키는 효과가 있는지를 알아보기 위해서 동일한 조건부 수급자들의 평균월소득을 자활사업 참여 이전과 이후에 비교하는 경우를 생각해 볼 수 있다.

위의 두 가지 예 모두에서 비교대상이 되는 두 개의 표본통계량을 얻기 위해서는 동일한 표본에 대해서 시점이 다른 두 번의 관찰을 실시하여 관찰값(변수값)을 구하게 된다. 이때, 첫 번째 관찰을 통해 얻어진 관찰값과 두 번째 관찰을 통해 얻어진 관찰값은 서로 독립이 아님을 알 수 있는데, 왜냐하면 두 관찰값이 동일한 대상으로부터 얻어지는 값이므로 두 번째 관찰값은 당연히 첫 번째 관찰값과 관련성을 가지고 있을 것이기 때문이다.

즉, 위에서 소개한 첫 번째 예에서 어떤 약물중독 프로그램 참여자의 프로그램 참여 이후 약물복용 횟수는 치료 프로그램의 효과에 의해서뿐만이 아니라 그 참여자가 프로그램 참여 이전에 얼마나 약물을 남용했는가에 의해서 상당 부분 영향을 받을 것이므로 동일대상의 프로그램 참여 이전과 이후의 약물복용 횟수는 서로 독립이 아니라고 하겠다.

마찬가지로 두 번째 예에서도 어떤 자활사업참여가구의 자활사업참여 이후의 월소득은 당연히 자활사업참여 이전의 월소득이 어떤 수준이었는가에 의해서 영향을 받을 수밖에 없는바, 자활사업참여 이전과 이후의 월소득은 서로 독립이 아니라는 것을 알 수 있다.

이처럼 두 개의 표본이 있을 때, 한 표본의 관찰값들이 다른 한 표본의 관찰값들과 서로 독립이 아닌 경우, 두 표본을 가리켜 대응표본(paired sample)이라고 한다. 위의 예에서 표본의 i번째 ($i= 1, 2, 3, \cdots, n$) 구성원소의 j번째($j = 1, 2$) 시점에서의 관찰값을 X_{ij}라고 표기한다면 대응표본의 일반적인 구조는 다음과 같이 표현할 수 있다.

〈표 6-1〉에서 $\overline{X}_{i1}$은 $j = 1$시점에서 표본에 대한 관찰을 통해 얻어진 표본평균이고 $\overline{X}_{i2}$는 $j = 2$시점에서 표본에 대한 관찰을 통해 얻어진 표본평균을 말한다. 또한 d_i는 '두 관찰값 간의 차이'로 정의되는 또 하나의 확률변수인데, 대응표본을 바탕으로 두 모평균에 관한 가설을 검정한다는 것은 한마디로 말하면 바로 이 확률변수 d_i의 평균이 0인지의 여부, 즉 $\overline{d} = 0$인지의 여부를 검정하는 것이다.

이때, 만일 $\overline{d} = 0$이라면 이는 $\overline{X}_{i1} - \overline{X}_{i2} = 0$이라는 것을 의미하는데, $\overline{X}_{i1}$이 $j = 1$시점에

〈표 6-1〉

구성원소	시점 1	시점 2	d_i
1	X_{11}	X_{12}	$d_1 = X_{11} - X_{12}$
2	X_{21}	X_{22}	$d_2 = X_{21} - X_{22}$
3	X_{31}	X_{32}	$d_3 = X_{31} - X_{32}$
⋮	⋮ n	⋮	⋮
n	X_{n1}	X_{n2}	$d_n = X_{n1} - X_{n2}$
			$\bar{d} = \sum_{i=1}^{n} \frac{d_i}{n},\ s_d^2 = \frac{\sum(d_i - \bar{d})^2}{(n-1)}$

해당하는 모집단의 모평균 μ_1에 대한 표본추정량이고 $\overline{X}_{i2}$가 $j = 2$시점에 해당하는 모집단의 μ_2에 대한 표본추정량임을 고려해 본다면 $\bar{d} = 0$인이란 결국 두 모집단의 모평균이 같다는 것, 즉 $\mu_1 - \mu_2 = 0$을 의미한다. 또한 확률변수 d_i의 평균 $\bar{d}$는 모평균 μ_d에 대한 표본추정량이므로 $\bar{d} = 0$이란 결국 $\mu_d = 0$임을 의미하는 것이기도 하다.

이러한 내용을 바탕으로 이제 대응표본을 바탕으로 두 모평균이 동일한지의 여부를 검정하기 위한 영가설과 대립가설을 설정하면 다음과 같다.

H_o : 두 모평균이 다르지 않다. 또는 $H_o : \mu_d = 0$
H_a : 두 모평균이 다르다. 기호로 $H_a : \mu_d \neq 0$ [6-8]

[6-8]의 영가설이 사실이라고 가정할 때 가설검정을 위한 검정통계량은, 만일 X_{ij}가 정규분포를 따르고 σ_X^2이 일려지지 않은 경우라면 다음과 같은 t값이 되며, 이때 자유도는 $df = n-1$이 된다.[6)]

$$t = \frac{\bar{d} - \mu_d}{s_d / \sqrt{n}} \sim t_{n-1} \qquad [6\text{-}9]$$

여기서 우리는 검정통계량 [6-9]의 공식이 단일 모평균에 관한 가설검정의 경우 및 독립표본을 바탕으로 두 모평균에 관한 가설 검정에서의 검정통계량의 공식과 기본구조가 동일하다는 것을 알 수 있는데 그렇기 때문에 가설검정의 나머지 단계 역시 앞서 소개했던 t분포를 이용한 모평균에 관한 가설검정의 경우와 동일한 바, 대응표본을 바탕으로 한 두 모평균에 관한 가설검정의 나머지 검정과정에 대한 설명은 생략하기로 하겠다.

6) 물론 모분산이 알려져 있다면 검정통계량은 Z변수가 된다. 만일 X_{ij}가 정규분포를 따르지 않는다면 검정통계량은 앞서 소개한 [도표 5-1]에 제시된 기준에 따라 결정된다.

또한 마찬가지 이유에서 대응표본을 바탕으로 두 개의 모분산에 관한 가설을 검정하는 방법 역시 두 표본 간의 관계가 서로 독립이 아니라는 차이가 있을 뿐, 서로 독립인 두 모분산의 동일성에 관한 가설을 검정하는 방법이나 단일 모분산에 관한 가설검정 방법과 기본적으로 동일하다는 것을 짐작할 수 있다. 따라서 이에 대한 설명 또한 생략하기로 하겠다.

예제 6-3

의약분업을 실시하게 되면 적어도 당분간은 의료서비스 이용횟수가 증가할 것으로 예상됨에 따라 의약분업 실시 3개월 전에 건강보험가입자 25명을 표본으로 뽑아 이들의 지난 1개월 간의 외래 의료 서비스 이용횟수를 조사하고, 의약분업 실시 이후 3개월이 경과한 시점에서 동일 표본에 대해서 외래 의료 서비스 이용횟수를 조사한 결과가 다음과 같다. 이 자료를 이용하여 의약분업 실시 이전과 이후에 의료 서비스 이용횟수에 차이가 있는지를 검정해 보자.

조사대상	이전	이후	차이	조사대상	이전	이후	차이
1	2	2	0	14	0	1	−1
2	3	2	1	15	1	2	−1
3	1	3	−2	16	3	1	2
4	1	4	−3	17	1	2	−1
5	2	3	−1	18	2	3	−1
6	3	3	0	19	1	3	−2
7	1	2	−1	20	4	4	0
8	2	3	−1	21	2	3	−1
9	2	2	0	22	1	2	−1
10	0	1	−1	23	2	3	−1
11	3	2	1	24	1	3	−2
12	2	1	1	25	2	1	1
13	1	0	1	–	–	–	–

의약분업 실시 이전과 이후의 외래 의료 서비스 이용횟수를 동일한 표본을 바탕으로 조사하였으므로 이 경우는 대응표본을 바탕으로 두 모집단의 모평균이 동일한지의 여부를 검정하는 경우이다. 따라서 영가설과 대립가설은 다음과 같이 설정할 수 있다.

H_o : 두 모평균 간의 차이가 없다. 또는 $H_0 : \mu_d = 0$

H_a : 두 모평균 간의 차이가 0이 아니다. 기호로 $H_a : \mu_d \neq 0$

유의수준을 .05로 설정할 경우 임계값과 기각역은 다음과 같다.

$$C = \pm\, t_{24,\,.025} = \pm\, 2.064$$

$$-t_{24} \le -2.064,\ t_{24} \ge 2.064$$

공식 [6-9]를 이용하여 검정통계량을 구하면

$$\bar{d} = -.52,\ s_d^2 = 1.427$$

$$t = \frac{\bar{d} - \mu_d}{s_d / \sqrt{n}} = \frac{-.52 - 0}{1.194 / \sqrt{25}} = -2.177$$

이고 이 값은 임계값보다 더 극단적인 값이므로 기각역에 속한다. 이때, 이 값에 해당하는 p값은 부록 [표 A3]에 따르면

$$P(t_{24} \geq |\pm 2.177|) = .0395 < .05,\ P(-t_{24} \leq -2.177) = .0198 < .025$$

이다. 따라서 유의수준 .05에서 영가설이 기각되므로 의약분업 이전과 이후의 외래 의료 서비스 이용횟수가 같다는 주장을 뒷받침할 만한 증거를 표본자료로부터 찾을 수 없다는 결론을 내리게 된다.

---

4. *SPSS*를 이용한 두 모집단의 모수에 관한 가설검정-독립표본

이상에서 살펴본 두 모집단의 모수에 관한 가설검정원리를 바탕으로 이제 *SPSS* 를 이용하여 두 집단의 모수에 관한 가설을 검정해 보기로 하자.

SPSS 를 이용하여 두 모수에 관한 가설을 검정할 때 한 가지 알고 있어야 할 것은 *SPSS* 에는 두 모평균에 관한 가설을 검정하는 명령메뉴는 있으나 두 모분산에 관한 가설을 검정하는 명령메뉴는 없다는 점이다. 왜냐하면 공식 [6-7]을 보면 알 수 있듯이 두 모분산이 동일한지 여부를 검정하는 데 필요한 검정통계량 F는 제1장에서 배웠던 표본분산만으로 정의되는 값이기 때문에 검정통계량 F를 구하는 별도의 공식이 필요하지 않기 때문이다. 이러한 이유에서 *SPSS* 에는 두 모분산에 관한 가설을 검정하기 위한 별도의 명령메뉴가 없다. 따라서 이 절에서 살펴볼 내용은 *SPSS* 를 이용하여 두 모평균에 관한 가설을 검정하는 방법뿐임을 이해하기 바란다.

1) *SPSS* 를 이용한 독립표본 t검정

앞서 제5장에서 우리는 단일 모평균에 관한 가설을 검정할 때 t검정 기법을 사용한다는 것을 배운 바 있다. 이번 장에서 배운 두 모평균에 관한 가설검정도 모평균에 관한 가설검정이므로 t검정 기법을 사용하여 가설을 검정한다. 두 모평균에 관한 가설을 검정할 때 두 개의 독립표본을 이용하는지 아니면 두 개의 비독립표본을 사용하는지에 따라 t검정은 독립표본 t검정과 대응표본 t검정으로 나뉜다. 이 중에서 먼저 독립표본 t검정 기법을 살펴보기로 하자.

앞서 살펴본 [예 6-1]에서 도시지역과 농어촌 지역 간에 의료자원의 양에 있어서 차이가 있는지 여부를 알아보기 위해 $n=15$개 도시와 $n=15$개 농어촌을 표본으로 뽑아 각 지역에 존재

하는 병원 수를 조사하여 확률변수 X라고 정의했다. 도시와 농어촌 간에 의료자원의 양에 있어서 차이가 존재하지 않는다면 변수 X의 모집단이 도시지역 모집단과 농어촌 지역 모집단으로 나뉜다고 볼 이유가 없다. 그러나 만일 도시와 농어촌 간에 병원 수에 있어서 큰 차이가 존재한다면 변수 X의 모집단이 '도시지역 모집단(모집단 1)'과 '농어촌 지역 모집단(모집단 2)'으로 나누어져 있다고 보는 것이 타당하다.

이 두 가지 가능성 중 X의 모집단을 도시지역 X_1과 농어촌 지역 X_2로 나누어 생각하는 것이 타당하다고 가정하고 영가설과 대립가설을 다음과 같이 정의한 다음

$$H_0 : \mu_1 - \mu_2 = \mu_0 = 0 \quad vs. \quad H_a : \mu_1 \neq \mu_2$$

도시지역 모집단과 농어촌 지역 모집단 각각으로부터 표본을 뽑아 각 표본으로부터 구한 두 표본평균 간의 차이를 바탕으로 가설을 검증한다. 이때, 도시지역 모집단에서 뽑은 표본과 농어촌 지역 모집단에서 뽑은 표본은 서로 영향을 주는 관계가 아니므로 독립표본이고 따라서 우리가 실시하게 될 검정은 독립표본 t 검정이다.

[예 6-2]에서는 독립표본 t 검정을 위해 검정변수와 집단변수가 사용되고 있다. 앞서 설명한 바와 같이 표본평균을 구하기 위한 변수를 검정변수(Test Variable)라고 하고 모집단을 구분하기 위한 변수를 집단변수(Group Variable)라고 한다. [예 6-2]에서 검정변수는 '병원 수'이며 이 변수는 비율변수이고 집단변수는 '도시'와 '농어촌'을 변수값으로 갖는 명목변수인 '지역'이다. 이처럼 독립표본 t 검정을 실시하기 위해서는 최소한 한 개의 등간 또는 비율변수와 한 개의 명목 또는 서열변수가 필요하다는 사실을 반드시 기억하기 바란다.

이와 더불어서 독립표본 t 검정을 실시하기 위해서는 앞서 설명했던 세 가지 조건, 즉 정규성, 독립성, 등분산성 조건이 모두 만족되어야 한다. 이 가운데 독립성은 모집단으로부터 확률표본을 뽑음으로써 만족시킬 수 있다. 정규성은 말 그대로 표본평균을 구하기 위해 필요한 확률변수가 정규분포를 따라야 한다는 것을 의미한다. 정규성 조건이 만족되는지 여부를 확인하는 방법은 제10장 회귀분석 부분에서 다루기로 하겠다. 마지막 조건인 등분산성은 앞서 설명한 바와 같이 두 표본분산의 비(ratio) 값으로 정의되는 F값을 바탕으로 만족 여부를 확인한다. 이에 대해서는 뒷부분에서 좀 더 자세하게 설명하기로 하겠다.

독립표본 t 검정을 실시하기 위해 먼저 분석에 필요한 자료파일 'C6-독립표본 t 검정-01'을 데이터 편집기 창에 불러들인다. 그런 다음 [그림 6-4]와 같이 분석(Analysis), 평균비교(Compare Means) 그리고 독립표본 t 검정 명령을 차례대로 선택한다.

[그림 6-5]와 같은 t 검정 창이 나타나면 오른쪽의 변수 리스트 중 '병원 수'를 선택하여 검정변수[Test Variable(s)]에 옮겨 놓는다. 그 다음으로는 '지역'을 선택하여 집단변수(Grouping Variable)에 옮겨 놓는다. 그렇게 하고 나면 집단변수(Grouping Variable) 박스에 '지역(?, ?)'이라

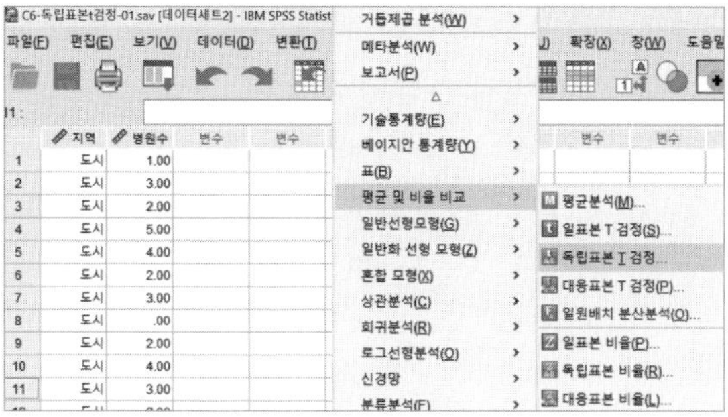

[그림 6-4]

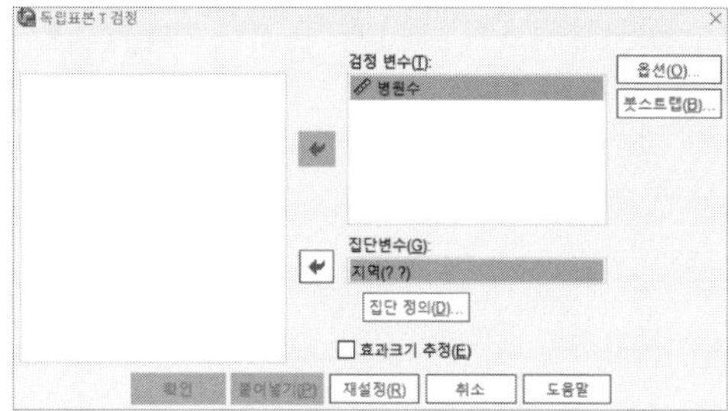

[그림 6-5]

는 메시지가 나타나는데, 이 메시지는 '지역'을 구체적으로 정의하라는 것을 의미한다.

집단정의(Define Groups)를 누르면 집단을 정의하는 창이 [그림 6-6]과 같이 나타난다. '지역' 변수는 명목변수이고 '도시=1'과 '농어촌=2'이라는 두 개의 변수값을 갖는다. 이 가운데 '도시'에 해당하는 1을 집단 1(Group 1)에 입력하고 집단 2(Group 2)에는 '농어촌'에 해당하는 2를 입력한다.

이때, 숫자를 입력하기에 앞서 반드시 각각의 숫자가 어떤 변수값에 해당하는지 확인해 보는 과정이 반드시 필요하다. 이 예에서는 '지역'의 변수값이 '도시'와 '농어촌' 두 개밖에 없기 때문에 입력할 수 있는 값은 1과 2뿐이다. 따라서 연구자는 단순히 1과 2를 입력함으로써 병원 수에 해당하는 확률변수 X의 모집단을 원하는 바대로 '도시'와 '농어촌'으로 이분할 수 있다.

그러나 이처럼 변수값이 두 개만 있는 경우가 아니라 변수값이 많은 경우에는 무조건 1과 2를 입력하는 것이 아니라 모집단을 이분하기 위해 어떤 변수값을 사용할 것인지 먼저 결정한 다음에 자신이 선택한 두 변수값을 집단정의(Define Groups) 박스에 입력해야만 한다.

예를 들어, '지역' 변수가 도시와 농어촌이 아니라 '1=광역시', '2=시', '3=군', '4=면'이라는 네 개 값을 변수값으로 갖는다고 가정해 보자. 이 경우 독립표본 t 검정을 실시하기 위해 모집단을 두 개로 구분해야 하기 위해서는 '지역' 변수가 가진 변수값 네 개 중 어떤 값으로 모집단을 이분할 것인지 결정한 다음, 선택한 두 개 변수값을 집단정의(Define Groups) 박스에 입력해야 한다.

예를 들어, 연구자가 '병원 수'에 있어서 차이가 있는지 비교하려는 지역이 '광역시'와 '군'이라면 '병원 수'의 모집단은 당연히 광역시 모집단과 군 모집단으로 구분되어야 한다. 따라서 연구자는 집단정의(Define Groups) 박스에 '광역시'에 해당하는 1과 '군'에 해당하는 3을 입력해야 한다. 이와 달리 연구자가 모집단을 '광역시'와 '면'으로 구분하고자 한다면 집단정의(Define Groups) 박스에는 1과 4가 입력되어야 한다. 이처럼 집단정의(Define Groups) 박스에는 연구자가 모집단을 이분하기 위해서 사용하는 변수값이 입력되어야 한다는 것을 기억해야 한다.

입력하는 변수값의 순서에 따라 검정통계량인 t값의 부호가 달라지기도 한다는 점 또한 알아둘 필요가 있다. 만일 도시지역 병원 수가 농어촌 지역 병원 수에 비해 많을 경우, 집단정의(Define Groups) 박스에 '1=도시' '2=농어촌' 순서로 값을 입력하면 t값은 도시지역 병원 수에서 농어촌 지역 병원 수 값을 빼서 구하게 되므로 양(+)의 값을 갖게 된다. 이와 반대로 2=농어촌, 1=도시 순서로 입력하면 t값은 음(-)의 값을 갖게 된다. 물론 t값의 부호는 검정결과에 전혀 영향을 미치지 않으므로 상관이 없다.

다만, 종종 경험이 많지 않는 연구자들 중 t값의 부호가 왜 음의 값이 나오는지 이해하지 못해 어리둥절해하는 경우가 종종 있다. 따라서 입력하는 값의 순서에 따라 검정통계량의 부호가 바뀐다는 사실을 한번쯤 언급해 두는 것이 연구자들로 하여금 전혀 중요하지 않은 문제를 가지고 시간을 낭비하지 않게 하기 위해 필요한 것 같다.

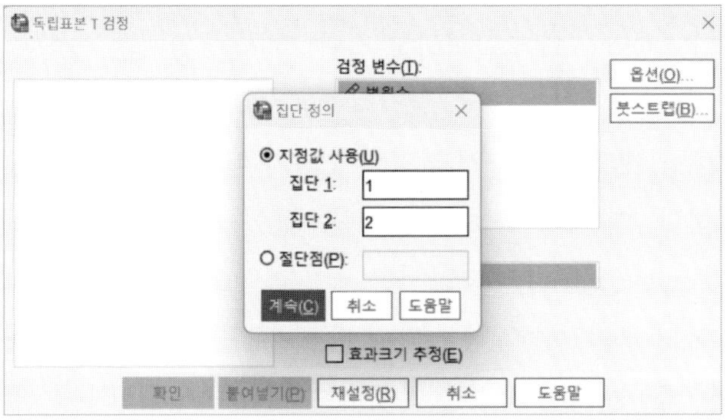

[그림 6-6]

집단구분을 위한 값을 입력한 다음, '계속(Continue)'과 '확인(OK)'을 순서대로 누르면 〈표 6-2〉와 〈표 6-3〉과 같은 분석결과가 나타난다.

〈표 6-2〉

집단통계량

		N	평균	표준편차	평균의 표준오차
병원수	도시	15	2.7333	1.48645	.38380
	농어촌	15	1.5333	.99043	.25573

〈표 6-3〉

독립표본 검정

		Levene의 등분산 검정		평균의 동일성에 대한 t 검정							
		F	유의확률	t	자유도	유의확률		평균차	차이의 표준오차	차이의 95% 신뢰구간	
						단측 확률	양측 확률			하한	상한
병원수	등분산이 가정됨	2.567	.120	2.602	28	.007	.015	1.20000	.46119	.25529	2.14471
	등분산이 가정되지 않음			2.602	24.384	.008	.016	1.20000	.46119	.24894	2.15106

첫 번째 결과표에 제시된 값들은 표본의 특성을 나타내는 기본적인 표본통계값들이다. 도시지역 표본과 농어촌 지역 표본의 크기는 $n = 15$로 동일하지만 두 표본의 평균, 표준편차 및 표본평균의 표준오차는 모두 다른 것을 알 수 있다.

두 번째 분석결과에는 두 종류의 t값이 제시되어 있다. 첫 번째 t값은 도시지역 모집단의 모분산과 농어촌 지역 모집단의 모분산이 동일하다는 등분산성 가정이 만족된 경우에 해당하는 t값이고 두 번째 t값은 그러한 가정이 충족되지 않은 경우에 해당하는 t값이다.

등분산 조건의 만족 여부는 두 번째 결과표의 맨 앞쪽에 제시된 F값을 바탕으로 확인한다. 이 F값은 Levene값이라는 검정통계량의 값으로서 앞서 설명한 바 있는

$$F = \frac{s_1^2}{s_2^2}$$

과 매우 유사한 공식에 의해 정의되는 값이다. 표본을 바탕으로 구한 Levene F값은 2.567이고, 이 값에 해당하는 p값은 .12로서 이는 유의수준 보다 큰 값이므로 '두 모분산이 같다'는 영가설은 유의수준 0.05에서 기각되지 않는다. 따라서 두 종류의 t값 중 첫 번째 t값을 바탕으로 두 모평균에 관한 가설을 검정한다.

첫 번째 t값은 앞서 설명한 바와 같이 다음과 같은 공식에 의해 정의되는 값이며

$$t = \frac{\left(\overline{X}_1 - \overline{X}_2\right) - (\mu_1 - \mu_2)}{s_P\sqrt{\dfrac{1}{n_1} + \dfrac{1}{n_2}}} = \frac{1.2 - 0}{1.263\sqrt{2/15}} = 2.602$$

이 t값에 해당하는 자유도는 $df = 30 - 2 = 28$이고 양측검정(2-tailed)에 해당하는 p값은 .015라는 것이 결과표에 제시되어 있다. 이 p값은 유의수준 .05보다 작으므로 유의수준 .05에서 영가설은 기각된다는 것을 알 수 있다.

두 번째 결과표의 맨 마지막 두 개 셀에 제시된 값은 모평균 $(\mu_1 - \mu_2)$에 대한 95% 신뢰구간의 하한값과 상한값이다. 유의수준 .05에서 영가설이 기각되므로 이 신뢰구간은 0값을 포함하지 않는다는 것을 알 수 있다.

*SPSS*를 이용한 독립표본 t검정 방법을 분명하게 이해하기 위해서 또 한 가지 예를 들어보기로 하자. 어떤 연구자가 최근 들어 우리 사회에 큰 문제로 대두되고 있는 정규직 근로자와 비정규직 근로자 간 소득격차에 관심을 가지고 두 집단 간에 소득격차가 존재하는지 여부를 알아보고자 한다고 가정해 보자.

이를 위해 연구자는 고용형태가 정규직인 근로자와 비정규직인 근로자 각각으로부터 동일한 크기의 확률표본을 뽑아 이들에 대해서 '(월)소득'과 '고용형태'를 조사하였다고 가정해 보자. 이 경우, 표본평균을 구하기 위한 변수는 '소득'이고 '고용형태'는 소득변수의 모집단을 두 개로 구분하기 위한 명목변수이다.

만일 정규직 근로자와 비정규직 근로자 간에 소득수준에 있어서 차이가 없다면 '소득'변수의 모집단은 하나라고 보는 것이 타당한 반면, 차이가 존재한다면 모집단이 두 개로 나누어져 있다고 보는 것이 타당하다. '소득'을 확률변수 X라고 하고 정규직의 소득과 비정규직의 소득을 각각 X_1과 X_2라고 하면 영가설과 대립가설은 다음과 같이 설정된다.

H_o : 두 모평균이 같다. 또는 $H_0 : \mu_1 - \mu_2 = \mu_0 = 0$

H_a : 두 모평균이 같지 않다. 또는 $H_a : \mu_1 \neq \mu_2$

독립표본 t검정을 실시하기 위해 분석에 필요한 데이터 파일 'C6-독립표본 t검정-02'를 데이터 편집창에 불러들인 다음, 메뉴 중 분석(Analysis), 평균비교(Compare Means) 그리고 독립표본 t검정(Independent-Sample T Test)을 [그림 6-7]과 같이 차례대로 선택한다.

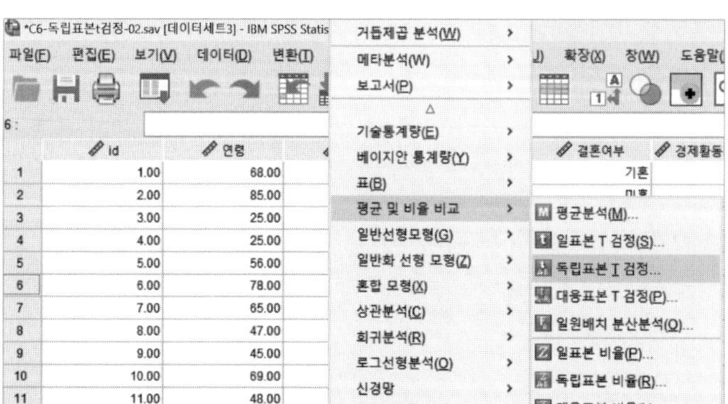

[그림 6-7]

독립표본 t 검정을 선택하여 나타나는 [그림 6-8]의 창에서 오른쪽의 변수목록에서 '소득'을 검정변수(Test Variable)에 옮겨 놓고, '고용형태'를 집단변수(Grouping Variable)에 옮겨 놓는다. 그러고 나면 '고용형태(? ?)'가 나타나는데 앞서 들었던 예와 마찬가지로 연구자는 이제 모집단을 어떤 변수값으로 이분하고자 하는지 정의해야 한다.

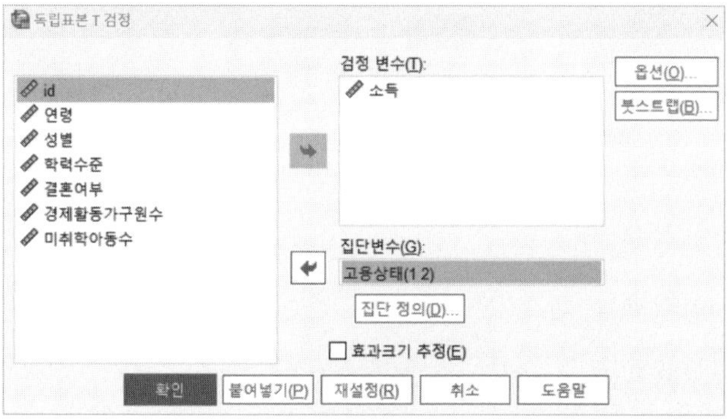

[그림 6-8]

'집단정의(Define Groups)'를 누르면 창이 나타난다. 새로 나타난 창의 집단 1(Group 1)에 정규직에 해당하는 '1'을 입력하고 집단 2(Group 2)에 비정규직에 해당하는 '2'를 입력한다.

집단을 정의할 때 연구자는 다음과 같은 것들에 주의해야 한다. 첫째, 숫자를 입력할 때 자료파일에 어떤 숫자가 입력되어 있는지 반드시 확인해야 한다. 만약 정규직과 비정규직에 해당하는 값이 어떤 값인지 확인하지 않고 실수로 1, 2 대신에 0, 1을 입력하면 t 검정 분석이 제대로 되지 않는다. 따라서 각 집단을 숫자로 정의할 때는 자료파일에 어떤 값이 입력되어 있는지를 반드시 확인해야 한다.

둘째, '집단정의'에 입력하는 값의 순서에 따라 t 값의 부호가 달라진다. 예를 들어서, 현재처럼 정규직을 '1', 비정규직을 '2'로 입력한 상태에서 t 검정을 하면 *SPSS*는 정규직의 소득에서 비정규직의 소득값을 빼서 t 값을 만든다. 이와 달리 연구자가 실수든 의도했든 '집단정의' 박스의 집단 1에 '2'를, 집단 2에 '1'을 입력한 다음 분석을 실시하면 t 값의 절대값은 변하지 않지만 부호는 바뀌게 된다.

물론 일변량분석에서는 입력하는 값의 순서가 전혀 문제가 되지 않는다. 왜냐하면 정규직 소득에서 비정규직 소득을 빼든, 비정규직 소득에서 정규직 소득을 빼든 t 값의 절대값에는 차이가 없기 때문이다. 그러나 나중에 배우게 될 회귀분석에서는 입력순서가 문제가 될 수 있으므로 연구자는 이 부분에 대해서 항상 점검해야 한다.

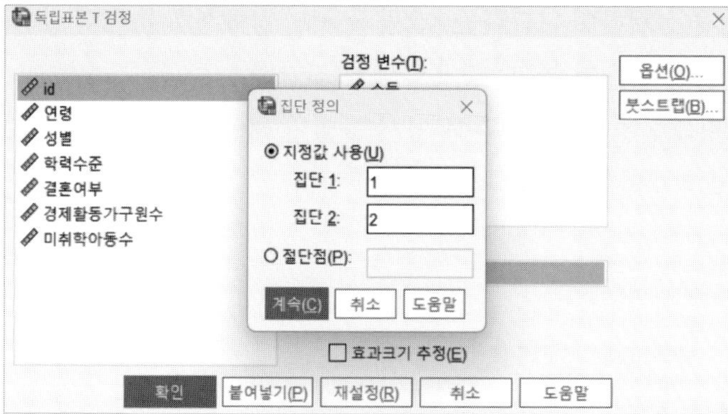

[그림 6-9]

각 집단의 숫자를 입력하고 '계속(Continue)'과 '확인(OK)'을 누르면 〈표 6-4〉의 분석결과가 제시된다. 이 분석결과표를 보면 정규직 근로자 27명의 평균소득은 약 92만 원이고, 비정규직 근로자 23명의 평균소득은 약 68만 원이며, 두 집단 간 평균소득의 차이는 24만 원이라는 것을 알 수 있다. 과연 이 차이는 큰 차이 또는 정말 의미있는 차이인가? 아니면 이 정도 차이는 어쩌다가 우연히 나타난, 그렇기 때문에 무시해버릴 만한 차이인가?

이 차이가 통계적으로 유의한 수준의 차이인지 알아보기 위해서는 t 검정 값과 그에 해당하는 유의확률을 확인해야 한다. 그러나 그에 앞서 먼저 살펴봐야 할 것은 두 집단의 모집단이 등분산인지 여부를 말해주는 값이다. 기술통계표에 제시된 값을 살펴보면 정규직의 평균소득과 표준편차가 모두 비정규직보다 높은 것으로 나타났다.

〈표 6-4〉

집단통계량

고용형태		N	평균	표준편차	평균의 표준오차
소득	정규직	27	92.2593	42.57355	8.19328
	비정규직	23	68.2174	27.65856	5.76721

이러한 결과는 연구자로 하여금 '과연 이 두 모집단이 평균값이 아닌 분산에 있어서는 두 집단이 비교가능할 만큼 유사한 집단이라고 볼 수 있나?'라는 의문을 갖게 만든다. 따라서 연구자는 평균값을 비교하기에 앞서 다음과 같은 영가설과 대립가설을 검정해야 한다.

H_o : 두 모집단의 모분산이 같다.

H_a : 두 모집단의 모분산이 같지 않다.

모분산의 등분산성 검정은 Levene 검정 값을 사용한다. 본 분석의 경우 Levene 값이 1.037이고 그에 해당하는 유의확률은 .314인 것으로 나타났다. 앞서 제시한 영가설의 기각 여부를 결정하는 기준에 따르면 본 분석을 통해 제시된 유의확률 .314는 영가설을 기각할 수 있는 유의수준 .05보다 매우 큰 값임을 알 수 있다. 따라서 두 모집단의 모분산이 같다는 영가설은 채택되었고 그렇기 때문에 두 표본집단의 표본분산도 같다고 말할 수 있다. 이제 두 집단의 평균 차이를 비교하기 위해 필요한 세 가지 조건 중 마지막 조건이 충족되었다.

등분산 검정의 결과에 따라 연구자는 독립표본 검정결과표에 제시된 분석결과 중 어떤 결과를 해석해야 할지 결정한다. 아래 제시된 독립표본 검정결과표를 보면 서로 다른 t, 자유도, 유의확률 값 등이 두 개 열에 제시되어 있다. 이처럼 각각의 값이 두 개씩 제시된 것은 앞서 살펴본 두 모집단의 등분산 여부에 따라 읽어야 하는 값이 달라지기 때문이다. 이 예에서처럼 등분산성 조건이 충족된 경우에는 두 열 중에서 윗 열에 제시된 값들을 읽는다. 이와 달리 등분산성 가정이 충족되지 않으면 연구자는 아래 열에 제시된 값들에 근거하여 가설을 검정한다.

아울러 연구자는 t값을 해석함에 있어서 결과표에 제시된 두 가지 t값의 의미하는 바를 분명하게 이해하고 있어야 한다. 등분산성이 조건이 충족된 상황에서의 t값과 자유도를 살펴보면 t값은 2.321이고, 자유도는 48이다. 앞서 설명한 바와 같이, 자유도를 구하는 공식은

[(집단 1의 사례 수 + 집단 2의 사례 수) − 2]

이다. 두 모분산이 같을 때 이 공식을 적용하면 자유도는 (27+23)−2=48이고 이 t값은 값을 구하는 데 사용된 표본의 크기, 즉 t값을 구하는 데 사용된 정보의 양이 48사례라는 것을 의미한다.

이와 달리 등분산성 가정이 충족되지 않은 경우인 두 번째 열에 제시된 t값은 2.400이고, 자유도는 45.071이다. 이 자유도가 등분산일 때의 자유도에 비해 작다는 것은 등분산성 가정이 충족되지 않았을 때 t값을 구하기 위해 사용할 수 있는 정보의 양이 등분산일 때에 비해 적다는 것을 의미한다.

다른 모든 조건이 동일하다면 당연히 두 모집단의 분산이 등분산이어서 더 많은 정보를 바탕으로 구한 t값이 등분산이 아니어서 더 적은 정보를 바탕으로 구한 t값에 비해 정확도가 높다. 더 나아가서 검정통계량 t의 정확도는 두 모평균 간 차이의 통계적 유의성 판단의 정확도와 직결되는데 더 정확도가 높은 t값에 근거하여 두 모평균 간 차이의 통계적 유의성을 판단하는 것이 당연히 더 바람직하다. 두 모평균의 차이를 검정할 때 두 모집단이 등분산인지 여부가 중요한 이유는 바로 이 때문이다. 연구자는 등분산성 가정 충족 여부에 따라 각각의 경우에 해당하는 분석결과에 근거하여 가설을 검정해야 한다.

두 모집단의 모분산이 같다는 영가설이 채택되었으므로 우리는 이제 두 집단의 평균 차이가 통계적으로 유의한지 여부를 검정할 수 있다. 분석결과표에 따르면, 두 집단의 평균 차이에 해당

하는 t 값은 2.321이고 이 값에 해당하는 유의확률 p는 .025로 나타났다. 이 유의확률은 영가설을 기각할 수 있는 유의수준 .05보다 작은 값이므로 영가설은 기각된다. 이러한 결과에 근거하여 우리는 정규직과 비정규직의 임금 간에 통계적으로 유의한 수준의 차이가 있다고 말할 수 있다.

〈표 6-5〉

독립표본 검정

		Levene의 등분산 검정		평균의 동일성에 대한 t 검정							
		F	유의확률	t	자유도	유의확률		평균차	차이의 표준오차	차이의 95% 신뢰구간	
						단측확률	양측확률			하한	상한
소득	등분산이 가정됨	1.037	.314	2.321	48	.012	.025	24.04187	10.35753	3.21666	44.86708
	등분산이 가정되지 않음			2.400	45.071	.010	.021	24.04187	10.01951	3.86241	44.22132

이상의 두 예를 통해 살펴본 바와 같이 독립표본 t 검정에서 연구자는 두 모집단의 등분산성과 두 모집단 간 평균 차이의 유의성 모두를 검정해야 한다. 다음의 〈표 6-6〉에는 이 두 가지 검정의 결과를 조합하여 만든 4가지 경우가 제시되어 있다. '경우 1'은 등분산성 가정이 충족되고 t 값이 통계적 유의성을 갖는 것으로 나타나 영가설을 기각할 수 있는 경우이다. 이 경우는 〈표 6-6〉에 제시된 것처럼 t 값과 유의성을 표시한 다음, 두 모집단의 모평균이 다르다는 결론을 내릴 수 있다.

〈표 6-6〉 등분산 여부와 t 값의 통계적 유의성 수준에 따른 4가지 독립표본 t 검정 분석결과

	등분산성 ($p<.05$)	t 값의 유의성 ($p<.05$)	t 값	표기	결과해석
경우 1	충족	유의함 (영가설 기각)	제시함	$t=5.321^*$, $^*p<.05$	두 모평균이 다름
경우 2	충족	유의하지 않음 (영가설 채택)	제시함	$t=.578$	두 모평균이 다르지 않음
경우 3	미충족	유의함 (영가설 기각)	제시함	$t=5.321^*$, $^*p<.05$	두 모평균이 다르나 등분산성 가정이 충족되지 않았음을 밝힘
경우 4	미충족	유의하지 않음 (영가설 채택)	제시함	$t=.578$	두 모평균이 다르지 않음

'경우 2'는 등분산성 가정은 충족되었으나 t값이 통계적으로 유의한 수준이 아닌 경우이다. 이 경우에는 두 모집단의 모평균이 같다는 영가설을 기각할 수 없고, 일반적으로 〈표 6-6〉에 제시된 것처럼 t값만을 제시하고 t값의 통계적 유의성 수준을 표기하지 않는다. 결과를 해석할 때는 두 모집단 간 모평균에 있어서 차이는 있으나 차이의 정도가 통계적으로 유의한 수준은 아니며 그렇기 때문에 두 모평균이 다르다고 볼 수 없다고 기술한다.

'경우 3'은 등분산성 가정은 충족되지 않았지만 t값이 통계적 유의성을 갖는 것으로 나타난 경우로서 좀처럼 나오기 힘든 경우이다. 이 경우, 영가설을 기각할 수는 있고 t값과 유의성 수준을 '경우 1'과 동일하게 표기할 수 있다. 다만, 결과를 해석할 때 등분산성 가정이 충족되지 않았다는 사실을 반드시 밝히고 그렇기 때문에 두 모집단의 모평균이 제한적인 의미에서 다르다는 것을 설명해야 한다.

마지막으로 '경우 4'는 등분산 가정이 충족되지 않고 t값도 통계적으로 유의한 수준이 아닌 경우로서 영가설은 제한적인 의미에서라도 기각할 수 없다. 표기방식은 t값을 제시하고 통계적 유의성 수준은 표기하지 않는다.

5. R을 이용한 두 모집단의 모수에 관한 가설검정-독립표본

1) R을 이용한 독립표본 t검정

도시와 농어촌의 평균 병원수에 대한 독립표본 t검정을 실시하기 위해 먼저 자료파일 'C6-독립표본 t검정-01'을 haven 패키지의 read_sav 함수로 불러들여 c6df로 지정한다. 독립표본 t검정을 실시하기 위해서는 등분산 가정 조건의 만족 여부를 확인해야 하는데, R에서 등분산 검정은 var.test 함수를 통해서 할 수 있다. $SPSS$에서 제시하는 Levene 등분산 검정은 car 패키지의 leveneTest 함수로 수행할 수 있다.

```
library(haven)
c6df <- read_sav(file.choose())
var.test(병원수 ~ 지역, data = c6df)
```

[그림 6-10]

위의 그림에서처럼 var.test 함수를 실행하면 다음의 그림과 같은 결과가 나타난다. $p < .05$로 등분산 영가설은 채택되었다.

```
        F test to compare two variances

data:  병원수 by 지역
F = 2.2524, num df = 14, denom df = 14, p-value = 0.1408
alternative hypothesis: true ratio of variances is not equal to 1
95 percent confidence interval:
 0.7562065 6.7090515
sample estimates:
ratio of variances
          2.252427
```

[그림 6-11]

등분산 영가설이 채택되어 등분산을 가정하고 t.test 함수를 실행할 수 있다. t.test 함수의 괄호 안에는 '~' (물결) 기호의 앞에 검정변수(병원수), 기호의 뒤에 집단변수(지역)를 넣고, data 옵션에 데이터프레임(c6df)을 지정한다. 또한 var.equal 옵션에는 등분산의 경우에는 TRUE, 등분산이 아닌 경우에는 FALSE의 값을 입력한다.

```
t.test(병원수 ~ 지역, data = c6df, var.equal = TRUE,
       conf.level = .95)
```

[그림 6-12]

t.test 함수를 실행하면 아래와 같은 결과가 콘솔 창에 나타난다. 결과에서 가장 아래에는 1 집단(도시), 2 집단(농어촌)의 병원수 평균이 제시되고 있으며, 도시의 병원수는 평균 2.73, 농어촌의 병원수는 평균 1.53이다. t 검정은 $p = 0.01465$로, $p < .05$이기 때문에 영가설을 기각하고, 도시의 평균 병원수가 농어촌의 평균 병원수는 같지 않다는 것을 알 수 있다.

```
        Two Sample t-test

data:  병원수 by 지역
t = 2.602, df = 28, p-value = 0.01465
alternative hypothesis: true difference in means between group 1 and group
2 is not equal to 0
95 percent confidence interval:
 0.2552902 2.1447098
sample estimates:
mean in group 1 mean in group 2
       2.733333        1.533333
```

[그림 6-13]

다음으로 정규직 근로자와 비정규직 근로자의 평균 소득에 대한 독립표본 t 검정을 실시하기 위해 데이터 파일 'C6-독립표본 t 검정-02'를 불러들여 c6_2df로 지정한다. 이어서 등분산 검정을 해야 하는데, 여기에서는 'car' 패키지를 설치한 후 leveneTest 함수를 사용하였다. 그런데, leveneTest에서는 집단변수(고용상태)가 요인이어야 하는데, 아래 그림처럼 as.factor 함수를 사용해서 고용상태를 요인으로 변경해야 한다.

```
c6_2df <- read_sav(file.choose())

c6_2df$고용상태 <- as.factor(as.numeric(c6_2df$고용상태))
leveneTest(소득 ~ 고용상태, data = c6_2df, center = mean)
```

[그림 6-14]

leveneTest 함수를 실행하면 아래의 그림과 같은 결과가 콘솔 창에 나타난다. 결과를 보면, F = 1.0371, p = 0.3136으로 등분산 가정은 채택되었다.

```
Levene's Test for Homogeneity of Variance (center = mean)
      Df F value Pr(>F)
group  1  1.0371 0.3136
      48
```

[그림 6-15]

이에 따라 아래의 그림과 같이 옵션 var.equal = TRUE로 설정하고 t.test 함수를 실행한다.

```
t.test(소득 ~ 고용상태, data = c6_2df, var.equal = TRUE,
       conf.level = .95)
```

[그림 6-16]

t.test 함수를 실행한 결과는 콘솔 창에 나타난다. 아래의 그림에서와 같이 t = 2.3212, p = 0.02457로 두 집단의 모평균이 동일하다는 영가설을 기각하게 된다. 또한 1 집단(정규직)의 평균 소득은 92.25926이며, 2 집단(비정규직)의 평균 소득은 68.21739이다.

```
        Two Sample t-test

data:  소득 by 고용상태
t = 2.3212, df = 48, p-value = 0.02457
alternative hypothesis: true difference in means between group 1 and group
2 is not equal to 0
95 percent confidence interval:
  3.21666 44.86708
sample estimates:
mean in group 1 mean in group 2
       92.25926        68.21739
```

[그림 6-17]

6. *SPSS*를 이용한 두 모집단의 모수에 관한 가설검정-대응표본

[예 6-3]은 동일대상에 대해서 '의료이용 횟수'를 의약분업 실시 전과 후에 반복조사하여 얻은 대응표본자료를 바탕으로 두 모집단의 모평균이 동일한지 여부를 검정하는 경우이다.

영가설과 대립가설은 다음과 같이 설정된다.

$$H_0 : \mu_d = 0 \quad vs. \quad H_a : \mu_d \neq 0$$

[그림 6-10]은 의약분업 실시 전과 후의 '의료이용 횟수'를 데이터 편집기에 입력한 것이다. 'C6-대응표본 t검정-01'의 데이터를 열어, 의약분업 실시 전과 후의 의료이용 횟수에 차이가 있는지 알아보고자 한다. 대응표본 t검정을 실시하려면 먼저 *SPSS* 프로그램에서 분석(Analysis) 아이콘을 선택한 후, 평균 및 비율 비교(Compare Means)를 선택하면 나오는 대응표본 t검정(Paired-Sample T-Test)을 누른다.

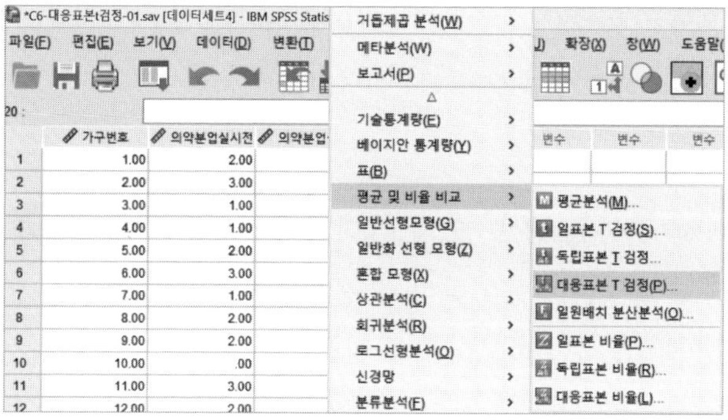

[그림 6-18]

평균비교 선택 후, 왼쪽의 변수목록 중 '의약분업 실시 전'과 '의약분업 실시 후' 변수를 선택한다. 그러면 변수목록 박스 아래의 '현재선택(Current Selections)' 박스에 변수 1(Variable 1)에는 '사전' 그리고 변수 2(Variable 2)에는 '사후' 변수가 나타난다.

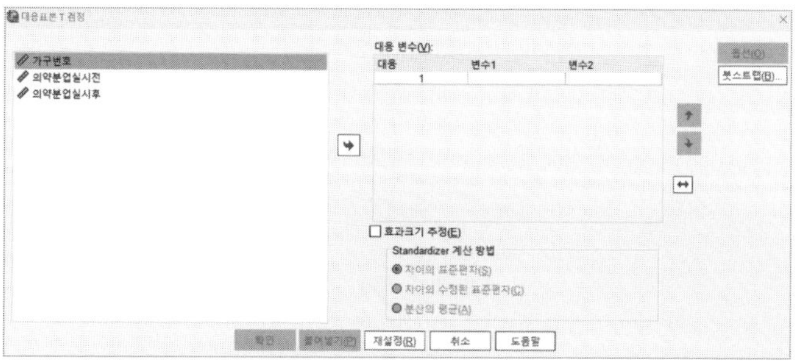

[그림 6-19]

선택된 '사전'과 '사후' 변수 쌍을 화면 한가운데 위치한 아이콘을 눌러 '대응변수(Paired Variables)' 박스에 옮긴 후 '확인(OK)'을 누른다.

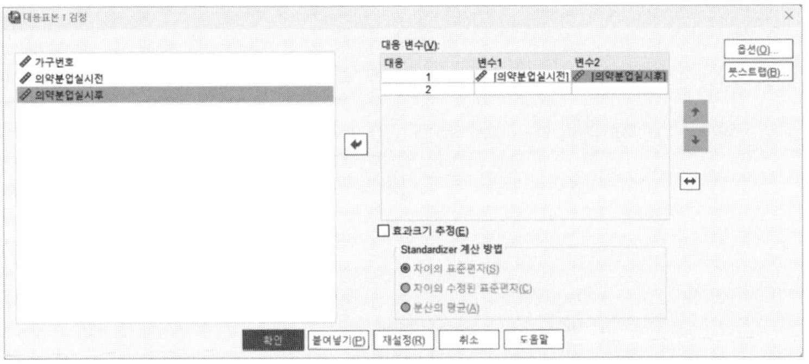

[그림 6-20]

의약분업 실시 전과 후 '의료서비스 이용횟수' 간에 차이를 분석한 결과로서 대응표본의 통계량, 대응표본 상관계수 및 대응표본 검정 결과가 제시된다. 분석결과에 따르면, 의약분업 실시 전의 의료이용 횟수는 약 1.7회이고 실시 후의 의료이용 횟수는 2.24회로 나타나 의약분업 실시 전보다 실시 후에 의료서비스 이용횟수가 증가한 것을 알 수 있다.

〈표 6-7〉

대응표본통계량

		평균	N	표준편차	평균의 표준오차
대응 1	의약분업 실시 전	1.7200	25	.97980	.19596
	의약분업 실시 후	2.2400	25	1.01160	.20232

아직 배운 개념은 아니지만 자아정체성 프로그램 실시 전과 후 두 점수 간의 상관(correlation)을 보면 상관계수가 .281로서 두 점수 간에 약한 상관이 존재한다는 것을 알 수 있다. 상관분석에 대해서는 제9장에서 자세히 다룰 것이므로 자세한 설명은 생략하기로 하겠다.

〈표 6-8〉

대응표본 상관계수

		N	상관계수	유의확률
대응 1	의약분업 실시 전 & 의약분업 실시 후	25	.281	.174

이처럼 의약분업 실시 전과 실시 후 의료서비스 이용횟수에 있어서 존재하는 약 .52회의 차이는 과연 통계적으로 유의한 수준의 차이인가 아니면 우연에서 비롯된 차이인가? 분석결과에 따르면 실시 전 이용횟수와 실시 후 이용횟수 간의 차이의 평균은 −.52회, 표준편차는 1.19443, 이를 바탕으로 구한 t값은 −2.177로 나타났다.

이 t값에 해당하는 p값은 .04로서 가설검정에 앞서 설정한 유의수준 .05보다 낮아 영가설은 기각된다. 즉, 이러한 분석결과는 의약분업 실시 전보다 실시 후에 건강보험가입자의 의료서비스 이용횟수가 증가했으며 증가 정도가 통계적으로 유의한 수준이라는 것을 말해 준다.

〈표 6-9〉

대응표본 검정

		대응차					t	자유도	유의확률	
		평균	표준편차	평균의 표준오차	차이의 95% 신뢰구간					
					하한	상한			단측확률	양측확률
대응 1	의약분업 실시 전 & 의약분업 실시 후	-.52000	1.19443	.23889	-1.01304	-.02696	-2.177	24	.020	.040

$$\overline{d} = -.52,\ \ s_d = 1.19443,\ \ t = \frac{d-\mu_d}{s_d/\sqrt{n}} = \frac{-.52-0}{1.19443/\sqrt{25}} = -2.177$$

대응표본 t 검정 방법에 대한 확실한 이해를 돕기 위해 한 가지 예를 더 들어 보기로 하자. 어떤 복지관에서 가출청소년을 대상으로 자아정체성 향상을 위한 프로그램을 개발하여 복지관 부설 쉼터에 거주하고 있는 청소년 50명을 대상으로 10회기 프로그램을 실시했다고 가정해 보자.

프로그램을 담당했던 사회복지사가 프로그램의 효과를 알아보기 위해 프로그램 실시 이전에 대상 청소년들의 '자아정체성'을 적절한 척도로 측정하여 기초선(baseline)을 마련해 두었다. 프로그램이 끝날 무렵 프로그램 참여 학생들의 '자아정체성'을 사전 조사와 동일한 척도로 측정하여 사후 조사결과를 얻었다. 담당 사회복지사는 사전 점수와 사후 점수를 단순 비교한 결과, 학생들의 자아정체성 수준이 향상된 것을 발견했으나 그러한 변화가 통계적으로 유의한 변화인지 여부를 알아보기 위해서 사전 및 사후 자료를 *SPSS*에 입력하고 대응표본 t 검정을 실시하고자 한다.

이 경우, 검정하고자 하는 영가설과 대립가설은 앞의 예와 마찬가지로

$$H_0 : \mu_d = 0 \quad vs. \quad H_a : \mu_d \neq 0$$

이다. *SPSS*에서 '평균 및 비율 비교(Compare Means)', '대응표본 t 검정(Paired Sample T-Test)'

을 차례로 선택한 다음, 변수목록에서 '사전'과 '사후' 두 변수를 선택하면 변수목록 아래 위치한 '현재선택(Current Selections)' 박스의 변수 1(Variable 1)에 '사전', 변수 2(Variable 2)에 '사후' 변수가 나타난다. 이제 화면 중앙에 위치한 화살표 아이콘을 누르면 '대응변수(Paired Variables)'에 두 변수가 옮겨진 것을 확인할 수 있다. 마지막으로 '확인(OK)' 아이콘을 누른다.

[그림 6-21]

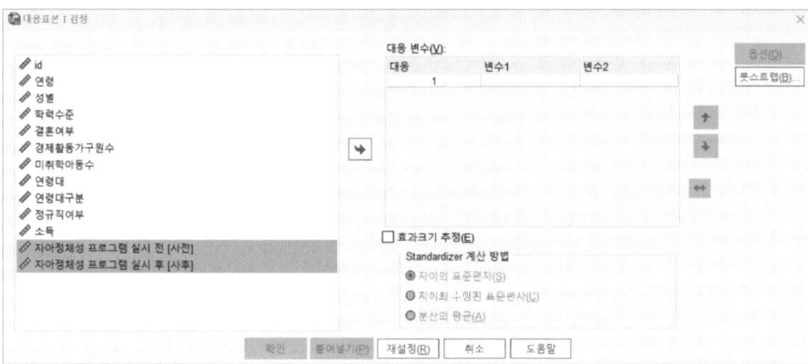

[그림 6-22]

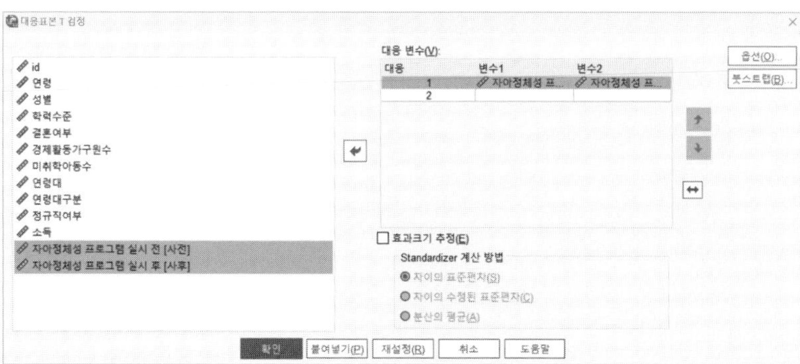

[그림 6-23]

분석결과에 따르면, 프로그램 실시 전의 자아정체성은 5점 만점 중 2.1점이고 프로그램 실시 후의 자아정체성 점수는 3.28점으로 나타나 프로그램 실시 전보다 실시 후 가출 청소년의 자아 정체성 점수가 높아진 것을 알 수 있다.

〈표 6-10〉

대응표본 통계량

		평균	N	표준편차	평균의 표준오차
대응 1	자아정체성 프로그램 실시 전 &	2.1000	50	.99488	.14070
	자아정체성 프로그램 실시 후	3.2800	50	.83397	.11794

〈표 6-11〉

대응표본 상관계수

		N	상관계수	유의확률	
				단측 확률	양측 확률
대응 1	자아정체성 프로그램 실시 전 & 자아정체성 프로그램 실시 후	50	.384	.003	.006

이 1.18점의 차이가 통계적으로 유의한 수준의 차이인지는 t값에 의해 결정된다. 제시된 t값은 -8.148이고, 이 값에 해당하는 p값은 .000으로서 유의수준 .05보다 낮아 영가설은 기각된다. 연구자는 이 분석결과에 근거하여 프로그램에 참여한 가출 청소년들의 자아정체성 수준이 프로그램 참여 전에 비해 통계적으로 유의한 수준으로 변했다는 복지관의 주장을 뒷받침할 수 있다.

〈표 6-12〉

대응표본 검정

		대응차					t	자유도	유의확률	
		평균	표준편차	평균의 표준오차	차이의 95% 신뢰구간				단측 확률	양측 확률
					하한	상한				
대응 1	자아정체성 프로그램 실시 전 & 자아정체성 프로그램 실시 후	-1.18000	1.02400	.14482	-1.47102	-.88898	-8.148	49	<.001	<.001

7. R을 이용한 두 모집단의 모수에 관한 가설검정-대응표본

다음은 동일대상에 대해서 의료이용 횟수를 의약분업 실시 전과 후에 반복조사하여 얻은 대응표본자료를 바탕으로 두 모집단의 모평균이 동일한지 여부를 검증하는 대응표본 t 검증이다. 이를 위해서 haven 패키지를 설치한 후 read_sav 함수를 활용하여 'C6-대응표본 t 검정-01'의 데이터를 불러들여 c6_3df로 지정한다. 이어서 대응표본 t 검정을 실시하기 위해 t.test 함수를 사용한다. 이때, 괄호 안에서 처음에는 의약분업실시전 변수를, 쉼표 뒤에는 의약분업실시후 변수를 지정하는데, 변수명 앞에 반드시 데이터프레임(c6_3df)을 지정해 줘야 한다. 또한 paired 옵션에는 대응표본을 나타내기 위해 TRUE를 지정한다.

```
library(haven)
c6_3df <- read_sav(file.choose())
t.test(c6_3df$의약분업실시전, c6_3df$의약분업실시후, paired = TRUE)
```

[그림 6-24]

[그림 6-25]는 대응표본 t 검정을 실시한 결과이다. $t = -2.1768$, $df = 24$로, $p = 0.03956 < a = .05$이기 때문에 영가설을 기각하고 의약분업실시 전과 후의 차이의 모평균은 0이 아니라는 결론을 내리기 된다. 한편 표본평균의 차이는 -0.52회이다.

```
        Paired t-test

data:  c6_3df$의약분업실시전 and c6_3df$의약분업실시후
t = -2.1768, df = 24, p-value = 0.03956
alternative hypothesis: true mean difference is not equal to 0
95 percent confidence interval:
 -1.0130371 -0.0269629
sample estimates:
mean difference
          -0.52
```

[그림 6-25]

다음으로 가출청소년 대상의 자아정체성 향상을 위한 프로그램의 효과를 알아보기 위해 read_sav 함수를 활용하여 'C6-대응표본 검정-02'의 데이터를 불러들여 c6_4df로 지정한다. 이어서 t.test 함수를 활용하여 대응표본 t 검정을 실시한다. 이때 괄호 안에서 처음에는 '사전' 변수를, 이어서 '사후' 변수를 지정하고, 옵션으로 paired = TRUE를 넣어 준다.

```
c6_4df <- read_sav(file.choose())
t.test(c6_4df$사전, c6_4df$사후, paired = TRUE)
```

[그림 6-26]

[그림 6-26]에는 대응표본 t 검정의 결과가 제시되어 있다. $t=-8.1483$, $df=49$로, $p=1.134e-10 < a=.05$이기 때문에 영가설을 기각하고 자아정체성 프로그램 실시 전과 후의 차이의 모평균은 0이 아니라는 결론을 내리기 된다. 한편, 표본평균의 차이는 -1.18이다.

```
        Paired t-test

data:  c6_4df$사전 and c6_4df$사후
t = -8.1483, df = 49, p-value = 1.134e-10
alternative hypothesis: true mean difference is not equal to 0
95 percent confidence interval:
 -1.4710169 -0.8889831
sample estimates:
mean difference
          -1.18
```

[그림 6-27]

참고문헌

Chiang, C., Langhauser, C., & Selvin, S. (1990) Introduction to Probability and Statistics in Biology and Public Health. Unpublished Manuscript. University of California at Berkeley.

Gravetter, F., & Wallnau, L. (1992). *Statistics for the Behavioral Sciences* (3rd ed.). St. Paul, MN: West Publishing Co.

Mendenhall, W., Wackerly, D., & Scheaffer, R. (1990). *Mathematical Statistics with Applications* (4th ed.). Boston, MA: PWS-KENT Publishing Co.

| 연습문제 |

01 다음 진술의 참, 거짓 여부를 판단하십시오.

모평균에 관한 가설을 검정할 때, 모집단이 정규분포를 따르는 상황에서 Z 변수를 검정통계량으로 사용할 수 없다면 그 이유는 모표준편차가 알려져 있지 않기 때문이다.
(참, 거짓)

독립표본을 바탕으로 두 모평균에 관한 가설을 검정할 때, 검정통계량인 t 값이 정확하게 분포를 따르기 위한 전제조건은 두 모집단이 정규분포를 따른다는 것과 모분산이 알려져 있지 않다는 것이다.
(참, 거짓)

02 자유도의 개념을 설명하고 모평균에 관한 가설검정에서 Z 변수를 검정통계량으로 사용할 때와 달리 t 변수를 검정통계량으로 사용하게 될 때 자유도를 고려해야 하는 이유를 설명하십시오.

03 다음의 경우에 해당하는 임계값을 구하십시오.

정규분포를 따르는 두 모집단 각각으로부터 크기가 $n = 15$ 이고 서로 독립인 두 표본을 뽑아 두 모평균이 같은지를 유의수준 .05에서 양측검정한다(단, 모집단의 분산은 동일한 것으로 알려져 있다).

04 다음의 가설을 검정하기 위해 크기가 $n_1 = 21$, $n_2 = 20$인 두 표본을 바탕으로 구한 검정통계량의 값이 $F = 2.53$ 일 때,

$$H_0 : \mu_1 = \mu_2 = \mu_0 \qquad H_a : \mu_1 \neq \mu_2$$

자유도는 얼마인가?

이 검정통계값에 해당하는 p값은 얼마인가?

유의수준 .05에서 영가설은 기각되는가, 채택되는가?

05 최근 개발된 새로운 사회적응 프로그램에 참여한 클라이언트를 실험집단으로 하고 기존의 프로그램에 참여한 클라이언트를 비교집단으로 하여 두 집단에 대해서 '지난 3개월간 가족 이외의 사람과 외출한 횟수'를 조사한 결과가 다음과 같다고 할 때, 두 집단의 외출횟수에 차이가 있는지를 유의수준 .05에서 검정하십시오(단, 외출횟수는 정규분포를 따른다고 가정할 것).

집단	크기	평균	표준편차
실험집단	n =15명	10.2회	1.5
비교집단	n =15명	9.7회	1.8

06 위의 5번 문제에서 집단의 크기가 $n_1 = n_2 = 30$ 이라고 가정하고 동일한 유의수준에서 가설을 검정하십시오.

07 가족의 지지 정도가 높을수록 실직자가 실직 후 재취업하는 데 걸리는 시간이 짧다는 주장의 타당성을 다음 표본자료를 바탕으로 유의수준 .05에서 검정하십시오(단, 재취업까지 걸린 시간은 정규분포를 따른다고 가정할 것).

표본 1: 가족의 지지 정도가 높은 가정의 실직자

재취업까지 걸린 개월 수: 13, 15, 8, 10, 22, 19, 23, 16, 15, 10, 7, 12, 15, 15, 20

표본 2: 가족의 지지 정도가 낮은 가정의 실직자

재취업까지 걸린 개월 수: 12, 17, 20, 18, 11, 14, 19, 12, 17, 13, 20, 15, 26, 13, 11

08 [예 6-1]의 표본자료 가운데 도시지역과 농어촌 지역 각각에서 1~12번째까지의 표본관찰값만을 이용하여 두 지역 병원 수의 등분산성 여부를 유의수준 .05에서 검정하십시오.

09 [예 6-3]의 표본자료 가운데 1~20번째까지의 표본관찰값만을 이용하여 의약분업 이전과 이후의 의료서비스 이용횟수에 차이가 없다는 영가설과 의약분업 이후 의료서비스 이용횟수가 증가했다는 대립가설을 유의수준 .05에서 검정하십시오.

10 결손가정의 자녀 20명을 대상으로 가족기능증진을 위한 집단대상 개입 프로그램을 실시하기 이전과 이후에 일주일에 부모와 대화를 나누는 시간을 조사한 결과가 다음과 같다고 할 때, 이 프로그램이 가족기능증진에 효과적이라는 프로그램 담당사회복지사의 주장이 타당한지의 여부를 유의수준 .05과 .01에서 검정하십시오.

참여자	이전	이후	참여자	이전	이후
1	22	23	11	10	15
2	23	20	12	21	20
3	19	23	13	13	15
4	27	24	14	19	21
5	19	13	15	24	23
6	21	23	16	18	23
7	18	20	17	24	27
8	12	13	18	12	13
9	22	20	19	15	22
10	10	12	20	20	23

7

분산분석의 원리: 일원분산분석

단일 및 두 모집단의 모수에 관한 가설검정 방법에 이어서 이번 장에서는 가장 일반적인 경우인 $k \geq 3$개 모집단의 모수에 관한 가설을 검정하는 방법을 모평균을 예로 들어서 이해해 보기로 하자. 단일 모평균 또는 두 모평균에 관한 가설검정의 경우와 마찬가지로 $k \geq 3$개의 모평균에 관한 가설을 검정한다는 것은 곧 $k \geq 3$개의 모평균이 동일한지의 여부를 검정하는 것을 말한다.

예를 들어서, 근로빈곤층의 교육수준을 '무학' '초등학교' 및 '중학교 이상'으로 구분할 때 월소득이 교육수준에 따라 다른지를 알아보고자 하거나 사회복지관의 유형을 규모에 따라 '가형' '나형' 및 '다형'으로 나누고 사회복지관 유형에 따라 근무하는 사회복지사의 수에 차이가 있는지 비교해 보고자 할 때 우리는 $k \geq 3$개 모집단의 모수를 비교해야 한다.

1. 분산분석의 필요성

만일 우리가 이제까지 배운 단일 모수나 두 모수에 관한 가설검정방법만을 이용하여 $k \geq 3$개의 모평균이 동일한지의 여부를 검정해야 한다면 우리는 두 모평균의 동질성을 검정하는 방법인 Z검정이나 t검정을 반복 실시하여 $k \geq 3$개의 모평균이 동일한지의 여부를 검정할 수밖에 없다.

예를 들어서, k개의 모평균 중 어느 한 개를 선택해서 나머지 $k-1$개 모평균 각각과 Z검정 또는 t검정을 통해 동일성 여부를 검정한 다음, 또 다른 모평균을 선택하여 이번에는 $k-2$개의 모평균과 그 모평균의 동일성 여부를 일일이 검정하고, 또 다른 모평균을 골라 $k-3$개의 모평균과 비교하는 식의 검정을 반복함으로써 k개 모평균의 동일성을 검정하는 방법이 우리가 할 수 있는 전부이다.

그런데 이러한 방법을 통해 $k \geq 3$개 모평균이 동일한지를 검정할 경우, 물론 가설검정 그 자체는 가능하지만 비교대상이 되는 모평균의 수가 $k=5$개만 되더라도 Z검정 또는 t 검정을 무려 10회나[1] 실시해야 하기 때문에 일단 검정과정이 번거로우며 시간과 노력면에서 매우 비효율적일 뿐만 아니라 더 나아가서는 가설검정에 있어서 유의수준을 일정 수준으로 유지할 수 없다는 문제가 발생하게 된다.

제5장에서 설명한 바와 같이, 유의수준이란 영가설이 사실임에도 불구하고 영가설을 기각하는 제1종 오류를 범할 확률을 말하는데 만일 $k \geq 3$개 모평균의 동일성 검정을 위해서 Z 또는 t 검정을 수차례에 걸쳐 실시하게 되면 그만큼 제1종 오류를 범할 확률 또한 높아지게 된다. 왜냐하면 한 개의 가설은 한 번의 검정과정을 통해 구한 한 개의 검정통계량에 의해서 검정되어야 하며 유의수준이란 바로 그 한 번의 검정에서 제1종 오류를 범할 확률을 말하는 것이기 때문이다.

예를 들어서, '$k=5$개 모평균이 같다'라는 가설을 검정하기 위해서 10회의 Z 또는 t 검정을 유의수준 α에서 실시한다면 이는 한 개의 가설을 총 10회의 검정과정을 통해서 검정하는 것이며, 이때의 유의수준 α는 '5개의 모평균이 같다'는 가설을 검정하기 위해 필요한 10회의 개별 검정 각각에 관한 유의수준(test-wise Type Ⅰ Error)이지 전체 검정과정에 관한 유의수준(procedure-wise Type Ⅰ Error)이 결코 아니기 때문이다.

다시 말해서, '5개의 모평균이 같다'는 가설을 10회의 Z 또는 t 검정을 유의수준 .05에서 실시하여 검정할 경우, 영가설의 사실 여부와는 무관하게 전적으로 우연에 의해서 적어도 1번 이상 영가설을 기각하게 될 확률은 .05보다 크다는 것이다. 바로 이러한 이유에서 우리는 $k \geq 3$개 모평균이 동일한지를 Z 또는 t 검정을 통해 검정할 경우, 전체 검정과정의 유의수준을 개별 검정을 위해 설정한 유의수준 α로 유지할 수 없게 된다.

이러한 문제점 때문에 비교대상 모평균의 수가 $k \geq 3$이 되면 더 이상 Z 또는 t 검정을 실시하지 않고 분산분석(Analysis of Variance, $ANOVA$)을 통해 가설을 검정하게 된다. 이 장의 이하 부분에서 자세히 설명하겠지만 분산분석은 $k \geq 3$개 모평균에 관한 가설을 단 한 개의 검정통계량으로 검정하는 검정방법으로서 Z 또는 t 검정처럼 평균을 이용하는 것이 아니라 분산(variance)을 이용하여 검정통계량을 구하기 때문에 분산분석이라고 불린다.

일반적으로 분산분석은 $k \geq 3$개의 모평균이 동일한지의 여부를 검정하는 방법으로 알려져 있다. 물론 이러한 이해가 잘못된 것은 아니지만 보다 정확하게 말하자면 분산분석은 독립변수가 종속변수에 영향을 미치는지의 여부를 검정하는 방법이다. 이를 설명하기 위해서 바로 위에

1) $C_2 = \frac{5!}{2!(5-2)!} = 10$

서 소개했던, 기초생활보장제도 수급자(이하, 수급자)의 월소득이 교육수준에 따라 다른지를 알아보는 경우를 예로 들어 보기로 하자.

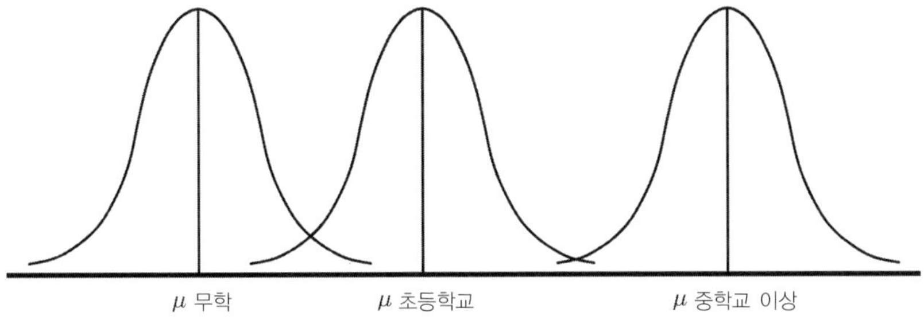

[그림 7-1] 월소득의 확률분포

이 예에서 만일 월소득이 교육수준에 따라 다르지 않다면 우리는 수급자의 월소득 모집단을[2] 교육수준과는 무관한 한 개의 모집단으로 보는 것이 타당한 반면, 만일 월소득이 교육수준에 따라 다르다면 월소득 모집단을 한 개의 모집단으로 보기보다는 [그림 7-1]과 같이 각각의 교육수준에 해당하는 서로 다른 세 개의 모집단으로 보는 것이 더 타당하다.

왜냐하면 만일 수급자의 월소득이 교육수준에 따라 다르다면, 각 교육수준에 해당하는 수급자의 월소득 모집단은 나머지 두 교육수준에 해당하는 수급자 월소득의 모집단과 다른 제 나름대로의 특성을 가질 것이기 때문이다. 예를 들어, 월소득의 평균이라는 특성을 생각해 본다면, 월소득이 교육수준에 따라 다를 때 수급자 월소득의 평균은 [그림 7-1]과 같이 각 교육수준별로 서로 다른 값을 가질 것이며, 이는 결국 수급자 월소득의 모집단이 교육수준별로 서로 다른 모평균을[3] 갖는 세 개의 모집단으로 나뉘어져 있다는 것을 의미한다.

만일 수급자의 월소득이 교육수준에 따라 다르다면 [그림 7-1]에 나타난 세 개의 월소득 모집단 간의 모평균 차이는 다름 아닌 수급자의 교육수준에서 비롯된 것이 되는데, 이때 교육수준은 월소득에 영향을 미친 변수이므로 독립변수가 되고 월소득은 교육수준에 의해 영향을 받은 변수이므로 종속변수가 된다는 것을 알 수 있다. 이렇게 볼 때, 세 모집단의 모평균이 동일한지를 검정한다는 것은 결국 독립변수인 교육수준이 종속변수인 월소득에 영향을 미쳐 세 모집단의 모평균을 다르게 만들었는지를 검정하는 것이며, 이를 검정하기 위해서 우리가 실제로 비교하는 것은 $k \geq 3$개 집단의 종속변수의 모평균 값임을 쉽게 이해할 수 있으리라 본다.

분산분석에서 비교하게 되는 모평균(이하, 비교대상 모평균)의 수는 독립변수가 가진 응답범주

2) 제2장에서 설명한 바와 같이 어떤 확률변수 X의 모집단과 확률분포는 같은 것임을 기억하기 바란다.

3) 물론 교육수준에 따라 월소득이 다르다면 세 모집단의 모평균뿐만 아니라 모분산 또한 다를 수 있으나 분산분석에서는 k개 모집단의 모분산은 동일하다고 가정한다. 이에 대해서는 바로 뒤이어 나오는 '2. 일원분산분석의 기본원리' 부분에서 보다 자세하게 논의하기로 한다.

의 개수에 의해 결정된다. 위의 예에서 독립변수가 무학, 초등학교 및 중학교 이상이라는 세 가지 응답범주를 가지므로 비교대상 모평균의 수는 3개가 된다. 즉, 독립변수가 k, $k+1$, 또는 $k+2$ …개의 응답범주를 갖는다면 비교대상 모평균의 수 또한 k, $k+1$, 또는 $k+2$…개가 된다.

비교대상 모평균의 개수가 독립변수의 응답범주 개수에 의해 결정되는 이상, 비교대상 모평균의 수는 독립변수가 몇 개인가에 따라서도 달라진다. 예를 들어, k개의 응답범주를 가진 독립변수 한 개가 종속변수에 영향을 미치는지를 검정하는 경우, 비교대상 모평균의 수는 k개이지만 여기에 $k+1$개의 응답범주를 가진 또 다른 독립변수가 종속변수에 영향을 미치는지의 여부를 동시에 검정하고자 한다면 비교대상 모평균의 수는 각 변수가 가진 응답범주 수를 곱한 값인 $k(k+1)$개가 된다.

분산분석은 분석에 사용되는 독립변수의 수에 따라서 크게 세 종류로 나뉘는데, 독립변수의 수가 한 개인 경우를 가리켜 일원분산분석(One-Way Analysis of Variance)이라고 하고, 두 개인 경우를 이원분산분석(Two-Way Analysis of Variance)이라고 하며, 독립변수가 세 개 이상인 경우를 다원분산분석(Multivariate Analysis of Variance: $MANOVA$)이라고 한다. 이 가운데 이번 장에서는 가장 단순한 경우인 일원분산분석을 설명하면서 분산분석의 원리를 소개하기로 하고 이원분산분석은 다음 장에서 다루기로 하겠다. 다원분산분석은 이 책의 범위를 벗어나는 내용이므로 이 책에서는 다루지 않기로 한다.

2. 일원분산분석의 기본원리-분포의 형태를 바탕으로 한 개념적 이해

일원분산분석은 F분포의 특성을 이용하여 가설을 검정한다는 의미에서 종종 F검정이라고 불리기도 한다. 이렇게 볼 때, 일원분산분석의 기본원리를 이해한다는 것은 'k개 모평균의 동질성에 관한 가설을 F분포를 이용하여 검정할 수 있는 논리적 근거'를 이해하는 것이라고도 말할 수 있다. 일원분산분석의 기본원리를 이해하는 방법에는 개념적 이해방법과 수리모형을 바탕으로 한 수리적 이해방법이 있는데, 이 중에서 먼저 개념중심의 이해방법을 통해 일원분산분석의 기본원리를 이해해 보기로 하겠다.

먼저 구체적인 논의를 위해, 앞서 들었던 예를 다시 생각해 보기로 하자. 어떤 연구자가 기초생활보장제도 수급자(이하, 수급자)의 월소득이 교육수준에 따라 차이를 보이는지를 연구한다고 가정해 보자. 수급자의 교육수준을 앞서와 같이 세 가지 범주로 구분한다면 비교대상 모평균의 수는 $k=3$이고 이러한 상황에 부합하는 영가설과 대립가설은 다음과 같은 문장과 기호로 설정할 수 있다.

H_o : 세 모집단의 모평균이 같다.

H_a : 세 개의 모평균 가운데 적어도 어느 하나는 나머지와 다르다.

$$H_o : \mu_1 = \mu_2 = \mu_3 = \mu_0$$
$$H_a : \mu_1 \neq \mu_2,\ \mu_2 \neq \mu_3,\ \mu_1 \neq \mu_3, \quad \text{또는} \quad \mu_1 \neq \mu_2 \neq \mu_3 \qquad [7\text{-}1]$$

영가설이 사실이라는 말은, 수급자의 월소득을 확률변수 X로 표기할 때 각 교육수준에 해당하는 X의 모집단이 존재한다는 것을 의미한다. 분산분석을 이용하여 [7-1]의 영가설을 검정하기 위해 각 교육수준에 해당하는 X의 모집단으로부터 뽑은 표본의 구조는 〈표 7-1〉과 같다. 표에서 x_{ij}는 j번째 표본의 i번째 관찰값을 나타내는 표기방식이다. 예를 들어서, x_{23}는 3번째 표본의 2번째 관찰값을 뜻한다.

[7-1]의 영가설을 분산분석을 이용하여 검정하기 위해서는 분석에 사용될 〈표 7-1〉의 자료가 다음과 같은 세 가지 조건을 만족해야 하는데, 이 조건들은 앞서 제6장에서 소개한 F검정을 실시하는 데 필요한 조건과 동일한 조건임을 알 수 있다.

〈표 7-1〉 분산분석을 위한 자료의 구조

모집단	I	II	III
모평균	μ_1	μ_2	μ_3
모분산	σ_1^2	σ_2^2	σ_3^2
표본	I	II	III
관찰값	x_{11}	x_{12}	x_{13}
	x_{21}	x_{22}	x_{23}
	⋮	⋮	⋮
	$x_{n_1 1}$	$x_{n_2 2}$	$x_{n_3 3}$
표본평균	$\overline{X}_1$	$\overline{X}_2$	$\overline{X}_3$
표본분산	s_1^2	s_2^2	s_3^2

조건 1. 각 모집단을 구성하고 있는 구성원소들은 동일 모집단 내의 다른 구성원소와 서로 독립일 뿐만 아니라 다른 모집단의 어떤 구성원소와도 독립인 관계에 있다. 따라서 모든 x_{ij}는 서로 독립이다.

조건 2. 모집단은 정규분포를 따른다. 따라서 $X_{ij} \sim N(\mu_j, \sigma_j^2)$

조건 3. 모분산은 알려져 있지는 않으나 동일하다. 즉, $\sigma_j^2 = \sigma^2$

이제 [7-1]의 영가설이 사실인 경우와 사실이 아닌 경우를 [그림 7-2]를 통해서 개념적으로 이해해 보기로 하자. 먼저 [7-1]의 영가설이 사실일 때, 세 모집단의 분포는 [그림 7-2]의 (a)에 가까울 것이라고 예상해 볼 수 있다. 왜냐하면 영가설이 사실이라는 것은 $\mu_1 = \mu_2 = \mu_3 = \mu_0$을 의미하는데 위의 조건 3에 의해서 세 모분산이 같다면 세 집단은 동일한 모평균과 모분산을 공유하므로 세 모집단의 분포는 일치해야 하기 때문이다. 이와 반대로 만일 영가설이 사실이 아니라면 세 모집단의 분포는 조건 3에 의해서 분산은 같지만 서로 다른 모평균을 갖는 [그림 7-2]의 (b)에 가까울 것이다.

여기서 우리는 [그림 7-2]의 (a)와 (b)의 차이점을 비교해 볼 필요가 있는데, 이를 위해 먼저 제곱합(Sum of Squares: SS)이라는 개념을 이해해 보기로 하자.

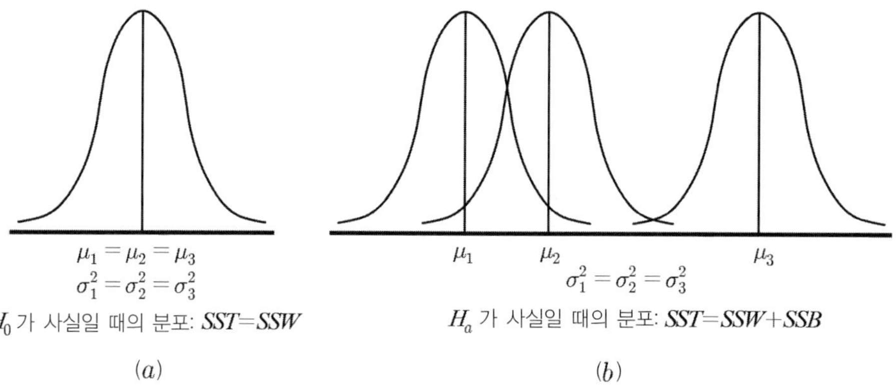

[그림 7-2]

앞의 〈표 7-1〉에서 j번째 표본의 i번째 관찰값을 x_{ij}라고 표기하기로 했으므로 j번째 표본을 바탕으로 구한 표본평균 $\overline{X}_j$와 전체 표본을 바탕으로 구한 총평균 $\overline{X}$는 각각 다음과 같이 정의할 수 있다.

$$\overline{X}_j = \frac{\sum_{i=1}^{n_j} x_{ij}}{n_j}, \quad \overline{X} = \frac{\sum_{j=1}^{k}\sum_{i=1}^{n_j} x_{ij}}{N}$$

이때, 표본구성원소 x_{ij}와 총평균 $\overline{X}$ 간의 차이 $(x_{ij} - \overline{X})$를 x_{ij}와 $\overline{X}$ 간의 편차(deviation)라고 하는데, 각각의 표본관찰값과 총평균 간의 편차를 제곱하여 모두 더한 것을 총편차제곱합(Total Sum of Squared Deviation) 또는 간단히 줄여서 총제곱합이라고 부르고 SST(Sum of Squares Total)라고 표기한다.

$$\text{총제곱합 } SST = \sum_{j=1}^{k}\sum_{i=1}^{n_j}(x_{ij} - \overline{X})^2$$

이러한 총제곱합은 집단 내 제곱합과 집단 간 제곱합이라는 두 종류의 제곱합으로 나뉜다. 이 가운데 집단 내 제곱합(Sum of Squares Within: SSW)이란 k개의 표본 각각에 대해서 표본관찰값과 표본평균 간의 제곱합을 구한 다음 그렇게 구한 k개의 제곱합을 모두 더한 값, 즉

$$\begin{aligned} SSW &= \sum_{j=1}^{k}\sum_{i=1}^{n_j}(x_{ij}-\overline{X}_j)^2 \\ &= \sum_{i=1}^{n_1}(x_{i1}-\overline{X}_1)^2+\sum_{i=1}^{n_2}(x_{i2}-\overline{X}_2)^2+\ldots+\sum_{i=1}^{n_k}(x_{ik}-\overline{X}_k)^2 \end{aligned}$$

을 말한다. 집단 간 제곱합(Sum of Squares Between: SSB)이란 표본의 개수에 해당하는 k개의 표본평균 각각에 대해서 총평균 간의 차이를 제곱한 다음 각 표본의 크기를 가중치로 곱해 준 값을 모두 더한 값으로서 다음과 같이 정의한다.[4)]

$$\begin{aligned} \text{집단 간 제곱합 } SSB &= \sum_{j=1}^{k}\sum_{i=1}^{n_j}(\overline{X}_j-\overline{X})^2 \\ &= \sum_{j=1}^{k}n_j(\overline{X}_j-\overline{X})^2 \\ &= n_1(\overline{X}_1-\overline{X})^2+n_2(\overline{X}_1-\overline{X})^2+\ldots+n_k(\overline{X}_k-\overline{X})^2 \end{aligned}$$

총제곱합을 이상과 같이 집단내 제곱합과 집단 간 제곱합으로 나누는 것을 제곱합의 분할(partitioning)이라고 하는데, 총제곱합을 분할할 수 있다는 것은 이들 세 종류의 제곱합들 간에 다음과 같은 관계가 존재한다는 것을 의미한다.

$$SST = SSW + SSB$$

$$\sum_{j=1}^{k}\sum_{i=1}^{n_j}(x_{ij}-\overline{X})^2 = \sum_{j=1}^{k}\sum_{i=1}^{n_j}(x_{ij}-\overline{X}_j)^2 + \sum_{j=1}^{k}n_j(\overline{X}_j-\overline{X})^2 \qquad [7-2]$$

이제 이 세 가지 제곱합과 [그림 7-2]를 연관하여 생각해 보기로 하자. [그림 7-2]의 (a)는 영가설이 사실인 경우에 해당하는데, (a)에서 월소득 X의 모집단은 교육수준별로 따로 존재하

4) SSB에서 j번째 표본평균과 총평균 간의 편차제곱 $(\overline{X}_j-\overline{X})^2$에 곱해 주는 j번째 표본의 크기인 n_j는 각 표본의 크기를 고려하여 곱해 주는 가중치이다. 위의 식에서 $(\overline{X}_j-\overline{X})^2$는 j번째 표본에 해당하는 대표적 혹은 평균적 의미의 편차제곱일 뿐, 이 값에는 다른 표본의 크기에 대한 j번째 표본의 상대적인 크기가 반영되어 있지 않으므로 이 값에 표본의 크기인 n_j를 곱해 줌으로써 SSB에서 각각의 $(\overline{X}_j-\overline{X})^2$이 해당 표본의 크기에 비례하는 만큼의 비중을 갖게 해 주는 것이다.

는 것이 아니라 동일한 모평균을 공유하는 하나의 모집단임을 알 수 있다.[5)] 이러한 상황에서 생각할 수 있는 편차는 모집단 구성원소와 모평균 간의 편차뿐이며 이러한 편차는 [7-2]에서 정의한 세 종류의 제곱합 가운데 SSW에 해당한다. 따라서 [7-2]의 제곱합 가운데 [그림 7-2]의 (a)에 부합하는 제곱합은 SSW라는 것을 알 수 있다. 이때, 모집단 구성원소와 모평균 간의 편차인 SSW는 나머지 두 제곱합과는 달리 어떤 모집단에서든 존재하기 마련인 무작위 오차(random error)라는 것을 알 수 있는데, 이러한 의미에서 흔히 SSW를 가리켜 오차 제곱합(Sum of Squares Error: SSE)이라고 부르기도 한다.

[그림 7-2]의 (b)는 [7-2]의 영가설이 사실이 아니어서 세 집단이 각각의 모집단을 갖는 경우를 나타낸다. 그림 (b)의 경우에는 각 표본마다 SSW가 존재할 뿐만 아니라 세 개의 표본평균 $\overline{X}_i$와 총평균 $\overline{X}$ 간의 편차인 SSB 또한 존재한다. 이때, [7-2]로부터 SSW와 SSB의 합이 곧 SST이므로 [그림 7-2]의 (b)에 해당하는 제곱합은 다름 아닌 SST라는 것을 알 수 있다. 그런데 SSB는 영가설이 사실이 아닐 때에만 존재하는 제곱합이기 때문에 만일 [그림 7-2]의 (b)에서 SSB가 존재하지 않는다면 $SST=SSB$가 될 것이므로 [그림 7-2]의 (b)와 (a)는 결국 같아지게 된다. 즉,

H_o가 사실 = [그림 7-2]의 (a) = ($SST = SSW$)
H_o가 거짓 = [그림 7-2]의 (b) = ($SST = SSW + SSB$)

이므로 영가설이 사실일 때와 사실이 아닐 때의 차이는 결국 SSB의 존재라는 것을 알 수 있다.

바로 이러한 사실에 근거하여 우리는 SSB가 존재하지 않는다는 것을 [7-1]의 영가설이 사실임을 뒷받침하는 증거로 사용할 수 있게 된다. 이렇게 볼 때, 이제 남은 문제는 과연 SSB가 얼마나 작을 때 SSB가 존재하지 않는다고 볼 것이며, 더 나아가서는 영가설이 사실임을 뒷받침하는 증거로 볼 것인지를 판단하는 데 필요한 기준을 정하는 것이라고 할 수 있다. 분산분석에서는 이러한 기준으로써 SSW에 대한 SSB의 상대적 크기를 이용하는데, 이와 관련된 논리적 근거는 다음과 같다.

앞서 언급한 바와 같이 SSW는 어떤 분포에서든 존재하는 일반적인 수준의 오차이다. 이는, 달리 표현하자면 SSW 정도 크기의 오차는 어떤 분포에서든 존재하기 마련인 일종의 '인정가능한 수준의 오차'라는 것을 말한다. 만일 SSB를 이러한 일반적인 수준의 오차인 SSW와 비교해 볼 때,

5) 세 모집단이 하나의 동일한 모집단이 되기 위해서는 모평균뿐만 아니라 모분산 또한 동일해야 한다. 이에 대해서는 이 장의 뒷부분에서 보다 자세히 설명하기로 하겠으며, 일단 여기서는 세 모집단의 분산은 영가설의 사실 여부와 상관없이 동일하다고 가정하기로 한다.

$SSB > SSW$: 영가설이 사실이 아닐 때에만 볼 수 있는 오차인 SSB가 일반적으로 인정할 수 있는 수준의 오차인 SSW의 수준을 넘어서는 큰 오차이다.

$SSB < SSW$: 영가설이 사실일 때에 해당하는 편차인 SSB가 일반적으로 인정할 수 있는 수준의 오차의 수준을 넘어서지 않는다.

라는 것을 의미한다.

이렇게 볼 때, 표본자료를 이용하여 SSB와 SSW를 실제로 구해 두 값을 비교했을 때 $SSB < SSW$이고 두 값의 비(ratio) 값에 해당하는 발생확률이 매우 높은 값을 갖는다면 이는 영가설이 사실이어서 SSB가 매우 작은 값을 가질 때 흔히 기대할 수 있는 일이 발생할 것이라고 그 의미를 해석할 수 있다. 반면에 만일 $SSB > SSW$이면서 두 값의 비(ratio) 값에 해당하는 발생확률이 매우 낮다면 우리는 이러한 결과를, 영가설이 사실이 아니어서 SSB가 매우 큰 값을 갖기 때문이라는 필연적인 이유에서 비롯된 결과라고 해석할 수 있으며 이를 바탕으로 영가설을 기각할 수 있게 된다.

이러한 논리에 근거하여 분산분석에서는 SSW에 대한 SSB의 상대적인 크기를 [7-1]의 영가설을 검정하기 위한 검정통계량으로 사용한다. 분산분석을 분산분석이라고 부르는 이유는 분산분석이 바로 이러한 제곱합의 비(ratio)를 이용한 검정방법이기 때문이다. 앞서 살펴본 바와 같이 제곱합이란 모집단 구성원소와 모평균 간의 차이 또는 모집단 그 자체와 총평균 간의 차이, 즉 변량(variation)을 나타내는 분산이라는 측도이기 때문이다.

SSW에 대한 SSB의 상대적인 크기는 다음과 같이 SSB를 SSW로 나누어 줌으로써 구할 수 있는데

$$\frac{SSB}{SSW}=\frac{\sum_{j=1}^{k} n_j(\overline{X}_j-\overline{X})^2}{\sum_{j=1}^{k}\sum_{i=1}^{n_j}(x_{ij}-\overline{X}_j)^2} \qquad [7\text{-}3]$$

[7-3]의 분자와 분모는 각각 자유도가 $k-1$과 $N-k$인 χ^2변수가 된다. 이러한 내용을 이해하기 위해서는 앞서 제5장에서 크기가 n인 표본을 바탕으로 구한 표본분산을 다음과 같이 변형시키면

$$\frac{(n-1)s^2}{\sigma^2} \sim \chi^2_{n-1} \qquad [7\text{-}4]$$

자유도가 $n-1$인 χ^2변수가 된다고 설명했던 것을 기억할 수 있어야 한다. 이러한 내용을 바탕으로 이제 [7-2]의 양변을 모두 σ^2으로 나눈 다음

$$\frac{SST}{\sigma^2} = \frac{SSW}{\sigma^2} + \frac{SSB}{\sigma^2} \qquad [7-5]$$

[7-5]의 각 항을 다음과 같이 변형시키면

$$\frac{SST}{\sigma^2} = \frac{\sum_{j=1}^{k}\sum_{i=1}^{n_j}(x_{ij}-\overline{X})^2}{\sigma^2} = \frac{\frac{\sum_{j=1}^{k}\sum_{i=1}^{n_j}(x_{ij}-\overline{X})^2}{(N-1)}\cdot(N-1)}{\sigma^2} = \frac{s_X^2(N-1)}{\sigma^2} \sim \chi^2_{N-1}$$

$$\frac{SSW}{\sigma^2} = \frac{\sum_{j=1}^{k}\sum_{i=1}^{n_j}(x_{ij}-\overline{X}_j)^2}{\sigma^2} = \frac{\frac{\sum_{j=1}^{k}\sum_{i=1}^{n_j}(x_{ij}-\overline{X}_j)^2}{(N-k)}\cdot(N-k)}{\sigma^2} = \frac{s_{Xp}^2(N-k)}{\sigma^2} \sim \chi^2_{N-k}$$

$$\frac{SSB}{\sigma^2} = \frac{\sum_{j=1}^{k}n_j(\overline{X}_j-\overline{X})^2}{\sigma^2} = \frac{\frac{\sum_{j=1}^{k}n_j(\overline{X}_j-\overline{X})^2}{(k-1)}\cdot(k-1)}{\sigma^2} = \frac{s_{\overline{X}_j}^2 n_j(k-1)}{\sigma^2}$$

$$\frac{SSB}{\sigma^2} = \frac{\frac{s_{X_j}^2}{n_j}n_j(k-1)}{\sigma^2}$$

$s_X^2 = \frac{s_X^2(N-1)}{\sigma^2} \sim \chi^2_{N-1} =$ 총표본분산,

$s_{Xp}^2 = k$ 개의 표본의 통합분산(pooled variance),

$s_{\overline{X}_j}^2 = s_X^2/\sqrt{n_j}$

[7-5]의 각 항은 [7-4]와 같은 구조를 가진 χ^2 변수가 된다. 따라서 [7-3]의 분자와 분모는 각각 자유도가 $k-1$과 $N-k$인 χ^2 변수라는 것을 알 수 있다.

$$\frac{SSB/\sigma^2}{SSW/\sigma^2} = \frac{\sum_{j=1}^{k}n_j(\overline{X}_j-\overline{X})^2/\sigma^2}{\sum_{j=1}^{k}\sum_{i=1}^{n_j}(x_{ij}-\overline{X}_j)^2/\sigma^2} = \frac{\chi^2_{k-1}}{\chi^2_{N-k}} \qquad [7-6]$$

분산분석에서는 앞서 설명했던 논리를 바탕으로 [7-6]을 검정통계량으로 사용하게 되는데, 이를 위해서는 먼저 [7-6]이 어떤 확률분포를 따르는지를 알아야 한다. 앞서 제6장에서 우리는 두 개의 서로 독립인 χ^2 변수를 각각의 자유도로 나눈 값의 비(ratio)는

$$\frac{SSB/(k-1)}{SSW/(N-k)} = \frac{\sum_{j=1}^{k} n_j(\overline{X_j} - \overline{X})^2/(k-1)}{\sum_{j=1}^{k}\sum_{i=1}^{n_j}(x_{ij} - \overline{X_j})^2/(N-k)} = \frac{\chi^2_{k-1}/(k-1)}{\chi^2_{N-k}/(N-k)} \sim F_{k-1,\,N-k}$$

[7-7]

[7-7]과 같이 자유도가 $df_1 = k-1$, $df_2 = N-k$ 인 F분포를 따른다는 사실을 배운 바 있다. 이러한 사실에 근거하여 우리는 k개의 모평균이 동일하다는 영가설 [7-1]을 자유도가 $df_1 = k-1$, $df_2 = N-k$ 인 F분포의 특성을 이용하여 검정할 수 있다.

위의 [7-7]에서 맨 오른쪽 항의 분자, 즉 SSB를 자신의 자유도인 $(k-1)$로 나눈 값을 집단간 평균제곱합(Mean Square Between)이라고 부르고 MSB로 표기하며 마찬가지로 SSW를 자신의 자유도인 $(N-k)$로 나눈 값을 집단내 평균제곱합(Mean Square Within)이라고 부르고 MSW로 표기한다. 이러한 내용을 바탕으로 [7-7]은 다음과 같이 표현할 수 있다.

$$\frac{SSB/(k-1)}{SSW/(N-k)} = \frac{MSB}{MSW} = \frac{\chi^2_{k-1}/(k-1)}{\chi^2_{N-k}/(N-k)} \sim F_{k-1,\,N-k}$$

여기서 우리는 분산의 개념에 대해서 잠시 생각해 볼 필요가 있다. 앞서 제1장에서 우리는 모분산과 표본분산이 무엇인지를 설명한 바 있다. 이제 모분산과 표본분산 각각을 제곱합과 자유도의 개념을 이용하여 정의해 보면 우리는 분산을 다음과 같이

$$\text{모분산} = \frac{\sum(x_i - \mu_X)^2}{N} = \frac{SS}{df},\ \text{표본분산} = \frac{\sum(x_i - \overline{X})^2}{n-1} = \frac{ss}{df}$$

정의할 수 있는데[6] 이를 통해서 우리는 이제 분산이 다름아닌 제곱합을 해당 자유도로 나눈 값이라는 사실을 쉽게 이해할 수 있다.

분산을 위와 같이 표기할 수 있음을 이해한다면 우리는 이제 한 걸음 더 나아가서 [7-7]의 $SSB/(k-1)$과 $SSW/(N-k)$가 바로 분산, 즉 제곱합을 각각의 자유도로 나눈 값이라는 사실 또한 이해할 수 있게 된다. 분산분석을 '분산분석'이라고 부르는 이유는 분산분석이 [7-7]에 나타난 바와 같이 영가설이 사실일 때에 해당하는 분산과 영가설이 사실이 아닐 때에 해당하는 분산이라는 두 가지 분산의 비(ratio)를 검정통계량으로 이용하여 가설을 검정하는 검정방법이기 때문이다.

6) 모분산과 표본분산 공식 각각에서 분모는 각각의 자유도, 즉 자유롭게 어떤 값이든 가질 수 있는 모집단 구성원소와 표본관찰값의 개수라는 것을 이해하기 바란다.

분산분석에서는 이상에서 설명한 내용들을 한눈에 알아보기 쉽게 〈표 7-2〉와 같은 표로 정리하여 나타낸다. 이러한 표를 가리켜 일원분산분석표(*ANOVA* Table)라고 한다.

〈표 7-2〉 일원분산분석표

변량원	제곱합	자유도	평균제곱	F비
집단 간	$SSB=\sum_{j=1}^{k}n_j(\overline{X}_j-\overline{X})^2$	$df_B=k-1$	$MSB=SSB/df_B$	
집단 내	$SSW=\sum_{j=1}^{k}\sum_{i=1}^{n_j}(x_{ij}-\overline{X}_j)^2$	$df_W=N-k$	$MSW=SSW/df_W$	$\frac{MSB}{MSW}$
전 체	$SST=\sum_{j=1}^{k}\sum_{i=1}^{n_j}(x_{ij}-\overline{X})^2$	$df_T=N-1$		

이제 [7-1]의 영가설을 유의수준을 .05에서 검정한다면 이에 해당하는 F분포상에서의 임계값과 기각역은 부록의 [표 A4.2]에 근거하여 [그림 7-3]과 같이 설정된다. 이때, 한 가지 주목해야 할 사항은 [그림 7-3]처럼 일원분산분석을 포함한 모든 분산분석에서 기각역은 분포의 양쪽 극단이 아니라 오른쪽 극단에만 설정된다는 점이다. 이 점에 대해서는 이 장의 뒷부분에서 보다 자세하게 설명할 것인바, 여기서는 일단 그 이유를

$$MSB \geq MSW$$

라고만 설명하기로 하겠다. 즉, MSB가 항상 MSW보다 큰 값을 갖기 때문에 F비 값은 1보다 큰 값을 가질 것으로 기대되므로 기각역은 분포의 오른쪽 극단에만 설정된다.

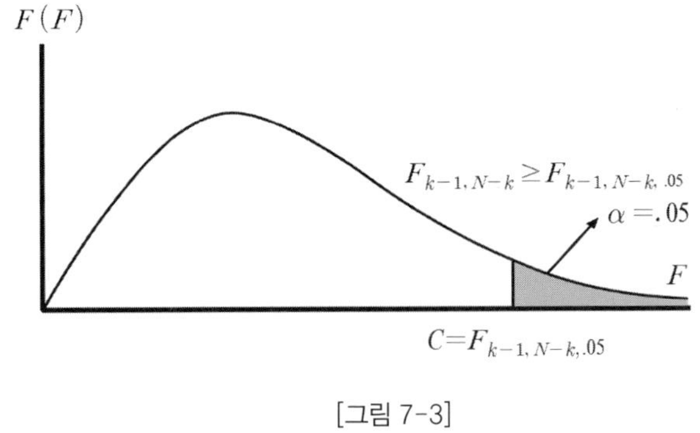

[그림 7-3]

만일 표본자료를 바탕으로 구한 검정통계량 F비 값이 [그림 7-3]의 임계값보다 크다면 F비 값은 당연히 기각역 내에 속하는 값을 가질 것이다. 이러한 결과는 영가설이 사실이 아닌 경

우에 해당하는 MSB가 영가설이 사실인 경우에 해당하는 MSW에 비해서 F비 배만큼 더 크며 두 값 간의 이러한 차이가 단순한 우연에서 비롯된 것일 확률은 유의수준인 .05보다 작다는 것을 의미한다. 따라서 검정통계량 F비 값이 [그림 7-3]의 기각역에 속할 때 [7-1]의 영가설은 .05수준에서 기각된다.

3. 일원분산분석의 기본원리-수리모형을 바탕으로 한 수리적 이해

영가설이 사실일 때와 사실이 아닐 때에 해당하는 모집단의 분포가 어떤 모양을 갖는지를 가시화하여 일원분산분석의 원리를 개념적으로 알아본 것에 이어서 이번에는 일원분산분석의 수리모형을 바탕으로 일원분산분석의 원리를 이해해 보기로 하자. 앞서 언급했던 바와 같이 [7-1]의 영가설을 검정하기 위해서 k개의 모집단으로부터 뽑은 표본은 〈표 7-1〉의 구조를 갖는다. 이러한 k개의 모집단과 각각의 모집단으로부터 뽑은 표본이 앞서 소개했던 분산분석을 위한 세 가지 조건을 만족할 때, 우리는 X_{ij}가 다음과 같은

$$X_{ij} \sim N(\mu_i, \sigma^2)$$

정규분포를 따른다는 것을 알 수 있으며 X_{ij}를 다음과 같이 정의할 수 있다.

$$X_{ij} = \mu_j + \varepsilon_{ij}$$
$$\mu_j = j\text{번째 모집단의 평균} \qquad [7\text{-}8]$$
$$\varepsilon_{ij} = (X_{ij} - \mu_j)\text{. 즉, } j\text{ 번째 모집단의 무작위 오차}$$

[7-8]에서 μ_j는 불변하는 모수이므로 이를 하나의 상수(constant)처럼 여긴다면 우리는 [7-8]의 무작위 오차 $\varepsilon_{ij} = (X_{ij} - \mu_j)$가 정규분포를 따르는 확률변수 X_{ij}의 선형함수라는 것을 알 수 있다. 따라서 ε_{ij}는 X_{ij}와 마찬가지로 정규분포를 따를 것이고 모평균과 모분산은 각각 0과 σ^2이며

$$\varepsilon_{ij} \sim N(0, \sigma^2)$$

다음과 같은 특성을 갖는다는 것을 알 수 있다.

특성 1: $E(\varepsilon_{ij}) = 0$

특성 2: $Var(\varepsilon_{ij}) = \sigma^2$

특성 3: 분산분석을 위한 조건 1에 의해서[7] ε_{ij}는 동일 모집단 내의 다른 모든 오차들과 차들과 독립일 뿐만 아니라 다른 모집단의 모든 오차들과도 독립이다. 즉, $Cov(\varepsilon_{ij}, \varepsilon_{jh}) = 0$(단, $i \neq h$), $Cov(\varepsilon_{ij}, \varepsilon_{ih}) = 0$(단, $j \neq h$)

이제 k개의 모평균을 바탕으로 구한 평균을 총평균 μ라고 다음과 같이 정의하고

$$\mu = \frac{\sum_{j=1}^{k} \mu_j}{k}$$

j번째 모평균과 총평균 간의 편차를 $(\mu_j - \mu) = \alpha_j$라고 정의하면 위의 [7-8]은 다음과 같이

$$\begin{aligned} X_{ij} &= \mu + \alpha_j + \varepsilon_{ij} \\ &= \mu + (\mu_j - \mu) + \varepsilon_{ij} \end{aligned} \qquad [7\text{-}9]$$

표현할 수 있는데 [7-9]를 가리켜 일원분산분석의 모집단모형이라고 한다.

앞서 소개했던 조건부수급자의 교육수준에 따라 월소득이 다른지를 검정하는 예를 통해서 [7-9]를 좀 더 자세히 이해해 보기로 하자. 표본으로 뽑힌 어떤 조건부수급자가 교육수준은 j번째 집단에 속하고 그 집단 내에서는 i번째 표본구성원소에 해당한다고 할 때 X_{ij}는 ij번째 수급자의 월소득을 나타낸다. [7-9]로부터 우리는 이 수급자의 월소득 X_{ij}가 모든 수급자의 월소득을 바탕으로 구한 총평균인 μ와 일치하지 않는다는 것을 알 수 있으며, 더 나아가서 X_{ij}와 μ간에는 $\alpha_j + \varepsilon_{ij}$만큼의 오차가 존재한다는 것을 알 수 있다.

이때, α_j는 이 수급자의 교육수준이 j번째 범주에 해당함으로 인해 발생하는 월소득상의 오차로서 이는 원인을 설명할 수 있는 오차(explained error)인 반면, ε_{ij}는 원인을 설명할 수 없고(unexplained) 그렇기 때문에 통제할 수 없는(uncontrolled) 무작위 오차이다. 예를 들면, ε_{ij}는 조사자가 월소득을 잘못 기입함으로 인해 발생할 수도 있고 조사 당시의 경제상황이나 날씨 등과 같은 예기치 못한 요인들로 인해 발생한 오차일 수도 있다. 이러한 무작위 오차는 어떤 분포에든 존재하는 오차이며 교육수준이 월소득에 영향을 미치는지의 여부와는 무관하게 존재하는 오차이다.

만일 [7-1]의 영가설 $H_0 : \mu_1 = \mu_2 = \mu_3 = \mu_0$이 사실이라면 [7-9]에서 각 모집단의 평균과 전체 평균은 일치할 것이므로

$$\mu_j = \mu, \quad (\mu_j - \mu) = \alpha_j = 0$$

7) X_{ij}가 분산분석에 필요한 세 가지 조건을 만족한다는 전제하에서 X_{ij}의 선형함수인 ε_{ij} 또한 세 가지 조건 모두를 만족한다.

이 된다. 이는, 위에서 설정한 상황과 논리적으로 일관된 결과라고 할 수 있는데, 영가설이 사실이라는 것은 월소득이 교육수준에 영향을 미치지 않는다는 것을 의미하므로 영가설이 사실일 때, 교육수준의 차이에서 비롯된 월소득상의 오차 α_j는 [7-9]에서 사라져야 하기 때문이다. 바로 이와 같은 원리를 바탕으로 우리는 일원분산분석의 모집단 모형에서 $\alpha_j = 0$인지의 여부를 알아봄으로써 [7-1]의 영가설이 사실인지의 여부를 검정할 수 있다.

[7-1]의 영가설을 검정하기 위해서 일원분산분석의 모집단모형 [7-9]에 포함된 모든 모수를 표본통계량으로 대체하여 정리하면 다음과 같게 되는데 이를 가리켜 일원분산분석의 표본모형이라고 한다.

$$
\begin{aligned}
X_{ij} &= \mu + \alpha_j + \varepsilon_{ij} \\
&= \mu + (\mu_j - \mu) + (x_{ij} - \mu_j) \\
x_{ij} &= \overline{X} + (\overline{X}_j - \overline{X}) + (x_{ij} - \overline{X}_j) \\
x_{ij} - \overline{X} &= (\overline{X}_j - \overline{X}) + (x_{ij} - \overline{X}_j)
\end{aligned} \qquad [7\text{-}10]
$$

[7-10]의 양변을 제곱하여 모든 i와 j에 대해서 더하면 표본모형은 다음과 같이 변형된다.

$$
\begin{aligned}
\sum_{j=1}^{k}\sum_{i=1}^{n_j}(x_{ij} - \overline{X})^2 &= \sum_{j=1}^{k} n_j(\overline{X}_j - \overline{X})^2 + \sum_{j=1}^{k}\sum_{i=1}^{n_j}(x_{ij} - \overline{X}_j)^2 \\
&\quad + 2\sum_{j=1}^{k}\sum_{i=1}^{n_j}(\overline{X}_j - \overline{X})(x_{ij} - \overline{X}_j)^2
\end{aligned} \qquad [7\text{-}11]
$$

[7-11]의 오른쪽 맨 마지막 항에서 $(\overline{X}_j - \overline{X})$는 i를 전혀 포함하고 있지 않기 때문에 이 항을 모든 i에 대해서 더할 때 우리는 $(\overline{X}_j - \overline{X})$를 상수처럼 취급할 수 있다. 따라서 [7-11]의 오른쪽 맨 마지막 항을 다음과 같이 변형시키게 되면

$$
2\sum_{j=1}^{k}\sum_{i=1}^{n_j}(\overline{X}_j - \overline{X})(x_{ij} - \overline{X}_j)^2 = 2\left[\sum_{j=1}^{k}(\overline{X}_j - \overline{X})\sum_{i=1}^{n_j}(x_{ij} - \overline{X}_j)^2\right] = 0
$$

이 된다는 것을 알 수 있다. 따라서 [7-11]은 이제 다음과 같아지는데

$$
\sum_{j=1}^{k}\sum_{i=1}^{n_j}(x_{ij} - \overline{X})^2 = \sum_{j=1}^{k} n_j(\overline{X}_j - \overline{X})^2 + \sum_{j=1}^{k}\sum_{i=1}^{n_j}(x_{ij} - \overline{X}_j)^2 \qquad [7\text{-}12]
$$

[7-12]의 각 항은 다름 아닌 앞서 정의했던 총제곱합, 집단 간 제곱합 및 집단 내 제곱합, 즉

$$SST = SSB + SSW$$

에 해당한다는 것을 알 수 있다. 또한 우리는 앞서 언급했던 바와 같이

$$\sum_{j=1}^{k} n_j(\overline{X_j} - \overline{X})^2 \sim \chi^2_{k-1}, \quad \sum_{j=1}^{k}\sum_{i=1}^{n_j}(x_{ij} - \overline{X_j})^2 \sim \chi^2_{N-k} \qquad [7\text{-}13]$$

이라는 것을 알고 있으므로 [7-13]을 변형하면

$$\frac{SSB/(k-1)}{SSW/(N-k)} = \frac{MSB}{MSW} = \frac{\sum_{j=1}^{k} n_j(\overline{X_j} - \overline{X})^2/(k-1)}{\sum_{j=1}^{k}\sum_{i=1}^{n_j}(x_{ij} - \overline{X_j})^2/(N-k)} \sim F_{k-1,\,N-k} \qquad [7\text{-}14]$$

를 도출할 수 있다. 이때, 영가설이 사실이라면 [7-10]에서 $\alpha_j = 0$ 이므로 [7-12]에서

$$\sum_{j=1}^{k} n_j(\overline{X_j} - \overline{X})^2 = 0$$

일 것이고 따라서

$$F = \frac{SSB/(k-1)}{SSW/(N-k)} = \frac{\alpha + \varepsilon}{\varepsilon} = \frac{0 + \varepsilon}{\varepsilon} = \frac{0 + \text{무작위 오차}}{\text{무작위 오차}} \qquad [7\text{-}15]$$

이 될 것이므로 [7-14]의 비는 1 또는 1과 매우 유사한 값을 가질 것이라 기대할 수 있다. 반면에 만일 영가설이 사실이 아니라고 한다면 $\alpha_j \neq 0$이므로

$$F = \frac{SSB/(k-1)}{SSW/(N-k)} = \frac{\alpha + \varepsilon}{\varepsilon} = \frac{\text{교육수준으로 인한 오차} + \text{무작위 오차}}{\text{무작위 오차}} \qquad [7\text{-}16]$$

이고 따라서 [7-14]에서 분자가 항상 분모보다 큰 값을 갖게 되기 때문에 F비는 항상 1보다 큰 값을 갖게 된다는 것을 알 수 있다.

앞서 우리는 분산분석에서 기각역을 분포의 오른쪽 극단에만 설정하는 이유에 대한 설명을 잠시 미뤄 두기로 했었는데 이제 그 이유를 설명하면 다음과 같다. [7-15]와 [7-16] 그리고 $\alpha \geq 0$ 이라는 사실로부터 우리는 일원분산분석의 영가설이 사실이건 사실이 아니건 상관없이 검정통계량인 F비 값은 항상 F비 ≥ 1이라는 것을 알 수 있다. 이때, F분포의 왼쪽 극단값은

0이므로 분산분석의 F비 값은 결코 분포의 왼쪽 극단에 위치할 수 없다는 것을 알 수 있다. 일원분산분석을 포함한 모든 분산분석에서 오른쪽 단측검정을 하게 되는 이유는 바로 이러한 이유 때문이다.

이상의 내용을 통해서 우리는 일원분산분석의 수리모형으로부터 어떻게 검정통계량 F비 값을 도출할 수 있는지를 알아보았다. 나머지 가설검정과정은 앞서 모집단 분포의 모양을 바탕으로 일원분산분석의 원리를 설명하면서 소개했던 과정과 동일하므로 이에 대한 설명은 생략하기로 하겠다.

예제 7-1

〈관찰값, 학력에 따른 값들을 나타낸 표〉

관찰값	1=무학	2=초등학교	3=중학교 이상
1	13	19	12
2	18	18	16
3	11	15	15
4	10	13	22
5	17	16	12
6	9	10	13
7	10	11	25
8	16	15	20
9	21	20	16
10	17	15	10
$\overline{X_i}$	14.2	15.2	16.1
$s^2_{X_i}$	17.06	10.76	23.43

이를 위해 조건부수급자들로부터 30명의 표본을 뽑아 이들의 교육수준과 월소득을 조사한 자료가 위와 같다고 가정해 보자. 만일 교육수준이 월소득에 영향을 미친다면 조건부수급자의 월소득은 교육수준에 따라 차이를 보일 것이다. 따라서 조건부수급자의 월소득을 X라고 할 때, 영가설과 대립가설은 다음과 같이 설정할 수 있다.

H_o : 세 모집단의 모평균은 같다.
H_a : 세 모평균 가운데 적어도 어떤 하나는 나머지와 다르다.

또는 기호로

$$H_0 : \mu_{X_1} = \mu_{X_2} = \mu_{X_3} = \mu_0$$

$$H_a : \mu_{X_1} \neq \mu_{X_2}, \mu_{X_2} \neq \mu_{X_3}, \mu_{X_1} \neq \mu_{X_3} \quad \text{또는} \quad \mu_{X_1} \neq \mu_{X_2} \neq \mu_{X_3}$$

비교대상 모평균의 개수가 $k=3$ 이므로 모집단과 표본이 앞서 설명했던 분산분석을 위한 세 가지 조건

조건 1 : 모든 X_{ij}는 서로 독립이다.

조건 2 : $X_{ij} \sim N(\mu_j, \sigma_j^2)$이다. $j=1,2,\cdots,k$

조건 3 : $\sigma_1^2=\sigma_2^2=\cdots=\sigma_k^2=\sigma^2$

을 모두 만족한다는 전제하에서 일원분산분석을 이용하여 가설을 검정할 수 있다. 유의수준을 .05로 설정하면 임계값과 기각역은 부록 [표 A4.2]에 의해 다음과 같이 설정된다.

$$C=F_{2,27,.05}=3.35 \qquad F_{2,27} \geq F_{2,27,.05}=3.35$$

이제 검정통계량인 F비 값을 구하기 위해서 표본자료를 바탕으로 SSW, SSB 및 SST를 구하면 다음과 같고

$$SST=\sum_j\sum_i(X_{ij}-\overline{X})^2=\sum_{all}X_{ij}^2-\frac{(\sum_{all}X_{ij})^2}{N}=7379-\frac{(455)^2}{30}=478.17$$

$$SSB=\sum_j n(\overline{X}_j-\overline{X})^2=\sum_j\frac{(\sum_i X_{ij})^2}{n}-\frac{(\sum_{all}X_{ij})^2}{N}=\frac{(142)^2+(152)^2+(161)^2}{10}-\frac{(455)^2}{30}=18.07$$

$$SSW=\sum_j\sum_i(X_{ij}-\overline{X}_j)^2=\sum_{all}X_{ij}^2-\sum_j\frac{(\sum_i X_{ij})^2}{n}=7379-\frac{(142)^2+(152)^2+(161)^2}{10}=460.1$$

이러한 계산결과를 바탕으로 일원분산분석표를 작성하면 다음과 같다.

〈표 7-3〉 일원분산분석표

분산원	제곱합	자유도	평균제곱	F비
집단 간	18.07	2	9.03	.529
집단 내	460.10	27	17.04	
전 체	478.17	29		

〈표 7-3〉에 제시된 바와 같이 표본자료를 바탕으로 구한 검정통계량 F비 값 .529는 유의수준 .05에 해당하는 임계값 3.35보다 작은 값이므로 기각역 내에 속하지 않는다는 것을 알 수 있고 검정통계량 값 F=.529에 해당하는 p값 또한 유의수준 .05보다 큰 값이다.

$$P(F_{2,27} \geq .529)=.595>.05$$

따라서 조건부수급자의 월소득이 교육수준에 따라 같다는 영가설은 유의수준 .05에서 기각할 수 없다. 따라서 표본자료가 수급자의 교육수준은 월소득에 영향을 미친다는 주장을 뒷받침하지 않는다는 결론을 내릴 수 있다.

4. 등분산성 검정

일원분산분석을 포함한 모든 분산분석에 있어서 k개 모집단의 분산이 동일하다는 등분산성(homogeneity of variance) 조건의 만족 여부는 분산분석을 과연 실시할 수 있는지의 여부를 판가름하는 매우 중요한 조건이다. 따라서 연구자는 일원분산분석을 실시하기에 앞서 등분산성 조건이 만족되는지의 여부를 무엇보다 먼저 검정해야 한다. 이제까지 우리가 배운 검정방법 가운데 등분산성을 검정할 수 있는 방법으로는 앞서 제5장에서 배운 바 있는 F분포의 특성을 이용한 두 모분산에 관한 가설검정방법이 있다. 그러나 이 검정방법을 이용하여 $k \geq 3$개 모분산의 등분산성을 검정할 경우, Z 또는 t 검정을 통해 $k \geq 3$ 모평균의 동일성을 검정할 때와 마찬가지로 검정관련 유의수준은 일정 수준을 유지할 수 있으나 실험관련 유의수준은 통제할 수 없다는 문제가 발생하게 된다.

이러한 문제점을 극복하면서 $k \geq 3$개 모분산의 동일성을 검정하기 위한 방법으로는 Hartley's $F-\max$ 검정(이하, Hartley F검정)이 가장 일반적으로 사용된다. Hartley F검정을 위해서는 먼저 k개의 표본 각각에 대해서 표본분산을 구한 다음, 그 값을 비교하여 그 가운데 최대분산값과 최소분산값 각각을 분모와 분자로 하는 분산의 비(ratio)를 다음과 같이

$$F-\max = \frac{\text{최대 } s^2}{\text{최소 } s^2} \qquad [7\text{-}17]$$

구한다. [7-17]은 최대분산값의 최소분산값에 대한 상대적인 크기를 나타내는 값이므로 만일 이 값이 1 또는 1과 매우 유사한 값을 갖는다면 이는 최대분산과 최소분산이 같거나 매우 유사하다는 것을 의미한다. 만일 이러한 두 개의 극단적인 분산값이 같다면 나머지 $k-2$개 분산 모두는 당연히 이 두 분산 사이의 값을 가질 것이므로 결국 k개 분산 모두가 같다는 결론을 내릴 수 있다.

이와 반대로 만일 [7-17]의 $F-\max$가 극단적으로 큰 값을 갖는다면 이는 최대분산이 최소분산에 비해 극단적으로 크다는 것, 즉 두 분산값이 매우 다르다는 것을 의미한다. 이때, $F-\max$ 값에 해당하는 확률이 매우 작다면 이는 단순히 우연에 의해서 발생했다고 보기에는 발생확률이 너무도 낮은 사건이 발생한 것이므로 이러한 결과는 우연에서 비롯된 것이 아니라 두 분산의 크기가 다르다는 필연적인 이유에서 비롯된 결과라는 결론을 내릴 수 있다.

이러한 원리에 근거하여 Hartley F검정은 k개의 모분산의 등분산성 여부를 ${}_kC_2$번의 검정이 아닌 단 한 번의 검정과정을 통해서 검정할 수 있게 해준다. 검정통계량 $F-\max$의 확률은 부록 [표 $A4.1$]에 제시되어 있다. 이 표를 이용하여 특정 $F-\max$ 값에 해당하는 확률을 구하기

위해서는 $F-\max$와 관련된 자유도를 알아야 하는데, k개의 모분산이 동일한지의 여부를 크기가 n으로 일정한 표본을 바탕으로 검정한다고 할 때, $F-\max$의 두 자유도는

$$df_1 = k = \text{비교대상 모분산의 수}$$
$$df_2 = n-1 = \text{표본의 자유도}$$

이다. 여기서 한 가지 주목해야 할 사항은 모든 표본의 크기가 n으로 동일해야만 df_2를 구할 수 있다는 것이며, 따라서 Hartley F검정은 표본의 크기가 동일하다는 전제조건을 필요로 한다는 것을 기억해 두기 바란다.

이상의 내용을 바탕으로 Hartley F검정의 예를 들어 보기로 하자. 앞서 소개했던 [예 7-1]에서 세 집단의 모분산이 동일한지를 유의수준 .05에서 검정한다고 하면 영가설과 대립가설은 다음과 같이

$$H_0 : \sigma_1^2 = \sigma_2^2 = \sigma_3^2$$
$$H_a : \sigma_1^2 \neq \sigma_2^2,\ \ \sigma_1^2 \neq \sigma_3^2 \text{ 또는 } \sigma_2^2 \neq \sigma_3^2$$

설정할 수 있다. 표본자료로부터 최대분산, 최소분산 및 자유도를 구하면

최대분산 = 23.43, 최소분산 = 10.76, $df_1 = 3$, $df_2 = 9$

이므로 검정통계값은 $F-\max = 23.43/10.76 = 2.17$이 된다. 자유도가 $df_1 = 3$, $df_2 = 9$인 $F-\max$ 분포에서 유의수준 .05에 해당하는 임계값은 부록 [표 $A4.1$]의 2열과 11행의 교차점에 해당하는 값인 5.34이다. 표본을 바탕으로 구한 검정통계값 $F-\max = 2.17$은 임계값 $C = 5.34$보다 작은 값이므로 기각역에 속하지 않는다.

따라서 유의수준 .05에서 영가설은 기각되지 않으므로 표본자료로부터 k개 모집단의 모분산이 동일하다는 가설을 뒷받침하는 증거를 찾을 수 있다는 결론을 내리게 된다.

5. 사후검정

일원분산분석을 실시한 결과 k개의 모평균이 동일하지 않다는 결론을 얻게 되면 연구자는 당연히 그 다음 단계로서 $k \geq 3$개의 모평균 가운데 과연 어떤 모평균이 다른지를 검정해야 할 필요성을 갖게 된다. 이처럼 일원분산분석을 통해 영가설이 기각이 되고 난 다음 구체적으로 어떤 모평균이 다른지를 검정하기 위해 실시하는 검정을 사후검정(post hoc test)이라고 한다.

사후검정의 종류에는 여러 가지가 있으나 이 책에서는 가장 일반적으로 사용되는 Tukey 검정만을 소개하기로 하겠다.

이 장의 첫 부분에서 설명했던 바와 같이 어떤 가설을 검정함에 있어서 제1종 오류의 확률을 일정 수준으로 유지할 수 있기 위해서는 단 한 번의 검정을 통해서 가설을 검정해야 한다. Tukey 검정은 일단 일원분산분석을 통해서 k개 모평균이 동일하지 않다는 것이 밝혀진 다음 구체적으로 어떤 모평균 간에 차이가 존재하는지를 알아보기 위해 실시하는 것으로 k개 모평균을 두 개씩 짝지어 비교해야 한다. 총 ${}_kC_2$번의 검정과 관련된 유의수준을 일정 수준 α로 유지할 수 있게 하기 위해서 Tukey 검정에서는 HSD(Honestly Significant Difference) 또는 LSD(Least Significant Difference)라고 불리는 최소기준차이 값을 계산하여 이를 기준으로 $k \geq 3$개 모평균의 동질성을 검정한다.

최소기준차이란 $k \geq 3$개의 모평균 가운데 어떤 두 개의 모평균을 선택하여 크기를 비교할 때 두 모평균이 '매우 다르다'라고 말할 수 있기 위해 필요한 최소한의 차이를 말한다. Tukey 검정에서는 이러한 최소기준차이를 판단기준으로 이용하여 만일 $k \geq 3$개의 모평균 중에서 고른 어떤 두 개의 모평균 간의 차이가 최소기준차이와 같거나 더 크다면 두 모평균은 매우 다르다고 판단하는 반면, 만일 두 모평균의 차이가 최소기준차이 값보다 작다면 두 모평균은 다르지 않다고 판단한다. 즉,

$|\mu_i - \mu_j| \geq HSD$: 두 모평균이 매우 다르다.
$|\mu_i - \mu_j| < HSD$: 두 모평균이 매우 다르지 않다.

Tukey 검정의 검정통계량인 최소기준차이는 다음과 같이 정의하는데

$$HSD = q \cdot \sqrt{\frac{MSW}{n}}$$

단, MSW= 집단 간 평균제곱합, $n = j$번째 표본의 크기

이러한 정의로부터 우리는 일단 Tukey 검정을 하기 위해서는 k개 표본의 크기가 모두 n으로 동일해야 한다는 것을 알 수 있다.

위의 검정통계량에서 핵심은 q값이며 이를 가리켜 표준범위통계량(Standardized Range Statistic)이라고 하는데 다음과 같이

$$q = \frac{\overline{X_j}\text{의 범위}}{\sqrt{s_p^2/n}} = \frac{\overline{X}_{\text{최대}} - \overline{X}_{\text{최소}}}{\sqrt{s_p^2/n}} = \frac{W}{\sqrt{s_p^2/n}} \qquad [7\text{-}18]$$

정의한다. [7-18]에 제시된 바와 같이 q는 k개의 비교대상 모평균의 표본통계량인 표본평균에 의해서 값이 결정되는 확률변수로서 다음과 같은 조건이 모두 만족될 때

> 일원분산분석을 위한 세 가지 조건,
> 모든 표본의 크기가 n으로 동일하다는 조건 및
> $H_0 : \mu_1 = \mu_2 = \cdots = \mu_k = \mu_o$가 사실이라는 조건

q는 부록 [표 $A5$]에 제시된 확률분포를 따르는 것으로 알려져 있다. 표준범위통계값 q의 확률분포는 F분포와 매우 유사한 확률분포로서 분포의 형태는 유의수준 X, 비교대상 모평균의 개수 k 및 MSW의 자유도 $(N-k)$에 의해 결정된다.

q분포상에서 표준범위통계량 q의 값이 특정 값과 같거나 더 클 확률이 α가 되게 하는 표준범위통계값을 $q_{1-\alpha}$라고 한다면, 즉 다음과 같다면

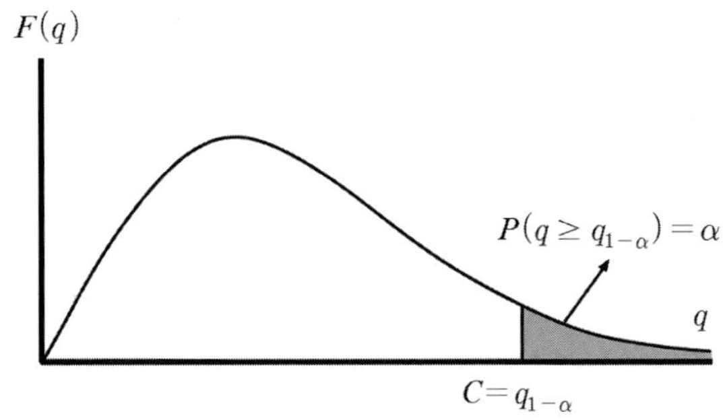

[그림 7-4]

표준범위통계량 q가 $q_{1-\alpha}$보다 작은 값을 가질 확률은

$$P(q < q_{1-\alpha}) = P\left(\frac{W}{\sqrt{s_p^2/n}} < q_{1-\alpha}\right) = P\left(\frac{|\overline{X}_{\text{최대}} - \overline{X}_{\text{최소}}|}{\sqrt{s_p^2/n}} < q_{1-\alpha}\right) = 1-\alpha \qquad [7-19]$$

라는 것을 알 수 있다.

이제 다음과 같은 영가설과 대립가설을

$$H_0 : \mu_i = \mu_j$$
$$H_a : \mu_i \neq \mu_j$$

표준범위통계값 q를 검정통계량으로 사용하여 유의수준 α에서 검정한다고 가정해 보자. 만일 표본을 바탕으로 구한 검정통계값 q'가, 유의수준 α에 해당하는 임계값 $q_{1-\alpha}$보다 크다면 영가설은 기각되고 검정통계값 q'가 임계값 $q_{1-\alpha}$보다 작다면 영가설은 기각되지 않는다. 영가설이 기각되지 않는다는 것은 [7-19]에서 $k \geq 3$개 모평균 간의 최대 차이값인 W를 바탕으로 구한 q'값이 $q_{1-\alpha}$보다 작을 확률이 $1-\alpha$이라는 것을 뜻한다. 이 말을 바꿔 말하면 W를 바탕으로 구한 q'값을 임계값인 $q_{1-\alpha}$와 비교하여 가설 기각 여부를 판단할 때 우리가 가설을 기각하게 될 확률은 α라는 것을 의미한다.

이때, [7-18]에 제시된 바와 같이 W는 정의에 의해서 모평균 간의 최대 차이값이므로 $k \geq 3$개 모평균 가운데 어떤 두 모평균 간의 차이 d도 W보다는 클 수 없고 그렇기 때문에 d를 바탕으로 구한 검정통계값 q'는 W를 바탕으로 구한 검정통계값 q'보다는 클 수 없다. 그런데 위에서 언급한 바와 같이 모평균 간의 최대 차이값인 W를 바탕으로 구한 검정통계값 q'를 임계값인 $q_{1-\alpha}$와 비교하여 가설검정 여부를 판단할 때 가설을 기각하게 될 확률이 α이므로 $k \geq 3$개 모평균 가운데 어떤 두 모평균 간의 차이 d와 관련된 가설을 검정통계값 q'를 이용하여 검정하더라도 $d < W$인 이상, 가설을 기각하게 될 확률인 유의수준은 절대로 α수준을 넘어서지 않는다는 것을 알 수 있다.

바로 이러한 원리에 의해서 $k \geq 3$개 모평균 가운데 어떤 두 개의 모평균을 임의로 뽑아 두 모평균이 동일한지의 여부를 검정하고자 할 때, 표준범위통계량 q를 검정통계량으로 사용하는 Tukey 검정을 실시한다면 전체 검정과정에 해당하는 제1종 오류의 확률을 α수준으로 유지(fixed)할 수 있게 된다.

6. *SPSS*를 이용한 일원분산분석

일원분산분석은 $k \geq 3$개 응답범주를 갖는 한 개의 독립변수가 종속변수에 영향을 미치는지 여부를 검정하는 분석기법이다. 따라서 일원분산분석을 실시하기 위해서는 최소한 $k \geq 3$개 응답범주를 가진 한 개의 독립변수와 한 개의 종속변수에 관한 자료가 필요하다.

앞서 소개했던 [예 7-1]은 $k=3$개 응답범주를 가진 독립변수 '교육수준'이 종속변수인 '월소득'에 영향을 미쳐서 '월소득'의 모집단을 $k=3$개로 나누어 놓았다고 보는 것이 타당한지, 아니면 월소득의 모집단을 단일 모집단으로 보는 것이 타당한지를 검정하는 경우였다.

*SPSS*를 이용하여 일원(배치)분산분석을 하는 방법을 설명하기 위해서 이 예를 다시 들어 보기로 하겠다. 먼저 자료 CD로부터 [예 7-1]에 해당하는 자료 'C7-일원분산분석-01'을 아래와 같이 불러들여 온다.

[그림 7-5]

분산분석을 실시하려면 *SPSS* 최상위 명령 중 '분석(Analysis)'을 선택하고, 하위명령 중 '평균 및 비율 비교(Compare Means)'를 선택한 다음, 마지막으로 '일원(배치)분산분석(One-Way ANOVA)'을 선택한다.

일원분산분석을 선택하면 [그림 7-7]의 창이 나타난다. 왼쪽의 변수목록에서 '월소득'을 종속변수목록(Dependent List)에 옮겨 놓고, '교육수준'을 요인(Factor)에 옮겨 놓는다. *SPSS* 에서는 종속변수는 종속변수(dependent variable)로 표기하지만 독립변수는 'independent variable'이라는 용어 대신 '요인(factor)'이라는 용어로 표기한다는 점을 기억해 두기 바란다.

[그림 7-6]

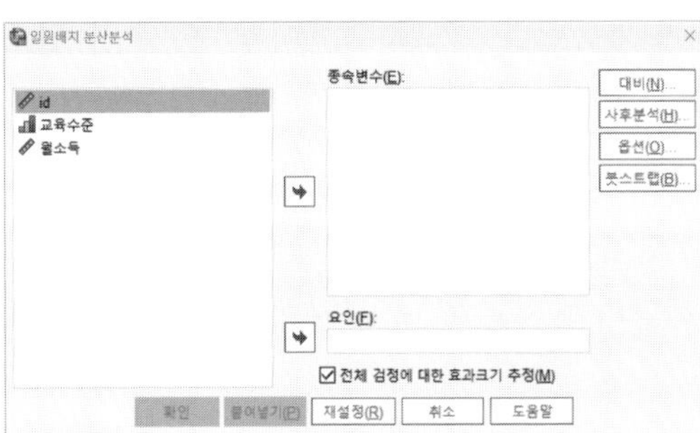

[그림 7-7]

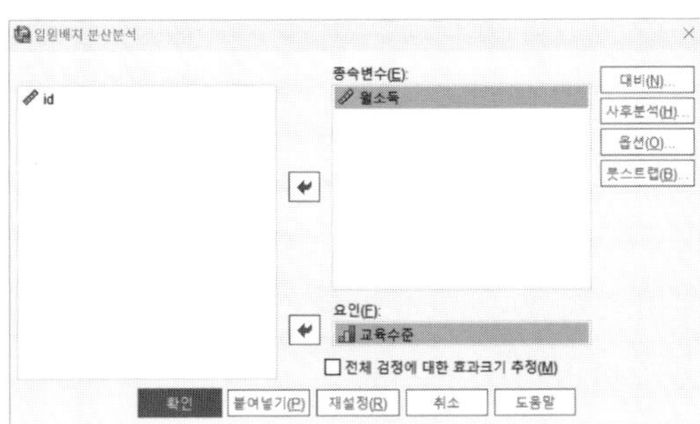

[그림 7-8]

종속변수와 요인을 지정한 다음, '옵션(Options)'을 눌러 새로 창이 나타나면 제시된 통계량 중 '기술통계량(Descriptive)'과 '(분산의) 동질성 검정(Homogeneity of variance test)'을 선택한다. 그런 다음 '계속(Continue)'을 누른다.

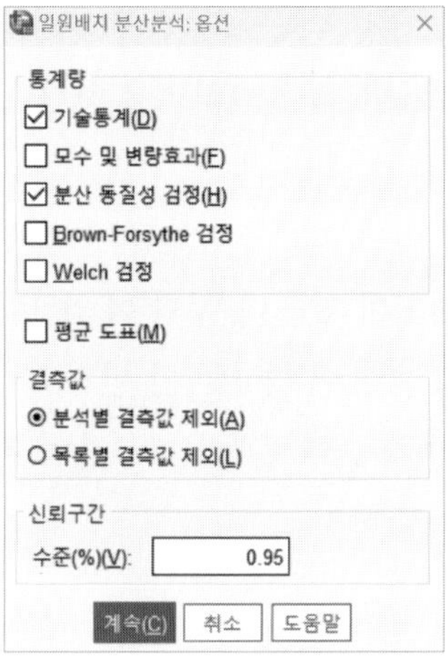

[그림 7-9]

다시 '일원분산분석 창'이 나타나면 이번에는 사후검정(Post Hoc Multiple Comparisons) 방법을 지정해 준다. 앞서 설명한 바와 같이, 일원분산분석에서 사후검정이란 일단 $k \geq 3$개 집단의 모평균을 비교한 다음, $k \geq 3$개 집단에서 두 집단을 골라 가능한 모든 집단쌍(paired group)을 만든 다음 구체적으로 어느 집단과 어느 집단의 모평균이 다른지를 확인하는 검정이다. 사후검정을 하려면 창의 아래쪽에 있는 '사후분석(Post-Hoc)'을 누른다.

가장 일반적으로 사용하는 사후검정법은 Scheffé, Tukey, Duncan이다. Scheffé 검정법은 $k \geq 3$개 집단의 크기가 동일하지 않은 경우에도 사용할 수 있으며 분산분석표를 이용하여 바로 계산이 가능하기 때문에 가장 많이 쓰이는 방법이다. 그러나 이 기법은 다른 두 검정방법에 비해 상대적으로 보수적인 검정법이며 그렇기 때문에 일반적으로 유의수준을 $\alpha = .05$로 설정한다.

Tukey 검정방법은 Tukey의 HSD(Honestly Significant Difference)검정이라고도 한다. 이 검정법은 $k \geq 3$개 집단의 크기가 동일하고 평균값의 일대일 쌍을 비교하고자 할 때는 Scheffé 검정법보다 나은 검정방법이다.

Duncan 검정은 Duncan's new Multiple Range Test를 줄여서 'Duncan의 MRT test'라고 부르기도 한다. Duncan 검정에서 사용하는 유의수준은 $1-(1-\alpha)^{k-1}$을 사용해서 구하는데 이 유의수준 공식을 사용할 경우, 평균들이 서로 다르면 다를수록 유의수준이 관대해지는 경향이 있다.

이 세 가지 검정법 중 검정의 엄격성은 Scheffé 검정이 가장 높고 Duncan 검정이 가장 낮다. 즉, Scheffé 검정은 두 모평균 간의 차이가 큰 경우에만 집단 간 차이가 있다고 간주한다. 이에 비해 Tukey 검정은 두 모평균 간의 차이가 다소 적더라도 Scheffé 검정보다는 두 집단 간 차이가 있는 것으로 간주한다. Tukey 검정이 가진 이러한 특성, 즉 엄격성이 Scheffé와 Duncan의 중간 정도라는 특성 때문에 Tukey 검정은 Scheffé 검정 못지않게 많이 쓰인다.

여기서는 가장 많이 사용되는 Scheffé를 선택하기로 한다. 그런 다음 '계속(Continue)'을 누르고 최종적으로 '확인(OK)'을 누른다.

일원분산분석을 실시하면 제일 먼저 아래와 같은 기술통계 결과표가 제시된다. 교육수준별 월소득의 평균과 표준편차가 제시되어 있는데 '무학'이 약 14.2만 원으로 가장 낮고, 다음으로 '초등학교'가 약 15.2만 원, '중학교 이상'이 약 16.1만 원으로 나타나 교육수준별 월소득에 차이가 있는 것을 볼 수 있다. 이제 나머지 분석결과를 이용하여 과연 이러한 차이가 통계적으로 유의한 차이인지 여부를 확인해 보기로 하자.

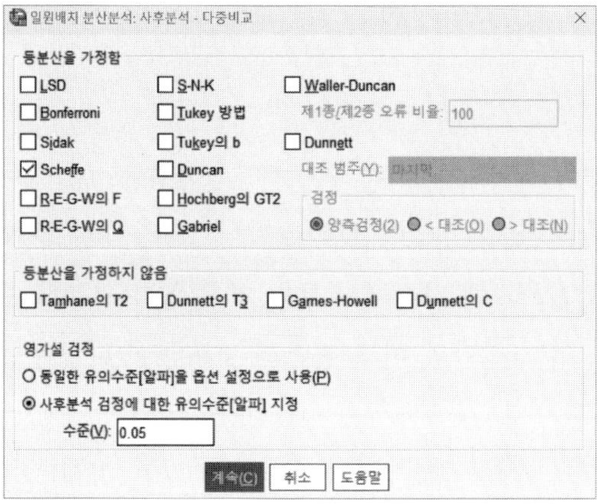

[그림 7-10]

〈표 7-4〉

기술통계

월소득

	N	평균	표준편차	표준오차	평균에 대한 95% 신뢰구간		최소값	최대값
					하한값	상한값		
무학	10	14.2000	4.13118	1.30639	11.2447	17.1553	9.00	21.00
초등학교	10	15.2000	3.25918	1.03064	12.8685	17.5315	10.00	20.00
중학교 이상	10	16.1000	4.84080	1.53080	12.6371	19.5629	10.00	25.00
합계	30	15.1660	4.06060	.74136	13.6504	16.6829	9.00	25.00

〈표 7-5〉

분산의 동질성 검정

월소득

Levene 통계량	$df1$	$df2$	유의확률
1.049	2	27	.364

먼저 일원분산분석을 위한 세 가지 가정 가운데 등분산성 가정이 충족되는지 여부를 검정해야 한다. 검정해야 할 영가설과 대립가설은 다음과 같다.

$$H_0 : \sigma_1^2 = \sigma_2^2 = \sigma_3^2$$

$$H_a : \sigma_1^2 \neq \sigma_2^2,\ \sigma_1^2 \neq \sigma_3^2 \text{ 또는 } \sigma_2^2 \neq \sigma_3^2$$

분산의 동질성을 검정하는 Levene 검정통계량 F의 값은 1.049이고 이에 해당하는 유의확률은 .364로 나타나 유의수준 .05보다 큰 것을 알 수 있다. 따라서 세 집단의 분산이 동질적이라는 영가설은 기각되지 않는다.

등분산성 조건이 충족되었으므로 그 다음 단계는 앞서 설명했듯이, 교육수준별 월소득에 차이가 있는지 여부를 검정하는 것이다. 영가설과 대립가설은 다음과 같다.

H_o : 세 모집단의 모평균은 같다.
H_a : 세 모평균 가운데 적어도 어떤 하나는 나머지와 다르다.

또는 기호로

$$H_0 : \mu_{X_1} = \mu_{X_2} = \mu_{X_3} = \mu_0$$

$$H_a : \mu_{X_1} \neq \mu_{X_2},\ \mu_{X_2} \neq \mu_{X_3},\ \mu_{X_1} \neq \mu_{X_3} \text{ 또는 } \mu_{X_1} \neq \mu_{X_2} \neq \mu_{X_3}$$

〈표 7-6〉

분산분석

월소득

	제곱합	df	평균제곱	F	유의확률
집단-간	18.067	2	9.033	.530	.595
집단-내	460.100	27	17.041		
합계	478.167	29			

〈표 7-6〉의 (일원)분석분석표에 따르면 다음과 같이 정의되는 검정통계량 F의 값은 .530이며

$$F = \frac{SSB/(k-1)}{SSW/(N-k)} = \frac{MSB}{MSW} = \frac{9.033}{17.041} = .530$$

이 값에 해당하는 유의확률 .595는 유의수준 .05보다 큰 것으로 판명되어 세 집단의 모평균이 같다는 영가설은 기각되지 않는다. 따라서 연구자는 표본자료에 근거해 볼 때 수급자의 교육수준이 월소득에 영향을 미친다는 주장을 뒷받침할 만한 증거를 찾을 수 없다는 결론을 내릴 수 있다.

집단 간 차이 여부를 검정한 다음 마지막으로 봐야 할 것은 사후검정결과이다. 앞서 언급했던 바와 같이, 사후검정은 세 집단을 다시 두 집단씩 짝지어 일종의 t 검정을 실시한 것이다. 사후검정결과는 〈표 7-6〉과 같이 제시되는데 비교한 두 집단 간에 통계적으로 유의한 수준의 차이가 존재하는 경우 *SPSS*는 해당 분석결과에 별표를 붙여 나타난다.

현재 〈표 7-7〉에는 별표가 붙은 관계가 없음을 확인할 수 있다. 이는 당연한 결과로서, 앞서 제시된 분산분석결과표에서 세 집단 간에 차이가 없는 것으로 나타났으므로 사후검정을 실시해도 동일한 결과가 나타나야 하기 때문이다. 따라서 논리적으로 볼 때 사후검정결과는 일원분산분석결과 영가설이 기각되지 않는다면 특별히 주의를 기울일 필요가 없다.

〈표 7-7〉

다중 비교

월 소득

Scheffé

(I) 교육수준	(J) 교육수준	평균차(I-J)	표준오차	유의확률	95% 신뢰구간	
					하한값	상한값
무학	초등학교	-1.00000	1.84612	.864	-5.7815	3.7815
	중학교 이상	-1.90000	1.84612	.595	-6.6815	2.8815
초등학교	무학	1.00000	1.84612	.864	-3.7815	5.7815
	중학교 이상	-.90000	1.84612	.888	-5.6815	3.8815
중학교 이상	무학	1.90000	1.84612	.595	-2.8815	6.6815
	초등학교	.90000	1.84612	.888	-3.8815	5.6815

또 한 가지 예를 통해서 *SPSS*를 이용한 일원분산분석방법을 다시 한번 익혀 보기로 하자.

[그림 7-11]의 자료 'C7-일원분산분석-02'는 고용형태가 개인 소득에 영향을 미치는지 알아보기 위해 크기가 $n=50$인 근로자 표본을 뽑아 '고용형태'와 '소득'을 조사한 자료이다. 두 변수 중 '고용형태'는 '상용직=1' '임시직=2' '일용직=3'을 응답범주로 갖는 명목변수이며 '소득'은 개인의 월소득을 변수값으로 갖는 비율변수이다.

일원분산분석을 실시하기 위해 *SPSS* 최상위 명령 중 '분석(Analysis)', 하위명령 중 '평균비교(Compare Means)' 그리고 마지막으로 '일원배치분산분석(One-Way ANOVA)'을 선택한다. [그림 7-12]의 창이 나타나면 '소득'을 '종속변수(Dependent List)'에 옮겨 놓고, '고용형태'를 '요인(Factor)'에 옮겨 놓는다.

종속변수와 요인을 지정한 다음, '옵션(Options)'을 눌러 새로 창이 나타나면 제시된 통계량 중 '기술통계량(Descriptive)'과 '분산 동질성 검정(Homogeneity of variance test)'을 선택한다. 그런 다음 '계속(Continue)'을 누른다.

일원분산분석 창이 나타나면 [그림 7-15]처럼 사후분석(Post Hoc Multiple Comparisons) 방법으로서 Scheffé 검정을 선택하고 '계속(Continues)'과 '확인(OK)'을 눌러 명령을 실행시킨다.

[그림 7-11]

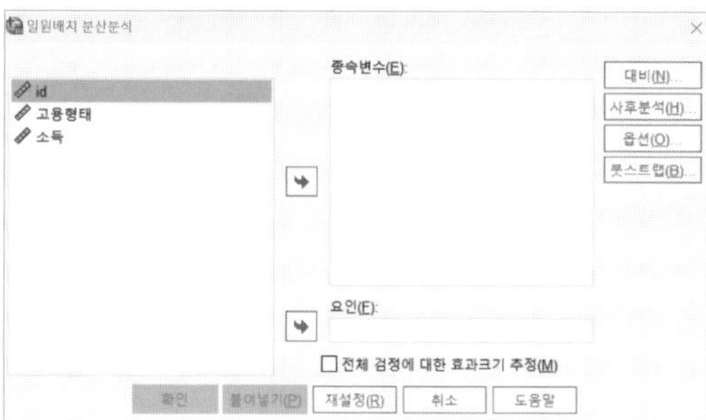

[그림 7-12]

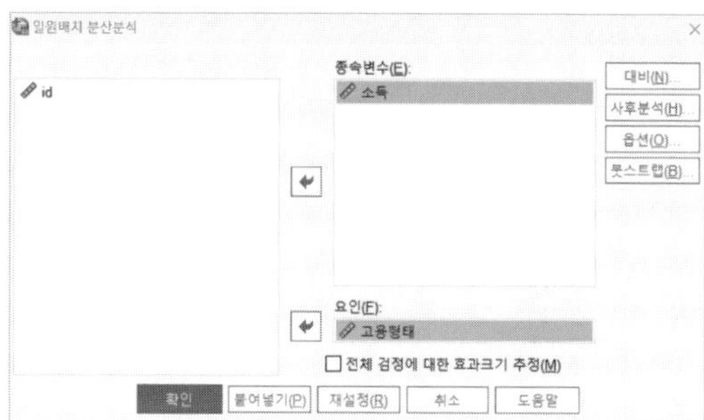

[그림 7-13]

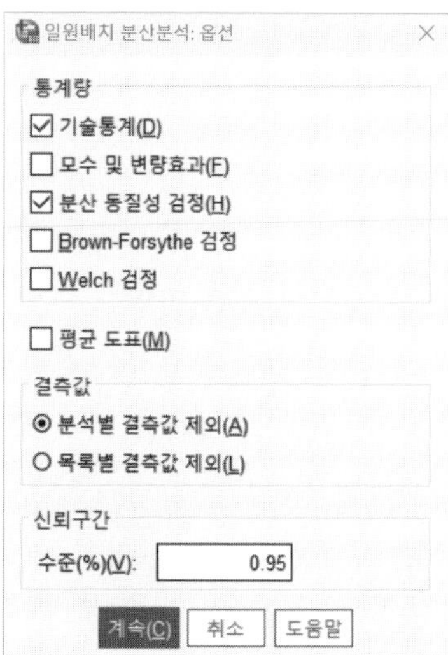

[그림 7-14]

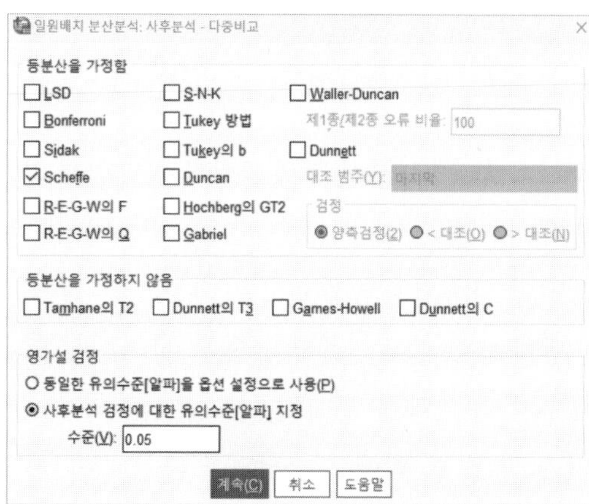

[그림 7-15]

분산분석이 이루어지면 〈표 7-8〉의 기술통계 분석결과표가 나타난다. 고용형태별 평균소득 및 표준편차가 제시되어 있는데 상용직이 가장 높은 약 160만 원으로 나타났고, 다음으로 임시직이 약 150만 원, 일용직이 약 79만 원으로 나타났다. 이러한 고용형태별 소득차이는 통계적으로 유의한 수준의 차이인가?

〈표 7-8〉

기술통계

소득

	N	평균	표준편차	표준오차	평균에 대한 95% 신뢰구간		최소값	최대값
					하한값	상한값		
상용직	10	140.2000	40.48539	12.80260	111.2385	169.1615	95.00	200.00
임시직	19	124.5263	37.61998	8.63062	106.3941	142.6586	57.00	198.00
일용직	21	79.1905	35.24148	7.69032	63.1487	95.2322	25.00	154.00
합계	50	108.6200	44.72907	6.32565	95.9081	121.3319	25.00	200.00

〈표 7-9〉

분산의 동질성 검정

소득

Levene 통계량	*df*1	*df*2	유의확률
.844	2	47	.437

이 질문에 답하기 위해 맨 먼저 봐야 할 것은 등분산성 검정결과이다. '분산의 동질성에 대한 검정' 결과표를 보면 Levene 통계량 F는 .844이고 이에 해당하는 유의확률은 유의수준인 .05보다 큰 .437로 나타나 영가설

$$H_0 : \sigma_1^2 = \sigma_2^2 = \sigma_3^2$$

$$H_a : \sigma_1^2 \neq \sigma_2^2,\ \ \sigma_1^2 \neq \sigma_3^2 \text{ 또는 } \sigma_2^2 \neq \sigma_3^2$$

은 기각되지 않는다. 분산의 동질성이 기각되지 않았기 때문에 분산분석을 진행할 수 있다.

만일 유의확률이 유의수준 .05보다 작다면 어떻게 해야 하는가? 가장 보수적인 결정은 등분산성 조건이 만족되지 않았으므로 더 이상의 분석결과 해석을 중단하는 것이고, 가장 허용적인 결정은 등분산 조건이 만족되지 않은 상태에서 얻은 분석결과의 정확도는 그렇지 않은 경우에 비해 매우 낮다는 점을 분명히 하고 분석결과에 대한 해석을 그대로 진행하는 것이다. 물론 이 두 가지 결정 중 이 책에서는 전자를 따를 것을 분명하게 권한다. 그 이유는 간단하다. 모든 분석결과는 명시된 '조건'하에서만 타당성을 인정받을 수 있기 때문이다.

〈표 7-10〉

일원배치 분산분석

소득

	제곱합	*df*	평균제곱	*F*	유의확률
집단-간	32968.205	2	16484.103	11.907	.000
집단-내	65065.575	47	1384.374		
합계	98033.780	49			

분산의 동질성 검정을 마치면 고용형태별 평균소득에 차이가 있는지 여부를 검정한다. 영가설과 대립가설은 다음과 같다.

$$H_0 : \mu_{X_1} = \mu_{X_2} = \mu_{X_3} = \mu_0$$

$$H_a : H_a : \mu_{X_1} \neq \mu_{X_2}, \mu_{X_2} \neq \mu_{X_3}, \mu_{X_1} \neq \mu_{X_3} \text{ 또는 } \mu_{X_1} \neq \mu_{X_2} \neq \mu_{X_3}$$

〈표 7-10〉의 분산분석결과표에 따르면, F값이 11.907이며, 이 값에 해당하는 유의확률은 .000으로 나타나 95% 신뢰수준에서의 유의수준 .05보다 작은 것으로 나타났다. 따라서 세 집단의 소득이 같다는 영가설은 기각된다.

〈표 7-11〉의 다중비교 결과표는 사후검정 결과이다. 이 표에서 별표가 붙은 집단쌍(paired group)은

상용직-일용직, 임시직-일용직, 일용직-상용직, 일용직-임시직

이다. 그런데 '상용직-일용직'과 '일용직-상용직'은 순서만 바뀌어 있을 뿐 내용은 동일하다는 것을 알 수 있다. 이는 '임시직-일용직'의 경우도 마찬가지다. 다시 말하면, 집단의 선후가 바뀌면 다중비교 결과표에 제시되는 평균 차이의 부호(-, +)는 바뀌지만 평균 차이의 절대값은 변하지 않는다는 것이다. 이 점을 고려하면 최종적으로 유의한 관계는 다음과 같다.

상용직-일용직, 임시직-일용직

사후검정 분석결과를 제시할 때는 일반적으로 집단명칭을 그대로 사용하지 않고 간단한 문자로 바꿔 제시한다. 예를 들면, 상용직을 'a', 임시직을 'b', 일용직을 'c'로 표기하면 위의 분석결과를 다음과 같이

$$a \neq c,\ b \neq c$$

간단하게 나타낼 수 있다.

유의한 차이를 갖는 집단쌍(paired group)이 많은 경우 이 방법을 사용하면 매우 편리할 뿐만 아니라 분석결과를 한눈에 알아볼 수 있게 나타낼 수 있다.

〈표 7-11〉

사후검정
다중 비교
종속변수: 소득
Scheffé

(I) 고용형태	(J) 고용형태	평균차(I-J)	표준오차	유의확률	95% 신뢰구간	
					하한값	상한값
상용직	임시직	15.67368	14.53613	.563	-21.0717	52.4191
	일용직	61.00952*	14.29545	.000	24.8725	97.1465
임시직	상용직	-15.67368	14.53613	.563	-52.4191	21.0717
	일용직	45.33584*	11.78068	.002	15.5559	75.1158
일용직	상용직	-61.00952*	14.29545	.000	-97.1465	-24.8725
	임시직	-45.33584*	11.78068	.002	-75.1158	-15.5559

* 평균차는 0.05 수준에서 유의합니다.

〈표 7-12〉

동일 집단군
소득
Scheffé[a b]

고용형태	N	유의수준=0.05에 대한 부집단	
		1	2
일용직	21	79.1905	
임시직	19		124.5263
상용직	10		140.2000
유의확률		1.000	.519

동일집단군에 있는 집단에 대한 평균이 표시됩니다.
a. 조화평균 표본크기 14.981을(를) 사용합니다.
b. 집단크기가 동일하지 않습니다. 집단크기의 조화평균이 사용됩니다. 1유형 오차수준은 보장되지 않습니다.

7. *R*을 이용한 일원분산분석

*R*로 교육수준의 월소득에 대한 일원분산분석을 실시하기 위해 아래와 같이 haven 패키지의 read_save 함수를 사용하여 'C7-일원분산분석-01.sav' 파일을 불러들여 c7df 데이터프레임에 저장한다. read_save 함수를 사용하기 위해서는 library 함수를 사용하여 haven 패키지를 로

드해야 한다. 데이터프레임에는 id, 교육수준, 월소득의 세 변수가 있다.

또한 일원분산분석을 실시하기 위해서는 등분산 조건을 만족시켜야 하는데, 이를 위해서 Levene의 검정을 실시하는 leveneTest 함수를 사용하면 된다. 그런데 sav 파일로 불러들인 교육수준을 R 에서는 숫자(1, 2, 3)로 읽어들였는데, 실제로는 1 = '무학', 2 = '초등학교', 3 = '중학교 이상'으로 양적 변수라기보다는 질적 변수에 해당한다. R 은 변수의 유형을 좀 더 세밀하게 구분하는데, 숫자(numeric), 문자(character) 외에 요인(factor)이라는 변수의 유형이 있으며, 일원분산분석의 독립변수는 연속변수에 해당하는 숫자가 아니라 범주를 구분하는 요인이 되어야 한다. 따라서 교육수준의 변수 유형을 숫자에서 요인으로 전환하기 위해 as.factor 함수를 사용한다.

등분산 가정을 검정하기 위해 leveneTest 함수를 사용하기 위해서는 library 함수를 활용하여 car 패키지를 로드해야 한다. 괄호 안에 종속변수인 월소득을 먼저 넣고, 이어서 모델을 나타내는 물결 기호(~)를 넣은 후 독립변수, 즉 요인을 넣는다. 쉼표 뒤에 'data =' 옵션에 데이터프레임을 넣고, 마지막으로 'center =' 옵션에 mean을 넣는다. 'center =' 옵션의 디폴트는 median이다.

```
library(haven)

c7df <- read_sav(file.choose())
View(c7df)

c7df$교육수준 <- as.factor(c7df$교육수준)

library(car)
leveneTest(월소득 ~ 교육수준, data = c7df, center = mean)
```

[그림 7-16]

[그림 7-17]에서는 leveneTest 함수를 사용하여 등분산 검정을 실시한 결과를 보여 준다. $F = 1.0488$, $p = 0.3642$로 $p > 0.05$로 등분산 영가설을 채택하고 등분산 가정을 받아들인다.

```
Levene's Test for Homogeneity of Variance (center = mean)
      Df F value Pr(>F)
group  2  1.0488 0.3642
      27
```

[그림 7-17]

이에 따라 분산분석을 실시한다. R 에서 분산분석은 aov 함수를 사용하는데, 괄호 안에 종속변수 ~ 독립변수의 양식을 사용하며, 쉼표 후에 데이터프레임을 지정한다. aov 함수를 사용하여 별도의 대상(object)으로 저장하지 않아도 콘솔 창에 제곱합과 자유도는 보여주지만 평균제곱, F값, 그리고 p값은 제시하지 않는다. 이에 따라 aov 함수의 결과를 별도의 대상, 예를 들어 result에 저장하고, anova 함수를 사용하여 상세한 분산분석표를 끌어낸다.

```
aov(월소득 ~ 교육수준, c7df)
result <- aov(월소득 ~ 교육수준, c7df)
anova(result)
```

[그림 7-18]

anova 함수를 사용하여 제시된 분산분석표인 [그림 7-19]를 살펴보면, $F = 0.5301$, $p = 0.5945$로, 교육수준에 따른 평균 월소득이 동일하다는 영가설을 채택하고, 교육수준에 따라 평균 월소득이 같다는 결론을 내리게 된다.

```
Analysis of Variance Table

Response: 월소득
          Df Sum Sq Mean Sq F value Pr(>F)
교육수준   2  18.07  9.0333  0.5301 0.5945
Residuals 27 460.10 17.0407
```

[그림 7-19]

교육수준에 따른 평균 월소득이 동일하다는 영가설을 기각하면 세 범주의 평균 월소득이 모두 같지 않다는 결론을 내리기 때문에 세 가지 대립가설 중 어떤 가설이 채택되고 어떤 가설이 기각되는지 사후검정을 통해 확인해야 한다. 여기에서 사용한 예에서는 분산분석의 영가설을 채택했기 때문에 사후검정을 할 필요가 없으나 영가설을 기각한 경우에는 사후검정을 해야 한다. 사후검정 중 Tukey 검정은 TukeyHSD 함수를 사용하여 구한다. 괄호 안의 'x ='에는 aov 함수로 저장한 결과를 넣고, conf.level 옵션에는 0.95를 넣는다.

```
tukey <- TukeyHSD(x = result, conf.level = 0.95)
tukey
```

[그림 7-20]

Tukey 사후검정의 결과는 [그림 7-21]과 같이 나타나는데, 교육수준 2와 교육수준 1의 차이, 교육수준 3과 교육수준 1의 차이, 교육수준 3과 교육수준의 2의 차이가 없다는 세 가설에 대한 p값이 제시된다. 이미 분산분석표에서 세 교육수준의 평균 월소득이 같다는 결론을 내렸기 때문에 세 가설 모두 채택이 될 것으로 예상되었으며, 실제로 p값이 모두 0.05보다 크기 때문에 세 영가설은 모두 채택이 되어 교육수준에 따른 평균 월소득이 같다는 결론을 내린다.

```
  Tukey multiple comparisons of means
    95% family-wise confidence level

Fit: aov(formula = 월소득 ~ 교육수준, data = c7df)

$교육수준
    diff       lwr      upr     p adj
2-1  1.0 -3.577295 5.577295 0.8515462
3-1  1.9 -2.677295 6.477295 0.5652809
3-2  0.9 -3.677295 5.477295 0.8778048
```

[그림 7-21]

사후검정은 Tukey 외에도 Scheffé가 있는데, Scheffé가 가장 엄격한 사후검정으로 알려져 있다. Scheffé 검정을 실시하기 위해서는 “DescTools” 패키지를 설치하고 로드해야 한다. 그 후에 ScheffeTest 함수를 사용하면 결과를 얻을 수 있다.

```
install.packages("DescTools")
library(DescTools)
ScheffeTest(result)
```

[그림 7-22]

ScheffeTest 함수를 사용하면 [그림 7-23]과 같은 결과를 얻게 된다. 이 결과를 Tukey의 p값과 비교해 보면, Scheffé의 p값이 약간 더 높다는 것을 알 수 있다. 따라서 p값이 0.05의 경계선에 있을 때는 Tukey와 Scheffé의 결과가 다를 수 있다.

```
  Posthoc multiple comparisons of means: Scheffe Test
    95% family-wise confidence level

$교육수준
    diff    lwr.ci   upr.ci   pval
2-1  1.0 -3.781501 5.781501 0.8642
3-1  1.9 -2.881501 6.681501 0.5948
3-2  0.9 -3.881501 5.681501 0.8884

---
Signif. codes:  0 '***' 0.001 '**' 0.01 '*' 0.05 '.' 0.1 ' ' 1
```

[그림 7-23]

또 다른 일원분산분석을 위해서 haven 패키지의 read_save 함수를 사용하여 ‘C7-일원분산분석-02.sav’ 파일을 불러들여 c7_2df 데이터프레임에 저장한다. read_save 함수를 사용하기 위해서는 library 함수를 사용하여 haven 패키지를 로드해야 한다. 데이터프레임에는 id, 고용형태, 소득의 세 변수가 있다.

또한 일원분산분석을 실시하기 위해서는 등분산 조건을 만족시켜야 하는데, 이를 위해서 Levene의 검정을 실시하는 leveneTest 함수를 사용하면 된다. 이미 앞에서 언급한 바와 같이 독립변수는 요인이 되어야 하며 고용형태의 변수 유형을 숫자에서 요인으로 전환하기 위해 as.factor 함수를 사용한다.

leveneTest 함수에서는 괄호 안에 종속변수인 소득을 먼저 넣고, 이어서 모델을 나타내는 물결 기호(~)를 넣은 후 독립변수, 즉 요인을 넣는다. 쉼표 뒤에 ‘data =’ 옵션에 데이터프레임을 넣고, 마지막으로 ‘center =’ 옵션에 mean을 넣는다.

```
library(haven)

c7_2df <- read_sav(file.choose())
View(c7_2df)

c7_2df$고용형태 <- as.factor(c7_2df$고용형태)

library(car)
leveneTest(소득 ~ 고용형태, data = c7_2df, center = mean)
```

[그림 7-24]

[그림 7-25]에서는 leveneTest 함수를 사용하여 등분산 검정을 실시한 결과를 보여 준다. $F = 0.8437$, $p = 0.4365$로 $p > 0.05$로 등분산 영가설을 채택하고 등분산 가정을 받아들인다.

```
Levene's Test for Homogeneity of Variance (center = mean)
      Df F value Pr(>F)
group  2  0.8437 0.4365
      47
```

[그림 7-25]

이에 따라 분산분석을 실시한다. R에서 분산분석은 aov 함수를 사용하는데, 괄호 안에 종속변수 ~ 독립변수의 양식을 사용하며, 쉼표 후에 데이터프레임을 지정한다. aov 함수의 결과를 별도의 대상, result2에 저장하고, anova 함수를 사용하여 상세한 분산분석표를 끌어낸다.

```
library(car)
leveneTest(소득 ~ 고용형태, data = c7_2df, center = mean)

result2 <- aov(소득 ~ 고용형태, c7_2df)
anova(result2)
```

[그림 7-26]

anova 함수를 사용하여 제시된 분산분석표인 [그림 7-27]을 살펴보면, $F = 11.907$, $p =$ .6553e-05로 $p < 0.001$이기 때문에, 고용형태에 따른 평균 소득이 동일하다는 영가설을 기각하고, 고용형태에 따라 평균 소득이 다르다는 결론을 내리게 된다.

```
Analysis of Variance Table

Response: 소득
          Df Sum Sq Mean Sq F value    Pr(>F)
고용형태    2  32968 16484.1  11.907 6.553e-05 ***
Residuals 47  65066  1384.4
---
Signif. codes:  0 ‘***’ 0.001 ‘**’ 0.01 ‘*’ 0.05 ‘.’ 0.1 ‘ ’ 1
```

[그림 7-27]

고용형태에 따른 평균 소득이 동일하다는 영가설을 기각하면 세 범주의 평균 월소득이 모두 같지 않다는 결론을 내리기 때문에 세 가지 대립가설 중 어떤 가설이 채택되고 어떤 가설이 기각되는지 사후검정을 통해 확인해야 한다. 사후검정 중에서 Scheffé 검정을 실시하기 위해서는 "DescTools" 패키지의 ScheffeTest 함수를 사용한다.

```
library(DescTools)
ScheffeTest(result2)
```

[그림 7-28]

Scheffé 사후검정의 결과는 [그림 7-29]와 같이 나타나는데, 고용형태 2(임시직)와 고용형태 1(일용직)의 차이, 고용형태 3(상용직)과 고용형태 1(일용직)의 차이, 고용형태 3(상용직)과 고용형태의 2(임시직)의 차이가 없다는 세 가설에 대한 p값이 제시된다. 세 가설 중에서 첫 번째 가설의 p값은 $p = 0.56313$으로 0.05보다 커서 영가설은 수용된다. 두 번째 가설과 세 번째 가설의 p값은 각각 $p = 0.00045$, $p = 0.00160$으로 모두 기각된다. 따라서 고용형태 3과 고용형태 1, 그리고 고용형태 3과 고용형태 2의 평균 소득은 차이가 있다는 것을 알 수 있다.

```
  Posthoc multiple comparisons of means: Scheffe Test
    95% family-wise confidence level

$고용형태
          diff    lwr.ci    upr.ci   pval
2-1 -15.67368 -52.41910  21.07173 0.56313
3-1 -61.00952 -97.14653 -24.87252 0.00045 ***
3-2 -45.33584 -75.11583 -15.55585 0.00160 **

---
Signif. codes:  0 '***' 0.001 '**' 0.01 '*' 0.05 '.' 0.1 ' ' 1
```

[그림 7-29]

참고문헌

Chiang, C., Langhauser, C., & Selvin, S. (1990). Introduction to Probability and Statistics in Biology and Public Health. Unpublished Manuscript. University of California at Berkeley.

Girden, E. (1992). *ANOVA Repeated Measures*. Newbury Park, CA: Sage Publication Inc.

Gravetter, F., & Wallnau, L. (1992). *Statistics for the Behavioral Sciences* (3rd ed.). St. Paul, MN: West Publishing Co.

Iversen, G., & Norpoth, H. (1987). *Analysis of Variance* (2nd ed.). Newbury park, CA: Sage Publication Inc.

Mendenhall, W., Wackerly, D., & Scheaffer, R. (1990). *Mathematical Statistics with Application* (4th ed.). Boston, MA: PWS-KENT Publishing Co.

Selvin, S. (1995). *Practical Biostatistical Methods*. Belmont, CA: Wadsworth Publishing Co.

| 연습문제 |

01 모평균의 수가 $k \geq 3$일 때, 모평균의 동일성 여부를 Z 또는 t 검정으로 검정하는 것과 일원분산분석을 이용하여 검정하는 것의 차이를 설명하십시오.

02 일원분산분석에서 가설검정을 위한 기각역을 항상 F 분포의 오른쪽 극단에만 설정하는 이유를 설명하십시오.

03 일원분산분석에서 영가설이 사실일 때와 사실이 아닐 때 검정통계량인 F 비는 각각 어떤 값을 갖게 될지 설명하십시오.

04 일원분산분석의 세 가지 제곱합 SST, SSB, SSW의 자유도가 각각 $N-1$, $k-1$, $N-k$인 이유를 개념적으로 설명하십시오.

05 일원분산분석을 위해 F 표본을 바탕으로 구한 비 값이 $F_{df_1=3,\ df_2=36}=2.86$일 때,

독립변수의 응답범주는 몇 개인가?
표본의 총 크기는 얼마인가?
표본의 크기가 동일하다면 표본의 수는 몇 개인가?

06 독립변수 X가 종속변수 Y에 영향을 미치는지를 알아보기 위해서 크기가 $n=10$으로 같은 네 개의 표본을 바탕으로 작성한 일원분산분석 표가 다음과 같을 때, 유의수준 .05에서 독립변수가 종속변수에 영향을 미치는지를 검정하십시오.

ANOVA 표

분산원	제곱합	자유도	평균제곱합	F 비
집단 간			9	
집단 내	252			
전체				

07 아래의 일원분산분석표를 완성하고 유의수준 .05에서 $k \geq 3$개의 모평균이 동일한지를 검정하십시오(단, 표본의 크기는 $n = 15$로 동일하다).

ANOVA 표

분산원	제곱합	자유도	평균제곱합	F 비
집단 간				F=2.5
집단 내	126			
전체				

08 아래의 자료는 서로 독립이면서 정규분포를 따르는 두 모집단으로부터 뽑은 표본자료이다. 표본자료를 바탕으로 두 모평균의 동일성 여부를 유의수준 .05에서 t검정한 결과와 일원분산분석 검정한 결과를 비교하십시오.

표본 1	표본 2
4, 1, 2, 1, 2, 3, 5, 2, 4, 4	2, 3, 5, 4, 2, 6, 2, 3, 4, 1

09 Betz & Thomas(1979)에 따르면, 성격유형과 건강수준 간에 뚜렷한 연관성이 존재한다고 한다.[8] 세 가지 성격유형 알파, 베타, 감마 각각에 해당하는 성격을 가진 사람을 $n = 10$명씩 표본으로 뽑아 이들의 건강수준을 조사한 자료가 다음과 같을 때, 세 집단의 분산이 동일한지의 여부를 유의수준 .05에서 검정하십시오.

8) Betz, J., & Thomas, B. (1979). Individual Temperament as a Predictor of Health or Premature Disease. The Johns Hopkins Medical Journal, Vol. 144, pp. 81-89. Gravetter, F., & Wallnau, L.(1988), p. 387 재인용함.

ALPHAS		BETAS		GAMMAS	
43	44	41	52	36	29
41	56	40	57	38	36
49	42	36	48	45	42
52	53	51	55	25	40
41	21	52	39	41	36

10 위의 문제 9의 표본자료를 이용하여 유의수준 .05에서 성격유형에 따라 건강수준에 차이가 있는지를 일원분산분석을 이용하여 검정하고 그 결과를 바탕으로 사후검정을 실시하십시오.

8

이원분산분석

제7장에서 배운 일원분산분석이 k개의 범주를 가진 한 개의 독립변수가 종속변수에 영향을 미치는지를 검정하는 방법이라면, 이번 장에서 공부하게 될 이원분산분석은 각각 r개의 범주와 c개의 범주를 가진 두 개의 독립변수가 종속변수에 영향을 미치는지를 알아보는 검정기법이다.

1. 이원분산분석의 원리

이원분산분석의 원리를 설명하기 위해 앞서 제7장에서 일원분산분석을 설명하면서 들었던, 기초생활보장제도 조건부 수급자의 '교육수준'과 '월소득'에 관한 예를 다시 들어 보기로 하자. 이 예에서 우리는 독립변수인 수급자의 '교육수준'이 종속변수인 '월소득'에 영향을 미치는지를 알아보기 위해서 '월소득'의 모집단이 독립변수의 응답범주에 해당하는 '무학' '초등학교' '중학교 이상'이라는 세 개의 모집단으로 나누어져 있다고 보고 이 세 모집단이 동일한 모평균을 갖는지 여부를 검정했다.

이 예에 관한 기억을 되살린 상태에서 이제 이원분산분석의 원리를 이해하는 데 필요한 몇 가지 용어와 개념을 이해해 보기로 하자. 위의 예에서 우리는 종속변수의 모집단이 독립변수의 응답범주별로 나뉘어 존재한다고 보았는데, 이처럼 종속변수의 모집단을 나누는 기준으로 사용되는 독립변수를 요인(factor)이라고 하고 요인의 응답범주를 수준(level)이라고 부른다. 즉, 위의 예에서 요인은 '교육수준'이고 이 변수의 응답범주인 '무학' '초등학교' '중학교 이상'은 요

인의 수준이다.[1)]

이원분산분석에서는 두 개의 요인이 있다고 가정하는데 일반적으로 하나를 요인 A라고 하고 다른 하나를 요인 B라고 부른다. 또한 요인 A의 수준을 $i = 1, 2, \cdots, r$로 표기하고 요인 B의 수준을 $j = 1, 2, \cdots, c$로 표기한다. 따라서 두 요인이 결합하여 만들어 내는 수준은 rc개가 되는데 이원분산분석에서는 종속변수의 모집단이 두 요인의 수준, 즉 rc개만큼 존재한다고 보고 이들 rc개 모집단의 모평균이 동일한지 비교한다.

요인 A의 i번째 수준의 효과(effect)를 α_i로 표기하고 요인 B의 j번째 수준의 효과를 β_j라고 표기한다. 여기서 말하는 효과란 한마디로 말하면 특정 요인의 특정 수준에 의해서 나타나는 종속변수에 있어서의 변화를 말한다.

독립변수 :	요인
독립변수의 응답범주 :	요인의 수준
종속변수에 있어서의 변화 :	요인 수준의 효과

이제 이상에서 소개한 개념과 용어를 사용하여 이원분산분석을 다시 정의하면, 이원분산분석이란 두 개의 요인이 한 개의 종속변수에 영향을 미치는지 여부를 검증하는 분석기법이라고 정의할 수 있다. 예를 들어, '교육수준'이라는 하나의 요인이 '월소득'이라는 하나의 종속변수에 영향을 미치는지 여부를 검정하는 것이 일원분산분석이었다면 이제 이원분산분석에서는 '교육수준'과 '성별'이라는 두 개 요인이 종속변수인 '월소득'에 영향을 미치는지 여부를 검정한다.

두 요인 중 '성별'을 요인 A라고 하고 '교육수준'을 요인 B라고 하면 요인 A와 B의 수준은 각각 $r = 2$와 $c = 3$이므로 이원분산분석의 구조를 크기가 $2 \times 3(r \times c)$인 다음과 같은 표로 나타낼 수 있다.

[그림 8-1]에서 열(row)과 행(column)이 만나 만들어진 사각 평면을 셀(cell)이라고 부른다. 이원분산분석에서는 종속변수의 모집단이 셀의 개수, 즉 rc개만큼 있다고 가정하고 rc개 모집단이 동일한 모평균을 갖는지 비교하여 두 요인이 종속변수에 영향을 미치는지 여부를 검정한다. 만일 두 요인 모두가 종속변수에 영향을 미친다면 종속변수의 모집단은 한 개가 아니라 rc개로 나뉠 것이고 그렇다면 rc개의 서로 다른 모평균이 존재할 것이다. 이와 정반대로 두 요인 중 어느 요인도 종속변수에 영향을 미치지 않는다면 종속변수의 모집단은 단일 모집단일 것이기 때문에 두 요인 모두가 영향을 미치는 경우 존재한다고 생각되던 rc개의 모평균은 모두 동일한 값을 가져 한 개의 모평균이 되어야 한다. 마지막으로 만일 두 요인 중 어느 한 요인만 종

1) 흔히 요인을 처리(treatment)라고 부르기도 하는데 분산분석을 '종속변수에 대해서 행한 어떤 처리의 수준에 따라 종속변수가 다른지를 검정하는 방법'이라고 이해하고 분산분석의 원리를 설명할 때는 요인이라는 용어보다 처리라는 용어를 쓰는 것이 더 편리하기도 하다. 그러나 요인과 처리는 기본적으로 동일한 개념을 나타내는 용어로서 어느 것을 사용해도 의미에 있어서는 전혀 차이가 없다는 것을 이해하기 바란다.

		요인 B 교육수준		
		무학	초등학교	중학교 이상
요인 A 성별	남성	남성 ∩ 무학	남성 ∩ 초등학교	남성 ∩ 중학교 이상
	여성	여성 ∩ 무학	여성 ∩ 초등학교	여성 ∩ 중학교 이상

[그림 8-1] 이원분산분석의 구조

속변수에 영향을 미친다면 종속변수의 모집단은 r개 또는 c개로 나뉠 것이므로 r개 또는 c개의 서로 다른 값을 갖는 모평균이 존재할 것이다.

일원분산분석과 달리 이원분산분석에서는 종속변수에 영향을 미치는 요인이 두 개이므로 두 요인이 각각 독립적으로 종속변수에 영향을 미치는지 여부에 대한 검정과 함께 두 요인이 상호작용을 통해 동시에 종속변수에 영향을 미치는지 여부에 대한 검정 또한 이루어져야 한다. 두 요인이 독립적으로 종속변수에 영향을 미친다는 것은 어느 한 요인과 종속변수 간의 관계에 나머지 요인이 아무런 영향을 미치지 않는다는 것을 뜻한다. 예를 들면, 성별이 월소득에 미치는 영향은 교육수준과는 무관하며 동시에 교육수준이 월소득에 미치는 영향 또한 '성별'에 따라 달라지지 않는다는 것이다.

[그림 8-2]의 (a)는 두 요인이 독립적으로 종속변수에 영향을 미치는 경우이다. 그림 (a)에서 두 개의 곡선은 월소득의 수준을 나타낸다. 월소득 곡선이 남성 월소득 곡선과 여성 월소득 곡선으로 나뉘어 있는 것은 성별이 월소득에 영향을 미쳐 남성의 월소득과 여성의 월소득 간에 차이가 있다는 것을 나타낸다. 두 선의 기울기가 변하는 (선이 꺾인) 것은 교육수준이 월소득에 영향을 미쳐 '교육수준'에 따라 월소득에 차이가 있다는 것을 의미한다.

[그림 8-2]의 (a)에서 두 곡선 간 간격이 '교육수준' 변수의 모든 수준에서 일정하게 유지되는 것으로 나타나 있다. 이는 성별에 따른 월소득의 차이가 교육수준에 의해서 전혀 영향을 받지 않으며 동시에 교육수준에 따른 월소득의 차이 역시 성별과는 무관하다는 것을 의미한다. 만일 성별에 따른 월소득의 차이가 교육수준에 의해서 영향을 받거나, 교육수준에 따른 월소득의 차이가 성별에 따라 달라진다면 두 곡선 간의 간격은 교육수준 또는 성별에 따라 다르게 나타날 것이다.

[그림 8-2]의 (b)에서는 성별에 따라 수급자의 월소득에 차이가 있다는 사실과 함께 성별에 따른 월소득 차이가 수급자의 교육수준이 '무학'일 때는 미미한 수준이다가 교육수준이 '초등학교'일 때 가장 커지고 '중학교 이상'으로 옮겨 가면 다시 줄어드는 것으로 나타나 있다. 이러한 현상은 수급자의 성별과 교육수준이 서로 독립이 아니라는 것, 즉 성별과 교육수준 간에 상호작용이 존재한다는 것을 말해 준다.

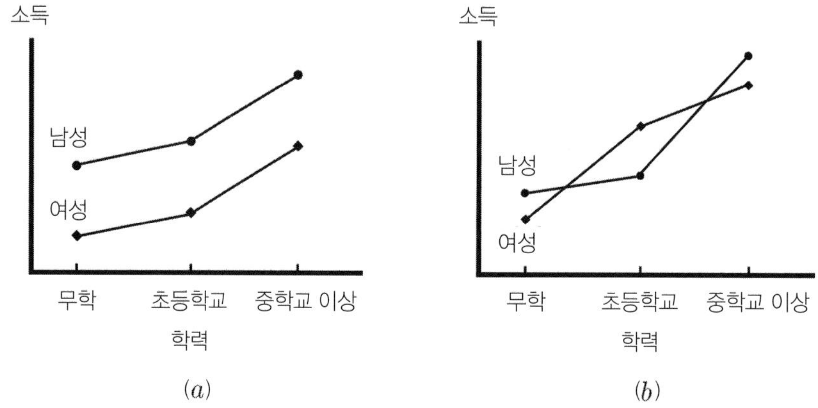

[그림 8-2]

[그림 8-2]의 (b)에서 남성 월소득 곡선과 여성 월소득 곡선이 교차하는 것은 성별과 교육수준이 상호작용을 통해 월소득에 영향을 미친다는 것을 나타낸다. 이처럼 두 요인 간에 상호작용이 존재하면, 예를 들어 성별이 월소득에 미치는 영향이 '교육수준' 변수의 모든 수준에서 동일하게 나타나는 것이 아니라 특정 교육수준에 해당하는 수급자들에게서만 나타나게 된다. 동일한 논리에서 두 요인 간에 상호작용이 존재하면 교육수준이 월소득에 미치는 영향 또한 남성과 여성 모두에서 동일하게 나타나는 것이 아니라 남성과 여성 중 어느 한쪽에서만 나타날 수 있다.

그렇기 때문에 두 요인 간에 상호작용이 존재하면 연구자는

'남성이 여성보다 월소득이 높은 것은 모든 교육수준에서 사실이다'라든지
교육수준이 높을수록 월소득이 높은 것은 성별에 관계없이 누구에게나 사실이다.

와 같은 주장을 할 수 없으며, 더 나아가서는 두 요인 간 상호작용 때문에 각각의 요인이 종속변수에 영향을 미치는지의 여부를 올바르게 판단할 수 없게 된다. 이러한 이유에서 이원분산분석에서는 두 요인 간의 관계가 독립인지의 여부가, 각각의 요인이 종속변수에 있어서의 차이를 유발하는지의 여부 못지않게 중요한 관심사가 된다. 따라서 이에 대한 검정이 반드시 이루어져야 한다.

2. 이원분산분석의 표본구조

두 요인 A와 B의 상호작용을 요인 AB로 표기하기로 하면, 이제 이원분산분석의 관심사는 한마디로 말해서 '요인 A, 요인 B 또는 상호작용요인 AB가 종속변수에 영향을 미치는가?'라는 질문에 대한 답을 찾는 것이라고 할 수 있다.

이 질문에 대한 답을 찾기 위해서 이원분산분석을 실시하려면 먼저 종속변수의 모집단의 개수가

요인 A의 수준의 개수 × 요인 B의 수준의 개수 = rc개

라는 가정하에서 rc개 모집단으로부터 〈표 8-1〉과 같은 구조를 가진 표본을 뽑아야 한다. 이때, 〈표 8-1〉의 각 셀은 동일한 수의 관찰값을 가질 수도 있고 그렇지 않을 수도 있다. 이 책에서는 이러한 두 경우 중 더 단순한 경우인 관찰값의 수가 n개로 동일한 경우를 바탕으로 이원분산분석의 표본구조를 설명하기로 하겠다.

〈표 8-1〉 이원분산분석의 표본구조

요인$A(i)$ \ 요인$B(j)$	1	2	…	c	표본평균
1	x_{111} x_{112} ⋮ x_{11n}	x_{121} x_{122} ⋮ x_{12n}		x_{1c1} x_{1c2} ⋮ x_{1cn}	$\overline{X}_{1\cdot\cdot}$
2	x_{211} x_{212} ⋮ x_{21n}	x_{221} x_{222} ⋮ x_{22n}	…	x_{2c1} x_{2c2} ⋮ x_{2cn}	$\overline{X}_{2\cdot\cdot}$
⋮	⋮	⋮		⋮	⋮
r	x_{r11} x_{r12} ⋮ x_{r1n}	x_{r21} x_{r22} ⋮ x_{r2n}	…	x_{rc1} x_{rc2} ⋮ x_{rcn}	$\overline{X}_{r\cdot\cdot}$
표본평균	$\overline{X}_{\cdot 1\cdot}$	$\overline{X}_{\cdot 2\cdot}$		$\overline{X}_{\cdot c\cdot}$	$\overline{X}_{\cdot\cdot\cdot}$

〈표 8-1〉에는 세 가지 종류의 표본평균이 제시되어 있는데 각각의 의미는 표기방법을 이해할 때 쉽게 이해할 수 있다. 먼저, 위의 표에서 아래첨자 $\cdot$ 는

'모든 $\cdot$ 를 바탕으로 구한' 또는 '$\cdot$ 에 해당하는 것 모두를 바탕으로 구한'

이라는 의미를 나타낸다. 이러한 표기방식을 따를 때 $\overline{X}_{i\cdot\cdot}$은 i를 특정 값으로 고정시킨 상태에서 모든 j와 k에 해당하는 x_{ijk}를 바탕으로 구한 i번째 행의 표본평균이라는 것을 의미한다. 즉,

$$\overline{X}_{i\cdot\cdot} = \frac{\sum_j \sum_k X_{ijk}}{cn}$$

동일한 원리에서 $\overline{X}_{\cdot j \cdot}$은 j번째 열의 표본평균으로서 j를 특정 값으로 고정시킨 상태에서 모든 i와 k에 해당하는 x_{ijk}를 바탕으로 구한 평균, 즉

$$\overline{X}_{\cdot j \cdot} = \frac{\sum_i \sum_k X_{ijk}}{rn}$$

임을 알 수 있다. 마지막으로 $\overline{X}_{\dots}$는 모든 i, j k에 해당하는 x_{ijk}를 바탕으로 구한 총평균을 의미한다. 즉,

$$\overline{X}_{\dots} = \frac{\sum_i \sum_j \sum_k X_{ijk}}{rcn}$$

〈표 8-1〉의 표본구조와 관련해서 한 가지 알아두어야 할 것은 두 요인 간 상호작용이 존재하는지 여부에 대한 검정은 모든 셀이 적어도 두 개 이상의 관찰값을 가질 때에만 가능하다는 사실이다. 이에 대해서는 이 장의 뒷부분에서 좀 더 자세하게 논의하겠지만 바로 이러한 이유 때문에 만일 각각의 셀이 단일 관찰값을 갖는다면 이원분산분석을 실시하더라도 두 요인 간에 상호작용이 존재하는지의 여부를 검정할 수 없다. 따라서 이원분산분석이라고 하더라도 셀당 관찰값이 한 개인 경우에는 두 요인이 서로 독립이라고 볼 수 있는 이론적 근거가 전제될 때에만 각각의 요인이 종속변수에 영향을 미치는지 여부를 검정할 수 있다.

3. 이원분산분석의 모형

두 요인 A와 B 간의 상호작용이 존재할 때, 이원분산분석의 모형은 다음과 같이 정의된다.

$$X_{ijk} = \mu + \alpha_i + \beta_j + \alpha\beta_{ij} + \varepsilon_{ijk} \qquad [8\text{-}1]$$

μ : 총평균 $= \sum_i \sum_j \sum_k \mu_{ijk} / rcn$

α_i : 요인 A의 효과 $= \mu_{i \cdot \cdot} - \mu$

β_j : 요인 B의 효과 $= \mu_{\cdot j \cdot} - \mu$

$\alpha\beta_{ij}$: 두 요인의 상호작용효과 $= \mu_{ij \cdot} - \mu_{i \cdot \cdot} - \mu_{\cdot j \cdot} + \mu$

ε_{ijk} : 무작위 오차 $= X_{ijk} - \mu_{ij \cdot}$

이원분산분석모형 [8-1]을 맥락적으로 이해하기 위해서 앞서 소개했던 기초생활보장제도 조건부수급자의 교육수준과 월소득 간의 관계에 관한 예를 다시 들어보기로 하자. [그림 8-3]은 이원분산분석모형에 대한 개념적 이해를 돕고자 이원분산모형이 의미하는 바를 그림으로 나타낸 것이다.

이 그림에서 각각의 셀은 수급자의 '성별'과 '교육수준'이라는 두 요인을 기준으로 하여 '월소득'의 모집단(이하, 월소득 모집단)을 6개 모집단으로 나눈 것 중 하나이다. 예를 들면, 셀$_{11}$은 남성이면서 무학에 해당하는 수급자들의 월소득 모집단이며 셀$_{23}$은 여성이면서 교육수준이 중학교 이상인 수급자들의 월소득 모평균을 나타낸다.

'월소득' 모집단이 성별이나 교육수준에 따라 나뉜다는 말은 성별이나 교육수준이 종속변수 '월소득'에 영향을 미친다는 것을 의미한다. 예를 들어, 성별이 월소득에 영향을 미쳐 남성과 여성의 월소득이 확연한 차이를 보인다면 '월소득' 모집단이 단일 모집단이 아니라 남성의 월소득 모집단과 여성의 월소득 모집단이라는 두 개의 모집단으로 나누어져 있다고 보는 것이 더 타당하다는 것이다.

따라서 만일 어떤 독립변수가 종속변수에 영향을 미친다면 우리는 그러한 사실을 [그림 8-3]과 같이 종속변수의 모집단이 독립변수의 응답범주 개수만큼의 모집단으로 '나누어져 있다'고 표현할 수 있다. [그림 8-3]에서 각각의 셀은 서로 다른 모집단을 나타내므로 각각의 셀은 서로 다른 모평균을 갖는다. 앞서 설명한 표기방식에 따라 [그림 8-3]에서 각 모집단의 모평균은 $\mu_{ij\cdot}$로 표기되어 있으며 다른 모평균과 쉽게 구별되기 하기 위해 ▲로 표시되어 있다.

이상의 표기방식을 이해한 상태에서 이제 종속변수 '월소득'이 두 요인 '성별'과 '교육수준' 어느 것에 의해서도 영향을 받지 않는 경우, 즉 $\alpha = \beta = 0$인 경우를 생각해 보자. 이 경우, '월소득' 모집단은 어느 요인에 의해서도 나뉘지 않으므로 '월소득' 모집단은 [그림 8-3]의 (a)같은 단일 모집단이다. 이 경우 '월소득' 모집단의 모평균은 μ가 된다.

이번에는 월소득이 성별에 의해서만 영향을 받고 교육수준에 의해서는 영향을 받지 않는 $\alpha \neq 0,\ \beta = 0$의 경우를 생각해 보기로 하자. 월소득이 성별에 의해서만 영향을 받으므로 '월소득' 모집단은 이제 [그림 8-3]의 (b)처럼 남성 월소득 모집단과 여성 월소득 모집단이라는 두 개의 모집단으로 나뉜다. 그렇기 때문에 각 모집단의 중심은 더 이상 μ가 아니라 그림에서 ◆로 표기된 두 개의 모평균 $\mu_{1\cdot\cdot}$와 $\mu_{2\cdot\cdot}$이다.

동일한 논리에 의해서 월소득이 교육수준에 의해서만 영향을 받고 성별에 의해서는 영향을 받지 않는다면 '월소득' 모집단은 [그림 8-3]의 (c)와 같이 '교육수준'을 기준으로 세 개의 모집단으로 나뉜다. 이 경우, 각 모집단의 중심을 가장 잘 나타내는 모평균은 당연히 ■로 표시된 $\mu_{\cdot 1\cdot}$, $\mu_{\cdot 2\cdot}$, $\mu_{\cdot 3\cdot}$라는 것을 쉽게 이해할 수 있다.

마지막으로 월소득이 성별과 교육수준에 의해서 동시에 영향을 받는 경우를 생각해 보기로 하자. 성별과 교육수준이 동시에 월소득에 영향을 미친다는 것은 [그림 8-3]의 (d)와 같이 두

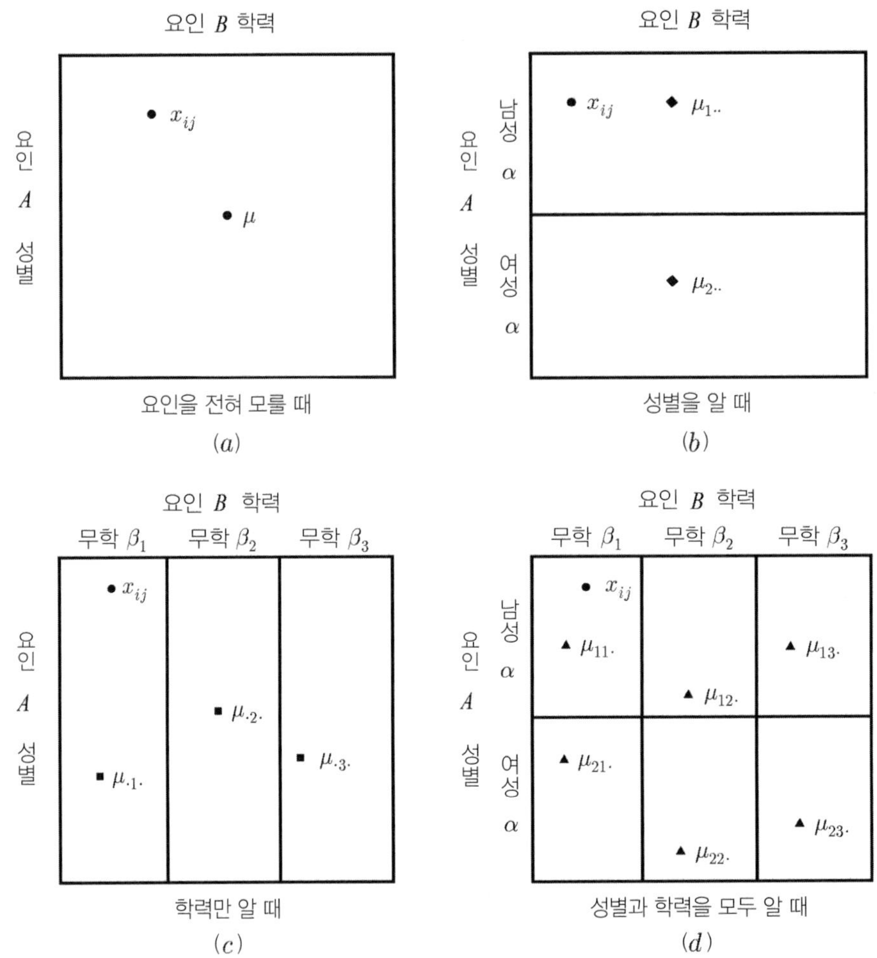

[그림 8-3] 이원분산분석모형의 의미

요인 간에 상호작용이 존재한다는 것을 의미한다. 이 그림에서 성별과 교육수준은 각각 월소득에 영향을 미칠 뿐만 아니라 두 요인이 상호작용을 통해서 동시에 월소득에 영향을 미치기 때문에 6개의 셀이 만들어져 있다. 앞서의 경우에서와 마찬가지로 이들 6개 모집단 각각의 중심을 가장 잘 나타내는 모평균은 이제 ▲로 표시된 서로 다른 6개 모평균이다.

이상의 내용에 대한 이해를 바탕으로 이제 특정 수급자의 월소득 X_{ijk}를 모평균을 이용하여 표현해 보기로 하자. [그림 8-3]에서 X_{ijk}는 셀$_{11}$에 위치하는데, 이러한 사실 자체만으로도 우리는 이 수급자의 월소득이 성별과 교육수준 그리고 성별과 교육수준의 상호작용 모두에 의해서 영향을 받는다는 것을 알 수 있다. 그러나 일단 이 수급자의 월소득이 어떤 요인에 의해서 영향을 받는지 모른다고 가정해 보자. 그렇다면 X_{ijk}의 위치를 표현할 수 있는 유일한 방법은 '월소득' 모집단의 모평균인 μ를 기준점으로 이용하여 X_{ijk}를 다음과 같이 정의하는 것이다.

$$X_{ijk} = \mu + \varepsilon_{ijk} \qquad [8\text{-}2]$$

이때, [그림 8-3]으로부터 μ와 X_{ijk}는 일치하지 않는 것을 알 수 있는데, μ와 X_{ijk} 간의 이러한 불일치, 즉 오차가 바로 ε_{ijk}이다.

이제 X_{ijk}의 위치를 파악함에 있어서 수급자의 성별에 관한 정보를 활용해 보기로 하자. 만일 수급자의 성별이 월소득에 영향을 미친다면 우리는 수급자의 성별에 관한 정보를 바탕으로 X_{ijk}의 위치를 보다 정확하게 파악할 수 있다. 성별이 월소득에 미치는 영향은 다음과 같이 정의할 수 있다.

$$\alpha_i = \mu_{i\cdot\cdot} - \mu$$

성별이 월소득에 영향을 미친다는 것은, 월소득 모집단이 [그림 8-3]의 (b)와 같이 더 이상 하나의 모집단이 아니라 성별에 따라 두 개의 모집단으로 나뉜다는 것을 의미한다. 이때, 우리는 X_{ijk}가 두 개 모집단 중 어느 한 모집단 내에 위치한다는 사실을 알고 있다. 그러한 사실로부터 우리는 앞서 X_{ijk}의 위치를 μ만으로 표현할 때의 오차인 ε_{ijk} 중에서 적어도 $(\mu_{i\cdot\cdot} - \mu)$만큼의 오차가 수급자의 성별을 몰랐기 때문에 발생한 오차라는 것을 알 수 있다. 그런데 이제 수급자의 성별을 알게 되었으므로 그만큼 추가정보를 바탕으로 오차 ε_{ijk} 중 일부를 줄일 수 있다.[2] 즉, 우리는 X_{ijk}를 다음과 같이 정의할 수 있다.

$$X_{ijk} = \mu + (\mu_{i\cdot\cdot} - \mu) + \varepsilon_{ijk} \qquad [8-3]$$

이상의 노력에도 불구하고 [8-3]에는 아직 오차항이 포함되어 있다. 이는, 수급자의 성별을 몰랐을 때의 오차보다는 작은 크기의 오차이기는 하지만 X_{ijk}가 $\mu_{i\cdot\cdot}$과 일치하지 않는 이상 X_{ijk}의 위치를 파악함에 있어서 아직도 오차가 존재하기 때문이다. 이때, 물론 [8-3]의 오차항은 수급자의 성별에 관한 정보를 알게 됨에 따라 [8-2]의 오차항을 $(\mu_{i\cdot\cdot} - \mu)$만큼 줄인 것이기 때문에 [8-3]의 오차항의 크기는 [8-2]의 오차항의 크기에 비해 작다는 것을 알 수 있다.

동일한 논리에 의해서 수급자의 교육수준이 월소득에 영향을 미치고 그러한 사실을 바탕으로 교육수준에 관한 정보를 성별에 관한 정보와 더불어 활용할 경우, X_{ijk}는 다음과 같이 정의된다.

$$\beta_i = \mu_{\cdot j\cdot} - \mu$$

$$X_{ijk} = \mu + (\mu_{i\cdot\cdot} - \mu) + (\mu_{\cdot j\cdot} - \mu) + \varepsilon_{ijk}$$

마지막으로 X_{ijk}를 정의함에 있어서 수급자의 성별과 교육수준이 함께 맞물려 월소득에 영향을 미친다는 정보를 활용해 보기로 하자. 성별과 교육수준의 상호작용은 다음과 같이

2) 위의 예에서 수급자의 성별이 남성이므로 $\alpha_1 = (\mu_{1\cdot\cdot} - \mu)$라고 표기하게 된다.

$$\alpha\beta_{ij} = \mu_{ij\cdot} - \mu \qquad [8\text{-}4]$$

정의할 수 있다. 이때, 한 가지 주의해야 할 것은 [8-4]의 정의내용에는 이미 성별과 교육수준 각각이 월소득에 미치는 영향이 포함되어 있다는 점이다. 성별과 교육수준이 상호작용을 통해 [그림 8-3]의 (d)와 같이 월소득에 영향을 미친다는 것을 아는 이상, 우리는 X_{ijk}가 셀$_{11}$에 위치한다는 사실을 알 수 있게 된다.

그런데 논리적으로 생각해 보면, 그러한 사실을 알기 위해서 우리는 설령 X_{ijk}가 셀$_{11}$에 위치하는지 여부는 모르더라도 성별과 교육수준 각각이 월소득에 영향을 미친다는 사실과 X_{ijk}의 위치가 μ가 아니라 $\mu_{1\cdot\cdot}$와 $\mu_{\cdot1\cdot}$에 의해서 더 정확하게 표현된다는 사실을 먼저 알고 있어야 한다. 다시 말해서, 두 요인 간 상호작용으로 인해 X_{ijk}가 셀$_{11}$에 위치한다는 정보 속에는 이미 성별과 교육수준이 각각 월소득에 영향을 미쳐 X_{ijk}의 위치가 $\mu_{1\cdot\cdot}$와 $\mu_{\cdot1\cdot}$에 의해서 어느 정도까지는 파악된다는 정보가 포함되어 있다는 것이다.

따라서 이러한 두 종류의 정보를 제외한 정보, 즉 종속변수에 미쳐지는 영향 가운데 순수하게 성별과 교육수준의 상호작용에 해당하는 영향만을 알기 위해서는 다음과 같이 성별과 교육수준 각각이 월소득에 미치는 영향을 분리해야 하며

$$\begin{aligned}\alpha\beta_{ij} &= (\mu_{ij\cdot} - \mu) - (\mu_{i\cdot\cdot} - \mu) - (\mu_{\cdot j\cdot} - \mu)\\ &= \mu_{ij\cdot} - \mu_{i\cdot\cdot} - \mu_{\cdot j\cdot} + \mu\end{aligned}$$

이를 바탕으로 X_{ijk}를 다시 정의하면

$$X_{ijk} = \mu + (\mu_{i\cdot\cdot} - \mu) + (\mu_{\cdot j\cdot} - \mu) + (\mu_{ij\cdot} - \mu_{i\cdot\cdot} - \mu_{\cdot j\cdot} + \mu) + \varepsilon_{ijk} \qquad [8\text{-}5]$$

가 된다. 이제 X_{ijk}의 위치와 관련해서 생각할 수 있는 오차는 셀$_{11}$에 해당하는 모집단의 분포에서 X_{ijk}와 이 모집단의 모평균 $\mu_{ij\cdot}$ 간의 불일치뿐이므로

$$\varepsilon_{ijk} = X_{ijk} - \mu_{ij\cdot}$$

라는 것을 알 수 있다. 따라서 [8-5]를 다시 정의하면

$$X_{ijk} = \mu + (\mu_{i\cdot\cdot} - u) + (\mu_{\cdot j\cdot} - u) + (\mu_{ij\cdot} - \mu_{i\cdot\cdot} - \mu_{\cdot j\cdot} + \mu) + (X_{ijk} - \mu_{ij\cdot})$$

가 되는데 바로 이것이 다름아닌 [8-1]의 이원분산분석 모형, 즉

$$X_{ijk} = \mu + \alpha_i + \beta_j + \alpha\beta_{ij} + \varepsilon_{ijk}$$

임을 알 수 있다. 결국 이원분산분석에서 두 요인 및 두 요인의 상호작용이 종속변수에 영향을 미치는지의 여부를 검정한다는 것은 이원분산분석의 모형에서 다음의 세 가지 항

$$\begin{aligned} \alpha_i &= \mu_{i..} - \mu \\ \beta_j &= \mu_{.j.} - \mu \\ \alpha\beta_{ij} &= \mu_{ij.} - \mu_{i..} - \mu_{.j.} + \mu \end{aligned}$$

각각의 존재 여부를 검정하는 것이 된다. 이는 [그림 8-3]으로 표현하자면 월소득 모집단을 (a), (b), (c), (d) 가운데 어떤 것으로 보는 것이 더 타당한지를 검정하는 것이라고 하겠다.

이상의 내용을 바탕으로 이원분산분석을 통해 검정하게 될 영가설과 대립가설을 설정해 보면

$$\begin{aligned} &H_{01} : \alpha\beta_{ij} = 0 \quad && vs. \quad && H_{a1} : \alpha\beta_{ij} \neq 0 \\ &H_{02} : \alpha_i = 0 \quad && vs. \quad && H_{a2} : \alpha_i \neq 0 \\ &H_{03} : \beta_j = 0 \quad && vs. \quad && H_{a3} : \beta_j \neq 0 \end{aligned}$$

이고 이는 또한 다음과 같이 표현할 수 있다.

$$\begin{aligned} &H_{01} : \mu_{11.} = \mu_{12.} = \cdots = \mu_{rc.} = \mu_{01} \ vs. H_{a1} : \mu_{11.} \neq \mu_{12.} \neq \cdots \neq \mu_{rc.} \\ &H_{02} : \mu_{1..} = \mu_{2..} = \cdots = \mu_{r..} = \mu_{02} \ vs. H_{a2} : \mu_{1..} \neq \mu_{2..} \neq \cdots \neq \mu_{r..} \\ &H_{03} : \mu_{.1.} = \mu_{.2.} = \cdots = \mu_{.c.} = \mu_{03} \ vs. H_{a3} : \mu_{.1.} \neq \mu_{.2.} \neq \cdots \neq \mu_{.c.} \end{aligned} \qquad [8-6]$$

이원분산분석을 이용하여 [8-6]의 영가설을 검정할 수 있기 위해서는 〈표 8-1〉의 구조를 가진 표본자료가 다음과 같은 세 가지 조건을 만족해야 한다. 이 조건들은 앞서 제7장에서 일원분산분석을 위해 필요한 세 가지 조건과 동일한 조건이다.

조건 1. 각각의 모집단을 구성하고 있는 구성원소들은 동일 모집단 내의 다른 구성원소와 서로 독립일 뿐만 아니라 다른 모집단의 구성원소와도 서로 독립이다. 즉, 〈표 8-1〉의 모든 x_{ijk}는 서로 독립이다.

조건 2. 각 모집단은 정규분포를 따른다. 즉, $X_{ij.} \sim N(\mu_{ij.}, \sigma_{ij.}^2)$

조건 3. 각 모집단의 분산은 알려져 있지 않으나 동일하다. 즉,

$$\sigma_{11.}^2 = \sigma_{12.}^2 = \cdots = \sigma_{rc.}^2 = \sigma_0^2$$

표본자료가 이러한 세 가지 조건 모두를 만족한다는 전제하에서 이원분산분석의 모집단모형

[8-1]에서 $\alpha, \beta, \alpha\beta$를 μ로 대체하여 다음과 같이 변형시킨 다음

$$X_{ijk} = \mu + (\mu_{i..} - \mu) + (\mu_{.j.} - \mu) + (\mu_{ij.} - \mu_{i..} - \mu_{.j.} + \mu) + (X_{ijk} - \mu_{ij.}) \quad [8-7]$$

표본자료를 바탕으로 [8-7]의 모수에 해당하는 표본통계량을 구해 모수를 대체하면 다음과 같은 이원분산분석의 표본모형을 얻게 되며

$$X_{ijk} - \overline{X} = (\overline{X}_{i..} - \overline{X}) + (\overline{X}_{.j.} - \overline{X}) + (\overline{X}_{ij.} - \overline{X}_{i..} - \overline{X}_{.j.} + \overline{X}) + (X_{ijk} - \overline{X}_{ij.}) \quad [8-8]$$

[8-8]의 양변을 제곱한 뒤 정리하여 모든 i, j, k에 대해서 더하면 다음과 같은 제곱합의 등식을 얻게 된다.[3)]

$$\begin{aligned}\sum_i\sum_j\sum_k(X_{ijk} - \overline{X})^2 &= \sum_i\sum_j\sum_k(\overline{X}_{i..} - \overline{X})^2 + \sum_i\sum_j\sum_k(\overline{X}_{.j.} - \overline{X})^2 \\ &+ \sum_i\sum_j\sum_k(X_{ij.} - \overline{X}_{i..} - \overline{X}_{.j.} + \overline{X})^2 + \sum_i\sum_j\sum_k(X_{ijk} - \overline{X}_{ij.})^2 \end{aligned} \quad [8-9]$$

이제 [8-9]의 각 항을 σ^2으로 나누어 주면 [8-9]의 각 항은 맨 왼쪽부터 총제곱합, 요인 A의 제곱합, 요인 B의 제곱합, 요인 A와 B의 상호작용 제곱합 그리고 오차 제곱합이 되며

$$\begin{aligned}
SST &= \frac{1}{\sigma^2}\sum_i\sum_j\sum_k(X_{ijk} - \overline{X})^2 \sim \chi^2_{rcn-1} \\
SSA &= \frac{1}{\sigma^2}\sum_i\sum_j\sum_k(X_{i..} - \overline{X})^2 = cn\frac{1}{\sigma^2}\sum_i(X_{i..} - \overline{X})^2 \sim \chi^2_{r-1} \\
SSB &= \frac{1}{\sigma^2}\sum_i\sum_j\sum_k(X_{.j.} - \overline{X})^2 = rn\frac{1}{\sigma^2}\sum_j(X_{.j.} - \overline{X})^2 \sim \chi^2_{c-1} \\
SSAB &= \frac{1}{\sigma^2}\sum_i\sum_j\sum_k\left[\overline{X}_{ij.} - (\overline{X}_{i..} + \overline{X}_{.j.} - \overline{X})\right]^2 \\
&= n\frac{1}{\sigma^2}\sum_i\sum_j\sum_k\left[\overline{X}_{ij.} - (\overline{X}_{i..} + \overline{X}_{.j.} - \overline{X})\right]^2 \sim \chi^2_{(r-1)(c-1)} \\
SSE &= \frac{1}{\sigma^2}\sum_i\sum_j\sum_k(X_{ijk} - \overline{X}_{ij.})^2 \sim \chi^2_{rc(n-1)}
\end{aligned} \quad [8-10]$$

이들 간의 관계는 다음과 같다.

$$SST = SSA + SSB + SSAB + SSE$$

3) 오해의 소지가 없는 한 이하의 내용에서는 모든 덧셈기호 $\sum_{i=1}^{r} X_i$를 $\sum_i X_i$ 또는 $\sum X_i$와 같이 간단히 표기하기로 한다.

앞의 〈표 8-1〉에서 만일 각각의 셀에 해당하는 관찰값이 다수가 아니라 한 개라고 한다면 [8-10]의 $SSAB$에서 ij번째 셀의 평균은

$$\overline{X}_{ij.} = x_{ij}$$

가 되어 버리기 때문에 ij번째 셀의 평균을 정의할 수 없게 되므로 두 요인의 상호작용 제곱합 $SSAB$를 구하는 것 자체가 불가능해지는 결과가 발생하게 된다. 이러한 이유 때문에 두 요인 간에 상호작용이 존재하는지의 여부를 검정하기 위해서는 반드시 모든 셀이 적어도 $n \geq 2$개의 관찰치를 가져야 한다는 것을 알 수 있다.

위의 [8-10]에서 각각의 제곱합이 χ^2변수가 되는 과정을 설명하면 다음과 같다. 먼저 요인 A의 제곱합인 SSA는, 이원분산분석을 실시하는 데 필요한 세 가지 조건 가운데 조건 2와 조건 3에 의해서

$$X_{ijk} \sim N(\mu, \sigma^2)$$

이므로 i번째 열의 평균인

$$\overline{X}_{i..} \sim N(\mu_{i..}, \sigma^2/cn) \qquad [8-11]$$

임을 알 수 있다.[4] 이때, 만일 [8-6]의 영가설 $H_{02}: \mu_{1..} = \mu_{2..} = \cdots = \mu_{r..} = \mu_{01}$가 사실이어서 요인 A가 종속변수에 영향을 미치지 않는다면 [8-11]의 $\mu_{i..}$는 μ가 된다. 따라서 영가설이 사실이라는 가정하에서 $X_{i..}$을 표준화하면 $\mu_{i..}$가 아니라 μ를 사용하여 표준화해야 한다는 것을 알 수 있다. $X_{i..}$를 표준화하되 모수 μ를 표본통계량 $\overline{X}$로 대체하여 표준화하고 모든 i, 즉 $i = 1, 2, \cdots, r$에 대해서 제곱합을 구해 σ^2로 나누면 다음과 같이 자유도가 $(r-1)$인 χ^2변수가 된다.[5]

$$\frac{1}{\sigma^2} nc \sum_{i=1}^{r} \left(\overline{X}_{i..} - \overline{X} \right)^2 \sim \chi^2_{r-1}$$

---

4) $\overline{X}_{i..} = \sum_k \sum_j X_{ijk}/cn$임을 기억하기 바란다.

5) 이때, 영가설이 사실이라고 가정하는 이유는 앞서 제5장에서 설명했던 바와 같이 가설검정을 위한 검정통계량은 반드시 영가설이 사실이라는 가정하에서 구해야 하기 때문이다. 이원분산분석에는 일원분산분석에서와 마찬가지로 F비(ratio)를 검정통계량으로 사용하는데 위의 본문내용에서 언급하고 있는 χ^2변수는 검정통계량인 F비를 구하기 위해서 필요한 것이므로 χ^2변수를 구함에 있어서 영가설이 사실이라는 가정이 전제되어야 한다.

동일한 원리에 의해서 SSB의 경우도 요인 B가 종속변수에 영향을 미치지 않는다는 가정, 즉 [8-6]의 영가설 $H_{03}: \mu_{\cdot 1 \cdot} = \mu_{\cdot 2 \cdot} = \cdots = \mu_{\cdot c \cdot} = \mu_{02}$가 사실이라는 가정하에서 μ를 이용하여 $X_{\cdot j \cdot}$를 표준화하되 역시 모수 μ를 표본통계량 $\overline{X}$로 대체하여 표준화하고 모든 $j=1, 2, \cdots, c$에 대해서 제곱합을 구해 σ^2로 나누면 자유도가 $(c-1)$인 χ^2변수가 된다.

$$\frac{1}{\sigma^2} nr \sum_{j=1}^{c} \left(\overline{X}_{\cdot j \cdot} - \overline{X}\right)^2 \sim \chi^2_{c-1}$$

이제 상호작용제곱합 $SSAB$의 경우를 살펴보면 다음과 같다. 이원분산분석의 세 가지 조건 가운데 조건 2와 3에 의해서

$$X_{ijk} \sim N(\mu, \sigma^2)$$

이므로 ij번째 셀의 평균 $\overline{X}_{ij\cdot}$의 확률분포는 다음과 같고

$$\overline{X}_{ij\cdot} \sim N\left(\mu_{ij\cdot}, \sigma^2 / n\right) \qquad [8-12]$$

[8-12]를 표준화하고 제곱합을 구한 다음 σ^2로 나누면

$$\frac{1}{\sigma^2} n\left(\overline{X}_{ij\cdot} - \mu_{ij\cdot}\right)^2 \sim \chi^2_1 \qquad [8-13]$$

가 된다. 이때, 만일 두 요인 A와 B 사이에 상호작용이 존재하지 않아서 [8-6]의 영가설 $H_{01}: \mu_{11\cdot} = \mu_{12\cdot} = \cdots = \mu_{rc\cdot} = \mu_{03}$이 사실이라고 가정하면 [8-7]에서 상호작용에 해당하는 항인 $(\mu_{ij\cdot} - \mu_{i\cdot\cdot} - \mu_{\cdot j \cdot} + \mu)$이 사라지므로 [8-7]은 다음과 같이

$$\begin{aligned} \mu_{ij\cdot} - \mu &= (\mu_{i\cdot\cdot} - \mu) + (\mu_{\cdot j\cdot} - \mu) \\ \mu_{ij\cdot} &= (\mu_{i\cdot\cdot} + \mu_{\cdot j\cdot} - \mu) \end{aligned} \qquad [8-14]$$

정리된다. 이제 [8-13]의 $\mu_{ij\cdot}$을 [8-14]로 대체한 다음 모든 i, j, k에 대해서 더하면

$$\frac{1}{\sigma^2} n \sum_{i=1}^{r} \sum_{j=1}^{c} \left[\overline{X}_{ij\cdot} - (\mu_{i\cdot\cdot} + \mu_{\cdot j\cdot} - \mu)\right]^2 \sim \chi^2_{rc}$$

이 되는데, 이때 미지수인 모수를 모두 표본통계량으로 대체하면

$$\frac{1}{\sigma^2} n \sum_{i=1}^{r} \sum_{j=1}^{c} \left[\overline{X}_{ij\cdot} - \left(\overline{X}_{i\cdot\cdot} + \overline{X}_{\cdot j\cdot} - \overline{X} \right) \right]^2 \sim \chi^2_{(r-1)(c-1)} \qquad [8\text{-}15]$$

상호작용제곱합은 자유도가 $(r-1)(c-1)$인 χ^2 변수가 된다.

[8-15]에서 자유도가 $(r-1)(c-1)$인 이유는 크기가 rc인 표본을 바탕으로 $\overline{X}_{i\cdot\cdot}$, $\overline{X}_{\cdot j\cdot}$ 및 $\overline{X}$를 추정하는 과정에서 $(r-1)+(c-1)+1$ 만큼의 자유도를 상실하게 되기 때문이다. 이를 보다 자세히 설명하면 다음과 같다. rc개의 $\overline{X}_{ij\cdot}$를 바탕으로 총평균 $\overline{X}$를 구하면 표본자유도는 $rc-1$이 된다. 일단 $\overline{X}$의 값이 정해지고 나면 r개의 $\overline{X}_{i\cdot\cdot}$은 다음의 조건을 만족해야 하므로

$$\sum_{i=1}^{r} \overline{X}_{i\cdot\cdot} = \overline{X}$$

r개의 $\overline{X}_{i\cdot\cdot}$을 추정하기 위해서는 $(r-1)$개의 $\overline{X}_{i\cdot\cdot}$만을 추정하면 되기 때문에 r개의 $\overline{X}_{i\cdot\cdot}$을 추정하는 과정에서 상실되는 자유도는 $(r-1)$이 된다. 이와 동일한 원리에 의해서 c개의 $\overline{X}_{\cdot j\cdot}$를 추정하기 위해서 상실하게 되는 자유도 역시 $(c-1)$이 된다는 것을 알 수 있다. 따라서 $\overline{X}_{i\cdot\cdot}$, $\overline{X}_{\cdot j\cdot}$ 및 $\overline{X}$를 추정하기 위해서 상실되는 자유도의 총합은 $(r-1)+(c-1)+1$ 이 되므로 상호작용제곱합의 자유도는 다음과 같게 된다.

$$rc - [(r-1)+(c-1)+1] = rc - r - c + 1 = (r-1)(c-1)$$

마지막으로 SSE는, 이원분산분석을 위한 세 조건 가운데 조건 2와 3에 의해서

$$\frac{1}{\sigma}(X_{ijk} - \mu_{ij\cdot}) \sim (0, 1)$$

이므로,

$$\frac{1}{\sigma^2}(X_{ijk} - \mu_{ij\cdot})^2 \sim \chi^2_1, \quad \frac{1}{\sigma^2} \sum_{i=1}^{r} \sum_{j=1}^{c} \sum_{k=1}^{n} (X_{ijk} - \mu_{ij\cdot})^2 \sim \chi^2_{rcn} \qquad [8\text{-}16]$$

가 된다. 이때, [8-16]의 모수 $\mu_{ij\cdot}$을 표본통계량 $\overline{X}_{ij\cdot}$으로 대체하기 위해서는 표본을 바탕으로 총 rc개의 $\overline{X}_{ij\cdot}$을 구해야 한다. 따라서 오차제곱합은 다음과 같이

$$\frac{1}{\sigma^2}\sum_{i=1}^{r}\sum_{j=1}^{c}\sum_{k=1}^{n}\left(X_{ijk}-\overline{X}_{ij\cdot}\right)^2 \sim \chi^2_{rc(n-1)}$$

자유도가 $rcn - rc = rc(n-1)$인 χ^2 변수가 됨을 알 수 있다.

4. 이원분산분석을 이용한 가설검정의 두 단계

이원분산분석을 이용한 가설검정은 두 단계로 이루어지는데, 먼저 첫 단계에서는 두 요인 간에 상호작용이 존재하는지를 검정하고 그다음 단계에서 각각의 요인이 종속변수에 영향을 미치는지를 검정한다. 이처럼 두 요인 간에 상호작용이 존재하는지에 대한 검정이 먼저 이루어져야 하는 이유는 상호작용의 존재 여부에 따라 두 번째 단계에서 각각의 요인이 종속변수에 영향을 미치는지를 검정하는 데 사용하게 될 검정통계량이 달라지기 때문이다. 이에 대해서는 [예 8-1]에서 보다 자세하게 논의하기로 하겠다.

두 요인 간에 상호작용이 존재하는지의 여부를 검정하기 위한 검정통계량 F비 값은 다음과 같이

$$F_{SSAB}\text{비} = \frac{SSAB/df_{SSAB}}{SSE/df_{SSE}} \sim F_{df_1=(r-1)(c-1),\, df_2=rc(n-1)} \qquad [8\text{-}17]$$

정의된다. $SSAB$는 [8-6]의 영가설 H_{03}이 사실일 때, 즉 두 요인 간에 상호작용이 없을 때에만 존재하는 제곱합인 반면, SSE는 영가설의 사실 여부와는 무관하게 모든 확률분포에 존재하는, 그렇기 때문에 '일반적으로 받아들일 수 있는 수준의 오차'라고 여겨지는 무작위 오차이다. 따라서 만일 $SSAB$가 SSE에 비해 상대적으로 매우 크다면 이는 $SSAB$가 일반적인 수준 이상의 오차라는 것을 뜻한다. 특히 $SSAB$는 영가설이 사실이라는 가정에 부합하는 오차임을 고려해 볼 때, 상대적으로 큰 $SSAB$ 값으로 인하여 [8-17]의 F값이 매우 큰 값을 가질 때, 우리는 이를 영가설이 사실이 아님을 뒷받침하는 증거로 받아들이고 영가설을 기각하게 된다.

1) 두 요인 간에 상호작용이 존재하지 않는 경우

[8-17]을 이용하여 F검정을 실시한 결과, 두 요인 간의 상호작용이 없는 것으로 밝혀지면 그다음 단계로서 두 요인 각각이 종속변수에 영향을 미치는지의 여부를 검정함에 있어서 SSA와 SSB 각각의 크기를 SSE와 비교하는 것이 아니라 잔차제곱합(Residual Sum of Squares: SSR) 이라는 또 하나의 제곱합의 크기와 비교하게 된다. 이때, 잔차제곱합이란 다음과 같이

$$SSR = \frac{1}{\sigma^2}\sum_i\sum_j\sum_k\left(X_{ijk} - \overline{X}_{i..} - \overline{X}_{.j.} + \overline{X}\right)^2 \sim \chi^2_{rcn-r-c+1} \qquad [8\text{-}18]$$

정의된다. 두 요인 간에 상호작용이 없는 경우, $SSAB$는 X_{ijk}와 관련된 일종의 설명되지 않은 오차(unexplained error)로 여겨지게 되는데 잔차제곱합이란 바로 이러한 $SSAB$와 본래의 오차제곱합 SSE를 통합하여 보다 많은 표본정보를 바탕으로 구한 새로운 오차제곱합이다. 물론 이론적으로는 두 변수 간에 상호작용이 없을 때 $SSAB$는 0이 되어야 하지만 실제로는 반드시 0이 되는 것이 아니라 0에 가까운 어떤 값을 가질 수도 있다. $SSAB$가 0이 아닌 실수값을 갖는 이상, $SSAB$에는 표본자료의 변량(variation)에 관한 정보가 담겨 있으므로 이러한 $SSAB$와 SSE를 모두 사용할 때 표본자료의 변량을 보다 정확하게 추정할 수 있다.

잔차제곱합 SSR은 SSE와 마찬가지로 무작위 오차, 즉 일반적으로 인정할 수 있는 수준의 오차이다. 따라서 SSR을 기준으로 [8-4]의 영가설 H_{01} 또는 H_{02}가 사실일 때의 제곱합 SSA 또는 SSB의 상대적인 크기를 구할 경우, 그 값을 바탕으로 우리는 각각의 요인이 종속변수에 영향을 미치는지의 여부를 검정할 수 있다. 이때, [8-10]과 [8-18]로부터 SSA, SSB, SSR은 각각 자유도가 $r-1$, $c-1$ 및 $rcn-r-c+1$인 χ^2변수이므로 [8-6]의 영가설 H_{01}과 H_{02}에 대한 검정통계량은 각각

$$\frac{SSA/(r-1)}{SSR/rcn-r-c+1} \sim F_{df_1=(r-1),\, df_2=rcn-r-c+1},$$

$$\frac{SSB/(c-1)}{SSR/rcn-r-c+1} \sim F_{df_1=(c-1),\, df_2=rcn-r-c+1}$$

로 정의된다.

2) 두 요인 간에 상호작용이 존재하는 경우

두 요인 간에 상호작용이 존재하는 경우, 각각의 요인이 종속변수에 영향을 미치는지의 여부를 검정하는 과정은, 검정통계량을 구함에 있어서 SSR 대신 본래의 오차제곱합 SSE를 사용하여 다음과 같이

$$\frac{SSA/(r-1)}{SSE/rc(n-1)} \sim F_{df_1=(r-1),\, df_2=rc(n-1)},$$

$$\frac{SSB/(c-1)}{SSE/rc(n-1)} \sim F_{df_1=(c-1),\, df_2=rc(n-1)}$$

검정통계량 F비 값을 구하는 것을 제외하고는 상호작용이 존재하지 않을 때의 검정과정과 동일하다. SSR 대신 SSE를 사용해야 하는 이유는 앞서 상호작용이 존재하지 않을 때 SSR을 사용해야 하는 논리와 동일한 논리로 설명할 수 있다. 두 요인 간에 상호작용이 존재할 때 $SSAB$는 더 이상 오차가 아니라 표본의 총 변량 가운데 두 요인 간의 상호작용에 의해서 설명되는 변량이다. 따라서 상호작용이 존재할 때 무작위 오차는 SSE이기 때문이다.

이상의 내용을 바탕으로 독립변수가 두 개이고 각 셀당 $n \geq 2$개의 관찰값을 갖는 경우에 해당하는 이원분산분석표를 구성하면 〈표 8-2〉와 같다.

〈표 8-2〉 이원분산분석 ANOVA표

변량원	제곱합	자유도	평균제곱	F비
요인 A	SSA	$(r-1)$	$MSA=SSA/(r-1)$	$F_A=MSA/MSR$ 또는 MSA/MSE
요인 B	SSB	$(c-1)$	$MSB=SSB/(c-1)$	$F_B=MSB/MSR$ 또는 MSB/MSE
요인 AB	$SSAB$	$(r-1)(c-1)$	$MSAB=SSAB/(r-1)(c-1)$	$F_{AB}=MSAB/MSE$
오차	SSE	$rc(n-1)$	$MSE=SSR/rc(n-1)$	
잔차	SSR	$rcn-r-c+1$	$MSR=SSR/rcn-r-c+1$	
전체	SST	$(rcn-1)$		

이때, 〈표 8-2〉의 제곱합 및 자유도들 간의 관계를 일원분산분석의 경우와 마찬가지로 두 요인 간에 상호작용이 존재할 때

$$SST=SSA+SSB+SSAB+SSE$$
$$df_{SST}=df_{SSA}+df_{SSB}+df_{SSAB}+df_{SSE}$$

이고 두 요인 간에 상호작용이 존재하지 않을 때는 $SSAB=0$이고 $SSE=SSR$이므로

$$SST=SSA+SSB+SSR \text{ (단, } SSR=SSAB+SSE)$$
$$df_{SST}=df_{SSA}+df_{SSB}+df_{SSR} \text{ (단, } df_{SSR}=df_{SSAB}+df_{SSE})$$

이라는 것을 알 수 있다.

〈표 8-2〉의 이원분산분석표를 바탕으로 [8-4]의 영가설 H_{01}, H_{02}, H_{03}을 유의수준 α에서 검정한다면 각각에 해당하는 임계값과 기각역은

$$C_{AB} = F_{df_1 = (r-1)(c-1),\, df_2 = rc(n-1),\, \alpha}$$
$$F_{AB} \geq F_{df_1 = (r-1)(c-1),\, df_2 = rc(n-1),\, \alpha}$$
$$C_A = F_{df_1 = r-1,\, df_2 = rcn-r-c+1,\, \alpha} \qquad C_B = F_{df_1 = c-1,\, df_2 = rcn-r-c+1,\, \alpha}$$
$$F_A \geq F_{df_1 = r-1,\, df_2 = rcn-r-c+1,\, \alpha} \qquad F_B \geq F_{df_1 = c-1,\, df_2 = rcn-r-c+1,\, \alpha}$$

과 같이 설정된다. 다른 가설검정에서와 마찬가지로 표본을 바탕으로 구한 검정통계량 F비 값이 임계값보다 크고 기각역 내에 포함되게 되면 유의수준 α에서 영가설은 기각되는 반면, F비 값이 임계값보다 작아 기각역에 포함되지 않으면 영가설은 기각되지 않는다.

예제 8-1

앞서 제7장에서 제시했던 [예 7-1]의 표본자료를 성별이라는 또 하나의 독립변수를 기준으로 다음과 같이 재구성할 때, 교육수준, 성별 및 교육수준과 성별의 상호작용이 종속변수인 월소득에 영향을 미치는지의 여부를 유의수준 .05에서 검정해 보기로 하자.

	무학	초등학교	중학교 이상
남성	18, 17, 16, 21, 17	19, 15, 11, 20, 15	16, 22, 12, 13, 15
여성	13, 9, 11, 10, 10	18, 16, 13, 15, 10	25, 12, 16, 20, 10

두 개의 요인이 종속변수에 영향을 미치는지의 여부를 검정하는 것이므로 영가설과 대립가설은 다음과 같이 설정되며

H_{01} : 성별과 교육수준 간에 상호작용이 존재하지 않는다.
H_{a1} : 성별과 교육수준 간에 상호작용이 존재한다.

H_{02} : 성별이 월소득에 영향을 미치지 않는다.
H_{a2} : 성별이 월소득에 영향을 미친다.

H_{03} : 교육수준이 월소득에 영향을 미치지 않는다.
H_{a3} : 교육수준이 월소득에 영향을 미친다.

다음과 같은 세 가지 조건이 만족된다는 전제하에서 이원분산분석기법을 이용하여 가설을 검정할 수 있다.

조건 1. 모든 X_{ijk}는 서로 독립이다.
조건 2. $X_{ij\cdot} \sim N\left(\mu_{ij\cdot},\ \sigma^2_{ij\cdot}\right)$
조건 3. $\sigma^2_{11\cdot} = \sigma^2_{12\cdot} = \cdots = \sigma^2_{rc\cdot} = \sigma^2_0$

표본자료를 바탕으로 제곱합을 구하기 위해 필요한 기본적인 값들을 구하면 다음과 같고

〈표 8-3〉

	무학	초등학교	중학교 이상	
남성	18, 17, 16, 21, 17 $\overline{X}_{11\cdot}=17.80$	19, 15, 11, 20, 15 $\overline{X}_{12\cdot}=16.0$	16, 22, 12, 13, 15 $\overline{X}_{13\cdot}=15.6$	$\overline{X}_{1\cdot\cdot}=16.46$
여성	13, 9, 11, 10, 10 $\overline{X}_{21\cdot}=10.60$	18, 16, 13, 15, 10 $\overline{X}_{22\cdot}=14.4$	25, 12, 16, 20, 10 $\overline{X}_{23\cdot}=16.6$	$\overline{X}_{2\cdot\cdot}=13.86$
	$\overline{X}_{\cdot 1\cdot}=14.2$	$\overline{X}_{\cdot 2\cdot}=15.2$	$\overline{X}_{\cdot 3\cdot}=16.1$	$\overline{X}=15.16$

이러한 값들을 이용하여 SST, SSA, SSB, $SSAB$, SSE, SSR을 구하면 다음과 같다.

$$SST=\sum\sum\sum(X_{ijk}-\overline{X})^2=\sum\sum\sum X_{ijk}^2-\frac{(\sum\sum\sum X_{ijk})^2}{rcn}=\sum\sum\sum X_{ijk}^2-rcn\overline{X}^2$$
$$=7379-30(15.16)^2=7379-6894.76=484.24$$

$$SSA=\sum\sum\sum(X_{i\cdot\cdot}-\overline{X})^2=cn\sum_i(\overline{X}_{i\cdot\cdot}-\overline{X})^2\sum_i\frac{(\sum\sum X_{ijk})^2}{cn}-\frac{(\sum\sum\sum X_{ijk})^2}{rcn}$$
$$=cn\sum_i\overline{X}_{i\cdot\cdot}^2-rcn\overline{X}^2$$
$$=(15)(463.02)-6894.76=6945.30-6894.76=50.7$$

$$SSB=\sum\sum\sum(X_{\cdot j\cdot}-\overline{X})^2=rn\sum_i(\overline{X}_{\cdot j\cdot}-\overline{X})^2\sum_j\frac{(\sum\sum X_{ijk})^2}{rn}-\frac{(\sum\sum\sum X_{ijk})^2}{rcn}$$
$$=rn\sum_j\overline{X}_{\cdot j\cdot}^2-rcn\overline{X}^2$$
$$=(10)(691.89)-6894.76=6918.9-6894.6=24.14$$

$$SSE=\sum\sum\sum(X_{ijk}-\overline{X}_{ij\cdot})^2=\sum_i\sum_j\sum_k X_{ijk}^2-\sum_i\sum_j\frac{\left(\sum_k X_{ijk}\right)^2}{n}$$
$$=\sum_i\sum_j\sum_k X_{ijk}^2-n\sum_i\sum_j\overline{X}_{ij\cdot}^2=321.6$$
$$=7379-5[(17.80)^2+(16.0)^2+(15.6)^2+(10.6)^2+(14.4)^2+(16.6)^2]$$

$$SSR=SST-SSA-SSB=484.24-50.70-24.14=409.40$$
$$SSAB=SSR-SSE=409.40-364.35=45.05$$

이상의 계산 결과를 바탕으로 이원분산분석표로 정리하면 다음과 같고, 가설검정을 위한 임계값은 부록의 [표 A4.2]를 이용하여 구할 수 있다.

〈표 8-4〉

변량원	제곱합	자유도	평균제곱	F비
성별	50.70	1	50.70	3.22
교육수준	24.30	2	12.15	.77
상호작용	45.05	2	22.52	1.48
오차	364.35	24	15.18	
잔차	409.40	26	15.74	
전체	484.40	29		

임계값 : $F_{1, 24, .05}=4.26$ $F_{2, 24, .05}=3.40$, $F_{1, 26, .05}=4.22$, $F_{2, 26, .05}=3.37$

이제, 검정해야 할 세 가지 영가설 가운데 두 요인 간에 상호작용에 관한 가설을 먼저 검정하면

H_{01} : 성별과 교육수준 간에 상호작용이 존재하지 않는다. $F=1.48<3.40$

이므로 영가설은 기각되지 않는다. 두 요인 간에 상호작용이 존재하지 않으므로 성별과 교육수준 각각에 관한 가설을 잔차인 SSR을 바탕으로 구한 F비 값을 검정통계량으로 사용하여 검정하면

H_{02} : 성별이 월소득에 영향을 미치지 않는다. $F=3.22<4.22$
H_{03} : 교육수준이 월소득에 영향을 미치지 않는다. $F=.77<3.37$

두 가설 모두 기각되지 않는다. 따라서 표본자료에 근거해 볼 때, 수급자의 월소득은 성별이나 교육수준에 의해서 영향을 받지 않는다고 보는 것이 더 타당하다는 결론을 내리게 된다.

예제 8-2

[예 8-1]의 표본자료를 기록하는 과정에서 오류가 있었다는 사실을 뒤늦게 발견하고 오류를 정정한 표본자료가 다음과 같을 때 [예 8-1]의 가설을 유의수준 .05에서 검정해 보자.

	무학	초등학교	중학교 이상
남성	11, 7, 9, 12, 10	13, 14, 11, 12, 15	16, 12, 12, 13, 15
여성	13, 9, 9, 10, 10	18, 16, 13, 15, 10	25, 21, 16, 20, 17

이 경우는 표본자료 가운데 일부만 [예 8-1]과 다를 뿐 기본적으로는 [예 8-1]과 동일한 상황하에서 동일한 가설을 검정하는 것이므로 이원분산분석기법을 이용하여 가설을 검정하게 된다. 검정해야 할 세 가지 영가설은 다음과 같이 설정된다.

H_{01} : 상호작용이 존재하지 않는다.
H_{02} : 성별이 월소득에 영향을 미치지 않는다.
H_{03} : 교육수준이 월소득에 영향을 미치지 않는다.

주어진 표본자료를 이용하여 검정통계값을 구하는 데 필요한 제곱합을 구하면 다음과 같다.

〈표 8-5〉

	무학	초등학교	중학교 이상	
남성	11, 7, 9, 12, 10 $\overline{X}_{11.}=9.8$	13, 14, 11, 12, 15 $\overline{X}_{12.}=13.0$	16, 12, 12, 13, 15 $\overline{X}_{13.}=13.60$	$\overline{X}_{1..}=12.13$
여성	13, 9, 9, 10, 10 $\overline{X}_{21.}=10.2$	18, 16, 13, 15, 10 $\overline{X}_{22.}=14.4$	25, 21, 16, 20, 17 $\overline{X}_{23.}=19.80$	$\overline{X}_{2..}=14.8$
	$\overline{X}_{.1.}=10.0$	$\overline{X}_{.2.}=13.7$	$\overline{X}_{.3.}=16.7$	$\overline{X}=13.47$

$SST = 5904 - (30)[(13.47)^2] = 5904 - 5443.2 = 460.8$
$SSA = 15[(12.13)^2 + (14.8)^2] - 5435.1 = 5492.7 - 5443.2 = 49.5$
$SSB = 10[(10.0)^2 + (13.7)^2 + (16.7)^2] - 5435.1 = 5665.8 - 5443.2 = 222.6$

$SSE = 5904 - 5[(9.8)^2 + (13.0)^2 + (13.66)^2 + (10.2)^2 + (14.4)^2 + (19.8)^2]$
$= 5904 - 5775.4$
$= 128.6$
$SSR = 460.8 - 49.5 - 222.6 = 188.7$
$SSAB = 188.7 - 128.6 = 60.1$

이상의 계산 결과를 바탕으로 다음과 같은 이원분산분석표를 얻게 되며

〈표 8-6〉

변량원	제곱합	자유도	평균제곱	F비
성별	49.5	1	49.5	9.24
교육수준	222.6	2	111.3	20.76
상호작용	60.1	2	30.05	5.6
오차	128.6	24	5.36	
잔차	188.7	26	7.25	
전체	460.8	29		

임계값 : $F_{1,24,.05} = 4.26$, $F_{2,24,.05} = 3.40$, $F_{1,26,.05} = 4.22$, $F_{2,26,.05} = 3.37$

유의수준 .05에서 먼저 성별과 교육수준의 상호작용에 관한 가설을 검정해야 한다. 위의 이원분산분석표에 의해서 오차평균제곱합 MSE를 이용하여 구한 F비는

H_{01} : 상호작용이 존재하지 않는다. $F_{2,24} = 5.6 > 3.40$

이므로 H_{01}은 기각된다.

두 요인 간에 상호작용이 존재하므로 $SSAB$는 상호작용에 의해 설명되는 변량이 되는바, 이제 SSE만이 설명되지 않는 변량으로 남게 된다. 따라서 성별과 교육수준 각각에 관한 가설은 이제 오차평균제곱합 MSE를 바탕으로 구한 F비 값을 검정통계값으로 이용하여 검정한다. 위의 이원분산분석표에 제시된 바와 같이,

H_{02} : 성별이 월소득에 영향을 미치지 않는다. $F_{1,24} = 9.24 > 4.26$
H_{03} : 교육수준이 월소득에 영향을 미치지 않는다. $F_{2,24} = 20.76 > 3.40$

이므로 H_{02}와 H_{03} 모두 유의수준 .05에서 기각된다. 따라서 표본자료에 근거해 볼 때, 수급자의 월소득은 수급자의 성별과 교육수준 각각에 의해서 영향을 받을 뿐만 아니라 성별과 교육수준에 의해서 동시에 영향을 받는다는 것을 알 수 있다.

5. *SPSS*를 이용한 이원분산분석

앞서 소개했던 [예 8-1]은 독립변수인 '성별'과 '교육수준'이 종속변수인 '월소득'에 영향을 미치는지의 여부에 관한 예였다. '성별'의 응답범주가 2개이고 '교육수준'의 응답범주가 3개이므로 두 요인이 종속변수에 영향을 미친다면 종속변수의 모집단은 총 6개가 될 것이다. 두 요인이 종속변수에 영향을 미치는지 여부를 검정하는 것은 이들 6개 모집단의 모평균이 동일한지 여부를 검정하는 것이다. 이 경우, 독립변수의 개수가 두 개이므로 이원분산분석기법을 이용하여 가설을 검정해야 한다.

*SPSS*를 이용하여 [예 8-1]을 위한 이원분산분석을 실시하기 위해 먼저 'C8-이원분산분석'을 *SPSS* 데이터 편집기 창으로 불러들인다. 이원분산분석을 실시하려면 [그림 8-4]처럼 최상위 명령 메뉴 중 '분석(Analysis)'을 선택하고, 제시된 하위 명령 중 일반선형모형(General Linear Model)을 선택한 다음, 일변량분산분석(Univariate Analysis of Variance)을 선택한다.

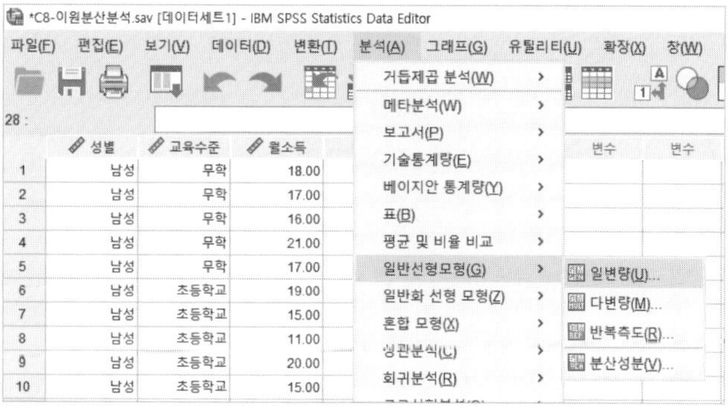

[그림 8-4]

이원분산분석은 한 개의 종속변수에 두 개의 독립변수가 영향을 미치는지 분석하는 분석기법이다. 따라서 이원분산분석은 바로 앞 장에서 살펴본 일원분산분석에 독립변수를 한 개 추가한 것일 뿐이며 그렇기 때문에 이원분산분석 방법은 일원분산분석 방법과 거의 다를 바가 없다.

[그림 8-5]의 창이 나타나면 창의 왼쪽에 있는 변수목록 박스에서 '월소득'을 선택하여 '종속변수(Dependent Variable)' 박스에 옮겨 놓고 '성별'과 '교육수준'은 '요인(Factor)' 박스에 옮겨 놓는다. 이때, 다음의 예처럼 두 독립변수가 모두 명목 또는 서열변수라면 두 독립변수를 모두 '고정변수(Fixed Factors)' 박스에 옮겨 놓고, 두 독립변수 중 하나 이상이 비율변수라면 독립변수를 모두 '공변량[Covariate(s)]' 박스에 옮겨 놓아야 한다.

그런 다음, 창의 맨 오른쪽 위에 있는 '모형(Model)'을 누르면 [그림 8-6]과 같은 창이 제시된다. 이 창의 맨 윗부분을 보면 '모형설정(Specify Model)' 박스가 있고 박스 안에 두 가지 선택사

[그림 8-5]

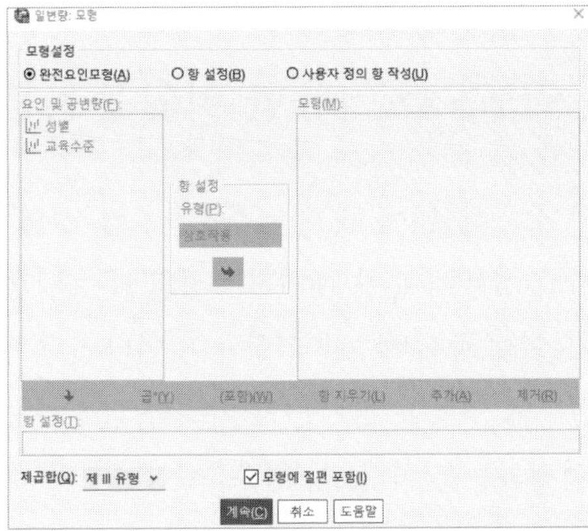

[그림 8-6]

항 '완전요인모형'과 '사용자정의'가 있는 것을 볼 수 있다. 이 두 가지 선택사항 중 *SPSS*의 기본값은 '완전요인모형'이다.

앞서 우리는 이원분산분석에서 두 개 요인 간의 상호작용의 영향이 종속변수에 영향을 미치는지 여부가 각각의 요인이 종속변수에 영향을 미치는지 여부 못지않게 중요하다고 언급한 바 있다. *SPSS*에서 두 독립변수의 상호작용항이 종속변수에 영향을 미치는지 알아보려면 분산분석의 모형을 기본값인 '완전요인모형'에서 '항 설정'으로 바꿔야 한다.

모형을 바꾼 다음, 창의 왼쪽에 있는 '요인 및 공변량(Factors & Covariates)' 박스에서 '성별'과 '교육수준'을 차례대로 선택하여 창의 오른쪽에 위치한 '모형(Model)' 박스에 옮겨 놓는다. 그런 다음, 마우스로 '성별'과 '교육수준'을 한꺼번에 선택하면 화면상에는 나타나지 않지만 '성별'과 '교육수준'의 상호작용항이 만들어진다. 이렇게 만들어진 상호작용항을 '모형(Model)' 박스로 옮기면 [그림 8-7]처럼 '교육수준 * 성별'의 상호작용항이 만들어진 것을 확인할 수 있다. 여기까지의 과정을 마치면 '계속(Continue)'을 눌러 이전 창으로 되돌아간다.

창의 오른쪽 맨 아래에 있는 '옵션(Option)'을 누르면 [그림 8-8]이 나타난다. 창의 아랫부분에 제시된 여러 가지 선택사항 중 '기술통계량(Descriptive statistics)'과 '동질성 검정(Homogeneity tests)'을 선택한다. '동질성 검정'은 일원분산분석에서 배운 바 있는 분산분석의 조건 중 하나인 '모분산이 동일한지 여부'를 검정하는 데 필요한 검정통계량인 F값을 제시하라는 명령이다. 마지막으로 '계속(Continue)'과 '확인(OK)'을 눌러 명령을 실행시킨다.

이원분산분석을 실시하면 먼저 〈표 8-7〉과 같은 기술통계량표가 제시된다. 이 표에는 각 집단의 사례수, 평균, 표준편차가 제시되어 있다.

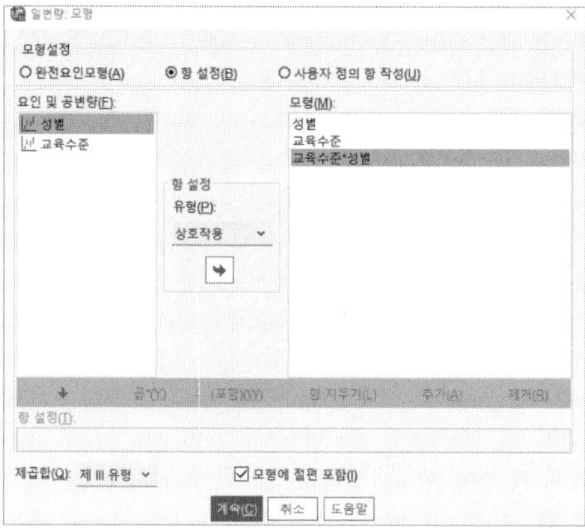

[그림 8-7]

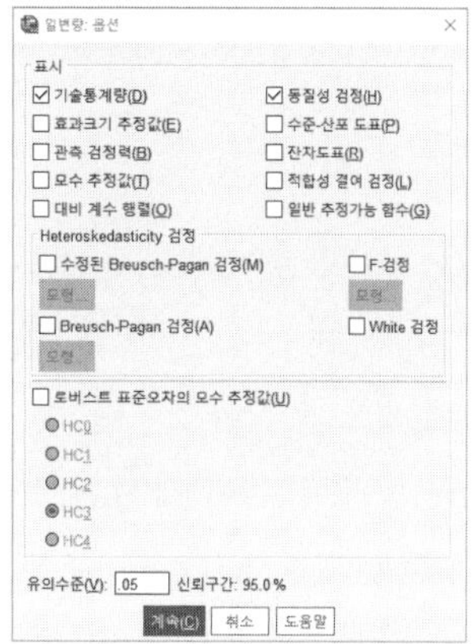

[그림 8-8]

〈표 8-7〉

기술통계량

종속변수 : 월소득

성별	교육수준	평균	표준편차	*N*
남성	무학	17.8000	1.92354	5
	초등학교	16.0000	3.60555	5
	중학교 이상	15.6000	3.91152	5
	합계	16.4667	3.18179	15
여성	무학	10.6000	1.51658	5
	초등학교	14.4000	3.04959	5
	중학교 이상	16.6000	6.06630	5
	합계	13.8667	4.51769	15
전체	무학	14.2000	4.13118	10
	초등학교	15.2000	3.25918	10
	중학교 이상	16.1000	4.84080	10
	합계	15.1667	4.06060	30

〈표 8-8〉

오차 분산의 동일성에 대한 Levene의 검정[a,b]

		Levene 통계량	자유도1	자유도2	유의확률
월소득	평균을 기준으로 합니다.	2.176	5	24	.091
	중위수를 기준으로 합니다.	1.576	5	24	.205
	자유도를 수정한 상태에서 중위수를 기준으로 합니다.	1.576	5	17.835	.218
	절삭평균을 기준으로 합니다.	2.116	5	24	.098

여러 집단에서 종속변수의 오차 분산이 동일한 영가설을 검정합니다.[a,b]

a. 종속변수: 월소득

b. Design: 절편+성별+교육수준+성별* 교육수준

두 번째로 제시되는 〈표 8-8〉은 모분산의 등분산 여부, 즉 다음과 같은 영가설과 대립가설

$$H_0 : \sigma_1^2 = \sigma_2^2 = \cdots = \sigma_6^2$$

$$H_a : \sigma_1^2 \neq \sigma_2^2,\ \sigma_1^2 \neq \sigma_3^2,\ \cdots \text{ 또는 } \sigma_5^2 \neq \sigma_6^2$$

을 검정하는 데 필요한 결과표이다. 제시된 분산의 동질성 검정 결과표를 보면, 4가지 기준으로 계산된 Levene 통계량 값이 제시된 것을 확인할 수 있다. 분석 결과에 제시된 5개의 통계량 값 중 '평균'을 기준으로 계산된 Levene 통계량 값을 사용하기를 권한다. 그 이유는 위에 제시된 영가설과 대립가설에도 제시했듯이, 이원분산분석의 가설검정은 각 집단의 모분산이 같은가를 검정하는 것이다. 이때, 비교집단의 모분산이 같은지를 검정하는 과정에서 각 집단의 평균값을 활용하여 분산값을 계산하기 때문이다.[6)]

이 표에 따르면 검정통계값 F는 2.176이고 이 값에 해당하는 유의확률 p값 .091은 유의수준보다 큰 값이다. 따라서 6개의 모분산이 동일하다는 영가설은 기각되지 않는다.

등분산성 가정이 충족됨에 따라 분산분석결과를 해석하는 것이 의미를 갖는다. 〈표 8-9〉는 두 독립변수 간의 상호작용항이 포함된 모형에 해당하는 분산분석결과표이다. 이원분산분석에서는 먼저 상호작용항이 종속변수에 영향을 미치는지를 검정한 다음, 그 결과를 바탕으로 각각의 독립변수가 종속변수에 영향을 미치는지 여부를 검정한다.

두 독립변수의 상호작용항이 종속변수에 영향을 미치는지 여부를 판단하기 위해서 〈표 8-9〉의 분석결과를 살펴보면, 성별과 교육수준의 상호작용이 종속변수인 월소득에 영향을 미치는지 여부를 검정하기 위한 F값이 다음과 같고

$$F_{SSAB} = \frac{SSAB/df_{SSAB}}{SSE/df_{SSE}} = \frac{MSAB}{MSE} = \frac{43.9}{13.4} = 3.276$$

이 값에 해당하는 p값은 .055로 유의수준보다 큰 것을 알 수 있다. 따라서 영가설 $H_0 : \alpha\beta = 0$이 기각되지 않음에 따라 두 요인 간의 상호작용이 월소득에 영향을 미치지 않는다고 보는 것이 타당하다.

6) 분산분석의 F값 계산식은 '제7장 분산분석' 내용을 참고하기를 바란다.

〈표 8-9〉

개체-간 효과 검정

종속변수 : 월소득

원인	제Ⅲ유형 제곱합	자유도	평균제곱	F	유의확률
수정모형	156.567[a]	5	31.313	2.337	.073
절편	6900.833	1	6900.833	514.988	<.001
성별	50.700	1	50.700	3.784	.064
교육수준	18.067	2	9.033	.674	.519
성별*교육수준	87.800	2	43.900	3.276	.055
오차	321.600	24	13.400		
합계	7379.000	30			
수정합계	478.167	29			

a. R제곱=.327(수정된 R제곱=.187)

위의 분석결과와 같이 두 독립변수 간의 상호작용이 종속변수에 영향을 미치지 않는 경우, 각각의 독립변수가 종속변수에 영향을 미치는지 여부는 〈표 8-10〉과 같이 상호작용항이 없는 모형으로 분석된 분산분석 결과에 근거하여 판단해야 한다. 〈표 8-10〉의 분석결과를 얻으려면 [그림 8-8]에서 분산분석 모형을 '완전요인모형'이 아닌 '사용자정의모형'으로 설정하여 성별과 교육수준의 상호작용항을 제외시킨 후 이원분산분석을 실시하면 된다.

〈표 8-10〉

개체-간 효과 검정

종속변수 : 월소득

원인	제Ⅲ유형 제곱합	자유도	평균제곱	F	유의확률
수정모형	68.767a	3	22.922	1.456	.250
절편	6900.833	1	6900.833	438.255	<.001
성별	50.700	1	50.700	3.220	.084
교육수준	18.067	2	9.033	.574	.570
오차	409.400	26	15.746		
합계	7379.000	30			
수정합계	478.167	29			

a. R제곱=.144(수정된 R제곱=.045)

〈표 8-10〉의 모형과 관련해서 반드시 알고 있어야 할 것은 상호작용항이 제외된 모형의 오차제곱합을 상호작용 표 분석결과의 오차제곱합과 구분하기 위해 잔차제곱합 SSR이라고 부른다는 점이다. 이 잔차제곱합은 〈표 8-9〉의 오차제곱합과 상호작용제곱합을 더한 다음과 같은 제곱합

$$SSE + SSAB = SSR$$

이다. 이처럼 상호작용항이 없는 모형이 잔차제곱합을 갖는 이유는 〈표 8-9〉처럼 두 독립변수 간의 상호작용이 종속변수에 영향을 미치지 않는 것으로 판정될 경우, 이제 상호작용제곱합은 존재하지만 출처를 설명할 수 없는, 오차제곱합과 다르지 않은 무작위 변량으로 간주되기 때문이다.

성별과 교육수준 각각이 월소득에 영향을 미치는지의 여부를 검정한다는 것은 다음과 같은 영가설과 대립가설을 다음과 같은 검정통계량 F값을 바탕으로 검정한다는 것을 말한다.

$$H_0 : \alpha = 0 \; vs. \; H_a : \alpha \neq 0 \qquad H_0 : \beta = 0 \; vs. \; H_a : \beta \neq 0$$

$$F_A = \frac{SSA/df_{SSA}}{SSR/df_{SSR}} = \frac{MSA}{MSR} = \frac{50.7}{15.746} = .084 \quad F_B = \frac{SSB/df_{SSB}}{SSR/df_{SSR}} = \frac{MSB}{MSR} = \frac{9.033}{15.746} = .57$$

두 F값 각각에 해당하는 p값 모두 유의수준 .05보다 크므로 유의수준 .05에서 두 영가설 모두 기각되지 않는다는 것을 알 수 있다.

만일 두 독립변수 간의 상호작용이 종속변수에 영향을 미치는지 여부를 검정한 결과, 영향을 미치는 것으로 나타나면 각각의 독립변수가 종속변수에 영향을 미치는지는 〈표 8-9〉의 결과 분석표에 근거하여 검정하면 된다.

6. R을 이용한 이원분산분석

독립변수인 성별과 교육수준이 월소득에 영향을 미치는지 여부를 살펴보기 위해 이원분산분석을 실시하고자 haven 패키지의 read_save 함수를 사용하여 'C8-이원분산분석.sav' 파일을 불러들여 c8df 데이터프레임에 저장한다. read_save 함수를 사용하기 위해서는 library 함수를 사용하여 haven 패키지를 로드해야 한다. 데이터프레임에는 성별, 교육수준, 월소득의 세 변수가 있다.

```
library(haven)

c8df <- read_sav(file.choose())
View(c8df)
```

[그림 8-9]

세 변수 중에서 성별(1 남성, 2 여성)과 교육수준(1 무학, 2 초등학교, 3 중학교 이상)은 숫자로 입력이 되어 있으나 계산이 가능한 숫자 변수가 아니라 요인에 해당한다. 따라서 [그림 8-10]과 같이 as.factor 함수를 사용하여 두 변수를 요인으로 전환한다.

성별과 교육수준에 따른 월소득의 기술통계표를 만들기 위해서는 dplyr 패키지의 group_by 함수와 summarise 함수를 사용하는 것이 가장 편리하다. 이를 위해서는 먼저 dplyr 패키지를 설치해야 한다. 따라서 [그림 8-11]과 같이 install.packages 함수를 사용하여 dplyr 패키지를 설치하고, 이어서 library 함수를 사용하여 dplyr 패키지를 현재 세션에 로드한다.

```
c8df$성별 <- as.factor(c8df$성별)
c8df$교육수준 <- as.factor(c8df$교육수준)
```

[그림 8-10]

dplyr 패키지를 현재 세션에 로드하고 나면, group_by 함수를 사용할 수 있게 되는데, 괄호 안에는 먼저 사용하는 데이터프레임을 지정하고, 이어서 지정한 괄호 안의 변수에 따라 범주화한다. pipe 오퍼레이터(%>%)를 사용하면 범주화된 데이터프레임을 따로 저장하지 않고 계속 사용하여 분석할 수 있게 해 준다. 이어서 summarise 함수를 사용하여 월소득의 평균을 mean으로, 월소득의 표준편차를 sd로, 사례수를 n으로 요약한 통계를 만들 수 있다. mean 함수와 sd 함수의 괄호 안에 있는 na.rm = TRUE 옵션은 결측치를 요약 통계에서 제외하기 위한 것이다. n() 함수는 summarise 함수에서 사례수를 계산하는 함수이다.

```
install.packages("dplyr")
library(dplyr)
group_by(c8df, 성별, 교육수준) %>%
  summarise(
    mean = mean(월소득, na.rm = TRUE),
    sd = sd(월소득, na.rm = TRUE),
    n = n()
  )
```

[그림 8-11]

group_by 함수에서 성별, 교육수준의 순으로 지정을 했기 때문에 먼저 성별로, 그리고 교육수준으로 배열하고, summarise 함수에서 지정한 순서대로 남성 무학, 남성 초등학교, 남성 중학교 이상, 여성 무학, 여성 초등학교, 여성 중학교 이상의 순서대로 평균(mean), 표준편차(sd), 사례수(n)를 보여 준다.

```
`summarise()` has grouped output by '성별'. You can override using the
`.groups` argument.
# A tibble: 6 × 5
# Groups:   성별 [2]
  성별  교육수준  mean    sd     n
  <fct> <fct>    <dbl> <dbl> <int>
1 1     1         17.8  1.92     5
2 1     2         16    3.61     5
3 1     3         15.6  3.91     5
4 2     1         10.6  1.52     5
5 2     2         14.4  3.05     5
6 2     3         16.6  6.07     5
```

[그림 8-12]

이원분산분석도 일원분산분석과 유사하게 분산의 동일성에 대한 검정이 필요하며, library 함수로 현재 세션에 car 패키지를 로드한 후, car 패키지의 leveneTest 함수를 사용해서 검정할 수 있다. 오차분산의 동일성에 대한 Levene 검정은 leveneTest 함수에서 괄호 안에 모델을 월소득을 종속변수로, 독립변수로는 성별과 교육수준의 상호작용으로 설정하며, data 옵션에서는 데이터프레임을 지정해 주고, center 옵션에서는 mean(평균)을 지정해 준다.

```
library(car)
leveneTest(월소득 ~ 성별*교육수준, data = c8df, center = mean)
```

[그림 8-13]

leveneTest 함수를 Run (또는 Ctrl+Enter)을 클릭하여 실행하면 [그림 8-14]와 같은 결과가 나타난다. 검정통계값 F는 2.1758이며, 유의확률 p는 0.09062로 영가설은 기각되지 않는다.

```
Levene's Test for Homogeneity of Variance (center = mean)
      Df F value  Pr(>F)
group  5  2.1758 0.09062 .
      24
---
Signif. codes:  0 ‘***’ 0.001 ‘**’ 0.01 ‘*’ 0.05 ‘.’ 0.1 ‘ ’ 1
```

[그림 8-14]

등분산 가정이 충족되어 [그림 8-15]와 같이 이원분산분석을 실시한다. 이원분산분석은 일원분산분석과 동일한 aov 함수를 사용하며, 다만 괄호 안에 모형만 다르게 설정하는데, 독립변수는 2개가 되며, 특히 두 독립변수의 상호작용항을 모형에 포함시키게 된다. 아래 그림에서 독립변수는 성별과 교육수준이며, 두 변수는 모두 요인에 해당하며, 두 변수의 상호작용항을 성별:교육수준의 형태로 포함시킨다. 또한 마지막에는 data 옵션을 사용하여, 사용하고 있는 데이터프레임을 지정한다. 일원분산분석과 동일하게 분석 결과를 별도의 대상(object), result4로 배정한 후에 anova 함수를 사용하여 분산분석표를 끌어낼 수 있다.

```
result4 <- aov(월소득 ~ 성별 + 교육수준 + 성별:교육수준, data = c8df)
anova(result4)
model.tables(result4, type = "means", se = TRUE)
```

[그림 8-15]

anova 함수를 실행하여 얻은 분산분석표는 [그림 8-16]과 같다. 여기에서 성별과 교육수준 상호작용항의 F값은 3.2761이며, 이 값에 해당하는 p값은 0.05521로 유의수준보다 크다. 따라서 두 요인 간의 상호작용에 대한 영가설은 기각되지 않으며, 월소득에 영향을 미치지 않는다고 할 수 있다.

```
Analysis of Variance Table

Response: 월소득
              Df Sum Sq Mean Sq F value  Pr(>F)
성별           1  50.70  50.700  3.7836 0.06356 .
교육수준       2  18.07   9.033  0.6741 0.51899
성별:교육수준  2  87.80  43.900  3.2761 0.05521 .
Residuals     24 321.60  13.400
---
Signif. codes:  0 '***' 0.001 '**' 0.01 '*' 0.05 '.' 0.1 ' ' 1
```

[그림 8-16]

이에 따라 성별과 교육수준의 상호작용항을 제외한 모형으로 이원분산분석을 다시 실시한다. [그림 8-17]에서 보는 것처럼 성별과 교육수준만을 독립변수로 넣은 모형으로 aov 함수를 사용하여 이원분산분석을 실시한다.

```
result3 <- aov(월소득 ~ 성별 + 교육수준, data = c8df)
anova(result3)
```

[그림 8-17]

anova 함수를 사용하여 결과를 살펴보면, 성별에 대한 F값은 3.2198이며, 이에 대한 p값은 0.08439, 교육수준에 대한 F값은 0.5737, 이에 대한 p값은 0.57042로 두 영가설은 모두 기각되지 않는다.

```
Analysis of Variance Table

Response: 월소득
          Df Sum Sq Mean Sq F value  Pr(>F)
성별       1  50.70  50.700  3.2198 0.08439 .
교육수준   2  18.07   9.033  0.5737 0.57042
Residuals 26 409.40  15.746
---
Signif. codes:  0 '***' 0.001 '**' 0.01 '*' 0.05 '.' 0.1 ' ' 1
```

[그림 8-18]

참고문헌

Chian, C., Langhauser, C., & Selvin, S. (1990). Introduction to probability and Statistics in Biology and Public Health. Unpublished Manuscript. University of California at Berkeley.

Gieden, E. (1992). *ANOVA Repeated Measures*. Newbury Park, CA: Sage publication Inc.

Iversen, G., & Norpoth, H. (1987). *Analysis of Variance* (2nd ed.). Newbury Park, CA: Sage Publication Inc.

Mendenhall, W., Wackerly, D., & Scheaffer, R. (1990). *Mathematical Statistics with Applications* (4th ed.). Boston, MA: PWS-KENT Publishing Co.

Selvin, S. (1995). *Practical Biostatistical Methods*. Belmont, CA: Wadsworth Publishing Co.

Vogt, P. (1993). *Dictionary of Statistics and Methodology*. Newbury Park, CA: Sage Publication Inc.

| 연습문제 |

01 일원분산분석과 이원분산분석의 차이를 분석목적, 분석모형 및 분석방법에 대해서 비교하여 설명하십시오.

02 두 개 이상의 모평균이 동일한지의 여부를 이원분산분석을 통해 검정하기 위해서는 어떤 조건이 만족되어야 하는지를 설명하고 각각의 조건이 검정통계량을 구하는 과정에서 어떻게 활용되는지를 설명하십시오.

03 다음의 그림 각각이 어떤 경우에 해당하는지를 설명하십시오(단, A=요인 A, B=요인 B, AB=두 요인 간의 상호작용 AB를 의미함).

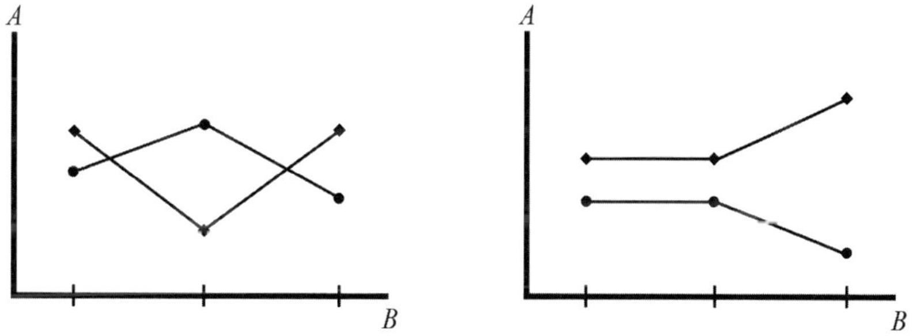

04 이원분산분석에서의 가설검정의 두 단계를 설명하십시오.

05 다음의 영가설 각각을 말로 설명하고 각각에 해당하는 검정통계량 및 검정통계량의 공식을 설명하십시오.

$$H_{01}: \mu_{11.} = \mu_{12.} = \cdots = \mu_{rc.} = \mu_{01}$$

$$H_{02}: \mu_{1..} = \mu_{2..} = \cdots = \mu_{r..} = \mu_{02}$$

$$H_{03}: \mu_{.1.} = \mu_{.2.} = \cdots = \mu_{.c.} = \mu_{03}$$

06 이원분산분석에서 각각의 제곱합에 해당하는 자유도가 다음과 같은 이유를 설명하십시오.

$SSA: r-1$ $SSB: c-1$ $SSAB: (r-1)(c-1)$
$SSE: rc(n-1)$ $SSR: rcn-r-c+1$ $SST: rcn-1$

07 두 개의 응답범주를 가진 독립변수와 세 개의 응답범주를 가진 또 다른 독립변수 B가 종속변수에 영향을 미치는지를 검정하고자 할 때, 이원분산분석표를 완성하십시오(단, 표본의 크기는 모두 $n=10$으로 동일하며, 아래의 표로부터 알 수 있듯이 두 독립변수 간에 상호작용은 존재하지 않는다).

변량원	제곱합	자유도	평균제곱	F비
요인 A	30			
요인 B				
요인 AB	0			
오차	120			
잔차				
전체	470			

08 두 요인 $A(r=3)$와 $B(c=2)$ 간에 상호작용이 존재할 때, 이원분산분석표를 완성하고 유의수준 .05에서 가설을 검정하십시오(단, 표본의 크기는 $n=7$로 동일하다).

변량원	제곱합	자유도	평균제곱	F비
요인 A				
요인 B	420			
요인 AB	840			
오차	1600			
잔차				
전체	3140			

09 다음 자료를 바탕으로 두 독립변수 A와 B가 종속변수에 영향을 미치는지의 여부를 유의수준 .05에서 검정하십시오.

요인 A \ 요인 B	B_1	B_2
A_1	1, 5, 3, 3, 4	1, 3, 2, 6, 2
A_2	3, 5, 5, 7, 4	2, 3, 1, 4, 5
A_3	3, 1, 5, 3, 1	5, 4, 3, 2, 6

10 알고올중독치료프로그램에 참여한 알코올중독자 $n = 30$명의 지난 6개월 동안의 음주 횟수가 다음과 같을 때, 참여자의 성별 또는 연령에 따라 음주 횟수에 차이가 있는지를 유의수준 .05에서 검정하십시오.

	20세 미만	20세 이상 50세 미만	50세 이상
남성	66, 66, 74, 74, 80	54, 64, 66, 70, 76	56, 62, 68, 70, 74
여성	70, 72, 78, 80, 90	58, 66, 72, 74, 80	60, 64, 68, 70, 78

9

상관분석

이번 장에서부터는 두 확률변수 간의 관계(relationship)를 분석하고 이와 관련된 가설을 검정하는 방법에 대해서 공부하기로 하겠다. 두 확률변수 간의 관계를 분석한다는 것은 한 마디로 말하자면 두 변수 간에 존재하는 관계의 정도(degree)와 방향(direction)을 파악한다는 것을 말한다. 두 변수 간의 관계를 분석하는 가장 간단한 방법으로는 상관분석과 단순회귀분석을 꼽을 수 있다. 이 가운데 상관분석은 관계의 정도와 방향을 파악하는 분석기법이며 단순회귀분석은 두 확률변수 간에 존재하는 관계를 나타내는 선형관계식을 추정하여 이를 바탕으로 한 변수가 다른 한 변수에 어떤 영향을 미치는지를 이해하고, 더 나아가서 한 변수를 바탕으로 다른 변수를 예측하기 위한 분석기법이다. 이러한 두 가지 분석기법 가운데 이번 장에서는 먼저 상관분석의 원리를 이해해 보기로 하자.

1. 상관분석

두 개의 확률변수 X와 Y 간에 선형관계(linear relationship)가 존재할 때 우리는 두 변수 간에 상관(correlation)이 존재한다고 말하는데, 두 변수 간에 선형관계가 존재한다는 것은 [그림 9-1]과 같이 확률변수 X의 변수값과 확률변수 Y의 변수값을 각각 수평축과 수직축에 나열하여 두 확률변수 X와 Y의 산점도(scatter plot)를 그릴 때, 각 확률변수의 i번째 변수값으로 이루어진 변수값 쌍(pair)인 $(x_i,\ y_i)$의 분포가 직선의 형태를 띤다는 것을 의미한다.

[그림 9-1]에서 (a)와 (b)의 경우는 $(x_i,\ y_i)$가 하나의 직선을 중심으로 직선의 주위에 모여 분포하는 반면, (c)와 (d)의 경우는 한눈에 보더라도 $(x_i,\ y_i)$의 분포형태가 직선이 아니라는

[그림 9-1]

것을 쉽게 알 수 있는데 (a) 또는 (b)와 같이 두 확률변수의 변수값 쌍들이 직선에 가까운 모양을 보이면서 분포하는 경우를 가리켜 두 확률변수 사이에 선형관계 또는 상관이 존재한다고 한다. 이때, 그림 (a)의 경우는 X의 값이 증가할 때 Y의 값 또한 증가한다는 것을 알 수 있는데 이처럼 두 변수의 변수값이 동일한 방향으로 변하는 경우—즉, 함께 증가하거나 함께 감소하는 경우—두 변수 간에 존재하는 상관을 양의 상관(positive correlation)이라고 한다. 이와 반대로 그림 (b)의 경우는 그림 (a)와 마찬가지로 변수값 쌍들이 직선의 주위에 모여 있기는 하지만 X의 변수값이 증가할 때 Y의 값은 감소하는데, 이처럼 두 확률변수의 변수값이 서로 상반된 방향으로 변하는 경우, 두 확률변수 사이에 존재하는 상관을 음의 상관(negative correlation)이라고 한다.

두 확률변수 간의 상관은 두 변수가 서로 독립이 아닐 때에만 존재할 수 있다. 두 변수가 서로 독립이라는 것은 각각의 변수가 다른 변수에 대해서 아무런 영향을 미치지 않는다는 것을 의미한다. 즉, 두 변수가 서로 독립이라면 어떤 한 변수의 값이 변하더라도—증가 또는 감소—나머지 변수의 변수값은 그러한 변화로 인해 전혀 영향을 받지 않는다는 것이다. 따라서 두 변수가 독립이라면 두 변수 간에는 상관이 존재할 수 없다. 이 말을 역으로 표현하자면 두 변수 간에 상관이 존재한다는 것은 두 변수가 반드시 서로에게 영향을 미친다는 것을 의미한다. 따라서 두 변수 간에 상관이 존재한다면 두 변수 가운데 어떤 한 변수의 값이 변할 때 그러한 변화와 맞물려 다른 한 변수의 변수값 또한 변하게 된다는 것을 알 수 있다.

이와 같은 원리에 근거하여 확률변수 X와 Y 간에 존재하는 상관의 정도(degree)는 두 확률변수의 공분산(covariance)[1), 즉

$$Cov(X, Y) = E[(X - \mu_X)(Y - \mu_Y)]$$

1) 두 확률변수 X, Y의 공분산은 $Cov(X, Y)$라고 표기한다. 상관분석의 원리를 이해하기 위해서는 먼저 제2장에서 소개했던 공분산의 개념을 이해해야 한다. 공분산이란 두 확률변수가 서로 맞물려 이루는 결합확률분포를 분산, 즉 두 확률변수의 변수값 쌍들이 결합확률분포의 모평균으로부터 떨어져 위치하는 정도를 말한다.

을 척도로 사용하여 측정한다. 그런데 두 변수 간의 상관을 측정하는 척도로서 공분산을 사용할 경우, 두 변수의 단위를 무엇으로 하는가에 따라서 두 변수 간에 존재하는 상관의 정도, 즉 공분산 값이 크게 달라지는 문제가 발생하게 된다. 예를 들어, '소득'과 '나이'라는 두 변수를 한 번은 '만 원'과 '개월'을 단위로 측정하고 또 한 번은 '백만 원'과 '년'을 단위로 측정한다고 할 때, 어떤 단위를 사용하더라도 측정하고자 하는 속성 그 자체는 변함이 없음에도 불구하고 전자와 후자의 경우 사용한 단위가 다르기 때문에 공분산 값은 큰 차이를 보이게 된다. 이러한 문제를 해결하기 위해서 일반적으로는 공분산 그 자체가 아니라 공분산을 각 변수의 표준편차의 곱으로 나누어 단위화(normalize)한 값, 즉

$$\frac{Cov(X,Y)}{\sigma_X\sigma_Y}=\frac{1}{\sigma_X\sigma_Y}E[(X-\mu_X)(Y-\mu_Y)]=E\left[\frac{(X-\mu_X)(Y-\mu_y)}{\sigma_X\sigma_Y}\right]$$

을 상관의 정도를 나타내는 척도로 사용한다. 두 확률변수의 공분산을 각 변수의 표준편차를 이용하여 표준화한 값을 상관계수(correlation coefficient)라고 하고 ρ로 표기하며 다음과 같이 정의한다.[2]

$$\rho=Corr(X,Y)=\frac{Cov(X,Y)}{\sigma_X\sigma_Y}=\frac{\sigma_{XY}}{\sigma_X\sigma_Y}=\frac{E[(X-\mu_X)(Y-\mu_Y)]}{\sqrt{E[(X-\mu_X)^2]E[(Y-\mu_Y)^2]}} \qquad [9-1]$$

$\sigma_X\sigma_Y$= 확률변수 X와 Y의 표준편차의 곱

2. 피어슨 상관

두 확률변수 X와 Y의 상관을 측정하기 위해서는 표본자료를 바탕으로 모상관계수 ρ에 해당하는 표본상관계수를 구해야 한다. 모상관계수 ρ를 대체할 수 있는 표본통계량에는 여러 가지가 있으나 두 변수 X, Y 모두가 등간 또는 비율척도로 측정된 변수일 때에는 다음과 같이 정의되는 피어슨 적률상관계수(Pearson product-moment correlation coefficient)를 일반적으로 가장 많이 사용한다. 피어슨 적률상관계수는 r로 표기하고 간단히 줄여서 피어슨 상관계수라고 부른다.[3]

---

2) '로(rho)'라고 읽는다.

3) 피어슨 상관계수 r의 임계값은 부록의 [표 A6]에 제시되어 있다.

$$r = \frac{\frac{1}{(n-1)}\sum_{i=1}^{n}(X_i - \overline{X})(Y_i - \overline{Y})}{\sqrt{\frac{1}{(n-1)}\sum_{i=1}^{n}(X_i - \overline{X})^2}\sqrt{\frac{1}{(n-1)}\sum_{i=1}^{n}(Y_i - \overline{Y})^2}} = \frac{s_{XY}}{s_X s_Y} \qquad [9-2]$$

[9-1]로부터 알 수 있듯이 모상관계수 ρ는 두 확률변수 X와 Y의 공분산을 각각의 표준편차의 곱으로 나누어 표준화한 값이다. 만일 [9-1]에서 두 변수 X와 Y가 서로 독립이라면 X와 Y의 공분산은

$$Cov(X, Y) = \sigma_{XY} = 0$$

이 될 것이므로 상관계수는 $\rho = 0$이 된다. 바로 이러한 이유에서 서로 독립인 두 변수 간에는 상관이 존재할 수 없다는 것을 쉽게 이해할 수 있다.[4] 이와 반대로 만일 두 변수 X와 Y 사이에 [그림 9-2]의 (a)와 같은 완전한 양의 상관(perfect positive correlation), 즉 완전한 양의 선형관계가 존재한다면 두 변수 X와 Y의 공분산이란 다름 아닌 X의 분산 또는 Y의 분산이 되므로 상관계수 ρ는 1이 된다는 것을 알 수 있다. 동일한 원리에 의해서 X와 Y 사이에 [그림 9-2] (b)와 같은 완전한 음의 상관(perfect negative correlation)이 존재할 경우 상관계수 ρ는 -1이 된다.

[그림 9-2] (c)는 X와 Y 사이에 양의 상관이 존재하되 완전상관보다는 상관의 정도가 약한 경우이며 (d)는 완전상관보다는 약한 음의 상관이 존재하는 경우를 나타낸다. 따라서 (c)와 (d) 각각에 해당하는 상관계수의 범위는 $0 < \rho < 1$과 $-1 < \rho < 0$이다. 이상의 내용을 정리하면 [9-1]의 모상관계수 ρ와 표본상관계수 r이 가질 수 있는 값의 범위는 각각

$$-1 \le \rho \le 1, \qquad -1 \le r \le 1$$

임을 알 수 있다.

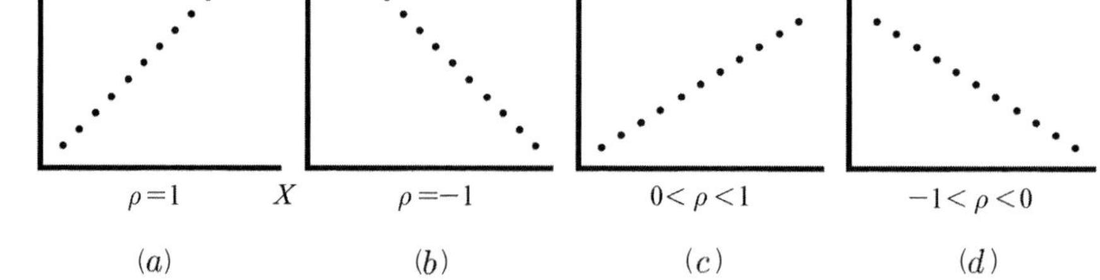

[그림 9-2]

4) 제2장에서 소개했던 공분산 개념을 참조하기 바란다.

3. 피어슨 상관계수에 관한 가설검정

일단 두 확률변수 간의 상관을 나타내는 피어슨 상관계수를 구하고 나면 두 확률변수 간에 상관이 실제로 존재하는지의 여부, 즉 두 확률변수에 관한 표본을 바탕으로 구한 상관계수의 강도가 두 확률변수 간에 실제로 상관이 존재함을 뒷받침할 수 있을 만큼 충분히 높은지를 검정해 볼 필요가 있다.

예를 들어, X와 Y 사이에 상관이 존재하는지의 여부를 검정하기 위한 영가설과 대립가설은 두 확률변수가 서로 독립일 때 상관이 존재하지 않는다는 사실에 근거하여 다음과 같이 설정할 수 있다.

$$H_0: \rho = 0 \ \ vs. \ H_a: \rho \neq 0 \qquad [9\text{-}3]$$

[9-3]의 가설은 두 가지 방법으로 검정할 수 있는데, 그 가운데 한 가지 방법은 [9-3]의 영가설과 대립가설이 단일 모집단의 모수에 관한 가설로서 제5장에서 살펴보았던 단일 모집단의 모수에 관한 가설과 기본적으로 동일한 가설인바, [9-3]의 가설검정을 위한 통계량으로 다음과 같이 정의되는 t 변수를 사용하는 것이다.[5)]

$$t = \frac{r-0}{s_r} \sim t_{n-2} \quad 단, \ s_r^2 = \frac{1-r^2}{n-2} \qquad [9\text{-}4]$$

이때, [9-4]를 검정통계량으로 사용하기 위해서는 두 가지 조건이 전제되어야만 하는데, 이러한 두 가지 조건은 이미 제5장에서 논의한 바 있는, t 검정을 실시하는 데 필요한 조건과 기본적으로 동일한 조건이다.

조건 1. 두 확률변수 X와 Y 각각의 모집단은 정규분포를 따르며, X와 Y에 의해서 정의되는 이변량변수(X, Y)의 모집단 또한 이변량정규분포(bivariate normal distribution)를 따른다.

조건 2. 검정통계량 [9-1]을 구하기 위해서 이변량변수(X, Y)의 모집단으로부터 추출된 표본의 모든 구성원소는 서로 독립이다. 즉, $i \neq j$일 때 (x_i, y_i)와 (x_j, y_j)는 서로 독립이다.

5) s_r^2이 [9-4]와 같이 정의되는 이유에 대한 설명은 제10장에서 회귀분석의 원리를 설명할 때까지 미뤄 두기로 하겠다. 검정통계량 값의 자유도가 $n-2$인 이유는 [9-2]의 모수를 표본통계량으로 대체하는 과정에서 표본이 자유도를 2단위 상실하기 때문이다.

위의 조건 1에서 이변량정규분포란 정규분포를 따르는 두 확률변수 X와 Y가 함께 맞물려 이루는 결합확률분포를 말한다.[6] 두 변수 X와 Y가 결합하여 이루는 이변량정규분포는 〈표 9-1〉과 같은 분산-공분산 구조를 갖게 되는데, [9-1]의 정의내용으로부터 알 수 있듯이 모상관계수 ρ는 바로 이러한 이변량정규분포의 분산과 공분산에 의해서 정의되는 값이다.

〈표 9-1〉 이변량 확률분포의 분산-공분산 구조

확률변수	X	Y
X	σ_X^2	σ_{XY}
Y	σ_{XY}	σ_Y^2

이제 위에서 언급한 t검정의 두 가지 조건이 모두 만족된다는 전제하에서 [9-3]의 가설을 검정하기 위해 유의수준을 α로 설정한다면 ρ에 대한 $100(1-\alpha)\%$ 신뢰구간, 임계값 및 기각역은 다음과 같이 설정된다.

$$P(r-t_{n-2,\alpha/2}\cdot s_Y \le \rho \le r+t_{n-2,\alpha/2}\cdot s_Y)=1-\alpha$$

$$(r-t_{n-2,\alpha/2}\cdot s_{Y,}\ \ r+t_{n-2,\alpha/2}\cdot s_Y)$$

임계값: $C=\pm\, t_{n-2,\alpha/2}$

기각역: $-t \le -t_{n-2,\alpha/2},\quad t \ge t_{n-2,\alpha/2}$

만일 검정통계량 t값이 임계값보다 크고 따라서 기각역 안에 속한다면 영가설 $H_o: \rho=0$은 유의수준 α에서 기각되며 그 반대의 경우 기각되지 않는다.

[9-3]의 가설을 검정하는 또 한 가지 방법은 부록의 [$A6$]에 제시된 임계값표를 이용하는 것이다. 이 방법은 아래의 [예 9-1]을 이용하여 구체적으로 설명하기로 하겠다.

---

6) 이변량정규분포에서 '이변량'이란 결합확률분포를 이루는 확률변수의 수가 X와 Y 두 개라는 것을 의미하며 '정규분포'란 결합확률변수의 확률분포가 정규분포를 따른다는 것을 의미한다. 결합확률분포의 모양과 특성에 대해서는 제2장의 [그림 2-6]을 참조하기 바란다.

7) 표본의 크기가 클 때에는 공분산 및 표준편차를 구할 때 $s_X=\sqrt{(\Sigma X^2-n\bar{X}^2)/(n-1)}$ 와 같은 구조를 가진 계산공식을 사용하는 것이 훨씬 편리하다는 것을 기억하기 바란다.

예제 9-1

한 지역사회정신건강센터에서 이중진단(dual diagnosis) 정신분열증환자 10명을 대상으로 약물 및 알코올 남용 방지를 위한 프로그램을 실시하기 이전과 이후에 지난 3개월 동안의 입원횟수를 조사한 결과가 다음과 같을 때, 프로그램 실시 이전의 입원횟수와 이후의 입원횟수 간에 상관이 존재하는지의 여부를 검정해 보기로 하자.

이전	이후
2, 5, 7, 4, 3, 3, 4, 1, 2, 6	2, 4, 4, 2, 4, 3, 2, 1, 3, 5

프로그램 실시 이전과 이후의 입원횟수를 각각 X, Y 라고 한다면 영가설과 대립가설은 다음과 같이 설정할 수 있다.

$$H_o : \rho = 0 \quad vs. \quad H_a : \rho \neq 0$$

먼저, 주어진 표본을 바탕으로 피어슨 상관계수를 구하면 다음과 같고[7)]

X	Y	XY	X^2	Y^2
2	2	4	4	4
5	4	20	25	16
7	4	28	49	16
4	2	8	16	4
3	4	12	9	16
3	3	9	9	9
4	2	8	16	4
1	1	1	1	1
2	3	6	4	9
6	5	30	36	25
Σ37	30	126	169	104

[9-2]를 다음과 같이 계산하기 편리한 식으로 정리하여 이 공식을 이용하면

$$r = \frac{\frac{1}{(n-1)}\sum_{i=1}^{n}(X_i - \overline{X})(Y_i - \overline{Y})}{\sqrt{\frac{1}{(n-1)}\sum_{i=1}^{n}(X_i - \overline{X})^2}\sqrt{\frac{1}{(n-1)}\sum_{i=1}^{n}(Y_i - \overline{Y})^2}}$$

$$= \frac{\sum_{i=1}^{n}X_iY_i - n\overline{X}\,\overline{Y}}{\sqrt{\sum_{i=1}^{n}X_i^2 - n\overline{X^2}}\sqrt{\sum_{i=1}^{n}Y_i^2 - n\overline{Y^2}}} = \frac{s_{XY}}{s_X s_Y}$$

$$s_{XY} = \Sigma XY - n\overline{X}\,\overline{Y} = 126 - 111 = 15$$

$$s_X = \sqrt{\Sigma X^2 - n\overline{X^2}} = \sqrt{32.1} = 5.6657$$

$$s_Y = \sqrt{\Sigma Y^2 - n\overline{Y^2}} = \sqrt{14} = 3.7417$$

$$\therefore r = \frac{s_{XY}}{s_X s_Y} = \frac{15}{(5.6657)(3.7417)} = .7076$$

이다. 이제 이 값을 바탕으로 검정통계량 값을 구하면

$$t = \frac{r}{\sqrt{(1-r^2)/n-2}} = \frac{.7076}{\sqrt{(1-.5007)/8}} = 2.832 \sim t_{df=8}$$

이다.

유의수준을 .05로 설정한다면 자유도 $df=8$에 해당하는 임계값은 부록의 [표 A3]으로부터 1.860이다. 표본을 바탕으로 구한 검정통계값 2.832는 임계값보다 큰 값이며 기각역에 속하는 값이므로 영가설 $H_0 : \rho = 0$은 유의수준 .05에서 기각된다. 따라서 표본자료에 근거해 볼 때, 프로그램 실시 이전과 이후의 입원횟수 간에 상관이 존재한다는 결론을 내릴 수 있다.

표본을 바탕으로 구한 피어슨 상관계수 $r=.7076$이 0과 다른 값인지의 여부를 검정할 수 있는 또 한 가지 방법은 부록 [표 A6]에 제시된 임계값 표를 이용하는 것이다. [표 A6]에는 유의수준 $\alpha=.025$, $\alpha=.05$에서의 일련의 표본크기에 해당하는 임계값이 미리 계산되어 제시되어 있는데, [표 A6]에서 가설검정에 필요한 임계값을 찾기 위해서는 피어슨 상관계수를 구하는 데 사용된 표본의 크기를 알아야 한다. 부록 [표 A6]에 따르면, 유의수준 $\alpha=.05$에서 크기가 $n=10$인 표본을 바탕으로 구한 피어슨 상관계수의 값이 0이 아닌 값이 되기 위해 필요한 임계값은 $C=.549$임을 알 수 있다. 위에서 주어진 표본을 바탕으로 구한 피어슨 상관계수는

$$r = .7076 > C = .549$$

이므로 유의수준 $\alpha=.05$에서 영가설 $H_0 : \rho = 0$은 기각된다는 것을 알 수 있다.[8)]

---

4. 피어슨 상관계수의 의미에 대한 해석

두 변수 간에 상관이 존재하는지를 파악하고자 할 때 연구자는 다음과 같은 사항들을 반드시 이해하고 있어야 한다. 첫째, 두 변수 간에 상관이 존재한다는 것은 두 변수가 관련이 있다는 것을 의미하는 것일 뿐, 두 변수 간에 인과관계가 존재한다는 것을 의미하는 것이 아니라는 점이다. 예컨대 위의 [예 9-1]에서 프로그램 실시 이전과 이후의 입원횟수 간에 상관이 존재한다고 해서 그것이 프로그램 실시 이전의 입원횟수가 프로그램 실시 이후의 입원횟수의 원인임을

8) 이 방법은 앞서 설명한 t검정과 검정결과에 있어서는 차이가 없으면서 t검정에 비해 간편하기 때문에 일반적으로 t검정보다 널리 쓰인다.

의미하는 것은 결코 아니라는 것이다. 물론 만일 두 변수 X와 Y 간에 인과관계가 존재한다면 X와 Y 간에는 반드시 상관이 존재한다. 그러나 X와 Y 간에 상관이 존재한다고 해서 두 변수가 반드시 인과관계를 갖는 것은 아니다. 다시 말해서, 상관은 인과관계를 위한 필요조건일 뿐 충분조건이 아니라는 점을 분명히 이해해야 한다.

둘째, 표본자료를 바탕으로 두 변수 X, Y의 상관 정도를 나타내는 피어슨 상관계수를 구하기에 앞서 표본자료의 분포에 대한 검토가 반드시 먼저 이루어져야 한다. 다음과 같은 두 가지 경우를 비교함으로써 표본자료에 대한 검토가 필요한 이유를 쉽게 이해할 수 있다. [그림 9-3]의 (a)와 (b)는 모두 두 변수 X, Y 간에 양의 상관이 존재하고 있음을 보여 주고 있다. 이 가운데 그림 (a)는 대부분의 관찰값 쌍들이 직선 가까이에서 우상향 분포하고 있으므로 두 변수 X, Y 간의 관계가 양의 상관임을 쉽게 이해할 수 있다.

이와 달리 그림 (b)의 경우는 대부분의 관찰값 쌍들은 좌표의 왼쪽 아래부분에 위치하면서 우하향 분포하고 있으므로 두 변수 간에는 음의 상관이 존재한다고 보는 것이 타당하지만 좌표의 오른쪽 윗부분에 위치한 불과 몇 개 되지 않는 극단적인 관찰값(outlier)의 존재로 인해 전체적으로 볼 때는 관찰값들이 우상향 분포하는 것이 됨에 따라 두 변수 X, Y 간에 양의 상관이 존재하는 것으로 나타나게 된다. 뿐만 아니라 극단적인 관찰값을 포함시킬 때 그려지는 우상향 직선의 기울기가 극단적인 관찰값을 제외시킬 때 그려지는 우하향 직선—그림 (b)에서 점선으로 표시된—의 기울기보다 크므로 극단적인 값들을 포함시킬 때 상관계수는 부호만 바뀌는 것이 아니라 크기 또한 커진다는 것을 알 수 있다.

이러한 예를 통해서 알 수 있듯이 표본자료에 극단적인 값들이 포함되어 있을 때, 상관계수 r 그 자체는 두 변수 간에 존재하는 상관의 방향과 정도를 올바르게 나타내지 못할 가능성이 매우 높다. 따라서 상관계수를 구할 때에는 이러한 가능성을 항상 염두에 두고 반드시 표본자료의 분포범위 및 극단적인 관찰값들의 존재 여부에 대한 검토가 먼저 이루어져야 한다.

마지막으로 상관계수의 의미를 한 변수를 바탕으로 다른 변수를 예측할 수 있는 정도로 잘

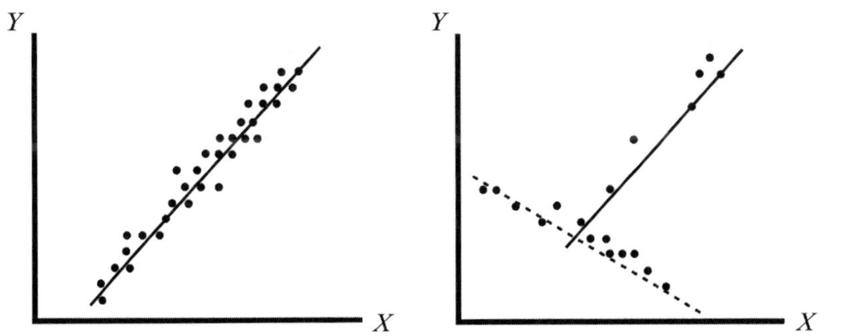

(a) (b)

[그림 9-3]

못 이해하지 않도록 주의해야 한다. 물론 상관계수는 두 변수 간에 존재하는 관계의 정도를 나타내 주는 값이며, 두 변수 간에 상관이 존재한다는 것은 한 변수가 갖는 변수값을 바탕으로 다른 한 변수의 변수값을 예측할 수 있다는 것을 의미한다. 그러나 한 변수를 바탕으로 다른 변수를 예측할 수 있는 정도(degree)는 상관계수에 의해서 측정되는 것이 아니라 다음 장에서 다루게 될 분석기법인 회귀분석의 결과로서 얻어지는 측도로써 측정된다. 이에 대해서는 다음 장에서 보다 자세하게 설명할 것인바, 여기서는 상관계수의 의미를 예측력으로 해석해서는 안 된다는 것만을 지적하기로 한다.

5. 스피어맨 순위상관

앞서 살펴본 바와 같이 피어슨 상관계수 r은 표본자료에 극단적인 관찰값들이 포함되어 있을 때 이들에 의해 상당한 영향을 받음에 따라 두 변수 간에 존재하는 상관의 방향과 정도를 올바르게 나타내지 못할 가능성이 높다. 이러한 문제점을 어느 정도 해결할 수 있는 한 가지 방법은 표본관찰값을 바탕으로 상관계수를 구하는 것이 아니라 각각의 관찰값이 전체 표본에서 차지하는 순위(rank)를 바탕으로 상관계수를 구하는 것이다.

예를 들면, [예 9-1]의 표본자료를 두 변수 X와 Y 각각에 대해서 가장 작은 관찰값에 순위 1을 부여하고 가장 큰 값에 순위 10을 부여하는 방식으로 각 관찰값의 순위를 〈표 9-2〉와 같이 정한 다음, 이렇게 정해진 순위를 표본자료로 이용하여 상관계수를 구하는 것이다. 이때, 동일한 관찰값에 대해서는 그 관찰값들이 동일한 값이 아니었다면 부여했을 순위의 평균을 순위로 부여한다.

〈표 9-2〉 두 변수 X, Y의 순위

X	X의 순위	Y	Y의 순위
2	2.5	2	3
5	8	4	8
7(70)	10(10)	4	8
4	6.5	2	3
3	4.5	4	8
3	4.5	3	5.5
4	6.5	2	3
1	1	1	1
2	2.5	3	5.5
6	9	5	10

원자료를 이용하여 상관계수를 구하는 것과 원자료를 순위자료로 전환하여 상관계수를 구하는 것의 차이를 한마디로 말하면 평균과 중앙값 간의 차이라고 말할 수 있다. 즉, 중앙값이 평균에 비해서 극단적인 값에 의해서 영향을 받는 정도가 덜한 것과 같은 논리에 의해서 순위자료를 이용하여 상관계수를 구할 때 원자료를 이용할 때 보다 극단적인 관찰값의 영향을 덜 받게 된다. 〈표 9-2〉에서 확률변수 X의 세 번째 관찰값이 7이 아니라 70이라고 한다면 원자료를 바탕으로 구한 상관계수의 값은 크게 달라지는 반면, 순위자료를 바탕으로 구한 상관계수는 7과 70의 순위가 10으로 동일하기 때문에 전혀 달라지지 않는다는 것을 알 수 있다.

이와 같은 방법으로 원자료를 순위자료로 전환한 다음 순위자료를 바탕으로 구한 상관을 스피어맨 순위상관(Spearman's Rank Correlation)이라고 한다. 스피어맨 상관계수는 피어슨 상관계수와 구별하기 위해서 r_s라고 표기하는 점만 다를 뿐 상관계수를 구하는 공식은 피어슨 상관계수를 구하는 공식 [9-2]와 기본적으로 동일하다. 스피어맨 상관계수는 극단적인 관찰값의 영향으로부터 상대적으로 더 자유롭다는 장점 이외에도 피어슨 상관계수에 비해 다음과 같은 장점을 더 가지고 있다.

장점 1. 두 변수 X, Y가 반드시 등간 또는 비율척도로 측정된 변수가 아니어도 상관계수를 구할 수 있다. 스피어맨 상관계수는 원자료를 순위자료로 전환하여 상관계수를 구하므로 등간 또는 비율척도로 측정된 변수는 물론이거니와 서열척도로 측정된 두 변수 간의 상관 또한 계산할 수 있다.

장점 2. 피어슨 상관계수에 관한 가설을 t 검정하는 데 필요한 두 조건 중 하나인 '두 변수 X, Y의 모집단이 정규분포를 따라야 한다'는 조건이 만족되지 않더라도 스피어맨 상관계수에 관한 가설은 t 검정을 통해 검정할 수 있다.[9)]

예제 9-2

[예 9-1]의 표본자료에서 $x_3 = 7$이 아니라 $x_3 = 70$이라고 할 때, 수정된 표본자료를 바탕으로 스피어맨 순위상관계수를 구해 프로그램 실시 이전의 입원횟수와 입원횟수 간에 상관이 존재하는지의 여부를 유의수준 .05에서 검정해 보기로 하자.

프로그램 실시 이전과 이후의 입원횟수를 각각 X, Y라고 한다면 영가설과 대립가설은 다음과 같이 설정할 수 있다.

$$H_0 : \rho = 0 \quad vs. \quad H_a : \rho \neq 0$$

9) 이처럼 모집단이 어떤 분포를 따르는가와 무관하게 실시할 수 있는 검정을 가리켜 비모수검정(non-parametric test)이라고 한다. 비모수검정은 이 책의 제14장과 제15장에서 다룰 것이므로 이에 대한 보다 자세한 설명은 미뤄 두기로 한다.

세 번째 관찰값을 $x_3 = 70$으로 수정한 표본자료는 다음과 같다.

X	X_R= X의 순위	Y	Y_R = Y의 순위	X_R^2	Y_R^2	$X_R Y_R$
2	2.5	2	3	6.25	9	7.5
5	8	4	8	64	64	64
70	10	4	8	100	64	80
4	6.5	2	3	42.25	9	19.5
3	4.5	4	8	20.45	64	36
3	4.5	3	5.5	20.45	30.25	24.75
4	6.5	2	3	42.25	9	19.5
1	1	1	1	1	1	1
2	2.5	3	5.5	6.25	30.25	13.75
6	9	5	10	81	100	90
Σ				382.9	380.5	356

표본자료를 이용하여 스피어맨 순위상관계수를 구할 때 한 가지 주의해야 할 사항은, 앞서 피어슨 상관계수를 구할 때는 $\overline{X}$, $\overline{Y}$를 사용했으나 스피어맨 상관계수는 순위자료를 사용하여 구하게 되므로 평균 대신 중앙값(median)을 사용해야 한다는 것이다. 따라서 스피어맨 상관계수의 공식은 [9-2]의 $\overline{X}$, $\overline{Y}$ 대신 중앙값을 사용하여 다음과 같이 정의한다.

$$r = \frac{\sum_{i=1}^{n} X_{Ri} Y_{Ri} - n\left(\frac{(n+1)}{2}\right)^2}{\sqrt{\sum_{i=1}^{n} X_{Ri}^2 - n\left(\frac{(n+1)}{2}\right)^2}\sqrt{\sum_{i=1}^{n} Y_{Ri}^2 - n\left(\frac{(n+1)}{2}\right)^2}} = \frac{s_{XY}}{s_X s_Y}$$

이 공식을 이용하여 주어진 표본자료를 바탕으로 스피어맨 상관계수를 구하면

$$s_{XY} = 356 - 302.5 = 53.5, \quad s_X = \sqrt{382.9 - 302.5} = 8.9666,$$
$$s_Y = \sqrt{380.5 - 302.5} = 8.8318$$
$$\therefore r_s = \frac{s_{XY}}{s_X s_Y} = \frac{53.5}{(8.9666)(8.8318)} = .6756$$

이고 이 값을 바탕으로 검정통계량 t 값을 구하면

$$t = \frac{r_s}{\sqrt{(1-r_s^2)/n-2}} = \frac{.6756}{\sqrt{(1-.4564)/8}} = 2.5918 \sim t_{df=8}$$

이다. 이때, $t = 2.5918$은 유의수준 .05, 자유도 $df = 8$에 해당하는 임계값 1.86보다 큰 값으로서 기각역 안에 속하므로 영가설 $H_0 : \rho = 0$은 유의수준 .05에서 기각된다. 이러한 검정결과는 앞서 $x_3 = 7$인 표본자료를 이용하여 구한 피어슨 상관계수와 검정통계량의 값에서 큰 차이가 없다는 것을 알 수 있으며 영가설 기각 여부

에 있어서도 차이가 없다는 것을 알 수 있다.

이러한 t 검정과 더불어 스피어맨 상관계수에 관한 가설을 검정할 수 있는 또 한 가지 방법은, 피어슨 상관계수의 경우에서와 마찬가지로 이미 계산되어 있는 임계값을 사용하는 방법이다. 스피어맨 상관계수의 경우, 상관계수 ρ의 p번째 분위수(quantile)를 ω_p라고 표기하고 다음과 같이

$$\omega_p = \frac{Z_p}{\sqrt{n-1}}$$

정의하는데 이러한 분위수 ω_p를 임계값으로 사용하여 피어슨 상관계수에 관한 가설을 검정할 수 있다. 보다 구체적으로 말하자면 유의수준 α에서 $H_0 : \rho = 0$은

$$\text{양측검정: } |\rho| < \omega_{p,1-\alpha}, \text{ 단측검정: } |\rho| < -\omega_{p,1-\alpha/2} \text{ 또는 } |\rho| < \omega_{p,1-\alpha/2}$$

일 때 기각된다. 부록 [표 $A7$]로부터 표본의 크기가 $n = 10$일 때 유의수준 .05에 해당하는 임계값은 $C = .5515$이고 표본을 바탕으로 구한 상관계수 $r_s = .6756$은 이 임계값보다 큰 값이므로 영가설은 기각된다. 피어슨 상관계수에서와 마찬가지로 스피어맨 상관계수의 경우에도 t 검정과 임계값표를 이용한 가설검정 결과는 항상 동일하다.

---

6. *SPSS*를 이용한 상관분석

1) *SPSS*를 이용한 피어슨(Pearson) 상관분석

[예 9-1]은 한 지역사회 정신건강센터에서 이중진단 정신분열증환자 10명을 대상으로 약물 및 알코올남용방지 프로그램을 실시하기 이전과 이후에 지난 3개월 동안의 입원횟수를 조사한 결과를 바탕으로 프로그램 실시 이전과 이후의 '입원횟수' 간에 상관이 존재하는지의 여부를 검정하는 것이다.

약물 및 알코올남용방지 프로그램 실시하기 이전 '입원횟수'와 이후 '입원횟수' 간에 상관이 존재하는지를 *SPSS*를 이용하여 검정해 보자. 먼저 분석에 사용할 표본자료로 'C9-상관분석-01'을 데이터 편집기 창으로 불러들인다. 그런 다음 [그림 9-4]처럼 '분석(Analysis)'의 하위명령 중에서 '상관분석(Correlate Analysis)'을 선택한 다음 이어서 제시되는 하위명령 중 '이변량 상관계수(Bivariate Correlations Analysis)'를 선택한다.

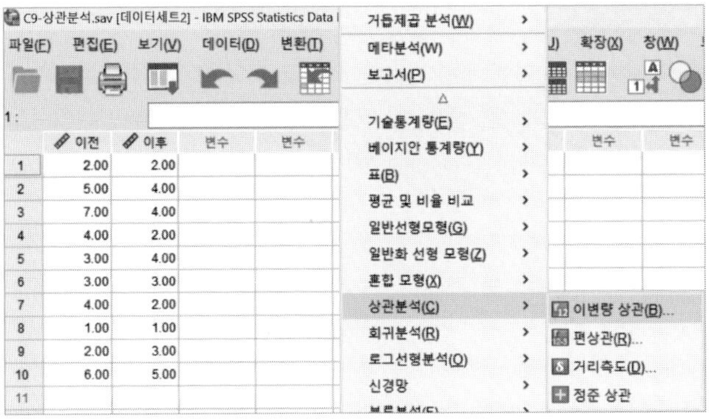

[그림 9-4]

'이변량 상관계수'를 선택하면 [그림 9-5]의 창이 화면에 나타난다. [그림 9-5]를 보면 왼쪽의 '변수목록' 박스에 '이전'과 '이후' 변수가 있다. 이 두 변수를 하나씩 창의 오른쪽에 있는 '변수(Variables)' 박스로 옮겨 놓는다.

그런 다음 [그림 9-5]의 아래쪽에 있는 '이변량 상관계수(Bivariate Correlations Analysis)' 박스를 보면 현재 '피어슨(Pearson)'이 선택되어 있는 것을 볼 수 있다. 이는 *SPSS* 의 기본값으로서 이변량 상관관계 분석을 실행할 때 *SPSS* 는 연구자가 달리 지정하지 않는 한 피어슨 상관계수를 상관계수 척도로 사용한다.

피어슨 상관계수와 관련해서 한 가지 주의해야 할 것은 피어슨 상관계수를 구하기 위해서 분석에 사용하는 변수는 반드시 비율변수여야 한다는 점이다. 자주는 아니지만 이따금씩 일부 논문이나 보고서에 '성별' 같은 명목변수나 이항 변수값을 갖는 더미변수(Dummy Variable)를 가지고 피어슨 상관분석을 실시한 결과가 제시되어 있는 경우를 볼 수 있는데, 한마디로 말해서 명목변수나 서열변수를 가지고 피어슨 상관계수를 구하는 것은 올바른 접근이 아니다. 따라서 상관관계분석에 더미변수와 같은 명목변수를 사용하지 않도록 주의해야 한다.

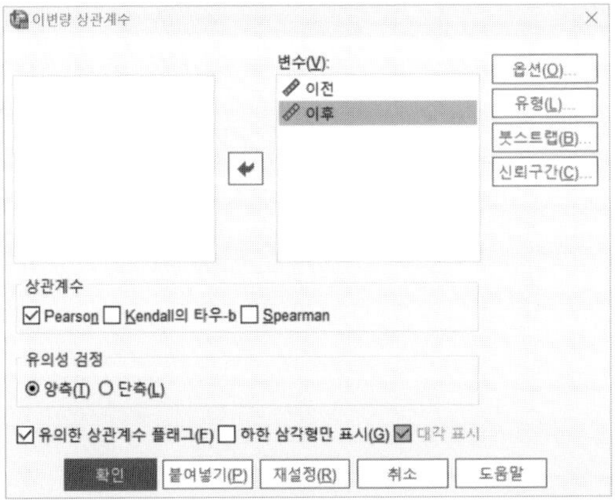

[그림 9-5]

분석하고자 하는 두 변수를 '변수(Variables)' 박스에 옮겨 놓은 후 '확인(OK)'을 눌러 명령을 실행시키면 〈표 9-3〉과 같은 분석결과가 나타난다. 〈표 9-3〉의 분석결과표에 제시된 통계량은 '이전'과 '이후' 입원횟수 간의 피어슨 상관계수 r과 그 값에 해당하는 p값이다.

〈표 9-3〉

상관계수

		이전	이후
이전	pearson 상관계수	1	.708*
	유의확률(양쪽)		.022
	N	10	10
이후	pearson 상관계수	.708*	1
	유의확률(양쪽)	.022	
	N	10	10

* 상관계수는 0.05 수준(양쪽)에서 유의합니다.

〈표 9-3〉의 분석결과표에는 제시되어 있지 않지만 표본을 바탕으로 구한 상관계수 r값은 다음과 같은 영가설과 대립가설

$$H_0 : \rho = 0 \quad vs. \quad H_a : \rho \neq 0$$
$$t = \frac{r}{\sqrt{(1-r^2)/n-2}} = \frac{.708}{\sqrt{(1-.501)/8}} = 2.843$$

을 검정하기 위한 t 검정 과정을 거쳐야 한다. 분석결과표에 제시된 p값은 바로 이 t 값 2.843에 해당하는 유의확률 p값이다. 이 값이 유의수준 .05보다 작은 값이므로 유의수준 .05에서 위의 영가설은 기각된다. 따라서 '이전 입원횟수'와 '이후 입원횟수'가 독립이 아니며 두 변수 간에 $r = .708$ 수준의 양의 상관이 존재한다는 결론을 내릴 수 있다.

2) *SPSS*를 이용한 스피어맨(Spearman) 상관분석

만일 표본에 극단적인 이상값이 존재한다면 앞서 배운 피어슨 상관분석 대신 스피어맨 상관분석을 실시해야 한다. 이를 위해 'C9-상관분석-02'을 분석자료로 불러들인다. 이 자료는 세 번째 관찰대상이 '이전' 변수에 대해 갖는 변수값이 $x_3 = 70$ 이라는 것만 제외하면 앞서 피어슨 상관분석에서 사용했던 자료와 동일한 자료이다.

SPSS 에서는 스피어맨 상관분석을 위한 명령이 피어슨 상관분석을 위한 명령과 기본적으로 동일하다. 스피어맨 상관분석을 실시하려면 앞서 피어슨 상관분석의 경우와 동일한 [그림

9-4]의 과정을 거쳐 '이변량 상관계수(Bivariate Correlations Analysis)'를 선택하고 [그림 9-6]이 나타나면 '이전'과 '이후' 변수를 '변수(Variables)' 박스에 옮겨 놓는다.

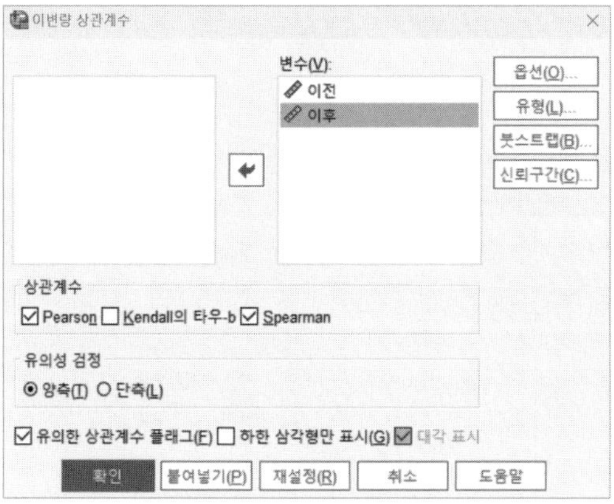

[그림 9-6]

이 과정까지는 피어슨 상관분석과 전혀 다를 바가 없다. 이제 스피어맨 상관분석을 하려면 창의 아래쪽에 위치한 '이변량 상관계수(Bivariate Correlations Analysis)' 박스에서 현재 '피어슨(Pearson)'으로 선택되어 있는 계수의 종류를 '스피어맨(Spearman)'으로 바꿔 주기만 하면 된다. 이제 '확인(OK)'을 눌러 명령을 실행시키면 〈표 9-4〉와 같은 분석결과가 제시된다.

〈표 9-4〉

상관계수

			이전	이후
Spearman의 rho	이전	상관계수	1.000	.673*
		유의확률(양측)		.033
		N	10	10
	이후	상관계수	.673*	1.000
		유의확률(양측)	.033	
		N	10	10

*상관 유의수준이 0.05입니다(양측).

〈표 9-4〉에 제시된 통계량은 〈표 9-3〉과 동일하므로 별도의 설명을 생략하기로 하겠다. 이처럼 *SPSS*를 이용한 스피어맨 상관분석은 검정에 사용하기 위해 구하는 상관계수의 종류가 다르다는 차이가 있을 뿐 기본적으로 피어슨 상관분석과 동일한 방법으로 실시한다는 것을 기억해 두기 바란다.

3) *SPSS*를 이용한 상관분석-산점도 이용하기

또 한 가지 예를 통해서 피어슨 상관분석과 스피어맨 상관분석의 차이를 다시 한 번 이해해보자. 자료 CD로부터 'C9-상관분석-피어슨분석-01'을 *SPSS*로 불러들인다. 이 자료는 50명의 관찰대상에 대해서 연령과 소득을 조사하여 얻은 자료이다. 두 변수 '연령'과 '소득' 간에 상관이 존재하는지 알아보기 위해서 먼저 피어슨 상관분석을 실시해 보자. 앞서 배운 바대로 [그림 9-7]처럼 '분석(Analysis)' '상관분석(Correlate)' '이변량 상관계수(Bivariate Correlations Analysis)'를 차례대로 누른다.

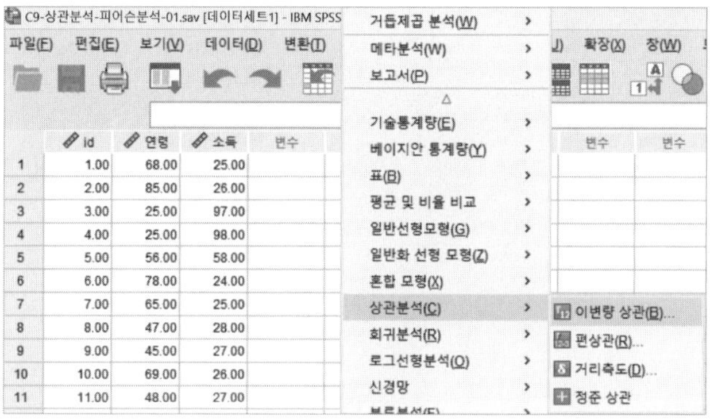

[그림 9-7]

그런 다음, 상관분석에 사용할 두 변수를 '변수(Variables)' 박스에 옮기고 상관계수가 '피어슨' 계수인지 확인한 후, '확인(OK)'을 눌러 명령을 실행시킨다.

〈표 9-5〉의 상관분석결과표에 따르면, '연령'과 '소득' 간에 $r=-.434$ 의 상관이 존재하는 것을 알 수 있다. 즉, 두 변수 간에는 연령이 높아지면 소득이 낮아진다는 관계가 존재한다.

〈표 9-5〉

상관계수

		연령	소득
연령	pearson 상관계수	1	-.434**
	유의확률(양쪽)		.002
	N	50	50
소득	pearson 상관계수	-.434**	1
	유의확률(양쪽)	.002	
	N	50	50

*상관계수는 0.01 수준(양쪽)에서 유의합니다.

이러한 관계는 '연령'과 '소득'의 산점도(Scatter plot) 그래프를 그려보면 좀 더 분명하게 이해할 수 있다. 산점도를 그리려면 [그림 9-8]의 *SPSS* 데이터 편집기 창의 최상위 명령 중 '그래프(Graphs)'를 선택한 다음, 제시된 하위명령 중 산점도/점도표를 선택한다.

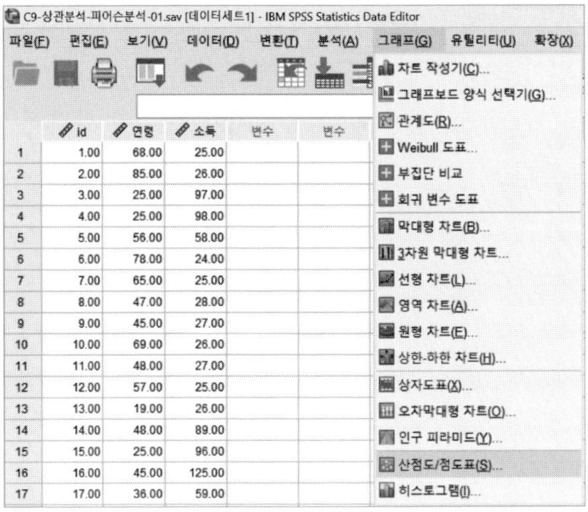

[그림 9-8]

'산점도'를 선택하면 [그림 9-9]와 같이 다양한 산점도 형식이 제시된다. 이 중에서 제일 단순한 형식의 '단순산점도(Simple Scatter)'를 선택하고 '정의(Define)'를 누른다.

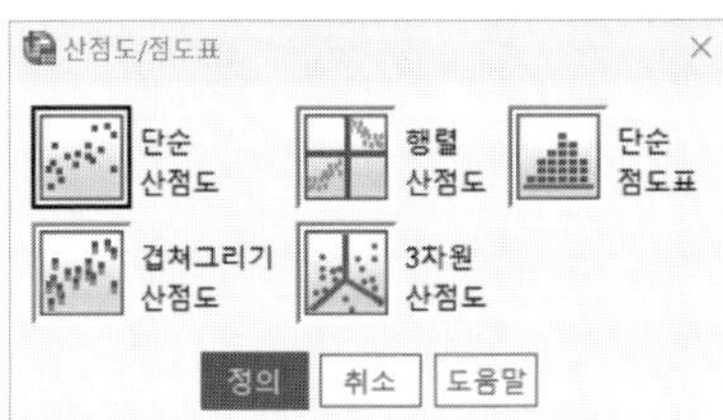

[그림 9-9]

[그림 9-10]의 '단순산점도' 창이 나타나면 창의 왼쪽의 '변수목록' 박스에서 '소득'을 Y축에, 그리고 '연령'을 X축에 옮겨 놓고 마지막으로 '확인(OK)'을 눌러 산점도 명령을 실행시킨다.

[그림 9-11]은 '연령'과 '소득'의 산점도이다. 이 도표를 보면 대부분의 관찰대상이 연령 20~60세 범위와 소득 50~100만 원 범위에 집중되어 분포하고 있는 것을 알 수 있다. 두 변수 간의 관계는 연령이 20~60세일 때는 소득이 50~100만 원 수준이지만 연령이 60~80세가 되면 소득이 25만 원 수준으로 낮아지는 음(-)의 관계이다. 도표상의 직선은 두 변수 간의 관계를 나타내는 선으로서 이 선의 방향과 기울기는 각각 '연령'과 '소득' 간에 존재하는 상관의 강도와

방향을 나타낸다. 이 선은 왼쪽 위에서 오른쪽 아래로 향하는 기울기를 가지고 있는데, 이는 두 변수 간에 음의 상관이 존재한다는 것을 나타낸다.

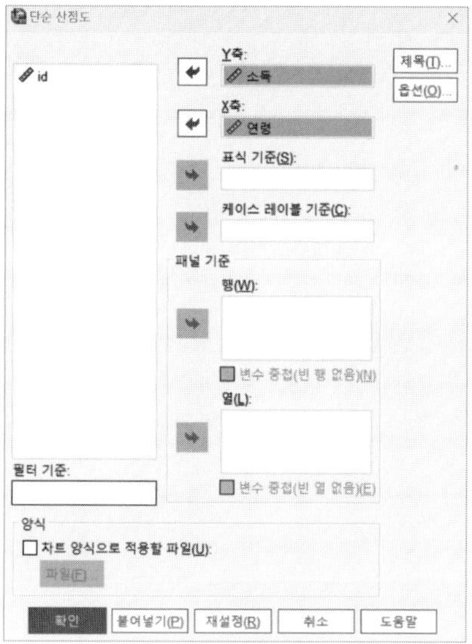

[그림 9-10]

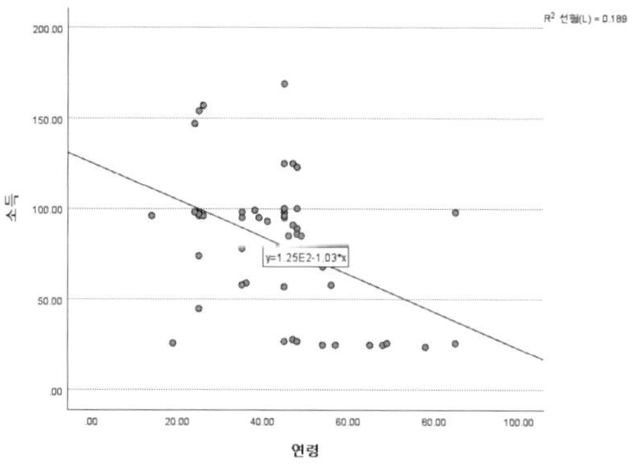

[그림 9-11]

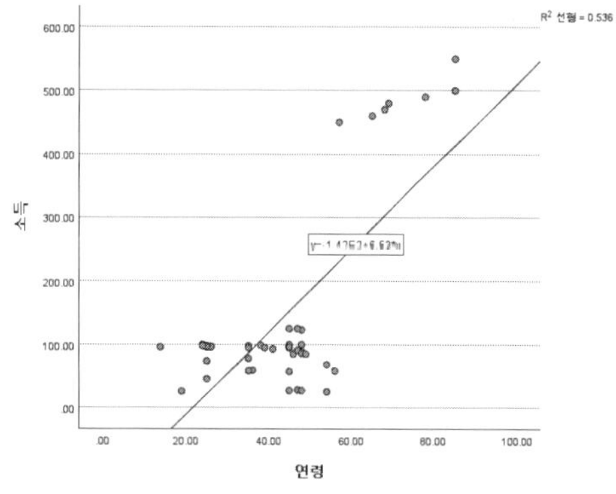

[그림 9-12]

이번에는 'C9-상관관계분석-피어슨분석-02'를 불러들여 앞서 배운 방법대로 두 변수 '연령'과 '소득'의 산점도를 그려보자. 이 자료는 바로 앞에서 산점도를 그리기 위해 사용한 자료와 크기와 변수명은 동일하지만 '소득' 변수에 7개의 극단값이 포함되어 있는 자료이다.

이 자료를 사용하여 산점도 [그림 9-12]를 보면 도표의 오른쪽 위쪽에 7개 정도의 변수값 쌍들이 나머지 변수값 쌍들로부터 상당히 동떨어져 분포하고 있는 것을 볼 수 있다. 이 변수값 쌍들은 [그림 9-11]에는 없다가 '소득' 변수의 변수값에 극단값들이 포함됨에 따라 나타난 변수값 쌍들이다.

[그림 9-12]와 [그림 9-11] 간의 또 한 가지 큰 차이는 '연령'과 '소득' 간의 관계를 나타내는 직선의 기울기가 [그림 9-11]에서는 음(-)이었으나 [그림 9-12]에서는 양(+)으로 바뀐 점이다. 이러한 기울기의 변화 역시 극단값에서 비롯된 현상으로서 전체표본 중 극히 일부에 불과한 극단값이 [그림 9-11]과 같은 두 변수 간의 관계를 [그림 9-12]와 같은 관계로 왜곡시키는 결과를 가져온 것이다.

앞서 설명했던 바와 같이, 이처럼 표본자료에 극단값이 포함되어 있으면 두 변수 간의 상관의 왜곡을 올바르게 추정할 수 없다. 이 말의 의미는 극단값이 포함된 'C9-상관관계분석-피어슨분석-02'를 표본자료로 사용하여 피어슨 상관분석을 실시해 얻은 결과 〈표 9-6〉을 극단값이 없는 자료를 사용하여 얻은 피어슨 상관분석 결과 〈표 9-5〉와 비교해 보면 쉽게 이해할 수 있다.

〈표 9-6〉

상관계수

		연령	소득
연령	pearson 상관계수	1	.732**
	유의확률(양쪽)		.000
	N	50	50
소득	pearson 상관계수	.732**	1
	유의확률(양쪽)	.000	
	N	50	50

*상관계수는 0.01 수준(양쪽)에서 유의합니다.

바로 이러한 상황에서는 상관분석을 할 때 피어슨 상관분석이 아니라 스피어맨 상관분석을 해야만 극단값의 존재로 인한 왜곡현상을 줄일 수 있다. 이 말의 의미를 좀 더 분명하게 이해하기 위해서 극단값이 포함된 'C9-상관관계분석-이변량상관관계분석-피어슨분석-02'을 사용하여 스피어맨 상관분석을 실시한 다음 분석결과를 피어슨 상관분석을 실시했을 때의 결과와 비교해 보기로 하자.

이를 위해서 [그림 9-7]처럼 '분석(Analysis)' '상관분석(Correlate Analysis)' '이변량 상관분석(Bivariate Correlations Analysis)'을 선택한 다음, 두 변수를 옮겨 놓고 마지막으로 상관계수를 '스피어맨'으로 바꾼 다음 '확인(OK)'을 누른다.

〈표 9-7〉에 제시된 결과에 따르면 '연령'과 '소득' 간의 상관은 $r = .242$ 이고 t 검정 결과 이 값은 0과 다를 바가 없는 것으로 판명되었다. 이러한 결과는 극단값이 포함되지 않았을 때의 분석결과 〈표 9-5〉와는 매우 다른 결과이다.

〈표 9-7〉

상관계수

			연령	소득
Spearman의 rho	연령	상관계수	1.000	.242
		유의확률(양쪽)		.090
		N	50	50
	소득	상관계수	.242	1.000
		유의확률(양쪽)	.090	
		N	50	50

〈표 9-8〉은 이상에서 실시한 세 번의 상관분석에서 얻은 결과를 비교한 표이다. 첫 번째 열에 제시된 결과는 극단값이 없는 자료에 대해 피어슨 상관분석을 실시한 결과이고, 두 번째 열에 제시된 자료는 극단값이 있는 자료에 대해 피어슨 상관분석을 실시한 결과이며, 마지막 열은 극단값이 포함된 자료를 사용하되 스피어맨 상관분석을 실시한 결과이다.

이 표를 보면 극단값이 없는 피어슨 상관분석과 극단값이 있는 스피어맨 상관분석은 '연령'과 '소득' 간의 관계와 t 검정 모두에서 일관되게 유사한 결과를 보이는 반면, 극단값이 포함된 자료에 대해 피어슨 상관분석을 실시하면 다른 두 경우에 해당하는 분석결과와 매우 다른, 왜곡된 결과가 나타난다는 것을 쉽게 알 수 있다. 따라서 어쩔 수 없이 극단값의 존재가 의심되는 표본자료를 사용해야 하는 경우, 피어슨 상관분석은 자칫 연구자로 하여금 두 변수 간의 관계를 잘못 이해하게 만들 수 있는 위험성이 있으므로 스피어맨 상관분석 방법을 사용하는 것이 바람직하다.

연구자는 이상의 내용을 반드시 기억해 둠으로써 *SPSS*를 이용하여 상관분석을 실시할 때 항상 표본자료에 극단값이 존재하는지 여부를 먼저 확인한 다음, 자신이 처한 상황에 더 적합한 상관분석 방법을 선택하여 사용할 수 있어야 한다.

〈표 9-8〉

피어슨 상관분석, 극단값 없음		피어슨 상관분석, 극단값 있음		스피어맨 상관분석, 극단값 있음	
상관계수	t 검정	상관계수	t 검정	상관계수	t 검정
−.434	.003**	+.732	.000***	+.242	.090

7. 이상값에 대한 진단과 처치

1) 데이터탐색 분석(Explore Analysis)을 통한 이상점 진단

표본에 극단값을 가진 관찰대상이 존재하는 데는 여러 가지 원인이 있을 수 있다. 어떤 경우는 조사과정에서 조사 참여자나 조사원에 의해서 잘못된 값이 기록되었기 때문일 수도 있고, 어떤 경우는 분석을 위해 조사된 자료를 컴퓨터에 입력할 때 단순히 입력오류가 발생했을 수도 있다. 또 어떤 경우에는 극단적인 변수값을 갖는 사례가 실제로 존재하고 그런 사례가 표본에 포함된 것일 수도 있다.

표본의 관찰대상 중 한 개 또는 그 이상의 변수에 대해서 극단값을 갖는 관찰대상을 가리켜 '이상점(outlier)'이라고 한다. 이상점은 나머지 관찰대상들이 해당 변수에 대해 갖는 변수값들과 매우 다른 비정상적인 값을 가지고 있다는 점을 생각하면 이 용어가 의미하는 바를 쉽게 기억할 수 있을 것이다. 어떤 이유에서든 표본에 이상점이 존재하면 이상점은 앞서 들었던 예에서처럼 분석결과에 상당한 영향을 미친다. 다음과 같은 예를 통해서 이상점이 분석에 어떤 영향을 미칠 수 있는지 이해해 보기로 하자.

[그림 9-13]에 제시된 자료는 자료 CD로부터 불러들인 'C9-이상점진단'이다. 이 자료는 '총자산1'과 '총자산2'라는 두 개 변수로 구성되어 있다. '총자산2'는 '총자산1'의 변수값을 복사한 다음, 관찰대상 14번의 변수값만 '총자산1'의 변수값과 다른 극단값으로 만들어 놓은 변수이다. 즉, 이 표본 중 관찰대상 14번은 이상점이다.

이 두 변수에 대해서 제1장에서 배웠던 빈도분석을 실시해 보자. *SPSS*의 최상위 명령 중

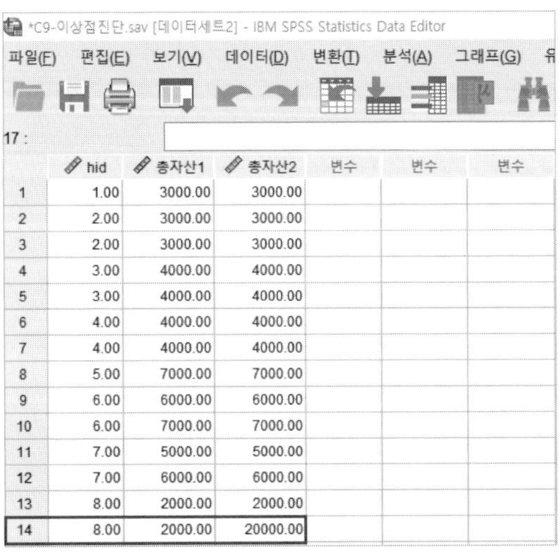

	hid	총자산1	총자산2	변수	변수	변수
1	1.00	3000.00	3000.00			
2	2.00	3000.00	3000.00			
3	2.00	3000.00	3000.00			
4	3.00	4000.00	4000.00			
5	3.00	4000.00	4000.00			
6	4.00	4000.00	4000.00			
7	4.00	4000.00	4000.00			
8	5.00	7000.00	7000.00			
9	6.00	6000.00	6000.00			
10	6.00	7000.00	7000.00			
11	7.00	5000.00	5000.00			
12	7.00	6000.00	6000.00			
13	8.00	2000.00	2000.00			
14	8.00	2000.00	20000.00			

[그림 9-13]

분석(Analysis)과 기술통계량(Descriptive Statistics)를 차례대로 선택한 다음, 하위명령 중 '빈도분석(Frequencies)'을 선택한다. 빈도분석 창이 나타나면 왼쪽의 '변수목록' 박스로부터 '총자산1'과 '총자산2'를 오른쪽 '변수(Variables)' 박스로 옮겨 놓는다.

[그림 9-14]

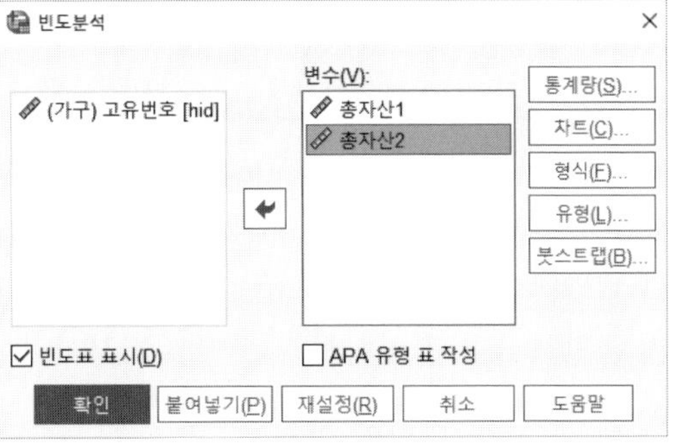

[그림 9-15]

그런 다음, '통계량(Statistics)'을 누르고 '평균(Mean)'과 '표준편차(Std. deviation)'를 선택한 다음, '계속(Continue)'과 '확인(OK)'을 눌러 명령을 실행시킨다.

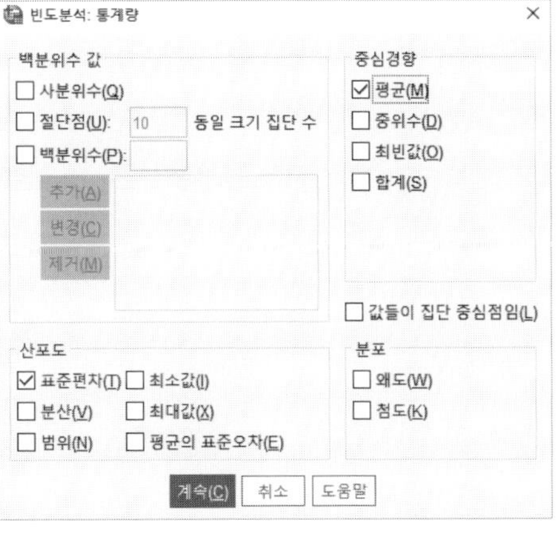

[그림 9-16]

빈도분석결과를 보면 '총자산1'의 평균값은 3,900만 원인 데 비해 '총자산2'의 평균값은 4,900만 원으로 나타났다. 제1장에서 설명한 바와 같이 극단값은 평균값에 상당한 영향을 미치기 때문에 극단값이 존재할 때 평균값은 신뢰할 만한 중심경향도 측도가 되지 못한다.

극단값은 평균값뿐만 아니라 산포도에도 영향을 미친다. 극단값이 평균에 미치는 영향보다 산포도에 미치는 영향이 더 크다. '총자산1'의 표준편차가 1,803만 원인 데 비해 '총자산2'의 표준편차가 무려 3,981만 원인 것을 보면 이러한 사실을 분명하게 이해할 수 있다.

〈표 9-9〉

통계량

		총자산1	총자산2
N	유효	20	20
	결측	0	0
평균		3900.0000	4900.0000
표준편차		1803.50536	3981.53633

위와 같은 간단한 예를 통해서 우리는 고작 두 개의 극단값이 두 변수의 평균값과 표준편차에 얼마나 큰 영향을 미칠 수 있는지 확인해 보았다. 이러한 이유에서 연구자는 자료를 분석하기에 앞서 또는 분석하는 과정에서 표본자료에 이상점이 존재하는지 여부를 수시로 확인해 봐야만 한다.

이상점을 찾는 방법은 여러 가지가 있으나 이 장에서는 가장 간단한 방법인 '데이터탐색(Explore)'에 대해서만 설명하고 다음 장에서 다른 방법들을 설명하기로 하겠다. '탐색분석'은 제1장에서 배운 기술통계의 일종이다. '데이터탐색'을 실시하기 위해서 위의 예에서 사용했던 자료 'C9-이상점진단'을 다시 불러들인 다음, *SPSS* 데이터 편집기 창에서 '분석(Analysis)' '기술통계(Descriptive Statistics)' '데이터탐색(Explore)'을 차례대로 선택한다.

[그림 9-17]

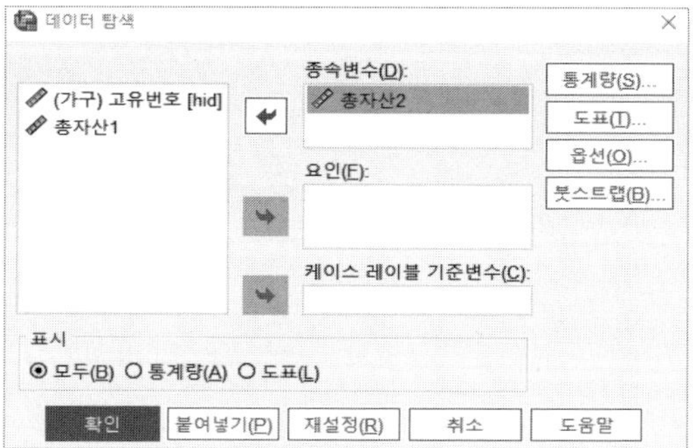

[그림 9-18]

분석에 사용할 '총자산2'를 오른쪽 '종속변수 목록(Dependent List)'에 옮겨 놓는다. 그런 다음, 창의 아래쪽에 있는 '통계량(Statistics)'을 누르면 [그림 9-18]과 같은 창이 나타난다. 현재 '기술통계(Descriptives)'가 기본값으로 선택되어 있는데 '이상점(Outliers)'을 선택한 후, '계속(Continue)'을 누른다.

'통계량(Statistics)' 오른쪽에 있는 '도표(Plots)'를 누르면 하위명령 창이 나타난다. '선택사항' 중 '상자도(Boxplots)'에는 '요인수준(Factor Level together)'이, 그리고 '기술통계(Descriptive)'에는 '줄기-잎 도표(Stem-and-leaf)'가 선택되어 있는지 확인하고 '계속(Continue)'을 누른다. 마지막으로 '확인(OK)'을 눌러 명령을 실행시킨다.

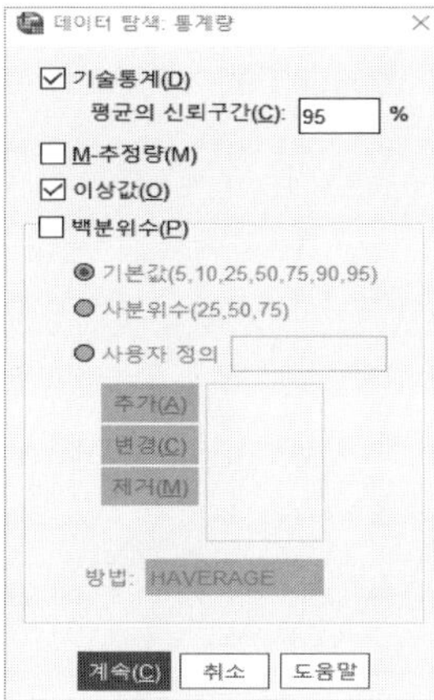

[그림 9-19]

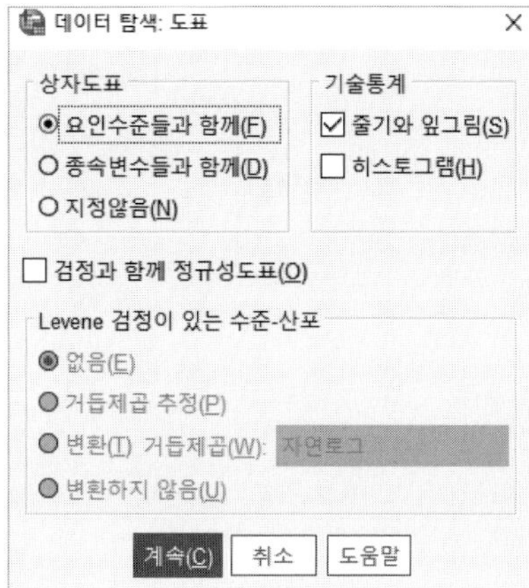

[그림 9-20]

'데이터탐색'의 분석결과로서 기술통계표, 극단값표, 줄기-잎 도표 및 상자도가 제시된다. 경험이 많지 않은 연구자들의 경우, 기술통계표나 극단값 표를 보고 이상점을 찾는 것이 생각보다 쉽지 않을 수 있다. 왜냐하면 표준편차가 얼마나 되어야 이상점이 있다고 의심해 볼 수 있을지, 결과표에 나타난 최소값이나 최대값이 해당 변수가 가질 수 없는 비정상적인 값인지 등을 판단한다는 것은 상당한 경험을 필요로 하기 때문이다. 그렇기 때문에 다른 결과표도 중요하지만 가장 주의깊게 봐야 할 결과표는 '줄기-잎 도표'와 '상자도'이다.

데이터탐색 분석의 결과 중 맨 먼저 제시되는 결과표는 기술통계표이다. 〈표 9-10〉은 '총자산2'에 대한 기술통계표이다. 이 표에는 해당 변수에 관한 기초통계량 값들이 제시되어 있어 해당 변수의 주요 특성들을 한눈에 살펴볼 수 있다.

〈표 9-11〉은 분석대상 변수의 변수값을 크기를 기준으로 나열한 다음, 가장 큰 변수값에서부터 5번째로 큰 변수값까지 5개 변수값을 뽑아 '최대값'으로 제시하고, 가장 작은 변수값부터 5번째로 작은 변수값까지 5개 변수값을 뽑아 '최소값'으로 제시해 놓은 표이다. 표본자료에 극단값이 포함되어 있다면 그 값은 이 표에 제시될 가능성이 높다. 따라서 이 표는 극단값일 가능성이 높은 변수값과 그런 변수값을 가진 이상점을 찾는 데 매우 유용하다.

이 표를 이용할 때 연구자는 적어도 다음과 같은 두 가지 것을 반드시 기억해야 한다. 첫째, 이 표에 제시된 값들은 해당 변수의 최소값과 최대값이지 극단값이 아니라는 점이다. 이 표에 제시된 값들이 극단값인지 여부는 해당 변수가 가진 변수값의 범위에 따라 결정된다. 만일 이 값들을 극단값으로 단정하고 표본에서 제외시키면 이 값들 바로 다음으로 크거나 작은 다른 5개 값들이 이 표에 제시될 것이고, 그 값들은 또 제외될 것이다. 그런 식으로 변수값들을 반복해서 제외시키면 마지막에 가서는 분석에 사용할 수 있는 변수값이 하나도 남지 않는 상황이

〈표 9-10〉

기술통계

			통계량	표준오차
총자산2	평균		4800.0000	890.29859
	평균의 95% 신뢰구간	하한	2936.5836	
		상한	6663.4164	
	5% 절사평균		4166.6667	
	중위수		4000.0000	
	분산		15852631.579	
	표준화 편차		3981.53633	
	최소값		1000.00	
	최대값		20000.00	
	범위		19000.00	
	사분위수범위		2750.00	
	왜도		3.116	.512
	첨도		11.985	.992

벌어진다는 것을 생각해 보기 바란다.

둘째, 만일 표본에 극단값이 5개 이상 존재한다면 이 표에는 그중 5개 값만 제시되기 때문에 이 표에 제시된 극단값을 제거하더라도 표본 내에 다른 극단값이 남아 있을 수 있다. 따라서 이 표에 제시된 값들을 제거했다고 해서 극단값 문제를 해결했다고 생각해서는 안 된다. 그렇기 때문에 극단값이나 이상점을 찾을 때는 이 표와 함께 산점도 등의 다른 방법을 병행하여 사용하는 것이 바람직하다는 것을 기억해 두기 바란다.

〈표 9-11〉

극단값

			케이스 수	값
총자산2	최대값	1	14	20000.00
		2	8	7000.00
		3	10	7000.00
		4	9	6000.00
		5	12	6000.00
	최소값	1	17	1000.00
		2	15	1000.00
		3	16	2000.00
		4	13	2000.00
		5	3	3000.00a

a. 값 3000.00을(를) 가지는 케이스의 부분 목록만 하한 극단값 표에 표시됩니다.

'줄기-잎 도표(Stem-and Leaf Plot)'는 이상점의 존재 여부를 확인하는 데 매우 유용한 또 하나의 도표이다. 이 도표는 분석대상 변수의 범위, 분산, 좌우 대칭 여부 및 왜도(skewed)를 파악하는 데도 도움이 된다.

〈표 9-12〉

총자산 2 Stem-and-Leaf Plot

Frequency	Stem &	Leaf
2.00	1 .	00
2.00	2 .	00
3.00	3 .	000
5.00	4 .	00000
3.00	5 .	000
2.00	6 .	00
2.00	7 .	00
1.00 극단값	(>=20000)	

줄기 너비 : 1000.00
각 잎 : 1 case(s)

'줄기-잎 도표'는 히스토그램처럼 변수값의 분포형태를 그림으로 나타내 보여 준다. 〈표 9-12〉의 '줄기-잎 도표'를 예로 들어서 도표의 의미를 해석해 보기로 하자. 먼저, '줄기-잎 도표'의 내용 중

빈도: 제시된 빈도는 해당 줄기-잎에 해당하는 변수값을 가진 관찰대상의 수
줄기-잎: 변수값의 단위를 줄여 설명한 값

을 뜻한다. 위의 도표에서 맨 처음 두 줄을 보면

Frequency	Stem &	Leaf
2.00	1.	00

라고 쓰여 있다. 이 내용 중 '빈도'와 그 아래 쓰여 있는 '2'라는 값은 말 그대로 빈도를 나타낸다. '빈도' 오른쪽 옆에 있는 '줄기'와 그 아래 쓰여 있는 '1'이라는 값은 '1000.00'을 '1'로 줄여 쓴 것이다. 즉, '줄기'가 '1'이라는 것은 '1000.00'이라는 변수값을 의미한다. 이상의 내용을 이해했다면 위의 두 줄에 담겨 있는 의미가 '변수값이 1000.00인 관찰대상의 빈도가 2이다'라는 것을 알 수 있다.

이상의 내용을 염두에 둔 상태에서 이제 〈표 9-12〉의 줄기-잎 도표를 보면 줄기-잎 값이 1.00에서 4.00까지는 줄기-잎 값이 증가할수록 빈도수도 따라서 증가하다가 줄기-잎 값이 4.00을 지나 7.00으로 갈수록 빈도수가 감소하는 것을 볼 수 있다. 즉, 이 도표는 우리에게 변수값이 줄기-잎 값 4.00를 중심으로 해서 증가하다가 감소하는 형태로 분포하고 있음을 보여 준다.

〈표 9-12〉의 줄기-잎 표의 마지막에 보면 '1.00 Extremes(〉=20000)'이란 표현이 있다. 이것은 현재 분석자료 중 총자산 2가 20000보다 같거나 큰 총자산을 갖고 있는 케이스가 1명 있다는 것을 의미한다. 이는 이상점이 되는 값이 1개 있고, 그 값이 20000보다 같거나 크다는 것을 의미한다.

'줄기-잎 도표' 못지않게 이상점의 존재 여부를 파악하는 데 자주 활용되는 도표는 [그림 9-21]과 같은 '상자도표(boxplot)'이다. 이 도표의 이름을 기억하는 가장 좋은 방법은 [그림 9-21]에 제시된 바와 같이 이 도표가 사각형 상자로 변수값의 분포를 나타낸다는 것을 기억하는 것이다.

[그림 9-21]을 보면 그림 아래쪽에 직사각형 상자가 한 개 있고 그 안에 가로로 선이 그어져 있다. 이 선은 분석대상 변수(이 예에서는 '총자산')의 중앙값(median)을 나타낸다. 이 선으로부터 상자의 아래쪽과 위쪽 테두리로 정의되는 공간은 이 변수의 변수값 중 1사분위와 3사분위에 해당하는 변수값을 의미한다. 즉, 이 상자는 분석대상 변수의 변수값 중 중간 50%의 변수값이 어디에 위치하는지를 보여 주는 것이다.

상자의 위쪽과 아래쪽에 상자로부터 뻗어나온 세로선은 변수값 중 상위 25%와 하위 25%를 의미하며 세로선 끝에 연결되어 있는 위쪽과 아래쪽의 가로선 각각은 변수값 중 최대값과 최소값을 나타낸다. 따라서 상자의 높이가 낮을수록 그리고 상자로부터 뻗어 나온 세로선들의 길이가 짧을수록 변수값들이 중심 가까이에 위치하며 분산이 크지 않다는 것으로 해석할 수 있다.

이 상자도에서 눈여겨볼 것은 상자도의 맨 위쪽 끝쯤에 '14'라고 표기된 별점이다. 이 점은

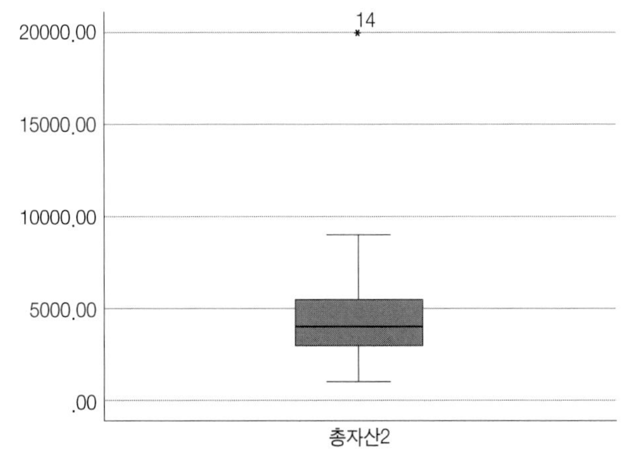

[그림 9-21]

말 그대로 다른 변수값들로부터 'Out Lie' 해 있는 이상점이다. 이 이상점은 극이상점(Extreme Outliers)이다. 이 이상점은 중간 50%에 해당하는 변수값 범위보다 3배 이상 큰 극단값을 갖는다. [그림 9-21]의 경우, 14번 사례는 극이상점임을 알 수 있다.

앞서 언급한 바와 같이, 이상점의 존재는 분석에 상당한 영향을 미치기 때문에 표본 중에 이상점이 존재하는지 여부를 확인해 보는 것은 매우 중요하다. 그런데 문제는 이상점을 찾는다고 하더라도 이상점을 표본에서 제외시키는 것이 생각처럼 단순한 일이 아니라는 것이다. 왜냐하면 이상점이 '오류'에서 비롯된 값이라면 모르지만 '실재'를 반영하는 값이라면 이상점을 제외시키는 것은 실재를 잘못 이해하는 결과를 낳게 되기 때문이다.

이와 관련해서는 정규성을 설명하면서 좀 더 자세하게 설명하기로 하고 여기서는 '발견해도 제외시키지 못할 것이라면 이상점의 존재 여부는 도대체 왜 확인해 봐야 하는가?'라는 질문에 대한 답을 먼저 제시하기로 하겠다. 그 이유는 이상점이 존재한다면 정규성 가정의 충족 여부를 의심해 봐야 하기 때문이다. 이상점이 존재할 때 변수의 분포는 긴 꼬리를 갖게 되며 그럴 경우 해당 변수는 정규성을 갖지 못할 가능성이 높다. 이렇게 볼 때 이상점은 그 자체보다는 정규성 가정이 충족되지 못하는 경우에 대한 전조이기 때문에 중요하다고 볼 수 있다.

8. 정규성 확인

1) 정규분포 특성

만일 [그림 9-21]의 상자도(boxplot)처럼 이상점이 한두 개 정도 존재하는 것이 아니라 다수의 이상점이 존재하거나 이상점의 수는 적으나 상자도의 상자가 위, 아래 방향으로 매우 길게 뻗어 있는 모양을 띤다면 연구자는 이상점이 존재한다는 것에서 한 걸음 더 나아가서 분석하고자 하는 변수의 정규성(normality)을 의심해 볼 필요가 있다.

정규성에 대해서는 단일모수에 관한 가설검정에서부터 시작해서 이제까지 매번 가설검정방법을 소개할 때마다 가설검정을 위해 반드시 충족되어야 하는 중요한 가정임을 반복하여 강조한 바 있다. 어떤 변수가 정규성을 갖는다는 말은 그 변수의 분포가 다음과 같은 특성을 갖는다는 것을 말한다.

정규분포 곡선 내의 면적이 1이다.
정규분포의 중심은 0점으로서 평균값, 중앙값, 최빈값이 같다.
정규분포는 중심점을 중심으로 좌우가 대칭을 이룬다.
정규분포의 양 극단은 -와 + 방향으로 수렴한다.

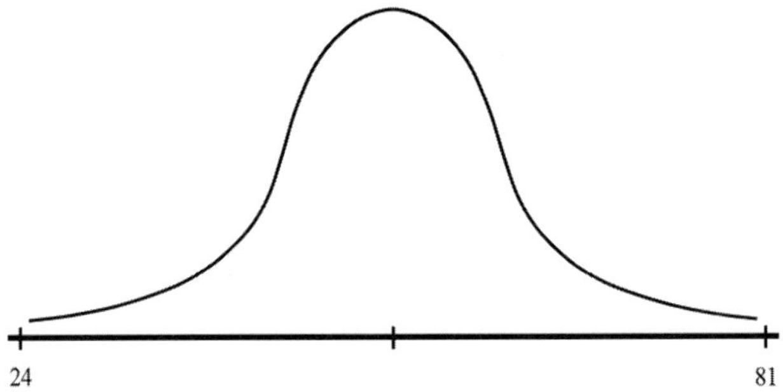

어떤 변수가 정규성을 갖는지 여부를 어떻게 알 수 있을까? 변수의 정규성 가정 충족 여부를 알아보는 방법은 세 가지가 있다. 첫째는 해당 변수의 분포 그래프로 그려 분포의 정규성을 육안으로 판단하는 방법이고, 두 번째 방법은 첨도와 왜도에 근거하여 판단하는 방법이며, 또 다른 방법은 통계적 검정을 실시하는 방법이다. 이제 *SPSS* 프로그램에서는 어떤 명령을 통해 이 세 가지 방법을 사용할 수 있는지 살펴보기로 하겠다. 예를 들어, '소득'이라는 변수 X의 변수값이 정규성을 갖는지 여부를 판단하고자 한다고 가정해 보자.

2) 그래프를 이용한 정규성 진단

그래프를 이용하는 방법은 손쉽고 간단하다는 장점이 있지만 정확도가 떨어진다는 단점이 있다. 그렇기 때문에 그래프 방법만으로 정규성 가정 충족 여부를 판단하는 경우는 드물며 그래프 방법은 주로 통계적 검정방법에 앞서 1차 확인을 목적으로 주로 사용된다. 정규성을 확인하고자 하는 변수의 확률분포 그래프를 그리기 위해서는 데이터 CD에서 'C9-정규성확인-정규성진단-01'을 불러들인 후 *SPSS* 프로그램의 분석(Analysis)에서 기술통계량(Descriptives Statistics)을 클릭하고 빈도분석(Frequencies)을 클릭한다.

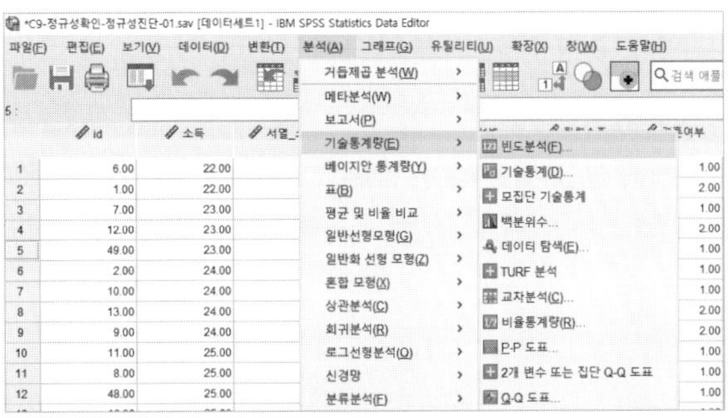

[그림 9-22]

빈도분석 창이 열리면 왼쪽에 변수목록이 보인다. 그 가운데 '소득' 변수를 오른쪽의 변수(Variable) 박스에 옮겨놓는다. 그런 다음 빈도분석 창 하단에 위치한 차트(Charts) 아이콘을 누르면 [그림 9-23]이 나타난다. 차트 창에서 차트 유형 가운데 마지막에 위치한 히스토그램(Histograms)과 정규곡선(normal curve)을 선택한 후 '계속(Continue)'과 '확인(OK)'을 순서대로 누른다.

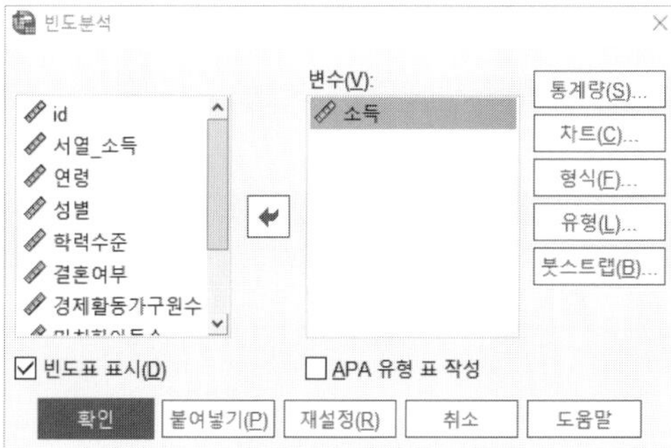

[그림 9-23]

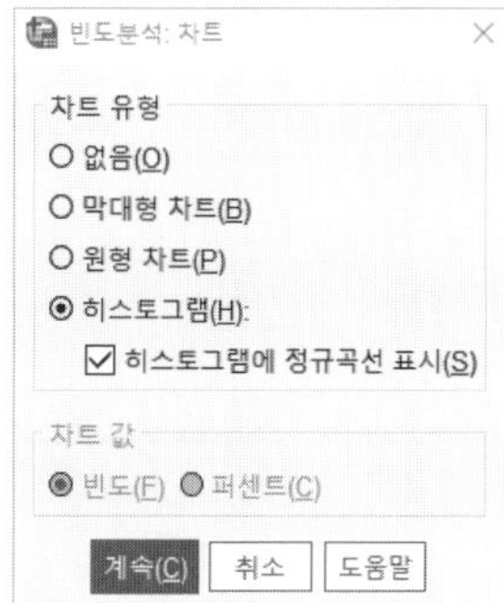

[그림 9-24]

[그림 9-25]는 소득변수의 분포이다. 외형적으로 소득의 분포는 정규분포와 비교적 유사한 모양을 띠고 있다고 볼 수 있다. 그러나 동시에 정규곡선을 기준으로 볼 때, 소득의 분포에는 정규곡선 아래쪽 또는 위쪽에 채워지지 않는 빈 공간이 적지 않게 존재하는 것을 확인할 수 있다. 이런 경우, 연구자는 통계적 검정방법을 통해 정규성 여부를 판단해야 한다.

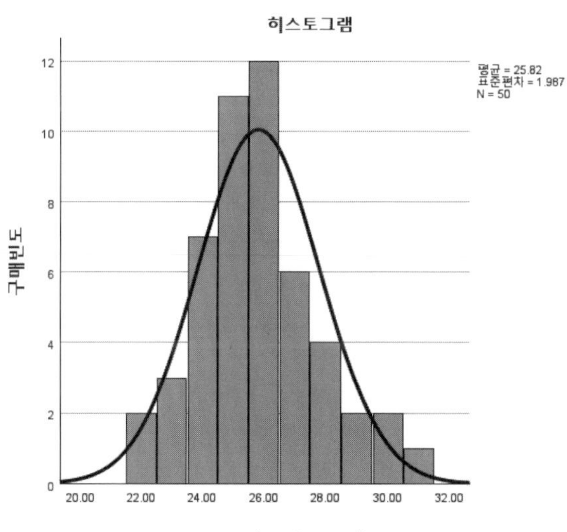

[그림 9-25]

3) 첨도와 왜도를 통한 정규성 진단

첨도(kurtosis)는 어떤 변수의 확률분포의 높이가 정규분포에 비해 높고 낮은 정도를 나타내는 측도이다. 만일 변수의 분포가 정규분포에 비해 높아 뾰족한 형태를 띠면 첨도는 양(+)의 값을 갖는다. 이와 반대로 변수의 분포가 정규분포에 비해 낮아 완만한 모양을 가지면 첨도는 음(-)의 값을 갖는다. 첨도의 절대값이 3보다 큰 값을 가질 때 해당 변수의 분포를 급첨분포라고 하고 3보다 작을 때 완첨분포라고 한다. 일반적으로 첨도의 절대값이 3보다 크면 분포의 첨도가 큰 것이고 따라서 해당 변수의 정규성을 의심해볼 필요가 있다.

양적첨도(a)	부적첨도(b)
.034	−1.135

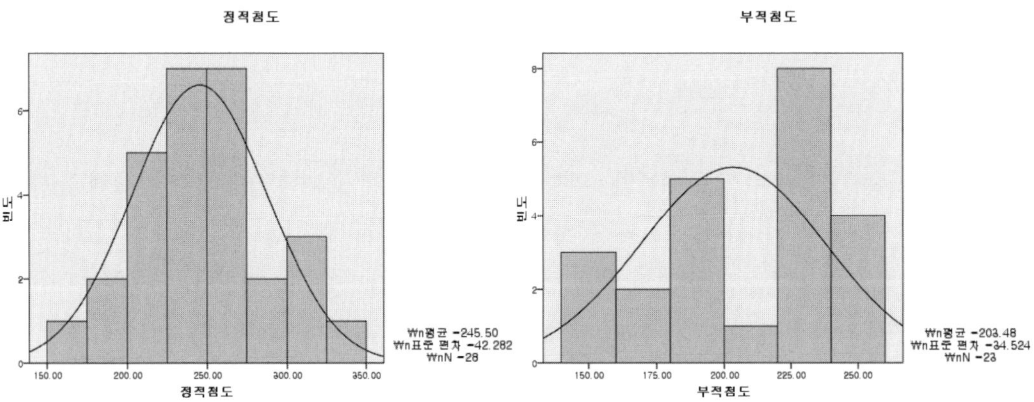

(a) 양적첨도　　(b) 음적첨도

[그림 9-26]

왜도(Skewness)는 변수의 분포가 정규분포에 비해 어느 한 쪽으로 몰려서 분포되어 있는 정도를 나타낸다. 만일 변수의 분포가 정규분포에 비해 오른쪽에 몰려 있으면 왜도는 음(-)의 값을 갖고, 반대로 변수의 분포가 정규분포에 비해 왼쪽에 몰려 있으면 양(+)의 값을 갖는다. 왜도가 .5보다 크면 분포의 꼬리는 양의 방향, 즉 오른쪽으로 길게 늘어져 있고, -.5보다 작으면 음의 방향인 왼쪽으로 길게 늘어져 있는 형태를 띤다. 왜도가 -.5와 .5 사이 값을 가지면 분포는 대칭에 가깝다고 할 수 있지만 더 극단적인 값을 갖는다면 해당 변수의 정규성을 의심해 볼 필요가 있다.

양적왜도(a)	음적왜도(b)
1.618	-2.566

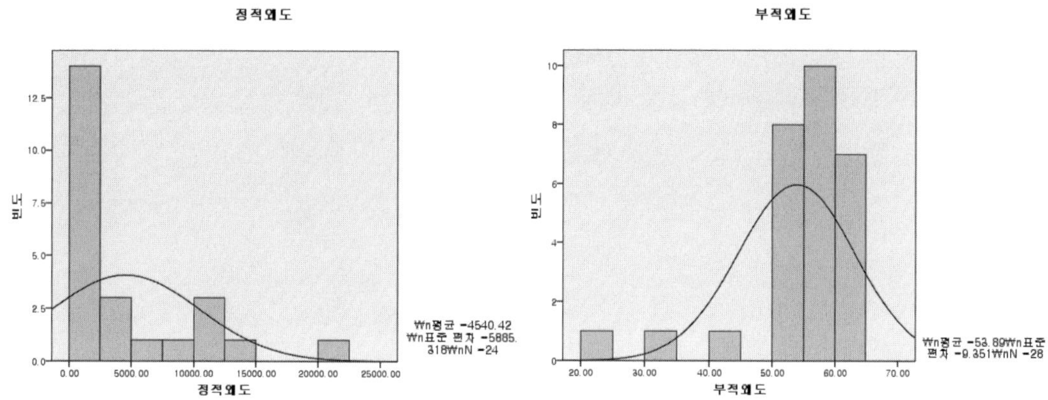

(*a*) 양적왜도 (*b*) 음적왜도

[그림 9-27]

4) 통계적 검정방법: 콜모고로브-스미로노브 검정과 사피로-윌크 검정

정규성을 검정하는 여러 통계적 검정방법 가운데 가장 많이 쓰이는 방법으로는 콜모고로브-스미로노브(Kolmogorov-Simirnov) 검정과 사피로-윌크(Shapiro-Wilk) 검정을 꼽을 수 있다. 앞에서 소개한 두 가지 방법과 이 두 방법은 통계적 검정방법이다. 따라서 영가설과 대립가설을 설정하고 유의수준을 설정한 다음, 가설기각 또는 채택 여부를 검정통계값에 근거하여 판단한다. 이 두 방법 중 콜모고로브-스미로노브 검정은 사례 수가 약 2,000개 이상일 때 주로 사용하고 사피로-윌크 검정은 사례 수가 2,000개 미만일 때 사용한다. 이제 이 두 가지 검정법에 대해서 살펴보도록 하자. 먼저, 다음과 같이 '소득' 변수에 관한 영가설과 대립가설을 설정하고 유의수준 .05에서 가설을 검정한다고 가정해 보자.

H_o : 소득은 정규성 가정을 충족한다.
H_a : 소득은 정규성 가정을 충족하지 못한다.

데이터 CD에서 'C9-정규성확인-정규성진단-01' 자료를 불러온 후, *SPSS* 데이터 보기 창에서 분석(Analysis)명령 가운데 기술통계량(Descriptive Statistics)을 누르고 데이터탐색(Explore)을 선택한다. 데이터탐색 분석창의 왼쪽에 있는 변수목록에서 분석할 변수인 '소득'을 선택하여 오른쪽의 종속변수(Dependent List) 박스에 옮겨 놓는다. 이때, 종속변수는 당연히 비율변수이어야 한다는 점을 기억하기 바란다.

분석하고자 하는 변수를 지정한 다음 해야 할 것은 앞서 정규성 검정을 위한 그래프를 그리라는 명령을 내리는 것이다. 이를 위해서는 데이터탐색 분석 창 아래쪽에 있는 선택사항 가운데 도표(Plots)를 누른 다음 [그림 9-30]과 같은 창이 나타나면 정규성 검정(Normality plots with

[그림 9-28]

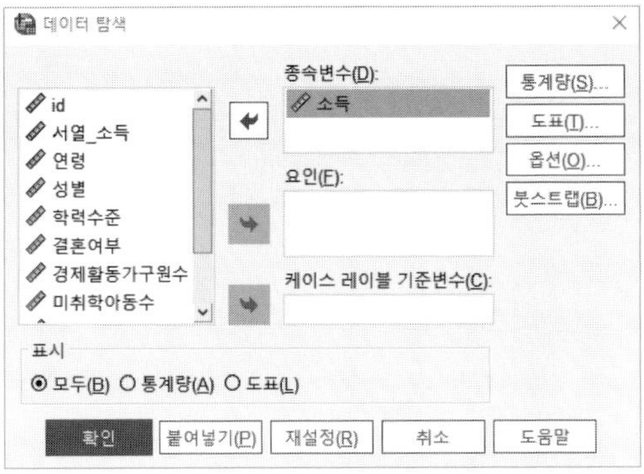

[그림 9-29]

tests)을 선택한다.

그런 다음 '계속(Continue)'을 클릭한 후 '확인(OK)'을 클릭한다.

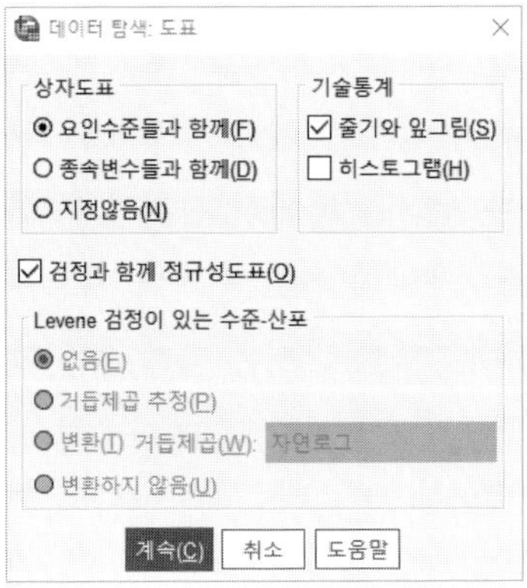

[그림 9-30]

분석을 실시하면 아래의 〈표 9-13〉과 〈표 9-14〉와 같은 결과가 제시된다. 이해를 돕기 위해 여기서는 정규성이 가정이 충족되는 경우에 해당하는 결과와 그렇지 않은 경우에 해당하는 결과를 모두 제시하였다. 먼저 〈표 9-13〉은 정규성이 가정이 충족되는 경우이다. 정규성 여부는 콜모고로브-스미로노브와 사피로-윌크 검정통계값에 해당하는 p값을 보고 판단한다. 〈표 9-13〉의 경우, 콜모고로브-스미로노브 검정통계값에 해당하는 p값은 .002이지만 사피로-윌크 검정값에 해당하는 p값은 .088로서 95% 신뢰수준에서 .05보다 큰 것으로 나타났다. 이처럼 두 검정결과가 일치하지 않는 경우, 어느 검정결과를 받아들일 것인지는 두 검정방법 중 어느 것이 더 정확한지에 달려있다. 이 두 방법 중 사피로-윌크 검정이 콜모고로브-스미로노브 검정에 비해 더 정확한 것으로 알려져 있다. 따라서 이 경우 사피로-윌크 검정의 결과를 받아들여 소득변수가 정규성 가정을 충족한다는 영가설을 기각하지 않는다.

〈표 9-13〉

정규성 검정

	Kolmogorov-smirnova[a]			Shapiro-wilk		
	통계량	자유도	유의확률	통계량	자유도	유의확률
소득	.164	50	.002	.960	50	.088

a. Lilliefors 유의확률 수정

〈표 9-14〉는 정규성이 가정이 충족되지 않은 경우이다. 콜모고로브-스미로노브와 사피로-월크 검정통계값에 해당하는 p값을 보면 콜모고로브-스미로노브는 .001, 사피로-월크는 .000로서 95% 신뢰수준에서 .05보다 작은 것으로 나타났다. 따라서 소득변수가 정규성 가정을 충족한다는 영가설은 기각된다.

〈표 9-14〉

정규성 검정

	Kolmogorov-smirnova[a]			Shapiro-wilk		
	통계량	자유도	유의확률	통계량	자유도	유의확률
소득	.176	50	.001	.883	50	.000

a. Lilliefors 유의확률 수정

〈표 9-13〉과 같은 검정 결과를 접하게 되면 해당 변수의 정규성에 대해서는 더 이상 걱정할 필요가 없다. 그러나 안타깝게도 대부분의 사회과학분야 연구에서는 연구하고자 하는 변수가 정규성 가정을 충족하는 경우는 좀처럼 찾아보기 힘들다. 그렇기 때문에 사회과학 연구자들 중에는 사피로-월크 검정의 경우, 검정통계량의 값이 .9 이상이면 유의확률 p값이 유의수준보다 작은 것으로 나타나더라도 정규성 가정이 충족되었다고 간주하기도 한다.

9. 이상값에 대한 정규성 가정 충족을 위한 변수변환(Variable Transform)

만일 분석하고자 하는 변수가 정규성을 갖지 못한다면 어떻게 해야 하나? 당연히 가능한 방법을 사용하여 정규성을 갖게 만들어야 한다. 왜냐하면 정규성 가정이 충족되지 않는 변수를 분석하여 얻은 결과는 한 마디로 말해서 신뢰할 수도 없고 타당하지도 않은 결과이기 때문이다. 그런 결과에 기초하여 가설을 검정하고 그런 가설검정 결과를 자신의 주장을 뒷받침하는 근거로 활용하는 것은, 자신이 하고 싶은 말이 무엇이건 그 말을 '확률' 또는 '통계'라는 용어로 포장함으로써 그 말이 마치 과학적 검증과정을 거친 사실인 것처럼 믿도록 사람들을 현혹하는 비윤리적 행위이다. 그렇기 때문에 이제까지 배운 t검정, F검정 등의 가설검정 방법들 그리고 앞으로 배우게 될 모든 모수검정 방법들은 정규성이라는 가정이 충족될 때에만 통계적 검정으로서의 의미를 갖는다는 사실을 반드시 기억하기 바란다.[10)]

그렇다면 어떻게 해당 변수가 정규성 가정을 충족시키게 만들 수 있나? 한 가지 방법은 문제가 되는 변수의 변수값을 변환(transform)하는 것이다. 종종 학생들이 다음과 같은 질문을 하곤 한다.

"표본 중에서 이상점 같은 사례를 찾아 삭제해버리면 안 되나요?"

물론 그것도 한 가지 방법일 수 있다. 그런데 이 방법을 사용하려면 문제가 되는 이상점이 정말 잘못된 사례, 예를 들면 자료입력 오류로 인해 존재하게 된 사례라는 확신이 필요하다. 만일 그런 사례들이 유효한 사례, 즉 실재를 반영하는 사례라면 그런 사례를 표본에서 제외시키는 것은 실재를 잘못 이해하는 더 큰 문제로 이어지게 된다. 더 나아가서 우리는 이상점을 제외하는 것이 다른 사례에 어떤 영향을 미치는지에 대해서도 생각해 봐야 한다.

좋은 예로서 Hamilton(1990)은 아래와 같은 자료를 이용하여 이상점이라고 생각되는 사례를 표본에서 제외시킬 때 어떤 문제가 발생할 수 있는지 잘 설명해 주고 있다. 〈표 9-15〉에는 24개국의

〈표 9-15〉 24개국의 GNP(달러)

	국가	GNP		국가	GNP
1	에디오피아	150	13	파라과이	1,670
2	자이레	180	14	요르단	1,680
3	스리랑카	320	15	타이완	2,670
4	뉴기니	330	16	그리스	4,170
5	토고	350	17	베네수엘라	4,250
6	마우리타니아	520	18	체코슬로바키아	5,540
7	인도네시아	550	19	오스트리아	9,380
8	북한	930	20	호주	11,220
9	나이지리아	940	21	프랑스	11,520
10	몽골	940	22	서독	12,280
11	니카라과	950	23	노르웨이	14,300
12	콩고	1,420	24	부르나이	22,260

10) 사회복지학은 실천이 중요한 학문이라고 생각하는 연구자들과 그들로부터 배움을 전수받는 (더 솔직히 말하면 자신의 의사와는 관계없이 연구과제에 내몰리는) 학생들 사이에서 가설검정의 기본 가정들이 '전혀 신경 쓸 필요 없는 헛소리'인 것처럼 간주되고 p값과 영가설 기각 여부에 목숨을 거는 무지한 행동을 이제는 지양해야 한다는 자성의 목소리가 일어야 할 만큼 학문으로서 사회복지학의 역사도 이제는 충분히 길어졌다고 본다.

GNP가 순서대로 나열되어 있다. 24개국 중 부르나이의 GNP는 22,260달러로서 나머지 23개 국가보다 월등히 큰 값을 가지고 있으며 그렇기 때문에 이상점이라고 의심된다. 이 상황에서 의심되는 국가인 부르나이를 삭제해도 될까? 사실 삭제하는 것은 전혀 어려운 일이 아니다. 그러나 부르나이를 삭제하고 나면 그다음에는 호주, 프랑스, 서독, 노르웨이가 이상점이 될 가능성이 높다. 그렇다면 이번에는 이들 네 국가를 삭제할까? 그렇다면 19번째 국가인 '오스트리아 역시 삭제하지 못할 이유는 무엇인가'라는 질문에 어떤 답을 할 수 있을까?

표본에 이상점이 존재할 때 연구자는 다음과 같은 세 가지 방법 중 하나를 선택하여 문제를 해결하고자 시도할 수 있다.

- 극단값을 가진 변수 자체를 표본에서 삭제한다.
- 극단적인 변수값을 삭제하여 이상점의 변수값을 결측값으로 만든다.
- 극단값을 가진 변수를 변환하여 덜 극단적인 값을 갖게 만든다.

앞의 예에서 Hamilton(1990)은 이상점을 무조건 표본에서 제외시키기보다는 변수를 변환하여 가능한 한 분석에 적합한 변수값으로 만드는 것이 바람직하다는 것을 강조하고 있다. 변수를 변환한다는 말은 엄밀히 말하면 그 변수가 가진 변수값을 변환하는 것이다. 이하의 내용에서는 이 두 가지 표현 중 '변수변환'이라는 표현을 쓰기로 하겠다. 그럼 이제 *SPSS* 프로그램에서 변수를 변환하는 구체적인 방법들에 대해서 살펴보기로 하자.

SPSS 프로그램에서 변수를 변환하기 위해서는 데이터 편집기 창의 명령 중 '변환(Transform)'을 누른 다음 제시되는 하위명령들 중 '변수계산(Compute)'을 선택한다. 아마 혹자는 이미 알아차렸겠지만 변수변환은 다름이 아니라 우리가 제3장에서 이미 배웠던 '변수계산(Compute)'이다. 이 장에는 제3장에서 다룬 방법이 아닌, 주로 정규성 확보를 목적으로 하는 변수계산 방법들을 살펴보기로 하겠다.

'변수계산(Compute)' 아이콘을 누르면 [그림 9-31]과 같은 창이 나타난다. 이 창에 제시된 내용 중에 정규성 확보를 위한 변수계산을 위해 주로 사용하게 될 부분은 '함수모음(Function Groups)' 박스와 그 아래 위치한 '함수 및 특별변수(Functions and Special Variables)' 박스이다. 이 두 개 박스에는 여러 가지 유용한 계산 및 변환 함수들이 제시되어 있다. 여기서 말하는 함수란 한 마디로 말해서 '특정 계산을 위해 미리 짜놓은 계산식'을 말한다. 따라서 연구자는 어떤 상황에서 어떤 함수를 이용하여 변수를 변환하는지 알고 있어야 한다.

우선 연구자는 문제가 되는, 다시 말해서 정규성 가정을 충족하지 못하는지 변수가 어떤 분포를 하고 있는지 파악함으로써 '상황'을 이해해야 한다. 그런 다음 문제해결에 적합한 함수를 사용하여 문제를 해결하기만 하면 된다. 이와 관련해서 양병화(1998)는 어떤 상황에서 어떤 함수가 필요한지를 다음과 같은 표로 만들어 일목요연하게 보여 주고 있다.

[그림 9-31]

〈표 9-16〉 변환의 종류와 방법

원자료의 분포형태	자료변환	*SPSS* 변수계산 명령문
정적 왜도	제곱근(square root)	SQRT(X)
정적 첨도가 높은 정적 왜도	로그(logarithum)	LG10(X)
0을 포함한 정적 왜도	로그(logarithum)	LG10(X+C)
부적 첨도가 높은 정적 왜도(L모양)	역수(inverse)	1/X
0을 포함한 L모양 부적 왜도	역수(inverse)	1/(X+C)
부적 왜도	반전(reflect) 및 제곱근	SQRT(K-X)
정적 첨도가 높은 부적 왜도	반전 및 로그	LG10(K-X)
부적 첨도가 높은 부적 왜도(J모양)	반전 및 역수	1/(K-X)

※ X = 변수; C = 최소값이 1이 되도록 1을 더해줌, K = 최소값이 1이 되도록 1을 빼 줌

출처: 양병화(1998). 다변량 자료분석의 이해와 활용, p. 66.

이제 구체적인 예를 통해서 변수를 변환하는 방법을 익혀보기로 하자. 데이터 CD에서 'C9-정규성확인-정규성진단-02'라는 데이터를 불러들이면, 다음의 [그림 9-32]처럼 24개국의 GNP를 조사한 자료가 제시되어 있다. 이 변수를 'GNP'라고 부르기로 하고 이 변수의 분포를 그래프로 그려보기로 하자. 'GNP'는 연속변수이므로 분포를 알기 위해서는 히스토그램 그래프를 그려야 한다. 이를 위해서는 최상위 명령에서 분석(Analysis)을 선택하고 기술통계(Descriptive Statistics)를 선택한 다음 빈도분석(Frequencies)을 선택한다.

[그림 9-34]의 창에서 변수목록 중 'GNP'를 선택하여 변수(Variables)박스로 옮겨 놓은 다음 창의 아래쪽에 있는 차트(Charts)를 누른다. 제시된 선택사항들 중 히스토그램과 정규곡선(Histograms & Normal Curve)을 선택한 다음 '계속(Continue)'과 '확인(OK)'을 차례로 누른다.

[그림 9-32]

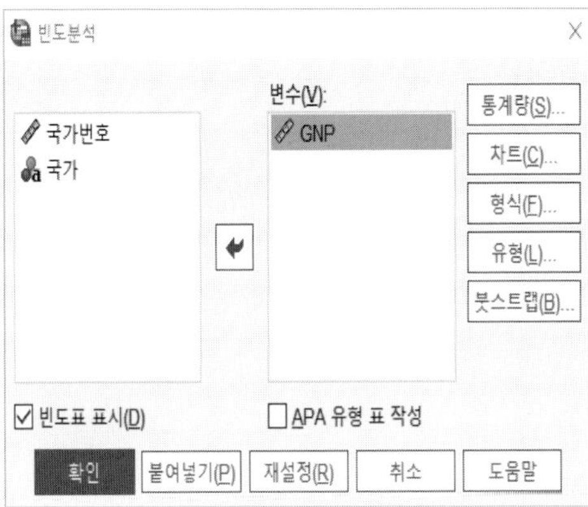

[그림 9-33]

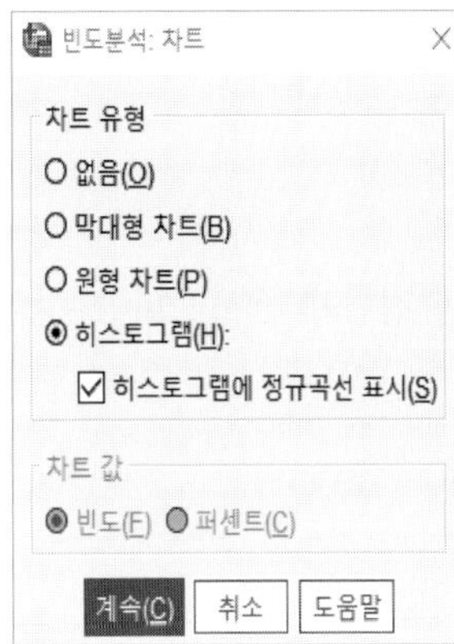

[그림 9-34]

그래프 명령을 실행시키면 [그림 9-35]와 같은 결과창이 나타난다. [그림 9-35]에 따르면 'GNP'의 분포가 우편향 분포(Positive Skewness)라는 것을 알 수 있다. 우편향 분포란 제1장에서 배운 바와 같이 대부분의 변수값들이 분포곡선의 왼쪽에 몰려 있는 반면, 일부 극단적인 변수값들이 오른쪽으로 길게 늘어져 있는 것이다. 이 그래프에는 빨간색 선으로 표시된 변수값이 다른 변수값들과 매우 다른 큰 값을 가진 것으로 나타나 있다. 이 변수값이 바로 부르나이의 변수값이다. 이와 같은 우편향 분포를 정규분포로 만들려면 당연히 오른쪽에 있는 극단값을 덜 극단적인 값으로 만들어 줌으로써 우편향성을 없애야 한다. 이러한 목적을 위해 가장 많이 사용되는 함수는 상용로그(Lg_{10}) 함수이다. 상용로그 함수는 모든 변수값의 밑을 10으로 하는 로그값으로 변환하는 함수이다. 변수값을 상용로그값으로 변환하면 우편향성이 감소되는 이유는 다음과 같다. 예를 들어서, 100은 10의 2승이므로 100을 상용로그로 표현하면 2가 되고 10은 10의 1승이므로 10을 상용로그값으로 변환하면 1이 된다. 변환 전에 100과 10은 10배나 차이가 나는 두 값이었다. 그러나 상용로그값으로 변환하면 두 값은 각각 2와 1이 되기 때문에 두 값 간의 차이는 두 배로 줄어든다. 즉, 극단적으로 큰 값은 상용로그로 변환해도 여전히 큰 값이지

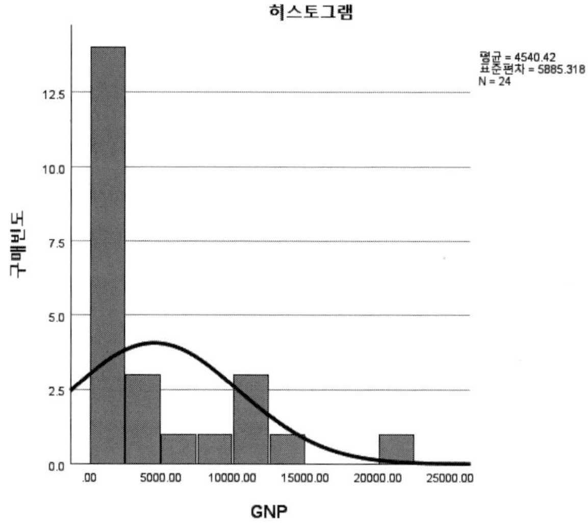

[그림 9-35]

만 큰 정도는 현저하게 줄어든다는 것이다. 이 원리를 이용하여 극단값을 상용로그값으로 변환하면 '매우 큰 극단값'을 '조금 큰 극단값'으로 만들 수 있다. 'GNP'를 '상용로그 GNP'로 변환하는 함수는 다음과 같다.

$$Lg_{10}(\text{GNP})$$

이제 *SPSS* 프로그램을 이용하여 'GNP'를 상용로그 변수로 변환시켜 보자. 이를 위해서 최상위 명령에서 변환(Transform)을 누르고 변수계산(Compute Variable)을 누른다.

이제 [그림 9-37]과 같은 창이 나타나면 가장 먼저 해야 할 것은 변환의 결과로서 새로 만들

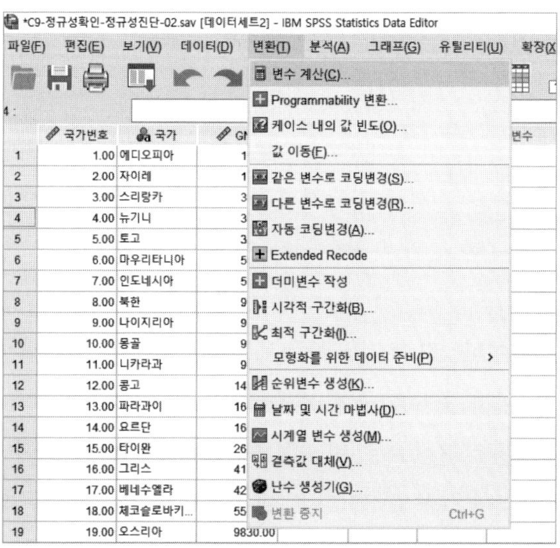

[그림 9-36]

어질 변수의 이름을 지정하는 것이다. 새로운 변수를 '*Lg*10 GNP'라고 부르기로 하고 이 이름을 목표변수(Target Variable) 박스에 입력한다.

그다음으로 해야 할 것은 상용로그 함수를 선택하는 것이다. 이를 위해서는 먼저 '함수모음(Function Group)' 박스에서 전체(All)를 선택하고, 바로 밑에 있는 '함수 및 특별변수(Function and Special Variables)' 박스에서 상용로그에 해당하는 함수인 '*Lg*10'을 찾아 선택한다.

상용로그 '*Lg*10'을 두 번 누르면 창의 위쪽에 있는 수식표현(Numeric Expression) 박스에

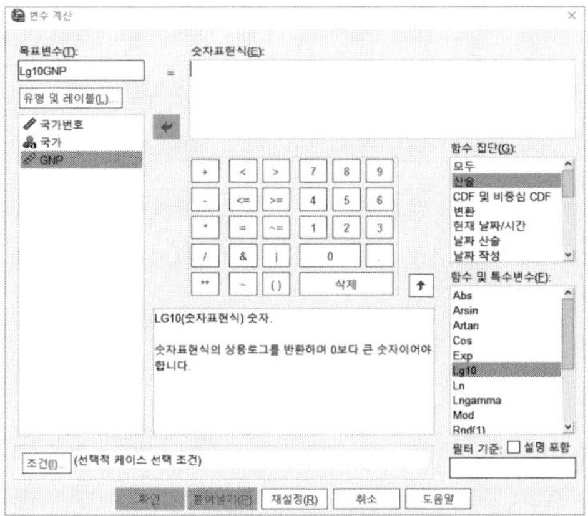

[그림 9-37]

$$Lg_{10}(?) \rightarrow Lg_{10}(\mathrm{GNP})$$

가 나타난다. 처음 나타난 상용로그식에는 물음표(?)가 있는데 물음표 자리에 왼쪽 변수목록에서 'GNP'를 찾아 옮겨 놓으면 위와 같이 상용로그식이 완성된다. 이제 확인(OK)을 눌러 명령을 실행시키면 [그림 9-38]처럼 'GNP'의 변수값을 상용로그로 변환하여 변수값으로 갖는 새로운 변수인 '*Lg*10 GNP'가 만들어진다.

[그림 9-38]

[그림 9-39]

〈표 9-17〉은 24개 국가의 GNP 원자료(Raw data)와 변환자료(Transformed data)를 제시한 것이다. 원자료와 변환자료를 비교해 보면 변환자료의 최소값과 최대값 간의 간격이 원자료에 비해 현저하게 줄어든 것을 알 수 있다.

〈표 9-17〉 24개국의 GNP(달러)

	국가	GNP	*Lg*10(GNP)		국가	GNP	*Lg*10(GNP)
1	에디오피아	150	2.18	13	파라과이	1,670	3.22
2	자이레	180	2.26	14	요르단	1,680	3.23
3	스리랑카	320	2.51	15	타이완	2,670	3.43
4	뉴기니	330	2.52	16	그리스	4,170	3.62
5	토고	350	2.54	17	베네수엘라	4,250	3.63
6	마우리타니아	520	2.72	18	체코슬로바키아	5,540	3.74
7	인도네시아	550	2.74	19	오스트리아	9,380	3.99
8	북한	930	2.97	20	호주	11,220	4.05
9	나이지리아	940	2.97	21	프랑스	11,520	4.06
10	몽골	940	2.97	22	서독	12,280	4.09
11	니카라과	950	2.98	23	노르웨이	14,300	4.16
12	콩고	1,420	3.15	24	부르나이	22,260	4.35

[그림 9-40]의 (*a*)는 원자료의 히스토그램이고 (b)는 상용로그를 취한 *Lg*10 GNP의 히스토그램이다. 두 그래프를 비교해 보면 변수변환이 어떤 변화를 가져왔는지 쉽게 확인할 수 있다. 원자료의 히스토그램은 극단값으로 인해 우편향 분포이었으며 마치 정규분포를 절반으로 잘라 오른쪽만 남긴 것 같은 모양을 띤 분포인 데 비해 변환 후의 히스토그램은 정규분포에 상당히 가까워진 모양을 띠고 있다.

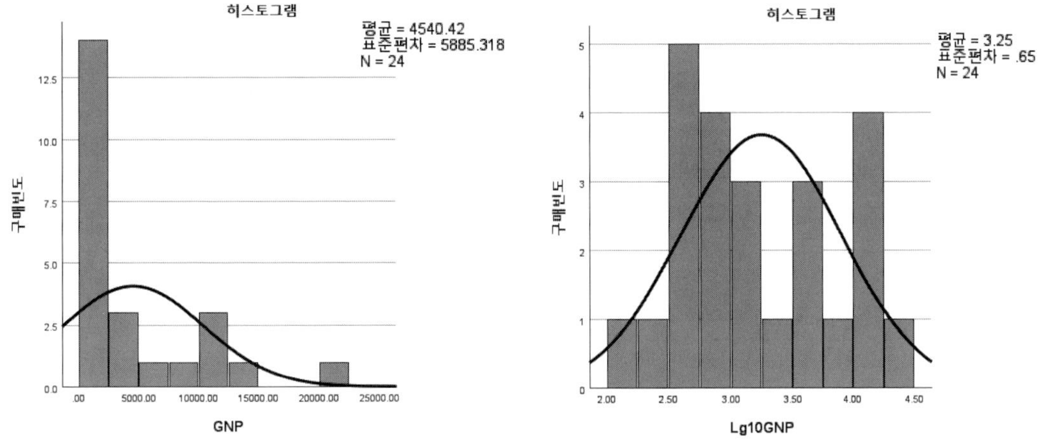

(a) (b)

[그림 9-40]

변수를 변환할 때 유용한 함수는 상용로그 함수 외에도 매우 많으나 이 장에서 모든 함수의 기능을 다 소개할 수는 없기 때문에 어떤 상황에서 어떤 함수를 사용해야 하는지는 연구자 자신이 많은 연습을 통해 스스로 익혀 두어야 한다. 이제 변수변환 함수를 응용하는 방법을 한 가지 소개하면서 설명을 마치기로 하겠다.

변수변환을 위해 상용로그 함수를 사용할 때 한 가지 주의해야 할 점은 결측값(missing data)이나 '0'값은 상용로그값으로 변환할 수 없다는 점이다. 예를 들어, [그림 9-41]에 제시된 자료에서 'GNP1'이라는 변수를 'GNP'와 달리 자이레, 뉴기니, 마우리타니아의 변수값이 '0'으로 입력되어 있는데 '0'은 로그로 표현할 수 없는 값이기 때문에 GNP1에 상용로그 함수로 변수변환하면 [그림 9-42]에 나타난 것처럼 원래 변수값이 '0'이었던 이들 세 국가의 변수값은 '·'으로만 표기된다.

*C9-정규성확인-정규성진단-02.sav [데이터세트2] - IBM SPSS Statistics Data Editor

파일(F) 편집(E) 보기(V) 데이터(D) 변환(T) 분석(A) 그래프(G) 유틸리티(U)

	국가번호	국가	GNP	Lg10GNP	GNP1	변수
1	1.00	에디오피아	150.00	2.18	150.00	
2	2.00	자이레	180.00	2.26	.00	
3	3.00	스리랑카	320.00	2.51	320.00	
4	4.00	뉴기니	330.00	2.52	.00	
5	5.00	토고	350.00	2.54	350.00	
6	6.00	마우리타니아	520.00	2.72	.00	
7	7.00	인도네시아	550.00	2.74	550.00	
8	8.00	북한	930.00	2.97	930.00	
9	9.00	나이지리아	940.00	2.97	940.00	
10	10.00	몽골	940.00	2.97	940.00	

[그림 9-41]

동일한 결과가 원래 변수값이 결측값인 경우 상용로그 변환을 시도해도 나타나며, 만일 해당 변수의 변수값 중 어떤 사례의 변수값은 아예 입력되지 않았다면 그 변수에 대해서는 상용로그 변환하라는 명령 자체가 실행되지 않는다.

이 문제를 해결하려면 해당 변수의 모든 변수값이 '0'이 아닌 양수값이 되도록 변수값을 변환하면서 상용로그 변환을 시도해야 한다. 이처럼 *SPSS* 프로그램의 변수변환 함수 중에는 특정 조건이 만족되어야만 실행할 수 있는 함수들이 있으므로 유의해야 한다. 이 예의 경우, 한 가지 해결책은 'GNP1'의 모든 변수값에 '1'씩을 더해 줘서 최소 변수값이 '1'이 되게 만든 다음 상용로그 변환하는 것이다. 물론 상용로그를 취하기 위해서는 최소 변수값이 '0'이나 음의 값이 아니기만 하면 되므로 반드시 '1'을 더해야만 하는 것은 아니지만 쉬운 이해를 위해서 모든 변수값에 '1'을 더한 다음 상용로그를 취해 문제를 해결해 보기로 하겠다.

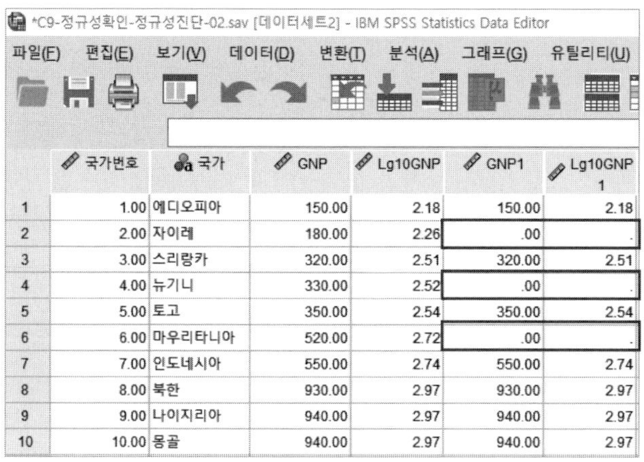

	국가번호	국가	GNP	Lg10GNP	GNP1	Lg10GNP1
1	1.00	에디오피아	150.00	2.18	150.00	2.18
2	2.00	자이레	180.00	2.26	.00	.
3	3.00	스리랑카	320.00	2.51	320.00	2.51
4	4.00	뉴기니	330.00	2.52	.00	.
5	5.00	토고	350.00	2.54	350.00	2.54
6	6.00	마우리타니아	520.00	2.72	.00	.
7	7.00	인도네시아	550.00	2.74	550.00	2.74
8	8.00	북한	930.00	2.97	930.00	2.97
9	9.00	나이지리아	940.00	2.97	940.00	2.97
10	10.00	몽골	940.00	2.97	940.00	2.97

[그림 9-42]

이를 위해서 최상위 명령에서 변환(Transform), 변수계산(Compute Variable)을 누른다. 그런 다음 목적변수(Target Variable)에 새로운 변수명 'GNP2'를 입력하고, 왼쪽 하단에 있는 변수목록에서 'GNP1'을 수식표현(Numeric Expression)에 옮겨놓는다. 그다음, 창의 중간 쯤에 위치한 숫자 및 사칙연산 박스에서 '+'와 '1'을 눌러 수식표현 박스에 'GNP+1'이 입력되게 하고 확인(OK)을 눌러 변수계산 명령을 실행시킨다.

명령을 실행시키면 'GNP2'라는 새로운 변수가 [그림 9-44]처럼 만들어진다. [그림 9-44]를 보면 'GNP1'에 '0' 값을 가졌던 사례들이 'GNP2'에는 '1' 값을 가지고 있고 다른 사례들의 변수값에도 일괄적으로 '1' 값이 더해진 것을 확인할 수 있다.

이렇게 만들어진 'GNP2'를 상용로그 변환하되 목적변수명을 '*Lg*10 GNP3'으로 정의하면 [그림 9-46]처럼 'GNP2'의 모든 변수값이 상용로그 변환된 것을 확인할 수 있다.

[그림 9-43]

	국가번호	국가	GNP	Lg10GNP	GNP1	Lg10GNP1	GNP2
1	1.00	에디오피아	150.00	2.18	150.00	2.18	151.00
2	2.00	자이레	180.00	2.26	.00	.	1.00
3	3.00	스리랑카	320.00	2.51	320.00	2.51	321.00
4	4.00	뉴기니	330.00	2.52	.00	.	1.00
5	5.00	토고	350.00	2.54	350.00	2.54	351.00
6	6.00	마우리타니아	520.00	2.72	.00	.	1.00
7	7.00	인도네시아	550.00	2.74	550.00	2.74	551.00
8	8.00	북한	930.00	2.97	930.00	2.97	931.00
9	9.00	나이지리아	940.00	2.97	940.00	2.97	941.00
10	10.00	몽골	940.00	2.97	940.00	2.97	941.00

[그림 9-44]

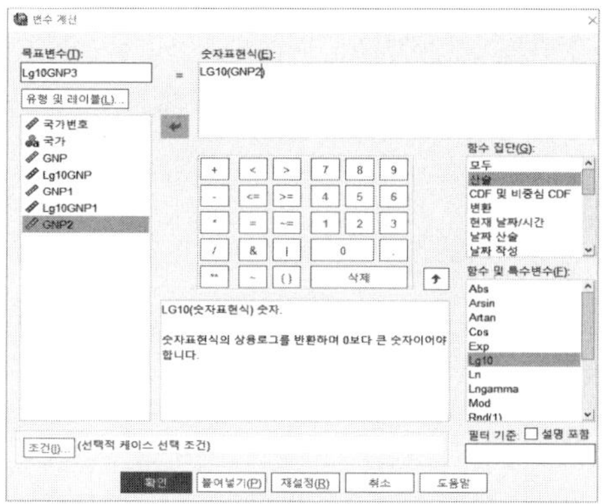

[그림 9-45]

이제 변수변환에 관한 설명을 마치면서 마지막으로 다시 한번 강조할 것은 어떤 상황에서 어떤 함수를 사용하여 변수를 변환하는지는 많은 분석경험과 책을 통해서 연구자 스스로 터득하는 것이 가장 바람직하다는 점이다. 이 장에서는 그렇게 하는 데 필요한 기본적인 지식을 소개했으므로 나머지는 연구자 각자의 몫으로 남겨 두고자 한다.

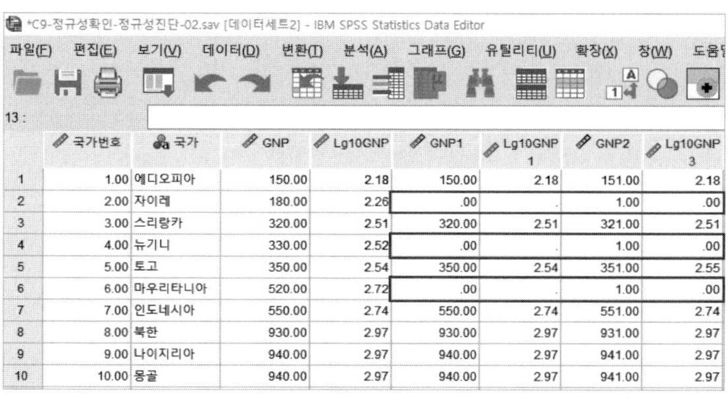

	국가번호	국가	GNP	Lg10GNP	GNP1	Lg10GNP1	GNP2	Lg10GNP3
1	1.00	에디오피아	150.00	2.18	150.00	2.18	151.00	2.18
2	2.00	자이레	180.00	2.26	.00	.	1.00	.00
3	3.00	스리랑카	320.00	2.51	320.00	2.51	321.00	2.51
4	4.00	뉴기니	330.00	2.52	.00	.	1.00	.00
5	5.00	토고	350.00	2.54	350.00	2.54	351.00	2.55
6	6.00	마우리타니아	520.00	2.72	.00	.	1.00	.00
7	7.00	인도네시아	550.00	2.74	550.00	2.74	551.00	2.74
8	8.00	북한	930.00	2.97	930.00	2.97	931.00	2.97
9	9.00	나이지리아	940.00	2.97	940.00	2.97	941.00	2.97
10	10.00	몽골	940.00	2.97	940.00	2.97	941.00	2.97

[그림 9-46]

10. R을 이용한 상관분석

1) R을 이용한 피어슨(pearson) 상관분석과 스피어맨(Spearman) 상관분석

약물 및 알코올남용방지 프로그램을 실시하기 이전 입원횟수와 실시 이후 입원횟수 간에 상관이 존재하는지를 검정하기 위해 haven 패키지의 read_sav 함수를 사용하여 'C9-상관분석-01.sav' 파일을 불러들여 c9df로 저장한다. View 함수를 사용하여 c9df의 내용을 살펴보면, 변수는 '이전'과 '이후'의 2개이다.

```
library(haven)

c9df <- read_sav(file.choose())
View(c9df)
```

[그림 9-47]

R에서 이전과 이후의 이변량 상관관계 분석을 실행할 때 cor.test 함수를 사용한다. cor.test 함수의 괄호 안에는 두 변수를 넣고, method 옵션에는 "pearson"을 지정한다. 두 변수를 지정할 때에는 데이터프레임을 적고 변수를 지정한다. 환경창에 해당 변수가 있을 때에는 데이터프레임 이름 없이 변수를 지정해도 된다.

```
cor.test(c9df$이전, c9df$이후, method = "pearson")
```

[그림 9-48]

cor.test 함수를 실행하면 [그림 9-49]와 같은 결과가 나타난다. 그림에서 보는 바와 같이 '이전'과 '이후'의 입원횟수 간의 상관계수 r값은 0.7075787이며, 그 값에 해당하는 p값은 0.02208이다. 또한 t값은 2.8322이며, 자유도는 8이다. p값이 유의수준 0.05보다 작은 값이어서 이전 입원횟수와 이후 입원횟수가 독립이라는 영가설은 기각된다.

```
        Pearson's product-moment correlation

data:  c9df$이전 and c9df$이후
t = 2.8322, df = 8, p-value = 0.02208
alternative hypothesis: true correlation is not equal to 0
95 percent confidence interval:
 0.1405839 0.9250748
sample estimates:
      cor
0.7075787
```

[그림 9-49]

표본에 극단적인 값이 있는 경우에는 피어슨 상관분석보다는 스피어맨 상관분석이 더 적절하다. haven 패키지의 read_sav 함수를 사용하여 'C9-상관분석-02.sav' 파일을 불러들여 c9_1df로 저장한 후 View 함수를 사용하여 c9_1df의 내용을 살펴보면, 변수는 '이전'과 '이후'의 2개인데 '이전' 변수의 세 번째 변수값이 70이라는 것만 차이가 있다.

*R*에서 스피어맨 상관분석은 피어슨 상관분석과 동일하게 cor.test 함수를 사용하는데, cor.test 함수의 괄호 안에는 두 변수를 넣고, method 옵션에는 "spearman"을 지정한다.

```
library(haven)

c9_1df <- read_sav(file.choose())
View(c9_1df)

cor.test(c9_1df$이전, c9_1df$이후, method = "spearman")
```

[그림 9-50]

cor.test 함수로 스피어맨 상관분석을 실시한 결과인 [그림 9-51]을 확인해 보면, r값은 0.6730758이며, 이에 대한 p값은 0.03292이다.

```
        Spearman's rank correlation rho

data:  c9_1df$이전 and c9_1df$이후
S = 53.942, p-value = 0.03292
alternative hypothesis: true rho is not equal to 0
sample estimates:
      rho
0.6730758
```

[그림 9-51]

다음으로 두 변수 '연령'과 '소득' 간에 상관이 존재하는지 알아보기 위해 피어슨 상관분석을 실시하고자 한다. 이를 위해 haven 패키지의 read_sav 함수를 사용하여 'C9-상관분석-피어슨분석-01.sav' 파일을 불러들여 c9_2df로 저장한다. View 함수를 사용하여 c9_2df의 내용을 살펴보면, 변수는 'id' '연령' '소득'이다.

```
library(haven)

c9_2df <- read_sav(file.choose())
View(c9_2df)
```

[그림 9-52]

이어서 cor.test 함수를 사용하여 상관분석을 실시하는데, cor.test 함수의 괄호 안에는 두 변수를 넣고, method 옵션에는 "pearson"을 지정한다. 두 변수를 지정할 때에는 데이터프레임을 적고 변수를 지정한다.

```
cor.test(c9_2df$연령, c9_2df$소득, method = "pearson")
```

[그림 9-53]

cor.test 함수를 Run (또는 Ctrl+Enter)을 클릭하여 실행하면 [그림 9-54]와 같은 결과가 나타난다. 그림에서 보는 바와 같이 '연령'과 '소득' 간의 상관계수 r값은 -0.4342968이며, 그 값에 해당하는 p값은 0.001626이다. 또한 t값은 -3.3404이며, 자유도는 48이다. 값이 유의수준 0.05보다 작은 값이어서 연령과 소득이 독립이라는 영가설은 기각되며, 연령과 소득은 음의 상관을 갖는다.

```
        Pearson's product-moment correlation

data:  c9_2df$연령 and c9_2df$소득
t = -3.3404, df = 48, p-value = 0.001626
alternative hypothesis: true correlation is not equal to 0
95 percent confidence interval:
 -0.6357870 -0.1773933
sample estimates:
       cor
-0.4342968
```

[그림 9-54]

R은 그래프를 그리는데 상당한 강점을 갖고 있다. 특히 "ggplot2" 패키지는 다양하고 멋진 그래프를 그릴 수 있게 해 준다. R에서 산점도를 그릴 수 있는 함수는 'ggplot2' 패키지를 설치할 필요 없이 이미 설치되어 있는 plot 함수로도 가능하다. plot 함수의 괄호 안에는 x축의 변수, y축의 변수 순으로 입력하면 된다. 또한 산점도에 두 변수 간의 관계를 나타내는 선도 abline 함수를 사용하여 쉽게 그릴 수 있다. abline 함수의 괄호 안에는 lm 함수를 사용하는데, 이는 선형 모델(linear model)의 약자로 회귀모형을 나타낸다. 이미 앞에서 언급한 바와 같이 모델을 표시할 때 R에서는 '~' 기호를 사용한다. 마지막으로 data 옵션에 사용하는 데이터프레임을 지정한다.

```
plot(c9_2df$연령, c9_2df$소득)
abline(lm(소득 ~ 연령, data = c9_2df))
```

[그림 9-55]

plot 함수를 실행하면 산점도가 먼저 나타나고, 이어서 abline 함수를 실행하면 직선이 나타난다.

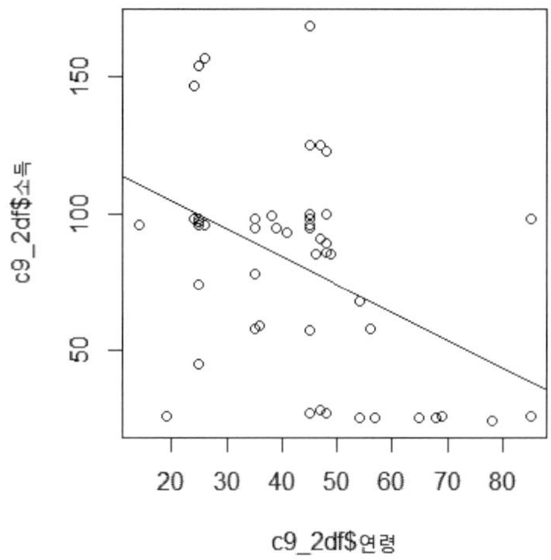

[그림 9-56]

다음으로 haven 패키지의 read_sav 함수를 사용하여 'C9-상관분석-피어슨분석-01.sav' 파일을 불러들여 c9_3df로 저장한 후 두 변수 '연령'과 '소득' 간의 산점도를 그려 본다. 이전과 마찬가지로 plot 함수와 abline 함수를 실행하면 산점도와 산점도 위에 직선이 만들어진다.

```
library(haven)

c9_3df <- read_sav(file.choose())
plot(c9_3df$연령, c9_3df$소득)
abline(lm(소득 ~ 연령, data = c9_3df))
```

[그림 9-57]

[그림 9-58]은 위의 [그림 9-56]과는 기울기가 완전히 다르게 나타나는데 이렇게 나타나는 이유는 소득 변수에 7개의 극단값이 포함되어 있기 때문이다.

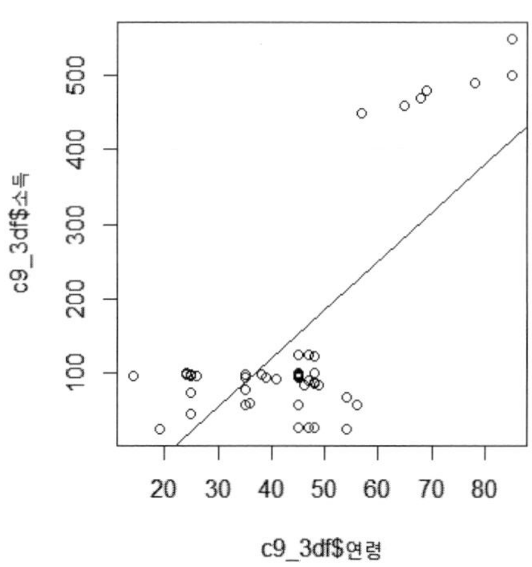

[그림 9-58]

cor.test 함수를 사용하여 피어슨 상관분석을 실시해 보면 피어슨 상관이 극단값의 영향을 받아 크게 달라졌다는 것을 알 수 있다.

```
cor.test(c9_3df$연령, c9_3df$소득, method = "pearson")
```

[그림 9-59]

피어슨 상관분석의 결과는 [그림 9-60]과 같이 나타나는데, 피어슨 상관계수는 0.732203으로 나타나 이전의 피어슨 상관계수 -0.4342968와 크게 차이가 난다.

```
        Pearson's product-moment correlation

data:  c9_3df$연령 and c9_3df$소득
t = 7.4482, df = 48, p-value = 1.517e-09
alternative hypothesis: true correlation is not equal to 0
95 percent confidence interval:
 0.5700317 0.8394624
sample estimates:
     cor
0.732203
```

[그림 9-60]

스피어맨 상관분석은 극단값으로 인한 왜곡현상을 줄일 수 있다. 다음과 같이 cor.test 함수를 사용하여 스피어맨 상관분석을 실시한다.

```
cor.test(c9_3df$연령, c9_3df$소득, method = "spearman")
```

[그림 9-61]

스피어맨 상관분석을 실시한 결과인 [그림 9-62]를 보면, 상관계수는 0.242211이며, p값은 0.09013이다. 따라서 '연령'과 '소득'은 서로 독립이라는 영가설은 기각되지 않는다.

```
        Spearman's rank correlation rho

data:  c9_3df$연령 and c9_3df$소득
S = 15781, p-value = 0.09013
alternative hypothesis: true rho is not equal to 0
sample estimates:
     rho
0.242211
```

[그림 9-62]

2) R을 이용한 이상점과 정규성 진단

R에서 이상점의 존재 여부를 파악하는 데 가장 많이 활용되는 도표는 boxplot이다. 이상점을 파악하기 위해 haven 패키지의 read_sav 함수를 사용하여 'C9-이상점진단.sav' 파일을 불러들여 c9_4df로 저장한 후 boxplot 함수를 실행한다. boxplot 함수를 실행하면 그래프가 제시된

다. 여기에 '$stats'를 추가하여 실행하면 통계가 제시된다.

```
library(haven)

c9_4df <- read_sav(file.choose())
View(c9_4df)

boxplot(c9_4df$총자산2)
boxplot(c9_4df$총자산2)$stats
```

[그림 9-63]

boxplot 함수로 제시되는 그래프에는 박스가 있으며 박스의 중간에 있는 선은 중앙값을, 박스의 밑면은 1사분위수, 윗면은 3사분위수를 나타난다. 또한 박스에서 연결된 아래쪽 선은 하단 경계값을, 위쪽 선은 상단 경계값을 나타내며, 각 경계값을 벗어난 값이 이상점이라고 할 수 있는데, 아래 그림에서는 위쪽으로 점 하나가 표시되어 있다.

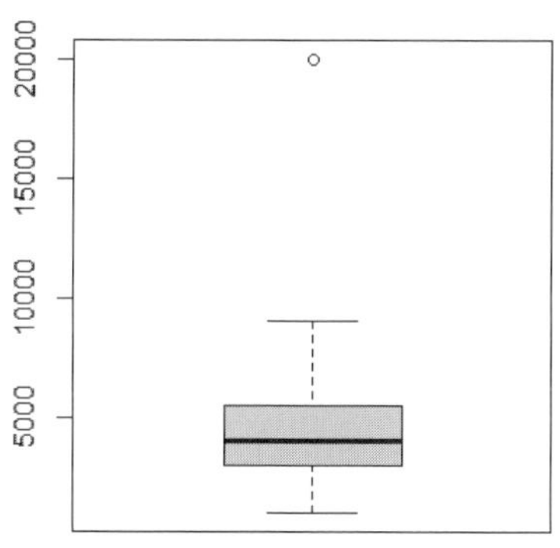

[그림 9-64]

$stats를 사용하면 그래프에서 표시된 값의 수치들이 표시되는데, 1, boxplot의 하단 경계선의 값, 2, 1사분위수, 3, 중앙값, 4, 3사분위수, 5, 상단 경계선의 값이다.

```
     [,1]
[1,] 1000
[2,] 3000
[3,] 4000
[4,] 5500
[5,] 9000
```

[그림 9-65]

다음으로 정규성을 확인하기 위해 haven 패키지의 read_sav 함수를 사용하여 'C9-정규성확인-정규성진단-01.sav' 파일을 불러들여 c9_5df로 저장한 후 소득 변수의 분포를 살펴보도록 한다. View 함수를 사용하여 c9_5df 데이터프레임에는 id, 소득, 서열_소득 등 총 12개 변수가 있다는 것을 확인할 수 있다.

```
c9_5df <- read_sav(file.choose())
View(c9_5df)
```

[그림 9-66]

먼저 그래프를 이용해서 정규성을 확인하는 방법은 해당 변수의 히스토그램을 그리고, 이를 정규분포 곡선과 비교하는 방법인데, 정확도는 떨어진다. R에서는 hist 함수를 사용해서 히스토그램을 그릴 수 있으며, 이어서 약간은 복잡한 과정을 거쳐서 lines 함수를 사용하여 정규분포 곡선을 겹쳐서 그릴 수 있다. 다음 그림과 같이 hist 함수의 괄호 안에 먼저 변수(데이터)를 지정하고, 이어서 breaks 옵션을 사용하여 변수값의 폭을 지정할 수 있는데, seq 함수를 사용해서 소득은 최소값 20에서 시작하여 최대값 32까지 1 간격으로 표를 만들게 된다. 또한 main 옵션을 사용하여, 그래프 제목을 넣을 수 있으며, xlab 옵션으로 x축의 레이블을, ylab 옵션으로 y축의 레이블을 넣을 수 있다.

이어서 정규분포곡선을 그리기 위해 먼저 정규분포곡선의 x값을 만들어야 하는데, seq 함수를 사용하여 소득의 최소값에서 시작하여 소득의 최대값에 이르기까지 총 20개의 x값을 만들어 xfit에 저장한다. 또한 dnorm 함수를 사용하여 정규분포의 밀도(density) 함수 값을 만들 수 있는데, 이를 위해서 괄호 안에 x값을 지정하고, 소득의 평균, 소득의 표준편차를 지정한다. 그런데 이렇게 만들어진 y값은 표준정규분포의 밀도 함수 값으로 히스토그램의 소득과 단위가 다르기 때문에 히스토그램과는 일치하지 않는 정규분포곡선이 생성된다. 따라서 이를 조정하기 위해 원래의 y값에 소득의 값으로 조정하는 계수를 곱하여 수정한 후에 lines 함수를 사용하여 x값(xfit), y값(yfit)을 지정하면 된다. lwd 옵션은 선의 굵기를 나타낸다.

```
hist_data <- hist(c9_5df$소득,
                  breaks = seq(20, 32),
                  main = "소득 히스토그램",
                  xlab = "소득", ylab = "빈도")
xfit <- seq(min(c9_5df$소득), max(c9_5df$소득), length = 20)
yfit <- dnorm(xfit, mean = mean(c9_5df$소득), sd = sd(c9_5df$소득))
yfit <- yfit*length(c9_5df$소득)
lines(xfit, yfit, lwd =2)
```

[그림 9-67]

lines 함수를 실행하면 [그림 9-68]과 같은 그래프가 생성되는데, 히스토그램과 정규분포곡선이 어느 정도 겹치는지 쉽게 판단하기 어렵다.

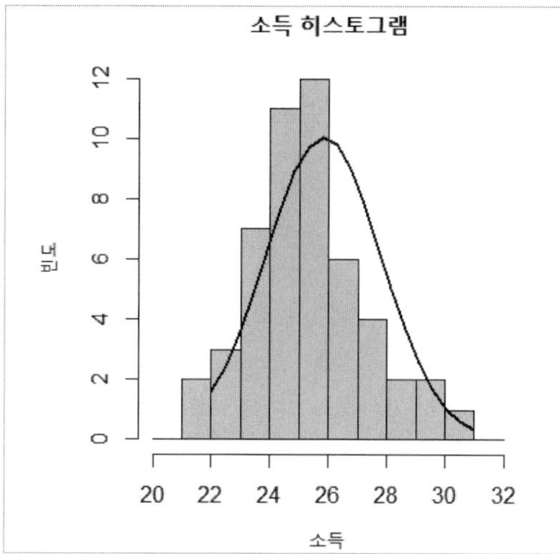

[그림 9-68]

또 다른 정규성 진단 방법은 첨도와 왜도를 보는 것이다. R에서 첨도와 왜도는 psych 패키지의 describe 함수, 또는 같은 패키지의 kurtosi 함수 및 skew 함수를 사용해서 구할 수 있다. 따라서 아래와 같이 psych 패키지를 설치하고 로드한 후에 세 함수를 실행하면 된다.

```
install.packages("psych")
library(psych)
describe(c9_5df$소득)

kurtosi(c9_5df$소득)
skew(c9_5df$소득)
```

[그림 9-69]

세 함수를 실행하면 [그림 9-70]과 같은 결과를 얻게 되는데 describe 함수에서는 첨도는 0, 왜도는 0.44로 표시되며, kurtosi 함수에서는 첨도는 -0.002356382, skew 함수에서 왜도는 0.4431478로 표시된다.

```
> describe(c9_5df$소득)
   vars  n  mean   sd median trimmed  mad min max range skew kurtosis
X1    1 50 25.82 1.99     26   25.73 1.48  22  31     9 0.44        0
     se
X1 0.28
> kurtosi(c9_5df$소득)
[1] -0.002356382
> skew(c9_5df$소득)
[1] 0.4431478
```

[그림 9-70]

3) R을 이용한 콜모고로브-스미로노브 검정과 사피로-윌크 검정

다음으로 통계적 검정방법으로 콜모고로브-스미로노브 검정과 사피로-윌크 검정으로 정규성을 확인할 수 있다. R에서 콜모고로브-스미로노브 검정은 ks.test 함수를 사용해서, 사피로-윌크 검정은 shapiro.test 함수를 사용해서 실행할 수 있다.

```
ks.test(c9_5df$소득, "pnorm",
        mean = mean(c9_5df$소득), sd = sd(c9_5df$소득))

shapiro.test(c9_5df$소득)
```

[그림 9-71]

ks.test 함수를 사용한 콜모고로브-스미로노브 검정의 결과는 [그림 9-72]와 같은데, 통계값은 0.1639이며, p값은 0.1362로 소득변수가 정규성 가정을 충족한다는 영가설을 기각하지 못한다.

```
        Asymptotic one-sample Kolmogorov-Smirnov test

data:  c9_5df$소득
D = 0.1639, p-value = 0.1362
alternative hypothesis: two-sided
```

[그림 9-72]

shapiro.test 함수를 사용한 사피로-윌크 검정의 결과는 [그림 9-73]과 같은데, 통계값은 0.95995이며, p값은 0.08845로 소득변수가 정규성 가정을 충족한다는 영가설을 기각하지 못한다.

```
        Shapiro-Wilk normality test

data:  c9_5df$소득
W = 0.95995, p-value = 0.08845
```

[그림 9-73]

4) R을 이용한 이상값에 대한 정규성 가정 충족을 위한 변수변환(Variable Transform)

다음으로 변수를 변환하여 정규성을 확보하는 방법을 살펴보도록 하자. 이를 위해 haven 패키지의 read_sav 함수를 사용하여 'C9-정규성확인-정규성진단-02.sav' 파일을 불러들여 c9_6df로 저장한 후 GNP 변수의 히스토그램을 그리도록 한다. 이를 위해서 hist 함수를 사용했는데, 괄호 안에는 데이터프레임을 지정한 후에 breaks 옵션을 사용하여 0에서 25000까지 2500의 간격으로 히스토그램을 그리도록 하였다. 또한 이미 앞에서 언급한 바와 유사하게 정규분포곡선을 그리기 위해 x값(xfit2)을 만들고, 그에 해당하는 y값(yfit2)을 만든 후에 lines 함수를 사용하였다.

```
library(haven)

c9_6df <- read_sav(file.choose())
View(c9_6df)

h <- hist(c9_6df$GNP,
     breaks = seq(0, 25000, by = 2500),
     xlim = c(0, 25000))
xfit2 <- seq(min(c9_6df$GNP), max(c9_6df$GNP), length = 20)
yfit2 <- dnorm(xfit2, mean = mean(c9_6df$GNP), sd = sd(c9_6df$GNP))
yfit2 <- yfit2*diff(h$mids[1:2])*length(c9_6df$GNP)
lines(xfit2, yfit2, lwd =2)
```

[그림 9-74]

이와 같이 hist 함수와 lines 함수를 실행하면 [그림 9-75]와 같은 그래프가 나타난다. 이를 보면, GNP 분포는 우편향 분포로, 정규분포라기 보기는 어렵다.

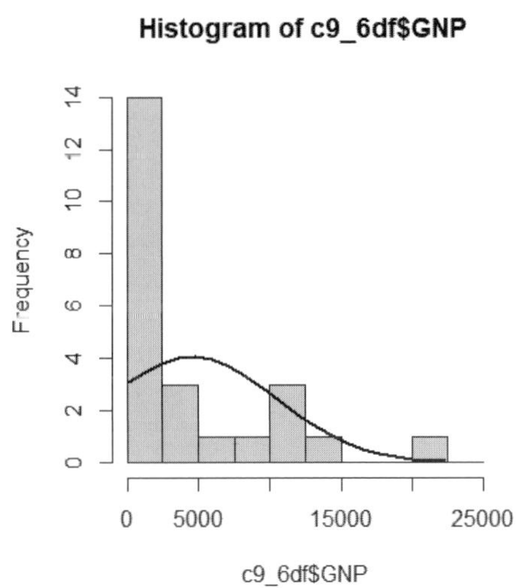

[그림 9-75]

이에 따라 GNP에 상용로그 함수를 활용하여 새로운 변수 lnGNP를 만들어서 동일한 방식으로 히스토그램을 그릴 수 있다. [그림 9-76]의 첫 번째 줄과 같이 log10 함수를 사용하여 GNP 변수를 lnGNP 변수로 전환하여 c9_6df에 저장한다. 그리고 hist 함수를 사용하여 lnGNP 변수의 히스토그램을 h2에 저장한다. hist 함수의 괄호 안에는 변수를 지정하고, breaks 옵션에서는 seq 함수를 사용하여 히스토그램의 최소값, 최대값, 그리고 간격을 지정한다.

lines 함수를 사용하기 위해서 x축의 값을 seq 함수를 사용하여 최소값, 최대값, 그리고 전체 사례수를 지정하여 xfit3에 저장하고, y축의 값을 설정하기 위해 dnorm 함수를 사용하는데, 정규분포곡선 그래프를 그리는 변수의 평균, 표준편차를 지정한다. 이어서 히스토그램과 폭을 맞추기 위해 히스토그램의 첫 번째, 두 번째 값의 차이와 변수의 사례로 조정한 후에 xfit3을 x값으로, yfit3을 y값으로 지정하여 lines 함수를 실행시킨다. lines 함수에서 lwd 옵션은 선의 굵기를 표시한다.

```
c9_6df$lnGNP <- log10(c9_6df$GNP)
h2 <- hist(c9_6df$lnGNP,
     breaks = seq(2, 4.5, by = 0.25))
xfit3 <- seq(min(c9_6df$lnGNP), max(c9_6df$lnGNP), length = 20)
yfit3 <- dnorm(xfit3, mean = mean(c9_6df$lnGNP), sd = sd(c9_6df$lnGNP))
yfit3 <- yfit3*diff(h2$mids[1:2])*length(c9_6df$lnGNP)
lines(xfit3, yfit3, lwd =2)
```

[그림 9-76]

lines 명령문을 실행하면 [그림 9-77]과 같은 그림이 나타난다.

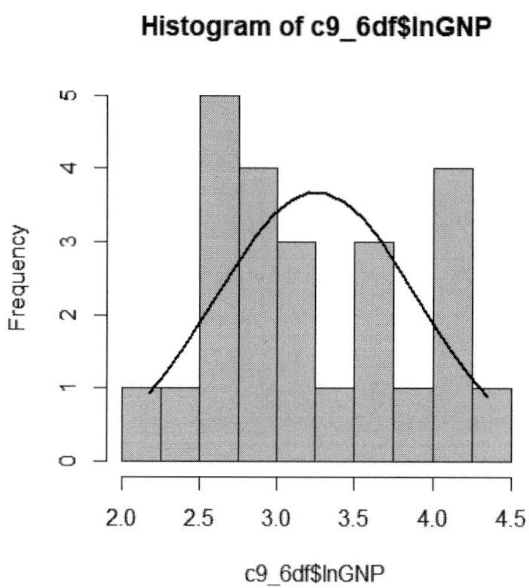

[그림 9-77]

참고문헌

Chen, P. (2002). *Correlation: Parametric and Nonparametric Measures.* Newbury Park, CA: Sage Publications Inc.

Gibbons, J. (1993). *Nonparametric Measures of Association*. Newbury Park, CA: Sage Publications Inc.

Gravetter, F., & Wallnau, L. (1992). *Statistics for the Behavioral Sciences*. St. Paul, MN: West Publishing Company.

Liebetrau, A. (1983). *Measures of Association*. Newbury Park, CA: Sage Publications Inc.

Spearman, C. (1904), The Proof and Measure of Association between Two Things. *American Journal of Psychology*, *15*, 72-101.

| 연습문제 |

01 두 변수 X, Y 간에 상관이 존재한다는 말이 의미하는 바를 설명하십시오.

02 다음 각각의 진술에 대해서 참, 거짓 여부를 판단하십시오.

상관계수의 값은 0보다 작을 수 없다. (참, 거짓)

두 변수 X, Y 간에 음의 상관이 존재하는 것은 두 변수 모두 항상 양의 방향으로 함께 변한다는 것을 뜻한다. (참, 거짓)

두 변수 X, Y 간에 $r = .78$의 상관이 존재하는 것은 두 변수 가운데 어느 한 변수를 바탕으로 다른 변수를 약 78% 정도 예측할 수 있다는 것을 의미한다. (참, 거짓)

03 피어슨 상관과 스피어맨 상관을 비교하여 설명하십시오.

04 피어슨 상관계수에 관한 가설을 t 검정하는 데 필요한 조건은 무엇이며 그러한 조건이 왜 필요한지를 설명하십시오.

05 다음 자료를 바탕으로 피어슨 상관을 구하십시오(단, 공분산 및 표준편차는 계산공식을 이용하여 구하십시오).

X	Y
2	7
1	9
3	4
1	6
4	1

06 문제 5의 자료를 바탕으로 스피어맨 상관을 구하십시오(단, 공분산 및 표준편차는 계산공식을 이용하여 구하십시오).

07 문제 5의 변수 Y에 3을 곱한 변수를 Y'이라고 할 때, X와 Y' 간의 피어슨 상관을 구해 문제 5의 답과 비교하십시오(단, 계산에 앞서 X와 Y'의 결합변수의 산점도를 먼저 그려볼 것).

08 동일한 속성 Q를 측정하는 척도라고 알려진 두 척도 A, B를 이용하여 6명의 표본을 대상으로 이들의 속성 Q를 측정한 결과가 다음과 같을 때, 과연 두 척도 A, B를 동일한 속성을 측정하는 척도로 볼 수 있을지를 판단하십시오(두 척도 모두 측정값이 클수록 속성 Q의 수준 또한 높다는 것을 의미한다).

A	B
26	15
25	13
24	14
24	12
23	11
22	10

09 다음 자료를 이용하여 피어슨 상관과 스피어맨 상관을 구해 각각의 결과를 바탕으로 영가설 $H_0 : \rho = 0$을 유의수준 .05에서 검정하십시오.

X	Y
1	3
4	7
3	5
2	2
5	44
3	5

10 속성 Q를 측정하는 척도라고 알려진 또 다른 척도 C를 이용하여 문제 8의 표본 6명의 속성 Q를 측정한 결과가 다음과 같을 때, A와 B 각각과 C 간의 상관을 구하십시오. 이 문제에서 구하여 얻은 결과와 문제 8에서 구한 상관을 이용하여, 만일 어떤 두 변수 X와 Y 간에 상관이 존재하고 Y와 또 다른 변수 Z 간에 상관이 존재한다고 할 때, 그러한 사실이 'X와 Z 간에는 당연히 상관이 존재한다'는 것을 의미하는지를 판단하십시오.

C
17
15
16
13
15
12

10

회귀분석

회귀분석은 종속변수와 독립변수 간의 관계를 나타내는 관계모형을 추정하여 이를 바탕으로 독립변수가 종속변수에 미치는 영향을 파악하고 독립변수를 바탕으로 종속변수를 예측하는 분석기법이다. 회귀분석은 분석에 포함되는 독립변수의 개수에 따라 단순회귀분석과 다중회귀분석으로 나뉘는데, 독립변수의 수가 한 개인 경우를 가리켜 단순회귀분석(simple regression analysis)이라고 하고 독립변수의 수가 두 개 이상인 경우를 가리켜 다중회귀분석(multiple regression analysis)이라고 한다.

1. 단순선형회귀모형과 단순회귀식

회귀분석을 통해서 독립변수와 종속변수 간의 관계를 나타내는 관계모형을 추정한다는 것은 종속변수와 독립변수 간에 존재하는 선형관계(linear relationship)를 나타내는 직선의 함수식을 추정하는 것을 말한다. 예를 들어서, 확률변수 X를 독립변수라고 하고 Y를 종속변수라고 할 때, 만일 두 변수 X와 Y 간에 상관이 존재한다면 우리는 두 변수 간에 [그림 10-1]과 같은

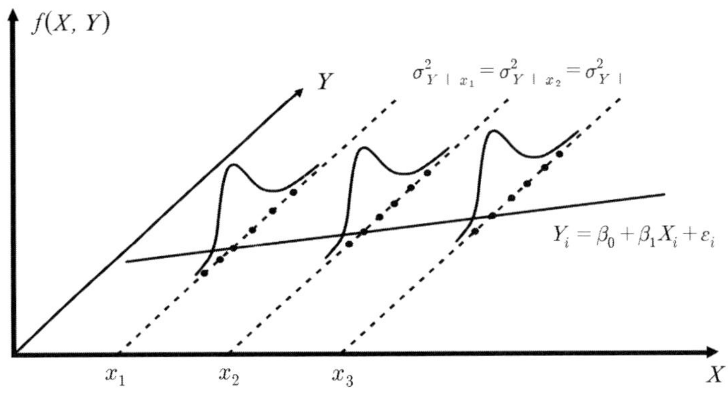

[그림 10-1]

관계가 존재한다고 생각할 수 있다. 두 변수 X와 Y 간에 관계를 나타내는 이러한 모형을 가리켜 종속변수가 Y이고 독립변수가 X인 모회귀모형(population regression model)이라고 하고 다음과 같이

$$Y_i = \beta_0 + \beta_1 X_i + \varepsilon_i \qquad [10-1]$$

Y_i = 종속변수 Y의 번째 i 값
X_i = 독립변수 X의 번째 i 값
β_o = 회귀식의 절편(intercept)
β_1 = 회귀식의 기울기(slope), 독립변수 X의 회귀계수
ε_i = 무작위 오차(random error)

표기한다.

모회귀모형 [10-1]에서 X와 Y는 변수인 반면 β_0과 β_1은 모수인데 이 두 모수 β_0과 β_1을 가리켜 회귀계수(regression coefficient)라고 한다. 모형 [10-1]에서 X와 Y변수이므로 X와 Y의 값은 관찰을 통해 알 수 있는, 그렇기 때문에 '알려진 값'이지만 β_0과 β_1은 모수이므로 알려진 값이 아니다. 따라서 단순회귀분석을 통해 두 변수 간의 관계를 나타내는 관계모형을 추정한다는 말을 달리 표현하면 모회귀모형을 정의하는 두 모수 β_0과 β_1을 추정한다는 것과 같다고 할 수 있다.

모회귀모형 [10-1]에서 ε_i는 두 확률변수 X와 Y 간의 관계가 확률적임을 나타내는 오차이다. 두 확률변수 X와 Y 간의 관계가 확률적이라는 말은 [그림 10-1]에 제시된 바와 같이, 독립변수의 각 변수값 x_i에 대해서 종속변수 Y의 확률분포가 존재한다는 것을 의미한다. 이와 같이 두 변수 간의 관계가 확률적일 때, 독립변수의 각 변수값 x_i가 이에 대응하는 종속변수 Y의 확률분포를 이루고 있는 Y_i 가운데 어떤 값과 대응할지는 각 변수값 x_i에 대응하는 종속변수 Y의 확률분포에 해당하는 오차인 ε_i에 의해 전적으로 결정된다.

오차 ε_i의 의미를 보다 정확하게 이해하기 위해서 조건부 기대값이라는 개념을 이해해 보기로 하자. 두 확률변수 X와 Y 간의 관계가 [그림 10-1]과 같이 확률적일 때 우리는 비록 독립변수 X가 정확하게 종속변수 Y의 어떤 값과 대응하는지는 모른다고 하더라도 독립변수 X에 관한 정보를 바탕으로 종속변수 Y가 어떤 값을 가질 것인지는 어느 정도 기대해 볼 수 있다. 독립변수 X가 특정 값 x_i를 변수값으로 가질 때 종속변수 Y가 가질 것으로 기대되는 변수값을[1] 가리켜 Y의 X에 대한 조건부 기대값 또는 간단히 Y의 조건부 기대값이라 부르고 다음과 같이 표기한다.

$$E(Y_i | X = x_i) \text{ 또는 간단히 } E(Y_i | x_i)$$

이때, $E(Y_i | x_i)$는 독립변수 X에 관한 정보를 바탕으로 X에 대응할 것으로 기대되는 종속변수 Y의 값이므로 다음과 같이 독립변수 X의 선형함수식으로 표현할 수 있는데

$$E(Y_i | x_i) = \beta_0 + \beta_1 X_i \qquad [10\text{-}2]$$

이러한 선형함수식을 가리켜 모회귀식(population regression equation)이라고 한다. 앞서 살펴본 [그림 10-1]의 모회귀모형과 달리, 모회귀식은 정의에 의해서 [그림 10-2]에 나타난 바와 같이 독립변수의 각 변수값 x_i에 해당하는 종속변수 Y의 확률분포 모두에서 확률분포의 조건부 기대값들을 지나가게 된다.

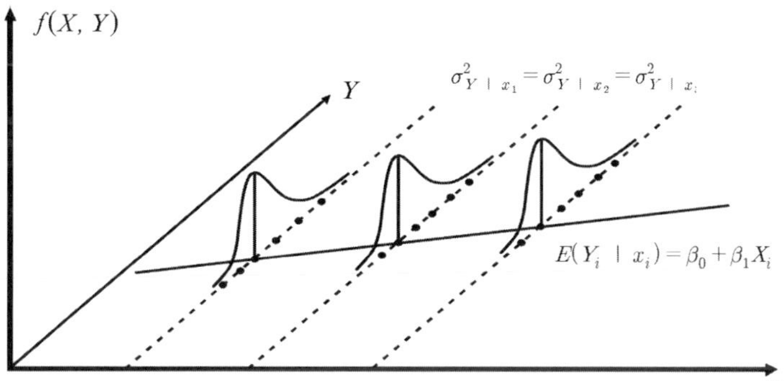

[그림 10-2]

1) X를 바탕으로 Y가 어떤 값을 가질 것인지를 기대해 볼 수 있다는 것은 'X를 바탕으로 Y가 어떤 특정 변수값을 갖게 될 지를 예측할 수 있다' 또는 'Y가 왜 특정 변수값을 갖는지를 설명할 수 있다'는 것과 같다. 또한 Y가 어떤 변수값을 갖게 될지를 예측 또는 설명할 수 있다는 것은 변수 Y의 변량(variation)을 예측 또는 설명할 수 있다는 것을 뜻한다. 이 책의 이하 내용에서 'Y가 어떤 값을 가질지를 기대할 수 있다', 'Y의 변량을 예측할 수 있다' 및 'Y의 변량을 설명할 수 있다'라는 세 가지 표현은 모두 동일한 의미를 나타내는 것으로 이해하기 바란다.

앞의 [10-2]에서 종속변수 Y의 조건부 기대값 $E(Y_i|x_i)$는 말 그대로 기대되는 값(expected value)이기 때문에 실제로 관찰된 종속변수 Y의 i번째 관찰값(observed value)인 Y_i와는 차이가 있을 수 있다. 이러한 차이를 우리는 [10-1]과 [10-2]를 이용하여 다음과 같이

$$Y_i - E(Y_i|x_i) = \varepsilon_i \qquad [10-3]$$

정의할 수 있는데 [10-3]으로부터 우리는 모회귀모형 [10-1]의 오차 ε_i가 다름 아닌 종속변수 Y의 실제 관찰값과 조건부 기대값 간의 차이라는 것을 알 수 있다.

또한 [10-1]과 [10-3]으로부터 우리는 종속변수 Y가 다음과 같은 두 부분으로 이루어져 있다는 것을 알 수 있다.

$E(Y_i\|x_i)$	+	ε_i
‖		‖
종속변수 Y_i의 변량(Variation) 중 독립변수 X에 관한 정보를 바탕으로 예측 또는 설명할 수 있는 부분		종속변수 Y_i의 변량 중 독립변수 X에 관한 정보를 바탕으로 예측 또는 설명할 수 없는 부분

이처럼 오차 ε_i가 종속변수 Y의 변량 가운데 독립변수 X에 관한 정보를 바탕으로도 설명 또는 예측되지 않고 남아 있는 '나머지'라는 의미에서 ε_i를 가리켜 잔차(residual)라고 한다.[2)]

위의 모회귀식 [10-2]에서 β_0과 β_1은 모수이며 미지수이므로 β_0과 β_1을 추정하려면 모이변량확률변수 (X, Y)의 모집단으로부터 뽑은 자료 (x_i, y_i)를 바탕으로 표본통계량을 구해야 한다. 두 모수 β_0과 β_1 각각에 대한 표본통계량을 b_0, b_1이라고 하면 두 변수 X와 Y 간의 표본 차원의 관계식

$$\hat{y}_i = b_0 + b_1 x_i \qquad [10-4]$$

을 얻게 되는데 이 관계식을 가리켜 표본회귀식이라고 한다.

[10-4]에서 $\hat{y}_i$, b_0, b_1은 각각 $E(Y_i|x_i)$, β_0, β_1에 대한 표본추정량이므로 이들 표본추정량으로 [10-2]와 [10-3]의 모수를 대체하면 잔차의 표본추정량은 다음과 같이 정의된다.

$$e_i = y_i - \hat{y}_i = y_i - (b_0 + b_1 x_i)$$

2) 제8장에서 이원분산분석을 설명할 때는 두 요인 간에 상호작용이 존재할 때의 오차와 존재하지 않을 때의 오차를 구별하기 위해서 오차(error)와 잔차(residual)를 서로 다른 개념으로 구별하여 설명했으나 여기서는 오차와 잔차를 동일한 개념으로 이해하기 바란다.

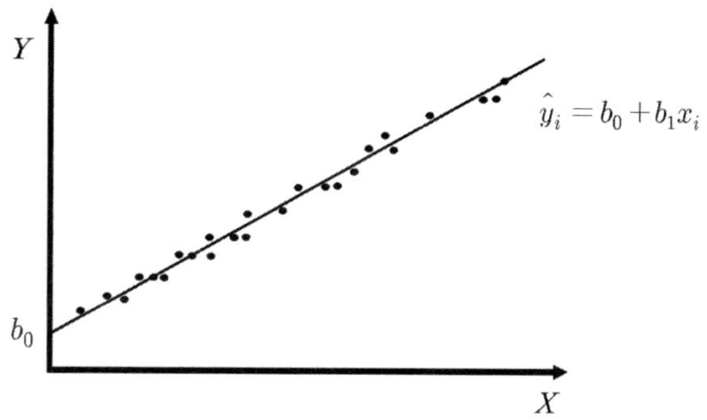

[그림 10-3]

2. 최소제곱추정

표본회귀식이 [10-4]와 같이 정의됨에 따라 이제 두 확률변수 X, Y 간의 관계를 가장 잘 나타내는 회귀식을 추정하기 위해서 남은 과제는 표본회귀모형의 두 회귀계수 b_0와 b_1을 구하는 것으로 단순화된다. 표본자료를 바탕으로 두 회귀계수 b_0와 b_1을 추정하기에 앞서 우리는 두 변수 간의 관계를 나타낼 수 있는 무수히 많은 선형관계식 가운데 어떤 관계식이 두 변수 간의 관계를 '가장 잘' 나타내는 선형관계식인지를 판단하는 데 필요한 기준을 먼저 설정해야 한다.

이 말을 달리 표현하면, 어떤 선형회귀식이 두 확률변수 X, Y 간의 관계를 가장 잘 나타내주는 선형회귀식인지를 판단한다는 것은 선형회귀식의 회귀계수가 될 수 있는 무수히 많은 선택가능한 회귀계수값 쌍들 (b_0, b_1) 가운데 과연 어떤 값을 선택하는 것이 가장 바람직한지를 판단하는 기준을 먼저 정해야 한다는 것을 뜻한다.

회귀분석에서는 이러한 기준으로서 최소제곱(least square)이라는 기준을 사용한다. 최소제곱기준이란 한 마디로 말해서 회귀계수값을 선택함에 있어서 종속변수 Y의 실제 관찰값과 조건부 기대값 간의 오차를 제곱하여 모두 더한 값인 잔차제곱합(Sum of Squares Error: SSE), 즉

$$\sum_{i=1}^{n} e_i^2 = \sum_{i=1}^{n} \left(y_i - \hat{y}_i\right)^2 = \sum_{i=1}^{n} \left[y_i - (b_0 + b_1 x_i)\right]^2$$

을 가장 작게 만드는 회귀계수값을 최적(the best) 회귀계수값으로 선택하는 것을 말한다. 이러한 최소제곱기준을 바탕으로 회귀계수를 추정하는 방법을 가리켜 최소제곱추정법(least squares estimation method)이라고 하는데, 최소제곱추정법의 구체적인 원리를 설명하기에 앞서 최소제곱추정법을 이용하여 회귀계수를 추정하기 위해 일련의 조건들을 살펴보기로 하자.[3)]

---

3) 최소제곱추정법을 이용하여 회귀계수를 추정하는 데 필요한 이러한 조건들을 가리켜 회귀분석을 위한 기본가정이라고 한다. 이에 대한 보다 자세한 논의는 Berry, W.(1993). Judge, G. et al.(1988) 및 Green, W.(1991)을 참조하기 바란다.

조건 1. X_i는 고정적(fixed)이다.

조건 2. 각각의 Y_i는 서로 독립인 확률변수이다. 따라서 Y의 선형함수인 ε_i 또한 서로 독립인 확률변수이다.

조건 3. Y는 모든 X_i에 대해서 정규분포를 따른다. 따라서 Y의 선형함수인 ε_i 또한 모든 X_i에 대해서 정규분포를 따르며 기대값은 $E(\varepsilon_i) = 0$이다.

조건 4. Y의 분산은 모든 X_i에 대해서 $\sigma^2_{Y|x}$로 동일하다. 따라서 Y의 선형함수인 ε_i 또한 모든 X_i에 대해서 정규분포를 따르며 기대값은 $E(\varepsilon_i) = 0$이다.

조건 5. 종속변수 Y와 독립변수 X_i 사이에는 선형관계가 존재한다.

조건 1에서 독립변수 X가 고정적이라는 말은 독립변수 X가 가질 수 있는 값의 범위가 표본자료의 범위로 한정되어 있다는 것을 뜻하는데, 보다 정확하게 말하자면 독립변수 X의 변수값은 주어진 또는 관찰된 표본자료의 범위로 그 값이 고정되어 있다는 것을 의미한다.

여기서 한 가지 주의해야 할 것은 어떤 변수가 고정적이라는 것과 두 변수 간의 관계가 고정적(또는 확정적)이라는 것을 혼동하지 말아야 한다는 것이다. 독립변수 X와 종속변수 Y 간의 관계가 고정적이라는 말은 두 변수 간의 관계가 일대일 대응관계라는 것을 뜻한다. 즉, 각각의 변수값 x_i가 서로 다른 y_i 하나씩 하고만 대응한다는 것이다.

회귀분석을 실시한다는 것은 독립변수와 종속변수 간의 관계가 고정적이 아니라 앞서 살펴보았던 [그림 10-1]과 같이 확률적일 때에만 의미를 갖는다. 왜냐하면 만일 두 변수 간의 관계가 고정적이라면 독립변수의 값을 바탕으로 종속변수의 값을 한 치의 오차 없이 정확하게 파악할 수 있다는 것을 의미하므로 구태여 회귀분석을 통해서 독립변수에 관한 정보를 바탕으로 종속변수의 값을 예측해야 할 이유가 없기 때문이다. 이러한 이유만 보더라도 조건 1의 의미는 독립변수 X와 종속변수 Y의 관계가 고정적이라는 의미가 아니라 독립변수 X가 고정적이어야 한다는 의미임을 쉽게 이해할 수 있으리라 본다.

조건 4에서 종속변수 Y가 모든 X_i에 대해 동일한 크기의 분산을 갖는다는 가정을 가리켜 등분산성(homoscedasticity) 가정이라고 한다. 한마디로 말해서, 등분산성 가정은 종속변수 Y의 분산이, 독립변수 X가 어떤 값을 갖는가에 의해서 전혀 영향을 받지 않는다는 것을 말한다. 이러한 등분산성 가정을 조건 3과 결합시켜 보면 [그림 10-1]에 나타난 바와 같이 각각의 X_i에 대응하는 종속변수 Y의 확률분포 모두는 평균과 분산이 각각 $E(Y\,|\,x_i)$와 $\sigma^2_{Y|x}$인 정규분포를 따른다는 것을 알 수 있다. 이때, 한 가지 주의해야 할 것은 독립변수 X를 전혀 고려하지 않을 때 종속변수 Y의 모분산과 표본분산은 다음과 같지만

$$\sigma^2_Y = \sum_{i=1}^{N} \frac{\left(Y_i - \overline{Y}\right)^2}{N}, \quad s^2_Y = \sum_{i=1}^{n} \frac{\left(y_i - \overline{y}\right)^2}{n-1}$$

독립변수 X를 바탕으로 종속변수 Y를 정의할 때 종속변수 Y의 모분산과 표본분산은 다음과 같이

$$\sigma^2_{Y|x_i} = \sum_{i=1}^{N} \frac{[\,Y_i - E(Y_i \mid X_i)]^2}{N}, \quad s^2_{Y|x_i} = \sum_{i=1}^{n} \frac{[y_i - E(\hat{y}_i)]^2}{n-2} \qquad [10\text{-}5]$$

달라진다는 점이다. [10-5]의 표본분산 $s^2_{Y|x_i}$에서 $\hat{y}_i$는 $E(Y_i \mid x_i)$에 대한 표본추정량이며 [10-4]에서 $\hat{y}_i = b_0 + b_1 x_i$로 정의한 바 있다. 따라서 $\hat{y}_i$를 구하기 위해서는 표본자료를 바탕으로 두 회귀계수 b_0, b_1를 추정해야 한다는 것을 알 수 있는데, 이 과정에서 표본이 자유도를 2단위 상실하게 되므로 표본분산 $s^2_{Y|x_i}$의 분모는 $n-2$가 된다. 이때, 표본이 2단위 자유도를 상실되는 이유는 독립변수를 고려하지 않을 때의 Y의 모분산인 σ^2_Y에 대한 표본추정량 s^2_Y의 자유도가 $n-1$이 되는 것과 동일한 논리에서 이해할 수 있으리라 본다.[4)]

마지막으로 오차항 ε_i는 종속변수 Y의 선형함수이므로 조건 2, 3 및 4에 의해서 종속변수 Y와 마찬가지로 모든 X_i에 대해 동일한 분산 σ^2_ε을 가지며 또한 평균과 분산이 다음과 같은

$$\varepsilon_i \sim N(0,\, \sigma^2_\varepsilon)$$

정규분포를 따른다는 것을 알 수 있다.

이상에서 살펴본 5가지 조건이 만족될 때, 최소제곱추정법을 이용하여 회귀계수를 추정하게 되면 추정된 회귀계수는 '두 확률변수 X와 Y 사이의 관계를 가장 잘 나타내는 최적(the best)의 회귀계수'가 되는데 이를 가리켜 가우스-마코브 정리(Gauss-Markov Theorem)라고 한다. 이때, 최적 회귀계수란 앞서 설명한 바와 같이 두 변수 X와 Y의 관계를 나타낼 수 있는 무수히 많은 선택 가능한 회귀계수들 가운데 최소제곱추정법을 이용하여 추정한 회귀계수가 종속변수 Y의 조건부 기대값과 실제 관찰값 간의 잔차제곱합 SSE를 최소화시키는 회귀계수라는 것을 의미한다. 다시 말해서, 최소제곱추정법에 의해 추정된 두 회귀계수를 $\hat{b}_0$와 $\hat{b}_1$라고 표기하면 $\hat{b}_0$와 $\hat{b}_1$는 다음과 같이

$$SSE_{\min} = \sum_{i=1}^{n} \hat{e}_i^2 = \sum_{i=1}^{n} (y_i - \hat{y}_i)^2 = \sum_{i=1}^{n} [y_i - (\hat{b}_0 + \hat{b}_1 x_i)]^2 \qquad [10\text{-}6]$$

최소제곱기준을 만족시킨다는 것이다. 단순회귀분석의 경우, 최소제곱기준을 만족시키는 두 회귀계수 $\hat{b}_0$과 $\hat{b}_1$은 잔차제곱합 SSE를 $\hat{b}_0$과 $\hat{b}_1$ 각각에 대해 편미분한 다음 0으로 놓을 때

4) 자유도의 개념 및 계산 방법에 대해서는 이미 여러 차례에 걸쳐 논의한 바 있으므로 더 이상의 설명은 생략하기로 하겠다.

얻게 되는 두 개의 정규방정식(normal equation)

$$\frac{\partial \sum_{i=1}^{n} e_i^2}{\partial b_0} = \frac{\partial \sum_{i=1}^{n} \left(y_i - \hat{b}_0 - \hat{b}_1 x_i\right)^2}{\partial \hat{b}_0} = 0 \qquad [10-7]$$

$$\frac{\partial \sum_{i=1}^{n} e_i^2}{\partial b_1} = \frac{\partial \sum_{i=1}^{n} \left(y_i - \hat{b}_0 - \hat{b}_1 x_i\right)^2}{\partial \hat{b}_1} = 0 \qquad [10-8]$$

의 답을 구함으로써 추정할 수 있다.[5)]

먼저, [10-7]을 풀어 정리하면

$$-2\sum_{i=1}^{n}\left(y_i - \hat{b}_0 - \hat{b}_1 x_i\right) = 0$$

$$\sum_{i=1}^{n} y_i - n\hat{b}_0 - \hat{b}_1 \sum_{i=1}^{n} x_i = 0 \qquad [10-9]$$

$$\hat{b}_0 = \bar{y} - \hat{b}_1 \bar{x}$$

과 같고 [10-9]를 [10-8]에 대입하여 정리하면 다음과 같다.

$$-2\sum_{i=1}^{n}\left(x_i - \bar{x}\right)\left[\left(y_i - \bar{y}\right) - \hat{b}_1\left(x_i - \bar{x}\right)\right] = 0 \qquad [10-10]$$

$$\sum_{i=1}^{n}\left(x_i - \bar{x}\right)\left(y_i - \bar{y}\right) = \hat{b}_1 \sum_{i=1}^{n}\left(x_i - \bar{x}\right)^2$$

$$\hat{b}_1 = \frac{\sum_{i=1}^{n}\left(x_i - \bar{x}\right)\left(y_i - \bar{y}\right)}{\sum_{i=1}^{n}\left(x_i - \bar{x}\right)^2} = \frac{s_{XY}}{s_X^2}$$

이변량확률변수 (X, Y)에 관한 표본자료가 주어질 경우, 이제 우리는 이러한 최소제곱추정법을 이용하여 두 변수 X와 Y 간의 관계를 가장 잘 나타낼 수 있는 두 회귀계수를 추정할 수 있다. 이때, 최소제곱추정법에 의해 추정된 회귀계수는 잔차제곱합을 최소화하는 회귀계수인 바, 두 변수 X와 Y 사이의 관계를 '가장 잘 나타내는 선형회귀식'의 회귀계수가 된다.

이러한 사실과 더불어서 단순회귀분석에서 회귀계수 $\hat{b}_1$는 또한 제9장에서 배운 피어슨 상

5) 이에 대한 보다 자세한 설명은 Judge, G. et al.(1998)을 참조하기 바란다.

관계수와 다음과 같은 관계

$$r = \frac{\sum(x-\bar{x})(y-\bar{y})}{\sum(x-\bar{x})\sum(y-\bar{y})} = \frac{s_{XY}}{s_X s_Y} \cdot \frac{s_X}{s_X} = \frac{s_{XY}}{s_X s_X} \cdot \frac{s_X}{s_Y} = \frac{s_{XY}}{s_X^2} \cdot \frac{s_X}{s_Y} = \hat{b}_1 \frac{s_X}{s_Y}$$

를 갖는다는 것 또한 알아 둘 필요가 있다.

3. 회귀계수에 관한 가설검정

두 확률변수 X와 Y 간의 관계를 선형관계로 보고 두 변수 간의 관계를 나타내는 회귀식을 일단 추정하고 나면 그 다음으로는 추정한 회귀식의 기울기에 해당하는 회귀계수 β_1이 과연 0과 다른지 여부를 검정해 볼 필요가 있다. 이에 해당하는 영가설과 대립가설은 다음과 같다.

$$H_0 : \beta_1 = 0 \qquad vs. \qquad H_a : \beta \neq 0 \qquad [10\text{-}11]$$

만일 영가설이 사실이라면 회귀식의 기울기가 0과 다르지 않으므로 회귀식은 다음과 같이 단순화되는데

$$Y_i = \beta_0 + \varepsilon_i$$

이는 두 변수 X, Y 간에 선형관계가 존재하지 않으며 따라서 종속변수 Y가 어떤 값을 가질 것인지를 예측하는 데 있어서 독립변수 X에 관한 정보가 전혀 도움이 되지 않는다는 것을 의미한다. 따라서 [10-11]의 영가설이 사실이라면 종속변수 Y에 대한 예측은 Y의 변수값만을 바탕으로 이루어지게 되는바, 자기 자신의 변수값 이외에는 달리 근거할 만한 다른 정보가 없는 상태에서 Y의 변수값을 가장 잘 예측할 수 있게 해 주는 측도는 Y의 평균이므로 위의 회귀식은 결국

$$Y_i = \beta_0 + \varepsilon_i = \overline{Y} + \varepsilon_i \qquad [10\text{-}12]$$

가 된다.

이때, [10-11]의 가설은 제5장에서 배웠던 단일 모집단의 모수에 관한 가설과 기본적으로 동일한 가설임을 알 수 있으며, 모수 β_1에 대한 표본추정량인 b_1은—최소제곱추정을 위한 전제 조건 4와 조건 5에 의해서—정규분포를 따르는 것으로 알려진 Y_i의 선형함수이므로 b_1 자신 또한 정

규분포를 따른다는 것을 알 수 있다. 이러한 두 가지 사실에 근거하여 우리는 [10-11]의 영가설에 대한 검정통계량으로서 다음과 같은 t 변수

$$t = \frac{b_1 - 0}{s_{b_1}} \sim t_{n-2} \qquad [10\text{-}13]$$

을 사용하게 된다.

위의 검정통계량 t 값을 구하기 위해서는 s_{b_1}을 알아야 하는데 이를 구하는 과정은 다음과 같다. 먼저 [10-10]으로 정의되는 b_1을 다음과 같이 변형시킨 다음

$$b_1 = \frac{\sum_{i=1}^{n}(x_i - \overline{x})(y_i - \overline{y})}{\sum_{i=1}^{n}(x_i - \overline{x})^2} = \frac{\sum_{i=1}^{n}(x_i - \overline{x})y_i - \sum_{i=1}^{n}(x_i - \overline{x})\overline{y}}{\sum_{i=1}^{n}(x_i - \overline{x})^2} = \frac{\sum_{i=1}^{n}(x_i - \overline{x})y_i}{\sum_{i=1}^{n}(x_i - \overline{x})^2} \qquad [10\text{-}14]$$

[10-14]에서 $\sum_{i=1}^{n}(x_i - \overline{x}) / \sum_{i=1}^{n}(x_i - \overline{x})^2$을 단순히 어떤 상수값으로 여기고 w_i라고 표기한다면 [10-14]는 다음과 같이 표현된다.

$$b_1 = w_i y_i$$

이제 s_{b_1}은, 제1장에서 소개했던 분산의 특성 3에 의해서

$$s_{b1}^2 = Var(b_1) = w_i^2\,Var(y_i) = \left[\frac{\sum_{i=1}^{n}(x_i - \overline{x})}{\sum_{i=1}^{n}(x_i - \overline{x})^2}\right]^2 \qquad Var(y_i) = \frac{s_{Y|x_i}^2}{\sum_{i=1}^{n}(x_i - \overline{x})^2}$$

이 된다. 이때, 구하고자 하는 분산은 b_1의 분산이며 b_1과 관련된 y_i는 x_i를 고려한 상태에서의 값, 즉 x_i에 조건되는(conditioned) 값이다. 따라서 $Var(y_i)$는 [10-5]와 같은 조건부 분산, 즉

$$Var(y_i) = s_{Y|x_i}^2 = \frac{\sum_{i=1}^{n}(y_i - \hat{y}_i)^2}{n-2}$$

이고 X의 제곱합은 다음과 같이

$$\sum_{i=1}^{n}(x_i - \overline{x})^2 = (n-1)s_X^2$$

표현할 수 있으므로 결국 $s_{b_1}^2$는 결국 다음과 같이 정의된다.

$$s_{b1}^2 = \frac{s_{Y|x_i}^2}{(n-1)s_x^2} \qquad [10-15]$$

이제 [10-15]를 [10-13]의 분모에 대입하면 검정통계량 t_{n-2}값을 구할 수 있고 따라서 [10-11]의 가설을 검정할 수 있다.

가설검정을 위한 유의수준을 $\alpha = .05$로 설정한다면 β_1에 대한 $100(1-\alpha\%)$의 신뢰구간은 다음과 같이 설정되므로

$$P\left(b_1 - t_{n-2,\,\alpha/2}\, s_{b_1} \le \beta_1 \le b_1 + t_{n-2,\,\alpha/2} s_{b_1}\right) = 1 - \alpha\,,$$
$$\left[b_1 - t_{n-2,\,\alpha/2}\, s_{b_1},\; b_1 + t_{n-2,\,\alpha/2}\, s_{b_1}\right]$$

영가설 $H_o : b_1 = 0$은 다음과 같은 경우 유의수준 .05에서 기각된다.

$$-t < -t_{n-2,\,\alpha/2} \text{ 또는 } t > t_{n-2,\,\alpha/2}$$

4. 회귀식의 적합성 검정

앞서 살펴본 회귀계수에 대한 가설검정이 최소제곱추정법으로 추정한 회귀계수가 0과 다른지의 여부를 알아보는 검정이었다면, 이번에는 두 변수 X, Y 사이에 존재하는 관계를, 표본을 바탕으로 추정한 회귀식 같은 선형관계식으로 나타내는 것이—또는 설명하는 것이—타당한지의 여부를 검정해 보기로 하자.

두 변수 X와 Y 사이의 관계를 회귀식으로 나타내는 것이 타당한지를 검정한다는 말은, 달리 표현하자면 우리가 추정한 회귀식이 과연 두 변수 사이에 존재하는 관계를 설명하는 관계식으로서 적합한지의 여부를 검정하는 것이라고 볼 수 있다. 이러한 검정을 가리켜, 회귀식의 설명모형으로서 적합성을 검정한다는 의미에서 회귀식의 적합성 검정 또는 간단히 적합성 검정(goodness-of-fit test)이라고 한다.

단순회귀분석에서는 단 하나의 독립변수만이 회귀식에 포함되기 때문에 회귀식의 적합성을 검정하는 것과 추정한 독립변수의 회귀계수가 0과 다른지의 여부를 검정하는 것은 실제로 동일한 내용의 검정이다. 그러나 다중회귀분석의 경우는 $k \ge 2$개의 독립변수가 회귀식에 포함되므로 어떤 독립변수의 회귀계수는 0과 다른 반면 어떤 독립변수의 회귀계수는 0과 다르지 않을 수도 있다.

이 경우에는 단순히 각각의 회귀계수가 0과 다른지의 여부를 검정하는 것만으로는 추정한 회귀식이 $k \geq 2$개 독립변수와 종속변수 간의 관계를 설명하는 설명모형으로서 적합한지의 여부를 판단할 수 없으며, 따라서 각각의 회귀계수에 대한 검정과는 별도로 회귀식이 갖는 설명모형으로서의 적합성에 대한 검정이 반드시 이루어져야 한다.

회귀분석의 목적이 독립변수 X에 대한 정보를 바탕으로 종속변수를 예측 또는 설명하는 것임을 고려해 볼 때, 추정한 회귀식이 종속변수 Y와 독립변수 X 간의 관계를 설명하기에 적합한 관계식인지의 여부는 오차의 크기를 이용하여 검정하게 된다. 앞서 언급했던 바와 같이, 만일 독립변수 X에 대한 정보를 바탕으로 하지 않은 상태에서 종속변수 Y를 예측해야 한다면 Y에 대한 가장 합리적인 기대값은 당연히 [10-12]와 같이 Y의 평균이 될 것이다.

따라서 독립변수 X에 관한 정보가 없거나 혹은 있어도 종속변수 Y를 예측하는 데 아무런 도움이 되지 않는다고 가정한다면 Y와 X의 관계를 가장 잘 나타내 주는 관계식은 $y_i = \overline{y}$가 된다. 이 경우, 종속변수 Y의 기대값과 실제 관찰값 간의 차이를 제곱하여 모두 합한 제곱합은 다음과 같이

$$\sum_{i=1}^{n}\left(y_i - \overline{y}\right)^2 \qquad [10-16]$$

정의되는데 이를 가리켜 총제곱합(Sum of Squares Total: SST)이라고 한다. 회귀분석에서 제곱합은 분산분석에서와 마찬가지로 오차 또는 변량(variation)을 나타낸다. 따라서 [10-16]은 종속변수 Y의 총오차 또는 총변량을 나타낸다.

위의 가정과 달리, 만일 두 변수 X와 Y 사이에 상관이 존재하고 두 변수 간의 관계를 표본을 바탕으로 구한 회귀식으로 표현할 수 있다면 독립변수 X에 관한 정보를 바탕으로 종속변수 Y의 변량을 예측 또는 설명할 수 있다. 이 경우에 해당하는 종속변수 Y의 변량은 다음과 같이

$$\sum_{i=1}^{n}\left(\hat{y}_i - \overline{y}\right)^2 \qquad [10-17]$$

정의되는데 [10-17]을 가리켜, 두 변수 X, Y 간의 관계가 추정한 회귀식과 같은 경우에 해당하는 제곱합이라는 의미에서 회귀제곱합(Sum of Squares Regression: SSR)이라고 한다.

마지막으로 종속변수 Y의 변량 가운데 독립변수 X에 관한 정보를 가지고도 예측 또는 설명할 수 없는 변량을 생각해 볼 수 있다. 이러한 변량은 [그림 10-4]에서 $\left(\hat{y}_i - \overline{y}\right)$라고 표시된 부분에 해당하는데, 이를 제곱하여 모두 더한 값

$$\sum_{i=1}^{n}\left(y_i - \hat{y}_i\right)^2 \qquad [10-18]$$

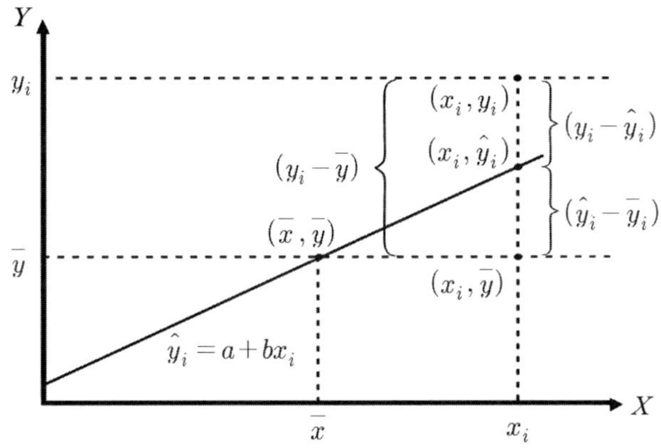

[그림 10-4]

이 바로 잔차제곱합 SSE 임을 알 수 있다.

위의 [그림 10-4]로부터 다음과 같은 관계

$$\left(y_i - \overline{y}\right) = \left(\hat{y}_i - \overline{y}\right) + \left(y_i - \hat{y}_i\right) \qquad [10-19]$$

가 성립함을 알 수 있는데 [10-19]의 양변을 제곱하여 모든 i 에 대해서 더하면

$$\sum_{i=1}^{n}(y_i - \overline{y})^2 = \sum_{i=1}^{n}\left(\hat{y}_i - \overline{y}\right)^2 + \sum_{i=1}^{n}\left(y_i - \hat{y}_i\right)^2 + 2\sum_{i=1}^{n}\left(y_i - \hat{y}_i\right)\left(\hat{y}_i - \overline{y}\right) \qquad [10-20]$$

이 된다. 이때, [10-20]의 우변 마지막 항은

$$\begin{aligned}\sum_{i=1}^{n}\left(y_i - \hat{y}_i\right)\left(\hat{y}_i - \overline{y}\right) &= \sum_{i=1}^{n}(y_i - \hat{y_i})\hat{y_i} - \overline{y}\sum_{i=1}^{n}(y_i - \hat{y_i}) \\ &= \sum_{i=1}^{n}\left(y_i - \hat{y}_i\right)\left(\hat{b}_0 + \hat{b}_1 x_i\right) - \overline{y}\sum_{i=1}^{n}\left(y_i - \hat{y}_i\right) \\ &= \hat{b}_0\sum_{i=1}^{n}\left(y_i - \hat{y}_i\right) + \hat{b}_1\sum_{i=1}^{n}\left(y_i - \hat{y}_i\right)x_i - \overline{y}\sum_{i=1}^{n}\left(y_i - \hat{y}_i\right)\end{aligned}$$

과 같이 변형시킬 수 있으며 [10-9]와 [10-10]에서

첫 번째 정규방정식: $\sum_{i=1}^{n}(y_i - \hat{y_i}) = \sum_{i=1}^{n}\left(y_i - \hat{b}_0 - \hat{b_1}x_i\right) = 0$

두 번째 정규방정식: $\sum_{i=1}^{n}(y_i - \hat{y_i})x_i = \sum_{i=1}^{n}\left(y_i - \hat{b}_0 - \hat{b_1}x_i\right)x_i = 0$

이므로 [10-20]은 다음과 같게 된다.

$$\sum_{i=1}^{n}(y_i-\overline{y})^2=\sum_{i=1}^{n}(\hat{y}_i-\overline{y})^2+\sum_{i=1}^{n}(y_i-\hat{y}_i)^2 \qquad [10\text{-}21]$$

총제곱합 = 회귀제곱합 + 잔차제곱합

이상의 내용을 바탕으로, 이제 표본자료를 바탕으로 추정한 회귀식이 두 변수 X, Y의 관계를 설명할 수 있는 관계식으로 적합한지의 여부를 검정하기 위해서 영가설과 대립가설을 설정하면

$$H_0: E(Y_i \mid x_i)=\beta_o \quad vs. \quad H_a: E(Y_i \mid x_i)=\beta_o+\beta_1 x_i \qquad [10\text{-}22]$$

다음과 같다. 만일 [10-22]의 영가설이 사실이라면 독립변수 X를 바탕으로 종속변수 Y를 예측 또는 설명할 수 없으므로 회귀제곱합, 즉 독립변수 X를 바탕으로 설명할 수 있는 종속변수 Y의 변량은 0 또는 매우 작은 값을 가질 것인 반면, 만일 영가설이 사실이 아니라고 한다면 회귀제곱합은 큰 값을 가질 것이라 예상해 볼 수 있다.

이러한 원리를 바탕으로 우리는 회귀제곱합 SSR과 잔차제곱합 SSE의 상대적인 크기를 검정통계량으로 사용하여 [10-22]의 가설을 검정할 수 있다. 즉, 만일 영가설이 사실이라면

회귀제곱합 : X의 변량으로 설명할 수 있는 Y의 변량	<	잔차제곱합 : X의 변량으로 설명할 수 없는 Y의 변량

일 것인 반면, 만일 영가설이 사실이 아니라면 회귀제곱합이 잔차제곱합에 비해 상대적으로 큰 값을 가질 것이라 예상할 수 있으므로 SSE에 비해 상대적으로 매우 큰 SSR값은 영가설이 사실이 아님을 뒷받침하는 증거가 된다.

이제 이러한 사실을 염두에 둔 상태에서 회귀제곱합과 잔차제곱합의 상대적인 크기를 구하기 위해서 [10-17]과 [10-18]을 살펴보면 [10-17]의 경우는 다음과 같이

$$SSR=\frac{1}{\sigma_{Y|x}}\sum_{i=1}^{n}(\hat{y}_i-\overline{y})^2 \sim \chi_1^2$$

자유도가 1인 χ^2변수가 된다. 왜냐하면 앞서 배운 바와 같이 χ^2은

$$Z=\frac{b_1-0}{\sigma_{b_1}}\sim N(0,1), \qquad Z^2=\frac{b_1^2}{\sigma_{b_1}^2}\sim\chi_1^2 \qquad [10\text{-}23]$$

인데, 이때 [10-15]로부터

$$\sigma_{b1}^2 = \frac{\sigma_{Y|x_i}^2}{\sum_{i=1}^{n}(x_i - \overline{x})^2}$$

이므로 [10-23]에 σ_{b1}^2 대신 이를 대입하면

$$Z^2 = \frac{b_1^2}{\frac{\sigma_{Y|x_i}^2}{\sum_{i=1}^{n}(x_i - \overline{x})^2}} = \frac{b_1^2 \sum_{i=1}^{n}(x_i - \overline{x})^2}{\sigma_{Y|x_i}^2} = \frac{\sum_{i=1}^{n}(\hat{y}_i - \overline{y})^2}{\sigma_{Y|x_i}^2} \sim \chi_1^2$$

가 되기 때문이다. 물론 바로 위의 식에서

$$b_1^2 \sum_{i=1}^{n}(x_i - \overline{x})^2 = \sum_{i=1}^{n}(\hat{y}_i - \overline{y})^2$$

인 것은 다음과 같은 이유에서이다.

$$\hat{y_i} = b_0 + b_1 x_i = (\overline{y} - b_1 \overline{x}) + b_1 x_i = \overline{y} - b_1(\overline{x} - x_i)$$

$$\sum_{i=1}^{n}(\dot{y}_i - y)^2 = \sum_{i=1}^{n}\left[\overline{y} - b_1(\overline{x} - x_i) - \overline{y}\right]^2 = \sum_{i=1}^{n}\left[b_1(\overline{x} - x_i)\right]^2$$

또한 [10-18]의 잔차제곱합은 자유도가 $n-2$ 인 χ^2 분포, 즉

$$SSE = \frac{1}{\sigma_{Y|x_i}} \sum_{i=1}^{n}(y_i - \hat{y}_i)^2 \sim \chi_{n-2}^2$$

을 따른다는 것을 알 수 있는데, 왜냐하면

$$\frac{y_i - E(Y_i|x_i)}{\sigma_{Y|x_i}} \sim N(0, 1), \quad \frac{[y_i - E(Y_i|x_i)]^2}{\sigma_{Y|x_i}^2} \sim \chi_1^2, \quad \frac{\sum_{i=1}^{n}[y_i - E(Y_i|x_i)]^2}{\sigma_{Y|x_i}^2} \sim \chi_n^2$$

이기 때문이다. 이때, 자유도가 $n-2$ 인 이유는 미지수인 모수 $E(Y_i|x_i)$ 에 대한 표본추정량

$\hat{y}_i$는 $\hat{y}_i = b_0 + b_1 x_i$로 정의되기 때문에 $\hat{y}_i$를 구하기 위해서는 두 회귀계수 b_0과 b_1을 추정해야 하며, 그 과정에서 자유도를 2단위를 상실하게 되기 때문이다.

이상에서 살펴본 바와 같이, SSR과 SSE는 서로 독립인 χ^2변수이므로 [10-23]의 가설을 검정하는 데 필요한 검정통계량으로는 SSR과 SSE를 각각의 자유도로 나눈 두 값의 비, 즉

$$\frac{SSR/1}{SSE/(n-2)} = \frac{\sum_{i=1}^{n}\left(\hat{y}_i - \overline{y}\right)^2}{\sum_{i=1}^{n}\left(y_i - \hat{y}_i\right)^2/(n-2)} \sim F_{1,\,n-2}$$

를 사용할 수 있다. 이 값은 분산분석에서와 마찬가지로 F분포를 따르는 값이므로 우리는 이제 [10-22]의 가설을 자유도가 $df_1 = 1$과 $df_2 = n-2$인 F분포의 특성을 이용하여 검정할 수 있다.

이상의 내용과 [10-21]에 제시된 제곱합 간의 관계를 바탕으로 단순회귀분석에서의 분산분석표를 구성하면 다음과 같다.

〈표 10-1〉 단순회귀분석의 분산분석표

변량원	제곱합	자유도	평균제곱합	F비
회귀	$SSR = \sum_{i=1}^{n}\left(\hat{y}_i - \overline{y}\right)^2$	1	$MSR = SSR/1$	$\frac{MSR}{MSE} \sim F_{1,n-2}$
잔차	$SSE = \sum_{i=1}^{n}\left(y_i - \hat{y}_i\right)^2$	$(n-2)$	$MSE = SSE/(n-2)$	
전체	$SST = \sum_{i=1}^{n}\left(y_i - \overline{y}\right)^2$	$(n-1)$	$MST = SST/(n-1)$	

〈표 10-1〉에 제시된 바와 같이, F비 값은 자유도가 $df_1 = 1$과 $df_2 = n-2$인 F분포를 따른다. 따라서 [10-21]의 영가설, 즉 표본자료를 바탕으로 추정한 회귀식이 독립변수 X와 종속변수 Y 사이의 관계를 설명하기에 적합한 관계식인지의 여부는 F검정을 통해 검정하게 된다.

여기서 우리는 단순회귀분석의 경우는 회귀식의 적합성에 관한 [10-21]의 영가설과 앞서 살펴보았던 회귀계수에 관한 [10-11]의 영가설이 실제로는

$$H_0 : \beta_1 = 0$$

이라는 동일한 가설이라는 사실에 주목해 볼 필요가 있다. 이러한 사실로부터 우리는 [10-21]의 영가설을 검정하기 위한 검정통계량 F값과 [10-11]의 영가설을 검정하기 위한 검정통계량인 t값이 전혀 무관하지 않다는 것을 짐작해 볼 수 있는데 두 값 간에는 다음과 같은

$$t_{n-2}^2 = \left[\frac{b_1 - 0}{s_{b_1}}\right]^2 = \left[\frac{b_1\sqrt{\sum_{i=1}^{n}\left(x_i - \overline{x}\right)^2}}{s_{Y|x}}\right]^2 = \frac{b_1^2\sum_{i=1}^{n}\left(x_i - \overline{x}\right)^2}{s_{Y|x_i}^2}$$

$$= \frac{\sum_{i=1}^{n}\left(\hat{y}_i - \overline{y}\right)^2/1}{\sum_{i=1}^{n}\left(y_i - \hat{y}_i\right)^2/(n-2)} = F_{1,n-2}$$

관계가 존재한다. 즉, 단순회귀분석의 경우, 자유도가 $df = n-2$인 양측검정 t값을 제곱한 값과 자유도가 $df_1 = 1$, $df_2 = n-2$인 F값은 동일한 값이다. 따라서 회귀계수에 관한 가설을 검정하기 위해 구한 t값을 제곱할 경우, 그 값은 곧 회귀식의 적합성에 관한 가설을 검정하는 데 필요한 F값이 된다는 것을 알 수 있다. 다만, 두 검정통계량 간의 이러한 관계는 단순회귀분석에서만 사실이며 독립변수의 수가 두 개 이상이 될 경우에는 사실이 아님을 반드시 기억해 두어야 한다.

5. 회귀식의 설명력

이상과 같은 F검정을 통해서 표본을 바탕으로 추정한 회귀식이 두 변수 X와 Y 사이의 관계를 설명하기에 적합한 관계식임을 확인하고 나면 그다음 단계로는 회귀식이 갖는 설명력, 즉 추정한 회귀식이 독립변수 X를 바탕으로 종속변수 Y의 변화를 얼마나 설명 또는 예측하는 데 할 수 있게 해 주는지를 알아본 필요가 있다. 이는, 다시 말하자면 추정한 회귀식이 회귀분석을 통해서 우리가 궁극적으로 얻고자 하는 바를 얼마나 얻을 수 있게 해 주는지를 알아보는 것이라 말할 수 있다.

일반적으로 회귀식의 설명력은 〈표 10-1〉에 제시된 세 가지 제곱합 가운데 회귀제곱합을 총제곱합으로 나눈 값, 즉

$$R^2 = \frac{SSR}{SST} = 1 - \frac{SSE}{SST} \quad [10\text{-}24]$$

로 나타내는데, R^2을 가리켜 다중상관계수(multiple correlation coefficient) 또는 결정계수(coefficient of determination)라고 하며 R^2의 범위는, 총제곱합, 회귀제곱합, 그리고 잔차제곱합 간의 관계가 $SST = SSR + SSE$임에 따라

$$0 \leq R^2 \leq 1$$

라는 것을 알 수 있다.

[10-24]에서 R^2이란 한마디로 말해서

$$R^2 = \frac{\text{독립변수 } X\text{를 바탕으로 설명할 수 있는 종속변수 } Y\text{의 변량}}{\text{종속변수 } Y\text{의 총 변량}}$$

이다. 따라서 SSR이 SST에서 차지하는 비율이 크다는 것은 X에 관한 정보를 활용함으로써 Y의 변량 가운데 상당부분을 설명할 수 있다는 것, 즉 두 변수 사이의 관계에 대한 회귀식의 설명력이 높다는 것을 의미한다.

이러한 원리에 비추어 볼 때, 추정한 회귀식의 설명력이 높을수록 독립변수 X를 바탕으로 종속변수 Y를 설명 또는 예측할 수 있는 정도 또한 높으며 따라서 다중상관계수 R^2은 1에 가까운 값을 갖게 될 것이다. 이와 반대로 회귀식의 설명력이 낮다면 종속변수 Y의 총변량 가운데 회귀식에 의해서 설명되는 변량이 차지하는 비율은 낮을 것이므로 다중상관계수의 값은 1보다는 0에 가까운 값을 갖게 된다는 것을 알 수 있다.

최소제곱추정법을 이용하여 추정한 회귀식은, 최소제곱추정법의 정의에 의해서 두 변수 X와 Y 사이의 관계를 가장 잘 나타내는 관계식이다. 따라서 추정한 회귀식의 설명력은 두 변수 X와 Y의 상관 정도와 밀접한 관련이 있음을 알 수 있는데 추정한 회귀식이 높은 설명력을 가질 때 두 변수 사이에는 높은 상관이 존재해야 하는 반면, 회귀식의 설명력이 낮을 때에는 두 변수 간의 상관 정도 또한 낮을 수밖에 없다는 것을 쉽게 이해할 수 있다.

이러한 사실로 미루어 볼 때, 다중상관계수 R^2과 피어슨 상관계수 r이 매우 밀접하게 연관되어 있음을 알 수 있다. 단순회귀분석의 경우, R^2과 r 사이에는 실제로 다음과 같은 관계

$$R^2 = \frac{\sum_{i=1}^{n}(\hat{y} - \bar{y})^2}{\sum_{i=1}^{n}(y_i - \hat{y})^2} = \frac{b_i \sum_{i=1}^{n}(x_i - \bar{x})^2}{\sum_{i=1}^{n}(y_i - \hat{y})^2} = \left[\frac{\sum_{i=1}^{n}(x_i - \bar{x})(y_i - \bar{y})}{\sum_{i=1}^{n}(y_i - \hat{y})^2}\right]^2 \frac{\sum_{i=1}^{n}(x_i - \bar{x})^2}{\sum_{i=1}^{n}(y_i - \bar{y})^2}$$

$$= \frac{\left[\sum_{i=1}^{n}(x_i - \bar{x})(y_i - \bar{y})\right]^2}{\sum_{i=1}^{n}(x_i - \bar{x})^2 \sum_{i=1}^{n}(y_i - \bar{y})^2} = r_{XY}^2$$

가 존재한다. 즉, 단순회귀식의 설명력은 피어슨 상관계수를 제곱한 값인 r_{XY}^2과 같다.

앞서 제9장에서 우리는 피어슨 상관계수 그 자체를 예측력 측도로 이해해서는 안 된다는 것을 논의한 바 있다. 이제 그 이유를 설명하자면, 이상에서 살펴본 R^2과 r 간의 관계를 통해서

쉽게 알 수 있듯이, 두 변수 X, Y 간에 상관이 존재할 때 어느 한 변수의 다른 변수에 대한 예측력은 r이 아니라 r^2_{XY}로 측정되기 때문이다. 물론 R^2과 r 간의 이러한 관계는 단순회귀분석의 경우에만 사실이며 독립변수의 수가 두 개 이상인 다중회귀분석에는 해당되지 않는다. 왜냐하면 단순회귀분석에서는 독립변수가 하나이므로 R^2이 곧 r^2_{XY}이 될 수 있지만 다중회귀분석에서 R^2은 모든 독립변수 X_i를 동시에 고려한 상태에서 회귀식이 갖는 설명력을 나타내는 것이지 어떤 한 독립변수와 종속변수 간의 관계만을 바탕으로 할 때의 회귀식의 설명력을 나타내는 것이 아니기 때문이다.

단순회귀분석에서는 $R^2 = r^2$이므로 [10-24]에 제시된 제곱합 간의 관계에 의해서

$$SSE = (1 - r^2)SST \qquad [10\text{-}25]$$

라는 것을 알 수 있다. 또한 앞서 설명한 바와 같이, 회귀계수 b_1과 피어슨 상관계수 r 간에는 다음과 같은 관계

$$r = b_1 \frac{s_X}{s_Y} = b_1 c \quad \text{단, } c = \frac{s_X}{s_Y} \qquad [10\text{-}26]$$

가 존재한다.

이제 [10-25], [10-26] 및 [10-15]를 이용하여 제9장에서 자세한 설명 없이 정의만 했던 피어슨 상관계수의 분산 s_r^2의 도출과정을 설명하면 다음과 같다.

$$\begin{aligned} s_r^2 &= Var(r) = c^2\,Var(b_1) \\ &= c^2 s^2_{\hat{b}_1} = c^2 \cdot \frac{s^2_{Y|x_i}}{(n-1)s_X^2} = \frac{s_X^2}{s_Y^2} \cdot \frac{s^2_{Y|x_i}}{(n-1)s_X^2} = \frac{s^2_{Y|x_i}}{(n-1)s_Y^2} \\ &= \frac{SSE/(n-2)}{(n-1)SST/(n-1)} = \frac{(1-r^2)SST/(n-2)}{SST} = \frac{1-r^2}{n-2} \end{aligned}$$

6. *SPSS*를 이용한 단순회귀분석

이제 이상에서 설명한 내용을 다음과 같은 예를 통해서 확인해 보자. 인적자본이론에 따르면, 임금은 개별 근로자가 가진 인적자본의 양과 질에 따라 결정되는데 현대사회에서 개인이 가진 인적자본의 양과 질은 교육수준에 의해 크게 좌우되므로 근로자 간의 임금 차이를 교육수준을 가지고 예측 또는 설명할 수 있다고 한다. 예를 들어, 어떤 기업 R에 종사하는 근로자의 임금과 교육수준을 비교해 보았더니 무학자는 50만 원, 중졸자는 100만 원, 고졸자는 200만 원,

대졸자는 300만 원 정도의 임금을 받고 있는 것으로 나타났다고 가정해 보자. 이 결과만을 놓고 보자면 근로자의 임금수준은 교육수준 간에 상당한 관계가 있어 보인다. 그렇다면 과연 근로자의 교육수준을 바탕으로 임금수준을 예측 또는 설명할 수 있을까?

이 질문에 대한 답을 찾기 위해서 어떤 연구자가 근로자 30명을 대상으로 임금, 성별, 공교육을 받은 연수, 연령을 조사하여 [그림 10-5]와 같은 자료를 수집하였다고 가정해 보자. 다음과 같이 데이터 CD에서 'C10-단순회귀분석'을 불러온다.

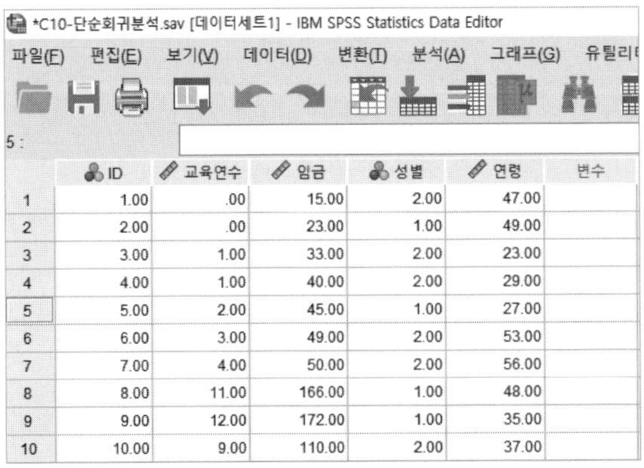

	ID	교육연수	임금	성별	연령	변수
1	1.00	.00	15.00	2.00	47.00	
2	2.00	.00	23.00	1.00	49.00	
3	3.00	1.00	33.00	2.00	23.00	
4	4.00	1.00	40.00	2.00	29.00	
5	5.00	2.00	45.00	1.00	27.00	
6	6.00	3.00	49.00	2.00	53.00	
7	7.00	4.00	50.00	2.00	56.00	
8	8.00	11.00	166.00	1.00	48.00	
9	9.00	12.00	172.00	1.00	35.00	
10	10.00	9.00	110.00	2.00	37.00	

[그림 10-5]

교육연수를 X, 임금을 Y라고 하면 교육연수를 바탕으로 임금을 예측할 수 있다는 연구자의 생각은 달리 표현하면 '교육연수'와 '임금' 두 변수 간에 모집단차원에서 다음과 같은 선형관계가 존재한다고 보는 것이다. 이때, 교육연수를 바탕으로 임금을 예측하는 것이므로 교육연수가 독립변수이고 임금이 종속변수이다.

$$Y_i = \beta_0 + \beta_1 X_i + \varepsilon_i \qquad [10\text{-}27]$$

Y_i = i 번째 사례의 임금

X_i = i 번째 사례의 교육연수

β_o = 회귀식의 절편(intercept)

β_1 = 회귀식의 기울기(slope), 독립변수 X의 회귀계수

ε_i = 무작위 오차(random error)

가우스-마코브 정리(Gauss-Markov)에서 말하는 5가지 조건이 모두 만족될 때, 단순회귀식을 구한다는 것은 표본자료를 바탕으로 최소제곱추정법을 이용하여 두 모회귀계수 β_o과 β_1에 대한 표본추정량

$$\hat{b_1} = \frac{\sum_{i=1}^{n}(x_i - \bar{x})(y_i - \bar{y})}{\sum_{i=1}^{n}(x_i - \bar{x})^2} = \frac{s_{XY}}{s_X^2},\ \hat{b_0} = \bar{y} - \hat{b}_1\bar{x}$$

을 구하는 것이다.

주어진 표본자료를 바탕으로 두 회귀계수를 구하는 과정은 다음과 같다. 단순회귀분석을 실시하기 위해서는 먼저 *SPSS* 데이터 편집기 창의 최상위 메뉴 중 분석(Analysis)을 클릭하고 하위메뉴 중 회귀분석(Regression)을 선택한다. 이 메뉴를 선택하면 [그림 10-6]과 같이 여러 가지 하위메뉴가 나타나는데 그 중에서 첫 번째 하위메뉴인 선형회귀분석(Linear Regression)을 선택한다.

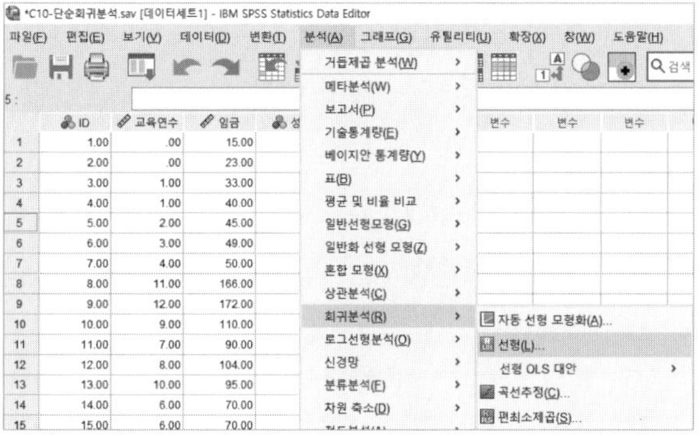

[그림 10-6]

새로 제시된 창에서 연구자는 [그림 10-7]과 같이 왼쪽 변수목록 박스에서 '임금'을 선택하여 종속변수(Dependent) 박스로 옮겨놓고 '교육연수'를 선택하여 독립변수(Independent) 박스에 옮겨놓음으로써 회귀식의 종속변수를 정의하다. 이제 '확인(OK)'을 클릭하면 단순회귀분석을 실시할 수 있다.

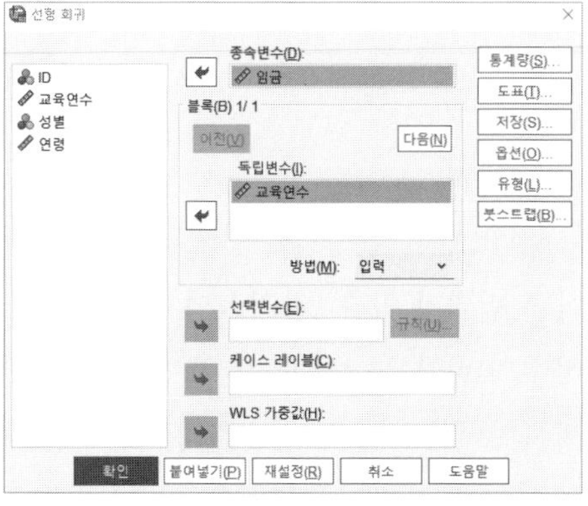

[그림 10-7]

단순회귀분석을 실시한 후 연구자가 가장 먼저 확인해야 하는 결과는 추정한 회귀식이 두 변수 간의 관계를 설명하기 위한 모형으로서 적합한지 여부이다. 이와 관련된 영가설과 대립가설을 문장과 기호로 나타내면 다음과 같다.

H_o : 추정한 회귀식이 두 변수 간의 관계에 대한 설명모형으로서 적합하지 않다.
H_a : 추정한 회귀식이 두 변수 간의 관계에 대한 설명모형으로서 적합하다.

$$H_0 : E(Y_i|x_i) = \overline{Y}$$
$$H_a : E(Y_i|x_i) = \beta_o + \beta_1 X$$

회귀모형의 적합성 여부를 판단하는데 필요한 분석결과는 분산분석표에 제시된다. 아래의 표를 살펴보면 제시된 F값은 자유도가 각각 $df_1 = 1$과 $df_2 = 28$일 때의 F값임을 알 수 있다. 유의수준을 .05로 설정한다면 가설기각 또는 채택 여부를 판단하는 p값 기준은

F값에 해당하는 p값 $\geq .05$: 적합하지 않음
F값에 해당하는 p값 $< .05$: 적합함

이다. 분산분석표에 따르면, F값 160.270에 해당하는 p값은 .000으로 나타나 유의수준이 .05일 때 임금과 교육연수 간의 관계를 선형관계로 보고 회귀식을 구해 교육연수를 바탕으로 임금을 예측 또는 설명하고자 하는 접근이 타당하다는 것을 알 수 있다.

〈표 10-2〉

ANOVA[b]

모형		제곱합	자유도	평균제곱	F	유의확률
1	회귀모형	58682.992	1	58682.992	160.270	.000[a]
	잔차	10252.208	28	366.150		
	합계	68935.200	29			

a. 종속변수: 임금
b. 예측자: (상수), 교육연수

추정한 회귀모형이 두 변수 간의 관계를 설명하기에 적합한 설명모형으로 판명됨에 따라 추정한 회귀식의 설명력을 알아볼 필요가 있다. 회귀식의 설명력이란 다른 말로 표현하면 회귀식에 투입한 독립변수가 종속변수의 변량을 예측 또는 설명하는 정도이다. 회귀식의 설명력을 독립변수의 종속변수에 대한 해석력이라고 부르기도 한다.

회귀식의 설명력은 모형 요약표에 제시된 내용을 보고 판단한다. 〈표 10-3〉에는 앞서 소개

한 결정계수 R^2뿐만 아니라 R과 수정 R^2이라는 두 가지 값이 더 제시되어 있다. 이들 각각의 의미는 다음과 같다.

〈표 10-3〉

모형요약

모형	R	R제곱	수정된 R제곱	추정값의 표준오차
1	.923[a]	.851	.846	19.13505

a. 예측자: (상수), 교육연수

R = 종속변수와 독립변수의 상관 정도

R^2 = R값의 제곱. 종속변수에 대한 독립변수의 해석량을 나타내는 결정계수

수정 R^2 = 회귀분석에 사용된 독립변수의 수와 사례 수를 고려하여 R^2을 조정한 값. 종속변수에 대한 독립변수의 해석량

앞의 표에 따르면 결정계수 R^2은

$$R^2 = \frac{SSR}{SST} = .851$$

이 세 가지 값 중 종속변수에 대한 회귀식의 설명력을 판단하는 데 가장 일반적으로 사용되는 값은 수정 R^2이다. 단순회귀분석의 경우는 그렇지 않지만 다중회귀분석에서는 독립변수의 수가 2개 이상이 되면 회귀분석은 독립변수의 수나 사례 수가 많아질수록 R^2이 큰 값을 갖게 되는 특성을 가지고 있다. 수정 R^2은 회귀분석이 가진 이러한 특성을 고려하여 독립변수의 수나 사례 수가 증가함에 따라 해석력이 과대추정될 수 있는 회귀식의 해석량을 조정해 준 값이다. 즉, 수정 R^2은 독립변수의 해석량을 나타내는 지표 중 가장 보수적인 값이며 그렇기 때문에 수정 R제곱으로 독립변수의 해석량을 평가하는 것이 가장 안전하다. 위의 모형 요약표에서 수정 R^2은 .846이므로 추정된 회귀식의 해석량을 보수적으로 평가하더라도

"교육연수가 임금에 대해서 84.6%(.846×100%)의 해석량을 갖는다" 또는

"교육연수를 독립변수로 한 회귀식이 임금을 84.6% 예측 또는 설명할 수 있다"

라고 말할 수 있다.

마지막으로, 추정한 회귀계수 b_1이 0과 다른지의 여부를 검정한다. 이는 회귀식에 투입한 독립변수가 종속변수와 통계적으로 유의한 수준의 관련성이 있는지, 다른 말로 표현하면 독립변수가 종속변수에 통계적으로 유의한 수준의 영향을 미치는지 여부를 검정하는 것이다.

이에 해당하는 영가설과 대립가설은 다음과 같이

$$H_0 : \beta_1 = 0 \quad vs. \quad H_a : \beta_1 \neq 0$$

설정된다. 유의수준을 $\alpha = .05$로 설정하고 회귀계수의 모분산을 모르기 때문에 검정통계량으로는 z값이 아니라 t값을 사용해야 하며 자유도는 $df = 28$이다. 따라서 판단기준은

양측검정: $t_{df=28}$ 값에 해당하는 p값 $< .05$(단, $\alpha = .05$ 유의수준)
단측검정: $t_{df=28}$ 값에 해당하는 $p/2$값 $< .025$(단, $\alpha = .05$ 유의수준)

〈표 10-4〉

계수[a]

모형		비표준화 계수		표준화 계수	t	유의확률
		B	표준오차	베타		
1	(상수)	5.961	7.459		.799	.431
	교육연수	11.863	.937	.923	12.660	.000

a. 종속변수: 임금

회귀계수의 통계적 유의성은 '계수표'에 제시된 내용을 바탕으로 판단한다. 제시된 계수표에 따르면 t값은

$$t = \frac{b_1 - 0}{s_{b_1}} = 12.660$$

이고 이 값에 해당하는 p값은 .000이므로 유의수준 .05에서 영가설은 기각된다. 따라서 표본자료에 근거해 볼 때, 교육수준은 임금에 통계적으로 유의한 수준의 영향을 미친다는 결론을 내릴 수 있다.

이상에서 살펴본 회귀식의 적합성, 회귀식의 설명력, 독립변수의 통계적 유의성에 관한 분석결과를 종합하여 연구자는 이제 최종적으로 분석결과를 간략하게 하나의 표로 정리하여 제시하면서

> "표본자료를 바탕으로 회귀분석을 실시한 결과, 아래의 표와 같이 교육연수가 임금에 통계적으로 유의한 수준의 영향을 미친다는 주장을 뒷받침해 주는 결과를 얻었다. 추정한 회귀식에 따르면, 교육연수가 1년 증가할 때마다 임금은 약 11.863만 원 만큼 증가하는 것으로 나타났다."

〈표 10-5〉

모형		비표준화 계수		표준화 계수	t	p
		B	표준오차	베타		
1	(상수)	5.961	7.459		.799	.431
	교육연수	11.863	.937	.923	12.660	.000
F		160.270				
Adj. R^2		.846				

라는 결론을 내릴 수 있다.

7. 회귀분석 결과의 해석범위

회귀분석을 통해 얻은 결과를 해석함에 있어서 한 가지 주의해야 할 사항은 회귀분석을 통해 추정한 독립변수와 종속변수 간의 관계는 표본자료의 범위라는 한계를 벗어나서 그 의미를 해석해서는 안 된다는 점이다. 왜냐하면 어떤 표본자료에서 독립변수 X의 표본범위가 [특정최소값, 특정최대값]이라면, 추정한 회귀식으로 대변되는 두 변수 X, Y 간의 관계는 이러한 독립변수 X의 범위 내에서만 사실이기 때문이다. 만일 X와 Y의 관계가 [특정최소값, 특정최대값] 범위와 다른 범위에 해당하는 X값에 대해서도 사실인지 여부는 새로운 범위에 해당하는 표본자료를 가지고 실제로 분석해 보기 전에는 절대 알 수 없기 때문이다.

또한 [예 10-1]의 표본자료에서 독립변수 X의 표본범위는 [0, 9]이며, 추정한 회귀식으로 대변되는 두 변수 X, Y 간의 관계는 이러한 독립변수 X의 범위 내에서는 사실이지만 두 변수 간의 관계가 이 범위 밖에 해당하는 X값에 대해서도 사실인지의 여부는 실제 자료를 바탕으로 분석해 보기 전까지는 전혀 알 수 없다는 것이다.

이처럼 회귀분석 결과의 의미를 표본범위로 한정하여 해석해야 하는 이유는 앞서 제9장의 [그림 9-3]의 의미를 기억할 때 쉽게 이해할 수 있다. [그림 9-3]에 제시된 바와 같이, 상관분석에서 표본자료의 범위가 달라지면 상관계수의 부호는 물론이거니와 크기까지 변할 수 있는 것과 마찬가지로 회귀분석에 있어서도 표본자료의 범위가 달라지면 회귀식을 결정하는 두 회귀계수—단순회귀식의 경우—의 크기는 물론이거니와 부호까지도 쉽게 변할 수 있기 때문이다.

따라서 회귀분석을 통해 얻어진 결과의 의미는 회귀식을 추정하는 데 사용된 표본자료로 범위를 한정한 상태에서만 사실이므로 분석결과의 의미를 절대로 표본자료 이상으로 확대하여 해석해서는 안 된다. 바로 이러한 이유에서 회귀분석의 결과를 바탕으로 가설에 관한 결론을 내릴 때는(물론 다른 모든 가설검정의 경우도 마찬가지이지만) '표본자료에 근거해 볼 때' 또는 '표본자료를 바탕으로 얻어진 결과에 따르면' 등과 같은 전제가 반드시 언급되어야만 한다.

8. 회귀분석에서 이상점 찾기

앞서 제9장에서 설명한 바와 같이 이상점(Outlier)이란 표본 내의 다른 사례들이 가진 변수값과 매우 다른 극단값을 변수값으로 갖는 사례이다. 표본에 이상점이 존재하는 것을 모를 때, 상관분석을 설명하면서 잠깐 언급했던 바와 같이, 연구자는 자칫 자료의 분포를 잘못 이해할 가능성이 높다. 특히 한 개 종속변수와 한 개 독립변수 간의 관계를 가장 잘 나타내는 선형함수식을 도출하는 단순회귀분석에서는 이상점의 존재가 분석결과에 엄청난 영향을 미칠 수 있다. 따라서 단순회귀분석에 앞서 반드시 이상점의 존재 여부를 확인하는 작업이 이루어져야 한다.

제9장에서 우리는 *SPSS* 프로그램의 기술통계(Descriptive) 중 데이터탐색(Explore)을 이용하여 이상점(outlier)을 찾는 방법을 배운 바 있다. 이번 장에서는 *SPSS* 프로그램의 회귀분석(Regression) 명령의 선택사항(Options)에 포함되어 있는 세 가지 통계량을 이용하여 이상점을 찾는 방법을 소개하기로 하겠다. 이를 위해서 다음과 같은 자료를 이용하여 독립변수 '연령'과 종속변수 '자산' 간의 관계를 단순회귀분석을 통해 분석한다고 가정해 보자. 데이터 CD에서 'C10-회귀분석-이상점' 자료를 불러들인다.

[그림 10-10]과 같이 독립변수와 종속변수를 지정한 다음, 창의 맨 오른쪽에 위치한 선택사항 중 저장(Save)을 선택하면 [그림 10-11]과 같은 창이 나타난다. 창의 왼쪽에 위치해 있는 박스들 중 거리(Distances)라는 이름의 박스를 보면 마할라노비스 거리(Mahalanobis Distance), 쿡의 거리(Cook's Distance) 그리고 레버리지값(Leverage Values)이라는 세 가지 선택사항이 제시되어 있는 것을 볼 수 있다. 이 세 가지 선택사항 각각은 서로 다른 '거리'의 양을 나타내는 통계량이다. 우리에게 익숙한 거리개념이 유클리드 거리(euclidian distance), 즉 두 개의 점을 잇는 가장 가까운 직선의 길이인데 비해 이들 세 가지 거리 통계량은 유클리드 거리 개념을 좀 더 일반화한 거리 개념인 '$n \geq 3$ 개 점들 간의 거리'를 나타내는 통계량이라고 할 수 있다.[6)]

[그림 10-8]

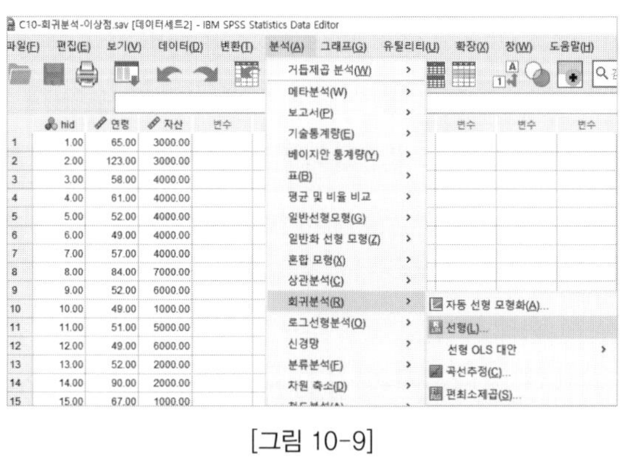

[그림 10-9]

6) 이들 세 종류의 검정통계량에 대한 더 자세한 설명은 초급자료분석의 수준을 넘어서는 것이므로 여기서는 이 정도로만 설명하기로 하겠다.

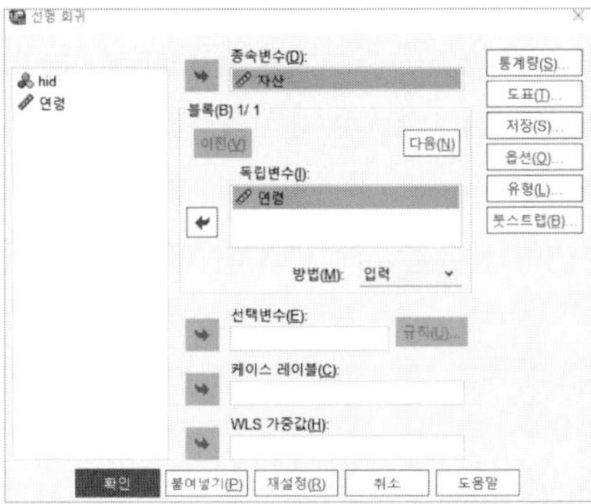

[그림 10-10]

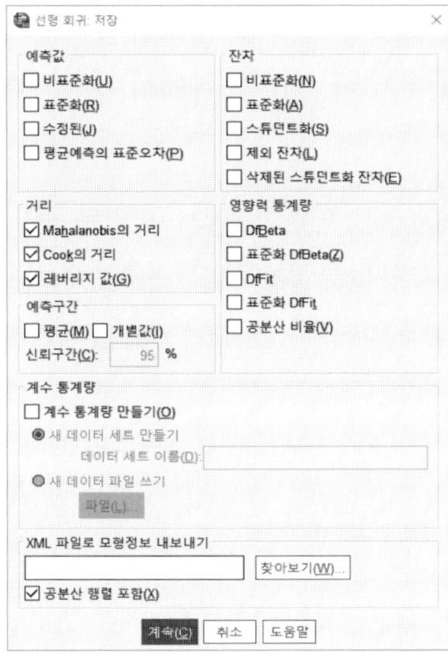

[그림 10-11]

거리박스에 제시된 세 가지 통계량을 모두 선택한 다음, 창의 맨 아래에 위치한 공분산행렬 포함(Include Covariance Matrix)을 선택하고 '계속(Continue)'을 누른다. 그런 다음 데이터 편집기 창을 보면 [그림 10-12]와 같이 세 변수 'MAH_1' 'COO_1' 그리고 'LEV_1'가 추가된 것을 볼 수 있다. 이 세 개 변수 각각은 차례대로 거리박스에서 선택했던 마할라노비스 거리, 쿡의 거리 그리고 레버리지값을 변수값으로 갖는 변수이다. 이상점 찾기에 있어서 중요한 것은 이 세 변수의 변수값이 일정 기준을 넘어서는지 여부이다. [그림 10-12]를 보면 빨간 선으로 표시된 2번, 8번, 14번 사례

	hid	연령	자산	MAH_1	COO_1	LEV_1
1	1.00	65.00	3000.00	.05773	.00882	.00304
2	2.00	123.00	3000.00	11.13560	.00001	.58608
3	3.00	58.00	4000.00	.01782	.00000	.00094
4	4.00	61.00	4000.00	.00071	.00004	.00004
5	5.00	52.00	4000.00	.20596	.00008	.01084
6	6.00	49.00	4000.00	.37701	.00024	.01984
7	7.00	57.00	4000.00	.03492	.00000	.00184
8	8.00	84.00	7000.00	1.57431	.39320	.08286
9	9.00	52.00	6000.00	.20596	.04884	.01084
10	10.00	49.00	1000.00	.37701	.15114	.01984
11	11.00	51.00	5000.00	.25728	.01141	.01354
12	12.00	49.00	6000.00	.37701	.05448	.01984
13	13.00	52.00	2000.00	.20596	.05718	.01084
14	14.00	90.00	2000.00	2.48083	.11652	.13057
15	15.00	67.00	1000.00	.12044	.09868	.00634

[그림 10-12]

사례 'MAH_1', 'COO_1' 및 'LEV_1'에 대해서 다른 사례들에 비해 상대적으로 높은 값을 가진 것을 확인할 수 있다. 회귀분석에서 제시되는 거리값들에 대한 설명은 다음과 같다.

- Mahalanobis: 단순회귀에서 이 값은 독립변수의 평균으로부터 각 사례의 거리를 표준화시킨 값이다. 이 값이 다른 값들에 비해 독립변수로의 분포에서 멀리 떨어져 있으므로 예측과정에서 극단치 값으로 정의된다. 다중회귀분석에서는 독립변수의 평균이 아니라 변수들의 선형조합으로부터의 각 사례의 거리를 계산한 값이다.
- Cook: Cook의 거리값은 종속변수의 예측에 있어서 영향을 주는 사례를 의미한다. 특히 Cook의 거리는 영향이 있다고 판단되는 사례를 제거했을 때의 잔차의 변화를 보여주므로 유용한 측정치가 된다. 이 값이 클수록 분석에 많은 영향을 미치는 극단치 값으로 정의된다. 일반적으로 1.0보다 크면 극단치 값일 확률이 높은데 Cook의 거리에는 통계적 유의도가 함께 제시된다. 그 값이 95% 신뢰수준에서 $p < .05$이면 해당 사례가 극단치 값이 될 수 있다.
- Leverage: 특정 사례가 얼마나 종속변수의 예측에 영향을 미치는가를 알 수 있는 지수로서 값이 클수록 극단치로 판단된다.

단순회귀분석에서 이상점을 찾는 또 한 가지 방법은 제9장에서 소개한 산점도(Scatter Plot)를 그려보는 것이다. 이를 위해서는 제9장에서 배웠던 내용을 기억하면서 *SPSS* 데이터 편집기 창에서 그래프(Graphs), 인터랙티브(Interactive), 산점도(Scatter Plot)를 차례로 선택한 다음, [그림 10-14]의 창이 나타나면 독립변수를 그래프의 가로축, 종속변수를 세로축으로 지정하고 확인(OK)을 누른다. [그림 10-15]의 산점도를 보면 2번, 8번 그리고 14번 사례가 다른 사례들로부터 멀리 떨어져 위치하는 이상점들임을 쉽게 확인할 수 있다.

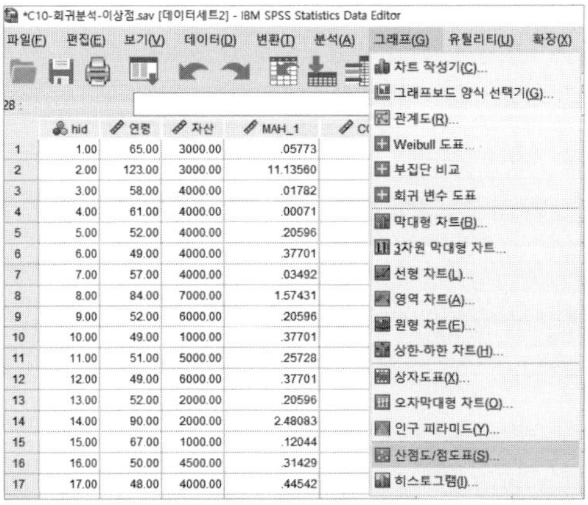

[그림 10-13]

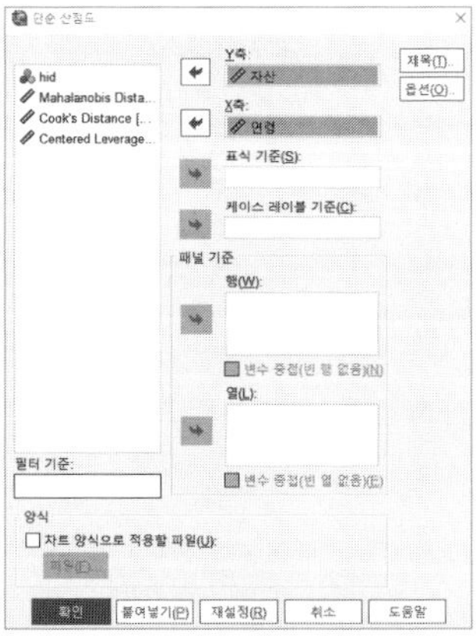

[그림 10-14]

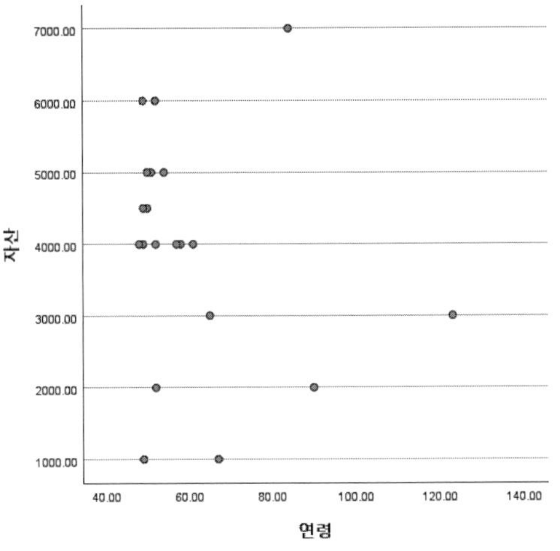

[그림 10-15]

아마도 이쯤에서 혹자는 산점도가 세 가지 거리 통계량보다 훨씬 간편한 방법인데 산점도만 그려 보면 될 것을 굳이 거리 통계량을 구해서 이상점을 찾는 이유는 무엇인가라는 의문을 제기할지 모르겠다. 물론 위에서 들었던 예만 놓고 본다면 그렇게 생각할 수 있다. 그러나 표본자료의 크기가 클 경우, [그림 10-15]와 같은 산점도를 그리더라도 이상점이 다른 사례들과 확연히 구별되게 나타나지 않을 수 있으며, 설령 나타나더라도 어디까지는 이상점이 아니고 어디서부터는 이상점이라고 봐도 될지를 판단하는 것이 그래프만 봐서는 불분명하다. 아울러 더 큰 문제는 다음 장에서 배우게 될 다중회귀분석의 경우, 단순회귀분석과 원리는 동일하지만 독립변수의 수가 $k \geq 2$가 되기 때문에 [그림 10-15]와 같은 2차원 산점도를 그릴 수 없게 된다. 따라서 연구자는 산점도를 이용하는 방법과 통계량을 이용하는 방법 모두를 알아야 하되 그중에서, 특히 거리 통계량을 이용하여 이상점을 찾는 방법은 반드시 기억해 둘 필요가 있다.

9. 선형성 검정과 변수변환

단순회귀분석의 기본 가정 중 하나는 종속변수와 독립변수 간에 선형관계가 존재한다는 선형성 가정이다. 단순회귀분석에서(그리고 다음 장에서 배우게 될 다중회귀분석에서도) 이 가정은 특히 중요한데, 그 이유는 단순회귀분석이 말 그대로 종속변수와 독립변수 간의 관계를 가장 잘 나타내는 '선형함수식'을 도출하는 분석이기 때문이다. 다시 말하면, 만일 종속변수와 독립변수 간의 관계가 비선형관계(non-liner relationship)라면 단순회귀분석을 한다는 것은 아무런 의미가 없다는 것이다. 이러한 이유에서 연구자는 단순회귀분석을 실시할 때 반드시 종속변수와 독립변수 간의 관계가 선형관계인지 여부를 확인해야 한다.

두 변수 간의 관계가 선형관계인지 여부를 확인하기 위해서 먼저 해야 할 것은 단순회귀분석을 실시하여 얻어지는 잔차(residual)의 분포가 어떤 모양인지 점검하는 것이다.

회귀분석에 있어 독립변수와 종속변수 간 선형관계가 존재하는지를 파악하는 것은 회귀분석의 기본 조건을 충족하는 것과 함께 연구자가 원하는 결과를 얻기 위해서 반드시 필요한 과정이다. 그렇다면 독립변수와 종속변수 간 선형관계가 존재하는지를 확인할 수 있는 방법은 무엇이 있을 것인가? 일반적으로 활용되는 진단방법은 다음과 같다.

- 독립변수와 종속변수 간의 산점도 도표
- 독립변수와 종속변수에 대한 히스토그램
- 잔차와 예측치 간의 산점도 도표

위에 제시된 세 가지 방법 모두 기본적으로 변수값의 분포를 사용한다는 점에서는 같다. 다만 차이가 있다면 첫 번째 방법은 일반적인 도표를 그리는 메뉴를 사용하여 독립변수와 종속변수 원자료를 그대로 사용하여 확인하는 방법이고, 두 번째 방법은 독립변수와 종속변수 원자료를 각 변수별로 구분해서 히스토그램을 그려 변수값의 분포를 살펴보는 방법이다. 그리고 세 번째 방법은 회귀분석 내에서 도표명령을 사용하여 표준화된 잔차와 표준화된 예측 기대값을 사용하여 확인하는 방법이다. 따라서 어떤 방법을 사용해도 무방하나 필자의 경험에 비추어 본다면 후자의 방법인 회귀분석 내에서 표준화된 잔차와 종속변수의 기대값을 가지고 분석하는 것이 더 적절하다고 제안한다. 다만, 가능하면 위에 제시된 세 가지 방법들을 모두 사용하여 종합적으로 변수의 선형성을 점검하는 것이 바람직하다고 생각된다.

또 한 가지 명확히 해야 할 것은 어떤 방식으로든 산점도 도표를 그려 두 변수 간의 분포를 확인했다고 가정했을 때 어떤 변수(독립변수, 종속변수)에서 이상점이 발생했는지는 어떻게 확인할 것인가이다.

이 질문에 대한 답은 간단하다.

모든 변수에 대한 정규성, 선형성 그리고 등분산성을 확인하는 방법에 있어서 반드시 선행되어야 할 것은 기초통계량을 분석하고, 분석된 결과에 대한 심도 있는 분석과 고민이다. 즉, 회귀분석에 투입된 주요 변수는 반드시 기초통계량에서 정규성, 선형성, 그리고 등분산성에 대한 점검을 세심하게 살펴보면 회귀분석 이전에 일차적으로 진단이 될 것이다. 이러한 기초통계량의 결과에 기초한 상태에서 회귀분석 내에서 산점도 분석을 실시하여 확인해야 한다.

그리고 알아 두어야 할 것은 일반적으로 단순회귀분석에서는 종속변수에 대한 변환을 통해 해석을 하는 것이 용이하고 다중회귀분석에서는 독립변수에 대한 변화를 통해 해석을 하는 것이 용이하다고 하겠다.

1) 선형성 검정과 해석

종속변수의 변환을 통한 선형성 검정과 해석을 살펴보자. 먼저 종속변수에 대한 변환이 이루어지기 전의 분석결과를 살펴보도록 하자. 그렇다면 종속변수에 대한 변환을 위해서는 '과연 두 변수 간의 분포를 정확히 알아야 함과 동시에 종속변수에 대한 변환이 필요한 상황은 어떤 상황인가?' 하는 의문이다. 이를 위해 기초적인 단계로서 데이터 CD에서 'C10-회귀분석-선형성검정과 해석' 자료를 불러들인 후, 두 요인에 대한 산점도 분포를 살펴보았다.

	id	연령	소득	변수	변수	변수	변수	변수
1	1.00	20.00	40.00					
2	2.00	32.00	55.00					
3	3.00	25.00	45.00					
4	4.00	56.00	45.00					
5	5.00	10.00	40.00					
6	6.00	43.00	55.00					
7	7.00	20.00	40.00					
8	8.00	30.00	40.00					
9	9.00	45.00	60.00					
10	10.00	20.00	45.00					
11	11.00	30.00	45.00					
12	12.00	40.00	45.00					
13	13.00	45.00	40.00					

[그림 10-16]

산점도 분석결과, 소득과 연령변수 두 요인이 선형적인 관계를 보이지 못하고 있음을 알 수 있다. 이는 소득 또는 연령변수 내에 상대적으로 큰 값을 갖는 사례가 포함된 것으로 예측된다. 실제 두 변수 내에 두 변수 간의 선형성에 영향을 미칠 사례가 있는지를 살펴보기 위해 두 변수에 대한 히스토그램을 분석하였다.

[그림 10-17]과 [그림 10-18]은 소득과 연령에 대한 히스토그램 도표 분석결과이다. 각 변수의 도표를 살펴보면 알 수 있듯이, 소득변수는 정규분포라기보다는 완전히 분포가 왼쪽으로 치우쳤다는 것을 알 수 있다. 연령변수는 전체적으로 정규분포에 가까운 분포를 보이고 있음을 알 수 있다. 이와 같은 산점도 도표와 히스토그램을 통해 소득변수에 대한 변환이 필요한 상황이라는 것을 일차적으로 판단할 수 있고, 소득보다는 연령이 선형성이나 정규성 조건이 충족되지 않게 만드는 원인일 가능성이 높다고 판단된다.

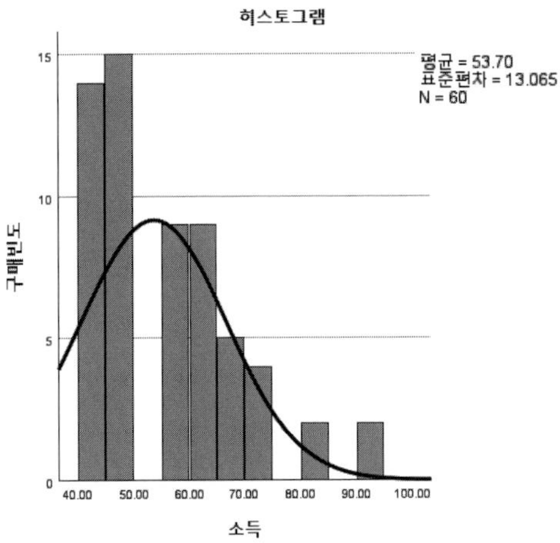

[그림 10-17]

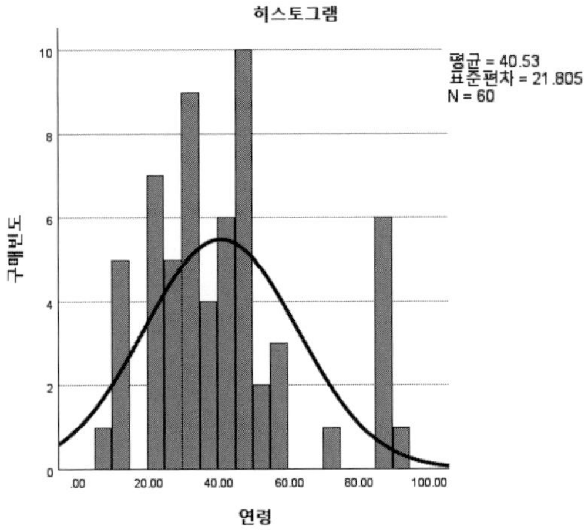

[그림 10-18]

이상의 산점도 도표 및 히스토그램을 통해 두 요인 간의 선형성이 충족되지 못하고 있음을 확인할 수 있었다. 그렇다면 선형적 조건을 충족하지 못한 상황에서의 회귀분석 결과와 종속변수를 변환한 후 분석한 회귀분석 결과 산점도 도표를 비교하여 어떤 차이가 있는지를 보도록 하자. 다음의 예는 독립변수에 연령, 종속변수에 소득이라는 변수를 선정하고 가상으로 연령과 소득과의 인과관계를 살펴보는 단순회귀분석이다.

회귀분석을 실행하기 위해서는 [그림 10-19]처럼 메뉴 중 분석(Analysis)의 하위메뉴인 회귀(Regression)분석의 선형회귀(Linear regression)분석을 누른다.

[그림 10-19]

[그림 10-20]처럼 회귀분석 창이 보이면 왼쪽의 변수리스트에 변수 중 소득은 종속변수(Dependent), 연령은 독립변수(Independent)로 누른 후 옮긴다.

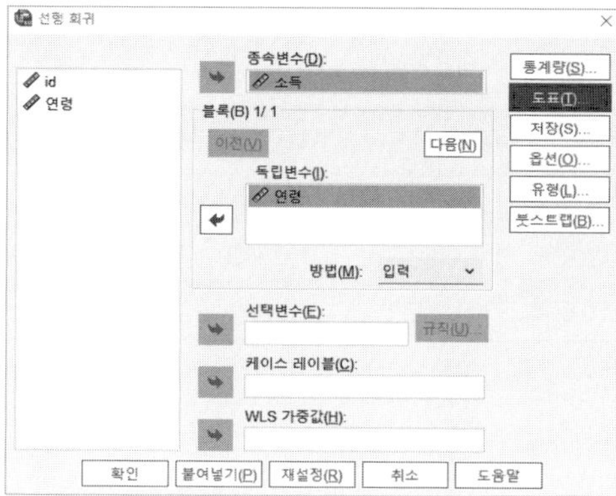

[그림 10-20]

독립변수와 종속변수를 제 위치에 옮겨 놓은 후, 두 변수 간의 선형관계가 있는지를 살펴보기 위한 도표를 그려야 한다. 도표를 그리기 위해서는 [그림 10-20]에 나타난 도표(Plots)메뉴를 누른다. 도표메뉴를 누르면 아래의 [그림 10-21]처럼 도표를 그릴 수 있는 창이 보인다. 앞으로 그려질 도표에는 Y축과 X축이 있는데 그에 맞는 잔차값을 설정해야 한다. 먼저 Y축에는 표준화된 잔차(SRESID), X축에는 표준화된 예측잔차(ZPRED) 값을 누른 후 옮긴다. 이 과정이 잘 마쳐지면 '계속(Continue)'을 누른 후 '확인(OK)'을 마지막으로 누른다.

회귀분석이 이루어지면 설명력, 모델 적합성 그리고 회귀계수 표가 다음의 〈표 10-6〉, 〈표 10-7〉, 〈표 10-8〉처럼 나타난다.

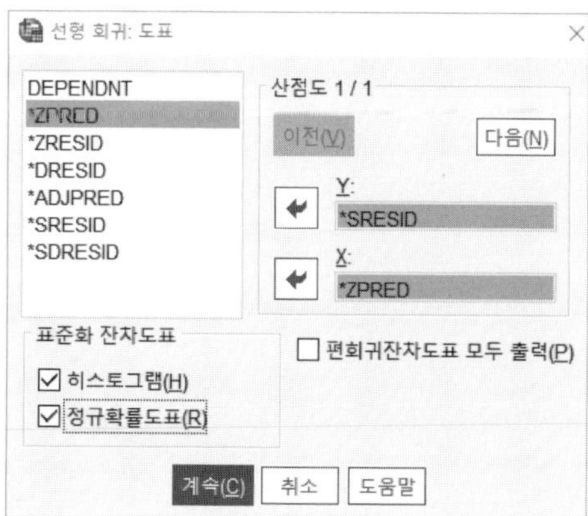

[그림 10-21]

〈표 10-6〉

모형 요약

모형	R	R제곱	수정된 R제곱	추정값의 표준오차
1	.574[a]	.329	.317	10.79394

a. 종속변수: 소득

b. 예측자: (상수), 연령

〈표 10-7〉

ANOVA[a]

모형		제곱합	자유도	평균제곱	F	유의확률
1	선형회귀분석	3313.064	1	3313.064	28.436	<.001[b]
	잔차	6757.536	58	116.509		
	합계	10070.600	59			

a. 종속변수: 소득

b. 예측자: (상수), 연령

〈표 10-8〉

계수[a]

모형		비표준화 계수		표준화 계수	t	유의확률
		B	표준오차	베타		
1	(상수)	39.770	2.961		13.433	<.001
	연령	.344	.064	.574	5.333	<.001

a. 종속변수: 소득

분석된 회귀분석 결과를 보면 연령과 소득은 통계적으로 유의한 관계를 갖는 것으로 나타나 두 변수 간에 선형성이 있는 것으로 존재하는 것으로 보인다. 그러나 이러한 관계는 명확히 산점도 도표를 통해 확인해야만 보다 정확한 선형성 관계를 판단할 수 있다. 이를 위해 우리는 앞서 회귀분석과정에서 산점도 도표를 제시하라는 명령을 실행시킨 바 있다. 그 결과가 다음에 제시된 산점도 도표이다.

[그림 10-22]는 회귀분석의 결과로서 얻은 잔차의 산점도이다. 도표를 보면 기준선인 직선이

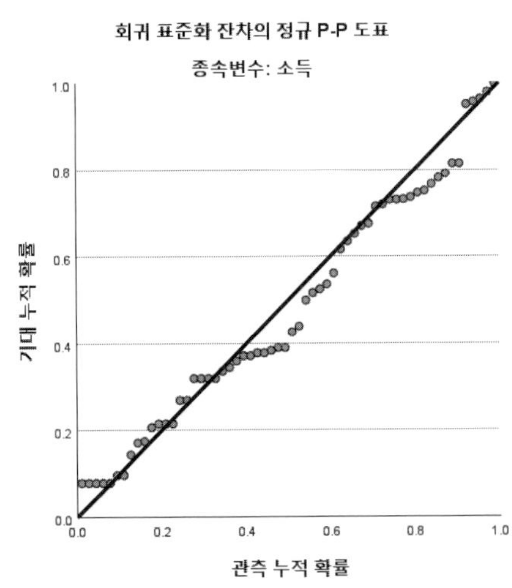

[그림 10-22]

있고 기준선을 중심으로 연령과 소득 두 변수의 변수값 쌍들이 분포해 있는 것을 볼 수 있다. 두 변수 간의 관계는 이들 변수값 쌍들이 기준선 가까이에 위치할수록 선형관계에 가까워지고 기준선에서 벗어나 있을수록 선형관계라고 보기 힘들어진다.

아래 산점도의 경우, 기준선을 중심으로 처음에는 잔차값 쌍들이 기준선의 위쪽에 분포하지만 잔차값이 커지면 기준선의 아래쪽에만 분포하고 잔차값이 아주 커지면 다시 기준선 위쪽에만 분포하는 파동(wave)모양의 분포를 볼 수 있다. 이러한 분포는 두 변수 간의 관계를 선형관계로 보기는 어렵다는 것을 말해 준다.

2) 종속변수의 변환을 통한 선형성 충족 및 회귀계수 해석

위와 같이 선형성이 의심되는 상황에서 연구자가 할 수 있는 것은 독립변수와 종속변수 중 어느 하나 혹은 두 변수 모두를 변환하여 선형성 조건을 충족시키는 것이다. 여러 연구들을 접해본 저자들의 경험에 따르면, 연구자들은 단순회귀분석에서는 주로 종속변수를 변환하여 선형성 조건을 충족시키고자 하고 다중회귀분석에서는 독립변수를 변환하는 경향이 있다. 이러한 경향을 따라 단순회귀분석을 다루고 있는 이 장에서는 먼저 종속변수를 변환하여 선형성 조건을 충족시켜 보기로 하자. 데이터 CD에서 'C10-회귀분석-선형성검정-종속변수변환' 자료를 불러들인다.

종속변수를 변환하기 위해서는 앞서 배웠던 변수 변환 명령을 사용한다. 이를 위해서 최상위 명령 중 '변환(Transform)', 하위명령 중 '변수계산(Compute Variable)'을 선택한다.

[그림 10-23]

변수계산 명령을 내려 [그림 10-24]와 같은 창이 나타나면 목표변수(Target Variable)에 소득을 상용로그로 변환한 새로운 변수를 'LG10소득'라고 정의하고 오른쪽 숫자표현식(Numeric Expression)에 'LG(소득)'을 입력한다. 그런 다음 확인(OK)을 누르면 새로운 변수에 'LG10소득' 변수가 만들어진다. 그리고 마지막으로 '확인(OK)'을 누르고 분석자료를 보면 마지막 변수에 'LG10소득' 변수가 나타남을 확인할 수 있다. 그리고 새롭게 만들어진 소득변수를 종속변수로 하는 회귀분석을 실행하면 된다.

이제 변환한 소득변수를 종속변수로 하고 연령을 독립변수로 하여 회귀분석을 실행하면 〈표 10-9〉~〈표 10-11〉의 분석결과를 얻게 된다. 이 결과를 소득을 종속변수로 사용했을 때의 회귀분석결과와 비교해 보면 모형의 적합도, 설명력 및 회귀계수 모두에 변화가 있다는 것을 알 수 있다. 특히 [그림 10-25]의 산점도를 보면 거의 모든 변수값 쌍들이 기준선에 매우 가깝게 분포하고 있는데, 이러한 결과는 종속변수를 로그변환함으로써 두 변수 간의 관계가 선형관계에 가까워졌다는 것을 말해 준다.

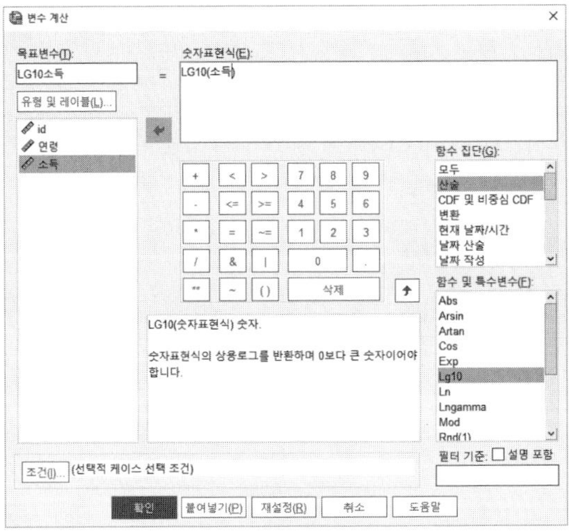

[그림 10-24]

〈표 10-9〉

모형 요약

모형	R	R제곱	수정된 R제곱	추정값의 표준오차
1	.884[a]	.782	.778	.01796

a. 종속변수: LG10소득
b. 예측자: (상수), 연령

〈표 10-10〉

ANOVA[a]

모형		제곱합	자유도	평균제곱	F	유의확률
1	회귀모형	.067	1	.067	207.447	<.001[b]
	잔차	.019	58	.000		
	합계	.086	59			

a. 종속변수: LG10소득

b. 예측자: (상수), 연령

〈표 10-11〉

계수[a]

모형		비표준화 계수		표준화 계수	t	유의확률
		B	표준오차	베타		
1	(상수)	1.716	.006		298.694	<.001
	연령	.001	.000	.884	14.403	<.001

a. 종속변수: LG10소득

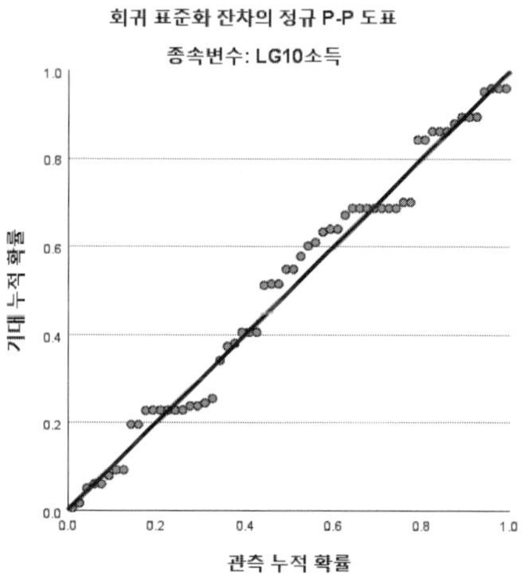

[그림 10-25]

이상과 같이 변환된 변수를 회귀분석에 사용하는 경우, 연구자는 회귀분석결과를 해석할 때 상당한 주의를 기울여야 한다. 단순회귀분석에서 X의 회귀계수 β_1은 'X의 1단위 변화가 Y에 미치는 영향'을 나타낸다. 그런데 위의 예에서 우리는 소득을 종속변수로 사용한 것이 아니라 상용로그로 변환한 소득을 사용했으므로 종속변수는 Y가 아니라 상용로그로 변환한 Y이다. 따라서 회귀계수 β_1의 의미 또한 X의 1단위 변화가 Y에 미치는 영향이 아니라 $\log y$에 미치는 영향으로 해석해야 한다.

그런데 문제는

'연령이 1단위 변할 때 로그소득은 ○○만큼 변한다.'

라는 말을 들으면 어느 누구도 도대체 X가 Y에 실질적으로 얼마만큼의 영향을 미치는지 이해할 수 없다는 것이다. 따라서 우리는 β_1의 의미를 이해하기 쉽게 X의 1단위 변화가 Y에 미치는 영향으로 표현할 수 있는 방법을 찾아야 한다. 그렇게 하는 방법은 의외로 간단한데 β_1을 10을 밑으로 하는 지수로 변환하면 된다.

그 이유를 설명하면 다음과 같다[7]. 우리가 원하는 것은 X의 1단위 변화가 Y에 미치는 영향을 아는 것이다. 그렇게 하기 위해서는 $\log y_i$를 원래 값인 y_i로 되돌려 놓아야 하는데 이를 다른 말로 표현하면 로그의 역을 취하는 것이다. 그런데 종속변수와 독립변수 간의 관계는 아래의 회귀식과 같으므로

$$\log y = b_0 + b_1 x_1 \quad b_0 = 1.716, \;\; b_1 = .001$$

$\log y_i$를 지수로 표현하면 $b_1 x$도 로그의 역인 지수로 표현해 줘야 X의 1단위 변화가 Y에 미치는 영향을 알 수 있다. 이러한 논리에 따라 $b_1 x$를 10을 밑으로 하는 지수로 변환해 주되 X의 1단위 변화가 Y에 미치는 영향을 알고자 하는 것이므로 $x = 1$로 놓으면

$$10^{b_1 x} = 10^{b_1} = 10^{.001} = 1.002$$

이다. 따라서

'X가 1단위 변할 때 Y는 약 1.002만큼 증가한다'는 것을 알 수 있다.

3) 독립변수의 변환을 통한 선형성 검정과 회귀계수 해석

이번에는 선형성 조건을 충족시키기 위해 독립변수를 변환하는 예를 들어 보기로 하자. 이를 위해서 'C10-회귀분석-선형성검정-독립변수변환'을 불러들인다. 앞서 종속변수 변환 경우와 마찬가지로 먼저 독립변수를 변환해야 하는 상황이 어떤 상황인지 이해하기 위해 독립변수와 종속변수의 산점도를 그려본다. [그림 10-27]의 산점도를 보면 소득과 연령의 변수값 쌍들이 산발적으로 분포하고 있고 두 변수 간의 관계가 선형관계와는 거리가 멀다는 것을 한눈에

7) 제9장의 '2)~5)'의 해석 부분은 아래의 사이트를 참조하였음.
http://www.ats.ucla.edu/stat/mult_pkg/fag/general/citingats.htm

알 수 있다. 이제 두 변수 각각의 분포를 알아보기 위해서 히스토그램을 그려 볼 필요가 있다.

	id	연령	소득	변수	변수	변수	변수
1	1.00	20.00	64.00				
2	2.00	32.00	66.00				
3	3.00	25.00	53.00				
4	4.00	56.00	55.00				
5	5.00	10.00	90.00				
6	6.00	43.00	66.00				
7	7.00	20.00	64.00				
8	8.00	30.00	64.00				
9	9.00	45.00	60.00				
10	10.00	20.00	64.00				
11	11.00	30.00	64.00				
12	12.00	40.00	64.00				

[그림 10-26]

[그림 10-28]과 [그림 10-29]는 각각 소득과 연령의 히스토그램이다. 두 분포를 비교해 보면 소득은 거의 정규분포에 가까운 분포를 보이는데 비해 연령은 분포의 오른쪽 극단에 존재하는 이상값들 때문에 분포의 모양이 정규분포에서 약간 벗어나 있는 것을 볼 수 있다. 이러한 산점도와 히스토그램을 통해서 우리는 일단 이 자료의 경우 연령을 변환할 필요가 있다는 것을 알 수 있다.

이제 소득과 연령 두 변수를 사용하여 회귀분석을 실시하면 〈표 10-12〉, 〈표 10-13〉, 〈표 10-14〉의 분석결과를 얻게 된다. 무엇보다 먼저 모형 적합도가 통계적으로 유의한 수준이 아니므로 두 변수를 그대로 사용해서는 회귀분석을 할 수 없다는 것을 알 수 있다.

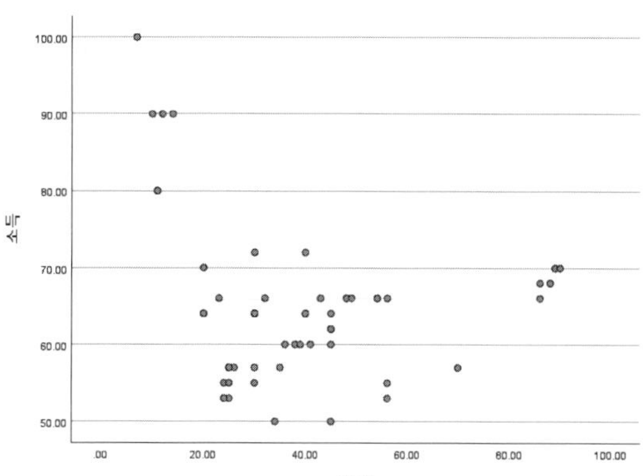

[그림 10-27]

[그림 10-28]과 [그림 10-29]는 각각 소득과 연령의 히스토그램이다. 두 분포를 비교해 보면 소득은 거의 정규분포에 가까운 분포를 보이는데 비해 연령은 분포의 오른쪽 극단에 존재하는 이

상값들 때문에 분포의 모양이 정규분포에서 약간 벗어나 있는 것을 볼 수 있다. 이러한 산점도와 히스토그램을 통해서 우리는 일단 이 자료의 경우 연령을 변환할 필요가 있다는 것을 알 수 있다.

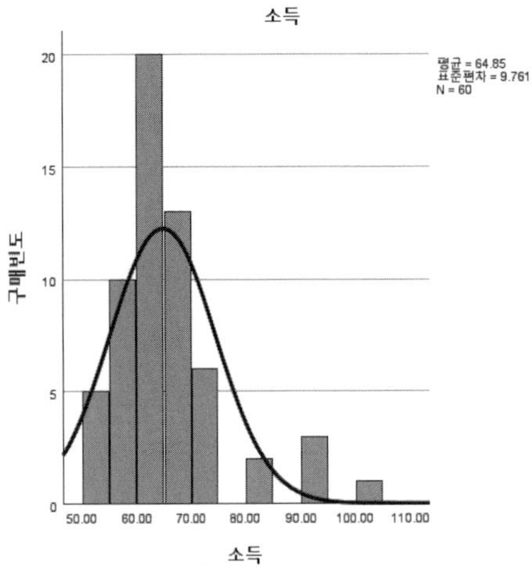

[그림 10-28]

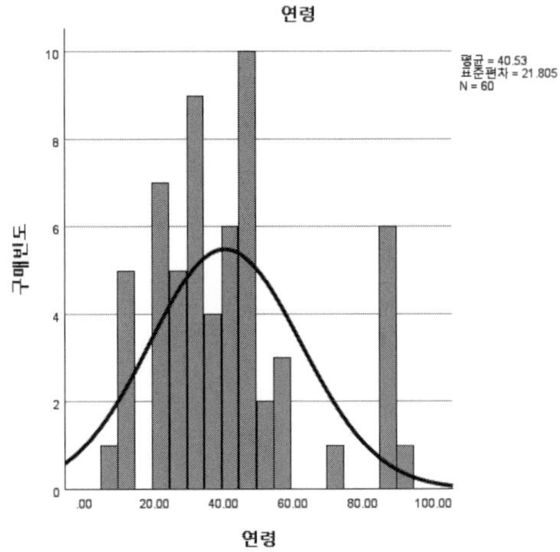

[그림 10-29]

이제 소득과 연령 두 변수를 사용하여 회귀분석을 실시하면 〈표 10-12〉, 〈표 10-13〉, 〈표 10-14〉의 분석결과를 얻게 된다. 무엇보다 먼저 모형 적합도가 통계적으로 유의한 수준이 아니므로 두 변수를 그대로 사용해서는 회귀분석을 할 수 없다는 것을 알 수 있다.

〈표 10-12〉

모형 요약

모형	R	R제곱	수정된 R제곱	추정값의 표준오차
1	.184[a]	.034	.017	9.67644

a. 종속변수: 소득
b. 예측자: (상수), 연령

〈표 10-13〉

ANOVA[a]

모형		제곱합	자유도	평균제곱	F	유의확률
1	회귀모형	190.908	1	190.908	2.039	.159[b]
	잔차	5430.742	58	93.633		
	합계	5621.650	59			

a. 종속변: 소득
b. 예측자: (상수), 연령

〈표 10-14〉

계수[a]

모형		비표준화 계수		표준화 계수		유의확률
		B	표준오차	베타	t	
1	(상수)	68.194	2.654		25.694	<.001
	연령	-.082	.058	-.184	-1.428	.159

a. 종속변수: 소득

문제해결을 위해서 연령을 상용로그 변환한다. 이를 위해 변수계산 명령을 선택하면 다음과 같이 변수계산 창이 나타난다. 목표변수(Target Variable)에 'LG10연령'이라는 새로운 변수명을 입력하고 숫자표현식(Numeric Expression)에 'LG(연령)'을 입력한다. 확인(OK)을 눌러 'LG10연령' 변수를 만든 다음 이 변수를 독립변수로 하여 회귀분석을 실시한다.

[그림 10-30]

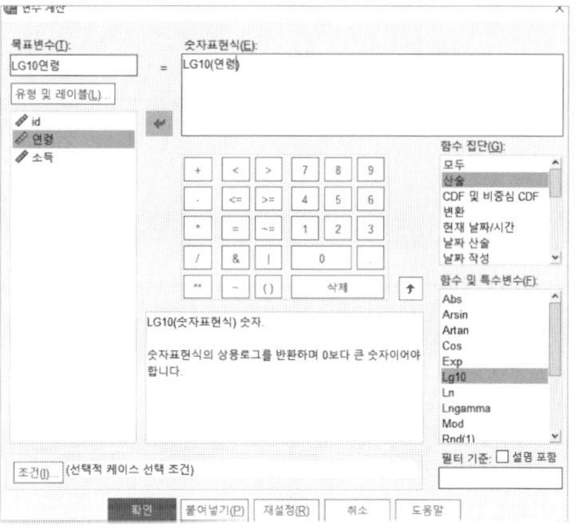

[그림 10-31]

〈표 10-15〉~〈표 10-17〉은 변환변수를 사용하여 실시한 회귀분석의 결과이다. 본래의 독립변수인 연령변수에 상용로그를 계산한 연령변수를 대체하고 회귀분석을 하면 다음과 같은 분석결과를 얻을 수 있다. 전체적으로 모델의 적합도, 설명력, 그리고 회귀분석 결과에 변화가 있음을 알 수 있다. 특히 회귀분석결과에서 B값에 대한 해석이 상당히 변화했음을 변환 전과 후의 결과표를 비교해 본다면 쉽게 알 수 있다.

〈표 10-15〉

모형 요약

모형	R	R제곱	수정된 R제곱	추정값의 표준오차
1	.443[a]	.197	.183	8.82443

a. 종속변수: 소득

b. 예측자: (상수), LG10연령

〈표 10-16〉

ANOVA[a]

모형		제곱합	자유도	평균제곱	F	유의확률
1	회귀모형	1105.153	1	1105.153	14.192	<.001[b]
	잔차	4516.497	58	77.871		
	합계	5621.650	59			

a. 종속변수: 소득
b. 예측자: (상수), LG10연령

〈표 10-17〉

계수[a]

모형		비표준화 계수		표준화 계수	t	유의확률
		B	표준오차	베타		
1	(상수)	91.503	7.166		12.769	<.001
	LG10연령	-17.274	4.585	-.443	-3.767	<.001

a. 종속변수: 소득모형

마지막으로 변환변수를 사용한 회귀분석의 잔차 산점도를 그려 비변환 변수를 사용했을 때의 잔차 산점도와 비교해 본다. [그림 10-32]는 연령을 독립변수로 투입한 경우이고 [그림 10-33]은 LG10연령을 독립변수로 투입한 경우다. 일단 [그림 10-32]에서는 잔차 쌍들이 선 모양을 띠지 못하고 분절되어 있어 두 변수 간의 관계가 선형이 아님을 쉽게 알 수 있다. 이에 비해 [그림 10-33]에서는 잔차 쌍들이 기준선을 따라 분포하고 있는 것으로 나타나 변환 이전에 비해 선형성이 상당히 개선된 것을 알 수 있다.

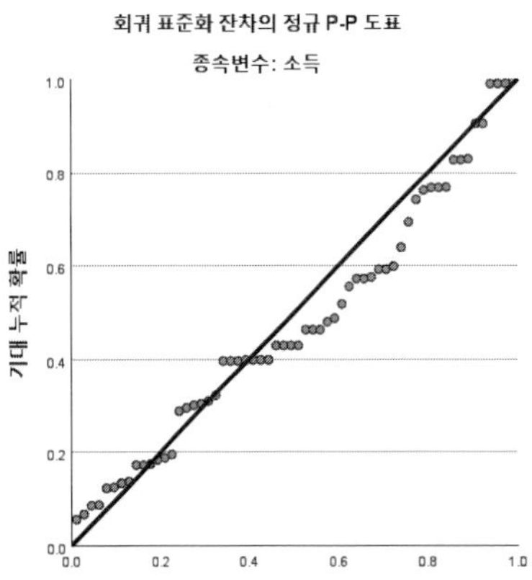

[그림 10-32]

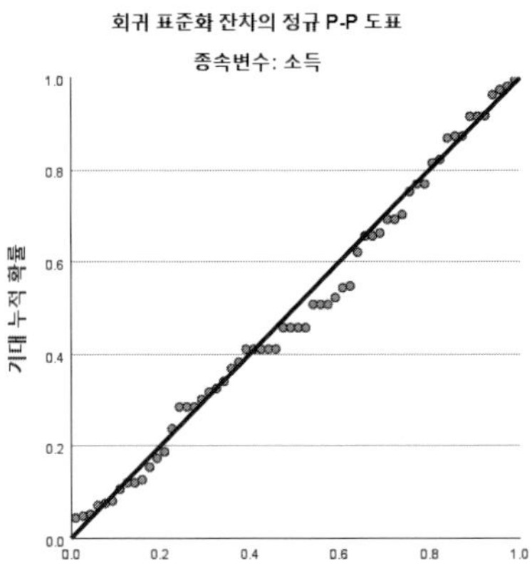

[그림 10-33]

앞서 종속변수를 변환한 경우와 마찬가지로 독립변수를 변환하여 회귀분석을 실시한 경우에도 회귀계수의 의미를 해석할 때 주의를 기울여야 한다. 〈표 10-17〉에 따르면 log연령을 독립변수로 사용하여 추정한 회귀식은

$$\hat{y} = b_0 + b_1 \log x + e \qquad b_0 = 91.503,\ b_1 = -17.274$$

이다. 이 식에서 회귀계수 b_1은 $\log X$와 Y가 선형관계일 때의 회귀계수이다. 따라서 위 식의 b_1의 의미는 X와 Y가 선형관계일 때의 의미와는 달리 해석되어야 한다.

좀 더 구체적인 설명을 위해서 독립변수의 어떤 값을 x_1라고 하고 x_1보다 큰 어떤 값을 x_2라고 하면 X가 x_1에서 x_2로 변할 때 Y에 미치는 영향은 다음과 같이 정의할 수 있다.

$$\hat{y}(x_2) - \hat{y}(x_1) = b_1[(\log x_2) - (\log x_1)]$$
$$= b_1 \log(x_{2/}x_1)$$

이제 x_2가 x_1보다 1% 더 큰 값이라고 가정하면 위의 식에서

$$x_2 / x_1 = 1.01$$

이고 $b_1 = -17.274$이므로

$$b_1 \log(1.01) = -17.274 \cdot \log(1.01) = -.0746$$

라는 것을 알 수 있다. 즉, X가 1% 증가할 때 Y는 약 7.5% 감소한다는 것이다. 따라서 변환변수를 투입하여 얻는 회귀계수 b_1의 의미는

'X에 있어서의 1% 증가를 Y에 있어서의 7.5% 감소로 전환시키는 계수'

이다.

4) 독립변수와 종속변수의 변환을 통한 선형성 충족 및 회귀계수 해석

이번에는 독립변수와 종속변수 모두를 변환해야 하는 예를 들어 보기로 하자. 데이터 'C10-회귀분석-선형성검정-독립, 종속변수변환'의 가구원 수를 독립변수로, 그리고 가구생활비를 종속변수로 하여 가구원 수가 생활비에 미치는 영향을 회귀분석을 통해 알아보고자 한다고 가정해 보자. 먼저 두 변수의 산점도를 그려 보면 [그림 10-34]와 같다. 한눈에 보기에도 두 변수의 관계가 선형관계가 아님을 알 수 있다.

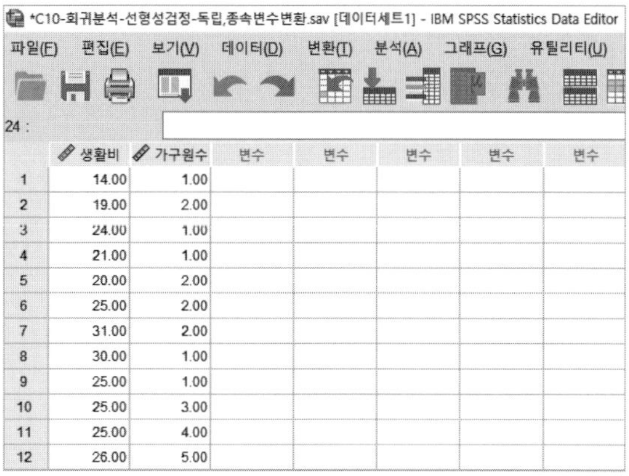

	생활비	가구원수	변수	변수	변수	변수	변수
1	14.00	1.00					
2	19.00	2.00					
3	24.00	1.00					
4	21.00	1.00					
5	20.00	2.00					
6	25.00	2.00					
7	31.00	2.00					
8	30.00	1.00					
9	25.00	1.00					
10	25.00	3.00					
11	25.00	4.00					
12	26.00	5.00					

[그림 10-34]

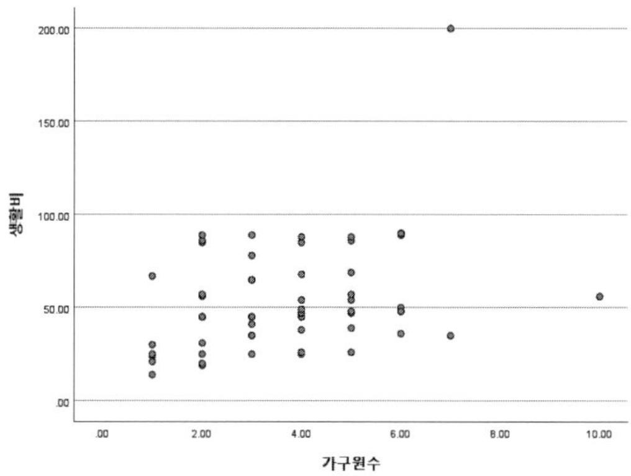

[그림 10-35]

두 변수 각각의 분포를 히스토그램을 그려 알아 본 결과는 [그림 10-36] 및 [그림 10-37]과 같다. 두 도표를 비교해 보면 생활비보다는 가구원 수가 상대적으로 정규분포에 더 가까워 보이기는 하지만 두 변수 모두 극단값들을 갖고 있다는 것을 알 수 있다. 이러한 극단값들은 선형성뿐만 아니라 정규성과 등분산성에도 적지 않은 영향을 미친다.

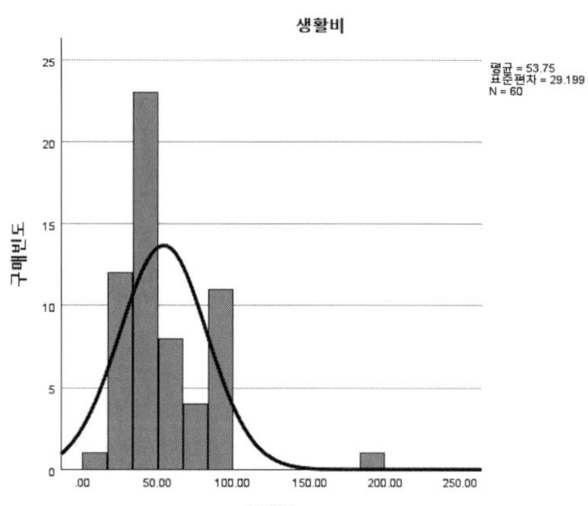

[그림 10-36]

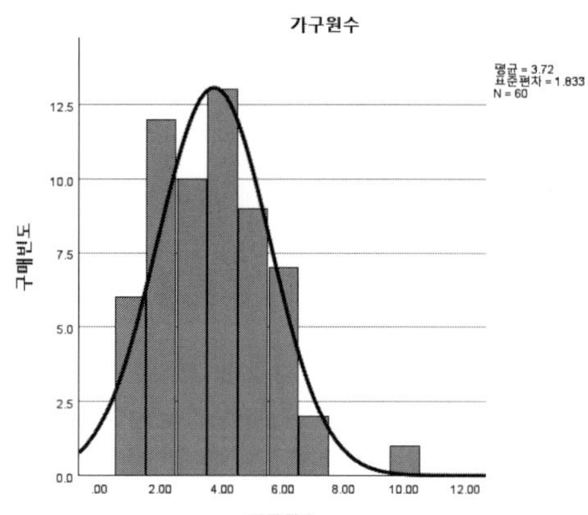

[그림 10-37]

[그림 10-38]은 두 변수를 변환하지 않은 상태에서 회귀분석을 실시하여 얻은 잔차의 산점도이다. 이 도표를 보면 잔차들이 기준선을 중심으로 위-아래-위 형태로 분포하는 것을 알 수 있다. 이러한 잔차 산점도와 앞서 제시한 히스토그램을 함께 고려해 볼 때 선형성 충족을 위해서는 어느 한 변수가 아니라 가구원 수와 생활비 모두를 변환해야 할 필요성이 높다고 판단된다.

이와 같은 상황에서 두 변수에 대한 회귀분석을 먼저 실행한 결과를 살펴본 후 독립변수와 종속변수를 변환시킨 변수로 다시 분석한 결과와 비교해 보도록 하자. 본 사례의 회귀분석과정은 [그림 10-6] 및 [그림 10-7]을 참고하기 바란다. 회귀분석이 이루어지면 설명력, 모델 적합성 그리고 회귀계수표가 다음의 〈표 10-18〉, 〈표 10-19〉, 〈표 10-20〉처럼 나타난다.

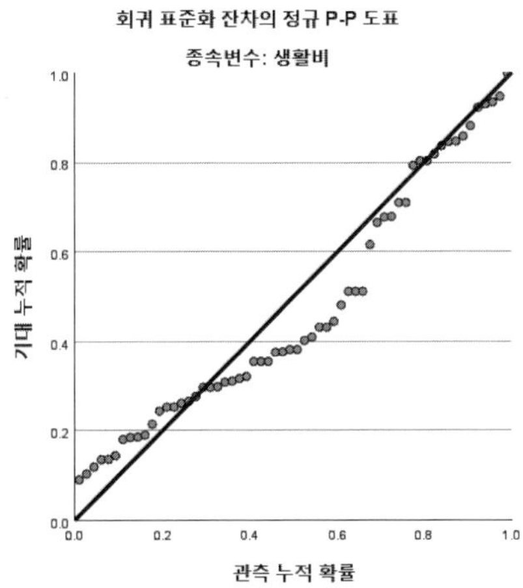

[그림 10-38]

〈표 10-18〉

모형 요약

모형	R	R제곱	수정된 R제곱	추정값의 표준오차
1	.348[a]	.121	.106	27.60924

a. 종속변수: 생활비

b. 예측자: (상수), 가구원 수

〈표 10-19〉

ANOVA[a]

모형		제곱합	자유도	평균제곱	F	유의확률
1	회귀모형	6091.590	1	6091.590	7.991	<.001[b]
	잔차	44211.660	58	762.270		
	합계	50303.250	59			

a. 종속변수: 생활비

b. 예측자: (상수), 가구원 수

〈표 10-20〉

계수[a]

모형		비표준화 계수		표준화 계수	t	유의확률
		B	표준오차	베타		
1	(상수)	33.144	8.114		4.085	<.001
	가구원 수	5.544	1.961	.348	2.827	.006

a. 종속변수: 생활비

따라서 두 변수 간에 산점도 도표를 통해 알게 된 선형관계가 성립되지 않음에 따라 이번에는 독립변수와 종속변수 모두 상용로그를 취하여 회귀분석을 실시하였다. 독립변수와 종속변수 모두를 상용로그 변환하기 위해 [그림 10-39]와 같이 최상위 명령 중 변환(Transform)과 하위 명령 중 변수계산(Compute Variable)을 선택한다.

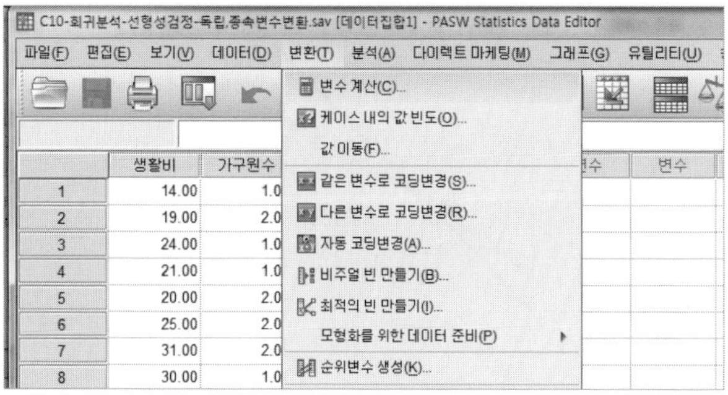

[그림 10-39]

변수계산 메뉴를 누르면 [그림 10-40]과 [그림 10-41] 같은 변수계산 창이 보인다. 다음으로 목표변수(Target Variable)에 순차적으로 상용로그를 실행하기 위해 'LG10생활비' 'LG10가구원수'라고 새로운 변수명을 적고, 오른쪽의 숫자표현식(Numeric Expression)에 'LG10(생활비)' 'LG10(가구원수)'란 명령을 부여한다. 그리고 마지막으로 '확인(OK)'을 누르고 분석자료를 보면 마지막 변수에 'LG10생활비' 'LG10가구원수' 변수가 나타남을 확인할 수 있다. 이렇게 만들어진 새로운 두 변수를 독립변수와 종속변수로 회귀식에 투입하여 회귀분석을 실시한다. 분석결과는 〈표 10-21〉, 〈표 10-22〉, 〈표 10-23〉과 같다.

[그림 10-40]

[그림 10-41]

〈표 10-21〉

모형 요약

모형	R	R제곱	수정된 R제곱	추정값의 표준오차
1	.429[a]	.184	.170	.19722

a. 종속변수: LG10생활비

b. 예측자: (상수), LG10가구원수

〈표 10-22〉

ANOVA[a]

모형		제곱합	자유도	평균제곱	F	유의확률
1	회귀모형	.510	1	.510	13.118	.001[b]
	잔차	2.256	58	.039		
	합계	2.766	59			

a. 종속변수: LG10생활비

b. 예측자: (상수), LG10가구원수

〈표 10-23〉

계수[a]

모형		비표준화 계수		표준화 계수	t	유의확률
		B	표준오차	베타		
1	(상수)	1.482	.060		24.873	<.001
	LG10가구원수	.382	.105	.429	3.622	<.001

a. 종속변수: LG10생활비

회귀분석을 통해 얻은 잔차의 산점도를 그려 보면 [그림 10-42]와 같이 잔차 쌍들이 기준선에 매우 근접하여 분포하는 것을 볼 수 있다. 이 산점도를 [그림 10-38]과 비교해 보면 선형성이 확연히 개선된 것을 볼 수 있다.

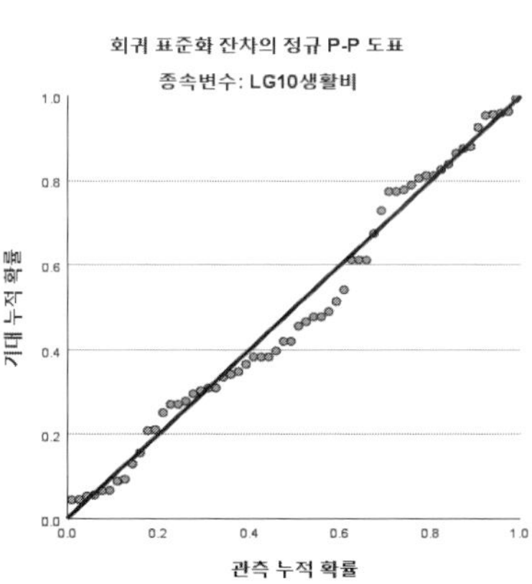

[그림 10-42]

독립변수와 종속변수 모두를 변환한 경우, 회귀계수의 의미해석은 어느 한 변수만 변환한 경우보다 좀 더 복잡해진다. 우선 〈표 10-23〉으로부터 두 변환변수를 투입하여 추정한 회귀식은 다음과 같다는 것을 알 수 있다.

$$\log\hat{y} = b_0 + b_1\log x + e \qquad b_0 = 1.482,\ b_1 = .382$$

독립변수의 어떤 값을 x_1이라고 하고 x_1보다 큰 어떤 값을 x_2라고 하면 X가 x_1에서 x_2로 변할 때 Y에 미치는 영향은 다음과 같다.

$$\begin{aligned}&\log\hat{y}_{x_2} - \log\hat{y}_{x_1} = b_1[(\log x_2) - (\log x_1)]\\&\log\hat{y}_{(x_2/x_1)} = b_1\log(x_{2/}x_1)\\&\hat{y}_{(x_2/x_1)} = (x_{2/}x_1)^{b_1}\end{aligned}$$

이때, x_2가 x_1보다 1% 더 큰 값이라면 위의 식에서

$$(x_2/x_1)^{b_1} = 1.01^{.382} = 1.003$$

이다. 따라서 b_1은 X가 1% 증가할 때 Y에 있어서 0.3% 증가를 이끌어 내는 계수이다.

5) 비선형 회귀분석에서의 종속변수 변환을 통한 선형성 충족 및 회귀계수 해석

회귀분석의 선형성 검정에서 마지막으로 살펴볼 것은 종속변수와 독립변수가 비선형관계(non-linear relationship)를 갖는 경우이다.[8] 독립변수와 종속변수의 관계가 비선형이라는 말은 독립변수와 종속변수 간에 일정한, 그러나 선형은 아닌 관계가 존재한다는 것을 말한다. 예를 들면, 두 변수 간에 [그림 10-43] 같은 관계가 존재할 때 우리는 두 변수 간에 비선형관계가 존재한다고 한다.

구체적인 설명을 위해서 'C10-회귀분석-선형성검정-비선형, 종속변수'를 불러들여 분석자료로 사용하기로 하자. 자료 'C10-회귀분석-선형성검정-비선형, 종속변수'의 두 변수연령과 의료비는 [그림 10-44]와 유사한 관계를 갖고 있는데 연령을 독립변수로 의료비를 종속변수로 사용하여 회귀분석을 실시하면 다음과 같은 결과를 얻게 된다.

8) 이 주제는 초급자료분석의 차원을 넘어서는 주제이지만 이제까지 변환변수를 사용하여 추정한 회귀계수의 의미를 설명해 왔기 때문에 이 시점에서 깊이 있게는 아니더라도 이 주제를 설명하는 것이 시의적절하다고 판단된다.

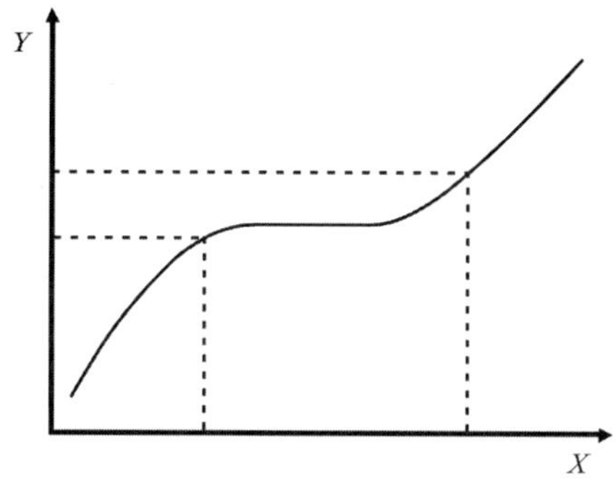

[그림 10-43]

〈표 10-24〉

모형 요약

모형	R	R제곱	수정된 R제곱	추정값의 표준오차
1	.487[a]	.237	.224	55.01545

a. 종속변수: 의료비
b. 예측자: (상수), 연령

〈표 10-25〉

분산분석[a]

모형		제곱합	자유도	평균제곱	F	유의확률
1	회귀모형	54619.352	1	54619.352	18.046	<.001[b]
	잔차	175548.582	58	3026.700		
	합계	230167.933	50			

a. 종속변수: 의료비
b. 예측자: (상수), 연령

〈표 10-26〉

계수[a]

모형		비표준화 계수		표준화 계수	t	유의확률
		B	표준오차	베타		
1	(상수)	1.629	17.599		.093	.927
	연령	1.351	.318	.487	4.248	<.001

a. 종속변수: 의료비

위의 분석결과에 따르면, 독립변수 연령은 종속변수인 의료비에 통계적으로 유의한 수준의 영향을 미치는 것으로 나타나 있다. 그러나 산점도를 통해 두 변수 간의 관계를 살펴보면, 회귀분석결과와는 별개로 선형성의 문제가 있는 [그림 10-44]와 같은 산점도가 그려지는 것을 알 수 있고, 위의 회귀분석결과는 '통계적 분석을 통해 얻어진 결과'임에는 틀림이 없지만 두 변수 간의 관계를 잘못 이해하게 만드는 결과라는 것이다.

따라서 어떤 이유에서든 연구자가 두 변수 간의 관계를 회귀분석을 통해 이해하고자 한다면 연구자는 먼저 두 변수 간 관계의 선형성을 진단한 다음, 진단결과에 근거하여 적절한 처치를 한 다음 회귀분석을 실시해야만 두 변수 간의 관계를 올바르게 이해할 수 있다.

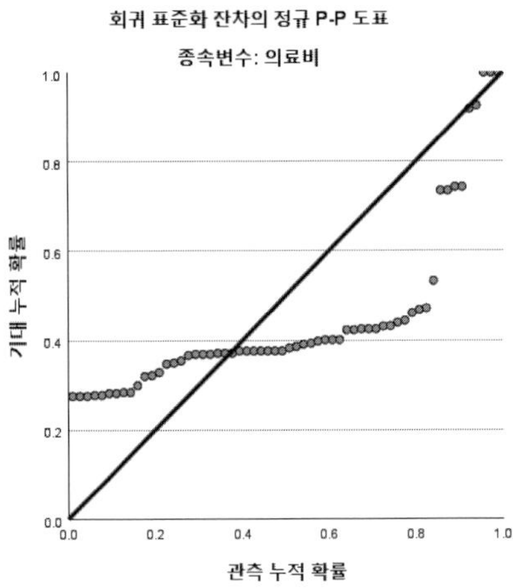

[그림 10-44]

연령을 X라고 하고 의료비를 Y라고 할 때 이 두 변수 간에 존재하는 [그림 10-44]와 같은 비선형관계는 다음과 같은 비선형회귀식으로 정의된다.

$$y = b_1 b_2^x$$

이 식을 로그변환하면 위의 식은 다음과 같이

$$\log y = \log b_1 + x \log b_2$$

바뀐다. 물론 이와 같이 상용로그 변환을 하더라도 비선형관계를 완벽한 선형관계로 전환할 수는 없다. 그러나 변환하면 변환하지 않을 때보다는 상대적으로 비선형성이 완화되어 종속변수와 독립변수 간의 관계를 좀 더 올바르게 살펴볼 수 있는 조건을 만들 수 있기 때문에 변환이 필요하다.

이제 두 변수 간의 선형관계를 나타내는 회귀식을 구하려면 종속변수인 의료비를 상용로그 변환한 다음 회귀분석을 실시하여 두 회귀계수 b_0과 b_1을 구하면 된다. 변환 의료비를 종속변수로 투입하여 회귀분석을 실시한 결과는 〈표 10-27〉, 〈표 10-28〉, 〈표 10-29〉에 제시되어 있다. 종속변수를 변환하기 전의 분석결과와 비교해 보면 모형 설명력과 분산분석결과가 개선된 것을 볼 수 있고 따라서 종속변수와 독립변수의 관계가 더 명확해진 것을 확인할 수 있다.

〈표 10-27〉

모형 요약

모형	R	R 제곱	수정된 R 제곱	추정값의 표준오차
1	.625[a]	.390	.380	.18962

a. 종속변수: LG10의료비
b. 예측자: (상수), 연령

〈표 10-28〉

ANOVA[a]

모형		제곱합	자유도	평균제곱	F	유의확률
1	회귀모형	1.334	1	1.334	37.099	<.001[b]
	잔차	2.085	58	.036		
	합계	3.419	59			

a. 종속변수: LG10의료비
b. 예측자: (상수), 연령

〈표 10-29〉

계수[a]

모형		비표준화 계수		표준화 계수		
		B	표준오차	베타	t	유의확률
1	(상수)	1.423	.061		23.457	<.001
	연령	.007	.001	.625	6.091	<.001

a. 종속변수: LG10의료비

위의 분석결과에 제시된 두 회귀계수 $b_1 = 1.423$, $b_2 = 0.007$는 변환변수인 LG10의료비를 종속변수로 회귀식에 투입하여 얻은 결과이다. 이 회귀계수는 LG10의료비와 연령 간의 관계를 나타내는 회귀계수이므로 이 회귀계수의 의미는

'연령에 있어서의 1단위 변화가 상용로그 의료비에 미치는 영향은…"

로 해석해야 한다. 이 회귀계수의 의미를

'연령이 의료비에 미치는 영향은…'

로 해석하려면 원래의 비선형관계, 즉 독립변수와 비변환 종속변수의 관계에서 b_1과 b_2의 의미를 해석해야 한다. 즉, LG10의료비와 연령 간의 선형관계를 나타내는 회귀계수가 b_1과 b_2이므로

$$\log y = \log b_1 + x log b_2$$

$$\log y = 1.423 + x(0.007)$$

이다. 그런데 1.423과 .007은 로그값이므로 이 값들을 로그의 역인 지수로 표현하면

$$1.423 = 10^{1.423} = 26.485, \quad 0.007 = 10^{0.007} = 1.016$$

이다. 그렇기 때문에 우리는 종속변수와 독립변수 간의 비선형회귀식이

$$y = 26.485 \cdot 1.016^x$$

이라는 것을 알 수 있다. 따라서 회귀계수 b_1과 b_2의 의미는

> '연령에 있어서의 ○○단위 변화를 의료비에 있어서의 1.016의 ○○승에 26.485를 곱한 값만큼의 변화'

로 전환하는 계수라고 해석해야 한다.

이 예에서 반드시 기억해야 할 것은 종속변수와 독립변수 간의 관계가 비선형관계일 때 단순회귀분석에 종속변수를 변환한 변수를 투입하는 이유가

> '종속변수의 단위를 바꿔 종속변수와 독립변수의 관계를 선형관계로 만들기 위해서'

라는 것이다. 이러한 사실을 분명히 이해할 때만이 독립변수와 종속변수 간의 관계를 선형관계로 만들어 회귀계수를 추정하더라도 그 회귀계수의 의미를 원래의 선형관계에서의 의미로 해석하지 않고 선형관계의 회귀계수의 의미처럼 해석하는 오류를 범하지 않을 수 있다.

10. *R*을 이용한 단순회귀분석

*R*로 교육수준의 임금수준에 대한 회귀분석을 실시하기 위해 아래와 같이 haven 패키지의 read_save 함수를 사용하여 'C10-단순회귀분석.sav' 파일을 불러들여 c10df 데이터프레임에

저장한다. read_save 함수를 사용하기 위해서는 library 함수를 사용하여 haven 패키지를 로드해야 한다. 데이터프레임에는 id, 교육연수, 임금, 성별, 연령 변수가 있다.

```
library(haven)

c10df <- read_sav(file.choose())
View(c10df)
```

[그림 10-45]

임금을 종속변수로 하고, 교육연수를 독립변수로 하는 회귀분석을 실시하기 위해 R에서는 선형모형(linear model)을 의미하는 lm 함수를 사용한다. lm 함수의 괄호 안에는 종속변수 ~ 독립변수의 형태로 모형을 설정하고, 그 결과를 배정하는 대상(object)을 만들면 된다. 그 후에 anova 함수를 실행하여 분산분석표를 만들어낼 수 있다. 또한 summary 함수를 실행하여 회귀계수를 확인할 수 있다.

```
result5 <- lm(c10df$임금 ~ c10df$교육연수)
anova(result5)
summary(result5)
```

[그림 10-46]

[그림 10-47]은 anova 함수를 실행한 결과인데, 교육연수(*SPSS* 결과의 회귀모형)와 잔차의 자유도, 제곱합, 그리고 평균제곱합, 회귀모형의 F값, p값이 제시된다. 그림에서는 보는 것처럼 F = 160.27, 자유도는 $df1 = 1$, $df2 = 28$, p = 4.171e-13으로 유의수준보다 훨씬 적다. 이에 따라 회귀식이 설명모형으로서 적합하지 않다는 영가설은 기각된다.

```
Analysis of Variance Table

Response: c10df$임금
               Df Sum Sq Mean Sq F value    Pr(>F)
c10df$교육연수  1  58683   58683  160.27 4.171e-13 ***
Residuals      28  10252     366
---
Signif. codes:  0 '***' 0.001 '**' 0.01 '*' 0.05 '.' 0.1 ' ' 1
```

[그림 10-47]

다음으로 summary 함수를 실행하면 [그림 10-48]과 같이 나타나는데, 잔차에 대한 요약 통계, 회귀계수에 대한 통계치로 회귀계수 추정치, 표준오차, t값, p값이 제시된다. 여기에서는 독립변수가 교육연수 하나뿐이어서, 회귀계수에는 상수항과 교육연수의 회귀계수가 표시된다. 독립변수인 교육연수의 회귀계수는 11.8633이며, t값은 12.660, 이 p값에 대한 값은 4.17e-13으로 유의수준 0.05보다 매우 적기 때문에 교육연수의 기울기(회귀계수)가 0이라는 영가설은 기각하고, 교육연수가 임금에 영향을 미친다는 결론을 내릴 수 있다. 또한 R^2이 0.8513, 수정된 R^2이 0.846으로 나타난다.

흥미로운 것은 분산분석표의 F값에 대한 p값이 교육연수의 t값에 대한 p값이 동일하다는 것인데, 실제로 F값은 t값을 제곱한 값과 동일하다. 이는 모형의 독립변수가 하나뿐이어서 전체 모형의 통계값과 독립변수의 통계값이 동일해야 하기 때문이다.

```
Call:
lm(formula = c10df$임금 ~ c10df$교육연수)

Residuals:
    Min      1Q  Median      3Q     Max 
-45.278  -7.584   1.337  13.733  35.406 

Coefficients:
               Estimate Std. Error t value Pr(>|t|)    
(Intercept)      5.9615     7.4595   0.799    0.431    
c10df$교육연수  11.8633     0.9371  12.660 4.17e-13 ***
---
Signif. codes:  0 ‘***’ 0.001 ‘**’ 0.01 ‘*’ 0.05 ‘.’ 0.1 ‘ ’ 1

Residual standard error: 19.14 on 28 degrees of freedom
Multiple R-squared:  0.8513,	Adjusted R-squared:  0.846 
F-statistic: 160.3 on 1 and 28 DF,  p-value: 4.171e-13
```

[그림 10-48]

11. R을 이용하여 회귀분석에서 이상점 찾기

다음으로 회귀분석의 이상점을 찾기 위해 haven 패키지의 read_save 함수를 사용하여 'C10-회귀분석-이상점.sav' 파일을 불러들여 c10_1df 대상에 저장한다.

```
library(haven)

c10_1df <- read_sav(file.choose())
View(c10_1df)
```

[그림 10-49]

회귀분석에서는 이상점을 찾기 위해 마할로노비스 거리, 쿡의 거리, 레버리지 통계의 세 가지 통계량을 사용할 수 있다. R에서 마할로노비스 거리는 mahalanobis 함수를 활용하여 계산할 수 있는데, 함수의 괄호 안에는 아래 그림과 같이 데이터프레임, 분포의 평균 벡터, 분포의 공분산을 지정한다. 이를 c10_1df 데이터프레임에 'mahal'이라는 변수로 저장한다.

```
c10_1df$mahal <-
  mahalanobis(c10_1df, colMeans(c10_1df), cov(c10_1df))
```

[그림 10-50]

다음으로 쿡의 거리는 cooks.distance 함수를 사용하여 계산할 수 있는데, 이를 위해서는 먼저 회귀분석을 실시하고, 그 결과를 활용해야 한다. 따라서 [그림 10-51]과 같이 lm 함수를 사용하여 자산을 종속변수로, 연령을 독립변수로 하는 회귀분석을 실행하고, 그 결과를 result6에 저장한다. 이어서 cooks.distance 함수를 실행하고 그 결과를 c10_1df에 'cook'로 저장한다. 레버리지 통계는 hatvalues 함수로 구할 수 있는데, hatvalues 함수의 괄호 안에 result6을 지정하여 실행하고 그 결과를 c10_1df에 lev로 저장한다.

```
result6 <- lm(자산 ~ 연령, data = c10_1df)
c10_1df$cook <- cooks.distance(result6)
c10_1df$lev <- hatvalues(result6)
```

[그림 10-51]

이후에 View 함수를 사용하여 c10_1df 데이터프레임을 살펴보면, [그림 10-52]와 같이 기존의 hid, 연령, 자산의 세 변수에 mahal, cook, lev라는 세 변수가 추가되어 있다는 것을 알 수 있다.

	hid	연령	자산	mahal	cook	lev
1	1	65	3000	3.0550685	8.821894e-03	0.05303826
2	2	123	3000	11.1814514	7.685336e-06	0.63608402
3	3	58	4000	2.0298719	1.592298e-06	0.05093773
4	4	61	4000	1.3761060	3.525889e-05	0.05003751
5	5	52	4000	1.6076051	8.217373e-05	0.06084021
6	6	49	4000	1.5175829	2.391214e-04	0.06984246
7	7	57	4000	0.5415223	1.020991e-07	0.05183796
8	8	84	7000	6.2764433	3.932022e-01	0.13285821
9	9	52	6000	1.8981045	4.883633e-02	0.06084021
10	10	49	1000	4.4539831	1.511446e-01	0.06984246
11	11	51	5000	0.6011354	1.140930e-02	0.06354089
12	12	49	6000	1.8031706	5.448002e-02	0.06984246
13	13	52	2000	2.0250931	5.717808e-02	0.06084021

[그림 10-52]

단순회귀분석에서 이상점을 찾는 또 다른 방법은 산점도를 그려 보는 것이다. R에서 산점도를 그리는 가장 간단한 방법은 plot 함수를 사용하는 것이다. [그림 10-53]과 같이 plot 함수에 x축 변수, y축 변수를 지정하면 된다.

```
plot(c10_1df$연령, c10_1df$자산)
```

[그림 10-53]

plot 함수를 실행하면 [그림 10-54]와 같은 그림을 만들 수 있다.

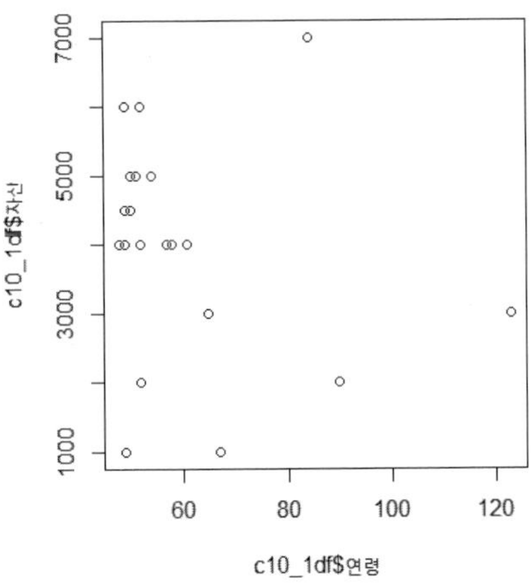

[그림 10-54]

12. R을 이용한 선형성 검정과 변수변환

1) 선형성 검정과 해석

다음으로 종속변수의 변환을 통한 선형성 검정을 살펴보기 위해 haven 패키지의 read_save 함수를 사용하여 'C10-회귀분석-선형성검정과 변수변환.sav' 파일을 불러들여 c10_2df 대상에 저장한다. View 함수를 실행하여 c10_2df 데이터프레임에 id, 연령, 소득의 세 변수가 있다는 것을 알 수 있다.

```
library(haven)

c10_2df <- read_sav(file.choose())
View(c10_2df)
```

[그림 10-55]

이어서 [그림 10-56]과 같이 hist 함수를 사용하여 소득의 히스토그램을 만들고, lines 함수를 사용하여 정규분포곡선을 그릴 수 있다.

```
h1 <- hist(c10_2df$소득,
     breaks = seq(40, 100, by = 5))
xfit1 <- seq(min(c10_2df$소득), max(c10_2df$소득), length = 20)
yfit1 <- dnorm(xfit1, mean = mean(c10_2df$소득), sd = sd(c10_2df$소득))
yfit1 <- yfit1*diff(h1$mids[1:2])*length(c10_2df$소득)
lines(xfit1, yfit1, lwd =2)
```

[그림 10-56]

위의 명령문을 실행하면 [그림 10-57]과 같은 그래프를 만들 수 있다.

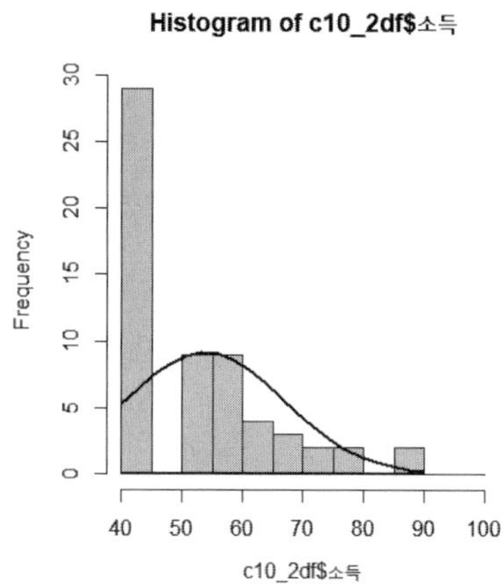

[그림 10-57]

또한 [그림 10-58]과 같이 hist 함수를 사용하여 연령의 히스토그램을 만들고, lines 함수를 사용하여 정규분포곡선을 그릴 수 있다.

```
h2 <- hist(c10_2df$연령,
     breaks = seq(0, 100, by = 5))
xfit2 <- seq(min(c10_2df$연령), max(c10_2df$연령), length = 20)
yfit2 <- dnorm(xfit2, mean = mean(c10_2df$연령), sd = sd(c10_2df$연령))
yfit2 <- yfit2*diff(h2$mids[1:2])*length(c10_2df$연령)
lines(xfit2, yfit2, lwd =2)
```

[그림 10-58]

위의 명령문을 실행하면 [그림 10-59]와 같은 그래프를 만들 수 있다.

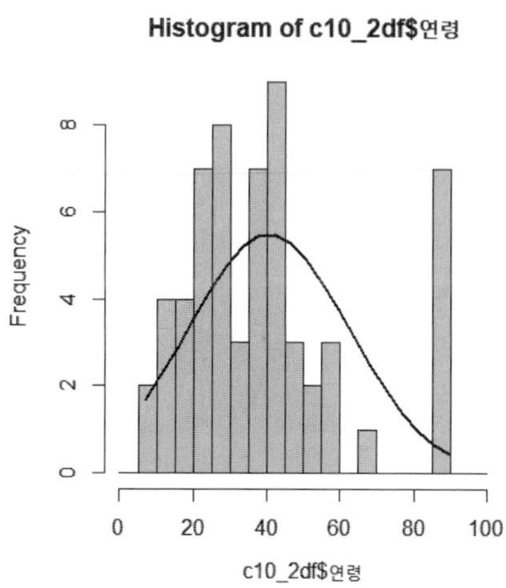

[그림 10-59]

다음으로 lm 함수를 활용하여 회귀분석을 실시하고 그 결과를 result7에 저장한다. 이어서 summary 함수를 사용하여 분석 결과를 끌어낼 수 있다.

```
result7 <- lm(소득 ~ 연령, data = c10_2df)
summary(result7)
```

[그림 10-60]

summary 함수(또는 anova 함수)를 사용하여 회귀분석의 결과를 보면, 연령이 소득에 통계적으로 유의한 영향을 미치는 것으로 보인다.

```
Call:
lm(formula = 소득 ~ 연령, data = c10_2df)

Residuals:
    Min      1Q  Median      3Q     Max
-15.235  -6.644  -2.515   6.638  43.356

Coefficients:
            Estimate Std. Error t value Pr(>|t|)
(Intercept) 39.77042    2.96063  13.433  < 2e-16 ***
연령          0.34366    0.06445   5.333 1.66e-06 ***
---
Signif. codes:  0 '***' 0.001 '**' 0.01 '*' 0.05 '.' 0.1 ' ' 1

Residual standard error: 10.79 on 58 degrees of freedom
Multiple R-squared:  0.329,	Adjusted R-squared:  0.3174
F-statistic: 28.44 on 1 and 58 DF,  p-value: 1.665e-06
```

[그림 10-61]

R 에서 회귀분석의 가정을 충족시키는지 진단하기 위해 plot 함수를 사용하여 도표를 그릴 수 있다.

```
plot(result7)
```

[그림 10-62]

회귀분석의 결과에 대해 plot 함수를 실행하면 4개의 도표가 제시되는데, Residuals vs Fitted, Q-Q Residuals, Scale-Location, Residuals vs Leverage이다. 이 중에서 Residuals vs Fitted 도표는 선형을 살펴보는데 사용된다. 또한 Q-Q Residuals는 정규성을 살펴보는 데 사용된다. Residuals vs Fitted 도표를 보면 0을 중심으로 하는 점선에서 선이 아래로 휘어졌다가 올라오는 것을 알 수 있다. 따라서 선형의 가정이 충족되는지 명확하지 않다.

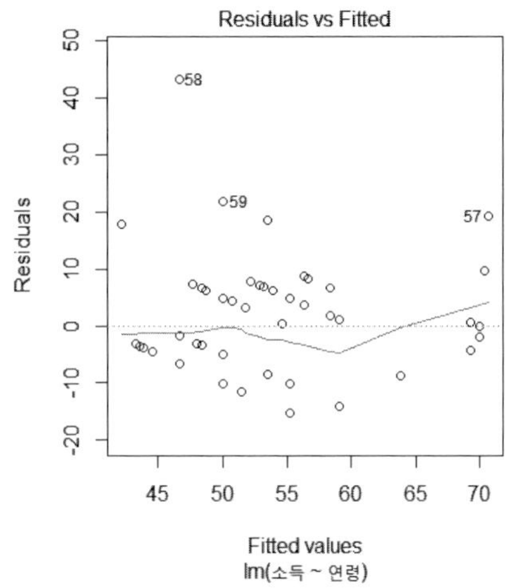

[그림 10-63]

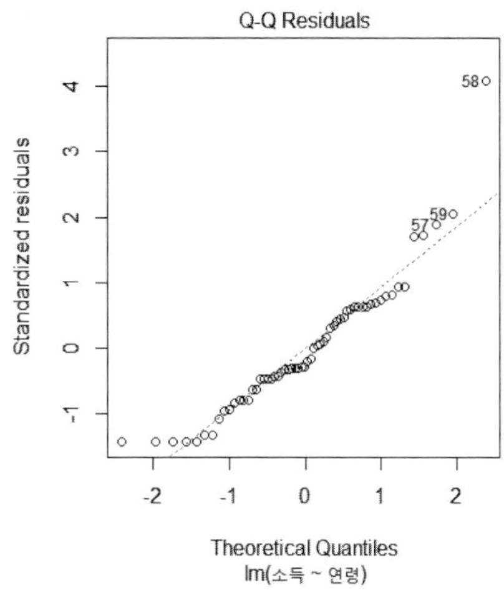

[그림 10-64]

2) 종속변수의 변환을 통한 선형성 충족 및 회귀계수 해석

다음으로 종속변수를 변환하여 선형성 조건을 충족시키기 위해 haven 패키지의 read_save 함수를 사용하여 'C10-회귀분석-선형성검정-종속변수변환.sav' 파일을 불러들여 c10_3df 대상에 저장한다. View 함수를 실행하여 c10_3df 데이터프레임에 id, 연령, 소득의 세 변수가 있다는 것을 알 수 있다. 이어서 소득에 log10 함수를 실행하여 새로운 변수인 LG10소득을 만든다.

```
library(haven)

c10_3df <- read_sav(file.choose())
View(c10_3df)

c10_3df$LG10소득 <- log10(c10_3df$소득)
```

[그림 10-65]

이어서 소득 대신 LG10소득을 종속변수로 하는 회귀분석을 실시하기 위해 lm 함수를 실행하고 result8에 저장한다. 그리고 result8에 대해 summary 함수를 실행한다.

```
result8 <- lm(LG10소득 ~ 연령, data = c10_3df)
summary(result8)
```

[그림 10-66]

실행하면 [그림 10-67]과 같은 결과가 나타난다.

```
Call:
lm(formula = LG10소득 ~ 연령, data = c10_3df)

Residuals:
      Min        1Q    Median        3Q       Max 
-0.045770 -0.013320  0.002165  0.008959  0.031448 

Coefficients:
             Estimate Std. Error t value Pr(>|t|)    
(Intercept) 1.7163345  0.0057461   298.7   <2e-16 ***
연령        0.0014950  0.0001038    14.4   <2e-16 ***
---
Signif. codes:  0 '***' 0.001 '**' 0.01 '*' 0.05 '.' 0.1 ' ' 1

Residual standard error: 0.01796 on 58 degrees of freedom
Multiple R-squared:  0.7815,	Adjusted R-squared:  0.7777 
F-statistic: 207.4 on 1 and 58 DF,  p-value: < 2.2e-16
```

[그림 10-67]

이어서 anova 함수를 실행하면 [그림 10-69]와 같은 분산분석표가 나타난다.

```
anova(result8)
```

[그림 10-68]

```
Analysis of Variance Table

Response: LG10소득
          Df   Sum Sq  Mean Sq F value    Pr(>F)    
연령       1 0.066931 0.066931  207.45 < 2.2e-16 ***
Residuals 58 0.018713 0.000323                      
---
Signif. codes:  0 '***' 0.001 '**' 0.01 '*' 0.05 '.' 0.1 ' ' 1
```

[그림 10-69]

이어서 plot 함수를 실행하면 [그림 10-71]과 같은 Q-Q Residuals 도표를 그릴 수 있다.

```
plot(result8, 2)
```

[그림 10-70]

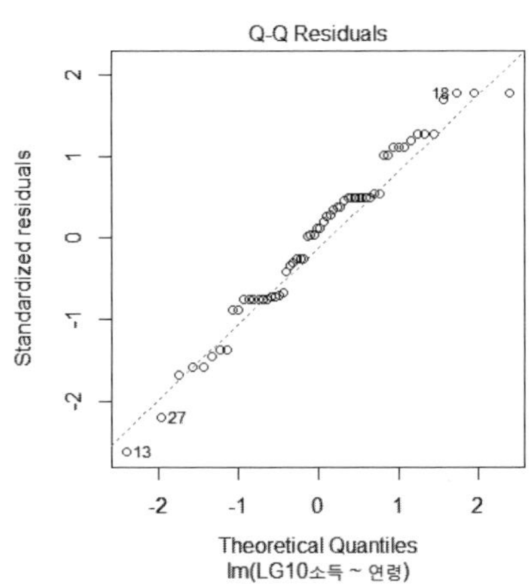

[그림 10-71]

3) 독립변수의 변환을 통한 선형성 검정과 회귀계수 해석

다음으로 선형성 조건을 충족시키기 위해 독립변수를 변환하고자 haven 패키지의 read_save 함수를 사용하여 'C10-회귀분석-선형성검정-독립변수변환.sav' 파일을 불러들여 c10_4df 대상에 저장한다. View 함수를 실행하여 c10_4df 데이터프레임에 id, 연령, 소득의 세 변수가 있다는 것을 알 수 있다. 이어서 ggplot2 패키지의 ggplot 함수를 활용하여 소득과 연령의 히스토그램을 그린다.

```
library(haven)

c10_4df <- read_sav(file.choose())
View(c10_4df)

library(ggplot2)
ggplot(c10_4df, aes(x = 소득)) +
  geom_histogram(aes(y = ..density..), bins = 20, fill = "lightgrey",
                 color ="black") +
  stat_function(fun = dnorm, args = list(mean = mean(c10_4df$소득),
                sd = sd(c10_4df$소득)), color = "black", size = 1) +
  labs(x = "소득",
       y = "Density")
```

[그림 10-72]

```
ggplot(c10_4df, aes(x = 연령)) +
  geom_histogram(aes(y = ..density..), bins = 20, fill = "lightgrey",
                 color ="black") +
  stat_function(fun = dnorm, args = list(mean = mean(c10_4df$연령),
                sd = sd(c10_4df$연령)), color = "black", size = 1) +
  labs(x = "연령",
       y = "Density")
```

[그림 10-73]

위의 명령문을 실행하면 아래와 같은 히스토그램이 만들어진다.

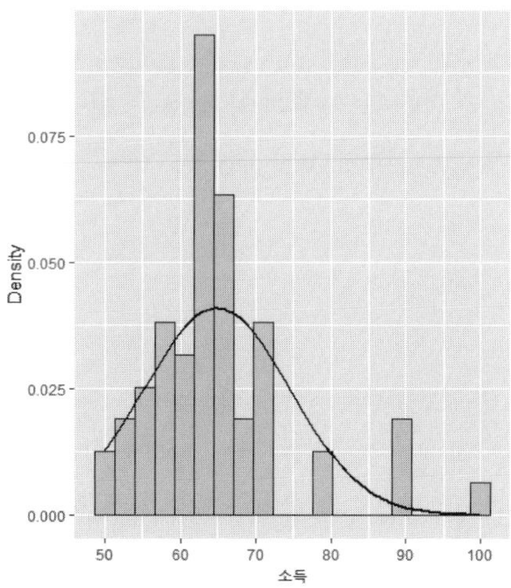

[그림 10-74]

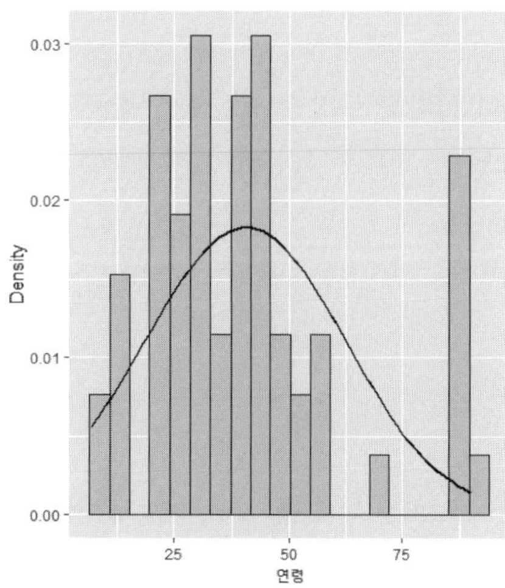

[그림 10-75]

소득과 연령을 사용하여 lm 함수를 활용하여 [그림 10-76]과 같이 회귀분석을 실시하고, 그 결과를 result9에 저장한다.

```
result9 <- lm(소득 ~ 연령, data = c10_4df)
summary(result9)
anova(result9)
```

[그림 10-76]

먼저 summary 함수를 실행하면 [그림 10-77]과 같은 결과가 나타난다.

```
Call:
lm(formula = 소득 ~ 연령, data = c10_4df)

Residuals:
    Min      1Q  Median      3Q     Max
-15.389  -5.273  -1.719   3.817  32.384

Coefficients:
            Estimate Std. Error t value Pr(>|t|)
(Intercept) 68.19376    2.65411  25.694   <2e-16 ***
연령        -0.08249    0.05777  -1.428    0.159
---
Signif. codes:  0 ‘***’ 0.001 ‘**’ 0.01 ‘*’ 0.05 ‘.’ 0.1 ‘ ’ 1

Residual standard error: 9.676 on 58 degrees of freedom
Multiple R-squared:  0.03396,	Adjusted R-squared:  0.0173
F-statistic: 2.039 on 1 and 58 DF,  p-value: 0.1587
```

[그림 10-77]

이어서 anova 함수를 실행하면 분산분석표가 제시된다.

```
Analysis of Variance Table

Response: 소득
          Df Sum Sq Mean Sq F value Pr(>F)
연령       1  190.9 190.908  2.0389 0.1587
Residuals 58 5430.7  93.633
```

[그림 10-78]

모형이 적합하지 않은 것을 확인한 후 연령에 log10 함수를 실행하여 새로운 변수인 LG10연령을 만들고, 새로운 회귀분석을 실시하고 그 결과를 result10에 저장한다.

```
c10_4df$LG10연령 <-log10(c10_4df$연령)
result10 <- lm(소득 ~ LG10연령, data = c10_4df)
summary(result10)
anova(result10)
```

[그림 10-79]

먼저 summary 함수를 실행하면 아래와 같이 회귀계수, R^2, 수정 R^2 결과가 나타난다. 또한 전체 모형에 대한 F 통계값, 자유도 및 p값이 제시된다.

```
Call:
lm(formula = 소득 ~ LG10연령, data = c10_4df)

Residuals:
     Min       1Q   Median       3Q      Max
-15.0487  -5.0295  -0.9459   5.0241  23.0948

Coefficients:
            Estimate Std. Error t value Pr(>|t|)
(Intercept)   91.503      7.166  12.769  < 2e-16 ***
LG10연령     -17.274      4.585  -3.767 0.000388 ***
---
Signif. codes:  0 '***' 0.001 '**' 0.01 '*' 0.05 '.' 0.1 ' ' 1

Residual standard error: 8.824 on 58 degrees of freedom
Multiple R-squared:  0.1966,    Adjusted R-squared:  0.1827
F-statistic: 14.19 on 1 and 58 DF,  p-value: 0.0003881
```

[그림 10-80]

다음으로 anova 함수는 분산분석표를 보여 준다.

```
Analysis of Variance Table

Response: 소득
          Df Sum Sq Mean Sq F value    Pr(>F)
LG10연령    1 1105.2 1105.15  14.192 0.0003881 ***
Residuals 58 4516.5   77.87
---
Signif. codes:  0 '***' 0.001 '**' 0.01 '*' 0.05 '.' 0.1 ' ' 1
```

[그림 10-81]

4) 독립변수와 종속변수의 변환을 통한 선형성 충족 및 회귀계수 해석

독립변수와 종속변수 모두를 변환하는 예를 보기 위해서, haven 패키지의 read_save 함수를 사용하여 'C10-회귀분석-선형성검정-독립, 종속변수변환.sav' 파일을 불러들여 c10_5df 대상에 저장한다. 이어서 가구생활비를 종속변수로, 가구원수를 독립변수로 하여 산점도를 그려 본다.

```
library(haven)

c10_5df <- read_sav(file.choose())
plot(c10_5df$가구원수, c10_5df$생활비)
```

[그림 10-82]

plot 함수를 사용한 결과는 [그림 10-83]과 같다.

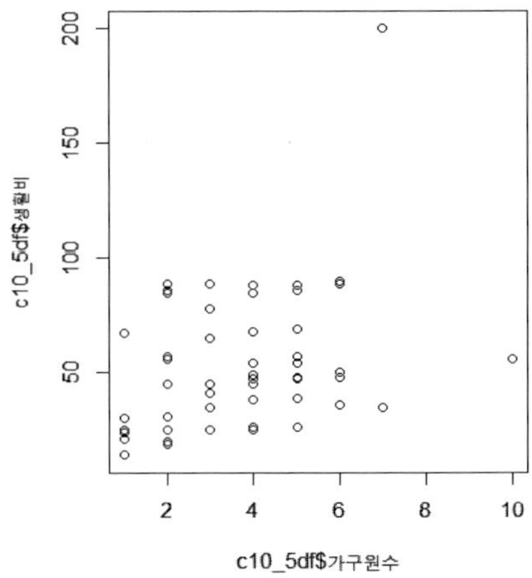

[그림 10-83]

또한 [그림 10-84]에 나타난 ggplot 함수를 사용하여 생활비와 가구원수에 대한 히스토그램을 그려 볼 수 있다.

```
library(ggplot2)
ggplot(c10_5df, aes(x = 생활비)) +
  geom_histogram(aes(y = ..density..), bins = 20, fill = "lightgrey",
                 color ="black") +
  stat_function(fun = dnorm, args = list(mean = mean(c10_5df$생활비),
                sd = sd(c10_5df$생활비)), color = "black", size = 1) +
  labs(x = "생활비",
       y = "Density")

ggplot(c10_5df, aes(x = 가구원수)) +
  geom_histogram(aes(y = ..density..), bins = 20, fill = "lightgrey",
                 color ="black") +
  stat_function(fun = dnorm, args = list(mean = mean(c10_5df$가구원수),
                sd = sd(c10_5df$가구원수)), color = "black", size = 1) +
  labs(x = "가구원수",
       y = "Density")
```

[그림 10-84]

아래는 위의 명령문을 실행할 때 나타나는 히스토그램이다.

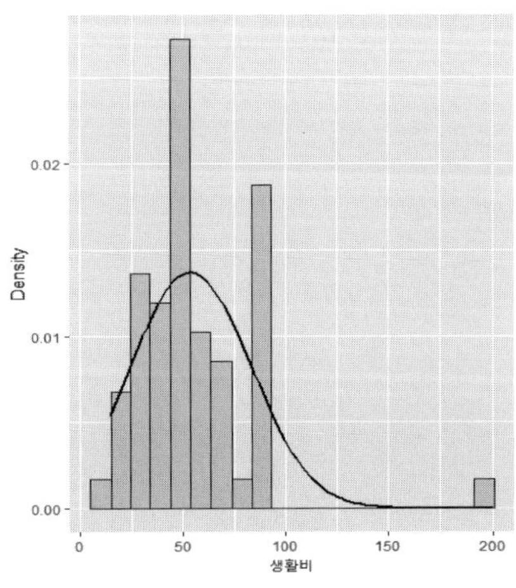

[그림 10-85]

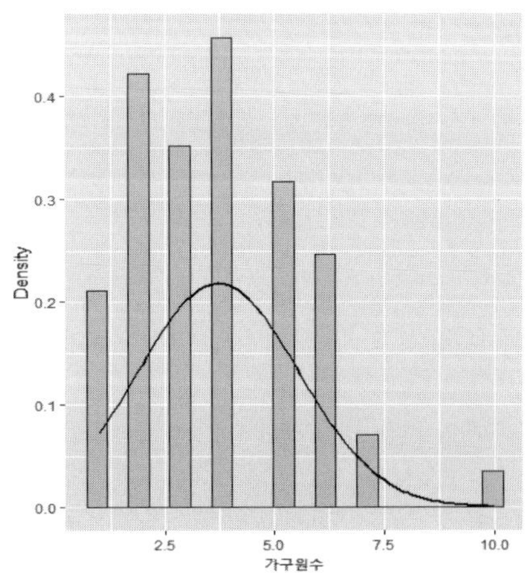

[그림 10-86]

다음으로 변수를 전환하기 전에 두 변수에 대한 회귀분석을 [그림 10-87]과 같이 lm 함수를 사용하여 실행한다.

```
result11 <- lm(생활비 ~ 가구원수, data = c10_5df)
summary(result11)
anova(result11)
```

[그림 10-87]

summary 함수를 실행하면 아래와 같이 회귀계수, R^2 수정 R^2 결과가 나타난다. 또한 전체 모형에 대한 F 통계값, 자유도 및 p 값이 제시된다.

```
Call:
lm(formula = 생활비 ~ 가구원수, data = c10_5df)

Residuals:
    Min      1Q  Median      3Q     Max 
-36.953 -17.413  -8.321  15.223 128.047 

Coefficients:
            Estimate Std. Error t value Pr(>|t|)    
(Intercept)   33.144      8.114   4.085 0.000137 ***
가구원수       5.544      1.961   2.827 0.006439 ** 
---
Signif. codes:  0 '***' 0.001 '**' 0.01 '*' 0.05 '.' 0.1 ' ' 1

Residual standard error: 27.61 on 58 degrees of freedom
Multiple R-squared:  0.1211,	Adjusted R-squared:  0.1059 
F-statistic: 7.991 on 1 and 58 DF,  p-value: 0.006439
```

[그림 10-88]

다음으로 anova 함수를 실행하면 [그림 10-89]와 같은 분산분석표를 보여 준다.

```
Analysis of Variance Table

Response: 생활비
          Df Sum Sq Mean Sq F value   Pr(>F)   
가구원수   1   6092  6091.6  7.9914 0.006439 **
Residuals 58  44212   762.3                    
---
Signif. codes:  0 '***' 0.001 '**' 0.01 '*' 0.05 '.' 0.1 ' ' 1
```

[그림 10-89]

다음으로 독립변수와 종속변수 모두 사용로그를 취하기 위해 [그림 10-90]과 같이 log10 함수를 사용한 후에 lm 함수를 사용하여 회귀분석을 실행하였다.

```
c10_5df$LG10생활비 <-log10(c10_5df$생활비)
c10_5df$LG10가구원수 <-log10(c10_5df$가구원수)
result12 <- lm(LG10생활비 ~ LG10가구원수, data = c10_5df)
summary(result11)
anova(result11)
```

[그림 10-90]

summary 함수를 실행하면 아래와 같이 회귀계수, R^2 수정 R^2 결과가 나타난다. 또한 전체 모형에 대한 F 통계값, 자유도 및 p 값이 제시된다.

```
Call:
lm(formula = LG10생활비 ~ LG10가구원수, data = c10_5df)

Residuals:
     Min       1Q   Median       3Q      Max 
-0.33590 -0.11701 -0.03092  0.15306  0.49610 

Coefficients:
             Estimate Std. Error t value Pr(>|t|)    
(Intercept)   1.48203    0.05958  24.873  < 2e-16 ***
LG10가구원수  0.38209    0.10549   3.622 0.000616 ***
---
Signif. codes:  0 '***' 0.001 '**' 0.01 '*' 0.05 '.' 0.1 ' ' 1

Residual standard error: 0.1972 on 58 degrees of freedom
Multiple R-squared:  0.1845,	Adjusted R-squared:  0.1704 
F-statistic: 13.12 on 1 and 58 DF,  p-value: 0.0006163
```

[그림 10-91]

다음으로 anova 함수를 실행하면 [그림 10-92]와 같은 분산분석표를 보여 준다.

```
Analysis of Variance Table

Response: LG10생활비
             Df  Sum Sq Mean Sq F value    Pr(>F)    
LG10가구원수  1 0.51023 0.51023  13.118 0.0006163 ***
Residuals    58 2.25597 0.03890                      
---
Signif. codes:  0 '***' 0.001 '**' 0.01 '*' 0.05 '.' 0.1 ' ' 1
```

[그림 10-92]

이어서 plot 함수를 실행하여 잔차의 산점도를 확인할 수 있다.

```
plot(result12, 2)
```

[그림 10-93]

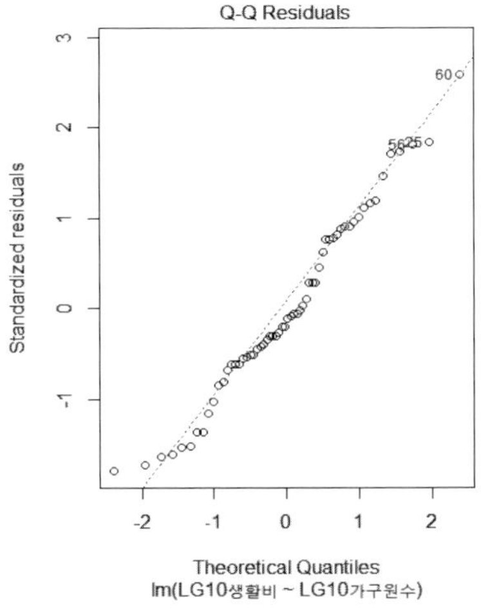

[그림 10-94]

5) 비선형 회귀분석에서의 종속변수 변환을 통한 선형성 충족 및 회귀계수 해석

다음으로 haven 패키지의 read_save 함수를 사용하여 'C10-회귀분석-선형성검정-독립, 종속변수변환.sav' 파일을 불러들여 c10_6df 대상에 저장한다. 이어서 의료비를 종속변수로, 연령을 독립변수를 사용하여 회귀분석을 실시한다.

```
library(haven)

c10_6df <- read_sav(file.choose())

result13 <- lm(의료비 ~ 연령, data = c10_6df)
summary(result13)
anova(result13)
```

[그림 10-95]

summary 함수를 실행하면 [그림 10-96]과 같이 회귀계수, R^2 수정 R^2 결과가 나타난다. 또한 전체 모형에 대한 F 통계값, 자유도 및 p 값이 제시된다.

```
Call:
lm(formula = 의료비 ~ 연령, data = c10_6df)

Residuals:
    Min      1Q  Median      3Q     Max 
-32.826 -20.733 -16.929  -9.192 276.823 

Coefficients:
            Estimate Std. Error t value Pr(>|t|)    
(Intercept)   1.6286    17.5994   0.093    0.927    
연령          1.3505     0.3179   4.248 7.91e-05 ***
---
Signif. codes:  0 '***' 0.001 '**' 0.01 '*' 0.05 '.' 0.1 ' ' 1

Residual standard error: 55.02 on 58 degrees of freedom
Multiple R-squared:  0.2373,	Adjusted R-squared:  0.2242 
F-statistic: 18.05 on 1 and 58 DF,  p-value: 7.909e-05
```

[그림 10-96]

다음으로 anova 함수를 실행하면 [그림 10-97]과 같은 분산분석표를 보여 준다.

```
Analysis of Variance Table

Response: 의료비
          Df Sum Sq Mean Sq F value    Pr(>F)    
연령       1  54619   54619  18.046 7.909e-05 ***
Residuals 58 175549    3027                      
---
Signif. codes:  0 '***' 0.001 '**' 0.01 '*' 0.05 '.' 0.1 ' ' 1
```

[그림 10-97]

이어서 plot 함수를 실행하여 잔차의 산점도를 확인할 수 있다.

```
plot(result13, 2)
```

[그림 10-98]

[그림 10-99]에 나타난 그래프는 그 결과이다.

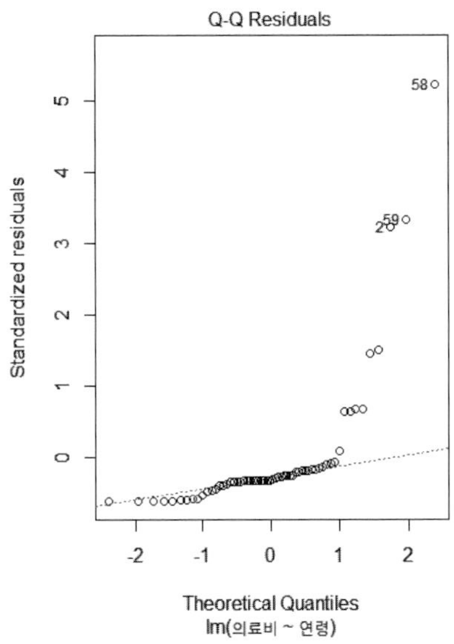

[그림 10-99]

다음으로 의료비를 [그림 10-100]과 같이 log10 함수를 사용하여 변환한 후에 lm 함수를 사용하여 회귀분석을 실행하였다.

```
c10_6df$LG10의료비 <-log10(c10_6df$의료비)
result14 <- lm(LG10의료비 ~ 연령, data = c10_6df)
summary(result14)
anova(result14)
```

[그림 10-100]

summary 함수를 실행하면 [그림 10-101]과 같이 회귀계수, R^2 수정 R^2 결과가 나타난다. 또한 전체 모형에 대한 F 통계값, 자유도 및 p값이 제시된다.

```
Call:
lm(formula = LG10의료비 ~ 연령, data = c10_6df)

Residuals:
     Min       1Q   Median       3Q      Max
-0.19177 -0.06998 -0.06233 -0.03363  0.75136

Coefficients:
            Estimate Std. Error t value Pr(>|t|)
(Intercept) 1.422864   0.060658  23.457  < 2e-16 ***
연령        0.006674   0.001096   6.091 9.65e-08 ***
---
Signif. codes:  0 '***' 0.001 '**' 0.01 '*' 0.05 '.' 0.1 ' ' 1

Residual standard error: 0.1896 on 58 degrees of freedom
Multiple R-squared:  0.3901,    Adjusted R-squared:  0.3796
F-statistic:  37.1 on 1 and 58 DF,  p-value: 9.648e-08
```

[그림 10-101]

다음으로 anova 함수를 실행하면 [그림 10-102]와 같은 분산분석표를 보여 준다.

```
Analysis of Variance Table

Response: LG10의료비
          Df Sum Sq Mean Sq F value    Pr(>F)
연령       1 1.3338 1.33385  37.099 9.648e-08 ***
Residuals 58 2.0853 0.03595
---
Signif. codes:  0 '***' 0.001 '**' 0.01 '*' 0.05 '.' 0.1 ' ' 1
```

[그림 10-102]

참고문헌

Achen, C. (1982). *Interpreting and Using Regression.* Newbury Park, CA: Sage Publications Inc.

Berry, W. (1993). *Understanding Regression Assumptions.* Newbury Park, CA: Sage Publications Inc.

Berry, W., & Feldman, S. (1985). *Multiple Regression in Practice.* Newbury Park, CA: Sage Publications Inc.

Fox, J. (1991). *Regression Diagnostics.* Newbury Park, CA: Sage Publications Inc.

Goldberg, A. (1991). *A Course in Econometrics.* Cambridge, MA: Harverd Univ. Press.

Judge, G., Hill, C., Griffiths, W., Lutkepohl, H., & Lee, T. (1988). *Introduction to the Theory and Practice of Econometrics* (2nd ed.). John-Wiley & Sons, Inc.

Lewis-Beck, M. (1989). *Applied Regression: An Introduction.* Newbuty Park, CA: Sage Publications Inc.

Schroder, L., Sjoquist, D., & Stephen, P. (1985). *Understanding Regression Analysis.* Newbury Park, CA: Sage Publications Inc.

http://www.ats.ucla.edu/stat/mult_pkg/fag/general/citingats.htm

| 연습문제 |

01 단순회귀분석과 상관분석을 비교하여 설명하십시오.

02 회귀분석에서는 '최소제곱추정법에 의해 추정된 회귀계수를 모회귀계수에 대한 최적추정량'이라고 한다. 이 말이 의미하는 바를 설명하십시오.

03 다음 자료를 이용하여 확률변수 X와 Y를 각각 독립변수와 종속변수로 갖는 회귀식을 추정하십시오(5가지 Gauss-Markov 조건은 모두 만족된다고 가정할 것).

Y	X	Y	X	Y	X	Y	X
56	163	54	148	48	150	83	180
48	159	60	172	51	149	59	150
63	170	63	169	53	147	82	182
77	175	68	168	66	173	73	174
71	166	55	170	75	168	64	160

04 위의 3번 문제에서 모회귀계수 β_1에 대한 추정량 b_1이 0과 다른 지의 여부를 유의수준 .05에서 검정하십시오.

05 위의 3번 문제에서 추정한 회귀식이 두 변수 X, Y 간의 관계를 설명하는 설명모형으로서 적합한 지의 여부를 유의수준 .05에서 검정하십시오.

06 위의 3번 문제에서 추정한 회귀식이 어느 정도의 설명력을 갖는지 밝히십시오.

07 공공부조수급가구 가운데 $n = 30$ 가구를 표본으로 뽑아 가구원의 교육년수 X와 월가구소득 Y에 관한 다음과 같은 자료를 얻었다. 이 자료를 이용하여 위의 3~6번 문제에 답하십시오(5가지 Gauss-Markov 조건은 만족된다고 가정할 것).

X	Y	X	Y	X	Y
42	134	10	56	46	129
49	167	28	90	24	70
19	56	24	65	40	116
19	67	18	73	45	100
26	77	14	67	23	54
29	98	9	48	40	234
12	63	39	104	31	97
34	96	13	75	28	95
6	46	20	47	58	189
33	83	32	88	26	79

11

다중회귀분석

단순회귀분석의 원리와 방법에 대한 이해를 바탕으로 이번에는 한 개의 종속변수와 $k \geq 2$ 개의 독립변수 간의 관계를 분석하는 다중회귀분석에 대해서 알아보기로 하자. 본격적인 설명에 앞서 먼저 한 가지 밝혀 두어야 할 것은 다중회귀분석은 일반적으로 다변량자료분석기법의 원리와 방법을 다루는 중급통계의 영역에 속하는 내용으로서 이 책의 범위를 넘어서는 내용이라는 점이다. 앞서 언급한 바와 같이 다중회귀분석에서는 다수, 즉 $k \geq 2$개의 독립변수가 회귀식에 투입되는데 그렇기 때문에 독립변수의 수가 3개만 되더라도 3차원적 존재인 우리는 그림이라는 매체를 이용하여 다중회귀분석의 원리와 방법을 설명할 수도 이해할 수 없게 된다.

바로 이러한 이유 때문에 다중회귀분석을 포함한 모든 다변량자료분석기법에 관한 설명은 두 가지 매우 극단적으로 달라 보이는 방법을 통해서만 가능하다. 그 두 가지 중 하나는 직관이고 다른 하나는 수학인데, 엄밀하게 말하자면 전자는 후자를 통해 어느 정도의 설명이 뒷받침될 때만 가능하다. 따라서 다변량자료분석기법을 설명할 수 있는 방법은 수학이 유일하다고 말하는 것이 맞으며 좀 더 구체적으로 말하자면 행렬대수(matrix algebra)에 관한 기본적인 수준의 이해가 요구된다.

이 장에서 소개하고자 하는 다중회귀분석은 다변량자료분석기법이며 그렇기 때문에 분석원리를 설명하기 위해서는 행렬대수에 대한 설명이 먼저 필요하다. 그러나 행렬대수는 초급자료분석기법의 원리를 소개하고자 하는 이 책의 범위를 넘어서는 내용인바, 이 책에서는 다중회귀분석기법을 설명하되 '원리'에 대한 설명보다는 구체적인 예를 통해서 *SPSS*를 이용하여 다중회귀분석을 '어떻게' 하는가에 초점을 두고 설명하기로 하겠다. 이 장의 내용 구성이 이 책의 다른 장들과 다른 이유는 바로 이 때문이다.

1. 단순회귀분석과 다중회귀분석의 차이

단순회귀분석을 설명하자면 언급했던 바와 같이 회귀분석을 통해 종속변수와 독립변수 간의 선형관계를 나타내는 회귀식을 이용하여 독립변수의 변량에 관한 정보를 바탕으로 종속변수의 변량을 설명 또는 예측할 수 있게 된다. 이러한 맥락에서 다중회귀분석을 정의하자면, 다수, 즉 $k \geq 2$개 이상의 독립변수들의 변량에 관한 정보를 바탕으로 종속변수의 변량을 설명 또는 예측하기 위한 분석이라고 할 수 있다.

그렇다면 종속변수의 변량(이하, 종속변수)을 설명 또는 예측하고자 할 때 왜 한 개의 독립변수가 아니라 다수의 독립변수를 사용하는가? 질문에 대한 답은 매우 간단하고도 명료하다. 종속변수를 설명 또는 예측하고자 할 때 다수의 독립변수를 사용하는 것이 단 한 개의 독립변수를 사용하는 경우 보다 일반적으로 종속변수를 더 잘 설명 또는 예측할 수 있기 때문이다. 제10장에서 교육연수를 바탕으로 임금을 예측하기 위해서 단순회귀분석을 실시했고, 그 결과 다음과 같은

$$\widehat{\text{임금}} = 6.475(\text{교육연수}) + 15, \quad \text{수정 } R \text{ 제곱} = .802$$

결과를 얻었던 것을 기억해 보자. 이 회귀식의 종속변수에 대한 설명력은 80.2%이다. 다시 말하면, 교육연수와 임금 간의 관계를 나타내는 위의 선형회귀식을 바탕으로 임금을 설명하고자 하면 19.8%의 설명되지 않는 잔차(residual)를 갖게 된다는 것이다. 사회과학에서 이 정도의 설명력은 매우 높은 수준이지만 연구자의 입장에서는 종속변수의 변량 중 19.8%를 설명하지 못한다는 사실이 아쉬울 수도 있다.

그런데 이 잔차는 왜 발생한 것인가? 가장 주된 원인 중 하나는 종속변수를 단 한 개 독립변수만으로 예측 또는 설명하려고 했던 것에 있다. 조금만 생각해 보면 당연하다고 느껴지겠지만 인적자본이론이 현실을 설명하는데 있어서 아무리 좋은 이론일지라도 임금에 영향을 미칠 수 있는 요인은 교육수준 하나만이 결코 아니다. 즉, 임금은 (아마도 사회과학의 연구대상이 되는 모든 실재가 그러하듯이) 단일요인에 의해서 결정되는 단순한 실재(또는 개념)가 아니라 여러 가지 요인들에 의해서 결정되는 복합적 실재라는 것이다. 따라서 임금을 단 한 개 독립변수로 예측 및 설명하고자 할 때 우리는 종속변수의 총변량 중 교육수준에 의해서가 아니라 다른 요인에 의해서 결정되는 변량은 설명할 수 없으며 그렇기 때문에 잔차가 발생할 수밖에 없다.

따라서 임금을 단일 독립변수에 관한 정보를 바탕으로 예측 및 설명하기보다는 다수의 독립변수로 예측 및 설명하고자 하는 것이 복합적인 실재를 이해하고자 하는 보다 현실적인 접근이

라고 할 수 있다. 그리고 이 '현실적인 접근'은 연구자에게 '더 적은 잔차'라는 혜택을 가져다 준다. 바로 이것이 다중회귀분석을 하는 이유이며 동시에 모든 다변량분석기법, 즉 다수의 독립변수를 바탕으로 실재를 예측 및 설명하기 위해 자료를 분석하는 이유이기도 하다.[1)]

2. 다중회귀분석에 앞서 점검해야 할 사항

두 개 이상의 독립변수가 회귀식에 투입되는 다중회귀분석부터는 분석에 앞서 점검해야 할 사항들이 적지 않게 있다. 물론 이 점검과정을 모두 생략하더라도 분석을 하는 데는 전혀 지장이 없기 때문에 많은 연구자들이 이 점검과정을 건너뛰고 바로 분석으로 가 버리는 것이 부인할 수 없는 현실이다. 그런데 문제는 그런 분석을 통해 얻은 결과가 의미하는 바를 신뢰할 수 없다는 데 있다. 때로는 '해야만 하는 것은 그냥 하는 수밖에 없다'는 말을 믿고 하다 보면 언젠가 지식이 쌓여 '그래서 그렇게 해야 하는 것이로군'이라는 깨달음을 얻게 될 것인바, 이 책에서는 일단 다음과 같은 사항들을 꼭 점검할 것을 당부하면서 논의를 진행하기로 하겠다.

1) 회귀식에 투입할 독립변수의 수는 분석사례 수를 고려하여 결정해야 한다

경험이 많지 않은 연구자들은 회귀식에 가능한 한 많은 독립변수들을 투입하려는 경향을 보인다. 아마도 이는 독립변수의 수가 증가하면 회귀식의 설명력이 증가하기 때문에 회귀식의 설명력을 높이려는 생각에서 비롯된 것 같다.

그러나 얻는 것이 있으면 반드시 잃는 것이 있게 마련인데 독립변수의 수가 증가하면 설명력은 증가하지만 추정해야 하는 독립변수의 회귀계수 개수가 증가하기 때문에 회귀계수 추정은 부정확해지는 문제가 발생한다. 또한 회귀분석은 독립변수의 수에 매우 민감하기 때문에 독립변수의 수가 증가하면 과추정(Over Estimation)이라는 문제가 발생한다.

만일 독립변수의 수가 많을수록 좋은 것이 아니라면 도대체 몇 개의 독립변수를 회귀식에 포함시키는 것이 바람직한지 어떻게 판단하는가? 독립변수의 수를 정할 때는 반드시 분석사례수를 고려하여 정하는 것이 바람직하다. 다음과 같은 공식이 독립변수의 적정 수를 가늠하는 데 도움을 줄 수 있다.

$$\frac{1(\text{독립변수 수})}{20(\text{분석사례 수})} \text{ 또는 } \frac{1(\text{독립변수 수})}{10(\text{분석사례 수})}$$

1) 아울러 이 책에서 다루는 모든 내용은 경험주의적 인식론에 입각하여 사회복지학을 연구하고자 하는 모든 연구자가 궁극적으로는 접하게 될 다변량분석기법들을 이해하는 데 기초가 되는 지식임을 이 기회를 빌려 말해 두고자 한다.

예를 들어, 100명을 대상으로 조사를 실시하여 얻은 자료를 가지고 있다면 분석사례 수는 $n=100$이고, 그 경우 회귀분석에 투입할 수 있는 독립변수의 수는 최소 5개에서 최대 10개가 된다.

2) 종속변수와 독립변수에 대한 빈도분석을 실시하여 변수들의 특성을 이해한다

회귀분석과 관련하여 연구자들이 종종 간과하는 것 중 하나는 분석자료에 결측값이 있을 때 그러한 사실이 회귀분석에 상당한 영향을 미친다는 사실이다. 그렇다면 결측값은 회귀분석에 어떤 영향을 미치는가? 우리는 이미 제3장에서 *SPSS*를 이용한 '변수변환'에 대해 살펴보면서 결측값이 어떤 영향을 미칠 수 있는지 살펴본 바 있다.

예를 들어서, [그림 11-1]처럼 10개 사례를 10개 변수에 대해서 조사하여 크기가 10×10인 분석자료를 얻었다고 가정해 보자. 이때, 만일 각각의 사례가 서로 다른 변수에 대해서 한 번씩 응답하지 않아 각 사례가 서로 다른 변수에 대해서 하나씩의 결측값을 가지고 있다면 10개 사례 중 실제로 분석에 사용할 수 있는 사례는 과연 몇 개나 될까? 데이터 CD에서 'C11-다중회귀-결측값'을 열어 보자.

〈표 11-1〉

사례 ID	결측값이 있는 독립변수	사례 ID	결측값이 있는 독립변수
A	1번 독립변수	F	6번 독립변수
B	2번 독립변수	G	7번 독립변수
C	3번 독립변수	H	8번 독립변수
D	4번 독립변수	I	9번 독립변수
E	5번 독립변수	J	10번 독립변수

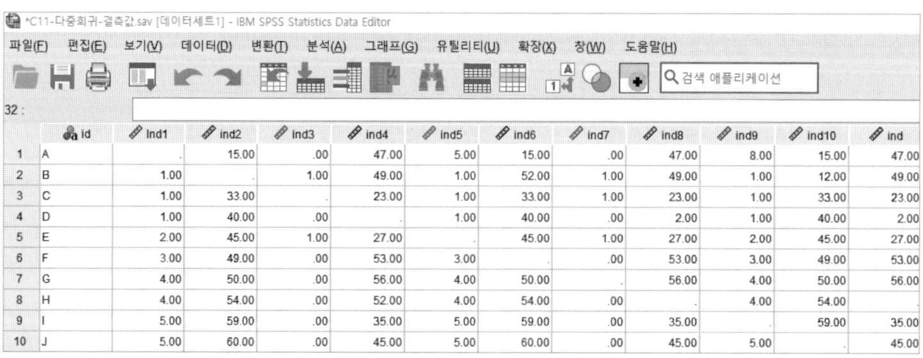

	id	ind1	ind2	ind3	ind4	ind5	ind6	ind7	ind8	ind9	ind10	ind
1	A	.	15.00	.00	47.00	5.00	15.00	.00	47.00	8.00	15.00	47.00
2	B	1.00	.	1.00	49.00	1.00	52.00	1.00	49.00	1.00	12.00	49.00
3	C	1.00	33.00	.	23.00	1.00	33.00	1.00	23.00	1.00	33.00	23.00
4	D	1.00	40.00	.00	.	1.00	40.00	.00	2.00	1.00	40.00	2.00
5	E	2.00	45.00	1.00	27.00	.	45.00	1.00	27.00	2.00	45.00	27.00
6	F	3.00	49.00	.00	53.00	3.00	.	.00	53.00	3.00	49.00	53.00
7	G	4.00	50.00	.00	56.00	4.00	50.00	.	56.00	4.00	50.00	56.00
8	H	4.00	54.00	.00	52.00	4.00	54.00	.00	.	4.00	54.00	.
9	I	5.00	59.00	.00	35.00	5.00	59.00	.00	35.00	.	59.00	35.00
10	J	5.00	60.00	.00	45.00	5.00	60.00	.00	45.00	5.00	.	45.00

[그림 11-1]

이 질문에 대한 답은 '하나도 없다'이다. 실제로 위의 자료를 분석자료로 사용하여 다중회귀분석을 실시하면 *SPSS*는 유효사례가 하나도 없어 회귀분석을 할 수 없다는 다음과 같은 경고 메시지를 보여 준다.

경고

종속변수 ind을(를) 포함하는 모형에 대한 유효한 케이스가 없습니다.

통계량은 계산될 수 없습니다. 유효한 케이스가 없습니다. 방정식은 작성되지 않습니다.

[그림 11-2]

이처럼 결측값은, 최악의 경우 어렵게 조사를 통해 얻은 귀중한 자료를 하나도 사용할 수 없는 상황을 초래할 수도 있다. 위와 같은 최악의 상황은 아니더라도 분석자료에 결측값이 존재하면 적어도 일부 사례는 분석에서 제외되며 그 결과 연구자는 계획했던 것보다 적은 양의 자료(즉, 정보)만을 가지고 회귀식을 추정해야 하므로 추정의 정확성이 낮아지게 된다.

이러한 이유 때문에 연구자는 가능한 한 결측값을 줄여야만 한다. 결측값은 주로 조사과정에서 발생하지만 자료입력이 잘못되어 발생할 수도 있다. 따라서 애초부터 독립변수에 결측값이 존재하는 것인지 아니면 자료입력이 잘못되어 결측값이 존재하는지 여부를 알아보기 위해 회귀분석에 앞서 반드시 각 변수에 대해서 기술통계분석을 실시해야 봐야 한다. 데이터 CD에서 'C11-다중회귀-이상값' 파일을 불러온다.

특히 연구자는 빈도분석 결과 중 빈도표를 통해서 무응답이 존재하는지 여부에 주목해야 한다. 빈도분석은 제2장에서 보았던 데이터 편집기에서 최상위 메뉴에서 분석(Analysis), 기술통계(Descriptive Statistics), 빈도분석(Frequencies)을 선택한 다음, 제시된 통계량(Statistics) 중에서 필요한 통계량을 선택하면 된다.

[그림 11-3]

〈표 11-2〉

통계량

		교육연수	임금
N	유효	30	30
	결측	0	0
최소값		00	15.00
최대값		12.00	172.00

〈표 11-3〉

교육연수

		빈도	퍼센트	유효 퍼센트	누적퍼센트
유효	.00	2	6.7	6.7	6.7
	1.00	2	6.7	6.7	13.3
	2.00	1	3.3	3.3	16.7
	3.00	1	3.3	3.3	20.0
	4.00	2	6.7	6.7	26.7
	5.00	1	3.3	3.3	30.0
	6.00	4	13.3	13.3	43.3
	7.00	2	6.7	6.7	50.0
	8.00	1	3.3	3.3	53.3
	9.00	5	16.7	16.7	70.0
	10.00	3	10.0	10.0	80.0
	11.00	2	6.7	6.7	86.7
	12.00	4	13.3	13.3	100.0
	합계	30	100.0	100.0	

아울러 〈표 11-2〉에 제시된 것처럼 각 변수의 빈도분석 결과 중 최소값(Minimum)과 최대값(Maximum)을 눈여겨보면서 자료입력 오류를 의심케 하는 이상값(outlier)이 존재하지는 않는지 살펴봐야 한다. 연구자는 각 설문문항별 응답범주의 범위를 고려해 볼 때 '논리적으로 나올 수 없는 값', 즉 응답범주의 범위를 벗어나는 아주 작거나 아주 큰 값이 최소값 또는 최대값으로 나와 있지는 않은지 등을 꼼꼼히 살펴봐야 한다. 만일 그런 값이 있다면 그런 값은 대부분 코딩이나 자료입력 오류로 인해 발생한 이상값일 가능성이 높으므로 반드시 확인해 봐야 한다.

결측값이 발견될 경우, 연구자는 결측값이 진짜 무응답 때문에 발생했는지 아니면 코딩이나 자료입력 오류로 인해 발생했는지 여부를 확인해야 한다. 만일 무응답이 있는 변수가 명목변수라면 결측값이 진짜 무응답인지 아니면 오류로 인해 발생한 것인지 여부를 확인할 수 있는 방법은 없다. 이와 달리 비율변수에 결측값이 있는 경우라면 이 장의 뒷부분에 제시된 '결측값 보정방법'을 사용하여 문제를 부분적으로나마 해결할 수 있다. 코딩 오류나 자료입력 오류로 인한 결측값은 대개의 경우 최소값 및 최대값 점검을 통해 발견할 수 있다. 이 경우, 연구자는 결측값 발생사례에 해당하는 조사도구와 입력된 자료를 대조하여 확인해야 한다.

[그림 11-4]

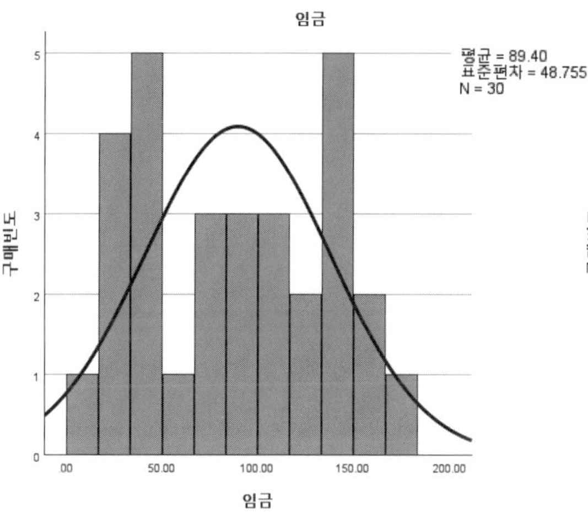

[그림 11-5]

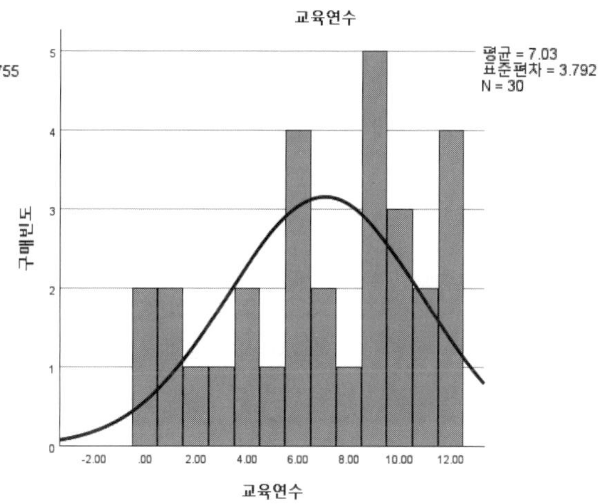

[그림 11-6]

빈도분석을 통해 연구자가 확인해야 하는 또 한 가지는 분석에 사용하고자 하는 변수(이하, 분석변수)의 정규성이다. 이제까지 여러 차례에 걸쳐 강조했듯이 정규성은 회귀분석의 기본 가정 중 하나이다. 따라서 분석변수가 비율변수라면 반드시 정규 여부를 확인해야 한다.

분석변수의 정규성 확인은 제10장에서 배운 바와 같이 빈도분석(Frequencies)에서 차트(Charts)를 선택하고 히스토그램(Histograms)과 정규곡선(Normal Curve)을 선택함으로써 할 수 있다.

위의 [그림 11-5]와 [그림 11-6]을 보면 '임금'과 '교육연수'의 히스토그램을 통해 정규성이 충족되는지를 살펴볼 수 있다. 분석변수가 정규성 조건을 충족시키지 못한다면 연구자는 제9장과 제10장에서 배운 자료변환(Transform) 방법을 사용하여 분석변수가 가능한 한 정규성을 갖도록 자료를 변환해야 한다.

3) 독립변수 중 명목변수가 있을 경우 명목변수를 더미변수화한다

다중회귀분석에 투입할 독립변수들 중 명목변수가 포함되어 있을 경우, 연구자는 명목변수를 반드시 더미변수(dummy variable)로 만들어 회귀식에 투입해야 한다. 다음과 같은 예를 통해서 더미변수가 무엇인지 그리고 왜 더미변수를 만들어야 하는지 이해해 보기로 하자.

근로빈곤층의 소득수준을 예측할 수 있는 요인이 근로자의 '연령' '학력' '가구원수' 및 '고용상태'라는 선행연구결과를 접하게 된 어떤 연구자가 선행연구결과의 타당성을 확인해 보기 위해 근로빈곤층에 관한 자료를 수집하여 다중회귀분석을 실시해 보고자 시도한다고 가정해 보자. 자료를 수집한 연구자는 독립변수들 중 연령, 학력 및 가구원수 변수는 비율변수이므로 회귀분석에 투입하는 데 문제가 없으나 다음과 같은 문항으로 조사된 '고용형태'는

Q1. 귀하의 현재 고용상태는 다음 중 어느 것입니까?

1) 상용직　　2) 임시직　　3) 일용직

명목변수이므로 이 변수를 회귀분석에 어떻게 투입해야 할지 고민에 빠지게 되었다.

만일 이 변수의 변수값을 있는 그대로, 즉 표본자료를 만들 때 입력한 값인 '1' '2' '3'을 회귀식에 투입하면 연구자는 다음과 같은 두 가지 상황 중 어느 한 가지 상황에 처하게 된다.

- *SPSS*에 '고용형태'의 변수유형을 이미 명목변수로 지정해 줬다면 '고용형태'를 독립변수로 사용하여 회귀분석을 하라는 명령을 내리면 *SPSS*는 '독립변수 중에 명목변수가 있다'라는 오류 메시지를 내보면서 회귀분석을 중단한다.
- '고용형태'를 명목변수로 지정하지 않았다면 *SPSS*는 '고용형태'의 변수값을 수량적인 값으로 인식하고 회귀분석을 실시하여 '고용형태'가 소득에 미치는 영향을 나타내는 회귀계수를 추정한다.

이 두 가지 경우 중 문제가 되는 것은 두 번째 경우이다. *SPSS*가 '고용형태'를 비율변수로 여기면 어떤 사례를 다른 사례와 단순히 구분하는 기능밖에 없는 변수값 1= '상용직', 2 = '임시직', 3 = '일용직'을 마치 수량적 의미를 가진 값인 것처럼 인식하고 회귀계수를 추정하게 된다. 그리고 연구자는 그 회귀계수의 의미를 '고용형태가 증가하거나 감소하면 소득이 증가하거나 감소한다'라는 식으로 해석하는 오류를 범하게 된다. 과연 고용형태가 증가하거나 감소한다는 것이 무엇을 의미하는 것인가?

제1장에서 배웠듯이 명목변수나 서열변수의 변수값은 비록 숫자의 형태를 띠고 있더라도 수량적인 의미를 갖는 값이 아니다. '상용직'이 '1'이고 '임시직'이 '2'라고 해서 고용형태가 상용직인 사람이 임시직인 사람에 비해 고용형태라는 속성을 1단위 더 가진 것은 결코 아님에도 불구하고 고용형태라는 명목변수의 변수값을 그대로 회귀분석에 사용하면 바로 그런 오류를 범하게 되는 것이다.

이러한 이유 때문에 연구자는 '고용형태'의 변수값에 담겨 있는 정보를 다중회귀분석에 이용하고자 할 때 명목변수 그 자체를 회귀식에 투입해서는 안 된다. 그 대신 '어떤 사례의 고용형태가 무엇이다'라는 정보를 표현할 수 있는 새로운 변수를 만들어 회귀식에 투입해야 한다. 이러한 목적에서 연구자는 '0'과 '1'이라는 단 두 개의 값을 변수값으로 갖는 일종의 가짜변수를 만들게 되는데 그러한 변수를 가리켜 더미변수(dummy variable)라고 한다. 위의 경우, '고용형태'를 대신하기 위해 연구자는 다음과 같은 세 개의 더미변수를 만들어야 한다.[2)]

〈표 11-4〉

변수명	변수명 설명	변수값
상용직여부	고용형태가 상용직인지 여부	1=상용직, 0=상용직 아님
임시직여부	고용형태가 임시직인지 여부	1=임시직, 0=임시직 아님
일용직여부	고용형태가 일용직인지 여부	1=일용직, 0=일용직 아님

사회과학에서 가장 많이 쓰이는 명목변수 중 하나는 '성별'이다. 만일 '성별'을 회귀식에 투입하기 위해 더미변수를 만든다면 '성별'은 남성 또는 여성이라는 두 개의 변수값을 가지므로 다음과 같은 두 개의 더미변수를 만들어야 한다.

〈표 11-5〉

변수명	변수명 설명	변수값
남성여부	성별이 남성인지 여부	1=남성, 0=남성 아님
여성여부	성별이 여성인지 여부	1=남성, 0=여성 아님

또 다른 예로서 '학력'이라는 명목변수가 '무학' '초등학교' '중학교' '고등학교 이상'을 변수값으로 갖는다면 이 변수를 회귀식에 투입하기 위해서 연구자는 다음과 같은 네 개의 더미변수(dummy variable)

2) 더미변수의 변수명을 반드시 〈표 11-4〉처럼 만들어야 하는 것은 아니다. 다만, 본 저자들의 경험에 비춰 볼 때 변수명은 그 변수가 무엇인지 한눈에 알아볼 수 있게 짓는 것이 중요하며 그렇기 때문에 '~여부'라는 식으로 변수명을 만드는 것이 바람직하다. 특히 만들어야 하는 더미변수의 수가 많으면 많을수록 변수명은 단순하면서도 분명하게 만드는 것이 중요하다.

무학 여부 : 1 = 무학, 0 = 무학 아님

초졸 여부 : 1 = 초등학교 졸업, 0 = 초등학교 졸업 아님

중졸 여부 : 1 = 중학교 졸업, 0 = 중학교 졸업 아님

고졸 이상 여부 : 1 = 고등학교 졸업 이상, 0 = 고등학교 졸업 이상 아님

을 만들어야 한다. 이상의 내용을 일반화하면 명목변수가 k개의 변수값을 갖는 변수라면 만들어야하는 더미변수의 개수도 k개가 된다는 것이다.

만든 더미변수를 회귀식에 투입하기 위해서 연구자는 반드시 k개의 더미변수 중 한 개를 선택하여 그 변수를 나머지 $k-1$개 더미변수로 표현해야 한다. 이 내용을 이해하기 위해서는 먼저 중복성이라는 개념을 이해할 필요가 있다. 중복성이란 한 마디로 말해서 불필요한 정보를 제공하는 것이다. 예를 들어서, '남성여부'와 '여성여부'라는 두 더미변수가 있을 때 i번째 사례의 성별을 알고자 한다고 가정해 보자. 연구자는 자신이 가진 두 변수 중 어느 한 변수에 대해서 i번째 사례가 어떤 값을 갖는지만 알면 나머지 한 변수의 값은 알고자 할 필요가 없다. 왜냐하면 '남성여부'의 값이 1이면 '여성여부'의 값은 0일 수밖에 없기 때문이다. 이런 상황에서 i번째 사례의 '남성여부' 변수값을 확인한 다음 구태여 '여성여부'의 변수값까지 확인하는 것은 불필요한 정보를 얻으려는 헛수고가 된다. 따라서 회귀식에 '상용직여부' '임시직여부' '일용직여부'라는 세 개의 더미변수를 모두 투입하는 것은 *SPSS*에 불필요한 정보를 제공하는 것이 된다.

문제는 불필요한 정보제공이 헛수고에서 그치는 것이 아니라 그보다 훨씬 부정적인 결과를 초래한다는 것이다. 그렇다면 불필요한 정보라는 것이 나쁜 것인가? 자료를 분석할 때는 그렇다. 왜냐하면 불필요한 정보를 제공하면 다중공선성이라는 문제가 발생하여 회귀분석이 불가능해지기 때문이다. 다중공선성에 대해서는 이 장의 뒷부분에서 다시 설명하기로 하겠다. 이와 같은 이유에서 명목변수를 더미변수화한 다음 회귀식에 투입할 때는 반드시 $k-1$개 더미변수만을 회귀식에 투입해야 한다.

더미변수 중 한 개를 선택하여 나머지 $k-1$개 더미변수로 표현한다는 것은 다음을 의미한다.

더미변수 중 나머지 더미변수로 표현하고자 하는 변수를 가리켜 기준변수(reference variable)라고 한다. 예를 들어서, '남성여부'와 '여성여부' 중 '남성여부'를 기준변수로 선택한다면 '남성여부'를 다음과 같이 '여성여부'로 표현할 수 있다.

$$\text{남성여부} = (1 - \text{여성여부})$$

동일한 논리에 따라 '고용상태'를 더미변수화한 다음 '상용직여부'를 기준변수로 지정한다면 '상용직여부'는

$$\text{상용직여부} = [1 - (\text{임시직여부} + \text{일용직여부})]$$

로 표현된다. 이처럼 한 개 더미변수를 나머지 변수로 표현하면 더미변수의 $k-1$개수는 개가 된다. 회귀식에 명목변수인 '고용상태'를 투입한다는 것은 바로 이들 $k-1$개 더미변수를 독립변수로 투입하는 것이며 그 결과로서 다음과 같은 회귀식을 얻게 된다.

$$\text{소득} = \beta_0 + \beta_1\text{임시직여부} + \beta_2\text{일용직여부} + \beta_3[1-(\text{임시직여부}+\text{일용직여부})] + \cdots + \varepsilon$$
$$= (\beta_0 + \beta_3) + (\beta_1 - \beta_3)\text{임시직여부} + (\beta_2 - \beta_3)\text{일용직여부} + \cdots + \varepsilon$$

위의 회귀식을 보면 알 수 있듯이 이 기준변수를 나머지 더미변수로 표현하여 회귀식에 투입하면 회귀식에 $k-1$개 더미변수는 남지만 기준변수는 사라진다. 따라서 k개 더미변수 모두에 관한 정보를 제공함으로써 발생하는 '불필요한 정보 제공' 문제를 해결할 수 있다.[3]

이제 명목변수 투입과 관련해서 마지막으로 알아야 할 것은 회귀계수의 의미를 올바르게 해석하는 것이다. 위의 회귀식에서 두 독립변수 '임시직여부'와 '일용직여부'의 회귀계수가 β_1, β_2가 아니라 $(\beta_1-\beta_3)$, $(\beta_2-\beta_3)$라는 사실에 주목해야 한다. 만일 회귀계수가 β_1, β_2라면 두 회귀계수의 의미는

고용형태가 임시직이라는 사실이 소득에 미치는 영향의 정도

고용형태가 일용직이라는 사실이 소득에 미치는 영향의 정도

로 해석하는 것이 타당하다. 그러나 위와 같이 회귀계수가 $(\beta_1-\beta_3)$, $(\beta_2-\beta_3)$일 때는 그 의미를

고용형태가 상용직이 아니라 임시직이라는 사실이 소득에 미치는 영향의 정도

고용형태가 상용직이 아니라 일용직이라는 사실이 소득에 미치는 영향의 정도

와 같이 '기준변수와의 차이' 또는 '비교' 개념으로 해석해야 한다.

이상의 내용에 대한 이해를 바탕으로 이제 *SPSS* 프로그램을 이용하여 명목변수인 '고용형태'를 더미변수화하는 방법을 살펴보기로 하자. [그림 11-7]은 근로빈곤층의 '고용형태'를 다음과 같은 문항으로 물어 얻은 결과를 입력한 표본자료이다. 데이터 CD에서 'C11-다중회귀-명목변수 더미화'를 불러들여 보자.

Q1. 귀하의 현재 고용상태는 다음 중 어느 것에 해당됩니까?

1) 상용직 2) 임시직 3) 일용직

---

3) 아마도 이쯤에서 누군가는 '더미변수의 변수값인 0과 1은 수량적인 값인가?'라는 질문을 할런지도 모른다. 이 질문에 대한 답을 이해하려면 이항변수(binomial variable)를 이해해야 한다. 이항변수는 다음 장에서 자세하게 설명하기로 하겠다.

왼쪽 그림은 '고용형태'의 변수값이 숫자인 1, 2 또는 3으로 입력된 그림이고 오른쪽 그림은 각 변수값의 의미를 문자로 나타낸 그림이다. 숫자 변수값과 문자 변수값의 전환은 *SPSS* 데이터 편집기 창의 맨 윗줄에 제시된 메뉴 아이콘 중 로 한다. 이 아이콘은 토글(toggle) 아이콘으로서 한 번 누르면 문자 변수값을 보여 주고 다시 한 번 누르면 숫자 변수값으로 되돌아간다. 두 그림을 비교해 보면 상용직이 1, 임시직이 2, 일용직이 3으로 정의된 것을 알 수 있다.

	고용형태	변수
1	1.00	
2	2.00	
3	3.00	
4	1.00	
5	2.00	
6	3.00	
7	1.00	
8	2.00	
9	3.00	
10	1.00	

	고용형태	변수
1	상용직	
2	임시직	
3	일용직	
4	상용직	
5	임시직	
6	일용직	
7	상용직	
8	임시직	
9	일용직	
10	상용직	

[그림 11-7]

명목변수를 더미변수화할 때 〈표 11-6〉과 같은 논리표를 만들어 보는 것이 바람직하다. '고용형태'의 경우, 변수값이 세 개밖에 되지 않으므로 표를 만들지 않더라도 몇 개의 더미변수가 필요하고 각 더미변수의 값이 의미하는 바가 무엇인지 쉽게 머릿속에 그려 볼 수 있다. 그러나 다수의 변수값을 갖는 명목변수는(예를 들면, 거주지역 같은) 논리표를 그려서 몇 개의 더미변수가 필요하며 각 더미변수의 '1' 값이 어떤 상황을 나타내는지를 눈으로 보면서 확인하는 과정을 거치는 것이 논리적 오류를 범하지 않을 수 있는 가장 좋은 방법이다.

〈표 11-6〉

	상용직	임시직	일용직	변수명
상용직	1	0	0	상용직여부
임시직	0	1	0	임시직여부
일용직	0	0	1	일용직여부

*SPSS*로 더미변수를 만들려면 *SPSS* 최상위 메뉴에서 '변환(Transform)'을 선택한 다음, 제시된 하위명령 가운데 '다른 변수로 코딩변경(Recode into Different Variable)'을 선택한다.

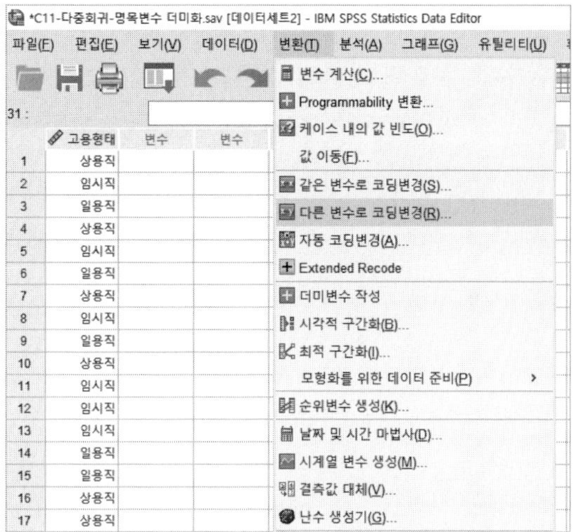

[그림 11-8]

[그림 11-9]가 나타나면 왼쪽의 변수목록에서 '고용형태'를 선택하여 오른쪽의 수량변수(Numeric Variable)로 옮겨 놓는다. 그런 다음, 결과변수(Output Variable)에 만들고자 하는 첫 번째 더미변수의 변수명인 '상용직여부'를 입력하고 변경(Change)을 누른다. 이제 중간 창의

'고용형태 ⇨ ?'가
'고용형태 ⇨ 상용직여부'로 바뀐 것을 확인할 수 있다.

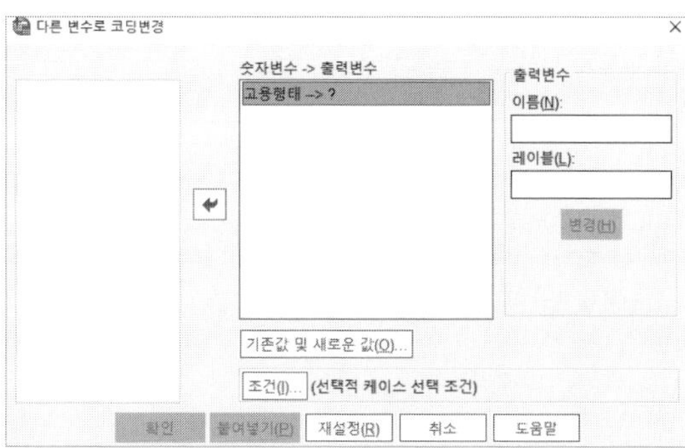

[그림 11-9]

새 변수의 변수명을 정의했으므로 다음은 변수값을 지정해 줘야 한다. 이를 위해서 중간 창 아래 위치한 '기존 값 및 새로운 값(Old and New Values)'을 누른다. [그림 11-9]의 창이 나타나면 기존 값(Old Value) 박스의 첫 번째 옵션을 선택하고 공란에 숫자 '1'을 입력한 다음, 오른쪽에 위치한 새 값(New Value) 박스에 숫자 '1'을 입력한다.

이 명령은 *SPSS*로 하여금 새 변수인 '상용직여부'를 만들되 기존 변수인 '고용형태'에 대해서 '1'을 변수값으로 갖는 모든 사례는 '상용직여부'에서 '1'을 변수값으로 갖게 하라는 명령이

다. 이처럼 기존 변수의 변수값과 새 변수의 변수값을 정의하고 나면 창의 중간쯤에 위치한 '추가'(Add)가 활성화된다. '추가'를 누르면 기존값 → 새로운 값이라는 제목의 박스에 1 → 1이 입력된 것을 확인할 수 있다.

동일한 방식으로 이번에는 기존 변수의 변수값 '2'를 새 변수의 변수값 '0'으로 전환하라는 명령을 내리고 추가(Add)를 누른다. 이어서 기존 변수의 변수값 '3'도 새 변수의 변수값 '0'으로 전환하라는 명령을 내리고 추가(Add)를 누른다. 이 작업을 모두 마치면 [그림 11-11]처럼 Old → New 박스에

$$1 \rightarrow 1,\ 2 \rightarrow 0, 3 \rightarrow 0$$

이 나타난다. 이제 '계속(Continue)'과 '확인(OK)'을 누르면 [그림 11-11]처럼 '고용형태' 옆에 '상용직여부'라는 더미변수가 만들어진다. '고용형태'와 '상용직여부'의 변수값을 비교해 보면 기존 변수의 '1'은 모두 새 변수의 '1'로, 기존 변수의 '2'와 '3'은 새 변수의 '0'으로 전환된 것을 확인할 수 있다.

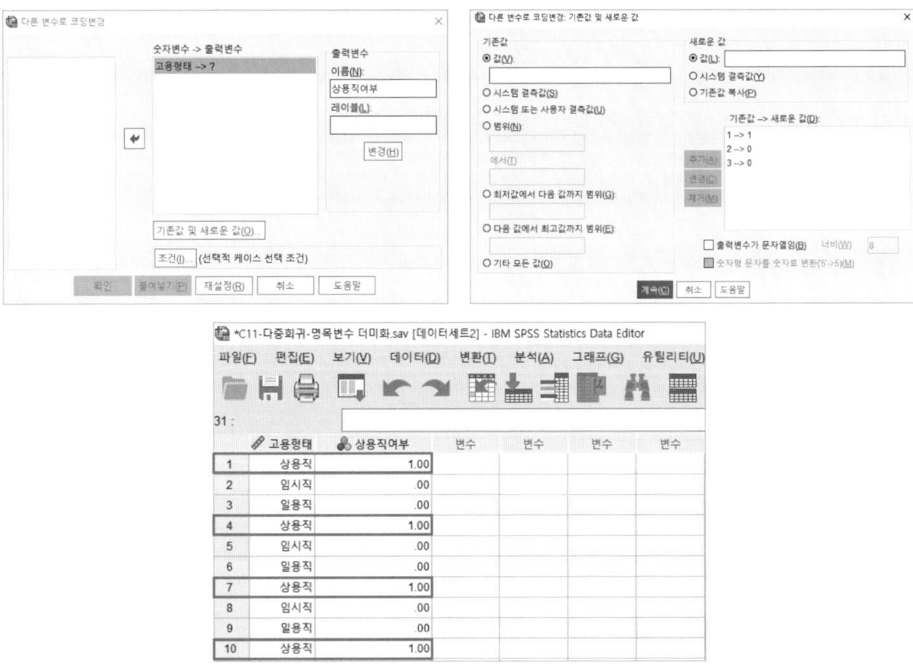

[그림 11-10]

이제 동일한 방법으로 [그림 11-11]과 [그림 11-12]처럼 '임시직여부'와 '일용직여부'를 만든다. 일단 필요한 더미변수를 모두 만들고 나면 k개 더미변수 중 어떤 변수를 기준변수로 삼을 것인지 결정한다. 그런 다음 기준변수를 제외한 나머지 더미변수를 모두 회귀분석에 독립변수

로 투입하면 된다. 이때, 기준변수를 $k-1$개 변수로 표현한 변수는 연구자가 별도로 만들 필요가 없으며 $k-1$개 더미변수만 회귀분석에 투입하면 된다.

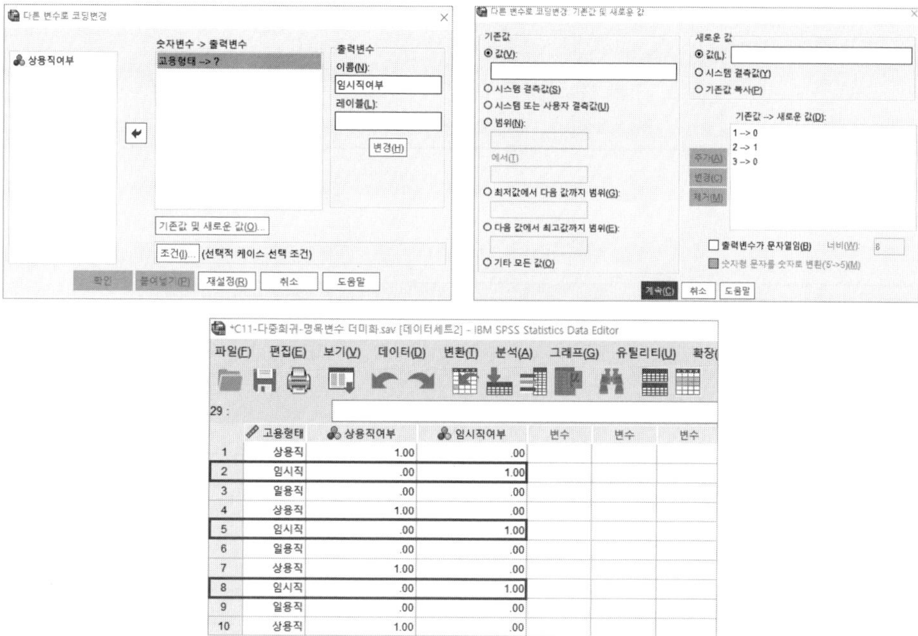

[그림 11-11]

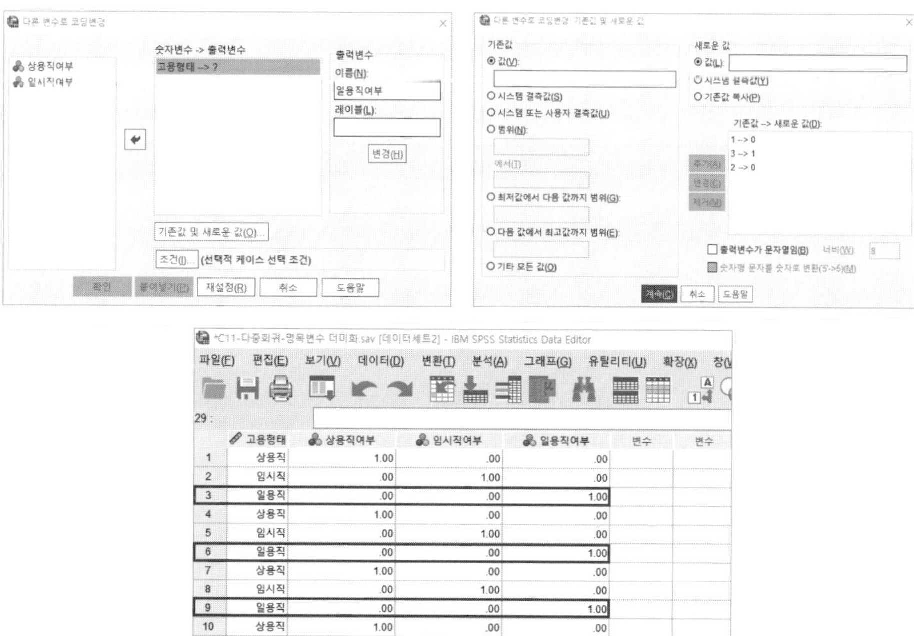

[그림 11-12]

〈표 11-7〉

고용형태

		빈도	퍼센트	유효 퍼센트	누적 퍼센트
유효	상용직	10	33.3	33.3	33.3
	임시직	12	40.0	40.0	73.3
	일용직	8	26.7	26.7	100.0
	합계	30	100.0	100.0	

〈표 11-8〉

상용직여부

		빈도	퍼센트	유효 퍼센트	누적 퍼센트
유효	임시직/일용직	20	66.7	66.7	66.7
	상용직	10	33.3	33.3	100.0
	합계	30	100.0	100.0	

〈표 11-9〉

임시직여부

		빈도	퍼센트	유효 퍼센트	누적 퍼센트
유효	상용직/일용직	18	60.0	60.0	60.0
	임시직	12	40.0	40.0	100.0
	합계	30	100.0	100.0	

〈표 11-10〉

일용직여부

		빈도	퍼센트	유효 퍼센트	누적 퍼센트
유효	상용직/임시직	22	73.3	73.3	73.3
	일용직	8	26.7	26.7	100.0
	합계	30	100.0	100.0	

4) 상관분석을 실시하여 독립변수들 간의 관계를 파악한다

다중회귀분석에 앞서 연구자는 상관분석을 실시하여 회귀식에 투입될 독립변수들 간의 상관을 분석해 봄으로써 독립변수들 간에 어느 정도의 다중공선성이 존재하는지 확인해 봐야 한다.

다중회귀분석은 독립변수에 관한 정보를 바탕으로 종속변수를 예측 및 설명하기 위한 분석 방법이므로 종속변수와 각각의 독립변수 간에 높은 상관이 존재하는 것은 매우 바람직하지만 독립변수들 간의 높은 상관이 존재하는 것은 바람직하지 않다. 독립변수들 간에 지나치게 높은 상관이 존재하는 상황을 가리켜 독립변수들 간에 다중공선성이 존재한다고 한다. 일반적으로 다중공선성은 독립변수들 간에 $r \leq .8$, 즉 .8 이상의 상관이 존재하는 경우를 말한다.

독립변수들 간에 다중공선성이 존재하는 상태에서 회귀분석을 실시하면 다음과 같은 상황들이 발생한다. 따라서 회귀식에 투입하고자 하는 독립변수들 간에 다중공선성이 의심된다면 다중공선성 문제를 해결한 다음 다중회귀분석을 실시해야 한다.

- 하나의 독립변수가 다른 독립변수의 종속변수에 대한 영향력을 흡수하거나
- 실제로는 종속변수에 유의한 수준의 영향을 미치는 독립변수가 마치 아무런 영향을 미치지 않는 변수인 것처럼 변수의 영향력을 왜곡하기도 하고
- 전체 회귀식의 적합도 및 설명력을 왜곡하기도 한다.

다중공선성은 다중회귀분석을 실시하기 전에 상관분석을 통해 사전적으로도 가늠해 볼 수 있지만 회귀분석을 실시하여 얻어지는 분석결과를 통해서 확인해 볼 수도 있다. 후자의 경우, 회귀분석의 결과로서 제시되는 통계량들 중 공차한계(Tolerance)와 분산팽창계수(VIF)라는 두 가지 지수를 판단근거로 이용한다.

- **공차한계**: 0~1값을 가지며 1에 가까울수록 다중공선성이 낮고 0에 가까울수록 다중공선성이 높다는 것을 나타냄
- **분산팽창계수**: 1에 가까울수록 다중공선성이 낮고, 2 이상 되면 다중공선성이 의심되며 10 이상이면 독립변수들 간에 100%에 가까운 다중공선성이 존재한다는 것을 나타냄

공차한계(Tolerance)와 분산팽창계수(VIF)는 역수관계에 있어서 공차한계가 커지면 분산팽창지수는 작아지고, 반대로 공차한계가 작아지면 분산팽창지수는 커진다. 독립변수들 간의 공차한계가 1에 가깝고 분산팽창지수 또한 1에 가깝다면 다중공선성은 그다지 의심할 필요가 없다.

3. 다중회귀분석결과 해석

*SPSS*의 다중회귀분석 명령은 단순회귀분석과 기본적으로 동일하다. 'C11-다중회귀-성별더미화' 자료를 불러들여 다중회귀분석을 실시해 보자. 먼저, 이 자료에 성별이라는 명목변수가 포함되어 있다는 사실에 주목해야 한다. 앞서 우리는 k개 응답범주를 갖는 명목변수를 회귀분석에 투입하려면 응답범주의 개수만큼의 이항변수를 만든 다음 그 중 하나를 제외한 $k-1$개의 이항변수를 회귀분석에 투입해야 한다는 것을 배운 바 있다. 이 자료의 변수들 중

성별은 명목변수이고 두 개 응답범주를 가지므로 이 변수를 회귀분석에 투입하려면 남성여부와 여성여부라는 이항변수를 만들고 두 변수 중 어느 하나를 기준변수로 선택한 다음 나머지 한 변수를 회귀식에 투입해야 한다. 이 예에서는 남성여부를 투입하기로 하여 다중회귀분석을 실시해 보자. [그림 11-13]과 같이 *SPSS*의 데이터 편집기 창에서 분석(Analysis), 회귀분석(Regression), 선형회귀(Linear Regression)를 선택한다.

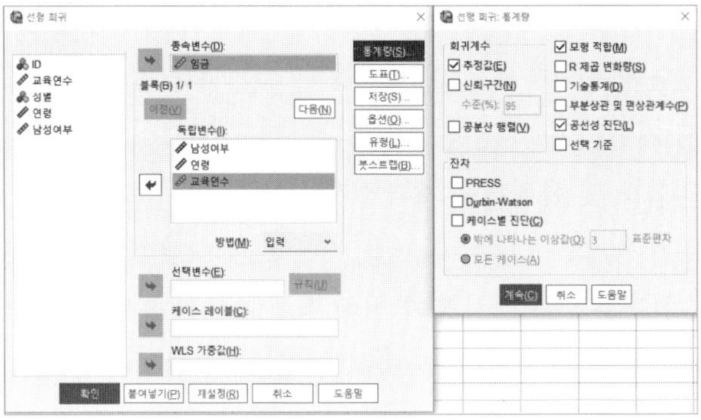

[그림 11-13]

그런 다음, 종속변수(dependent) 박스에 '임금'을 옮겨놓고 독립변수(Independents) 박스에는 '교육연수'를 비롯하여 종속변수에 영향을 미칠 것이라 예상되는 변수들을 옮겨 놓는다. 단, 성별이 임금에 미치는 영향을 알기 위해서는 성별이 아니라 남성여부를 선택해야 한다는 것을 기억해야 한다.

그다음으로는 창의 아래쪽에 위치한 선택박스 중 통계량(Statistics)을 누르면 여러 가지 통계량이 제시되는데 그 중에서 다중공선성 진단(Collinearity diagnostics)을 선택한 다음 다중회귀분석을 실시하면 앞서 소개했던 공차한계와 분산팽창계수가 계산된다. 마지막으로 확인(OK)을 눌러 명령을 실행시킨다.

다중회귀분석의 분석결과는 단순회귀분석의 경우와 마찬가지로 모형요약표, 분산분석표 그리고 회귀계수표가 차례대로 제시된다.

〈표 11-11〉

모형 요약

모형	R	R제곱	수정된 R제곱	추정값의 표준오차
1	.928[a]	.861	.860	17.96096

a. 예측자: (상수), 교육연수, 연령, 남성여부

〈표 11-12〉

ANOVA[a]

모형		제곱합	자유도	평균제곱	F	유의확률
1	회귀모형	949407.422	3	316469.141	981.007	<.001[b]
	잔차	153555.778	476	322.596		
	합계	1102963.200	479			

a. 종속변수: 임금
b. 예측자: (상수), 교육연수, 연령, 남성여부

〈표 11-13〉

계수[a]

모형		비표준화 계수		표준화 계수	t	유의확률	공선성 통계량	
		B	표준오차	베타			공차	VIF
1	(상수)	22.595	3.482		6.490	<.001		
	남성여부	-4.707	1.664	-.049	-2.828	.005	.973	1.027
	연령	-.342	.072	-.081	-4.733	<.001	.994	1.006
	교육연수	11.797	.222	.917	53.029	<.001	.977	1.023

a. 종속변수: 임금

다중회귀분석결과를 연구보고서나 논문에 제시할 때는 일반적으로 이 세 가지 표의 내용을 다음과 같이 하나의 표로 정리하여 제시한다.

〈표 11-14〉

	비표준화 계수		표준화 계수	t
	B	표준오차($s.e.$)	β	
(상수)	22.595	3.482		6.490
남성여부(여성)	-4.707	1.664	-.049	-2.828*
연령	-.342	.072	-.081	-4.733***
교육연수	11.797	.222	.917	53.029***
F	981.007***			
Adj. R^2	.860			

* $p<.05$ ** $p<.01$ *** $p<.001$

단순회귀분석과 마찬가지로 다중회귀분석의 결과 중에서 가장 먼저 확인해야 할 것은 회귀모형의 적합성 여부이다. 분산분석표에 따르면, F값은 981.007로서 유의수준 .001에서 통계적 유의성을 갖는 것으로 나타나 있다. 따라서 추정한 회귀모형이 세 가지 독립변수 '남성여부',

'연령' 및 '교육연수'와 종속변수인 '임금' 간의 관계를 설명하는 데 적합한 모형이라는 결론을 내릴 수 있다.

추정한 회귀모형이 적합한 모형으로 판명되었으므로 그 다음으로는 회귀모형의 설명력이 어느 정도인지 볼 필요가 있다. 모형요약표에 따르면, 추정한 회귀모형의 수정 R제곱값이 .860으로 나타났다. 즉, 회귀식에 투입된 독립변수들이 종속변수인 임금의 변량 중 약 86.0%를 설명할 수 있다는 것을 알 수 있다.

마지막으로, 회귀계수표를 보고 각각의 독립변수들이 종속변수에 대해서 어느 정도의 설명력을 갖는지 비교해 본다. 이때, 다중회귀분석에서 한 가지 주의해야 할 것은 각 독립변수의 회귀계수를 보기 전에 표의 맨 오른쪽 열에 제시된 다중공선성 통계량에 먼저 주목해야 한다는 점이다. 다중공선성 통계량 열(column)에는 앞서 소개한 바 있는 공차한계(Tolerance)와 분산팽창계수(*VIF*)가 독립변수별로 제시되어 있다.

제시된 분석결과의 오른쪽에 보면 공선성통계량(Collinearity Statistics) 값이 제시되었는데, 공차한계(Tolerace)값과 분산의 팽창계수(*VIF*)값을 보면 두 값 모두 다중공선성이 의심되지 않는 수준임을 알 수 있다. 독립변수들 중 '남성여부'의 공차한계 값은 .973으로서 비교적 1에 가깝고 분산팽창계수 값은 다른 독립변수들에 비해 비슷한 1.027으로 나타나 있다. 따라서 '남성여부'와 다른 독립변수들 간의 다중공선성은 우려할 만한 수준이 아님을 알 수 있다. 또한 연령과 교육연수의 경우는 공차한계 값이 각각 .994와 .977로서 1에 가까우며 분산팽창계수는 각각 1.006과 1.023으로 나타나 있다. 이러한 결과로 미루어 볼 때 이 회귀분석 모형에서 다중공선성 문제가 발생하지 않는다는 것을 알 수 있다.

이제 주요 분석결과를 살펴보도록 하자. 먼저 '성별(남성여부)'의 임금에 대한 t값이 −2.828이고 이에 해당하는 p값은 .005로서 95%신뢰수준에서 유의수준(α) 0.05보다 작다. 따라서 우리는 이 두 변수 간에 통계적으로 유의한 수준의 관계가 있으며 남성여부가 임금에 유의한 수준의 영향을 미친다는 것을 알 수 있다.

이제 남성여부에 관한 분석결과의 의미를 해석해 보기로 하자. 이 경우처럼 독립변수를 대신하여 투입한 이항변수에 관한 분석결과를 해석을 할 때 주의를 기울여야 한다. 바로 앞 장에서 회귀분석의 기본 원리를 설명하면서 언급했듯이 회귀분석을 통해 연구자가 알고자 하는 바 중 하나는 회귀분석에 투입된

'독립변수가 1단위 변할 때 종속변수는 어떻게 변하는가?'

이다. 그렇기 때문에 독립변수는 '1단위 증감 또는 변화할 수 있는 것'이어야만 한다. 이 설명이 너무 추상적이라면 증감 또는 변할 수 있는 것이라는 말을 이 예에 적용해 보기로 하자. 연구대상의 성별에 대해서

'남성여부가 1단위 변할 때 임금은 ~만큼 변한다.'

라는 해석이 가능한가? 그렇지 않다. 이제 명목변수인 독립변수를 대신하여 투입한 이항변수에 관한 분석결과를 연령이나 소득 같은 비율변수에 관한 분석결과처럼 쉽게 해석할 수 없다는 말의 의미를 분명하게 이해했으리라 본다.

이 경우는 어떻게 해석해야 하는가? 앞서 우리는 성별을 대신하기 위해 만든 두 이항변수 중 여성여부를 기준변수로 하고 남성여부를 투입하기로 결정했다. 남성여부는 '0'과 '1'값을 가지므로 변화는 0 → 1 또는 0 ← 1만 가능하다. 그런데 여성여부를 기준변수로 택했다는 것은 여성이라는 사실을 기준으로 보는 것이며 남성여부에서 여성은 '0'으로 입력되어 있으므로 남성여부에서 변화는 0 → 1이라고 생각한다. 그러면 남성여부에 관한 분석결과는 다음과 같이 해석할 수 있다.

'성별이 여성(0)에서 남성(1)으로 변할 때 임금은 4.707만 원만큼 감소한다.'

이 해석내용은 이항변수인 독립변수가 변한다는 말의 의미를 이해하는 데는 분명히 도움된다. 그러나 사람의 성별이 변한다는 말이 논리적으로 타당하지 않게 들린다. 따라서 이 경우는

'성별이 여성일 때에 비해 남성일 때 일 임금은 4.707만 원만큼 감소한다.'
'어떤 사람의 성별이 여성이 아니라 남성이라는 사실이 그 사람의 임금을 4.707만 원만큼 감소한다.'

또는

'성별이 임금에 통계적으로 유의한 영향을 미치는 것으로 나타났는데, 구체적으로는 여성의 임금이 남성의 임금보다 더 높은 것으로 나타났다.'

라고 해석하는 것이 더 타당하다.

연령은 비율변수이므로 성별에 비해 분석결과를 해석하기가 훨씬 용이하다. 연령은 $t = -4,733$, $p = .000$ 이므로 임금에 통계적으로 유의한 수준의 영향을 미치는 것을 알 수 있다. 따라서

'연령이 1단위 변할 때 임금은 -.342만 원만큼 변한다.'
'연령이 한 살 증가할 때 임금은 .342만 원 감소한다.'

또는

'연령이 임금에 통계적으로 유의한 영향을 미치는 것으로 나타났는데,
구체적으로는 연령이 증가할 때 임금은 감소하는 것으로 나타났다'

라고 해석할 수 있다.

다중회귀분석의 분석결과 해석과 관련해서 알아 두어야 할 또 한 가지 것은 각각의 독립변수에 관한 분석결과는 해당 독립변수 이외의 다른 모든 독립변수가 종속변수에 미치는 영향을 통제한 상태에서 해당 독립변수가 종속변수에 미치는 영향만을 보여 주는 결과라는 사실이다. 앞서 제10장에서 단순회귀분석의 원리를 설명하면서 독립변수의 회귀계수 B를 추정하는 원리를 설명한 바 있다. 독립변수의 회귀계수 B는 편미분을 통해서 추정되기 때문에 해당 독립변수의 회귀계수를 추정할 때 다른 독립변수들은 고정된 상태가 된다고 설명했던 것을 기억하기 바란다.

독립변수가 단 한 개인 단순회귀분석에서는 이 말이 그다지 큰 의미를 갖지 않지만 독립변수가 k개인 다중회귀분석에서 이 말은 어떤 독립변수의 회귀계수가

'다른 독립변수의 값이 고정된 상태,
다른 독립변수들이 종속변수에 영향을 미치지 않게 고정시킨 상태'

또는

'다른 독립변수들이 종속변수에 미치는 영향을 통제한 상태'

에서 구해진다는 것을 의미한다. 이상의 내용을 비수리적 방법으로 설명하는 데는 분명한 한계가 있지만 그런 설명은 이 책의 범위를 넘어서는 것이므로 여기서는 독자들의 직관에 의존하여

'회귀식에 투입된 독립변수들 중 종속변수에 영향을 미칠 수 있는 독립변수 여러 개 중 각 독립변수 회귀계수는 그 변수만이 종속변수에 미치는 고유한 영향의 정도와 방향을 나타내는 값'

이라는 점을 다시 한번 강조하는 것으로 설명을 마치기로 하겠다.

4. 다중공선성 확인

마지막으로 한 가지 더 논의해야 할 것은 위의 예에서 다중공선성이 의심된다면 어떻게 할 것인가에 관한 것이다. 독립변수들 간에 높은 다중공선성이 존재할 경우 다중회귀분석 자체가 이루어지지 않거나 분석이 이루어지더라도 신뢰할 수 없는 결과를 얻게 되는 경우가 종종 발생한다. 그렇기 때문에 다중회귀분석에서는 일단 분석이 이루어지고 나면 다른 어떤 분석결과보다 다중공선성 통계량에 먼저 주목해야 한다.

위에 제시된 분석결과 중 맨 마지막 분석결과표의 맨 오른쪽 두 개 열에 다중공선성 통계량인 공차한계(Tolerance)와 분산팽창계수(*VIF*)의 값이 독립변수별로 제시되어 있다. 독립변수들 중 남성여부의 공차한계 값은 .973으로서 1에 가깝고 분산팽창계수 값은 다른 독립변수들보다 상대적으로 높은 1.027로 나타나 있다. 따라서 남성여부와 다른 독립변수들 간의 다중공선성은 의심할 만한 수준이 아니라고 판단할 수 있다. 연령과 교육연수의 경우는 공차한계 값이 각각 .994와 .977로서 1에 가까우며 분산팽창계수는 무려 1.006과 1.023인 것으로 나타나 있어 다중공선성을 의심하지 않아도 된다. 그러나 아래의 표의 공차한계와 분산팽창지수를 살펴보자.

〈표 11-15〉

계수[a]

모형		비표준화 계수		표준화 계수	t	유의확률	공선성 통계량	
		B	표준오차	베타			공차	VIF
1	(상수)	22.595	3.482		6.490	<.001		
	남성여부	-4.707	1.664	-.049	-2.828	.005	.854	1.170
	연령	-.342	.072	-.081	-4.733	<.001	.060	16.541
	교육연수	11.797	.222	.917	53.029	<.001	.063	15.967

a. 종속변수: 임금

위에 제시된 분석결과 중 맨 마지막 분석결과표의 맨 오른쪽 두 개 열에 다중공선성 통계량인 공차한계(Tolerance)와 분산팽창계수(*VIF*)의 값이 독립변수별로 제시되어 있다. 독립변수들 중 남성여부의 공차한계 값은 .854로서 1에 가깝고 분산팽창계수 값은 다른 독립변수들에 비해 상대적으로 매우 낮은 1.170로 나타나 있다. 따라서 남성여부와 다른 독립변수들 간의 다중공선성은 의심할 만한 수준이 아니라고 판단할 수 있다. 그런데 이와 달리 연령과 교육연수의 경우는 공차한계 값이 각각 .06과 .063으로서 0에 가까우며 분산팽창계수는 무려 16.541과 15.967인 것으로 나타나 있다. 이러한 결과는 이 두 개 변수로 인하여 회귀모형에 투입된 독립변수들 간에 다중공선성 문제가 존재한다는 것을 말해 준다.

이처럼 독립변수들 간에 다중공선성이 존재하는 경우, 일반적으로 연구자들은 다음과 같은 방법을 통해 문제를 해결하고자 접근한다(Hamilton, 1990).

- 다중공선성의 원인이라고 생각되는 변수를 회귀식에서 제외시킨다.
- 다중공선성 문제를 일으키는, 높은 상관을 갖는 변수들을 조합하여 하나의 지수(index)로 만든 다음 회귀식에 투입한다.
- 표본의 크기를 늘린 다음 다중공선성 문제가 완화 또는 사라지는지 본다.

이 세 가지 방법 각각은 서로 다른 장단점을 가지고 있다. 문제가 되는 변수를 제거하는 방법은 가장 손쉽고 효과적이라는 장점을 가진 방법이다. 그러나 만약 제거해야 하는 변수가 종속변수의 변량을 설명하는 데 매우 중요한 변수라면 이 방법을 사용하여 문제가 되는 변수를 제거할 경우 모형의 적합성이나 설명력은 심각하게 낮아지는 결과가 나타날 수도 있다.

높은 상관을 보이는 다수의 독립변수들을 조합하여 하나의 변수를 만드는 방법은[4)] 첫 번째 방법이 가진 단점을 극복할 수 있다는 점에서 더 효과적인 방법이다. 그러나 문제가 되는 변수들을 논리적으로나 방법론적으로 조합하기 어려운 경우가 많으며 그렇기 때문에 이 방법을 실제로 사용할 때 종종 적지 않은 어려움이 발생하곤 한다. 이런 의미에서 두 번째 방법과 첫 번째 방법은 서로의 장점이 단점이 되고 단점이 장점이 되는 관계에 있다고 볼 수 있다.

마지막으로, 표본의 크기를 늘리는 방법은 가장 바람직한 문제해결 방법이다. 특히 표본의 크기가 충분히 커서 일부 표본만을 사용하여 분석을 시도했을 때 다중공선성 문제를 발견한 경우라면 나머지 표본까지 분석에 포함시킴으로써 문제를 손쉽게 해결할 수 있다. 그런데 자료수집 경험이 있는 연구자라면 누구나 잘 알고 있듯이 표본 중 일부만을 분석에 사용할 만큼 큰 표본을 갖는 경우는 여간해서는 찾아보기 힘들며 표본의 크기를 늘리기 위해서는 추가조사가 불가피하다. 그러나 대부분의 연구가 제한된 시간과 연구비라는 제약하에서 이루어지는 현실을 생각해 보면 추가조사를 실시한다는 것은 결코 쉬운 일이 아니다. 이러한 이유에서 안타깝게도 이 방법은 가장 바람직하지만 동시에 가장 현실성이 낮은 방법이라고 하지 않을 수 없다.

5. 독립변수 투입방법

SPSS 통계 프로그램은 분석목적에 따라 다양한 회귀분석을 할 수 있도록 되어 있다. 이 프로그램에서 제시하고 있는 회귀분석 방법은 전체투입방식(Enter method), 단계적 투입

4) 예를 들면, 문제가 되는 한 변수를 다른 한 변수로 나누어 두 변수의 비율을 구하는 방법이나 다수의 변수들을 조합하여 정준변수(cannonical variable)를 만드는 방법 등이 있다.

방법(Step-wise method), 전진선택방법(Forward selection), 그리고 후진제거방법(Backward elimination)이 있다. 이 방법들의 주요한 차이는 회귀분석을 함에 있어서 독립변수들을 어떤 방식으로 회귀모형에 투입하는가에 따라 제시되는 결과 및 표의 내용들이 달라진다고 할 수 있다. 다음에 제시된 〈표 11-16〉은 각 회귀분석방법이 갖는 주요한 특징들을 정리한 것이다.

〈표 11-16〉 다중회귀분석의 독립변수 투입방법

독립변수 투입방법	설명
전체투입 (Enter method)	• 모든 독립변수를 동시에 회귀분석에 투입하는 방식 • 일반적으로 사용되는 방법 • 독립변수 간의 상호작용을 고려할 수 있음
단계적 투입 (Stepwise method)	• 회귀모형에 독립변수를 순차적으로 추가하여 통계적으로 유의하지 않은 독립변수는 제거하고, 통계적으로 유의한 변수만을 남기는 방법 • 독립변수의 추가 및 제거 과정을 반복하다가 더 이상 추가 및 제거할 변수가 없을 때 분석이 끝남 • 가장 먼저 남는 변수가 모델의 적합도 및 종속변수에 대한 설명력이 매우 높은 변수임
전진선택투입 (Forward selection)	• 독립변수 중 가장 중요하다고 생각되는 변수를 추가하다가, 더 이상 추가할 변수가 없을 때 분석이 끝남 • 한번 선택된 설명변수가 이후 추가된 다른 설명변수에 의해 더 이상 통계적으로 유의하지 않더라도 분석모형에서 제거할 수 없음 • 먼저 선택된 변수와 이후 추가된 변수 간의 상호작용을 고려하지 못함
후진제거투입 (Backward elimination)	• 회귀분석에 모든 독립변수를 투입했다가, 모델설명이 가장 낮은 변수를 하나씩 제거하면서 더 이상 제거할 변수가 없을 때 분석이 끝남 • 한번 선택된 설명변수가 이후 추가된 다른 설명변수에 의해 더 이상 통계적으로 유의하지 않더라도 분석모형에서 제거할 수 없음

출처: 서혜선 외(1999). *SPSS를 활용한 회귀분석*, pp. 61-66.

이 네 가지 변수투입 방법 중 이 책에서는 가장 일반적으로 사용되는 전체투입방법과 단계적 투입방법에 대해서 구체적으로 설명하기로 하겠다.

1) 전체투입(Enter method)

전체투입은 *SPSS*의 회귀분석 명령에서 독립변수를 투입하는 기본 방법으로 설정되어 있는 방법이다. 이 방법은 방법명이 말해 주듯이 종속변수를 예측 또는 설명하기 위해 연구자가 선택한 모든 독립변수를 동시에 회귀분석에 투입하는 방법이다. 다중회귀분석을 실시한 연구들 중 독립변수 투입방법에 대한 구체적인 설명이 없는 거의 모든 연구는 전체투입방법을 사용했다고 봐도 무방할 만큼 이 방법은 일반적으로 사용되는 방법이다. 이 방법의 장점은 어떤 독립변수를 회귀식에 포함시킬지를 전적으로 연구자가 결정할 수 있다는 것이다. 이러한 장점 때문에 이 방법은 연구자가 독립변수와 종속변수 간의 관계에 관한 선행지식이 많지 않아 어떤 독립변수를 회귀식에 투입하고 어떤 변수를 투입하지 말아야 할지에 대한 결정을 내리기 어려울 때 일단 독립변수 모두를 투입하여 회귀모형이 어떻게 나타나는지 보고자 할 때 주로 사용된다. 이 방법은 또한 연구자로 하여금 독립변수들을 곱해 독립변수들 간의 상호작용에 해당하는 새로운 독립변수를 만들어 회귀식에 투입하고 그 변수가 종속변수에 영향을 미치는지 여부를 알아보고자 할 때도 유용하다. 아래 제시된 모형요약, 분산분석, 회귀계수 결과표는 앞서 들었던 예의 분석결과이며 이 결과는 전체투입방법을 사용하여 얻은 회귀분석결과이다.

〈표 11-17〉

모형 요약

모형	R	R제곱	수정된 R제곱	추정값의 표준오차
1	.928[a]	.861	.860	17.96096

a. 예측값: (상수), 교육연수, 연령, 남성여부

〈표 11-18〉

분산분석[a]

모형		제곱합	자유도	평균제곱	F	유의확률
1	회귀모형	949407.422	3	316469.141	981.007	<.001[b]
	잔차	153555.778	476	322.596		
	합계	1102963.200	479			

a. 종속변수: 임금
b. 예측자: (상수), 교육연수, 연령, 남성여부

〈표 11-19〉

계수[a]

모형		비표준화 계수		표준화 계수	t	유의확률	공선성 통계량	
		B	표준오차	베타			공차	VIF
1	(상수)	22.595	3.482		6.490	<.001		
	남성여부	-4.707	1.664	-.049	-2.828	.005	.973	1.027
	연령	-.342	.072	-.081	-4.733	<.001	.994	1.006
	교육연수	11.797	.222	.917	53.029	<.001	.977	1.023

a. 종속변수: 임금

2) 단계적 투입(Stepwise method)

단계적 투입방법은 전체투입 방식 못지않게 많이 사용되는 방법이다. 이 방법은 회귀모형에 독립변수를 하나씩 순차적으로 추가하면서 새로운 독립변수를 투입하여 만들어지는 회귀식의 모형 적합도를 이전 모형의 모형 적합도와 비교하는 과정을 반복하여 회귀모형의 적합도를 가장 높게 만드는 독립변수부터 회귀식에 남기는 방법이다. 회귀식 추정은 독립변수를 추가하고 제거하는 과정을 반복하다가 더 이상 추가하거나 제거할 변수가 없는 상태에 다다르면 종료되는데 이 방법을 사용하여 회귀분석을 할 경우 맨 먼저 남기 시작하는 변수가 모형 적합도 및 종속변수에 대한 설명력이 가장 높은 변수이다.

아래의 분석결과는 임금에 영향을 미칠 것이라고 예상되는 세 변수, 성별, 연령, 교육연수를 단계적 투입방법에 따라 투입하여 얻는 분석결과이다. 이 결과를 전체투입방법을 썼을 때의 분석결과와 비교해 보면 두 분석결과가 다른 것을 쉽게 알 수 있다. 단계적 투입방법의 분석결과는 모형요약, 분산분석, 회귀계수 결과표 모두 모형 1과 모형 2, 모형 3으로 나뉘어 제시되어 있다. 단계별 투입방법에서 모형의 개수는 종속변수에 통계적으로 유의한 수준의 영향을 미치는 독립변수의 개수를 말해 준다. 이 예에서는 모형이 세 개이며 따라서 임금에 통계적으로 유의한 수준의 영향을 미치는 독립변수는 세 개라는 것을 알 수 있다.

모형 1에는 교육연수만이 회귀식에 남아 있다. 이는 연구자가 선택한 세 개의 독립변수 중 가장 먼저 회귀식에 남기 시작한 독립변수가 교육연수이며 그렇기 때문에 교육연수가 가장 중요한 변수라는 것을 말해준다. 즉, 모형 1은 세 개 독립변수 중 교육연수가 임금에 가장 큰 영향을 미치는 변수임을 보여주는 모형이다. 모형 2에는 모형 1에 있었던 교육연수와 함께 남성여부가 회귀식에 투입되어 있는데 이는 남성여부가 교육연수에 이어서 두 번째로 임금에 중요한 영향을 미치는 변수라는 것을 말해 준다. 단계적 투입방법을 사용한 결과, 세 번째로 교육연수, 남성여부, 연령이 모두 포함된 모형이 추정되었는데 이는 교육연수, 남성여부, 연령이 임금에 중요한 영향을 미치는 변수라는 것을 의미한다.

〈표 11-20〉

모형 요약

모형	R	R제곱	수정된 R제곱	추정값의 표준오차
1	.923[a]	.851	.851	18.52485
2	.924[b]	.854	.854	18.35951
3	.928[c]	.861	.860	17.96096

a. 예측자: (상수), 교육연수
b. 예측자: (상수), 교육연수, 남성여부
c. 예측자: (상수), 교육연수, 남성여부, 연령

〈표 11-21〉

분산분석[a]

모형		제곱합	자유도	평균제곱	F	유의확률
1	회귀모형	938927.872	1	938927.872	2736.042	<.001[b]
	잔차	164035.328	478	343.170		
	합계	1102963.200	479			
2	회귀모형	942179.988	2	471089.994	1397.596	<.001[b]
	잔차	160783.212	477	337.072		
	합계	1102963.200	479			
3	회귀모형	949407.422	3	316469.141	981.007	
	잔차	153555.778	476	322.596		
	합계	1102963.200	479			

a. 예측자: (상수), 교육연수
b. 예측자: (상수), 교육연수, 남성여부
c. 예측자: (상수), 교육연수, 남성여부, 연령

〈표 11-22〉

계수[a]

모형		비표준화 계수		표준화 계수	t	유의확률	공선성 통계량	
		B	표준오차	베타			공차	VIF
1	(상수)	5.961	1.805		3.302	.001		
	교육연수	11.863	.227	.923	52.307	<.001	1.000	1.000
2	(상수)	9.185	2.069		4.441	<.001		
	교육연수	11.759	.227	.915	51.745	<.001	.978	1.022
	남성여부	-5.271	1.697	-.055	-3.106	.002	.978	1.022
3	(상수)	22.595	3.482		6.490	<.001		
	교육연수	11.797	.222	.917	53.029	<.001	.977	1.023
	남성여부	-4.707	1.664	-.049	-2.828	.005	.973	1.027
	연령	-.342	.072	-.081	-4.733	<.001	.994	1.006

a. 종속변수: 임금

모형 1과 모형 2의 F값은 각 회귀모형의 적합도를 나타내는 통계값이다. 위의 결과표에서 모형 1과 모형 2의 F값을 비교해 보면 모형 2의 F값이 낮아진 것을 알 수 있다. 이러한 현상이 나타난 이유는 단계적 투입방법에서는 항상 모형 1을 회귀식에 투입했을 때 모형 적합도를 가장 높게 만드는 독립변수로만 만들기 때문이다. 다시 말해서, 남성여부는 교육연수에 비해 상대적으로 모형 적합도에 미치는 영향의 정도가 낮으며 그렇기 때문에 모형 2처럼 남성여부를 교육연수와 함께 회귀식에 남기면 교육연구만 남긴 모형 1보다 모형 적합도가 낮아지게 되는 것이다.

모형 1과 모형 2의 모형 설명력을 비교해 보면 모형 1의 R^2은 .851, 모형 2의 R^2은 .854로서 모형 2의 설명력이 조금 증가한 것을 알 수 있다. 이러한 현상은 남성여부가 모형 2에 투입되면서 종속변수에 대한 설명력이 단 한 개 독립변수만을 사용했을 때보다 높아졌기 때문에 나타난 현상이다. 이때, 제10장에서 설명한 바와 같이 어떤 독립변수이든 회귀식에 추가로 투입하든 모형의 설명력은 증가하기 때문에 모형 2의 설명력이 증가한 것이지 추가로 투입한 변수가 남성여부이기 때문에 설명력이 높아진 것이 아니라는 점을 반드시 이해해야 한다.

〈표 11-23〉 단계적 투입 회귀분석 결과 비교

	F(유의확률)	R^2	B	t(유의확률)
모형 1	2736.042(.000)	.851	교육연수=11.863	52.307(.000)
모형 2	1397.596(.000)	.854	교육연수=11.759 남성여부=−5.271	51.745(.000) −3.106(.002)
모형 3	981.007(.000)	.860	교육연수=11.797 남성여부=−4.707 연령=−.342	53.029(.000) −2.828(.005) −4.733(.000)

6. 다중회귀분석에 앞서 점검해야 할 사항(R)

R에서 기술통계분석을 실시하기 위해서는 summary 함수를 사용할 수 있으며, 빈도분석을 위해서는 table 함수, 상대빈도분석을 위해서는 prop.table 함수를 사용한다. 이를 위해서 먼저 haven 패키지의 read_save 함수를 사용하여 'C11-다중회귀-이상값.sav' 파일을 불러들여 c11_1df 대상에 저장한다. 이어서 다음과 같이 summary 함수와 table 함수, prop.table 함수를 실행한다.

```
library(haven)

c11_1df <- read_sav(file.choose())

summary_data <- summary(c11_1df[, c("교육연수", "임금")])
summary_data

freq <- table(c11_1df$교육연수)
freq
prop.table(freq)
```

[그림 11-14]

summary 함수를 실행하여 저장한 summary_data 대상을 불러오면 [그림 11-15]와 같이 나타난다.

```
   교육연수           임금
Min.   : 0.000   Min.   : 15.00
1st Qu.: 4.250   1st Qu.: 49.25
Median : 7.500   Median : 90.00
Mean   : 7.033   Mean   : 89.40
3rd Qu.:10.000   3rd Qu.:133.00
Max.   :12.000   Max.   :172.00
```

[그림 11-15]

이어서 table 함수를 실행하여 저장한 freq 대상을 불러오면 [그림 11-16]과 같이 나타난다.

```
 0  1  2  3  4  5  6  7  8  9 10 11 12
 2  2  1  1  2  1  4  2  1  5  3  2  4
```

[그림 11-16]

또한 prop.table 함수를 실행하면 [그림 11-17]과 같이 나타난다.

```
         0          1          2          3          4          5
0.06666667 0.06666667 0.03333333 0.03333333 0.06666667 0.03333333
         6          7          8          9         10         11
0.13333333 0.06666667 0.03333333 0.16666667 0.10000000 0.06666667
        12
0.13333333
```

[그림 11-17]

이어서 [그림 11-18]과 같이 ggplot 함수를 사용하면 히스토그램을 그릴 수 있다.

```
library(ggplot2)
ggplot(c11_1df, aes(x = 임금)) +
  geom_histogram(aes(y = ..density..), bins = 20, fill = "lightgrey",
                 color ="black") +
  stat_function(fun = dnorm, args = list(mean = mean(c11_1df$임금),
                sd = sd(c11_1df$임금)), color = "black", size = 1) +
  labs(x = "임금",
       y = "Density")

ggplot(c11_1df, aes(x = 교육연수)) +
  geom_histogram(aes(y = ..density..), bins = 20, fill = "lightgrey",
                 color ="black") +
  stat_function(fun = dnorm, args = list(mean = mean(c11_1df$교육연수),
              sd = sd(c11_1df$교육연수)), color = "black", size = 1) +
  labs(x = "교육연수",
       y = "Density")
```

[그림 11-18]

ggplot 함수를 실행하면 다음과 같은 그래프가 나타난다.

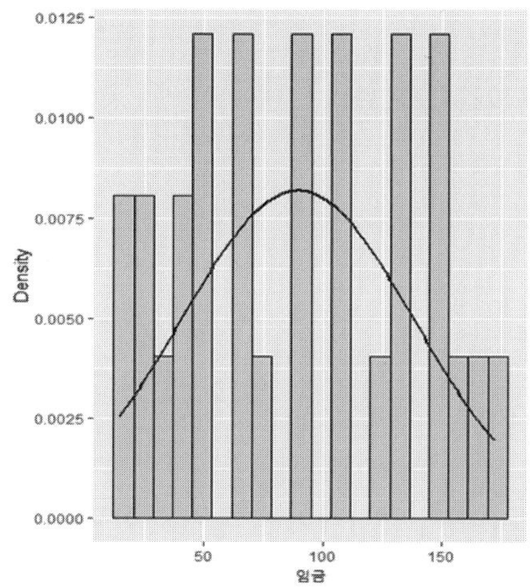

[그림 11-19]

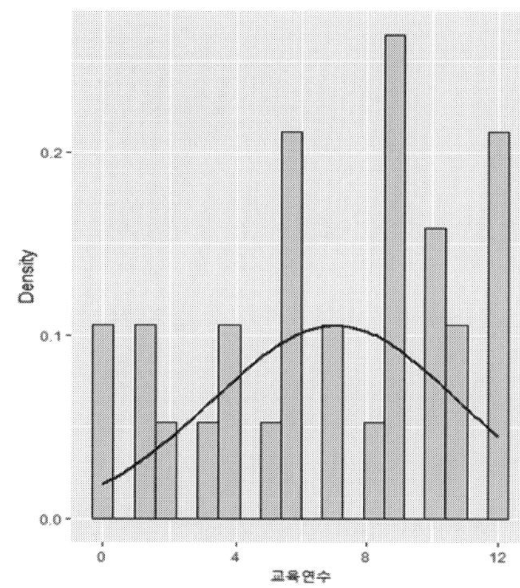

[그림 11-20]

독립변수에 명목변수가 있을 경우 명목변수를 더미화한다. 더미화변수화하는 방법을 살펴보기 위해 haven 패키지의 read_save 함수를 사용하여 'C11-다중회귀-명목변수 더미화.sav' 파일을 불러들여 c11_2df 대상에 저장한다. 이어서 ifelse 함수를 사용하여 고용형태가 '1'일 때 상용직여부가 '1', 고용형태가 '1'이 아닐 때 상용직여부가 '0'이 되도록 한다. ifelse 함수를 다시 사용하여 고용형태가 '2'일 때 임시직여부가 '1', 고용형태가 '2'가 아닐 때 임시직여부가 '0'이 되도록 한다. ifelse 함수에서 첫 번째 옵션은 조건, 두 번째 옵션은 조건에 해당할 때 값, 세 번째 옵션은 조건에 해당하지 않을 때 값이다.

```
library(haven)

c11_2df <- read_sav(file.choose())

c11_2df$상용직여부 <- ifelse(c11_2df$고용형태 == 1, 1, 0)
c11_2df$임시직여부 <- ifelse(c11_2df$고용형태 == 2, 1, 0)
c11_2df$일용직여부 <- ifelse(c11_2df$고용형태 == 3, 1, 0)
```

[그림 11-21]

ifelse 함수를 실행한 후 View 함수를 사용하여 c11_2df 데이터프레임을 보면 [그림 11-22]와 같이 나타난다.

	고용형태	상용직여부	임시직여부	일용직여부
1	1	1	0	0
2	2	0	1	0
3	3	0	0	1
4	1	1	0	0
5	2	0	1	0
6	3	0	0	1
7	1	1	0	0
8	2	0	1	0
9	3	0	0	1
10	1	1	0	0

[그림 11-22]

다음으로 table 함수를 사용하여 고용형태, 상용직여부, 임시직여부, 일용직여부의 빈도분포표를 만든다.

```
table(c11_2df$고용형태)
table(c11_2df$상용직여부)
table(c11_2df$임시직여부)
table(c11_2df$일용직여부)
```

[그림 11-23]

table 함수를 실행한 결과를 제시하면 다음과 같다.

```
 1  2  3
10 12  8
```

[그림 11-24]

```
 0  1
20 10
```

[그림 11-25]

```
 0  1
18 12
```

[그림 11-26]

```
 0  1
22  8
```

[그림 11-27]

7. 다중회귀분석 결과 해석(R)

다음으로 다중회귀분석을 실행하기 위해 haven 패키지의 read_save 함수를 사용하여 'C11-다중회귀-성별더미화.sav' 파일을 불러들여 c11_3df 대상에 저장한다. 이어서 lm 함수를 활용하여 다중회귀분석을 실행하는데, lm 함수에서는 종속변수와 독립변수 사이에 '~' (물결)을 넣고, 독립변수가 두 개 이상일 때는 '+'를 사용하여 독립변수를 추가한다. 그 결과를 result15에 저장하여 summary 함수로 살펴볼 수 있다.

```
library(haven)

c11_3df <- read_sav(file.choose())

result15 <- lm(임금 ~ 교육연수 + 연령 + 남성여부, data = c11_3df)
summary(result15)
```

[그림 11-28]

summary 함수를 실행하면 아래와 같이 회귀계수, R^2, 수정 R^2 결과가 나타난다. 또한 전체 모형에 대한 F 통계값, 자유도 및 p값이 제시된다.

```
Call:
lm(formula = 임금 ~ 교육연수 + 연령 + 남성여부, data = c11_3df)

Residuals:
    Min      1Q  Median      3Q     Max 
-42.088 -10.089  -0.056  11.180  36.795 

Coefficients:
            Estimate Std. Error t value Pr(>|t|)    
(Intercept) 22.59475    3.48152   6.490 2.16e-10 ***
교육연수    11.79691    0.22246  53.029  < 2e-16 ***
연령        -0.34196    0.07225  -4.733 2.92e-06 ***
남성여부    -4.70675    1.66439  -2.828  0.00488 ** 
---
Signif. codes:  0 '***' 0.001 '**' 0.01 '*' 0.05 '.' 0.1 ' ' 1

Residual standard error: 17.96 on 476 degrees of freedom
Multiple R-squared:  0.8608,	Adjusted R-squared:  0.8599 
F-statistic:   981 on 3 and 476 DF,  p-value: < 2.2e-16
```

[그림 11-29]

그런데 lm 함수에서는 요인 변수(factor)의 경우에는 미리 변환하지 않아도 더미변수로 자동으로 변환하여 분석한다. 다만 '1'을 '0'으로, '2'를 '1'로 전환한다. 따라서 남성여부라는 더미변수 대신 아래와 같이 성별이라는 변수를 넣어서 분석해도 상관이 없다.

```
result16 <- lm(임금 ~ 교육연수 + 연령 + 성별, data = c11_3df)
summary(result16)
```

[그림 11-30]

[그림 11-30]처럼 성별 변수를 넣어서 lm 함수를 실행하면 [그림 11-31]과 같은 결과가 나타난다. 모두 동일하지만 남성여부와 성별 회귀계수의 부호가 반대인데, 이는 앞에서 언급한 바와 같이 '0'의 범주가 다르기 때문이며, 여기에서는 남성이 '0'인 기준범주이다. 또한 그에 따라 상수(절편)의 회귀계수도 차이가 있는데, 실질적으로 상수에 대해서는 가설검증을 하지 않기 때문에 전혀 문제가 되지 않는다.

```
Call:
lm(formula = 임금 ~ 교육연수 + 연령 + 성별, data = c11_3df)

Residuals:
    Min      1Q  Median      3Q     Max 
-42.088 -10.089  -0.056  11.180  36.795 

Coefficients:
            Estimate Std. Error t value Pr(>|t|)    
(Intercept) 13.18125    4.22020   3.123  0.00190 ** 
교육연수     11.79691    0.22246  53.029  < 2e-16 ***
연령         -0.34196    0.07225  -4.733 2.92e-06 ***
성별          4.70675    1.66439   2.828  0.00488 ** 
---
Signif. codes:  0 '***' 0.001 '**' 0.01 '*' 0.05 '.' 0.1 ' ' 1

Residual standard error: 17.96 on 476 degrees of freedom
Multiple R-squared:  0.8608,	Adjusted R-squared:  0.8599 
F-statistic:   981 on 3 and 476 DF,  p-value: < 2.2e-16
```

[그림 11-31]

다음으로 olsrr 패키지의 ols_coll_diag 함수를 사용하면 공선성 통계량을 계산할 수 있다.

```
library(olsrr)

ols_vif_tol(result15)
```

[그림 11-32]

위의 R 스크립트를 실행하면 아래와 같이 공차한계값과 분산 팽창계수가 나타난다.

```
Tolerance and Variance Inflation Factor
---------------------------------------
  Variables Tolerance      VIF
1  교육연수 0.9770698 1.023468
2      연령 0.9942325 1.005801
3  남성여부 0.9732964 1.027436
```

[그림 11-33]

참고문헌

Achen, C. (1982). *Interpreting and Using Regression*. Newbury Park, CA: Sage Publications Inc.

Berry, W. (1993). *Understanding Regression Assumptions*. Newbury Park, CA: Sage Publications Inc.

Berry, W., & Feldman, S. (1985). *Multiple Regression in Practice*. Newbury Park, CA: Sage Publications Inc.

Fox, J. (1991). *Regression Diagnostics*. Newbury Park, CA: Sage Publications Inc.

Goldberg, A. (1991). *A Course in Econometrics*. Cambridge, MA: Harverd Univ. Press.

Judge, G., Hill, C., Griffiths, W., Lutkepohl, H., & Lee, T. (1988). *Introduction to the Theory and Practice of Econometrics* (2nd ed.). John-Wiley & Sons, Inc.

Lewis-Beck, M. (1989). *Applied Regression: An Introduction*. Newbuty Park, CA: Sage Publications Inc.

Schroder, L., Sjoquist, D., & Stephen, P. (1985). *Understanding Regression Analysis*. Newbury Park, CA: Sage Publications Inc.

| 연습문제 |

01 다중회귀분석과 단순회귀분석을 비교하여 설명하십시오.

02 다중회귀분석에 앞서 점검해야 할 내용들은 무엇이 있는지 설명하시오.

03 다중공선성의 개념에 대해 설명하고, 독립변수 간 발생하는 다중공선성이 분석결과에 어떤 영향을 미치는지를 설명하시오.

04 다음 자료를 이용하여 확률변수 $X1$과 $X2$, Y를 각각 독립변수와 종속변수로 갖는 회귀식을 추정하십시오(5가지 Gauss-Markov 조건은 모두 만족된다고 가정할 것).

Y	$X1$	$X2$	Y	$X1$	$X2$	Y	$X1$	$X2$	Y	$X1$	$X2$
56	163	26	54	148	29	48	150	34	83	180	75
48	159	34	60	172	30	51	149	55	59	150	64
63	170	29	63	169	53	53	147	34	82	182	98
77	175	27	68	168	64	66	173	68	73	174	78
71	166	28	55	170	29	75	168	78	64	160	36

05 위의 3번 문제에서 종속변수와 독립변수 간의 관계를 설명하는 회귀식이 적합한지를 유의수준 .05에서 검정하십시오.

06 3번 문제에서 독립변수 간에 다중공선성이 발생하는지를 공차한계(Tolerance)와 분산팽창계수(VIF)를 활용하여 설명하십시오.

07 3번 문제에서 추정한 회귀식이 어느 정도의 설명력을 갖는지 밝히십시오.

12

χ^2분포를 이용한 적합성 및 독립성 검정

이제까지 살펴본 모든 검정기법들은 추정하고자 하는 모집단의 모수(parameter)에 관한 가설, 즉 어떤 모수가 특정 값 또는 범위 값을 갖는다는 내용의 가설을 검정하는 기법들이었는데 이처럼 모수에 관한 가설을 검정하는 기법을 가리켜 모수검정기법(parametric test)이라고 한다. 이번 장에서는 χ^2분포를 이용하여 적합성 및 독립성을 검정하는 기법을 살펴보게 될 텐데 χ^2분포를 이용한 적합성 및 독립성 검정은 모수에 관한 가설이 아닌 비모수가설, 즉 가설의 내용이 모수에 관한 내용이 아닌 가설을 검정하는 기법이다. 이처럼 가설의 내용이 모수에 관한 것이 아닌 가설을 비모수가설이라고 하고 비모수가설을 검정하기 위한 검정기법을 가리켜 비모수검정기법(nonparametric test)이라고 한다. 이 장에서 살펴보게 될 χ^2검정은 비모수검정의 대표적인 예라고 할 수 있다.[1] χ^2분포를 이용한 적합성 및 독립성 검정은 모두 비모수가설을 가설로 갖는데, 예를 들자면 적합성 검정의 가설은 표본과 모집단이 부합하는지의 여부를 내용으로 하는 가설이고 독립성 검정에서는 두 변수가 독립인지의 여부를 검정하게 된다.

1. χ^2분포를 이용한 적합성 검정

적합성 검정(goodness-of-fit test)이란 한마디로 말해서 표본을 통해 얻은 모집단에 대한 연구

1) 물론 모수검정과 비모수검정의 구분은 가설의 내용만을 바탕으로 이루어지는 것이 결코 아니다. 엄밀하게 구분하자면, 모수검정이란 검정하고자 하는 모수의 모집단이 정규분포 또는 정규분포와 매우 유사한 확률분포를 따른다는 전제를 필요로 하는 검정을 말하며, 비모수검정이란 그러한 전제를 필요로 하지 않는 검정을 말한다. 모수검정과 비모수검정의 차이에 관해서는 제14장에서 보다 자세하게 논의하기로 하겠다.

자의 이해가 실제 모집단과 부합하는지를 알아보는 검정이라고 정의할 수 있다. 앞서 제10장에서 우리는 표본을 바탕으로 추정한 회귀식이 두 변수 간의 관계에 대한 설명모형으로서 적합한지를 알아보기 위해 F검정을 실시한 바 있었다. 이러한 F검정은 표본을 바탕으로 추정한 두 변수 간의 관계인 회귀식과 두 변수 간의 실제 관계—즉, 두 변수 간에 존재하지만 관찰이 불가능한, 모집단 차원의 관계—가 얼마나 잘 부합하는지(goodness-of-fit test) 알아보기 위한 검정이었던바, 적합성 검정의 좋은 예라고 할 수 있다.

적합성 검정의 가장 대표적인 활용 예는 어떤 이론, 주장 또는 가정이 실제와 부합하는지를 검정하는 것이다. 다음과 같은 예를 통해서 적합성 검정이 이러한 목적을 위해 어떻게 활용되는지를 구체적으로 이해해 보기로 하자. 최근 들어 미시 실천분야에 종사하는 사회복지사들이 사회복지실천과 관련된 다양한 실천이론 가운데 특정 실천이론 A를 지나치게 선호한다는 주장이 제기됨에 따라 이러한 주장이 사실인지를 알아보기 위해서 90명의 사회복지사를 표본으로 뽑아 세 가지 실천이론 A, B, C 가운데 어떤 이론을 가장 선호하는지를 조사한 결과, 〈표 12-1〉과 같은 결과를 얻게 되었다고 가정해 보자.

〈표 12-1〉

A	B	C
관찰값 : 38명	관찰값 : 28명	관찰값 : 24명
기대값 : 30명	기대값 : 30명	기대값 : 30명

〈표 12-1〉에서 관찰값(observed frequency)이란 90명의 표본 가운데 각각의 실천이론을 가장 선호한다고 답한 사회복지사의 수를 말한다.

이때, 만일 위에서 언급한 주장이 사실이라면, 즉 사회복지사들이 실천이론 A를 지나치게 선호하는 경향이 실제로 존재한다면 표본으로 뽑힌 90명의 사회복지사 가운데는 실천이론 A를 가장 선호한다고 답한 사회복지사가 실천이론 B 또는 C를 가장 선호한다고 답한 사회복지사보다 당연히 많은 것이라 기대해 볼 수 있다. 반면에 만일 위의 주장이 사실이 아니라면, 즉 사회복지사들이 실천이론 A를 더 선호하는 경향이 실제로는 존재하지 않는다면 표본 가운데 실천이론 A를 가장 선호한다고 답한 사회복지사의 수가 다른 두 가지 실천이론을 선호한다고 답한 사회복지사의 수보다 더 많아야 할 특별한 근거가 없는바, 이러한 상황에서는 표본 내에 세 가지 실천이론 각각을 선호하는 사회복지사들이 골고루 섞여 있을 것이라고 예상하는 것이 합리적일 것이다.

이러한 두 가지 경우를 생각해 볼 때, '실천이론 A를 더 선호하는 경향이 있다'는 주장이 사실인지의 여부를 확인해 볼 수 있는 방법 가운데 하나는 위에서 설명한 두 가지 경우 중에서 후자의 경우에 해당하는 기대값(expected frequency)을 〈표 12-1〉에 제시된 관찰값과 비교해 보는 것이다. 여기서 말하는 기대값이란 실천이론 A를 선호하는 경향이 존재하지 않을 때 볼 수 있을 것으로 기대되는, 각각의 실천이론을 가장 선호한다고 답한 사회복지사의 수를 말한다. 이에 대해서 좀 더 구체적으로 설명하면 다음과 같다.

앞서 설명한 바와 같이, 만일 사회복지사들이 실천이론 A를 더 선호한다는 주장이 사실이 아니라면 표본의 구성에 대한 가장 합리적인 예상은 각각의 실천이론을 선호하는 사회복지사들이 표본 중에 골고루 섞여 있다고 보는 것이다. 이때, '골고루 섞여 있다'는 말을 달리 표현하면 가장 선호하는 실천이론의 종류를 기준으로 90명의 표본을 분류할 때 90명의 표본 가운데 각각의 이론을 가장 선호한다고 답한 사회복지사의 수가 〈표 12-1〉에 제시된 바와 같이 90명의 1/3에 해당하는 30명씩이 될 것이라는 말과 같다.

이때, 이렇게 구한 '30명'이라는 값은 사회복지사들 사이에 선호경향이 존재하지 않는다는 가정하에서만 구할 수 있는 값임을 알 수 있는데 바로 이러한 값을 가리켜 기대값이라고 한다. 관찰값이 표본에 대한 관찰을 통해서 실제로 구하는 값인 것과 대조적으로 기대값은 어떤 이론, 주장 또는 가정을 근거로 하여 구하게 되는 일종의 이론적인 값이라고 할 수 있다.

이러한 기대값을 관찰값과 비교한 결과, 만일 각각의 실천이론 범주에 해당하는 관찰값과 기대값이 큰 차이를 보인다면 이는 기대값이 실제로는 30명이 아닐 수 있다는 가능성을 의미하는 것이며, 더 나아가서는 기대값을 30명이라고 생각할 수 있는 근거 그 자체, 즉 '선호경향이 존재하지 않는다'는 가정이 잘못된 것일 가능성을 의미하는 것이 된다. 반면에 만일 관찰값과 기대값이 같거나 또는 매우 근소한 차이만을 보인다면, 이는 기대값을 30명으로 보는 것이 타당하며 더 나아가서는 그렇게 생각할 수 있는 근거 또한 타당할 가능성이 높음을 의미하는 것으로 해석할 수 있다.

이때, 한 가지 분명히 이해해야 할 것은 이 예에서 실천이론 A를 더 선호하는 경향이 존재한다는 가정을 근거로 해서는 기대값을 구할 수 없다는 점이다. 왜냐하면 각 실천이론당 '30명'이라는 기대값을 도출하기 위해서는 사회복지사들이 세 가지 실천이론을 골고루 선호한다고 가정할 수 있어야 하는데, 이러한 가정은 특정 실천이론을 선호하는 경향이 존재하지 않는다고 가정할 수 있을 때에만 가능한 것이기 때문이다. 만일 사회복지사들 사이에 실천이론 A를 더 선호하는 경향이 존재한다면 우리가 알 수 있는 것은 단순히 '실천이론 A를 더 선호한다'는 것뿐이며 구체적으로 어떤 실천이론을 얼마나 선호하는지를 알 수 없으므로 이러한 제한적인 정보만을 가지고는 이론적인 기대값을 구할 수 없기 때문이다.

이처럼 어떤 가정을 근거로 기대값을 구하는가의 문제는 영가설과 대립가설을 어떻게 설정하는가와 직결되는데 이 예에서 영가설과 대립가설은 다음과 같이

H_o : 모집단 차원에서 사회복지사들 사이에 세 가지 실천이론에 대한 선호도에 차이가 없다. [12-1]

H_a : 모집단 차원에서 사회복지사들 사이에 세 가지 실천이론에 대한 선호도에 차이가 있다.

설정되어야 한다. 다시 반복 설명하건대, 영가설을 [12-1]과 같이 정의할 때에만 우리는 영가설이 사실이라는 가정하에서, 즉 실천이론에 대한 선호경향이 존재하지 않는다는 가정하에서 〈표 12-1〉의 각 셀에 90명의 표본이 1/3씩 균등 분포할 것이므로 셀당 30명이라는 기대값을 도출할 수 있고 이 값을 관찰값과 비교할 수 있다.

이와 같은 논리에 근거하여 적합성 검정에서는 관찰값과 기대값 간의 차이를 이용하여 가설검정을 위한 검정통계량을 정의한다. 앞서 설명한 기대값과 관찰값은 모두 빈도(frequency)이므로 일반적으로 기대값을 f_e, 관찰값을 f_o 그리고 범주의 개수를 c 라고 표기하는데, 다음과 같이 기대값과 관찰값 간의 차이를 제곱하여 기대값으로 나눈 다음 모든 범주 c 에 대해서 더한 값은

$$\sum_{j=1}^{c} \frac{(f_{oj} - f_{ej})^2}{f_{ej}} \sim \chi^2_{c-1} \qquad [12-2]$$

자유도가 $c-1$인 χ^2분포를 따르는 것으로 알려져 있다. 이러한 사실에 근거하여 우리는 [12-1]의 가설을 χ^2분포의 특성을 이용하여 검정할 수 있다.

〈표 12-1〉을 바탕으로 공식 [12-2]에 따라 검정통계량인 χ^2값을 구하면

$$\frac{(38-30)^2}{30} + \frac{(28-30)^2}{30} + \frac{(24-30)^2}{30} = 3.467$$

이 된다. 이제 이 표본통계량의 값을 바탕으로 [12−1]의 가설을 검정하기 위해서 우리는 먼저 이 χ^2값의 자유도가 $c-1$인 이유를 이해해야 하는데 이는 〈표 12-1〉의 구조를 살펴봄으로써 쉽게 알 수 있다. 표에서 $n = 90$의 표본은 3개 범주에 분포하게 되는데, 이들 3개 범주 가운데 적어도 한 개 범주의 관찰값은 나머지 2개 범주가 갖는 관찰값에 의해서 전적으로 결정(fixed)되는바, $c = 3$개의 범주 가운데 자유롭게 어떤 관찰값이든 가질 수 있는 범주의 개수는 $c-1 = 2$이기 때문이다. 즉,

$$f_{e1} + f_{e2} - n = f_{e3},\ f_{e2} + f_{e3} - n = f_{e1},\ f_{e1} + f_{e3} - n = f_{e2}$$

이와 더불어서 우리는 [12-1]의 가설을 검정하기 위해서는 단측검정을 실시하는 것이 타당하다는 것을 이해해야 한다. [12-1]의 가설을 검정함에 있어서 관건이 되는 것은 기대값과 관찰값 간의 차이가 극단적으로 크거나 극단적으로 작은 경우이다. 만일 두 값 간의 차이가 극단적으로 작다면 이는 영가설이 사실임을 의미하는 반면, 두 값 간의 차이가 극단적으로 크다면 이는 영

가설이 사실이 아님을 의미하기 때문이다. 그러나 [12-1]의 영가설은 두 값 간의 차이가 극단적으로 클 때 기각되므로 실제로 관건이 되는 것은 기대값과 관찰값 간의 차이가 극단적으로 큰지의 여부라고 하겠다.

또한 위의 [12-2]로부터 우리는 검정통계량인 χ^2값이 제곱합(sum of squares)이므로 항상 $0 \sim +\infty$ 범위에 해당하는 양(+)의 값만을 갖는다는 것을 알 수 있다. 따라서 영가설이 사실이라는 가정하에서 표본을 바탕으로 구한 검정통계량이 얼마나 크며 또 그보다 더 큰 검정통계값을 볼 수 있을 확률이 얼마인지를 알아보기 위해서는 가설검정을 위한 기각역을 분포에서 오른쪽 극단에만 설정하는 것이 더 타당하다는 것을 쉽게 알 수 있다. 이러한 이해를 바탕으로 [12-1]의 가설을 검정하기 위한 유의수준을 .05로 설정한다면 자유도가 2인 χ^2분포에서 유의수준 .05에 해당하는 단측검정 임계값은 부록 [표 A2]로부터 5.99임을 알 수 있다.

영가설이 사실이라는 전제하에서 표본을 바탕으로 구한 검정통계량의 값 3.467은 임계값 5.99보다 작은 값이므로 [그림 12-1]에 제시된 기각역 안에 속하지 않는다. 따라서 유의수준 .05에서 [12-1]의 영가설은 기각되지 않는다.

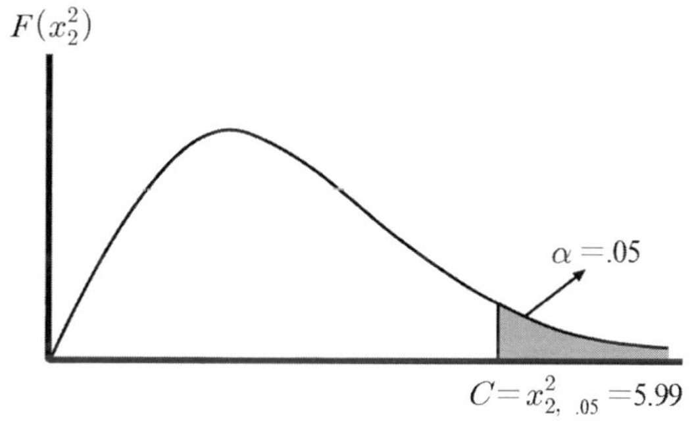

[그림 12-1]

다시 말해서 기대값과 관찰값 간에 존재하는, 검정통계값 3.467에 해당하는 정도의 차이는 [12-1]의 영가설이 사실이 아니라고 의심하게 할 만큼의 극단적인 차이가 아님을 알 수 있다. 이러한 검정결과를 바탕으로 사회복지사들이 실천이론 A를 더 선호하는 경향이 존재한다는 주장과 실천이론에 대한 사회복지사들의 실제 선호경향이 부합함을 뒷받침할 만한 증거를 표본자료로부터 찾을 수 없다는 결론을 내릴 수 있다.

2. 모집단의 확률분포에 관한 추론의 적합성 검정

이상에서 살펴본 적합성 검정의 대표적인 활용 예 가운데 하나로는 모집단의 확률분포에 관한 가정이 실제와 부합하는지의 여부를 검정하는 경우를 꼽을 수 있다. 특히 그러한 경우 가운데서도 모집단의 확률분포가 정상분포라는 가정의 타당성을 검정하는 경우를 가리켜 정상성 검정(normality test)이라고 한다. 여기서 우리는 이제까지 책에서 소개한 모든 모수검정 기법들이, 중앙극한정리를 적용할 수 있는 경우를 제외하고는 모든 경우에 있어서 검정의 대상이 되는 확률변수가 정규분포를 따른다는 가정을 필요로 하고 있다는 사실을 기억해 볼 필요가 있다. 한마디로 말해서, 이러한 사실은 검정대상이 되는 확률변수의 확률분포가 정규분포라는 가정의 타당성에 대한 검정이 먼저 이루어지지 않는 한 이 책을 통해 이제까지 배운 어떠한 검정기법도 활용할 수 없다는 것을 의미한다. 이러한 사실을 이해한다면 더 이상의 설명 없이도 χ^2 분포를 이용한 정상성 검정의 중요성을 쉽게 이해할 수 있으리라 본다. 이제 다음과 같은 예를 통해서 정상성 검정의 기본적인 원리를 이해해 보기로 하자.

매년 실시되는 국가고시인 사회복지사 1급 자격시험의 난이도가 적절한지의 여부를 판단하기 위한 방법 가운데 하나는 시험성적이 정규분포를 따르는지의 여부를 실증적으로 검정해 보는 것이다. 이를 위해 응시자 가운데 50명을 무작위로 뽑아 이들의 성적을 조사하여 다음과 같은

68	96	88	72	95	69	79	82	79	93	69	73	60	78	91	65	89
85	76	56	70	84	73	98	90	54	79	85	83	56	70	66	82	84
59	77	97	90	75	82	57	91	66	73	82	81	75	62	90	70	

표본자료를 얻었다고 가정해 보자. 시험성적을 확률변수 X라고 한다면 검정하고자 하는 바는 X의 모집단이 정규분포를 따른다는 가설이 실제와 부합하는지의 여부이므로 χ^2분포를 이용한 적합성 검정을 통해 이를 검정해 볼 수 있다.

앞서 배운 바와 같이 적합성 검정을 위해서는 영가설과 대립가설을 설정하되 설정한 영가설이 사실이라는 가정하에서 검정하려는 이론, 주장 또는 가정과 관련된 근거로부터 이론적인 기대값을 도출할 수 있도록 영가설을 설정해야 한다. 이 경우, 영가설과 대립가설을 다음과 같이

H_o : 확률변수 X의 모집단이 정규분포를 따른다.

H_a : 확률변수 X의 모집단이 정규분포를 따르지 않는다.

설정하면 X가 정규분포를 따른다는 가정하에서 정규분포의 특성을 이용하여 관찰값과 비교하게 될 이론적인 기대값을 구할 수 있다.

정규분포를 동일한 발생확률을 갖는 c개 구간으로 나누면 각각의 구간은 발생확률이 $(100/c)$%로 동일한 범주가 되며 각 범주에 해당하는 기대값은 주어진 표본의 크기가 50명이므로 $50(100/c)$%명이 된다. 만일 정규분포를 10개 범주로 나눈다면 정규분포 전체의 발생확률이 100%이므로 각 범주에 해당하는 발생확률은 10%로 동일해지며 따라서 각 범주에 해당하는 기

대값은 50(.1)=5명이 된다.

이제 정규분포의 오른쪽 극단으로부터 10%씩의 발생확률을 갖는 10개 범주가 정의하는 X값을 구하기 위해서는 정규분포를 표준화하여 얻어지는 Z분포, 즉

$$\frac{(X-\mu)}{\sigma}=Z \qquad [12\text{-}3]$$

의 특성을 이용해야 한다. 부록 [표 $A1$]로부터 Z분포의 오른쪽 극단으로부터 발생확률 10%씩에 해당하는 Z값은

$$P(Z\geq 1.28)=.1 \quad P(Z\geq .84)=.2 \quad P(Z\geq .52)=.3$$
$$P(Z\geq .25)=.4 \quad P(Z\geq 0)=.5 \quad P(Z\geq -.25)=.6$$
$$P(Z\geq -.52)=.7 \quad P(Z\geq -.84)=.8 \quad P(Z\geq -1.28)=.9$$

이므로 이 값을 [12-3]에 대입하면 X값을 구할 수 있다. 이때, [12-3]의 μ, σ는 알려지지 않은 모수이므로 표본자료를 바탕으로 $\overline{X}$와 s를 구해 대체하면 [12-3]은

$$\overline{X}=76.74,\ \ s=11.41$$
$$\therefore X=Z(11.41)+76.74$$

로 변형되며 여기에 Z값을 대입하면 10개 범주를 구분하는 X값을 다음과 같이 구할 수 있다.

$$X=1.28(11.41)+76.74=91.35 \quad X=-.25(11.41)+76.74=73.89$$
$$X=.84(11.41)+76.74=86.32 \quad X=-.52(11.41)+76.74=70.81$$
$$X=.52(11.41)+76.74=82.67 \quad X=-.84(11.41)+76.74=67.16$$
$$X=.25(11.41)+76.74=79.59 \quad X=-1.28(11.41)+76.74=62.14$$
$$X=0(11.41)+76.74=76.74$$

이제 주어진 표본자료를, 위의 과정을 통해 얻은 각 범주별로 분류하여 각 범주에 해당하는 관찰값을 구한 다음 관찰값과 기대값의 차이를 구해 제곱하여 정리하면 다음과 같다.

〈표 12-2〉

범주	f_e	f_o	$(f_o-f_e)^2/f_e$
+∞ ~ 91.35	5	5	0/5
91.35 ~ 86.32	5	7	4/5
86.32 ~ 82.67	5	5	0/5
82.67 ~ 79.59	5	5	0/5
79.59 ~ 76.74	5	6	1/5
76.74 ~ 73.89	5	2	9/5
73.89 ~ 70.81	5	4	1/5
70.81 ~ 67.16	5	6	1/5
67.16 ~ 62.14	5	3	4/5
62.14 ~ -∞	5	7	4/5
합계	50	50	24/5=4.8

정규분포를 $c=10$개의 범주로 나누었으므로 자유도는 $df=c-1=9$이며 부록 [표 A2]로부터 자유도가 $df=9$인 χ^2분포의 경우 유의수준 .05에 해당하는 임계값은 16.92임을 알 수 있다. 표본을 바탕으로 구한 검정통계값 4.8은 임계값보다 작은 값이며 기각역에 속하지 않는 값이므로 유의수준 .05에서 영가설은 기각되지 않는다. 따라서 표본자료로부터 사회복지사 자격증 시험의 성적이 정규분포를 따른다는 가정을 뒷받침할 만한 증거를 찾을 수 있다는 결론을 내리게 된다.

3. χ^2분포를 이용한 독립성 검정

두 확률변수가 독립인지의 여부를 검정하는 방법은 두 변수가 어떤 척도로 측정된 변수인지에 따라 달라진다. 앞서 제9장에서 배운 상관분석이 등간 또는 비율척도로 측정된 두 변수의 독립 여부를 검정할 수 있는 방법이라면 두 변수가 명목척도로 측정된 변수일 때 우리는 χ^2검정을 통해 두 변수의 독립 여부를 검정하게 된다. 예를 들어, 앞서 적합성 검정을 설명하기 위해 들었던 예에서 90명의 사회복지사로 이루어진 표본을, 선호하는 실천이론의 종류와 성별이라는 두 가지 기준을 가지고 분류할 경우, 90명의 사회복지사 가운데 남성과 여성이 각각 전체의 40%와 60%를 차지하며 가장 선호하는 실천이론별 분포는 〈표 12-3〉과 같다고 가정해 보자.

〈표 12-3〉

	A	*B*	*C*	합계
남성	$f_{o11}=12$	$f_{o12}=7$	$f_{o13}=17$	$n_1=36$
여성	$f_{o21}=26$	$f_{o22}=21$	$f_{o23}=7$	$n_2=54$
합계	$m_1=38$	$m_2=28$	$m_3=24$	$N=90$

검정하고자 하는 바는 성별과 실천이론에 대한 선호도가 독립인지의 여부이며, 따라서 영가설과 대립가설은 다음과 같이 설정된다.

H_o : 모집단 차원에서 사회복지사의 성별과 세 가지 실천이론에 대한 선호도는 서로 독립이다. [12-4]

H_a : 모집단 차원에서 사회복지사의 성별과 세 가지 실천이론에 대한 선호도는 서로 독립이 아니다.

만일 선호하는 실천이론의 종류와 성별이 서로 독립이라면 남성과 여성의 분포비율은 선호하는 실천이론의 종류에 의해서 영향을 받지 않으므로 모든 실천이론에 있어서 남성과 여성의 분포비율은 동일할 것이다. 따라서 두 변수가 독립일 때, 세 가지 실천이론별 사회복지사의 성별 분포 비율은 전체 표본의 남성과 여성 분포 비(ratio)와 같은 36 : 54일 것이라 기대할 수 있다.

동일한 논리에 의해서, 선호하는 실천이론의 종류와 성별이 독립이 아니라면 사회복지사의 성별이 선호하는 실천이론을 결정하는 데 아무런 영향을 미치지 않는다. 따라서 남성과 여성 모두에 있어서 세 가지 실천이론 각각을 선호하는 사회복지사 수의 분포 비는 38 : 28 : 24로 동일할 것이라 기대해 볼 수 있다.

이상의 내용을 바탕으로 〈표 12-3〉의 각 셀에 해당하는 기대값을 구해 보기로 하자. 앞서 배운 적합성 검정에서는 검정하고자 하는 이론이나 주장의 내용으로부터 이론적 기대값을 쉽게 도출할 수 있었으나 독립성 검정에서는 표본자료를 바탕으로 연구자가 기대값을 직접 구해야 한다.

이때, 기대값은 적합성 검정의 경우와 마찬가지로 영가설이 사실이라는 가정하에서만 구할 수 있다. 〈표 12-3〉에서 ij번째 셀에 해당하는 기대값이란 영가설이 사실일 때, 즉 성별과 실천이론에 대한 선호도가 독립일 때 90명의 표본 가운데 ij번째 셀에 해당하는 표본의 크기를 말하는 것이다. 따라서 ij번째 셀의 기대값 f_{eij}는

$$f_{eij} = N \times P(r_i \cap c_j) \quad [12\text{-}5]$$

로 정의되는데, 앞서 언급한 바와 같이 기대값은 성별과 실천이론에 대한 선호도가 독립이라는 가정하에서 구하는 것이므로 [12-5]는

$$f_{eij} = N \times P(r_i) \times P(c_j)$$

이 된다. 이때, 표본자료를 바탕으로 $P(r_i)$와 $P(c_j)$를 추정하면 이는 r_i와 c_j 각각의 상대빈도, 즉

$$P(r_i) = \frac{r_i \text{의 크기}}{N},\ P(c_j) = \frac{c_j \text{의 크기}}{N} = \frac{m_j}{N}$$

임을 알 수 있다. 따라서 기대값 f_{eij}는 다음과 같이

$$f_{eij} = N \cdot \frac{n_i}{N} \cdot \frac{m_j}{N} = \frac{n_i m_j}{N} \qquad [12\text{-}6]$$

정의되며 [12-6]을 이용하여 〈표 12-3〉의 각 셀에 해당하는 기대값을 구하면 아래와 같다.

$$f_{e11} = (36 \times 38)/90 = 15.2,\ f_{e12} = (36 \times 28)/90 = 11.2,\ f_{e13} = (36 \times 24)/90 = 9.6$$

$$f_{e21} = (54 \times 38)/90 = 22.8,\ f_{e22} = (54 \times 28)/90 = 16.8,\ f_{e23} = (54 \times 24)/90 = 14.4$$

다시 반복하여 언급하건대, 이러한 기대값은 성별과 실천이론에 대한 선호가 독립이라는 가정하에서 구한 기대값인바, 〈표 12-3〉의 각 셀에 대해서 이들 기대값을 관찰값과 비교함으로써 성별과 실천이론에 대한 선호가 독립인지의 여부를 검정할 수 있다. 만일 기대값과 관찰값이 같거나 매우 유사하다면 이는 성별과 실천이론에 대한 선호도가 서로 독립임을 뒷받침하는 것인 반면, 만일 기대값과 관찰값이 매우 다르다면 이는 곧 두 변수가 독립이 아님을 의미하는 것이 된다.

[12-4]의 가설을 검정하기 위해 〈표 12-3〉의 자료를 바탕으로 검정통계량인 χ^2값을 구하면 다음과 같다.

$$\sum_{i=1}^{r}\sum_{j=1}^{c}\frac{(f_{oij}-f_{eij})^2}{f_{eij}} = \frac{(12-15.2)^2}{15.2} + \frac{(7-11.2)^2}{11.2} + \frac{(17-9.6)^2}{9.6} + \frac{(26-22.8)^2}{22.8} + \frac{(21-16.8)^2}{16.8} + \frac{(7-14.4)^2}{14.4} = 13.25$$

〈표 12-3〉에 제시된 표본자료의 자유도는 〈표 12-3〉의 행과 열의 수 각각에서 1씩을 뺀 값의 곱, 즉

$$(r-1) \times (c-1) = (2-1) \times (3-1) = 2$$

가 되는데 이는 〈표 12-3〉의 6개 셀 가운데 표본의 크기, 열의 합계 및 행의 합계가 정해진 상

태에서 자유롭게 어떤 관찰값이든 가질 수 있는 셀의 개수는 2개이기 때문이다.

표본의 자유도가 $df = 2$이므로 [12-4]의 가설을 검정하기 위한 유의수준을 .05로 설정한다면 이에 해당하는 단측검정 임계값은 부록 [표 $A2$]에 제시된 바와 같이 5.99이다. [12-7]의 검정통계값 13.255는 임계값 5.99보다 큰 값임에 따라 기각역에 속하므로 유의수준 .05에서 영가설은 기각된다. 따라서 표본자료에 근거해 볼 때, 성별과 실천이론에 대한 선호도가 독립이 아니라는 결론을 내릴 수 있다.

4. χ^2검정 시 주의해야 할 사항

이상에서 살펴본 χ^2검정을 이용하여 적합성 및 독립성을 검정하기 위해서는 검정을 실시하기에 앞서 다음과 같은 두 가지 조건이 만족되는지의 여부에 대한 확인작업이 반드시 먼저 이루어져야 한다. 첫 번째 조건은 독립적인 관찰이 이루어져야 한다는 것이다. χ^2검정에 있어서 이 조건은 각각의 셀에 해당하는 관찰값이 독립적으로 구해져야 한다는 것을 의미한다.

예를 들어서, (a, b, c, d, e)라는 구성원소로 이루어진 크기가 $n = 5$인 표본을 바탕으로 χ^2검정을 위해 기대값을 구한다고 가정할 때 i번째 셀에 해당하는 관찰값이 구성원소 가운데 a와 b를 바탕으로 구해졌다면 $i \neq j$인 j번째 셀의 관찰값은 이미 i번째 셀의 관찰값을 구하는 데 사용된 a와 b 이외의 다른 구성원소를 바탕으로 구해져야 한다는 것을 의미한다.

이러한 조건이 위배되는 가장 일반적인 경우는 조사대상이 복수의 응답범주를 선택할 수 있는 경우를 꼽을 수 있는데, 만일 각각의 조사대상이 두 개의 응답범주를 선택할 수 있다면 서로 다른 i번째 셀과 j번째 셀의 관찰값을 독립적으로 구할 수 없기 때문이다.

논리적으로만 보더라도 이러한 조건이 만족되지 못한 상태에서 독립성을 검정한다는 것은 아무런 의미가 없다는 것을 쉽게 알 수 있으며 또한 앞서 살펴본 모집단의 확률분포에 관한 가설검정의 경우를 생각해 보더라도 관찰의 독립성은 적합성 검정을 위해서도 반드시 만족되어야 하는 조건임을 쉽게 이해할 수 있으리라 본다. 따라서 χ^2검정을 이용하여 적합성 및 독립성을 검정하기 위해서는 표본구성원소 가운데 동일한 하나의 구성원소가 서로 다른 셀에 해당하는 관찰값을 구하는 데 사용되지 않도록 주의해야 한다.

두 번째 조건은 χ^2검정을 실시하기 위해서는 모든 셀의 기대값이 적어도 5 이상이어야 한다는 것이다. χ^2검정에서는 기대값과 관찰값의 제곱합을 검정통계값으로 사용하기 때문에 검정통계값을 구하는 데 사용되는 셀 가운데 만일 어느 한 셀의 기대값이 극단적으로 작을 경우 그 셀이 검정통계값에 지나치게 큰 영향을 미치게 된다. 예를 들어서, 아래와 같은 두 셀을 비교해 보면 두 셀 모두에서 관찰값과 기대값의 차이는 5로 동일하지만 각각의 셀이 검정통계값에 미치는 영향의 정도에는 큰 차이가 존재한다는 것을 알 수 있는데, 극단적으로 작은 기대값을 가진 셀$_2$가 검정통계값에 미치는 영향(25/27 × 100% = 90.9%)이 셀$_1$의 영향(2.5/27 × 100% = 9.1%)에 비해 절대적으로 크다는 것을 알 수 있다.

셀$_1$	셀$_2$
$f_o = 15$ $f_e = 10$ $\frac{(15-10)^2}{10} = 2.5$	$f_o = 6$ $f_e = 1$ $\frac{(6-1)^2}{1} = 25$

이러한 이유에서 기대값이 극단적으로 작은 셀의 존재는 검정통계량인 χ^2값을 왜곡시키는 결과를 가져오게 되며 따라서 올바른 검정이 이루어질 수 없게 된다. 일반적으로 이러한 왜곡현상은 기대값이 5보다 작아질 때 심각한 수준에 이르게 되기 때문에 일반적으로는 5 미만의 기대값을 가진 셀이 전체 셀의 20%를 넘는 경우 χ^2검정을 통해 얻어진 결과는 신뢰할 수 없는 것으로 알려져 있다.

5. *SPSS*를 이용한 χ^2검정

앞서 우리는 데이터 CD의 'C12-카이제곱-독립성검정'의 자료를 바탕으로 사회복지사가 선호하는 이론과 사회복지사의 성별이 독립인지 여부를 χ^2분포의 특성을 이용하여 검정하는 원리를 살펴보았다. 이번에는 동일한 예를 *SPSS*를 이용하여 분석해 보기로 하자.

*SPSS*에서는 두 개 변수가 서로 독립인지 여부를 검정할 때 교차분석(crosstabs)이라는 명령을 사용한다. χ^2분포의 특성을 이용하여 적합성 및 독립성을 검정하기 위해서는 바로 이 교차분석 명령을 사용한다. [그림 12-3]과 같이 *SPSS*의 최상위 메뉴 중 분석(Analysis)을 선택하고

[그림 12-2]

제시된 하위명령 중 기술통계량(Descriptive Statistics)을 선택한다. 교차분석은 기술통계량의 하위명령 중 하나이다.

[그림 12-3]

교차분석을 선택하면 새로운 창 [그림 12-4]가 나타난다. 이 창의 왼쪽 박스에 제시된 두 변수 중 성별은 열(rows)상자에, 그리고 이론은 행(columns)상자에 옮겨 놓는다.

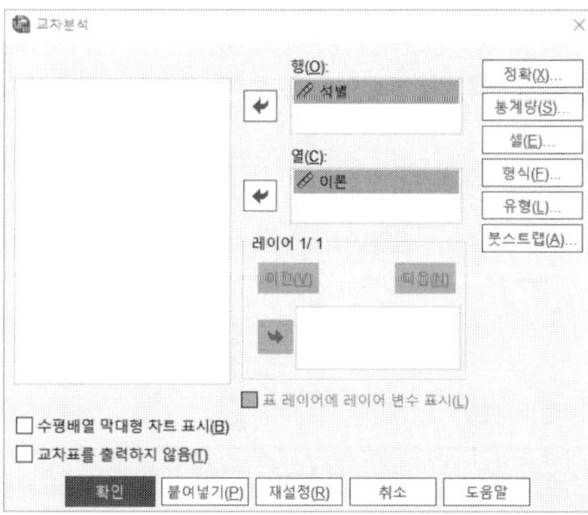

[그림 12-4]

그런 다음, 창의 맨 아래쪽에 제시된 셀(Cells) 아이콘을 누른다. 이 아이콘을 누르면 [그림 12-5]와 같은 창이 제시되는데 이 창에서 빈도(Counts), 백분율(Percentage), 잔차(Residual) 등의 통계량들 중 어떤 통계량을 교차분석결과에 제시할지 선택할 수 있다. 이 예에서는 빈도(Counts) 통계량 중 관찰빈도(Observed)와 기대빈도(Expected)를 선택하고 백분율 통계량 중에는 열, 행, 전체(total)를 선택하기로 하자. 그런 다음, 계속(Continue)을 누른다.

이번에는 카이제곱 검정 통계량(Chi-Square Tests)의 값을 구하라는 명령을 내리기 위해서 교차분석 창의 맨 아래 위치한 통계량(Statistics) 아이콘을 선택한다. 통계량 아이콘을 누르면 [그림 12-6]이 제시된다. 이 창의 왼쪽 상단에 제시된 카이제곱(Chi-square) 통계량을 선택한 후 '계속(Continue)'을 누른다. 마지막으로 '확인(OK)'을 눌러 교차분석을 실행한다.

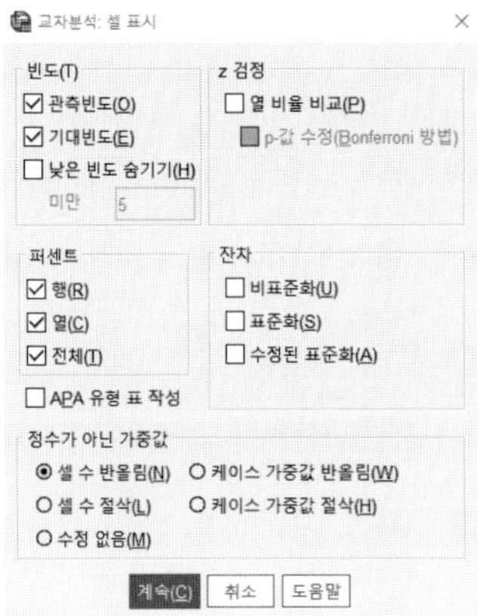

[그림 12-5]

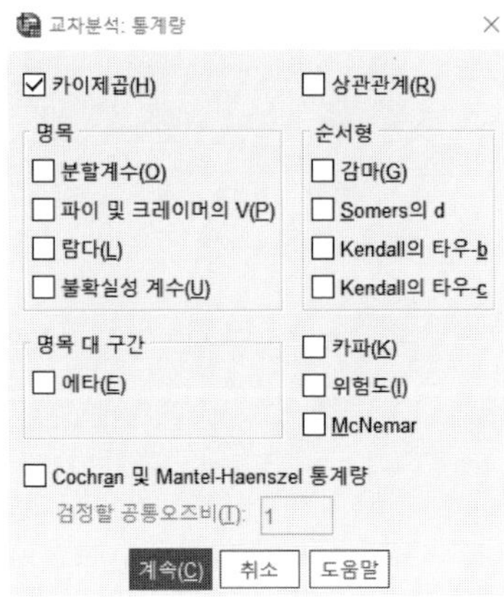

[그림 12-6]

아래의 〈표 12-4〉~〈표 12-5〉는 교차분석의 결과이다. 〈표 12-4〉~〈표 12-5〉에는 성별과 선호이론 각각의 빈도, 유효빈도, 퍼센트 등이 제시되어 있다. 교차분석에 앞서 연구자는 분석할 변수에 대해서 빈도분석을 실시하여 각각의 변수에 대해서 충분히 이해하는 과정이 필요하다. 만약 어떤 이유에서든 그렇게 하지 못했을 경우 연구자는 〈표 12-4〉~〈표 12-5〉의 분석결과를 통해서 자신이 분석하고자 하는 변수 각각에 대해서 적어도 유효빈도, 즉 응답범주별 빈도 중 무응답을 제외한 빈도가 얼마인지 이해한 다음 나머지 분석결과를 이해해야 한다. 그렇게 해야 하는 이유에 대해서는 이 장의 뒷부분에서 설명하기로 하겠다.

〈표 12-4〉

성별

		빈도	퍼센트	유효 퍼센트	누적 퍼센트
유효	남성	36	40.0	40.0	40.0
	여성	54	60.0	60.0	100.0
	합계	90	100.0	100.0	

〈표 12-5〉

이론

		빈도	퍼센트	유효 퍼센트	누적 퍼센트
유효	A이론	38	42.2	42.2	42.2
	B이론	28	31.1	31.1	73.3
	C이론	24	26.7	26.7	100.0
	합계	90	100.0	100.0	

〈표 12-6〉은 성별과 이론을 교차분석하여 얻은 교차표(cross table)이다. 교차표란 교차분석에 투입한 두 변수 중 한 변수의 응답범주를 표의 열에 차례대로 나열하고 나머지 한 변수의 응답범주를 표의 행에 차례대로 나열한 다음 표의 열과 행을 교차시켜 만든 표이다. 교차표의 크기는 교차표를 이루고 있는 셀(cell)의 개수를 말하는데 교차표의 셀 개수는 교차분석에 투입된 두 변수 각각의 응답범주 개수를 곱한 값이다. 이 예에서 성별의 응답범주는 2개이고 선호하는 이론의 응답범주는 3개이므로 〈표 12-6〉의 교차표는 총 6개 셀을 갖는다. 교차표의 크기를 표기할 때는 셀의 개수 그 자체보다 교차표의 행 개수와 열 개수의 곱, 즉 행의 개수×열의 개수로 나타낸다. 따라서 〈표 12-6〉의 교차표의 크기는 2×3이다.

〈표 12-6〉

성별*이론 교차표

			이론			전체
			A이론	B이론	C이론	
성별	남성	빈도	12	7	17	36
		기대빈도	15.2	11.2	9.6	36.0
		성별 중 %	33.3%	19.4%	47.2%	100.0%
		이론 중 %	31.6%	25.0%	70.8%	40.0%
		전체 %	13.3%	7.8%	18.9%	40.0%
	여성	빈도	26	21	7	54
		기대빈도	22.8	16.8	14.4	54.0
		성별 중 %	48.1%	38.9%	13.0%	100.0%
		이론 중 %	68.4%	75.0%	29.2%	60.0%
		전체 %	28.9%	23.3%	7.8%	60.0%
전체		빈도	38	28	24	90
		기대빈도	38.0	28.0	24.0	90.0
		성별 중 %	42.2%	31.1%	26.7%	100.0%
		이론 중 %	100.0%	100.0%	100.0%	100.0%
		전체 %	42.2%	31.1%	26.7%	100.0%

〈표 12-6〉의 각 셀에 제시된 값들 중 첫 번째와 두 번째 값은 각각 관찰빈도와 기대빈도이다. 관찰빈도(또는 관찰값)는 표본 중 실제로 ij번째 셀, 즉 성별의 응답범주는 i이고 선호이론의 응답범주는 j인 셀에 해당하는 구성원소의 개수이다. 기대빈도(또는 기대값)는 성별과 이론이 서로 독립이라면 ij번째 셀에 해당될 것이라 기대되는 구성원소의 개수이다. 기대값은 두 변수가 독립이라는 가정하에서 구하는 값으로서 다음과 같이 정의된다. 예를 들어서, 위의 교차표에서 셀$_{11}$의 기대값 15.2는 다음과 같이 구한 값이다.

$$f_{eij} = N \cdot P(r_i) \cdot P(c_j) = N \cdot \frac{n_i}{N} \cdot \frac{m_j}{N} = \frac{n_i \cdot m_j}{N} \qquad f_{11} = \frac{(36 \times 38)}{90} = 15.2$$

각 셀에 제시된 값들 중 세 번째에서부터 다섯 번째까지의 값들은 각 셀의 관찰빈도가 해당 행의 관찰빈도, 해당 열의 관찰빈도 그리고 전체빈도 각각에서 차지하는 백분율이다. 예를 들어서, 셀$_{11}$에 제시된 세 번째 값 ○○은 남성이면서 이론 A를 선호하는 사람인 ○○명이 남성 전체 중 ○○%라는 것을 나타낸다.

〈표 12-7〉

카이제곱 검정

	값	자유도	점근 유의확률 (양측검정)
Pearson 카이제곱	13.255[a]	2	.001
우도비	13.279	2	.001
선형 대 선형결합	7.739	1	.005
유효 케이스 수	90		

a. 0 셀(.0%)은(는) 5보다 작은 기대 빈도를 가지는 셀입니다.
최소 기대빈도는 9.60입니다.

〈표 12-7〉에 제시된 분석결과는 두 변수의 독립성 여부를 검정하는 데 필요한 검정통계량 피어슨 카이제곱 값이다. 앞서 설명한 바와 같이, 기대값은 두 변수가 서로 독립이라는 가정 하에서 구한 값이므로 기대값을 관찰값과 비교함으로써 성별과 실천이론에 대한 선호가 독립인지의 여부를 검정한다. 만일 기대값과 관찰값이 같거나 매우 유사하다면 이는 성별과 실천이론에 대한 선호도가 서로 독립임을 뒷받침하는 것인 반면, 두 값이 매우 다르다면 이는 두 변수가 독립이 아님을 의미하는 것이 된다. 피어슨 카이제곱값은 이러한 논리를 바탕으로 다음과 같은 공식에 의해서 구한 값이다.

$$\chi^2 = \sum_{i=1}^{r}\sum_{j=1}^{c}\frac{(f_{oij}-f_{eij})^2}{f_{eij}} = \frac{(12-15.2)^2}{15.2}+\frac{(7-11.2)^2}{11.2}+\frac{(17-9.6)^2}{9.6}$$
$$+\frac{(26-22.8)^2}{22.8}+\frac{(21-16.8)^2}{16.8}+\frac{(7-14.4)^2}{14.4}=13.255$$

카이제곱값 다음에 제시된 자유도 $df=2$는 표본의 자유도로서 교차표의 행과 열의 개수 각각에서 1씩을 뺀 값의 곱, 즉 $(r-1)\times(c-1)=(2-1)\times(3-1)=2$이다. 총 6개 셀 중에서 표본크기, 열의 합 및 행의 합이 정해진 상태에서 어떤 값이든 자유롭게 가질 수 있는 셀이 왜 2개밖에 없는지에 대해서는 이 장의 앞부분에서 이미 설명한 바 있다. 따라서 카이제곱값의 표본 자유도가 $df=2$인 이유에 대한 설명을 생략하기로 하겠다.

카이제곱값이 제시된 행의 맨 오른쪽 3개 열에는 표본을 바탕으로 구한 검정통계값 $\chi^2=13.255$에 해당하는 유의확률 p값이 제시되어 있다. 이 중 카이제곱값 바로 옆 열에 제시된 값은 양측검정 유의확률이다. 따라서 만일 단측검정을 실시하고자 한다면 이 p값의 절반을 유의수준 .05와 비교해야 한다. 위의 표에서 양측검증 p값은 .05보다 작은 값이므로 두 변수가 독립이라는 영가설은 유의수준 .05에서 기각된다.

이제 또 한 가지 예를 통해서 카이제곱 분포를 이용하여 두 변수의 독립성 여부를 검정하는 과정을 다시 한번 이해해 보기로 하자. 데이터 CD에서 'C12-카이제곱-교차분석'을 불러들인 뒤, [그림 12-7]에 제시된 변수 중 성별과 결혼여부라는 두 변수가 서로 독립인지 여부를 교차분석을 통해 검증해 보기로 하자. 최상위 명령 중 분석(Analysis), 기술통계량(Descriptive Statistics), 교차분석(Crosstabs)을 차례대로 선택한다.

[그림 12-7]

교차분석(Crosstabs)을 선택하면 제시되는 [그림 12−8]에서 성별과 결혼여부 중 어떤 변수를 교차표의 행과 열로 정할지 결정한 다음 오른쪽의 행(Row)과 열(Column)에 옮겨 놓는다.

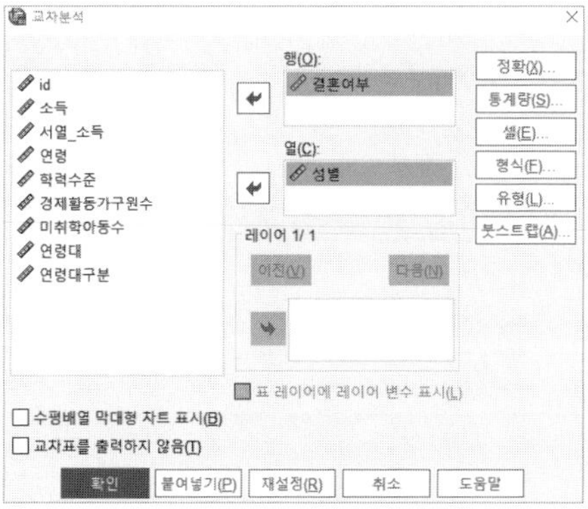

[그림 12-8]

그런 다음, 교차분석 창의 맨 아래에 위치한 선택사항 중 셀을 선택하여 교차표에 제시하고자 하는 통계량들을 지정한다. 일반적으로 기대빈도는 교차분석원리를 배우는 과정에서는 종종 제시하지만 실제로 분석을 할 때는 일부러 제시하지 않아도 된다. 따라서 관측빈도, 기대빈도, 퍼센트(행, 열, 전체)를 선택한다. 이어서 검정통계량(Statistics)으로서 카이제곱(Chi-square) 값을 선택한다.

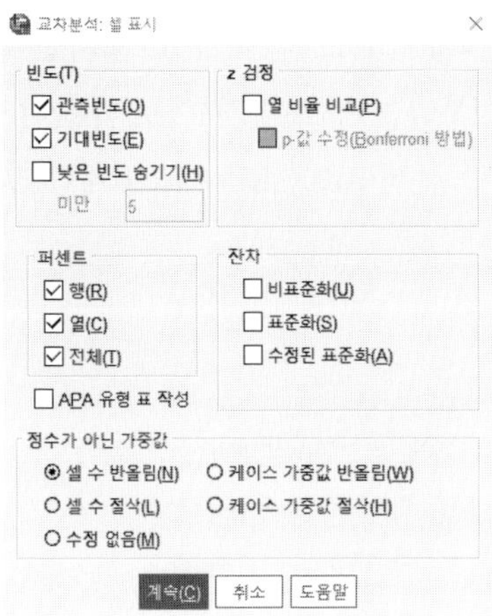

[그림 12-9]

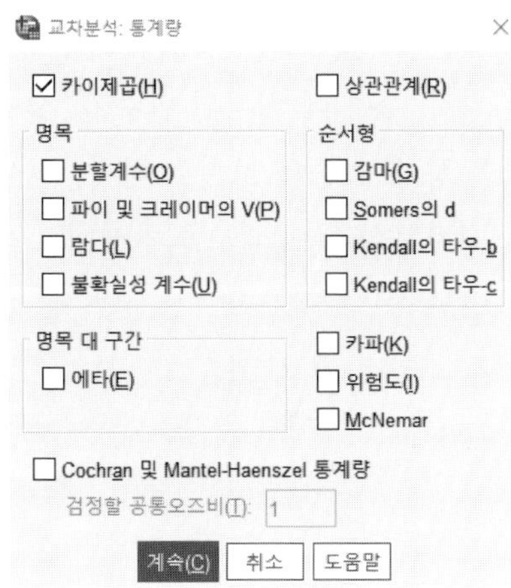

[그림 12-10]

〈표 12-8〉~〈표 12-9〉는 교차분석의 빈도표이다. 교차표 〈표 12-8〉에 따르면 여성은 미혼이 69.6%, 기혼이 30.4%이고, 남성은 미혼이 33.3%, 기혼이 66.7%임을 알 수 있다. 〈표 12-9〉의 빈도분석결과는 개별요인의 빈도와 백분율을 제시해 주는 데 그치지만 〈표 12-10〉의 교차표는 이처럼 두 변수를 교차시켜 새로운 정보를 제공해 준다.

〈표 12-8〉

결혼여부

		빈도	퍼센트	유효 퍼센트	누적 퍼센트
유효	미혼	24	48.0	48.0	48.0
	기혼	26	52.0	52.0	100.0
	합계	50	100.0	100.0	

〈표 12-9〉

성별

		빈도	퍼센트	유효 퍼센트	누적 퍼센트
유효	여성	23	46.0	48.9	48.9
	남성	24	48.0	51.1	100.0
	합계	47	94.0	100.0	
결측	9.00	3	6.0		
합계		50	100.0		

〈표 12-10〉

결혼여부*성별 교차표

			성별		전체
			여성	남성	
결혼여부	미혼	빈도	16	8	24
		기대빈도	11.7	12.3	24.0
		결혼여부 중 %	66.7%	33.3%	100.0%
		성별 중 %	69.6%	33.3%	51.1%
		전체 %	34.0%	17.0%	51.1%
	기혼	빈도	7	16	23
		기대빈도	11.3	11.7	23.0
		결혼여부 중 %	30.4%	69.6%	100.0%
		성별 중 %	30.4%	66.7%	48.9%
		전체 %	14.9%	34.0%	48.9%
전체	기혼	빈도	23	24	47
		기대빈도	23.0	24.0	47.0
		결혼여부 중 %	48.9%	51.1%	100.0%
		성별 중 %	100.0%	100.0%	100.0%
		전체 %	48.9%	51.1%	100.0%

아마도 이쯤에서 매우 중요하면서도 자칫 잊어버리기 쉬운 한 가지 주의사항을 말해 둘 필요가 있을 것 같다. 카이제곱분포를 이용한 독립성 및 적합성 검정에서 사용할 수 있는 변수는 명목변수나 서열변수뿐이며 등간변수나 비율변수는 사용할 수 없다. 다시 말해서,

명목변수 × 명목변수, 명목변수 × 서열변수, 서열변수 × 명목변수, 서열변수 × 서열변수

만 가능하며 등간 또는 비율변수는 사용할 수 없다는 것이다. 왜냐하면 등간변수나 비율변수는 응답범주를 변수값으로 갖는 변수가 아니기 때문에 이들 변수의 변수값을 교차하여 해당 셀의 관찰값과 기대값을 비교하는 교차분석을 한다는 것이 무의미하기 때문이다.

다른 어떤 식의 설명보다 명목변수나 서열변수를 비율변수와 교차분석하면 어떤 결과가 나타나는지 보여 주는 것이 왜 등간 또는 비율변수를 교차분석에 사용할 수 없는지 설명하는 가장 좋은 방법이라고 할 수 있다. 〈표 12-11〉은 비율변수인 연령과 성별을 교차분석하여 얻은 교차표이다. 상황을 좀 더 극단적으로 만들기 위해서 이 표본의 크기가 $n=1000$ 이었고 1,000 명의 연령이 모두 다르다고 가정해 보자. 그렇다면 분석결과는 과연 어떻게 될까? 서로 다른 연령값이 연령변수의 응답범주가 될 것이고 〈표 12-11〉의 교차표는 1000×2 인 교차표가 될 것이다. 그렇게 될 경우 교차표를 통해서 우리가 얻을 수 있는 정보는 고작해야 각 표본 구성원소

의 성별에 불과하기 때문에 결국 교차분석을 할 아무런 이유가 없게 된다.

등간 또는 비율변수를 교차분석에 사용해서는 안 되는 더 중요한 이유는 〈표 12-11〉처럼 교차표의 크기가 커지면 매우 적은 기대빈도를 갖는 셀의 수가 많아지기 때문이다. 이미 앞에서 설명한 바와 같이 카이제곱분석에서는 5 미만의 기대빈도를 갖는 셀의 수가 전체 셀의 20%를 초과하면 분석결과를 신뢰할 수 없게 되는데, 바로 이런 경우는 등간 또는 비율변수를 교차분석에 사용할 때 발생한다.

등간 또는 비율변수의 특성상 등간 또는 비율변수가 가질 수 있는 변수값의 수는 무수히 많으며 그렇기 때문에 등간 또는 비율변수를 사용하여 교차표를 만들면 교차표의 크기가 상당히 커진다. 그런데 교차표의 크기가 커지는 것이 왜 문제인가? 예를 들어, 표본의 크기가 $n=50$일 때 〈표 12-11〉처럼 크기가 무려 21×2 인 교차표를 만든다고 가정해 보자. 총 42개 셀에 표본구성원소를 5개씩만 할당하더라도 42개 셀 중 42개 셀에는 표본구성원소를 전혀 할당할 수 없는 상황이 벌어진다. 즉, 표본의 크기가 고정된 상태에서 교차표의 크기가 증가하면 평균적으로 각 셀의 기대빈도는 낮아질 수밖에 없다는 것이다.

바로 이러한 이유 때문에 등간 또는 비율변수를 교차분석에 사용하게 되면 거의 대부분의 경우 5 미만의 기대값을 갖는 셀의 수가 많아 교차분석을 할 수 없는 상황이 벌어지게 된다는 것을 반드시 기억해 두기 바란다. 아울러 이 문제는 등간 또는 비율변수를 교차분석에 사용할 때만 발생하는 것이 아니라 교차분석에 사용하는 명목 또는 서열변수가 지나치게 많은 응답범주를 갖는 경우에도 교차표의 크기가 급격히 커져 발생할 수 있다는 것을 기억해 두어야 한다.

기대빈도가 5 미만인 셀이 지나치게 많아지는 문제를 해결할 수 있는 유일한 방법은 교차표의 크기를 줄이는 것이다. 그렇게 하기 위해서는 교차분석에 사용하는 변수의 응답범주 개수를 줄여야 한다. 만일 등간 또는 비율변수를 교차분석에 사용함으로써 이 문제가 발생했다면 등간 또는 비율변수를 적절한 수의 응답범주를 갖는 명목 또는 서열변수로 변환하여 사용함으로써 문제를 해결할 수 있다. 이와 달리 명목 또는 서열변수의 응답범주가 지나치게 많은 경우라면 해당 변수가 가진 다수의 응답범주를 적절한 수의 응답범주로 병합하여 응답범주의 수를 줄인 다음 교차분석을 실시한다. 이에 대해서는 이 장의 맨 마지막 부분에서 좀 더 자세히 설명하기로 하겠다.

〈표 12-11〉 연령과 성별 교차분석 표

연령*성별 교차표

빈도

		성별		Total
		여성	남성	
연령	24.00	1	1	2
	25.00	2	5	7
	26.00	1	1	2
	35.00	1	3	4
	36.00	1	0	1
	38.00	0	2	2
	39.00	0	1	1
	41.00	0	1	1
	45.00	4	4	8
	46.00	0	1	1
	47.00	1	2	3
	48.00	3	2	5
	49.00	1	0	1
	54.00	1	0	1
	56.00	1	0	1
	57.00	1	0	1
	65.00	1	0	1
	68.00	1	0	1
	69.00	0	1	1
	78.00	1	0	1
	85.00	2	0	2
전체		23	24	47

〈표 12-12〉는 카이제곱 분석결과표이다. 이 결과표에서 먼저 주목해야 할 것은 아래쪽에 제시된 두 개의 표주 중 a의 내용이다. 이 분석결과표의 경우 표주 a에 따르면 '5보다 작은 기대빈도를 갖는 셀이 0개'라고 나타나 있어 최소 기준인 '5 미만 기대빈도 셀의 수가 전체의 20% 미만이어야 한다'는 조건이 만족된다. 따라서 제시된 카이제곱검정 결과를 가설검정의 근거로 사용할 수 있다. 다시 한 번 강조하건대 만일 이 조건이 충족되지 않는다면 제시된 카이제곱값은 사실상 아무런 의미가 없다는 것을 명심하기 바란다.

〈표 12-12〉 '5보다 작은 기대빈도를 갖는 셀이 0개'를 가지는 데이터가 만들어져야 한다.

〈표 12-12〉

카이제곱 검정

	값	자유도	근사 유의확률 (양측검정)	정확한 유의확률 (양측검정)	정확한 유의확률 (단측검정)
Pearson 카이제곱	6.170[a]	1	.013		
연속성 수정[b]	4.805	1	.028		
우도비	6.315	1	.012		
Fisher의 정확한 검정				.020	.020
선형 대 선형결합	6.039	1	.014		
유효 케이스 수	47				

a. 0 셀 (0.0%)은(는) 5보다 작은 기대 빈도를 가지는 셀입니다. 최소 기대빈도는 11.26입니다.

b. 2×2표에 대해서만 계산됨

〈표 12-12〉의 분석결과표에는 피어슨 카이제곱값 이외에 여러 가지 검정통계량들이 제시되어 있다. 이들 중 어떤 검정통계값을 사용하여 가설을 검정할 것인지는 분석에 사용한 표본의 크기와 기대빈도에 따라 다음과 같이 달라진다.

- 표본의 크기가 $n \leq 20$인 경우 또는 표본의 크기가 $20 < n < 40$ 이고 교차표의 셀 중 기대빈도가 5 미만인 셀이 전혀 없다면 피셔의 정확한 검정값(Fisher's Exact Test)을 사용한다.
- 표본의 크기가 $n \geq 40$인 경우 예이츠 수정 값(Yates Corrected Value)을 사용한다.

이제 마지막으로 교차표에서 기대빈도가 5 미만 셀이 전체 셀의 20%를 초과하는 문제를 해결하는 방법을 구체적으로 살펴보기로 하자. 〈표 12-12〉와 같은 상황이 발생한 이유는 비율변수인 연령을 성별과 교차분석했기 때문이다. 문제해결을 위해서 비율변수인 연령을 10세 단위의 6개 응답범주(10대, 20대, 30대, 40대, 50대, 60대 이상)를 갖는 서열변수로 변수변환(recode)한 다음 성별과 교차분석해 보자. 자료의 변환과정은 3장의 내용을 참조하기 바란다.

분석결과로 제시된 〈표 12-13〉의 교차표는 크기가 2×6인 교차표이며 총 12개 셀 중 기대빈도가 5 미만인 셀이 8개로서 전체의 66.7%를 차지하고 있다. 따라서 변수변환을 통해 교차표의 크기를 대폭 줄이기는 했지만 문제는 여전히 해결되지 않은 채 남아 있는 것을 알 수 있다.

〈표 12-13〉

연령대*성별 교차표

			성별		전체
			여성	남성	
연령대	10대	빈도	1	1	2
		성별 중 %	4.3%	4.2%	4.3%
	20대	빈도	4	7	11
		성별 중 %	17.4%	29.2%	23.4%
	30대	빈도	2	5	7
		성별 중 %	8.7%	20.8%	14.9%
	40대	빈도	9	10	19
		성별 중 %	39.1%	41.7%	40.4%
	50대	빈도	3	0	3
		성별 중 %	13.0%	.0%	6.4%
	60대 이상	빈도	4	1	5
		성별 중 %	17.4%	4.2%	10.6%
전체		빈도	23	24	47
		성별 중 %	100.0%	100.0%	100.0%

〈12-14〉

카이제곱 검정

	값	자유도	근사 유의확률 (양측검정)
Pearson 카이제곱	6.938[a]	5	.225
우도비	8.275	5	.142
선형 대 선형결합	3.684	1	.055
유효 케이스 수	47		

a. 8 셀 (66.7%)은(는) 5보다 작은 기대 빈도를 가지는 셀입니다. 최소기대빈도는 .98입니다.

문제해결을 위해서 이번에는 연령의 6개 응답범주를 병합하여 더 적은 수의 응답범주로 만들어 보자. 〈표 12-15〉를 보면 서열변수인 연령과 성별을 교차분석할 때 기대빈도가 5 미만인 셀은 10대, 50대 그리고 60세 이상에서 나타나는 것을 알 수 있다. 또한 연령대별 빈도를 보면 40대에 해당하는 사례가 가장 많고 30대 이하 연령대에 해당하는 사례가 20명, 40대 이상에 해당하는 사례가 27명으로 나타나 있다. 이러한 정보를 고려하여 가장 사례가 많은 40대를 일종의 기준 연령대로 삼아 10~30대를 하나의 연령대로 묶고 40~60세 이상을 또 하나의 연령대로 묶는 식으로 서열변수인 연령을 단 두 개 응답범주를 갖는 서열변수로 다시 변환해 보자. 자료의 변환과정은 제3장의 내용을 참조하고, 자료의 분석과정은 [그림 12-2], [그림 12-3], [그림 12-4]를 참고하기 바란다.

〈표 12-15〉

연령대구분*성별 교차표

			성별		전체
			여성	남성	
연령대 구분	30대 미만	빈도	7	13	20
		성별 중 %	30.4%	54.2%	42.6%
	30대 이상	빈도	16	11	27
		성별 중 %	69.6%	45.8%	57.4%
전체		빈도	23	24	47
		성별 중 %	100.0%	100.0%	100.0%

〈표 12-16〉은 변수변환 후 연령과 성별을 교차분석한 결과이다. 이제 교차표의 크기는 2×2이고 4개 셀 중 기대빈도가 5 미만인 셀이 하나도 없는 것을 확인할 수 있다.

〈표 12-16〉

카이제곱 검정

	값	자유도	근사 유의확률 (양측검정)	정확한 유의확률 (양측검정)	정확한 유의확률 (단측검정)
Pearson 카이제곱	2.706[a]	1	.100		
연속성 수정[b]	1.822	1	.177		
우도비	2.738	1	.098		
Fisher의 정확한 검정				.142	.088
선형 대 선형결합	2.648	1	.104		
유효 케이스 수	47				

a. 0 셀 (0.0%)은(는) 5보다 작은 기대 빈도를 가지는 셀입니다. 최소 기대빈도는 9.79입니다.

b. 2×2표에 대해서만 계산됨

이상과 같은 방법을 통해서 5 미만의 기대빈도를 갖는 셀을 없애고자 시도할 때 한 가지 주의해야 할 점은 어떤 변수의 원래 응답범주를 병합하기에 앞서 그렇게 하는 것이 과연 타당한지 여부를 반드시 먼저 생각해 봐야 한다는 것이다. 이 예에서 우리는 30대 이하와 40대 이상으로 연령대를 병합하는 것이 적절하다고 판단했다. 그런데 과연 그렇게 하는 것이 적절한가? 만일 카이제곱검정을 하는 이유가 6개 연령대 중 어느 연령대에 남성에 비해 여성의 비율이 불균형적으로 많은지 여부를 알아보기 위함이었다면 카이제곱검정 그 자체를 위해서 연령대를 30대 이하와 40대 이상으로 이분하는 것은 전혀 타당한 접근이 아닐 것이다.

분명한 것은 응답범주 병합을 통해 셀의 기대빈도가 5 이상이 되게 만드는 접근방법은 명확한 근거 위에서 이루어져야 한다는 것이다. 왜냐하면 설령 기대빈도 5 미만의 셀의 수를 줄여 카이제곱검정을 할 수 있게 된다고 하더라도 검정통계량인 카이제곱값이 반드시 통계적 유의성을 갖는다는 보장은 전혀 없다. 그렇기 때문에 응답범주 병합은 자칫 연구자로 하여금 논리적 타당성과 검정결과 모두를 잃게 만들 수 있기 때문이다.

원한다면 연구자는 어떻게 해서든 카이제곱검정 그 자체는 해낼 수 있다. 그러나 '과연 무엇을 위한 카이제곱검정인가?', '그렇게 하는 것이 혹시 분석결과를 인위적으로 조작하는 것은 아닌가?' 같은 질문 앞에서 연구자는 아무 말도 할 수 없게 된다는 것은 더 큰 문제가 아닐 수 없다. 따라서 응답범주 병합의 타당한 근거 위에서 행해져야만 한다는 점을 잊지 않기 바란다.

6. R을 이용한 χ^2검정

R로 교육수준의 임금수준에 대한 회귀분석을 실시하기 위해 아래와 같이 haven 패키지의 read_save 함수를 사용하여 'C12-카이제곱-독립성검정.sav' 파일을 불러들여 c12_1df 데이터프레임에 저장한다. read_save 함수를 사용하기 위해서는 library 함수를 사용하여 haven 패키지를 로드해야 한다. View 함수를 사용하여 살펴보면, 데이터프레임에는 성별과 이론 변수가 있다.

```
library(haven)

c12_1df <- read_sav(file.choose())
View(c12_1df)
```

[그림 12-11]

이어서 table 함수를 사용하여 성별과 이론의 교차표를 contingency_table 대상에 저장하고, contingency_table을 실행하여 교차표를 끌어낼 수 있다. 또한 prop.table 함수를 사용하여 백분율의 교차표를 끌어낼 수 있다.

```
contingency_table <- table(c12_1df$성별, c12_1df$이론)
contingency_table
prop.table(contingency_table)
```

[그림 12-12]

[그림 12-13]은 table 함수를 실행한 교차표이다.

```
   1  2  3
1 12  7 17
2 26 21  7
```

[그림 12-13]

또한 prop.table 함수를 실행하면 [그림 12-14]와 같은 백분율의 교차표가 나타난다.

```
           1          2          3
1 0.13333333 0.07777778 0.18888889
2 0.28888889 0.23333333 0.07777778
```

[그림 12-14]

한편, dplyr 패키지의 파이프 명령문(%>%)과 mutate 함수를 활용하면 새로운 변수를 만들고, 변수값에 레이블을 쉽게 붙일 수 있다. [그림 12-15]에 나타난 명령문은 그 예이다.

```
library(dplyr)
c12_1df <- c12_1df %>%
  mutate(sex = ifelse(c12_1df$성별 == 1, "male",  "female"),
         theory = ifelse(c12_1df$이론 == 1, "A이론",
                  ifelse(c12_1df$이론 == 2, "B이론", "C이론")))
```

[그림 12-15]

그 후에 table, prop.table 함수를 실행시키면 다음과 같은 교차표가 나타난다.

```
       A이론 B이론 C이론
female    26    21     7
male      12     7    17
```

[그림 12-16]

```
            A이론      B이론      C이론
female 0.28888889 0.23333333 0.07777778
male   0.13333333 0.07777778 0.18888889
```

[그림 12-17]

또한 [그림 12-18]과 같이 chisq.test 함수를 활용하여 카이제곱 검정을 실행하고, 그 결과를 저장하여 실행하여 검정 결과를 살펴볼 수 있다.

```
chi_square_result <- chisq.test(contingency_table)
chi_square_result
```

[그림 12-18]

저장한 대상의 이름인 chi_square_result를 실행하면 [그림 12-19]와 같은 검정결과가 나타난다.

```
        Pearson's Chi-squared test

data:  contingency_table
X-squared = 13.255, df = 2, p-value = 0.001324
```

[그림 12-19]

다음으로, read_save 함수를 사용하여 'C12-카이제곱-교차분석.sav' 파일을 불러들여 c12_2df 데이터프레임에 저장한다. 이어서 ifelse 함수를 활용하여 성별에는 '남자' '여자', 결혼 여부에는 '미혼' '기혼'의 레이블을 붙인다.

```
c12_2df <- read_sav(file.choose())
c12_2df$성별 <- ifelse(c12_2df$성별 == 1, "남자",  "여자")
c12_2df$결혼여부 <- ifelse(c12_2df$결혼여부 == 1,
                    "기혼",  "미혼")
```

[그림 12-20]

이어서 "gmodels" 패키지를 설치하고, 이 패키지의 CrossTable 함수를 사용하면 *SPSS*에서 보는 것과 동일한 교차표를 끌어낼 수 있다.

```
install.packages("gmodels")
library(gmodels)

CrossTable(c12_2df$성별, c12_2df$결혼여부)
```

[그림 12-21]

CrossTable 함수를 실행하면 [그림 12-22]와 같은 교차표가 나타난다.

```
             | c12_2df$결혼여부
c12_2df$성별 |      기혼 |      미혼 | Row Total |
-------------|-----------|-----------|-----------|
        남자 |         8 |        16 |        24 |
             |     1.478 |     1.542 |           |
             |     0.333 |     0.667 |     0.511 |
             |     0.333 |     0.696 |           |
             |     0.170 |     0.340 |           |
-------------|-----------|-----------|-----------|
        여자 |        16 |         7 |        23 |
             |     1.542 |     1.609 |           |
             |     0.696 |     0.304 |     0.489 |
             |     0.667 |     0.304 |           |
             |     0.340 |     0.149 |           |
-------------|-----------|-----------|-----------|
Column Total |        24 |        23 |        47 |
             |     0.511 |     0.489 |           |
-------------|-----------|-----------|-----------|
```

[그림 12-22]

다음으로 연령대와 성별의 교차표를 살펴보기 전에, ifelse 함수를 사용하여 연령대에 레이블을 추가하였다. 이어서 table 함수를 사용하여, contingency_table에 교차표를 저장하고, 교차표의 내용을 살펴보았다.

```
c12_2df$연령대 <- ifelse(c12_2df$연령대 == 1, "10대",
                   ifelse(c12_2df$연령대 == 2, "20대",
                   ifelse(c12_2df$연령대 == 3, "30대",
                   ifelse(c12_2df$연령대 == 4, "40대",
                  ifelse(c12_2df$연령대 == 5, "50대", "60대")))))
contingency_table <- table(c12_2df$연령대, c12_2df$성별)
contingency_table
```

[그림 12-23]

[그림 12-24]는 교차표의 결과를 보여 준다.

```
     남자 여자
10대    1    1
20대    7    4
30대    5    2
40대   10    9
50대    0    3
60대    1    4
```

[그림 12-24]

또한 chisq.test 함수를 실행하여 카이제곱검정을 실시할 수 있다.

```
chisq.test(contingency_table)
```

[그림 12-25]

[그림 12-26]은 카이제곱검정의 결과이다.

```
        Pearson's Chi-squared test

data:  contingency_table
X-squared = 6.9384, df = 5, p-value = 0.2253
```

[그림 12-26]

이어서 6개 범주의 연령대를 2개 범주의 연령대구분으로 변환하여 교차분석을 실시하면서 “30대 미만”과 “30대 이상”으로 레이블을 붙였다. table 함수의 결과를 contingency_table로 저장하였다.

```
c12_2df$연령대구분 <- ifelse(c12_2df$연령대구분 == 1,
                      "30대 미만", "30대 이상")
contingency_table <- table(c12_2df$연령대구분, c12_2df$성별)
contingency_table
```

[그림 12-27]

contingency_table로 저장한 교차분석표의 결과는 [그림 12-28]과 같이 나타난다.

```
          남자 여자
30대 미만   13    7
30대 이상   11   16
```

[그림 12-28]

또한 chisq.test 함수를 사용하여 카이제곱검정을 실시하면 [그림 12-29]와 같은 결과가 나타난다.

```
chisq.test(contingency_table)
```

[그림 12-29]

[그림 12-30]에 나타난 수치는 연속성 수정을 한 결과이며, 2×2 교차표에서만 나타난다.

```
        Pearson's Chi-squared test with Yates' continuity
        correction

data:  contingency_table
X-squared = 1.8221, df = 1, p-value = 0.1771
```

[그림 12-30]

연속성 수정을 하지 않으려면 [그림 12-31]과 같이 correct 옵션을 F(FALSE)로 지정하면 된다.

```
chisq.test(contingency_table, correct = F)
```

[그림 12-31]

연속성 수정을 하지 않으면 피어슨 카이제곱의 값이 제공된다.

```
        Pearson's Chi-squared test

data:  contingency_table
X-squared = 2.7059, df = 1, p-value = 0.09998
```

[그림 12-32]

참고문헌

Agresti, A. (1990). *Categorical Data Analysis*. New York: NY, Wiley.

Chiang, C., Langhauser, C., & Selvin, S. (1990). Introduction to probability and Statistics in Biology and Public Health. Unpublished Manuscript. University of California at Berkeley.

Conover, W. (1980). *Practical Nonparametric Statistics*. New York, NY: John Wiley & Sons, Inc.

Gibbons, J. (1985). *Nonparametric Methods for Quantitative Analysis* (2nd ed.). Syracuse, NY: American Science Press.

Liebetrau, A. (1983). *Measures of Association*. Newbury Park, CA: Sage Publications Inc.

Siegel, S., & Castellan, N. (1988). *Nonparametric Statistics for the Behavioral Sciences* (2nd ed.). New York, NY: McGraw-Hill.

| 연습문제 |

01 χ^2분포를 이용한 독립성 또는 적합성 검정에서 관찰값과 기대값의 차이를 검정통계량으로 이용할 수 있는 논리적 근거를 구체적인 예를 통해 설명하십시오.

02 구체적인 예를 통해서 5 미만의 기대값을 갖는 셀이 χ^2 검정결과에 어떤 영향을 미치는지를 설명하십시오.

03 지역사회주민들로부터 $n = 100$명의 표본을 뽑아 이들을 대상으로 어떤 사회복지관을 이용할 것인가를 결정하는 데 있어서 어떤 요인을 가장 중요하게 생각하는지를 조사한 결과가 다음과 같다고 가정할 때, 표본자료를 바탕으로 네 가지 요인 가운데 어떤 요인들은 다른 요인들에 비해 더 중요한 요인으로 작용한다고 볼 수 있는지를 유의수준 .05에서 검정하십시오.

접근 용이성	이용료 수준	서비스 수준	시설수준	기타
19	20	30	27	4

04 10년 전 대학에서 사회복지학을 전공하고 있는 4학년 학생들을 대상으로 졸업 후 취업희망분야를 조사했을 때 20%가 사회복지분야에 취업하고 싶다는 의사를 밝혔고, 30%가 반드시 사회복지분야는 아니지만 사회복지와 관련된 분야에 취업하겠다는 의사를 밝혔으며 나머지 50%는 사회복지와 무관한 분야로 진출하겠다는 의사를 밝혔다고 가정해 보자. 2006년 현재, $n = 100$명의 표본을 대상으로 동일한 조사를 실시하여 얻은 결과가 다음과 같을 때, 사회복지학 전공생들의 취업희망분야에 대한 선호성향에 주목할 만한 변화가 있다고 볼 수 있는지를 유의수준 .05에서 검정하십시오.

사회복지분야	관련분야	비사회복지분야
39	31	30

05 $N = 100$ 명의 사회복지사를 대상으로 가장 선호하는 실천이론을 조사한 결과가 다음과 같을 때, 사회복지사의 성별과 선호하는 실천이론의 종류 간에 아무런 연관성이 없다는 주장의 타당성을 유의수준 .05에서 검정하십시오.

	실천이론 A	실천이론 B	실천이론 C
남성	12	14	18
여성	32	18	6

06 사회보장제도의 적용범위에 대한 입장과 선호하는 정당의 성향 간에 연관성이 존재하는지를 $n = 150$ 명의 표본으로부터 얻어진 다음과 같은 자료를 바탕으로 유의수준 .05에서 검정하십시오.

	진보적 정당	중도적 정당	보수적 정당
보편주의	35	22	18
선별주의	18	18	39

07 학교생활부적응 정도와 자존감 수준 간에 밀접한 연관성이 존재한다는 주장의 타당성을 다음의 표본자료($n = 75$)를 바탕으로 유의수준 .05에서 검정하십시오.

		학교생활부적응 정도		
		낮음	중간	높음
자존감	낮음	5	10	22
	높음	17	13	8

08 위의 문제 7번에서 χ^2 검정기법을 이용하여 가설을 검정하기 위해 필요한 표본의 최소크기를 구하십시오.

09 다음의 표본자료를 이용하여 확률변수 X의 모집단이 정규분포를 따른다는 주장의 타당성을 유의수준 .05에서 검정하십시오.

32	39	47	50	56	57	45	48	52	60	63
65	67	71	75	80	42	51	61	62	65	72
74	76	79	88	73	89	85	64	99	86	44
42	57	58	39	63	57	55	100	101	153	166
111	117	152	163	104	113	123	105	118	171	171
93	99	96	83	94	97	132	127	134	138	133

10 모집단의 확률분포에 관한 가정의 타당성을 χ^2 검정기법을 이용하여 검정할 수 있기 위해서는 표본의 크기가 커야 하는 이유를 위의 9번 문제를 구체적인 예로 이용하여 설명하십시오.

13 이항검정

이번 장에서는 이항검정(binomial test)의 원리와 방법을 살펴보기로 한다. 이항검정은 앞서 제4장과 제5장에서 배운 단일 모평균에 관한 가설검정 및 두 모평균에 관한 가설검정과 기본적인 원리와 방법이 동일하지만 이산확률변수의 변수값으로 이루어진 이항자료(binomial data)를 사용한다는 점에서 차이가 있다. 이항검정은 일정한 조건이 만족될 때 이항변수의 확률분포가 정규분포와 매우 유사해지는 특성을 가지고 있기 때문에 모수검정으로 분류되기도 하지만 동시에 이항분포는 정규분포가 아니기 때문에 χ^2 검정과 마찬가지인 비모수검정으로 분류된다. 이 책에서는 바로 이러한 이유에서 이항검정의 원리와 방법을 모수검정에 포함시켜 논의하되, 단일 또는 두 모평균에 관한 모수검정 부분에 포함시켜 논의하지 않고 별도의 장(章)으로 분리하여 논의하고자 한다. 이항검정의 원리와 방법을 이해하기 위해서 먼저 이항변수, 이항자료 및 이항분포를 이해해 보기로 하자.

1. 이항변수, 이항자료 및 이항분포

이항변수(binomial variable)를 이해하기 위해서는 먼저 베르누이 실험(Bernoulli Trial)이라는 개념을 이해해야 한다. 베르누이 실험이란 시행의 결과로서 상호배타적인 두 개의 결과만이 나타나는 시행을 말한다. 예를 들자면, 동전을 던질 때 앞면 아니면 뒷면 가운데 하나가 나오는 것, 관찰대상의 성별이 남성 아니면 여성으로 구분되는 것, 주사위를 던져서 짝수 아니면 홀수가 나오는 것 등은 모두 상호배타적인 두 개의 결과만을 가지므로 모두 베르누이 실험에 해당한다.

베르누이 실험을 통해서 나타나는 두 개의 상호배타적인 결과란 다른 말로 표현한다면 두 개의 상호배타적인 범주(category)이다. 따라서 베르누이 실험의 결과로서 우리는 상호배타적인 두 개의 범주 가운데 어느 한 범주에 '해당한다' 또는 '해당하지 않는다'라는 결과를 얻게 되는데, 일반적으로 이러한 두 개의 범주 가운데 연구자가 관심을 갖는 범주에 해당하는 결과가 나타나는 경우를 '성공(success)'이라고 정의하고 다른 경우를 '실패'라고 정의한다.

이상의 내용을 바탕으로 이항변수를 정의하면 이항변수란 n 회의 베르누이 실험을 반복할 때 성공에 해당하는 결과가 나타난 횟수, 즉 성공빈도를 변수값으로 갖는 변수라고 정의할 수 있다. 예를 들어서, 동전을 던져 앞면이 나오는 경우를 '성공'이라고 정의한다면 동전을 10번 던져 그 가운에 성공에 해당하는 앞면이 나온 횟수는 이항변수이고 만일 10번 가운데 앞면이 7번 나왔다고 한다면 이항변수의 변수값은 7이 된다.

이항자료(binomial data)란 이러한 이항변수를 측정하여 얻어진 변수값으로 이루어진 자료를 말한다. 다음과 같이 $n = 100$회의 베르누이 실험을 통해서 얻어지는 두 개의 상호배타적 범주 각각에 해당하는 빈도가 이항자료의 좋은 예라고 하겠다.

동전을 100회 던진 결과	
성공(앞면)	실패(뒷면)
40회	60회

일반적으로 이항변수가 변수값을 가질 수 있는 두 가지 범주 가운데 성공범주에 해당하는 모확률 또는 모비율(이하, 모비율)을 p 라고 표기하고 나머지 범주에 해당하는 모비율을 q 또는 $(1-p)$라고 표기한다. 두 모비율 p, q는 모수이며 미지수이므로 표본을 바탕으로 추정해야 하는데 모비율 p, q에 대한 표본통계량을 $\hat{p}$, $\hat{q}$이라고 표기한다.

위의 표에 제시된 이항자료를 바탕으로 앞면에 해당하는 모비율 p와 뒷면에 해당하는 모비율 q 각각에 대한 표본통계량 $\hat{p}$, $\hat{q}$을 구하면 $\hat{p}$, $\hat{q}$은 다름아닌 두 범주 각각의 상대빈도, 즉

$$\hat{p} = \frac{\text{앞면이 나온 빈도}}{\text{총 실험횟수}} \qquad \hat{q} = \frac{\text{뒷면이 나온 빈도}}{\text{총 실험횟수}}$$

이 된다. 위의 실험에서 총 실험횟수가 $n = 100$회이므로 두 모비율 p, q에 대한 표본통계값은 $\hat{p} = .4$ 또는 4/10, $\hat{q} = .6$ 또는 6/10임을 알 수 있다.

이항변수가 따르는 확률분포를 이항분포라고 한다. 어떤 변수 X가 이항변수라고 할 때, X의 확률분포는 다음과 같이

$$X \sim B(np, npq) \qquad [13\text{-}1]$$

정의된다. 이항분포는 부록의 [표 $A8$]에 제시되어 있다. 이항분포는 두 개의 모수 p와 n에 의해서 분포의 모양이 결정되는데 n이 커질수록 분포의 분산은 작아지고 모비율 p가 0 또는 1과 같은 극단적인 값이 아니라 .5에 가까울수록 분포의 모양은 대칭형이 된다. 특히 [13-1]의 이항분포는 다음과 같은 두 가지 조건

조건 1: p와 q 모두 0이나 1보다는 .5에 가깝다.

조건 2: 표본의 크기 n과 p, q를 곱한 값은 $np \geq 10$이고 $npq \geq 10$이다.

이 만족될 때 [그림 13-1]에 제시된 바와 같이 분포의 모양이 다음과 같이 정의되는 정규분포

$$X \sim N(np, npq).\ \text{즉},\ \mu_X = np,\ \ \sigma_X^2 = npq$$

에 가까워지는 특성을 가지고 있다. 이처럼 이항분포가 특정 조건이 만족될 때 정규분포에 가까워지는 것을 가리켜 이항분포의 정규근사(normal approximation)라고 한다.

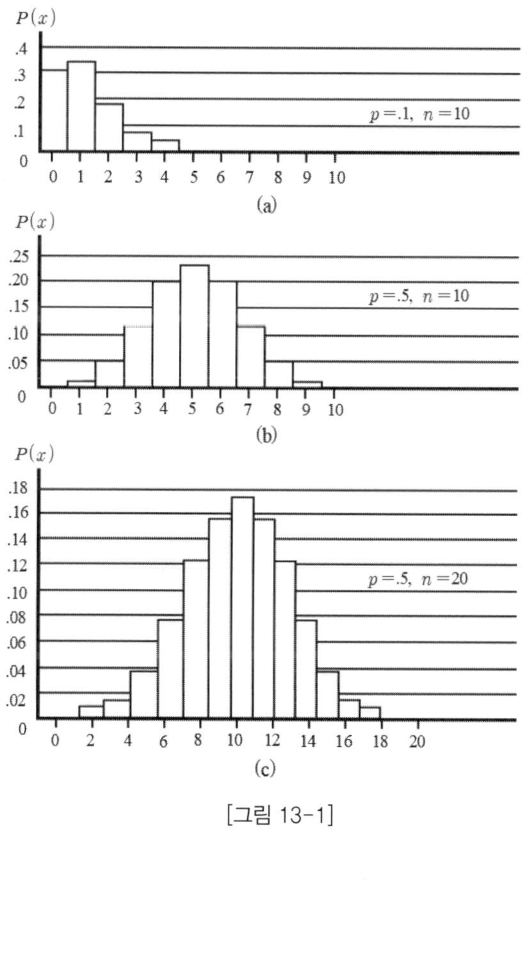

[그림 13-1]

2. 이항검정-단일 모비율에 관한 가설검정

이항검정이란 한마디로 말해서 모집단 차원에서의 p, q 즉 모비율에 관한 가설에 대한 검정이라고 정의할 수 있다. 이때, 모비율에 관한 가설이란 모비율 p가 어떤 값 또는 범위에 해당하는 값을 갖는다는 내용의 가설을 말하는데, 한 개 모비율이 어떤 값을 갖는다는 가설을 표본비율 $\hat{p}$을 바탕으로 검정하는 경우나 두 개의 모비율 p_1과 p_2의 동일성 여부를 표본비율 $\hat{p}_1$, $\hat{p}_2$를 이용하여 검정하는 경우, 즉

$$H_0: p = p_0 \text{ 또는 } H_0: p_1 = p_2 = p_0$$

가 대표적인 이항검정에 해당한다.

여기서 우리는 이항검정을 통해서 검정하고자 하는 가설이 앞서 제4~5장에서 배운 바 있는 모평균에 관한 가설, 즉

$$H_0: \mu = \mu_0 \text{ 또는 } H_0: \mu_1 = \mu_2 = \mu_0$$

과 기본적으로 동일한 가설이라는 것을 알 수 있다. 실제로 이항검정은 모평균에 관한 검정의 경우와 가설만 동일한 것이 아니라 가설검정의 기본적인 원리와 방법까지 동일하다. 이를 보다 자세히 설명하면 다음과 같다. 먼저 앞서 우리는 두 가지 조건이 만족될 때 이항변수 X는 다음과 같은 정규분포로 정규근사한다는 것을 설명했다.

$$X \sim N(np, npq)$$

이러한 사실로부터 우리는 X가 정규분포를 따르므로 $\overline{X}$는 다음과 같은 정규분포를 따른다는 사실을 알 수 있다.

$$\overline{X} \sim N(p, pq/n) \qquad [13\text{-}2]$$

이때, $\overline{X}$를 표준화하면 다음과 같은 Z값을 얻게 되는데

$$Z = \frac{(\overline{X} - \mu_{\overline{X}})}{\sigma_{\overline{X}}} = \frac{(\overline{X} - p)}{\sqrt{pq/n}} \qquad [13\text{-}3]$$

[13-3]에서 분자의 $\overline{X}$는 X/n의 특별한 경우이므로 [13-3]을

$$Z=\frac{(\overline{X}-\mu_{\overline{X}})}{\sigma_{\overline{X}}}=\frac{(\overline{X}-p)}{\sqrt{pq/n}}=\frac{(X/n-p)}{\sqrt{pq/n}} \quad [13\text{-}4]$$

로 변형시킬 수 있다. 그런데 [13-4]에서 X/n는 다름아닌 모비율 p에 대한 표본추정량 $\hat{p}=X/n$이므로 이를 $\hat{p}$으로 대체하면 [13-4]는

$$Z=\frac{\hat{p}-p}{\sqrt{pq/n}} \quad [13\text{-}5]$$

이 된다. 이제 우리는 [13-5]가 다름아닌 앞서 제4장에서 배운 바 있는 단일 모평균에 관한 가설검정에서의 검정통계량과 기본적인 구조가 동일하다는 것을 쉽게 이해할 수 있다. 이러한 사실로부터 우리는 위의 두 가지 조건이 모두 만족될 때 이항분포의 표본비율 $\hat{p}$이 다음과 같은 정규분포

$$\hat{p}\sim N(p,\ pq/n)$$

를 따른다는 사실을 도출해 낼 수 있으며 그렇기 때문에 이항분포의 모비율에 관한 가설 [13-5]를 검정통계량으로 사용하여 검정할 수 있다는 것을 이해할 수 있다.

위의 [13-5]를 검정통계량으로 사용할 수 있기 위해서는 [13-5]의 영가설이 사실이라는 가정을 반영해야 한다. 이를 위해서 [13-5]의 분자를 다음과 같이

$$Z=\frac{\hat{p}-p_0}{\sqrt{p_0q_0/n}} \quad [13\text{-}6]$$

p_0를 사용하여 변형하면 이제 [13-6]의 Z값은 영가설이 사실이라는 가정하에서 구한 값이 된다. 이때, 한 가지 주의해야 할 것은 [13-6]의 분모에 모비율에 대한 표본추정량 $\hat{p}$, $\hat{q}$이 아니라 p_0, q_0가 사용되어야 한다는 점이다. 이는 앞서 배운 중앙극한정리와 관련된 것으로 이에 대한 보다 자세한 설명은 생략하기로 하겠다.

예제 13-1

진보적 성향을 가진 A당과 보수적인 성향을 가진 B당 가운데 사회복지사들은 A당을 더 지지한다는 주장이 사실인지를 알아보기 위해서 150명의 사회복지사를 표본으로 뽑아 두 정당 가운데 어느 당을 지지하는지를 조사한 결과가 다음과 같을 때 위의 주장의 사실 여부를 유의수준 .05에서 검정해 보기로 하자.

진보적 성향을 가진 A당과 보수적인 성향을 가진 B당 가운데 사회복지사들은 A당을 더 지지한다는 주장이 사실인지를 알아보기 위해서 150명의 사회복지사를 표본으로 뽑아 두 정당 가운데 어느 당을 지지하는지를 조사한 결과가 다음과 같을 때 위의 주장의 사실 여부를 유의수준 .05에서 검정해 보기로 하자.

A 정당 지지	B 정당 지지
87명	63명
지지율 = .58	지지율 = .42

조사를 통해 얻은 표본자료는 두 정당에 대한 지지율, 즉 비율이며 이를 바탕으로 위의 주장을 뒷받침하는지를 알아보는 것이다. 정당 A에 대한 사회복지사의 지지율을 p로 정의한다면 영가설과 대립가설은 다음과 같이 설정된다.

H_o : 두 정당에 대한 지지율에 차이가 없다. 또는 $H_0 : p = p_0 = .5$

H_a : 두 정당 가운데 당을 더 지지한다. 또는 $H_a : p > .5$

앞서 배운 바와 같이, 표본자료가 이항자료이고 $n = 150$이므로 Z값을 검정통계량으로 사용할 수 있다. 대립가설의 방향성을 볼 때, 오른쪽 단측검정을 실시하는 것이 타당하며 부록의 [표 A1]로부터 유의수준 .05에 해당하는 오른쪽 단측검정 임계값은 1.645임을 알 수 있다. 표본자료를 바탕으로 검정통계값을 구하면

$$Z = \frac{\hat{p} - p_0}{\sqrt{p_0 q_0}} = \frac{.58 - .5}{\sqrt{(.5)(.5)/150}} = \frac{.08}{.0408} = 1.961$$

이고 이 값은 임계값 1.645보다 큰 값이므로 기각역에 속하는바, 유의수준 .05에서 영가설은 기각된다. 따라서 표본자료로부터 사회복지사들이 진보적인 성향의 A당을 더 지지한다는 주장이 사실임을 뒷받침하는 증거를 찾을 수 있다는 결론을 내리게 된다.

3. 이항검정-두 모비율에 관한 가설검정

단일 모비율에 관한 가설검정에서와 마찬가지로 두 모비율에 관한 가설검정 또한 Z값을 검정통계량으로 사용하여 가설을 검정하게 된다. 두 모비율 p_1과 p_2가 서로 독립인 두 모집단의 비율일 때, p_1과 p_2가 동일한 모비율인지의 여부를 검정하기 위한 영가설과 대립가설은 다음과 같이 설정된다.

H_o : 두 모비율이 같다. $H_0 : p_1 = p_2 = p_0$

H_a : 두 모비율이 다르다. $H_a : p_1 \neq p_2$ [13-7]

[13-7]의 가설을 검정하기 위해서 두 모집단 각각으로부터 뽑은 두 표본의 크기가 모두 $n_1 > 30,\ n_2 > 30$ 일 때 검정통계량은

$$Z = \frac{(\hat{p}_1 - \hat{p}_2) - (p_1 - p_2)}{\sqrt{\hat{p}\hat{q}(1/n_1 + 1/n_2)}} \quad [13\text{-}8]$$

로 정의된다. 여기서 한 가지 주의해야 할 것은 [13-8]에서는 [13-6]과 달리 분모에 모비율 p 에 대한 표본추정량인 $\hat{p}$ 이 사용되고 있다는 점이다. 이때, $\hat{p}$ 은 두 모평균에 관한 가설검정에서 소개한 바 있는 통합분산 s_p^2 과[1] 동일한 개념의 통합추정량(pooled estimate)으로서 다음과 같이 정의된다.

$$\hat{p} = \frac{n_1\hat{p}_1 + n_2\hat{p}_2}{n_1 + n_2}$$

미지수인 모비율 p 에 대한 표본추정량으로는 $\hat{p}_1$과 $\hat{p}_2$ 모두가 가능하지만 어느 한 표본만을 바탕으로 구한 표본추정량을 사용하는 것보다는 두 표본 모두를 바탕으로 구한 통합추정량을 사용하는 것이 보다 많은 정보를 바탕으로 p 를 추정할 수 있음에 따라 더 바람직하다.

예제 13-2

동일한 문제를 해결하고자 고안된 두 개의 집단대상사회복지실천 프로그램 A와 B를 3개월간 실시한 후, 프로그램 참여자를 대상으로 만족도를 조사했다. 프로그램을 담당했던 사회복지사는 A의 경우 30명의 참여자 가운데 '아는 사람들 가운데 동일한 문제를 가진 사람들에게 이 프로그램을 추천하겠는가?'라는 질문에 대해서 '추천하겠다'라고 답한 참여자가 17명인데 비해 프로그램 B의 경우 30명 가운데 14명이 추천하겠다고 답함에 따라 프로그램 A에 대한 만족도가 더 높다고 주장한다.

이러한 주장이 타당한지의 여부를 유의수준 .05에서 검정해 보기로 하자. 이를 위해 '추천하겠다'고 답한 참여자의 비율을 p 로 정의하면 검정대상 영가설과 대립가설은 다음과 같이 설정된다.

H_o : 두 프로그램에 대한 만족도가 같다. 또는 $H_0 : p_1 = p_2 = p_0$

H_a : 프로그램 에 대한 만족도가 더 높다. 기호로 $H_a : p_1 > p_2$

---

1) 제5장의 내용을 참조하기 바란다.

두 표본 모두 대표본이므로 다음의 Z값을 검정통계량으로 사용할 수 있다.

$$Z=\frac{(\hat{p}_1-\hat{p}_2)-(p_1-p_2)}{\sqrt{\hat{p}\hat{q}(1/n_1+1/n_2)}}$$

표본자료로부터

프로그램 A	프로그램 B
17명 $\hat{p}_1=.567$	14명 $\hat{p}_2=.467$

이며, $\hat{p}$은

$$\hat{p}=\frac{(30)(.567)+(30)(.467)}{60}=.517$$

이므로 검정통계값은 다음과 같다.

$$Z=\frac{(.567-.467)}{\sqrt{(.517)(.483)(1/30+1/30)}}=\frac{.1}{.129}=.7752$$

대립가설의 내용으로 미루어 볼 때, Z분포의 오른쪽 극단에만 기각역을 설정하고 단측검정을 실시하는 것이 타당하다. 유의수준 .05에 해당하는 임계값은 부록의 [표 A1]로부터 1.645이며 표본자료를 바탕으로 구한 검정통계값 .7752는 임계값보다 작은 값이므로 유의수준 .05에서 영가설은 기각되지 않는다. 따라서 표본자료로부터 프로그램 A에 대한 참여자의 만족도가 더 높다는 담당사회복지사의 주장을 뒷받침하는 증거를 찾을 수 없다는 결론을 내리게 된다.

---

4. *SPSS*를 이용한 이항분석의 결과 해석

[예 13-1]은 $n=150$의 표본을 바탕으로 두 정당 A, B에 대한 지지도에 차이가 있는지를 검정하는 경우이다. 검정하고자 하는 영가설과 대립가설이 다음과 같이 단일 모비율에 관한 가설이므로 가설검정을 위해서는 이항분석을 실시해야 한다.

H_o : 두 정당에 대한 지지율에 차이가 없다. 또는 $H_0: p=.5$
H_a : 두 정당 가운데 A당을 더 지지한다. 기호로 $H_a: p>.5$

*SPSS*에서 이항검정을 하기 위해 데이터 'C13-이항검정'을 불러들여 보자. 이 자료에는 [예 13-1]에서 제시된 예를 *SPSS*로 입력한 자료이다.

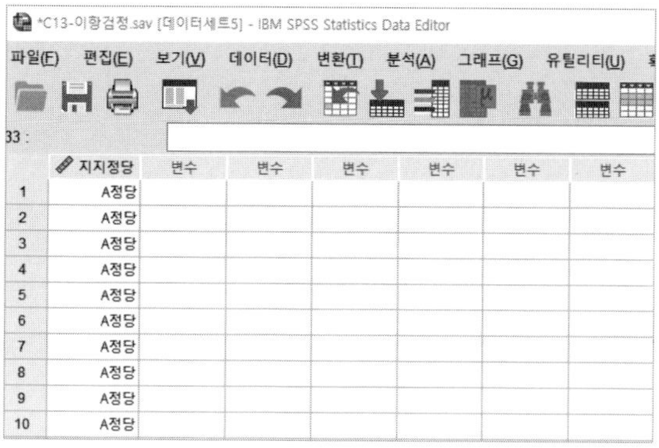

[그림 13-2]

이항검정을 실시하기 위해서는 [그림 13-3]과 같이 최상위 명령에서 분석(Analysis)을 선택하고 비모수검정(Nonparametric Tests)을 선택한다. 그런 다음 비모수검정의 하위명령 중 이항검정(Binomial)을 선택한다.

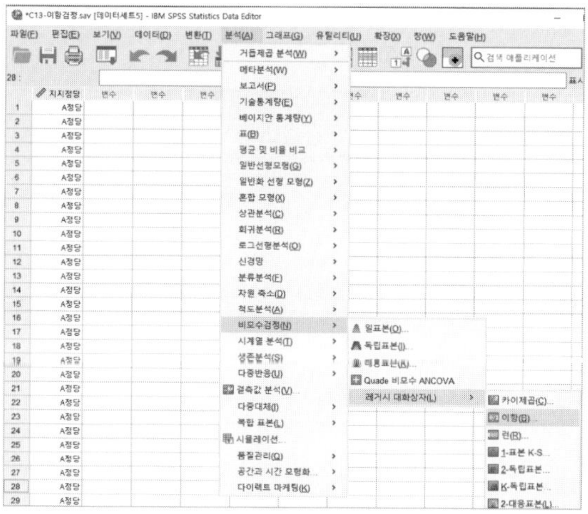

[그림 13-3]

이항검정을 선택하면 [그림 13-4]의 창이 나타난다. 이 창의 왼쪽에 위치한 변수목록에서 지지정당 변수를 오른쪽의 검정변수 목록(Test Variable List)에 옮겨 놓는다. 그런 다음 검정변수 목록 박스 아래쪽의 검정비율(Test Proportion) 박스에 주목한다. 여기서 말하는 검정비율은 연구자가 영가설이 사실일 때의 모비율이다. 이 예에서 우리가 검증하고자 하는 영가설은 '지지율에 차이가 없다'이며 이 영가설이 사실이라면 모비율은 $p = .5$이다. 연구자는 검정비율 박스에 바로 이 값을 입력하면 된다.

[그림 13-4]의 검정비율 박스에는 이미 .50값이 입력되어 있는데 *SPSS*에서는 연구자가 별도의 값을 입력하지 않는 한 항상 .50값이 자동 입력되기 때문이다. 만일 연구자가 모비율이

$p = .75$이라는 영가설을 세웠다면 검정비율 박스에 .75가 입력되어야 한다. 원하는 검정비율을 설정한 다음 마지막으로 '확인(OK)'을 눌러 명령을 실행시킨다.

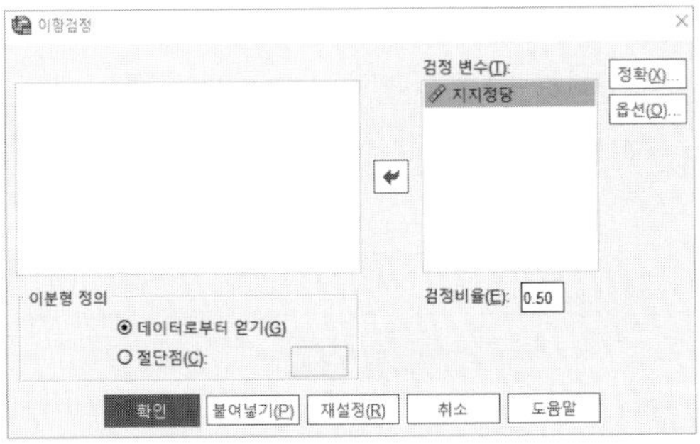

[그림 13-4]

*SPSS*를 이용하여 표본자료에 대해서 이항분석을 실시한 결과는 〈표 13-1〉과 같다.

〈표 13-1〉

이항검정

		범주	N	관측비율	검정비율	근사 유의확률 (양측)
지지정당	집단1	A정당	87	.58	.50	.060
	집단2	B정당	63	.42		
	합계		150	1.00		

Z 근사법을 기준으로.

표의 왼쪽 상단에 표기된 '비모수검정'과 표제목 '이항검정'은 이 분석결과가 비모수검정 중 하나인 이항분석의 분석결과라는 것을 말해준다. 이항분석 결과표를 보면 A당을 지지하는 집단과 B당을 지지하는 집단 각각이 표본에서 차지하는 비율이 $p = .58$, $q = .42$로 제시되어 있다. 이 두 값과 표본의 크기로 미루어볼 때, A당을 지지하는 사람의 수를 이항변수 X라고 하면 X가 정규분포를 따르기 위해 필요한 두 가지 조건이 모두 만족된다는 것을 알 수 있다. 따라서 가설검정을 위한 검정통계량의 값은

$$Z = \frac{\hat{p} - p_0}{\sqrt{p_0 q_0 / n}} = \frac{.58 - .5}{\sqrt{(.5)(.5)/150}} = \frac{.08}{.0408} = 1.961$$

이다. 이 표의 맨 마지막 열에는 표본을 바탕으로 구한 검정통계값 1.961에 해당하는 양측검정 p값이 제시되어 있다. 대립가설이 방향성을 가진 가설이고 대립가설의 내용으로 미루어 볼 때, 오른쪽 단측검정을 하는 것이 타당하다. 따라서 영가설 기각 여부는 제시된 p값의 1/2과

유의수준과 비교하여 결정해야 한다. 위의 표에 의하면

$$p\text{값} / 2 = .03 < .05 = \alpha$$

이므로 유의수준 .05에서 영가설은 기각된다.

5. *R*을 이용한 이항검정

이항검정을 하기 위해서 haven 패키지의 read_save 함수를 사용하여 데이터 'C13-이항검정.sav' 파일을 불러들여 c13df 데이터프레임에 저장한다. 이어서 ifelse 함수를 활용하여 지지정당 변수의 값을 '1'은 '1'로, '2'는 '0'으로 변환한다.

```
c13_df <- read_sav(file.choose())
View(c13_df)
c13_df$지지정당 <- ifelse(c13_df$지지정당 == 1, 1, 0)
```

[그림 13-5]

이어서 binom.test 함수를 사용하여 이항검정을 실시한다. binom.test 함수에는 성공의 횟수, 시행의 횟수, 그리고 영가설의 확률이 필요하다. 성공의 횟수, 시행의 횟수는 table 함수를 실행하여 확인한 후 입력을 하거나, 지지정당의 값을 1, 0으로 변환한 후 아래의 예와 같이 sum 함수(1의 횟수 계산)와 length 함수(전체 사례수 계산)를 사용한다.

```
binomial_result <- binom.test(sum(c13_df$지지정당),
                              length(c13_df$지지정당), p = 0.50)
binomial_result
```

[그림 13-6]

binom.test 함수의 결과를 저장한 binomial_result를 실행해 보면 [그림 13-7]과 같은 이항검정 결과가 나타난다.

```
        Exact binomial test

data:  sum(c13_df$지지정당) and length(c13_df$지지정당)
number of successes = 87, number of trials = 150, p-value =
0.06003
alternative hypothesis: true probability of success is not equal to
0.5
95 percent confidence interval:
 0.4967591 0.6600168
sample estimates:
probability of success
                  0.58
```

[그림 13-7]

참고문헌

Chiang, C., Langhauser, C., & Selvin, S. (1990). Introduction to Probability and Statistics in Biology and Public Health. Unpublished Manuscript. University of California at Berkeley.

Gibbons, J. (1985). *Nonparametric Methods for Quantitative Analysis* (2nd ed.). Syracuse, NY: American Science Press.

Gravetter, F., & Wallnau, L. (1988). *Statistics for the Behavioral Sciences* (2nd ed.). St. Paul, MN: West Publishing Company.

Mendenhall, W., Wacker;y, D., & Scheaffer, R. (1990). *Mathematical Statistics with Applications* (4th ed.). Boston, MA: PWS-KENT Publishing Co.

| 연습문제 |

01 [예 13-1]의 표본자료를 이용하여 단일 모비율에 관한 가설을 검정하기 위한 이항검정과 검정 χ^2 간의 관계를 설명하십시오.

02 [예 13-2]의 표본자료를 이용하여 두 모비율에 관한 가설을 검정하기 위한 이항검정과 검정 χ^2 간의 관계를 설명하십시오.

03 [예 13-1]의 표본자료를 이용하여 모비율 p에 대한 90% 신뢰구간을 설정하십시오.

04 [예 13-2]의 표본자료를 이용하여 두 모비율의 차이인 $p_1 - p_2$에 대한 95% 신뢰구간을 설정하십시오.

05 [예 13-1]에서 검정통계량의 분모에 $\hat{p}\hat{q}/n$을 사용하지 않고 pq/n을 사용한 이유를 설명하십시오.

06 미국정신보건국(NIMH)에 따르면, 정신질환자 가운데 약물남용 문제를 함께 가진 이중진단자(dual-diagnosis)의 비율이 약 48%인 것으로 알려져 있다. 우리나라의 경우, 이중진단자의 비율이 어느 정도인지를 알아보고자 명의 정신질환자 표본을 뽑아 약물남용 여부를 조사한 결과 이들 중 명이 약물남용 문제를 가지고 있는 것으로 나타났다. 우리나라 이중진단자의 비율이 미국과 유사한 수준인지를 유의수준 .05에서 검정하십시오.

07 2000년 실시된, 기초생활보장 조건부수급자에 대한 전수조사에 따르면 여성 수급자의 비율이 82%인 것으로 알려져 있다. 2005년 신규 조건부수급자 110명의 성비를 조사한 결과 여성 수급자의 비율이 78%로 나타났다면 이러한 결과가 지난 4년 동안 조건부수급자의 성비에 현저한 변화가 있었다는 주장을 뒷받침하는 증거로 활용될 수 있을지 여부를 유의수준 .05에서 검정하십시오.

08 알코올중독자의 단주 노력에 도움을 주고자 고안된 개인대상사회복지실천 프로그램이 효과적인지의 여부를 '프로그램 참여자가 프로그램 종료 이후 6개월 동안 단주상태를 지속할 수 있는지의 여부'로 판단한다고 가정해 보자. 만일 알코올중독자가 아무런 도움 없이 6개월 동안 금주할 수 있는 확률이 .3이라고 한다면 이제까지 프로그램에 참여한 30명의 알코올중독자 가운데 몇 명이 프로그램 종료 후 6개월 동안 금주상태를 유지할 때 비로소 이 프로그램이 효과적이라고 말할 수 있는지를 답하십시오(단, 유의수준은 .05).

09 가정폭력 여성 피해자 가운데 자녀가 있는 피해자가 자녀가 없는 피해자에 비해서 1년 이내에 자립할 수 있는 가능성이 더 높다는 주장의 타당성을 검정하기 위해서 여성 피해자 가운데 자녀가 있는 피해여성 30명과 자녀가 없는 피해여성 27명을 표본으로 뽑아 1년 이내에 자립 여부를 조사한 결과, 각 집단에서 1년 이내에 자립한 피해여성이 18명과 15명인 것으로 나타났다. 위의 주장의 타당성을 유의수준 .05에서 검정하십시오.

10 25%의 성공률을 가진 것으로 알려진 어떤 접근방법의 성공 여부를 실증적으로 파악하기 위해서 표본을 뽑을 때 제1종 오류의 확률을 .05로 유지하고자 한다면 표본의 크기는 얼마가 되어야 하는지 답하십시오.

제 3 부

비모수검정

제14장 / 비모수검정 I

제15장 / 비모수검정 II

14

비모수검정 I

이제까지 이 책에서 다루었던 검정기법들 가운데 χ^2검정과 스피어맨 서열상관분석을 제외한 나머지 모든 검정기법들은 모수검정에 해당하는 검정기법이었다. 이제 이번 장과 다음 장에서는 모수검정을 할 수 없는 상황에서 사용하게 되는 비모수검정기법들을 살펴보기로 하겠다. 아래에서 보다 자세하게 설명하겠지만 비모수검정기법이란 한마디로 표현하자면 표본자료가 모수검정기법을 사용하는 데 필요한 조건들을 만족시키지 못할 때 사용하는 검정기법이라고 할 수 있다. 사회복지실천현장에서 생산되는 표본자료는, 사회복지실천의 속성상 모수검정기법을 이용하기에 적합하지 않은 경우가 종종 있는바,[1] 이러한 경우를 대비하여 비모수검정기법의 원리를 이해해 두는 것은 사회복지학 연구자들에게 있어서는 매우 중요하다. 이번 장에서는 비모수검정기법 가운데 원자료를 순위자료로 전환하여 사용하는 순위검정(rank test)기법들을 살펴보기로 하겠다.

1. 모수검정기법과 비모수검정기법 비교

이제까지 살펴본 모수검정기법들은 공통적으로 분석의 대상이 되는 표본자료가 정규분포 또는 정규분포와 매우 유사한 확률분포를 따르는 모집단으로부터 뽑힌 표본자료이어야 하며 등간 또는 비율척도로 측정된 자료이어야 한다는 조건을 필요로 하며 경우에 따라서는 이러한 정규모집단 조건과 더불어서 등분산성 조건까지 만족될 때에 비로소 모수검정기법을 사용하여

1) 이러한 문제 가운데 사회복지실천현장에서 가장 일반적으로 나타나는 문제점으로는 충분한 크기를 가진 표본을 구할 수 없는 것을 꼽을 수 있다.

가설을 검정할 수 있었다.

비모수검정기법의 필요성은 이러한 조건들이 언제나 만족되지 않을 수 있다는 가능성으로부터 출발한다. 일반적으로 비모수검정기법은 다음과 같은 경우

1) 표본자료가 뽑혀 나온 모집단이 정규분포 또는 정규분포와 매우 유사한 확률분포를 따르지 않는 경우
2) 표본이 충분히 크지 않은 경우
3) 표본자료가 명목 또는 서열척도로 측정된 변수값으로 이루어진 경우

사용하는데 이 가운데서도 특히 모집단의 확률분포를 모르기 때문에 표본자료의 확률분포가 정규분포인지를 알 수 없는 경우에는 반드시 비모수검정기법을 사용해야 한다.

이러한 비모수검정기법들 가운데서도 이번 장에서 살펴보게 될 비모수검정기법들은 주로 원자료를 순위자료(rank data)로 전환하여 사용하게 되는데, 이렇게 자료를 전환하게 되면 원자료에 담긴 정보 가운데 일부를 잃게 되는 단점이 있으나 그 대신 다음과 같은 장점을 얻게 된다.

장점 1. 표본자료가 뽑혀 나온 모집단의 확률분포가 정규분포 또는 정규분포와 유사한 분포를 따라야 한다는 조건으로부터 자유로울 수 있다.
장점 2. 서열척도로 측정된 자료를 분석할 수 있다.
장점 3. 표본자료 가운데 포함되어 있을 수 있는 극단적인 값의 영향을 상당히 줄일 수 있다.
장점 4. 검정통계량을 구하는 계산이 매우 단순해진다.

이러한 장점들 가운데 가장 중요한 것은 물론 장점 1이라고 할 수 있는데, 원자료를 서열자료로 전환함으로써 표본자료의 모집단이 정규분포를 따라야 한다는 조건으로부터 벗어날 수 있다는 의미에서 비모수검정기법을 종종 모집단의 분포로부터 자유로운(distribution-free) 검정기법 또는 순위-서열자료를 이용한 검정기법이라고 부르기도 한다.

이때, 모집단의 분포로부터 자유롭다는 말은 달리 표현하자면 모집단의 확률분포가 무엇이건 상관없으며 따라서 모집단의 확률분포에 대한 아무런 가정을 하지 않는다는 것을 의미한다. 그렇기 때문에 비모수검정기법을 이용하여 검정하게 되는 가설은 더 이상 모수검정에서의 가설, 즉 '모수가 어떤 값 또는 범위 값을 갖는다'는 내용의 가설이 아니라는 것을 이해해 둘 필요가 있다.[2)]

2) 이에 대해서는 제12장 χ^2검정에서 설명한 바 있다.

비모수검정기법에는 여러 가지가 있으나 이번 장과 다음 장에서는 이제까지 이 책에서 소개한 모수분석기법과 동일 또는 유사한 목적에서 사용될 수 있는 분석기법만을 소개하기로 하겠다.

2. 부호검정

부호검정(Sign Test)은 대응표본을 바탕으로 두 모수의 동일성을 검정하는 모수검정 중 우리가 배웠던 대응표본 t 검정에 해당하는 비모수검정기법이다. 부호검정의 기본 원리를 설명하면 다음과 같다. 예를 들어, 두 확률변수로부터 크기가 n인 다음과 같은 대응표본을 뽑아 두 확률변수의 모집단이 동일한 모수를 갖는 모집단인지 여부를 검정한다고 가정해 보자.

$$(x_1,\ y_1),\ (x_2,\ y_2),\ (x_3,\ y_3),\ \cdots,\ (x_n,\ y_n)$$

이때, 만일 표본의 크기가 $n \geq 30$ 이라면 중앙극한정리를 적용할 수 있으므로 각 관찰값 쌍을 이루고 있는 두 관찰값 간 차이의 평균, 즉

$$\bar{d} = (\overline{X} - \overline{Y})$$

는 정규분포를 따른다. 따라서 두 모수 μ_X, μ_Y의 동일성을 검정하기 위해서 우리는 t 또는 Z검정을 사용할 수 있다.

그런데 만일 표본의 크기가 충분히 크지 않다면 중앙극한정리를 적용할 수 없으며 그렇다면 $\bar{d}$가 정규분포를 따른다고 가정할 수 없다. 따라서 표본의 크기가 충분히 크지 않다면 모수검정기법을 사용하여 두 모집단이 동일한 모수를 갖는 모집단인지 검정할 수 없다.

부호검정은 바로 이러한 경우에 사용할 수 있는 가장 간단한 비모수분석기법이다. 부호검정에서는 대응표본 관찰값 쌍의 실제 차이를 이용하는 것이 아니라 차이의 부호(sign)만을 사용한다. 따라서 부호검정에서는 원자료를 부호로 전환한다. 예를 들어, 크기가 $n = 10$으로 동일한 두 대응표본 표본 1과 표본 2가 있고 각 관찰값 쌍의 관찰값 간 차이가 아래와 같다고 가정해 보자.

표본 1

$(x_i,\ y_1)$	(1, 3)	(2, 7)	(−1, 3)	(−2, 0)	(−3, 3)	(5, 6)	(4, 4)	(6, 2)	(5, 7)	(3, 9)
$x_i - y_i$	−2	−5	−4	−2	−6	−1	0	4	−2	−6
부호	−	−	−	−	−	−		+	−	−
(−)부호의 개수=8, (+)부호의 개수=1, 0의 개수=1										

표본 2

(x_i, y_1)	(2, 3)	(2, 5)	(−1, 4)	(2, 4)	(3, 3)	(6, 5)	(4, 2)	(6, 2)	(7, 5)	(8, 3)
$x_i - y_i$	−1	−3	−3	−2	0	1	2	4	2	5
부호	−	−	−	−		+	+	+	+	+
(−)부호의 개수=4, (+)부호의 개수=5, 0의 개수=1										

위의 표에서 만일 (−)부호 또는 (+)부호 어느 한 쪽의 개수가 다른 한 쪽에 비해 월등히 많다면 이는 대응표본을 이루고 있는 두 확률변수 X와 Y 간에 무작위적이지 않은 차이가 존재한다는 것을 의미한다. 왜냐하면 어느 한 부호가 다른 부호에 비해 월등히 많다는 것은, 논리적으로 볼 때 두 변수 X와 Y가 매우 다를 때만 나타날 수 있는 현상이기 때문이다.

실제로 위의 두 표본을 비교해 보면 표본 1의 경우는 2개 관찰값 쌍을 제외하고는 Y의 값이 X에 비해서 크며 그렇기 때문에 (−)부호의 개수가 (+)부호에 비해서 절대적으로 많은 것을 알 수 있다. 이와 달리 표본 2의 경우는 약 절반 정도의 관찰값 쌍에서는 Y가 X에 비해 큰 값을 갖지만 나머지 절반 정도에서는 X가 Y에 비해 큰 값을 가진다. 그 결과, 표본 2에서는 (−)부호와 (+)부호의 개수 차이가 거의 없게 나타나고 있다.

이 예를 통해서 알 수 있듯이 두 표본 중 위의 표본 2의 경우처럼 두 부호의 개수가 동일하거나 매우 유사하다면 이는 두 변수 X와 Y 간에 존재하는 차이가 무작위적인 차이일 가능성이 높은 반면, 표본 1처럼 어느 한 부호가 다른 한 부호에 비해 불균형적으로 많다면 이는 두 변수 간에 무작위적이라고 보기 힘든 차이가 존재할 가능성을 시사해 주는 것이라 볼 수 있다.

이러한 논리를 바탕으로 부호검정에서는 n개의 대응표본 관찰값 쌍 중에서 0이 나온 경우를 제외한 $n_{0\text{제외}}$ 개의 관찰값 쌍 가운데 (+)부호 또는 (−)부호가 차지하는 비율을 검정통계량으로 사용하여 두 변수 X와 Y 간에 차이가 없다는 영가설을 검정하게 된다. 이때, 0이 나온 경우를 제외하는 이유는, 전체 표본에서 (+)부호 또는 (−)부호가 차지하는 비율을 계산하면서 두 변수 간에 차이 없음을 의미하는 0의 개수까지 포함하는 것이 타당하지 않기 때문이다.

이제 위의 두 표본 가운데 표본 1을 예로 들어 가설을 검정해 보기로 하자. 먼저 어떤 i 번째 관찰값을 이루고 있는 두 값 (x_i, y_i)의 차이가 (+)부호를 가질 확률을 p라고 하면 (−)부호를 가질 확률은 $1-p=q$라고 할 수 있으며, 달리 생각해야 할 특별한 이유가 없는 이상 모든 관찰값 쌍에 있어서 $p=q=.5$라고 가정할 수 있다. 이러한 가정하에서 검정해야 할 영가설과 대립가설은 다음과 같이 설정된다.

$$H_0 : p = P[(+)\text{부호}] \;=\; P[(-)\text{부호}] \;=\; q = .5$$
$$H_a : p \neq q \qquad [14\text{-}1]$$

[14-1]의 가설을 검정하는 데 필요한 검정통계량을 구하기 위해서는 먼저 관찰값 쌍의 두 값

의 차이가 (+)부호일 확률이 p 또는 (−)부호가 나올 확률 $1-p=q$를 구해야 한다. 표본 1의 총 10개의 관찰값 쌍에서 0이 나온 경우를 제외한 $n=9$ 가운데 (+)부호가 나온 수를 X^+라고 하면 X^+는 다음과 같은

$$X^+ \sim B(p,\ n)$$

이항분포(binomial distribution)를 따른다는 사실을 이해해야 한다.[3] 이러한 사실을 바탕으로 부호검정에서는 이항분포상에서 X^+가 표본을 바탕으로 구한 특정 검정통계값 X_0^+와 같거나 더 극단적인 값을 가질 확률 $P(X^+ \ \geq X_0^+)$을 미리 설정한 유의수준 α와 비교하여 양측검정의 경우 다음과 같을 때

$$P(X^+ \leq X_0^+) < \alpha/2 \text{ 또는 } P(X^+ \geq X_0^+) > \alpha/2 \qquad [14\text{-}2]$$

영가설을 기각한다. 이때, [14-2]는 다름아닌 검정통계값 X_0^+에 해당하는 p값으로서 p값이 미리 설정한 유의수준보다 작을 때 영가설이 기각된다는 것을 기억한다면 어떤 이유에서 [14-2]의 경우에 영가설이 기각되는지를 쉽게 이해할 수 있으리라 본다.

표본 1의 경우 $X^+ = 1$이므로 $P(X^+ \leq x_0)$을 계산하여 $P(X^+ \leq x_0) < \alpha/2$ 인지의 여부를 판단하는 것이 더 용이하다. 확률 $P(X^+ \leq X_0^+)$는 부록 [표 $A8$]에 제시된 이항분포표를 이용하여 구하는데, 이 값은 영가설이 사실이라는 가정에 부합하는 값, 즉 $p=1/2,\ n=9$에 해당하는 값이므로 부록 [표 $A8$]에 제시된 $p=1/2,\ n=9$에 해당하는 이항분포표를 이용하면 $P(X^+ \leq 1) = .020$ 임을 알 수 있다.

[14-1]의 내립가설이 방향성을 갖지 않은 가설임에 따라 양측검정을 실시해야 하는데, 가설검정을 위한 유의수준을 .05로 설정했으므로 $P(X^+ \leq X_0^+)$와 비교하게 될 유의수준은 $\alpha/2 = .025$ 이다. 표본을 바탕으로 구한 검정통계값에 해당하는 p값= .02는 .025보다 작은 값이므로 유의수준 .05에서 영가설은 기각된다. 따라서 표본자료로부터 $p=.5$임을 뒷받침할 수 있는 증거를 찾을 수 없으므로 두 변수 X, Y 같다는 영가설을 뒷받침하는 증거를 찾을 수 없다는 결론을 내리게 된다.

위의 예에서 만일 n이 충분히 커서 앞서 제13장에서 소개한 바 있는 두 가지 조건 $np \geq 10, nq \geq 10$ 이 모두 만족된다면 이항변수 X^+는 다음과 같은 정규분포에

$$X^+ \sim N(np,\ npq)$$

근사하게 된다. 따라서 표본이 충분히 클 때, [14-1]의 가설은 다음과 같은

3) 이항분포에 대해서는 제13장의 내용을 참조하기 바란다.

$$Z = \frac{X^{+} - np}{\sqrt{npq}} \sim N(0,\ 1)$$

Z값을 검정통계값으로 사용하여 Z검정할 수 있다.

3. 맥니마검정

맥니마검정(MacNemar Test)은 부호검정을 약간 변형한 검정기법이다. 맥니마검정은 제12장에서 배웠던 카이제곱검정과 매우 유사한 검정기법으로서 두 개의 이항변수로 구성된 대응표본을, 어떤 요인을 '가지고 있다'와 '가지고 있지 않다'를 기준으로 분류할 때 대응표본이 분류되는 양상과 변수 간에 연관이 있는지 알아보는 검정기법이다. 다음과 같은 예를 통해서 맥니마검정의 원리를 이해해 보기로 하자.

참여자의 사회성(social skill) 증진을 목적으로 하는 어떤 사회복지 프로그램의 효과를 알아보기 위한 노력의 일환으로서 프로그램 참여자들로 실험집단을 구성하고 실험집단과 여러 가지 면에서 유사한 비교집단을 구성하여 실험집단과 비교집단의 구성원을 일대일로 매칭(matching)하여 다음과 같은 대응표본을 얻었다고 가정해 보자.

$$(x_1,\ y_1),\ (x_2,\ y_2),\ (x_3,\ y_3),\ \cdots,\ (x_n,\ y_n)$$

대응표본의 쌍 $(x_1,\ y_1)$를 이루고 있는 실험집단 구성원 x_i와 비교집단 구성원 y_i 각각에 대해서 '한부모 가정 여부'라는 변수 또는 요인(factor)을 기준으로 한부모 가정인 경우를 (+)로, 한부모 가정이 아닌 경우를 (−)로 표기한 다음, 그 결과를 바탕으로 대응표본 쌍을 다음과 같이 2×2 교차표로 구분하였다고 가정해 보자.

이때, 2×2 교차표상에서 대응표본의 분포와 요인 간에 연관성이 존재하는지를 알아본다는 것은 한부모 가정 여부라는 요인을 기준으로 놓고 볼 때, 실험집단과 비교집단의 매칭(matching), 즉 짝짓기가 적절히 이루어져 두 집단을 동일한 집단이라고 볼 수 있는지의 여부를 판단하는 것이라고 할 수 있다.

〈표 14-1〉

		비교집단		
		+	−	합계
실험집단	+	$(+,\ +),\ f_{11}=3$	$(+,\ -),\ f_{12}=6$	$n_1=9$
	−	$(-,\ +),\ f_{21}=4$	$(-,\ -),\ f_{22}=2$	$n_2=6$
	합계	$m_1=7$	$m_2=8$	$N=15$

이러한 판단을 내리는 데 있어서 관건이 되는 것은 위의 표에서 실험집단 구성원과 비교집단 구성원 중 어느 한 쪽은 한부모 가정이고 다른 한 쪽은 한부모 가정이 아니게 매칭된 빈도, 즉 f_{21}과 f_{12}이다. 위의 표에서 f_{11}과 f_{22}는 각각 한부모 가정에 해당하는 사람끼리 쌍을 이룬 경우와 한부모 가정에 해당하지 않는 사람끼리 쌍을 이룬 경우에 해당하며 이 두 셀은 짝짓기가 적절히 이루어졌음을 나타내는 셀이므로 구태여 매칭이 잘 이루어졌는지의 여부를 검정하는 데 포함시킬 이유가 없는바, f_{11}과 f_{22}는 분석에서 제외된다.

만일 대응표본의 분포와 요인 간에 연관성이 없다면 우리는 (+, -)와 (-, +)의 빈도가 동일하거나 차이가 있더라도 차이의 정도가 미미할 것이라 기대할 수 있다. 왜냐하면 표본의 분포와 요인 간에 아무런 연관성이 없다면 (+, -) 또는 (-, +) 중 어느 한 범주에 해당하는 빈도가 다른 한 범주에 비해 불균형적으로 더 많거나 혹은 적을 이유가 없으므로 (+, -)와 (-, +)의 빈도는 차이가 없거나 차이가 있더라도 차이 정도가 단순히 우연에서 비롯된 미미한 수준에 불과할 것이기 때문이다. 반면에 만일 대응표본의 분포와 요인 간에 어떤 연관성이 존재한다면 (+, -)와 (-, +) 간의 빈도 차이는 비무작위적인 이유에서 비롯된 차이일 것이므로 차이의 정도가 단순히 우연에 의해서 발생할 수 있는 수준 이상일 것이라 예상해 볼 수 있다.

위의 표에서 f_{12}와 f_{21}의 합, 즉 $f_{12}+f_{21}=n$이 충분히 크다면 $f_{12}=f_{21}=n/2$ 이라는 가정하에서 f_{12}을 다음과 같이 변형시킨 값은 다음과 같은 표준정규분포

$$Z=\frac{f_{12}-n/2}{\sqrt{n/4}} \sim N(0,1) \qquad [14-3]$$

를 따르는 것으로 알려져 있다. 따라서 이러한 Z값을 제곱하게 되면 다음과 같이

$$Z^2=\frac{(f_{12}-n/2)^2}{n/4}=\frac{[f_{12}-(1/2)(f_{12}+f_{21})]^2}{(1/4)(f_{12}+f_{21})}=\frac{(f_{12}-f_{21})^2}{(f_{12}+f_{21})}\sim\chi_1^2$$

자유도가 $df=1$인 χ^2 분포를 따른다. 이때, 자유도가 $df=1$인 이유는 위의 표에서 N, $\cdot n_i, m_j$가 알려져 있으므로 2×2 표의 4개 셀 가운데 어떤 한 개 셀의 값만 알면 나머지 3개 셀의 값을 알 수 있기 때문이다. 즉, 자유롭게 어떤 값이든 가질 수 있는 셀의 수가 한 개뿐이므로 자유도는 $df=1$이 된다.

이러한 내용을 바탕으로 두 개의 이항변수로 이루어진 대응표본의 분포와 요인 간에 연관성이 존재하는지를 검정하고자 하는 경우, 영가설과 대립가설은 다음과 같이

$$H_0 : f_{12} = f_{21}$$
$$H_a : f_{12} \neq f_{21}$$

설정할 수 있다. 이 가설들은 [14-3]에서 정의한 χ^2값을 검정통계량으로 사용하여 검정할 수 있는데, 이때 검정통계량으로 사용하는 χ^2값을 가리켜 맥니마 검정통계값이라고 한다.

위의 표를 바탕으로 맥니마 검정통계값을 구하면

$$Z^2 = \frac{(f_{12} - f_{21})^2}{(f_{12} + f_{21})} = \frac{(6-4)^2}{(6+4)} = .4$$

이며 이 값은 $f_{12} = f_{21} = n/2$ 라는 전제하에서 구한 [14-3]을 제곱한 값이므로 영가설이 사실이라는 가정에 부합하는 값임을 알 수 있다.

가설검정을 위한 유의수준을 .05로 설정한다면 자유도 $df = 1$에 해당하는 임계값은 부록 [표 A2]로부터 7.879이다. 표본을 바탕으로 영가설이 사실이라는 가정하에서 구한 검정통계값 .4는 임계값보다 작은 값이므로 유의수준 .05에서 영가설은 기각되지 않는다. 따라서 우리는 표본자료로부터 대응표본의 분포와 요인 간에 연관성이 없음을 뒷받침하는 증거를 찾을 수 있다는 결론을 내릴 수 있다.

4. 윌콕슨 부호-순위검정: 대응표본

윌콕슨 부호-순위 검정(Wilcoxon Signed-Ranks Test)은 앞서 살펴본 부호검정과 마찬가지로 대응표본을 바탕으로 두 집단을 비교하는 검정기법이다. 대응표본 윌콕슨 부호-순위 검정(이하, 대응표본 윌콕슨 검정)은 모수검정기법 중 대응표본 t 검정에 해당하는 비모수검정기법으로서 기본 원리는 부호검정과 매우 유사하다. 그러나 대응표본 윌콕슨 검정에서는 원자료를 부호로 전환하여 부호만을 사용하는 부호검정과 달리 부호뿐만 아니라 실제 차이를 부분적으로 사용한 응표본 윌콕슨 검정의 원리를 이해해 보기로 하자.

1) 대응표본 윌콕슨 부호-순위검정

〈표 14-2〉는 사회복지자료분석론 과목을 수강한 8명 학생의 중간고사 성적 X와 학기말고사 성적 Y로 이루어진 대응표본이다. 중간고사 직후에 사용하기 시작한 새로운 교육매체가 학습효과를 높였는지를 알아보기 위해서 각 학생이 중간고사 성적과 학기말고사의 성적을 비교한다고 가정해 보자.

〈표 14-2〉

(x_i, y_1)	(72, 83)	(82, 85)	(61, 55)	(72, 74)	(80, 80)	(94, 89)	(84, 82)	(76, 81)
$x_i - y_i$	−11	−3	6	−2	0	5	2	−15
$\|x_i, y_i\|$	11	3	6	2	0	5	2	15
순위	6	3	5	1.5	−	4	1.5	7
부호-순위	−6	−3	5	−1.5	−	4	1.5	−7
$n=8,\quad n_{0제외}=7,\quad R_{(+)}=10.5,\quad R_{(-)}=-17.5$								

이때, 검정하게 될 영가설과 대립가설은 다음과 같이

H_o : 중간고사 점수와 학기말고사 점수가 다르지 않다.
H_a : 중간고사 점수와 학기말고사 점수가 다르다.

설정된다. 만일 위의 영가설이 사실이라면 두 시험 간에 존재하는 점수 차이는 단순히 우연에서 비롯된 차이에 불과하므로 두 시험점수 간에는 (+)차이와 (-)차이가 고르게 섞여 있을 것이라 기대된다. 반면에 새로운 교육매체 도입이 학생들의 학습효과에 어떤 영향을 미쳤다면 두 시험 중 어느 한 시험점수가 다른 시험점수보다 일관되게 높거나 낮게 나타날 것이므로 두 시험점수 간에는 일관된 (+)차이 또는 (-)차이가 존재할 것이라 예상해 볼 수 있다.

두 시험(이하, 두 집단) 간 차이가 존재하는지 여부는 윌콕슨 검정기법을 이용하여 검정할 수 있다. 대응표본 윌콕슨 검정을 위해서는 대응표본의 각 쌍(pair)에 대해서 두 값 간의 차이의 절대값을 구한 다음 가장 작은 값에서부터 순위 1을 부여하는 방식으로 순위를 정해 원자료를 순위자료로 전환해야 한다.

이때, 만일 두 개(또는 그 이상)의 절대값이 동일한 경우에는 두 값에 해당하는 순위의 평균을 두 값 모두의 순위로 부여한다. 예컨대, 위의 표에서 −2와 2의 절대값은 2로 동일하므로 이 두 값 모두에 대해서는 두 값이 동일하지 않았더라면 부여했을 순위에 해당하는 1과 2의 평균인 1.5를 순위로 부여한다.

순위결정과 관련해서 또 한 가지 생각해야 할 것은 절대값이 0인 경우다. 위의 표를 통해서 알 수 있듯이, 절대값이 0이라는 것은 해당 대응표본쌍에 있어서 두 집단 간의 차이가 없다는 것을 의미한다. 따라서 두 집단 간에 차이가 있는지 알아보면서 두 집단 간에 차이가 없음을 의미하는 절대값 0을 분석에 포함시키면 영가설을 뒷받침하는 검정통계값을 얻을 가능성이 높아지고 이와 반대로 절대값 0을 분석에서 제외하게 되면 그러한 가능성을 낮추는 결과가 나타난다.

이 두 가지 방법 중 일반적으로는 후자방법이 많이 사용되는데 그 이유는 절대값 0을 제외하는 것이 더 편리하기 때문이다. 그러나 어떤 대처방법을 택할지는 전적으로 연구자가 결정할 문제이다. 위의 표에서 절대값이 0인 경우는 1개 경우에 불과하므로 0을 제외하기로 한다. 따라서 실제 분석에 포함된 표본의 크기는 $n = 7$이다.

절대값을 기준으로 순위를 정하고 나면 그 다음으로는 두 값 간의 차이를 구했을 때 나온 부호를 순위에 붙여 부호 붙은 순위(signed-ranks)를[4] 구한다. 그런 다음 각 부호별로 부호 붙은 순위를 모두 더해 순위합(sum of ranks)을 구한다. 이때, (+)부호가 붙은 순위를 모두 더한 값을 $R_{(+)}$라고 표기하고 (-)부호가 붙은 순위를 모두 더한 값을 $R_{(-)}$라고 한다. 위의 표에서 $R_{(+)}$와 $R_{(-)}$는 각각 다음과 같다.

$$R_{(+)} = 5 + 4 + 1.5 = 10.5,$$
$$R_{(-)} = 6 + 3 + 1.5 + 7 = 17.5$$

만일 이러한 과정을 통해 구한 $R_{(+)}$와 $R_{(-)}$가 같거나 매우 유사한 값을 갖는다면 이는 (+)차이를 갖는 쌍과 (-)차이를 갖는 쌍이 순위 1부터 순위 n 사이에 고르게 섞여 있다는 것을 의미하며, 더 나아가서는 각 쌍을 이루고 있는 두 변수값 간의 차이에 어떤 뚜렷한 방향성이 없다는 것, 즉 두 변수값 간의 차이가 일방적으로 (+) 또는 (-)가 아니라는 것을 의미한다.

따라서 $R_{(+)}$와 $R_{(-)}$가 같거나 유사한 값을 가질 때 우리는 이러한 결과가 두 변수 X, Y로 대변되는 두 집단 간에 차이가 없음을 의미하는 것이라 해석할 수 있다. 이와 달리 만일 $R_{(+)}$와 $R_{(-)}$ 가운데 어느 한 쪽은 매우 작은 값을 갖고 다른 한 쪽은 매우 큰 값을 갖는다면, 이는 각 대응표본 쌍을 이루고 있는 두 변수값 간의 차이가 일방적으로 (+) 또는 (−)값을 갖는다는 것을 의미하는바, 이를 두 집단 간에 차이가 존재함을 보여 주는 결과로 받아들일 수 있다.

이러한 논리를 바탕으로 대응표본 윌콕슨 검정은 이항변수인 $R_{(+)}$와 $R_{(-)}$를 검정통계량으로 이용하는데, 일반적으로 두 값 가운데 더 작은 값을 검정통계값으로 사용하며 이 값을 윌콕슨 T값이라 부른다.[5] 즉,

검정통계값 = 윌콕슨 T값 = $R_{(+)}$와 $R_{(-)}$ 중에서 더 작은 값

영가설과 대립가설의 내용을 살펴볼 때, 대립가설이 방향성을 갖지 않은 가설이므로 양측검정을 해야 하며 가설검정을 위한 유의수준을 .05로 설정한다면 이에 해당하는 임계값은 부록 [표 $A8$]의 이항분포표에 따르면 $n = 7$일 때 2임을 알 수 있다. 다시 말해서, $R_{(+)}$가 2보다 더 극단

4) 이 검정기법을 윌콕슨 부호-순위(signed-rank)검정이라고 부르는 이유는 이 검정기법이 바로 이러한 부호 붙은 순위를 이용하기 때문이다.

5) 이렇게 볼 때, 윌콕슨 검정은 부호검정의 '부호'에 '순위'라는 가중치를 부여한 다음 부호검정에서의 '부호의 개수' 대신 '부호가 붙은 순위의 합'을 이용하여 검정통계량을 구한다는 차이가 있을 뿐 기본적인 원리와 방법은 부호검정과 동일하다는 것을 알 수 있다.

적인 값을 가질 확률인 p값이

$$P(R_{(+)} \leq 2) = .05 = P(R_{(-)} \geq 2)$$

임을 의미한다.

위의 표에서 $R_{(+)}$와 $R_{(-)}$ 가운데 $R_{(+)} = 10.5$가 더 작은 값이므로 검정통계값으로 사용될 윌콕슨 T값은 10.5이다. $T = 10.5$는 임계값 2보다 큰 값이고 부록 [표 A9]에 제시된 T의 임계값표에 따르면 이 값에 해당하는 p값은 당연히

$$P(T \leq 10.5) > .05$$

임을 알 수 있다. 따라서 유의수준 .05에서 영가설은 기각되지 않으므로 표본자료로부터 중간고사 점수와 학기말고사 점수가 다르지 않음을 뒷받침할 만한 증거를 찾을 수 있다는 결론을 내리게 된다.

2) 윌콕슨 부호-순위검정의 정규근사

만일 위에서 소개한 예와 동일한 상황에서 표본의 크기가 충분히 크다면 순위합 $R_{(+)}$ 또는 $R_{(-)}$를 표준화하여 얻게 되는 Z값, 즉

$$Z = \frac{R_{(+)} - E(R_{(+)})}{\sigma_{R_{(+)}}} \qquad [14-4]$$

은 표준정규분포와 매우 근접한 확률분포를 따르는 것으로 알려져 있다. 이처럼 표본의 크기가 클 때 표준정규분포와 매우 근접한 확률분포를 따르게 되는 성질을 가리켜 정규근사(normal approximation)라고 한다. 따라서 표본의 크기가 충분히 클 때 대응표본 윌콕슨검정에서는 정규근사가 가능하기 때문에 [14-4]를 검정통계값으로 이용하여 가설을 검정할 수 있게 된다.

이때, [14-4]에서 $R_{(+)}$의 기대값과 분산은 각각 다음과 같이

$$E(R_+) = \frac{n(n+1)}{4}, \quad \sigma^2_{R_+} = \frac{n(n+1)(2n+1)}{24}$$

정의된다. 왜냐하면 먼저 (+)부호를 갖는 순위 가운데 i 번째 순위를 r_i라고 표기한다면

$$E(r_i)=i\left(\frac{1}{2}\right)+0\left(\frac{1}{2}\right)=\frac{i}{2},\ \sigma^2_{r_i}=\left(i-\frac{i}{2}\right)^2\left(\frac{1}{2}\right)+\left(0-\frac{i}{2}\right)^2\left(\frac{1}{2}\right)=\frac{i^2}{4}$$

이고,[6] 이때 (+)부호를 갖는 순위의 합은 다름아닌 $R_{(+)}=\sum_{i=1}^{n} r_i$이므로

$$E(R_{(+)})=E\left(\sum_{i=1}^{n} r_i\right)=\sum_{i=1}^{n} E(r_i)=\sum_{i=1}^{n}\frac{i}{2}=\frac{1}{2}\left[\frac{n(n+1)}{2}\right]=\frac{n(n+1)}{4}$$

이며,[7] 또한 $r_1, r_2, \cdots, r_n$은 서로 독립이므로 분산의 특성에 의해서

$$\sigma^2_{R_{(+)}}=\sigma^2_{\Sigma r_i}=\sum_{i=1}^{n}\sigma^2_{r_i}=\sum_{i=1}^{n}\frac{i^2}{4}=\frac{1}{4}\left[\frac{n(n+1)(2n+1)}{6}\right]=\frac{n(n+1)(2n+1)}{24}$$

이기 때문이다.

위의 예에서 정규근사가 가능하다고 가정한다면 검정통계값은

$$E(R_{(+)})=\frac{7(8)}{4}=14,\quad \sigma^2_{R_{(+)}}=\frac{7(8)(15)}{24}=35\qquad \therefore Z=\frac{10.5-14}{\sqrt{35}}=-.591$$

이다. 가설검정을 위한 유의수준을 .05로 설정한다면 이에 해당하는 양측검정 임계값은 부록 [표 $A1$]로부터 ±1.96이다. 이때, 정규근사 검정통계값 $Z=-.591$은 임계값 −1.96보다 더 극단적인 값이므로 유의수준 .05에서 영가설은 기각된다. 이는 윌콕슨 T값을 검정통계값으로 사용한 경우와 동일한 결과라는 것을 알 수 있다.

5. 윌콕슨 부호-순위검정: 독립표본

윌콕슨 검정은 표본이 대응표본일 때뿐만이 아니라 독립표본일 때에도 사용할 수 있다. 이 경우 윌콕슨 검정은 서로 독립인 두 모집단의 모수가 동일한지를 검정하는 모수검정, 즉 독립표본 Z 또는 t 검정에 해당하는 비모수검정기법이다. 독립표본 윌콕슨검정의 원리를 알아보기 위해서 다음과 같은 예를 생각해 보기로 하자.

6) 확률변수 X가 이산변수일 때 X의 기대값은 $\Sigma P(x_i)\cdot x_i$이다. 이에 관한 보다 자세한 사항은 제2장을 참조하기 바란다.

7) 1, 2, 3, ⋯, n을 모두 더한 값은 $(n+1)/2$이고 $1^2, 2^2, 3^2, \cdots, n^2$를 모두 더한 값은 $n(n+1)(2n+1)/6$이다.

1) 독립표본 윌콕슨 부호-순위검정

직원들로 하여금 온라인상에서 직무규정집(이하, 전자규정집)을 수시로 참조할 수 있게 한 사회복지기관(집단1)과 그러한 접근이 아직 이루어지지 않은 동일한 규모의 또 다른 사회복지기관(집단2)이 있다고 가정해 보자. 각 기관에서 서로 다른 5개 부서에 근무하는 5명의 직원들을 뽑아 지난 한 달 동안 직무와 관련된 질문을 하기 위해 수퍼바이저와 개별회의를 한 횟수를 조사하여 가장 작은 값부터 순위 1을 부여하는 방식으로 회의횟수를 순위자료로 전환한 결과가 다음과 같다.

〈표 14-3〉

집단	집단 1	집단 2	집단 1	집단 1	집단 1	집단 2	집단 1	집단 2	집단 2	집단 2
횟수	2	3	4	6	7	9	11	12	13	15
순위	1	2	3	4	5	6	7	8	9	10

$n_1 = 5,\ n_2 = 5,\ R_1 = 1+3+4+5+7 = 20,\ R_2 = 2+6+8+9+10 = 35$

이때, 검정해야 할 영가설과 대립가설은 다음과 같이 설정할 수 있다.

H_o : 전자규정집이 회의횟수에 영향을 미치지 않는다.
H_a : 전자규정집이 회의횟수에 영향을 미친다. [14-5]

위의 표에서 R_1은 집단 1에 해당하는 순위 합이고 R_2는 집단 2에 해당하는 순위 합이다. 만일 영가설이 사실이어서 두 집단 간에 회의횟수에 있어서 차이가 없다면 두 순위합 R_1과 R_2는 같거나 매우 유사할 것이라 기대해 볼 수 있는 반면, 만일 두 집단의 회의횟수에 차이가 있다면 R_1 또는 R_2값 가운데 어느 한 값이 다른 한 값에 비해 극단적으로 작거나 클 것이라 기대해 볼 수 있다.[8] [그림 14-1]은 이러한 두 가지 경우 각각을 나타낸다.

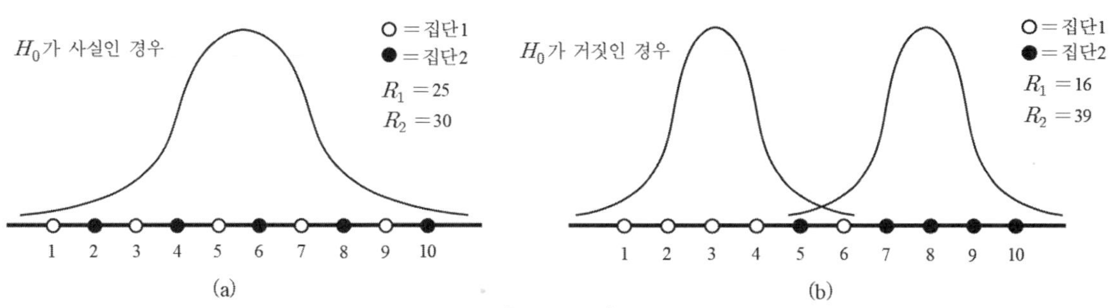

[그림 14-1]

8) 두 집단 간에 회의횟수에 차이가 없을 때, 만일 두 집단의 크기가 다르다면, 즉 $n_1 \neq n_2$라면 R_1과 R_2의 값 그 자체는 다르지만 R_1과 R_2가 각각의 표본 n_1, n_2에서 차지하는 비율은 같다는 것은 쉽게 이해할 수 있으리라 본다.

이러한 논리를 바탕으로 독립표본 윌콕슨 검정에서는 R_1 또는 R_2를 검정통계량으로 사용하여 두 집단 간의 차이가 존재하는지의 여부를 검정한다. 이때, R_1과 R_2의 합은 다음과 같이

$$R_1 + R_2 = \sum_{i=1}^{N} i = \frac{N(N+1)}{2} \quad \text{단, } i\text{는 } i\text{번째 순위}$$

정의되므로 R_1과 R_2 간에는 다음과 같은 관계가 존재한다.

$$R_1 = \frac{N(N+1)}{2} - R_2, \quad R_2 = \frac{N(N+1)}{2} - R_1$$

이러한 사실을 이해한 상태에서, 예를 들어 R_1이 특정 값 R_0 또는 그보다 더 극단적인 값을 가질 확률인 p값은 다음과 같다.

$$P(R_1 \le R_2) = P\left(R_2 \ge \frac{N(N+1)}{2} - R_0\right) = P(R_2 \ge R_0') \qquad [14\text{-}6]$$

따라서 검정통계량으로는 R_1과 R_2 가운데 어느 것을 사용해도 무방하다. 그러나 일반적으로 R_1, R_2와 관련된 확률은 $P(R_1 \le R_0)$ 또는 $P(R_2 \le R_0)$를 기준으로 제시되기 때문에 두 집단의 크기를 비교하여 더 작은 표본을 바탕으로 구한 검정통계값을 사용하여 가설을 검정한다. 예를 들어, $n_1 \le n_2$일 때에는 R_1을 사용하여 구한 $P(R_1 \le R_0)$를 p값으로 사용한다. R_1 값과 관련된 확률은 부록의 [표 $A10$]을 이용하여 구한다. 이와 반대로 만일 $n_1 > n_2$이라면 [14-6]의 오른쪽 항, 즉

$$P\left(R_2 \ge \frac{N(N+1)}{2} - R_0'\right) \qquad [14\text{-}7]$$

을 p값으로 사용하여 가설을 검정해야 하는데, R_2에 관한 확률은 부록 [표 $A10$]에 제시되어 있지 않으므로 [14-7]에 해당하는 확률은 주어진 R_1값과 [14−6]의 관계를 이용하여 구한다. 예를 들어, $n_1 = 5$, $n_2 = 4$, $R_1 = 23$이라면

$$P(R_1 \le 23) = P\left(R_2 \ge \frac{9(10)}{2} - 23\right) = P(R_2 \ge 22)$$

이다. 영가설은 다음의 경우 기각한다.

단측검정 : $P(R_1 \le R_0) < \alpha$ 또는 $P(R_2 \ge R_0') < \alpha$

양측검정 : $P(R_1 \le R_0) < \alpha/2$ 또는 $P(R_2 \ge R_0') < \alpha/2$

위의 [표 14-3]에서 두 집단의 크기가 $n_1 \le n_2$이므로 [14-5]의 가설을 검정하기 위해서는 $P(R_1 \le R_0)$을 이용하여 p값을 구해야 한다. 이때, $R_1 = 20$이므로 이에 해당하는 p값은 부록 [표 $A10$]으로부터

$$P(R_1 \le 20) = .075$$

이다. 가설검정을 위한 유의수준을 .05로 설정했다는 가정하에서 [14-4]의 대립가설은 방향성이 없는 가설이므로 양측검정을 실시해야 하므로 p값과 비교해야 할 유의수준은 $\alpha/2 = .025$이고

$$P(R_1 \le 20) = .075 > .025 = \alpha/2$$

이므로 유의수준 .05에서 영가설은 기각되지 않는다. 따라서 표본자료가 두 집단 간에 질문횟수에 차이가 없다는 영가설을 뒷받침한다는 결론을 내린다.

2) 독립표본 윌콕슨 부호-순위검정의 정규근사

대응표본 윌콕슨 검정에서와 마찬가지로 독립표본 윌콕슨 검정에서도 만일 두 표본 n_1, n_2가 충분히 크다면($n_1 > 10$, $n_2 > 10$) 정규근사가 가능해지는데, 독립표본 윌콕슨 검정에서 만일 두 표본이 모두 충분히 크다면

$$E(R_i) = \frac{n_i(N+1)}{2},\ \sigma^2_{R_i} = \frac{n_1 n_2(N+1)}{12} \quad \text{단, } n_1 + n_2 = N \tag{14-8}$$

이 된다. [14-8]을 설명하기 위해서 먼저 위의 〈표 14-2〉에서 i번째 순위를 r_i로 표기하기로 하자. 이제 r_i가 i번째 순위이므로 표본의 크기가 N일 때 r_i가 가질 수 있는 값은 1, 2, 3, ⋯, N이고 r_i의 확률은 모두 $1/N$으로 동일하므로 r_i의 기대값은 이산확률변수의 기대값 공식에 의해서

$$E(r_i) = \sum_{i=1}^{N} r_i P(r_i) = \frac{1}{N}\sum_{i=1}^{N} r_i = \frac{(1+2+3+\cdots+N)}{N} = \frac{N(N+1)/2}{N} = \frac{N+1}{2}$$

이고, 이때 R_1이 집단 1의 순위합, 즉 $R_1 = \sum_{i=1}^{n_i} r_i$이므로

$$E(R_1) = E(\sum_{i=1}^{n_1} r_i) = \sum_{i=1}^{n_1} E(r_i) = \sum_{i=1}^{n_1} \frac{(n+1)}{2} = \frac{n_1(n+1)}{2}$$

임을 알 수 있다.

또한 $\sigma^2_{R_i}$ 은 r_i가 i 번째 순위이므로 r_i를 i로 표기하면

$$\begin{aligned}\sigma^2_{r_i} &= \sum_{i=1}^{N}[(r_i - E(r_i)]^2 P(r_i) = \sum_{i=1}^{N}\left[i - \frac{N+1}{2}\right]^2 \frac{1}{N} \\ &= \frac{1}{N}\sum_{i=1}^{N}\left[i^2 - i(N+1) + \frac{(N+1)^2}{4}\right] \\ &= \frac{1}{N}\sum_{i=1}^{N} i^2 - \frac{1}{N}(N+1)\sum_{i=1}^{N} i + \frac{1}{N}\frac{N(N+1)^2}{4} \\ &= \frac{(N+1)(2N+1)}{6} - \frac{(N+1)^2}{2} + \frac{(N+1)^2}{4} \\ &= \frac{(N+1)}{12}[2(2N+1) - 3(N+1)] \\ &= \frac{(N+1)(N-1)}{12} = \frac{N^2-1}{12}\end{aligned}$$

이므로 집단 1의 순위합 R_1의 분산, 즉 $\sigma^2_{R_i}$ 은

$$\begin{aligned}\sigma^2_{R_1} &= \sigma^2_{\Sigma r_i} = \sum_{i=1}^{n_1}\sigma^2_{r_i} \times (\text{교정인자값}) \\ &= n_1\left(\frac{N^2-1}{12}\right)\left(\frac{N-n_1}{N-1}\right) = \frac{n_1 n_2(N+1)}{12}\end{aligned} \qquad [14\text{-}9]$$

이 된다는 것을 알 수 있다. 이때, [14-9]에서 교정인자값(correction factor)을 곱해 주는 이유는 다음과 같다. 위의 [14-9]에서 r_i는 1, 2, 3, ⋯, N까지의 순위이므로 항상

$$\sum_{i=1}^{N} r_i = \frac{N(N+1)}{2}$$

라는 조건을 만족해야 한다. 이 말은 $r_1, r_2, \cdots, r_n$ 이 서로 독립이 아니라는 것을 의미하는데 $r_1, r_2, \cdots, r_n$ 이 서로 독립이 아닐 때 [14-9]에서

$$\sigma^2_{\Sigma r_i} \neq \sum_{i=1}^{n_1}\sigma^2_{r_i}$$

이므로 [14-9]의 등식이 성립하게 하기 위해서는 등식의 오른쪽 항에 교정인자값을 곱해 주어야 하기 때문이다.

이제 [14-8]을 이용하여 표본의 크기가 충분히 클 때 R_1을 표준화하면 그 값은 다음과 같이 정규근사한다.

$$Z = \frac{R_i - n_i(N+1)/2}{\sqrt{n_1 n_2 (N+1)/12}}$$

따라서 표본의 크기가 충분히 클 때 독립표본 윌콕슨 검정에서는 Z값을 검정통계량으로 이용하여 가설을 검정할 수 있다.

6. 맨휘트니 U검정

맨휘트니 U검정(Mann-Whitney U Test)이란 원자료를 순위-서열자료(rank-ordered data)로 전환하여 이를 바탕으로 서로 독립인 두 집단 간에 차이가 존재하는지 비교하는 검정기법으로서 모수검정기법 중에서는 독립표본 t검정에 해당하는 비모수검정기법이다. 다음과 같은 예를 통해서 맨휘트니 U검정(이하, 맨휘트니 검정)의 원리를 이해해 보기로 하자.

두 개의 집단대상 사회복지실천 프로그램 A와 B를 일정 기간에 걸쳐 진행한 후, 프로그램 참여자들의 만족도를 비교하기 위해 참여자들을 대상으로 리커트(likert) 10점 척도(1=매우 불만족, 10=매우 만족)로 만족도를 측정하여 얻은 점수를 바탕으로 가장 점수가 낮은 참여자부터 순위 1을 부여하는 식으로 모든 참여자의 순위-서열을 정한다고 가정해 보자.

만일 두 집단 간에 만족도에 극단적인 자이가 있다면, 예를 들어 프로그램 A의 참여자들은 만족도가 매우 낮으나 프로그램 B의 참여자들은 만족도가 매우 높다면 프로그램 A에 참여한 참여자들의 만족도 점수가 낮으므로 이들은 순위-서열에서 주로 위쪽 순위에 위치할 것인 반면 프로그램 B의 참여자들은 주로 순위-서열상에서 아래쪽에 위치할 것이라 기대할 수 있다. 이와 달리 두 프로그램 간에 만족도에 차이가 없다면 두 프로그램의 참여자들은 순위-서열상에서 골고루 섞여 위치할 것이다.

이러한 논리를 바탕으로 맨휘트니 검정에서는 비교하고자 하는 두 집단의 구성원소들이 순위-서열상에서 얼마나 떨어져 위치하고 있는지를 나타내는 하나의 값을 검정통계량을 사용하여 두 집단 간에 차이가 존재하는지의 여부를 검정한다. 위의 예에서 검정하고자 하는 영가설과 대립가설은 다음과 같이 설정된다.

H_o : 프로그램에 대한 만족도에 차이가 없다.
H_a : 두 프로그램에 대한 만족도가 다르다.

두 프로그램 A와 B의 참여자를 대상으로 측정한 만족도 점수가 다음과 같다면, 주어진 자료를 바탕으로 먼저 만족도 점수를 기준으로 하여 가장 낮은 점수에 순위 1을 부여하고 그 다음으로 낮은 점수에 그 다음 순위를 부여하는 방식으로 모든 참여자의 순위-서열을 순위 10까지 정한다. 그 다음으로는 프로그램 A 참여자 각각에 대해서 자신보다 낮은 서열에 위치한 프로그램 B 참여자의 숫자에 해당하는 만큼의 점수를 부여하고 이어서 프로그램 B 참여자 각각에 대해서도 동일한 논리에 따라 점수를 부여하면 다음과 같은 자료를 얻게 된다.

프로그램 A	3	7	7	9	10	$n_A = 5$
프로그램 B	2	4	5	6	8	$n_B = 5$

순위	1	2	3	4	5	6.5	6.5	8	9	10	
만족도 점수	2	3	4	5	6	7	7	8	9	10	
프로그램	B	A	B	B	B	A	A	B	A	A	
A의 점수		1				4	4		5	5	$U_A = 19$
B의 점수	0		1	1	1			3			$U_B = 6$

이때, 위의 표에서 집단 A의 점수와 집단 B의 점수를 각각 U_A, U_B라고 하면 논리적으로 볼 때 U_A와 U_B 점수의 합은 항상 두 집단 크기의 곱과 같아야 한다. 즉,

$$U_A + U_B = n_A \times n_B$$

위의 표에서 표본의 크기는 $n = 10$에 불과하기 때문에 U값을 계산하는 데 큰 불편이 없지만 자료의 크기가 커지면 위와 같이 U값을 계산하는 방법은 많은 시간을 필요로 하는바, 다음과 같은 계산식

$$U_A = n_A n_B + \frac{n_A(n_A+1)}{2} - \Sigma R_A$$
$$U_B = n_A n_B + \frac{n_B(n_B+1)}{2} - \Sigma R_B$$

을 이용하는 것이 편리하다. 이때, 위 식에서 R_A와 R_B 각각은 집단 A와 집단 B의 순위합을 말한다.

이러한 계산과정을 통해서 얻게 되는 두 개의 U값 가운데 맨휘트니 검정에서는 더 작은 값을 검정통계량으로 사용한다. 논리적으로 볼 때, 위의 표에서 U값이 최대값을 갖기 위해서는 서로 다른 집단에 해당하는 참여자가 순위 1부터 순위 10까지에 번갈아가면서 나열되는 경우임을 알 수 있다.

따라서 U값이 크다는 것은, 이는 두 집단 참여자의 순위 1부터 순위 10까지의 순위에 골고루 섞여 있는 경우에 해당하므로 두 집단 간의 차이가 작다는 것을 말해준다. 반면에 만일 U값이 극단적으로 작다면 이는 특정 집단의 참여자가 낮은 순위 또는 높은 순위에 몰려있는 경우에 해당하는바, 두 집단 간의 차이가 매우 크다는 것을 말해주는 결과로 해석할 수 있다.

이제까지 배운 다른 검정기법과 마찬가지로 맨휘트니 검정에서도 가설을 검정함에 앞서 유의수준을 설정해야 한다. 맨휘트니 검정에서의 유의수준 .05와 .01에 해당하는 임계값은 부록 [표 A11]에 제시되어 있다. 예를 들어, 유의수준을 .05로 설정하고 양측검정을 실시한다면 $n_1 = n_2 = 5$일 때 $\alpha/2 = .025$에 해당하는 임계값(critical value)은 2임을 알 수 있다.

$$P(U \leq 2) = .025, \ \ P(U \leq 4) = .05$$

영가설이 사실이라는 가정하에서 표본을 바탕으로 구한 검정통계값 U_0가 임계값 C와 같거나 더 작은 값을 가질 때 영가설은 기각된다. 즉,

$$U_0 \ \leq \ C \text{ 일 때, 영가설 기각}$$

위의 표에서 U_A와 U_B 가운데 $U_B = 6$이 더 작은 값이므로 검정통계값은 $U_0 = 6$이고 이 값은 임계값 2보다 큰 값이므로 유의수준 .05에서 영가설은 기각되지 않는다. 따라서 표본자료로부터 두 프로그램에 대한 만족도에 차이가 없음을 뒷받침하는 증거를 찾을 수 있다는 결론을 내리게 된다.

7. 등분산성 비모수검정

두 모집단의 분산이 동일한지의 여부를 F검정하는 검정은 두 모집단 모두 정규분포를 따른다는 가정을 필요로 한다. 이러한 가정이 만족되지 않을 때 두 모집단의 등분산 여부는 윌콕슨 부호-순위 검정을 약간 변형한 다음과 같은 비모수검정기법을 이용하여 검정할 수 있다.

크기가 각각 n_A, n_B인 집단 A와 집단 B의 분산이 같은지를 검정하기 위한 영가설과 대립가설은 다음과 같이

H_o : 두 집단의 분산이 같다.

H_a : 두 집단의 분산이 다르다. [14-10]

설정된다. 이러한 가설을 검정하기 위해서 먼저 아래의 표와 같이 두 집단을 합하여 크기가

$n_A + n_B = N$인 하나의 집단을 만든 다음 N개 관찰값 가운데 가장 작은 값에 순위 1을 부여하고, 가장 큰 관찰값에 순위 2를 부여하고, 그 다음으로는 두 번째로 큰 관찰값에 순위 3을 부여하고, 두 번째로 작은 관찰값에 순위를 부여하는 방식으로 N개 관찰값 모두의 순위를 정한다.

집단	A	A	B	A	A	B	A	B	B	B
관찰값	12	14	25	27	38	39	41	43	54	55
순위	1	4	5	8	9	10	7	6	3	2
$n_A = 5,\ n_B = 5,\ N = 10,\ R_1 = 1+4+8+9+7 = 29,\ R_2 = 5+10+6+3+2 = 26$										

이러한 방식에 따라 작은 값과 큰 값을 번갈아가면서 순위를 정한 다음 각 집단에 해당하는 순위 합 R_1과 R_2를 구해 두 값을 비교할 때, 만일 두 집단의 분산이 같거나 매우 유사하다는 R_1과 R_2는 같거나 매우 유사할 것이라 기대할 수 있다. 이와 달리 만일 두 집단의 분산이 매우 다르다면 R_1과 R_2는 큰 차이를 보일 것이다. 예를 들어, 만일 영가설이 사실이라면 두 집단의 분산은 [그림 14-2]의 (a)와 유사할 것인 반면, 영가설이 사실이 아니라면 (b)와 유사할 것이라 예상해 볼 수 있다.

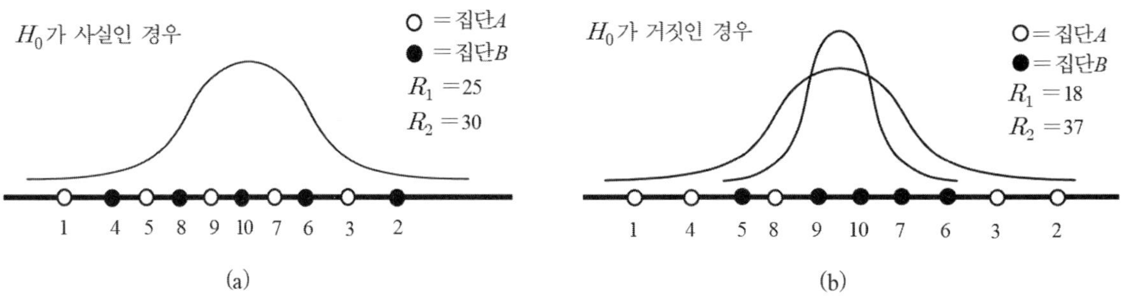

[그림 14-2] H_o가 사실일 때와 거짓일 때의 분산의 예

이때, R_1과 R_2는 앞서 살펴본 독립표본 윌콕슨 검정에서와 동일한 개념으로서 다음과 같이 정의된다.

$$R_1 + R_2 = \sum_{i=1}^{N} i = \frac{N(N+1)}{2} \quad \text{단, } i\text{는 } i\text{번째 순위}$$

등분산성 비모수검정에서는 가설검정을 위해

$$n_1 < n_2 \quad P(R_1 \le R_0)$$

$$n_1 > n_2 \quad P\left(R_2 \ge \frac{N(N+1)}{2} - R_0\right) = P(R_2 \ge R_0')$$

을 p값으로 사용하며 영가설은 다음과 같은 경우 기각된다.

$$\text{단측검정: } P(R_1 \le R_0) < \alpha, \quad P(R_2 \ge R_0') < \alpha$$

$$\text{양측검정: } P(R_1 \le R_0) < \alpha/2, \quad P(R_2 \ge R_0') < \alpha/2$$

위의 예에서 $n_1 = n_2 = 5$이므로 $P(R_1 \le R_0)$을 이용하여 p값을 구하되 R_2가 더 작은 값이므로 이를 검정통계값으로 사용하여 p값을 구하면 부록 [표 $A10$]에서

$$P(R_2 \le 26) = .421$$

이다. [14-10]의 대립가설이 방향성이 없는 가설이므로 양측검정을 실시해야 하는데, 가설검정을 위한 유의수준을 .05로 설정했다면

$$P(R_2 \le 26) = .421 > .025 = \alpha/2$$

이므로 유의수준 .05에서 영가설은 기각되지 않는다. 따라서 표본자료로부터 두 집단이 등분산임을 뒷받침해 주는 증거를 찾을 수 있다는 결론을 내리게 된다.

8. 크러스컬-윌리스 검정

크러스컬-윌리스 검정(Kruskal-Wallis Test)은 독립표본 윌콕슨 검정을 일반화하여 서로 독립인 $k \ge 3$개의 모집단을 비교하는 검정기법으로서 모수검정기법 가운데 일원분산분석에 해당하는 비모수검정기법이다.

예제 14-1

예를 들어, 사민주의형, 유럽대륙형 및 자유주의형으로 구분되는 세 가지 유형의 복지국가들 간에 빈곤율에 있어서 차이가 있는지를 알아보기 위해 각 유형에 해당하는 국가들로부터 5개 국가씩을 표본으로 뽑아 빈곤율을[9] 조사한 결과가 다음과 같다고 가정해 보자.

X_{1i}	순위	X_{2i}	순위	X_{3i}	순위
3.53	8	3.47	4	3.38	1
3.62	14	3.84	15	3.50	6
3.60	12	3.57	10	3.46	3
3.59	11	3.49	5	3.41	2
3.55	9	3.61	13	3.51	7
$n_1 = 5,\ R_1 = 54$		$n_2 = 5,\ R_2 = 47$		$n_3 = 5,\ R_3 = 19$	

9) [예 14-1] 표에 제시된 빈곤율은 지니계수에 자연로그를 취한 값이다.

이와 같은 표본자료를 바탕으로 검정하게 될 영가설과 대립가설은 다음과 같이

H_o : 세 가지 유형의 복지국가들 간에 빈곤율에 있어서 차이가 없다.

H_a : 세 가지 유형의 복지국가들 간에 빈곤율에 있어서 차이가 있다.

설정할 수 있다. 크러스컬-월리스 검정을 이용하여 가설을 검정하기 위해서 이들 15개 국가의 빈곤율을 유형에 상관없이 가장 작은 값부터 순위 1을 부여하는 방식으로 순위를 정한 다음 각 유형별로 순위합을 구한다.

만일 영가설이 사실이라면, 즉 세 가지 유형의 복지국가들 간 빈곤율에 차이가 없다면 N개의 순위는 세 유형의 국가들 사이에 골고루 무작위적으로 섞여있을 것이다. 따라서 영가설이 사실일 때 각 유형별 순위합 R_1, R_2, R_3는 동일하거나 매우 유사한 값을 가질 것이라 기대해 볼 수 있는 반면, 영가설이 사실이 아니라면 R_1, R_2, R_3는 매우 상이한 값을 가질 것이라 기대할 수 있다.

이때, r_i를 i번째 순위라고 하면 모든 r_i의 확률은 $1/N$으로 동일하므로 r_i의 기대값과 분산은

$$E(r_i)=\frac{N+1}{2},\quad Var(r_i)=\sigma^2_{r_i}=\frac{N^2-1}{12} \qquad [14-11]$$

정의되며[10] [14-11]을 이용하여 R_i의 기대값과 분산을 구해 보면 R_i는 i번째 집단의 순위합, 즉 $R_i=\sum_{i=1}^{n_i} r_i$이므로 R_i의 기대값과 분산은

$$\begin{aligned} E(R_i)&=E\left(\sum_{i=1}^{n_i} r_i\right)=\sum_{i=1}^{n_i} E(r_i)=\sum_{i=1}^{n_i}\left(\frac{N+1}{2}\right)=\frac{n_i(N+1)}{2}, \\ \sigma^2_{R_i}&=\sigma^2_{\Sigma r_i}=\sum_{i=1}^{n_i}\sigma^2_{r_i}\times(\text{교정인자값}) \\ &=n_i\left(\frac{N^2-1}{12}\right)\left(\frac{N-n_i}{N-1}\right)=\frac{n_i(N-n_i)(N+1)}{12} \end{aligned} \qquad [14-12]$$

임을 알 수 있다.

이제 [14-11]과 [14-12]를 이용하여 R_i를 표준화한 값인 Z와 Z를 제곱하여 모든 k에 대해서 더한 값을 다음과 같이 표현할 수 있는데

$$\begin{aligned} Z&=\frac{(R_i-E(R_i))}{\sigma_{R_i}}=\frac{R_i-n_i(N+1)/2}{\sqrt{n_i(N-n_i)(N+1)/12}}, \\ \sum_{i=1}^{k} Z^2\times(\text{교정인자값})&=\sum_{i=1}^{k}\frac{[R_i-E(R_i)]^2}{\sigma^2_{R_i}}\left[\frac{(N-n_i)}{N}\right] \\ &=\sum_{i=1}^{k}\frac{[R_i-n_i(N+1)/2]^2}{n_i(N-n_i)(N+1)/12}\left[\frac{(N-n_i)}{N}\right] \\ &=\sum_{i=1}^{k}\frac{[R_i-n_i(N+1)/2]^2}{n_i(N)(N+1)/12}\sim\chi^2_{k-1} \end{aligned} \qquad [14-13]$$

10) 이에 대해서는 독립표본 윌콕슨 검정에서 자세히 설명한 바 있으므로 [14-8]과 [14-9]를 참조하기 바란다.

영가설이 사실일 때 $\sum Z^2$ 값은 자유도가 $df=k-1$인 χ^2분포를 따르는 것으로 알려져 있다. 이러한 사실을 바탕으로 크러스컬-월리스 검정에서는 [14-13]을 가설검정을 위한 검정통계량으로 이용한다.
위의 표에 제시된 자료를 바탕으로 검정통계량 χ^2의 값을 구하면

$$n_1=5,\ R_1=54,\ E(R_1)=\frac{5(15+1)}{2}=40,\ \sigma^2_{R_1}=\frac{5(5)(5+1)}{12}=14.5$$
$$n_2=5,\ R_2=47,\ E(R_2)=\frac{5(15+1)}{2}=40,\ \sigma^2_{R_2}=\frac{5(5)(5+1)}{12}=14.5$$
$$n_3=5,\ R_3=19,\ E(R_3)=\frac{5(15+1)}{2}=40,\ \sigma^2_{R_3}=\frac{5(5)(5+1)}{12}=14.5$$
$$\therefore \chi^2_{df=2}=\frac{[54-5(16)/2]^2}{5(15)(16)/12}+\frac{[47-5(16)/2]^2}{5(15)(16)/12}+\frac{[19-5(16)/2]^2}{5(15)(16)/12}=6.86$$

이다. 유의수준 .05에서 가설을 검정한다면 자유도가 $df=3-1=2$인 χ^2분포에서 유의수준 .05에 해당하는 단측검정 임계값은 부록 [표 A2]로부터 5.99이다. 이때, 양측검정이 아니라 단측검정을 하는 이유는 영가설이 기각될 수 있는 경우는 위의 [14-13]에서 $R_i \neq E(R_i)$이어서 검정통계값 χ^2이 극단적으로 클 때뿐이며 R_i와 $E(R_i)$이 같거나 매우 유사해서 검정통계값 χ^2가 0 또는 0에 가까운 값을 갖는다면 영가설은 결코 기각될 수 없기 때문이다.
표본을 바탕으로 구한 검정통계값 6.86은 임계값 5.99보다 큰 값이므로

$$P(\chi^2_2 \geq 5.99)=.05, \quad P(\chi^2_2 \geq 6.86)<.05$$

영가설은 유의수준 .05에서 기각된다. 따라서 표본자료로부터 세 가지 유형의 복지국가들 간 빈곤율에 있어서 차이가 없음을 보여주는 증거를 찾을 수 없다는 결론을 내리게 된다.

---

9. 프리드만 검정

앞서 살펴본 크러스컬-월리스 검정이 k개 모집단이 하나의 독립변수에 있어서 차이가 있는지 알아보는 일원변량분석에 해당하는 비모수검정이라면 이번에 살펴보게 될 프리드만 검정(Friedman Test)은 k개 모집단이 두 개 독립변수에 있어서 차이가 있는지 알아보는 이원분산분석에 해당하는 비모수검정기법이다.

따라서 프리드만 검정의 원리는 기본적으로 크러스컬-월리스 검정의 원리와 동일하다. 다만, 프리드만 검정이 이원분산분석에 해당하는 검정기법이니만큼 프리드만 검정에서는 N개의 관찰값을 $k \geq 3$개의 집단으로 나눌 뿐만 아니라 두 번째 변수의 응답범주의 개수에 해당하는 $b \geq 2$개 집단으로도 나눈다는 차이가 있다.

예제 14-2

예를 들어, 정신장애인을 위한 3가지 사회적응훈련 프로그램의 효과를 비교하기 위해 각 프로그램의 참여자들 중 연령이 20대, 30대, 40대 및 50대에 해당하는 표본을 한 명씩 뽑아 '지난 한 달 간의 외출횟수'를 조사한 다음, 각 연령대 내에서 가장 작은 외출횟수부터 순위 1을 차례대로 부여하는 방식으로 순위를 정하여 외출횟수를 순위자료로 전환한 결과가 다음과 같다고 가정해 보자.

	X_{1i}	순위	X_{2i}	순위	X_{3i}	순위
20대	4	1	7	3	5	2
30대	6	3	4	2	3	1
40대	5	3	4	2	2	1
50대	4	3	3	2	1	1
합계		$R_1=10$		$R_2=9$		$R_2=5$

이러한 표본자료를 바탕으로 검정하게 될 영가설과 대립가설은 다음과 같이 설정된다.

H_o : 세 가지 프로그램 간에 외출횟수에 있어서 차이가 없다.
H_a : 세 가지 프로그램 간에 외출횟수에 있어서 차이가 있다.

이때, 만일 영가설이 사실이어서 k개 집단 간에 차이가 없다면 $E(R_1)$, $E(R_2)$, $E(R_3)$은 동일한 값을 가질 것이며 R_1, R_2, R_3 또한 동일하거나 매우 유사한 값을 가질 것이라 기대할 수 있다. 따라서 만일 R_i와 $E(R_i)$ 간의 차이가 작다면 이는 k개 집단이 다르지 않음을 의미하는 것인 반면, 만일 R_i와 $E(R_i)$ 간의 차이가 크다면 k개 집단이 다르다는 것을 말해 주는 결과로 해석할 수 있다.

이러한 논리를 바탕으로 프리드만 검정에서는 앞서 살펴본 크러스컬-월리스 검정에서와 마찬가지로 k개 집단의 순위합 R_i를 이용하여 구한 χ^2값을 검정통계량으로 사용한다. 단, 프리드만 검정에서는 관찰값의 순위를 정함에 있어서 1부터 N까지의 순위를 정하는 것이 아니라 N개의 관찰값을 두 번째 독립변수의 범주를 기준으로 b개 집단으로 구분하여 각 집단 내에서만 1부터 k까지의 순위를 정한다. 따라서 프리드만 검정에서의 순위합 R_i의 기대값과 분산은 다음과 같이

$$E(R_i)=b\frac{(k+1)}{2}, \qquad \sigma^2_{R_i}=b\frac{(k^2-1)}{12}$$

정의된다. 이때, R_i를 표준화하여 얻게 되는 Z_i값, 즉

$$Z_i=\frac{R_i-b(k+1)/2}{\sqrt{b(k^2-1)/12}}$$

을 제곱한 다음 k에 대해서 더하면 그 값은 다음과 같이 자유도가 $df=k-1$인 χ^2분포를 따른다.

$$\sum_{i=1}^{k}Z_i^2\times(\text{교정인자값})=\sum_{i=1}^{k}\left(\frac{k-1}{k}\right)\frac{[R_i-b(k+1)/2]^2}{b(k^2-1)/12}$$

$$=\sum_{i=1}^{k}\frac{[R_i-b(k+1)/2]^2}{bk(k+1)/12}\sim\chi^2_{df=k-1}$$

위의 표에 제시된 순위자료를 바탕으로 검정통계값을 구하면

$k=3,\ b=4,\ R_1=10,\ R_2=9,\ R_3=5$이므로

$$\chi_2^2=\frac{[10-4(4)/2]^2+[9-4(4)/2]^2+[5-4(4)/2]^2}{4(3)(4)/12}=\frac{2^2+1^2+(-3)^2}{4}=3.5$$

이다. 가설검정을 위한 유의수준을 .05로 설정한다면 자유도가 $df=2$인 χ^2 분포상에서 이에 해당하는 단측 검정 임계값은 부록의 [표 *A*2]로부터 5.990이다. 이때, 단측검정을 하는 이유는 크러스컬-월리스 검정에서와 동일한 이유 때문이다.

표본을 바탕으로 영가설이 사실이라는 가정하에서 구한 검정통계값 3.5는 임계값보다 작으므로

$$P(\chi_2^2\geq 5.99)=.05,\ \ P(\chi_2^2\geq 3.5)>.05$$

임을 알 수 있다. 따라서 유의수준 .05에서 영가설은 기각되지 않으므로 주어진 표본자료로부터 세 가지 사회성 증진 프로그램 간에 외출횟수에 있어서 차이가 없음을 뒷받침하는 증거를 찾을 수 없다는 결론을 내리게 된다.

10. *SPSS*를 이용한 비모수검정

이상에서 소개한 비모수검정의 원리에 대한 이해를 바탕으로 이제 *SPSS*를 이용한 비모수 검정방법을 살펴보기로 하자. 이제까지 우리는 총 6가지 비모수검정기법을 살펴보았는데 여기서는 그 중에서 일반적으로 가장 많이 사용되는 맨휘트니 *U*검정, 윌콕슨 부호순위검정 그리고 크러스컬-월리스검정을 선택하여 *SPSS*를 이용하여 어떻게 이들 검정을 하는지 살펴보기로 하겠다.

1) *SPSS*를 이용한 맨휘트니 *U* 검정

맨휘트니 *U*검정(이하, 맨휘트니검정)을 하기 위해 자료 ‘C14-비모수-맨휘트니 *U*검정’을 *SPSS*로 불러들인 다음 *SPSS*의 최상위 명령 메뉴에서 분석(Analysis)을 선택한다. 그런 다음 [그림 14-3]과 같이 제시된 하위명령들 중 비모수검정(Nonprarametric Tests)을 선택하면 비모수검정에 해당하는 모든 분석들이 하위메뉴로 나타난다. 이들 중 서로 독립인 두 집단의 평균을 비교하는 방법을 의미하는 ‘2-독립표본(Two Independent Samples)’을 선택한다.

앞서 언급한 바와 같이 맨휘트니검정은 모수검정 중 독립표본 *t*검정에 해당하는 비모수검정기법이다. 맨휘트니검정을 하게 되는 가장 일반적인 경우는 서로 독립인 두 집단의 평균 간에 차이가 있는지 여부를 검정하고자 하지만 표본의 크기가 너무 작아 *t*검정을 할 수 없는 경

우라는 것을 기억한다면 어떤 비모수검정 명령을 선택해야 할지 쉽게 기억할 수 있다.

[그림 14-3]

[그림 14-4]와 같은 새로운 창이 열리면 왼쪽의 변수목록에 '고유번호', '교육수준', '성별', '연령'이 있는 것을 볼 수 있는데 이 자료를 이용하여 남성과 여성의 평균연령에 차이가 있는지 여부를 맨휘트니검정을 통해 알아보기로 하자.

맨휘트니검정에서는 독립표본 t 검정에서와 마찬가지로 검정변수와 집단변수를 지정해 줘야 한다. 알고자 하는 바가 남성과 여성의 평균연령에 차이가 있는지 여부이므로 연령을 검정변수로 지정하고 '성별'을 집단변수(Grouping Variable)로 지정해야 한다. 이어서 집단정의(Define Groups)를 누르고 [그림 14-5]에 제시된 것처럼 성별의 변수값 '1', '2'를 순서대로 입력함으로써 집단변수의 변수값 중 어떤 값으로 집단을 구분할지 지정해 준다.

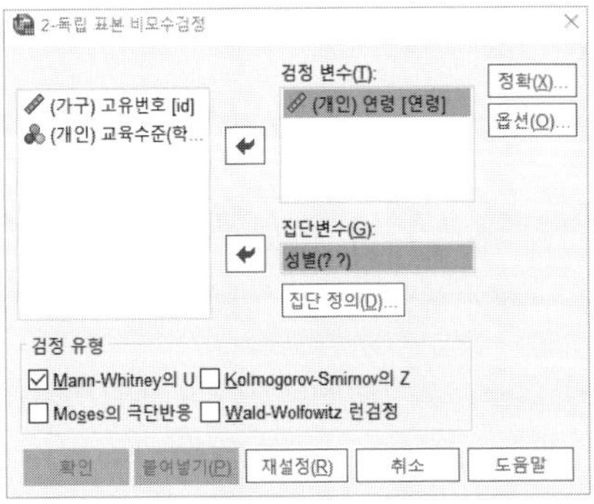

[그림 14-4]

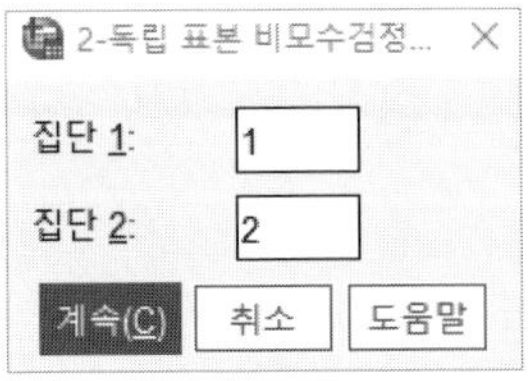

[그림 14-5]

[그림 14-4]의 맨 아래에 위치한 옵션(Option)을 선택하면 [그림 14-6]이 나타나는데 제시된 통계량(Statistics) 중 기술통계를 선택한 다음 '계속(Continue)'을 누른다. 그런 다음 마지막으로

'확인(OK)'을 눌러 맨휘트니검정을 실시한다.

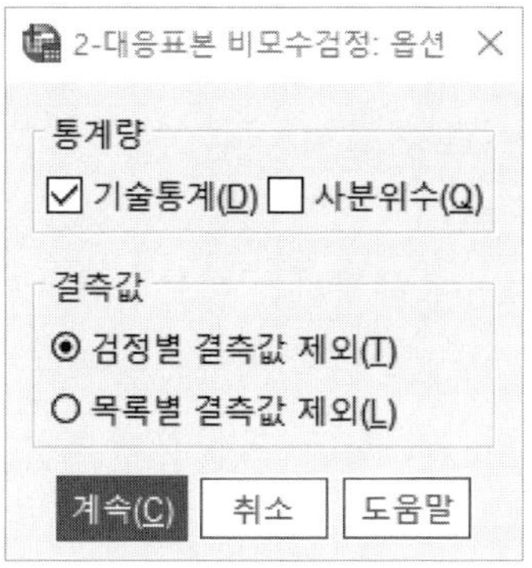

[그림 14-6]

분석을 실시하면 〈표 14-4〉와 같은 분석결과가 제시된다. 기술통계결과표에 제시된 통계값들 중 연령은 비율변수이기 때문에 제시된 통계값들의 의미를 그대로 해석할 수 있지만 성별은 명목변수이므로 제시된 통계값들은 의미 없는 값들임을 기억할 수 있어야 한다.

〈표 14-4〉

기술통계량

	N	평균	표준편차	최소값	최대값
(개인) 연령	20	58.5500	3.80408	52.00	65.00
(개인) 성별	20	1.6000	.50262	1.00	2.00

〈표 14-5〉의 첫 번째 결과표에는 남성과 여성의 연령 변수값을 순위로 전환하여 구한 순위합과 평균순위가 제시되어 있다. 남성은 평균순위는 5.56이고, 여성의 평균순위는 13.79로 나타나 여성이 남성보다 연령의 순위합이 더 큰 것을 알 수 있다.

〈표 14-5〉

Mann-Whitney 검정

		N	평균	순위합
(개인) 연령	남	8	5.56	44.50
	여	12	13.79	165.50
	합계	20		

이러한 순위합의 차이가 과연 통계적으로 유의한 수준의 차이인지 여부는 검정통계량표에 제시된 맨휘트니 U값을 보고 판단한다. 이 표

〈표 14-6〉

검정 통계량[a]

	(개인) 연령
Mann-Whitney의 U	8.500
Wilcoxon의 W	44.500
Z	-3.058
근사 유의확률(양측)	.002
정확한 유의확률[2*(단측 유의확률)]	.001[b]

a. 집단변수 : (개인) 성별동

b. 동률에 대해 수정된 사항이 없습니다.

에 따르면 맨휘트니 U값이 8.500이고 이에 해당하는 유의확률은 .002로서 유의확률 .05보다 작은 것을 알 수 있다. 따라서 여성과 남성의 연령 간에 차이가 없다는 영가설은 기각된다.

2) *SPSS*를 이용한 윌콕슨 부호순위검정

맨휘트니검정이 독립표본 t 검정에 해당하는 비모수검정기법이라면 대응표본 t 검정에 해당하는 비모수검정기법은 윌콕슨 부호순위검정(이하, 윌콕슨검정). 먼저 자료 'C14-비모수-윌콕슨 부호순위 검정'을 불러들인다. [그림 14-7]과 같이 최상위 명령 메뉴에서 분석(Analysis), 비모수검정(Nonprarametric Tests)을 차례대로 선택한 다음, 제시된 비모수검정기법들 중 '2-대응표본(Two Related Samples)'를 선택한다.

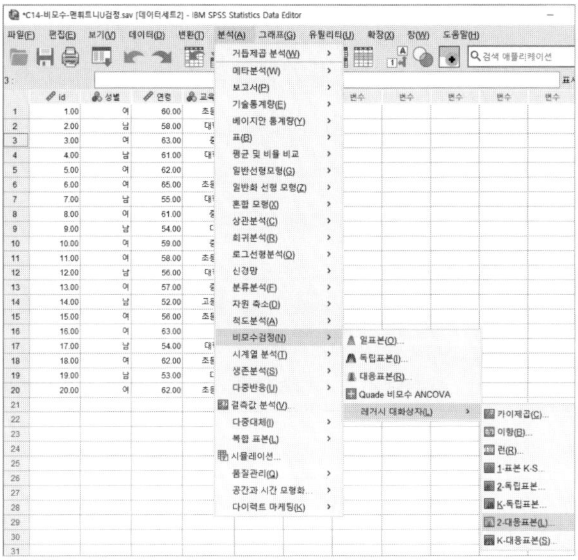

[그림 14-7]

[그림 14-8]의 창이 나타나면 왼쪽 변수목록 박스에 '고유번호' '사전점수' 그리고 '사후점수' 변수가 제시되어 있는 것을 확인할 수 있다. 그 중에서 사전점수와 사후점수를 차례대로 누르면 현재 선택(Current Selections) 박스의 변수 1(Variable 1)에 사전점수가, 변수 2(Variable 2)에 사후점수가 입력된다. 이제 사전점수와 사후점수를 선택하여 검정 변수대응 목록[Test Pair(s) List]에 옮겨 놓는다.

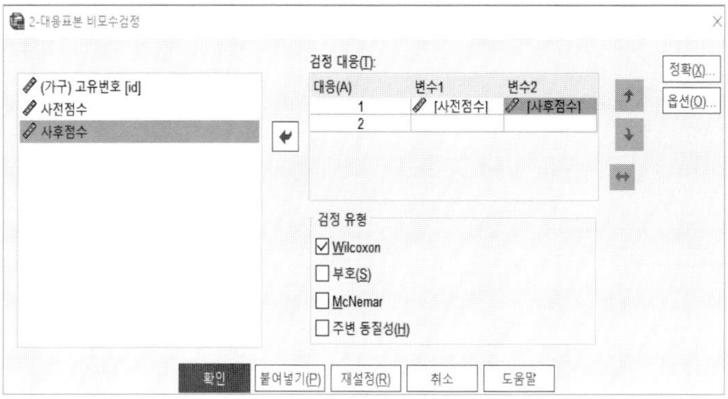

[그림 14-8]

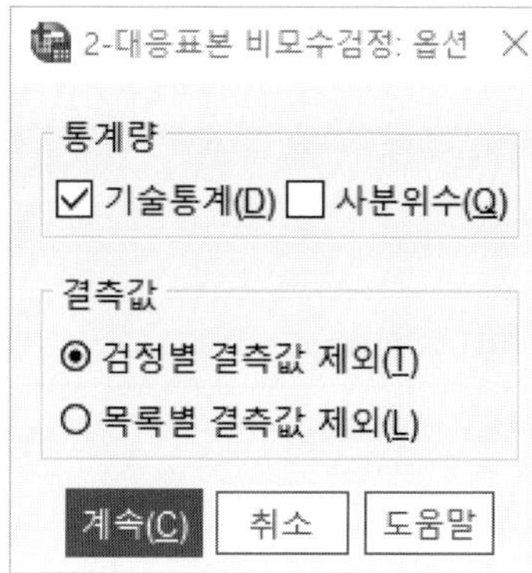

[그림 14-9]

그런 다음 창의 맨 아래 위치한 '선택(Option)'을 누르고 새로 나타난 창에서 기술통계량을 선택한 다음 '계속(Continue)'을 누른다. 마지막으로 '확인(OK)'을 눌러 명령을 실행시킨다.

분석결과로 제시된 〈표 14-7〉은 기술통계량이다. 이 표에 따르면, 사전점수의 평균은 58.55로 나타났고, 사후점수는 63.55인 것으로 나타났다.

〈표 14-7〉

기술통계량

	N	평균	표준편차	최소값	최대값
사전점수	20	58.5500	3.80408	52.00	65.00
사후점수	20	63.5500	3.80408	57.00	70.00

〈표 14-8〉에서 첫 번째 표에는 사전점수와 사후점수의 차이를 순위로 전환한 다음 평균순위와 순위합을 계산한 결과가 제시되어 있다. 이 표에 따르면, (−)의 순위합인 $R_{(-)}$은 0이고 (+)의 순위합인 $R_{(+)}$은 210으로 나타나 두 순위합 간에 적지 않은 차이가 존재하는 것을 알 수 있다.

〈표 14-8〉

Wilcoxon 부호순위 검정

순위

		N	평균순위	순위합
사후점수 − 사전점수	음의 순위	0[a]	.00	.00
	양의 순위	20[b]	10.50	210.00
	동률	0[c]		
	합계	20		

a. 사후점수 < 사전점수
b. 사후점수 > 사전점수
c. 사후점수 = 사전점수

〈표 14-9〉

검정 통계량[a]

	사후점수-사전점수
Z	-4.472[b]
근사 유의확률(양측)	.000

a. Wilcoxon 부호순위 검정
b. 음의 순위를 기준으로

마지막으로 제시된 검정통계량표에 따르면, 이 예에서 사용한 표본의 경우 크기가 충분히 커서 (+)의 순위합으로 아래와 같이 정의된 Z값이

$$Z = \frac{R_{(+)} - E(R_{(+)})}{\sigma_{R_{(+)}}}$$

정규근사한 것을 알 수 있다. 제시된 검정통계량 Z의 값은 -4.472이고 이 값에 해당하는 근사유의확률은 .000으로서 .05보다 작은 값이므로 사전점수가 사후점수보다 높고 두 점수 간에 통계적으로 유의한 수준의 차이가 존재한다는 결론을 내릴 수 있다.

3) *SPSS*를 이용한 크러스컬-윌리스 검정

크러스컬-윌리스 검정은 모수검정기법 중 분산분석에 해당하는 비모수검정기법이다. *SPSS*를 이용하여 크러스컬-윌리스 검정을 하는 방법을 알아보기 위해서 자료 'C14-비모수-크러스컬-윌리스 검정'을 불러들인다. [그림 14-10]에 제시된 자료를 바탕으로 고용형태에 따라 월소득에 차이가 있는지 여부를 알아보기로 하자.

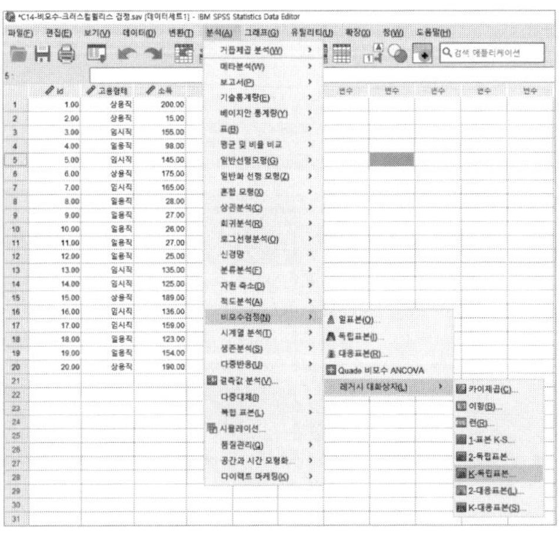

[그림 14-10]

이를 위해서 최상위 명령 중 분석(Analysis), 비모수검정(Nonparametric Tests)을 차례대로 선택하고 제시된 비모수검정 명령 중 'K-독립표본(K Independent Samples)'을 선택한다.

[그림 14-11]의 창이 나타나면 왼쪽의 변수목록에서 소득을 선택하여 검정변수(Test Variable List)에 옮겨 놓고, 고용형태 변수는 집단변수(Grouping Variable)에 옮겨 놓는다.

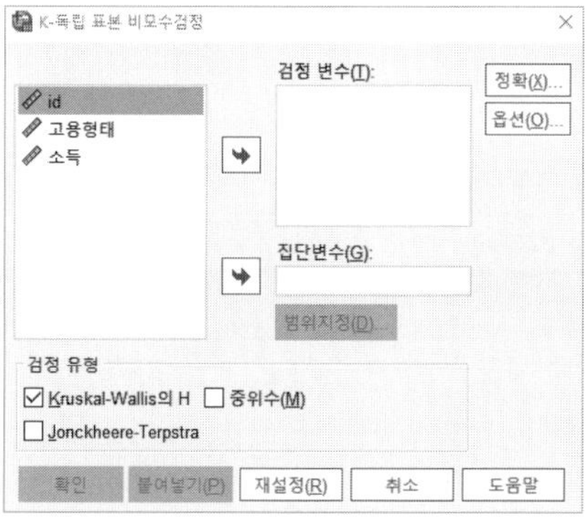

[그림 14-11]

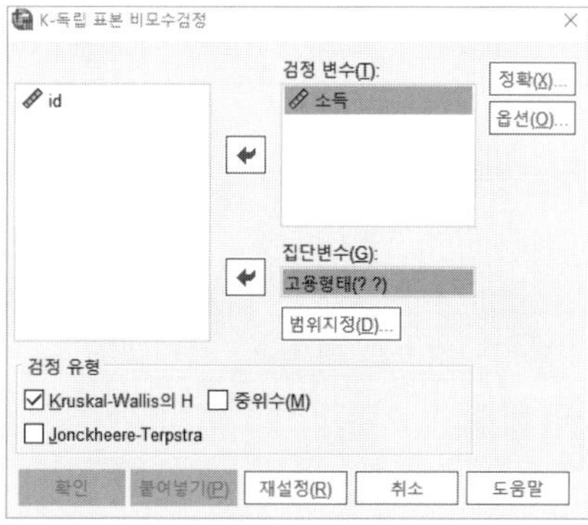

[그림 14-12]

*SPSS*에 고용형태의 변수값 중 어떤 값으로 집단을 구분할 것인지 알려 주기 위해 범위정의(Define Range)를 누르면 [그림 14-13]이 나타난다. 이 창에는 최소(Minimum)와 최대(Maximum)를 지정해 줄 수 있게 되어 있는데 집단변수인 고용형태의 변수값 중 최소값과 최대값을 각각에 입력한다. 이 예에서 고용형태는 1=상용직, 2=임시직, 3=일용직으로 정의되어 있다. 따라서 최소에 1, 최대에 3을 입력하면 된다. 입력을 마치면 '계속(Continue)'과 '확인(OK)'을 차례대로 누른다. 여기까지의 과정을 제9장에서 배운 *SPSS*를 이용한 분산분석과정과 비교해 보면 최상위 명령에서 비모수검정을 선택한 것을 제외하고는 전혀 다를 바가 없다는 것을 알 수 있다.

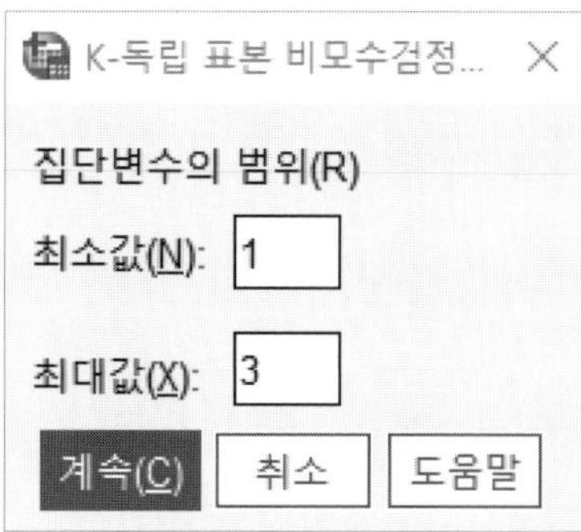

[그림 14-13]

명령을 실행시키면 〈표 14-10〉~〈표 14-12〉의 분석결과가 제시된다.

〈표 14-10〉

기술통계량

	N	평균	표준편차	최소값	최대값
소득	20	114.8500	65.319386	15.00	200.00
고용형태	20	2.1500	.81273	1.00	3.00

〈표 14-11〉

Kruskal-Wallis 검정

순위

고용형태		N	평균순위
소득	상용직	5	15.00
	임시직	7	12.43
	일용직	8	6.00
	합계	20	

〈표 14-12〉

검정 통계량[ab]

	소득
카이제곱	8.272
자유도	2
근사 유의확률	.016

a. Kruskal Wallis 검정

b. 집단변수: 고용형태

〈표 14-11〉의 순위결과표에는 세 집단 상용직, 임시직, 일용직 각각의 순위합 R_i를 각 집단의 크기로 나눈 평균순위가 제시되어 있다. 앞서 크러스컬-윌리스검정의 원리를 설명하면서 언급한 바와 같이 이들 세 가지 고용형태 간의 소득차이가 통계적으로 유의한 수준의 차이인지 보여주는 검정통계량은 카이제곱값이다. 맨 마지막에 제시된 〈표 14-12〉의 검정통계량표에 따르면 표본을 바탕으로 구한 카이제곱값은 8.272이고 자유도가 $df=2$일 때 이 값에 해당하는 유의확률은 .05보다 작은 .016으로 나타났다. 따라서 분석에 사용한 표본자료가 고용형태 간 소득수준에 차이가 있음을 뒷받침해 준다는 결론을 내릴 수 있다.

11. R을 이용한 비모수검정 I

1) R을 이용한 맨휘트니 U검정

맨휘트니 U검정을 실시하기 위해 [그림 14-14]와 같이 haven 패키지의 read_save 함수를 사용하여 'C14-비모수-맨휘트니 U검정.sav' 파일을 불러들여 c14_df 데이터프레임에 저장한다.

```
c14_df <- read_sav(file.choose())
View(c14_df)
```

[그림 14-14]

맨휘트니 검정은 wilcox.test 함수를 사용하여 실행할 수 있다.

```
mann_result <- wilcox.test(연령 ~ 성별, c14_df)
mann_result
```

[그림 14-15]

그 결과는 [그림 14-16]과 같다.

```
        Wilcoxon rank sum test with continuity correction

data:  연령 by 성별
W = 8.5, p-value = 0.002535
alternative hypothesis: true location shift is not equal to 0
```

[그림 14-16]

2) R을 이용한 윌콕슨 부호순위검정

윌콕슨 부호순위검정을 실시하기 위해 [그림 14-17]과 같이 haven 패키지의 read_save 함수를 사용하여 'C14-비모수-윌콕슨 부호순위 검정.sav' 파일을 불러들여 c14_1df 데이터프레임에 저장한다.

```
c14_1df <- read_sav(file.choose())
View(c14_1df)
```

[그림 14-17]

이어서 윌콕슨 부호순위검정을 실시하기 위해 wilcox.test 함수를 사용하는데, 맨휘트니 검정과 달리 대응표본 검정이어서 옵션에서 'paired = TRUE'로 지정한다.

```
wilcox_result <- wilcox.test(c14_1df$사전점수, c14_1df$사후점수,
                             paired = TRUE)
wilcox_result
```

[그림 14-18]

그 결과가 저장된 wilcox_result를 실행하면 [그림 14-19]와 같은 결과가 나타난다.

```
        Wilcoxon signed rank test with continuity correction

data:  c14_1df$사전점수 and c14_1df$사후점수
V = 0, p-value = 8.554e-06
alternative hypothesis: true location shift is not equal to 0
```

[그림 14-19]

3) *R*을 이용한 크러스컬-월리스 검정

크러스컬-월리스 검정을 실시하기 위해 [그림 14-20]과 같이 haven 패키지의 read_save 함수를 사용하여 'C14-비모수-크러스컬-월리스 검정.sav' 파일을 불러들여 c14_2df 데이터프레임에 저장한다.

```
c14_2df <- read_sav(file.choose())
View(c14_2df)
```

[그림 14-20]

*R*에서 크러스컬-월리스 검정은 아래와 같이 kruskal.test 함수를 사용하여 실행할 수 있다. 별도의 대상(object)에 저장한 후 실행하여 내용을 살펴볼 수 있다.

```
kruskal_result <- kruskal.test(소득 ~ 고용형태, data = c14_2df)
kruskal_result
```

[그림 14-21]

위의 명령문을 실행하면 [그림 14-22]와 같은 결과가 나타난다.

```
        Kruskal-Wallis rank sum test

data:  소득 by 고용형태
Kruskal-Wallis chi-squared = 8.2715, df = 2, p-value =
0.01599
```

[그림 14-22]

참고문헌

Chiang, C., Langhauser, C., & Selvin, S. (1990). Introduction to Probability and Statistics in Biology and Public Health. Unpublished Manuscript. University of California at Berkeley.

Conover, W. (1980). *Practical Nonparametric Statistics*. New York, NY: John wiley & Sons, Inc,

Gibbons, J. (1985). *Nonparametric Methods for Quantitative Analysis* (2nd ed.). Syracuse, NY: American Science Press.

Gibbons, J. (1992). *Nonparametric Statistics: An Introduction*. Newbury Park, CA: Sage Publications Inc.

Hildebrand, D., Laing, J., & Rosenthal, H. (1977). *Analysis of Ordinal Data*. Newbury Park, CA: Sage Publications Inc.

Kruskal, W. (1958). Ordinal Measures of Association. *American Statistical Association*, *53*, 814-861.

Siegel, S., & Castellan, N. (1988). *Nonparametric Statistics for the Behavioral Sciences* (2nd ed.). New York, NY: McGraw-Hill.

| 연습문제 |

01 비모수검정기법 가운데 순위검정에 해당하는 검정기법을 사용하기 위해서 원자료를 순위자료로 전환할 때 얻게 되는 장점과 단점을 설명하십시오.

02 부호검정에서 (+) 또는 (-) 부호의 개수를 검정통계량으로 사용할 수 있는 논리적 근거를 설명하십시오.

03 근로빈곤가구를 대상으로 지역사회에 존재하는 사회복지자원을 보다 적극적으로 활용할 수 있도록 하는 교육을 실시하기 이전과 이후에 교육에 참여한 $n=10$가구를 대상으로 일정 기간 동안 지역사회 내의 사회복지자원을 이용한 횟수를 조사한 자료가 다음과 같다. 부호검정기법을 이용하여 유의수준 .05에서 교육과정이 이들 가구의 사회복지자원 이용 정도에 영향을 미쳤는지의 여부를 판단하십시오.

이전	3	4	2	5	1	3	2	5	2	3
이후	4	4	4	4	3	5	3	7	4	2

04 음의 2×2표를 이용하여 맥니마 검정의 기본 원리를 설명하고 적절한 영가설과 대립가설을 설정한 다음 맥니마 검정기법을 이용하여 유의수준 .05에서 검정하십시오(단, 본문에서 예로 들었던 매칭의 적절성 이외의 다른 가설을 설정할 것).

집단 1

		+	−	합계
집단 2	+	$(+,\ +),\ f_{11}$	$(+,\ -),\ f_{12}$	$n_1=8$
	−	$(-,\ +),\ f_{21}=1$	$(-,\ -),\ f_{22}$	n_2
	합계	$m_1=5$	m_2	$N=15$

05 10개 종합사회복지관에서 운영하는 동일한 무료 프로그램을 실비 이용료를 부과하는 유료 프로그램으로 전환하기 이전과 이후 두 시점 간에 프로그램 월이용인원 수에 차이가 있는지를 윌콕슨 부호-순위검정기법을 이용하여 유의수준 .01과 .05에서 검정하십시오.

이전	124	98	107	125	136	113	91	137	102	92
이후	113	104	104	134	121	113	103	115	115	93

06 다음의 표본자료를 바탕으로 A, B 두 집단 간에 확률변수 X에 있어서 차이가 있는지를 윌콕슨 부호-순위검정기법을 이용하여 유의수준 .05에서 검정하십시오.

집단	A	B	A	A	A	B	A	B	B	B
X	17	13	14	26	12	19	21	23	16	25

07 맨휘트니 U 검정기법을 이용하여 두 프로그램 A와 B에 대한 프로그램 참여자의 만족도에 차이가 있는지를 유의수준 .05에서 검정하십시오.

프로그램 A	13	17	27	19	20	$n_A = 5$
프로그램 B	14	12	25	19	18	$n_B = 5$

08 정신장애인을 위한 그룹 홈(Group Home) 두 곳 가운데 A는 그룹 홈 내에 마련된 작업장에서 직업훈련을 실시하고 있고 B는 지역사회에 위치한 중소기업들과 연계를 통해 기업 내에 마련된 작업장에서 직업훈련을 실시하고 있다. 직업훈련에 참여하고 있는 정신장애인이 직업훈련에 적응하기까지 걸린 기간을 X라고 할 때, 두 그룹 홈 X에 대해서 등분산인지를 유의수준 .05에서 검정하십시오.

그룹 홈	A	B	A	A	A	B	A	B	B	B
X	21	24	25	27	38	39	40	42	50	52

09 다음 표본자료를 바탕으로 $k=3$개 집단 간에 X에 있어서 차이를 보이는지를 알아보고자 한다. 모수검정기법을 사용하기에는 표본의 크기가 충분히 크지 않다는 사실을 고려하여 적절한 검정기법을 선택하여 유의수준 05에서 검정하십시오.

X_{1i}	X_{2i}	X_{3i}
1.35	2.47	3.38
1.62	1.84	1.50
1.60	2.57	2.63
2.09	2.49	3.14
1.56	2.61	3.75

10 세 명의 사회복지사가 각각 한 명의 클라이언트를 대상으로 일정 기간 동안 자존감(self-esteem) 증진을 목적으로 한 사회복지실천개입을 실시한 뒤, 자신의 클라이언트를 포함한 모든 클라이언트의 자존감 정도를 1=매우 낮음부터 10=매우 높음까지 10점 범위 내에서 평가한 결과가 다음과 같다. 이러한 평가방식과 관련된 문제 가운데 하나는 평가자인 사회복지사가 자신이 담당한 클라이언트에게 상대적으로 높은 점수를 부여하는 경향을 보일 수 있다는 것이다. 이번 평가에서 과연 이러한 문제가 발생했는지의 여부를 유의수준 .05에서 검정하십시오.

	A의 클라이언트	B의 클라이언트	C의 클라이언트
사회복지사 A	8	5	7
사회복지사 B	7	6	5
사회복지사 C	6	5	7

15

비모수검정 II

이 장에서는 비모수검정기법 중 모집단이 특정 확률분포를 따르는지 여부를 검정하기 위한 검정기법들을 살펴보기로 하겠다. 이러한 목적에서 사용할 수 있는 비모수검정기법은 여러 가지가 있으나 가장 대표적인 검정기법으로는 콜모고로브 검정, 콜모고로브–스미르노브 검정 및 중앙값 검정을 꼽을 수 있다. 이들 검정기법들은 표본자료를 순위자료로 전환하지 않고 있는 그대로 사용하여 가설을 검정한다는 점에서 제14장에서 살펴본, 순위자료를 사용하는 비모수검정기법들과 구분된다.

1. 콜모고로브 검정

콜모고로브 검정(Kolmogorov Test)은 제12장에서 살펴본 χ^2분포를 이용한 적합성 검정과 매우 유사한 검정기법이다. 콜모고로브 검정을 한마디로 표현하면 표본자료를 바탕으로 표본이 뽑혀져 나온 모집단이 특정 확률분포를 따르는지 여부를 알아보기 위한 검정기법이라고 할 수 있다. 그렇기 때문에 콜모고로브 검정을 이용하여 검정하고자 하는 영가설은 일반적으로 '표본이 … 확률분포를 따른다'는 내용을 갖는 영가설이다.

독자들 중 기억하는 사람이 있는지 모르겠지만 콜모고로브 검정은 제2장에서 정규성 조건의 충족 여부를 검정하기 위한 검정통계량으로 이미 한 번 소개된 바 있다. 이제 이하 부분에서 설명할 콜모고로브 검정의 원리를 이해하고 나면 왜 콜모고로브 검정통계값이 어떤 확률변수의 확률분포가 정규분포인지 여부를 검정할 때 사용할 수 있는 검정통계값인지 분명하게 이해할 수 있을 것이다.

예를 들어, 확률변수 X의 모집단으로부터 크기가 n인 표본을 뽑았다고 가정할 때 콜모고로브 검정에서 검정하게 될 영가설과 대립가설은 다음과 같이 설정된다.

H_o : 모집단이 특정 확률분포를 따른다.
H_a : 모집단이 특정 확률분포를 따르지 않는다. [15-1]

콜모고로브 검정에서는 영가설이 사실이라는 가정하에서 확률변수 X의 모집단이 따를 것이라 가정되는 누적확률분포(cumulative probability distribution)와 표본의 누적확률분포를 비교하여 두 누적확률분포 간의 차이값 가운데 최대 차이값을 검정통계값으로 사용하여야 한다.[1)]예를 들어, 확률변수 X의 모집단이 따를 것이라 가정되는 누적확률분포를 $F_{0(X)}$라고[2)] 하고 크기가 n인 표본의 누적확률분포를 $s_{n(X)}$라고 하면 검정통계량은 다음과 같이 정의된다.

$$K = \text{최대}\left| F_0(X) - s_n(X) \right| \text{ 또는 최대 } \left| F_0(X+1) - s_n(X) \right| \qquad [15\text{-}2]$$

이때 $s_{n(X)}$는

$$s_n(X) = \frac{\text{표본관찰값 가운데 특정 값 } x \text{ 와 같거나 더 작은 값을 갖는 관찰값의 개수}}{\text{표본관찰값의 개수}(n)}$$

로 정의되는 값이다. [15-2]를 이용하여 [15-1]의 영가설과 대립가설을 기호로 표현하면 다음과 같이 표현된다.

$H_0 : F(X) = F_0(X)$
$H_a : F(X) \neq F_0(X)$

이때, 한 가지 주의해야 할 것은 이 가설을 검정하기 위한 검정통계량으로서 [15-2]를 사용할 수 있으려면 다음과 같은 두 가지 조건

조건 1. $F(X)$는 연속함수(continuous function)이어야 한다.
조건 2. $F(X)$는 특성이 알려져 있어야 한다.

1) 누적확률분포는 제2장에서 설명한 바 있다.
2) $F_{0(\cdot)}$은 영가설이 사실이라고 가정할 때의 누적확률분포임을 뜻한다.

이 만족되어야 한다는 점이다.

위의 조건 1에서 $F(X)$가 연속함수이어야 한다는 것은 영가설에서 확률변수 X의 모집단이 따를 것이라 가정할 수 있는 확률분포가 반드시 연속확률분포이어야 한다는 것을 의미하며 그렇기 때문에 가설검정을 위해 뽑은 표본자료 또한 연속확률분포로 측정하여 얻은 자료이어야 한다는 것을 알 수 있다. 조건 2에서 $F(X)$의 특성이 알려져 있어야 한다는 것은 확률변수 X의 모집단의 특성, 즉 모평균과 모분산이 표본 통계량을 바탕으로 추정해야 하는 것이 아니라 알려져 있어야 한다는 것을 의미한다.

콜모고로브 검정에서는 이러한 두 가지 조건이 만족된다는 전제하에서 [15-2]를 검정통계량으로 사용하여 가설을 검정한다. 영가설의 기각 여부는 검정통계값 K_0가 부록의 [표 A12]에 제시된 유의수준 α에 해당하는 임계값 C보다 클 때, 즉

$$P(K \geq C) = \alpha \text{이므로 } K_0 \geq C \text{이면 } P(K \geq K_0) < \alpha$$
$$\therefore K_0 \geq C \text{ 일 때 영가설 기각}$$

된다.

이상의 내용에 대한 이해를 바탕으로 다음과 같은 예를 통해서 콜모고로브 검정의 원리를 이해해 보기로 하자. 노인주간보호센터의 사례관리자들이 관리해야 하는 사례 수를 확률변수 X라고 할 때 X가 특정값 $(\mu_X,\ \sigma_X^2)$를 평균과 분산으로 갖는 정규분포를 따르는지를 검정하고자 한다고 가정해 보자. 영가설과 대립가설은 다음과 같이 설정된다.

H_o : X의 모집단이 $N(\mu_X,\ \sigma_X^2)$인 정규분포를 따른다.
H_a : X의 모집단이 $N(\mu_X,\ \sigma_X^2)$인 정규분포를 따르지 않는다.

영가설이 사실이라고 가정할 때, 확률변수 X는 $N(\mu_X,\ \sigma_X^2)$을 따르므로 μ_X와 σ_X^2를 이용하여 X를 표준화하면 확률변수 X는 이제 $\mu = 0,\ \sigma^2 = 1$인 표준정규분포를 따르게 된다. 〈표 15-1〉에 제시된 x_i는 영가설이 사실이라는 가정하에서 X를 표준화한 값이다. 〈표 15-1〉에 제시된 바와 같이 확률변수 X는 연속확률변수이고 영가설에서 X가 특정값 μ_X, σ_X^2를 평균과 분산으로 갖는 정규분포를 따른다고 밝히고 있으므로 위에서 설명한 조건 1과 조건 2가 모두 만족된다는 것을 알 수 있다. 따라서 가설검정을 위한 검정통계량으로 콜모고로브 K값을 사용할 수 있으며, 이때의 콜모고로브 K는 영가설이 사실이라는 가정하에서 구한 검정통계값이므로 K_0으로 표기한다.

〈표 15-1〉 15개 노인주간 보호센터 사례관리자의 사례 수

$^*x_i$	$s_{15}(x_i)$	$F_0(x_i)$	$K=\|F_0(x_i)-s_{15}(x_i)\|$	$K=\|F_0(x_{i+1})-s_{15}(x_i)\|$
-2.17	1/15=.0667	F(-2.17)=.0150	.0517	-
-1.81	2/15=.1333	F(-1.81)=.0351	.0982	.0316
-.92	3/15=.3000	F(-.92)=.1788	최대=.1212	.0455
-.56	4/15=.2667	F(-.56)=.2877	.0210	.0123
-.20	5/15=.3333	F(-.20)=.4207	.0874	.1540
-.02	6/15=.4000	F(-.02)=.4920	.0920	.1587
.16	7/15=.4667	F(.16)=.5636	.0969	최대=.1636
.25	8/15=.5333	F(.25)=.5987	.0654	.1320
.33	9/15=.6000	F(.33)=.6293	.0293	.0960
.51	10/15=.6667	F(.51)=.6950	.0283	.0950
.72	11/15=.7333	F(.72)=.7642	.0309	.0975
.83	12/15=.8000	F(.83)=.7967	.0033	.0634
.87	13/15=.8667	F(.87)=.8078	.0589	.0078
1.05	14/15=.9333	F(1.05)=.8531	.0802	.0136
1.23	15/15=1.000	F(1.23)=.8907	.1093	.0426

* x_i는 평균사례 수를 표준화한 값임

가설검정을 위한 유의수준을 .05로 설정하면 양측검정에 해당하는 임계값은 부록 [표 A12]로부터 .338이다. 〈표 15-1〉에 따르면, 검정통계량값인 최대 K값은 .1587이며 이 값은 임계값 .338보다 작은 값이기 때문에

$$P(K \geq C = .338) = .05, \ P(K \geq K_0 = .1587) > .05$$

이므로 유의수준 .05에서 영가설은 기각되지 않는다. 따라서 노인주간보호센터 사례관리자의 사례 수 X의 모집단이 (μ_X, σ_X^2)인 정규분포를 따른다는 주장을 뒷받침하는 증거를 표본자료로부터 찾을 수 있다는 결론을 내리게 된다.

2. 콜모고로브-스미르노브 검정

콜모고로브-스미르노브 검정(Kolmogorov-Smirnov Test)은 콜모고로브 검정을 약간 변형하여 서로 독립인 두 모집단의 확률분포가 동일한지 여부를 검정하는 비모수검정기법이다. 콜모

고로브-스미르노브 검정에서 검정하게 될 영가설과 대립가설은 다음과 같다.

> H_o : 두 모집단의 확률분포가 같다.
> H_a : 두 모집단의 확률분포가 다르다.

또는 기호로 표현하면

$$H_0 : s_{n_1}(X) = s_{n_2}(X)$$
$$H_a : s_{n_1}(X) \neq s_{n_2}(X)$$

이때, $s_{n_1}(X)$는 크기가 n_1인 표본 1의 누적확률분포이고, $s_{n_1}(X)$ 크기가 n_2인 표본 2의 누적확률분포, 즉

$$s_{n_1}(X) = \frac{i\text{번째 표본의 관찰값 중 가운데 특정 값 } x \text{와 같거나 더 작은 값을 갖는 관찰값의 개수}}{i\text{번째 표본의 관찰값의 개수}(n)}$$

이다. 콜모고로브-스미르노브 검정에서는 콜모고로브 검정에서와 마찬가지로 두 누적확률분포의 차이 가운데 최대 차이값, 즉

$$K = \text{최대}\left| s_{n_1}(X) - s_{n_2}(X) \right| \qquad [15\text{-}3]$$

을 검정통계량으로 사용하며 부록 [표 $A12$]를 이용하여 임계값을 설정한다.

다음과 같은 예를 통해서 콜모고로브-스미르노브 검정의 원리를 이해해 보기로 하자. 근로빈곤가구를 지원하기 위한 서로 다른 두 가지 성과관리형 프로그램의 효과를 비교하기 위해서 각각의 프로그램으로부터 일정 기간 동안 지속적으로 프로그램에 참여한 근로빈곤가구 중 $n_1 = n_2 = 10$인 표본을 뽑아 월가구소득(이하, 월소득)을 조사한 결과가 다음과 같다고 가정해 보자.

> 표본 1 : 151, 155, 161, 168, 169, 170, 172, 175, 177, 180
> 표본 2 : 159, 160, 165, 169, 171, 173, 174, 176, 177, 178

두 프로그램의 효과를 비교하기에 앞서 두 프로그램에 참여한 참여가구의 월소득이 동일한 확률분포를 따르는지의 여부를 검정해야 할 필요가 종종 있다. 이때, 문제는 표본의 크기가 $n = 10$에 불과하다는 것이다. 따라서 모수검정보다는 비모수검정기법을 사용하는 것이 타당하다. 콜모고로브-스미르노브 검정은 바로 이러한 경우에 사용하는 검정기법이다.

먼저 표본자료를 바탕으로 앞서 콜모고로브 검정에서의 〈표 15-2〉와 같은 표를 구성하면 다음과 같다.

〈표 15-2〉

x_{1i}	x_{2i}	$s_1(x_{1i})$	$s_2(x_{2i})$	$K=\|s_1(x_{1i})-s_2(x_{2i})\|$
151	–	.1	0	.1
155	–	.2	0	최대=.2
–	156	.2	.1	.1
–	160	.2	.2	0
161	–	.3	.2	.1
–	165	.3	.3	0
168	–	.4	.3	.1
169	169	.5	.4	.1
170	–	.6	.5	.2
–	171	.6	.6	.1
172	–	.7	.6	.2
–	173	.7	.7	.1
–	174	.7	.7	0
175	–	.8	.7	.1
–	176	.8	.8	0
177	177	.9	.9	0
–	178	.9	1.0	.1
180	–	1.0	1.0	0

콜모고로브-스미르노브 검정을 위해 필요한 임계값은 부록 [표 A12]에 제시되어 있다. 만일 가설검정을 위한 유의수준을 .05로 설정한다면 이에 해당하는 양측검정 임계값은 부록의 [표 A12]로부터 .409이다.[3] 즉,

$$P(K \geq C = .409) = .05$$

〈표 15-2〉에 제시된 바와 같이 표본자료를 바탕으로 구한 검정통계값은 $K_0 = .2$ 이며 이 값은 임계값보다 작은 값이기 때문에

$$P(K \geq K_0 = .2) > .05$$

3) 콜모고로브 검정과 콜모고로브-스미르노브 검정 모두 K값을 검정통계량으로 사용하므로 두 검정 모두 부록 [표 A12]에 제시된 임계값을 사용한다.

이므로 유의수준 .05에서 영가설은 기각되지 않는다는 것을 알 수 있다. 따라서 표본자료로부터 두 월가구소득 확률분포가 동일한 확률분포임을 뒷받침해 주는 증거를 찾을 수 있다는 결론을 내리게 된다.

1) *SPSS*를 이용한 콜모고로브-스미르노브 검정

지금까지 우리는 콜모고로브 검정을 수리적으로 살펴보았다. 이제 실제 *SPSS* 예를 통해 콜모고로브-스미르노브검정을 연습해 보도록 하자. [그림 15-1]은 자료 CD에서 'C15-비모수-콜모고로브-스미르노브검정'을 불러들여 보자.

[그림 15-1]

콜모고로브-스미르노브 검정을 하기 위해서는 분석메뉴의 하위메뉴인 비모수검정을 누른다. 그리고 비모수검정 메뉴의 하위메뉴 중 레거시 대화상자를 클릭하면 나타나는 2-독립표본(2) 분석을 클릭하면 된다.

[그림 15-2]

2-독립표본 비모수검정 분석을 누르면 [그림 15-3] 창이 나타난다. 제시된 그림을 살펴보면, 오른쪽에 변수명들이 보인다. 그리고 반드시 확인할 것은 2-독립표본 비모수검정을 처음 실행하면 검정유형이 Mann-Whitney의 U(M)가 기본값으로 설정된다. 이것을 반드시 바로 옆에 위치한 Kolmogorove-Smirnov의 Z(K) 검정으로 변경시켜야 한다는 점이다.

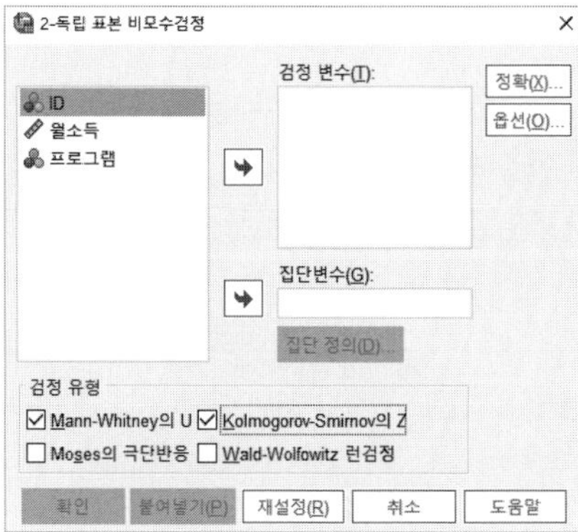

[그림 15-3]

변수명 중 검정변수에 '월소득' 변수를 옮겨 놓고, 집단변수에 프로그램 변수를 옮겨 놓는다. '프로그램' 변수를 옮겨 놓으면 물음표가 두 개 나타난다. 그럴 경우, 집단정의 아이콘을 누르면, [그림 15-4]처럼 집단을 정의하는 창이 새롭게 나타난다. 이때 집단 1에 '1', 집단 2에 '2'를 입력하고 계속을 누른다.

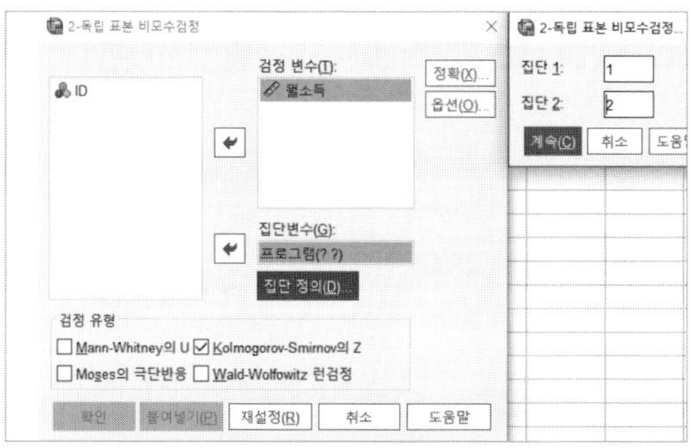

[그림 15-4]

그리고 한 가지 더 해야 할 작업은 오른쪽의 '옵션(Option)' 메뉴를 누르면 [그림 15-5]와 같은 새로운 창이 나타난다. 이 창에는 보이는 것처럼 통계량과 결측값에 대해 지정하게 되어 있음을 확인할 수 있다. 이때, 반드시 기술통계값을 클릭하기를 권장한다. 그래야만 집단에 따른 검정변수에 대한 기술통계량값들에 대해 살펴볼 수 있기 때문이다. 여기까지 작업이 완료되면, 최종적으로 확인 아이콘을 누른다.

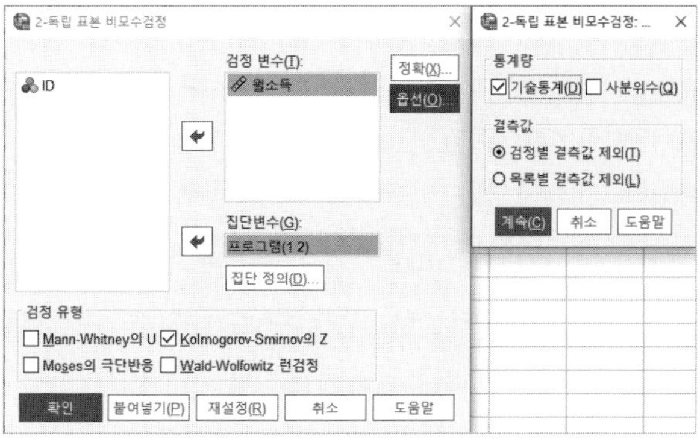

[그림 15-5]

콜모고로브-스미르노브 검정 분석을 실행시키면 다음과 같은 분석결과들이 제시된다. 〈표 15-3〉은 콜모고로브 검정분석을 해서 얻을 수 있는 기술통계량 표이다. 표의 내용 중에서 월소득 변수는 비율변수로서 제시된 평균, 표준편차, 최소값, 최대값이 모두 통계적으로 의미있는 값이라고 할 수 있다. 분석결과, 표본 50명의 평균 월소득은 약 143만 원인 것으로 나타났다. 기술통계량표에 제시된 프로그램에 해당하는 모든 값은 통계적으로 의미가 없다. 그 이유는 이 변수가 명목변수이기 때문에 그 숫자가 산술적인 의미를 갖지 못하기 때문이다.

〈표 15-3〉

기술통계량

빈도분석

	N	평균	표준편차	최소값	최대값
월소득	50	143.3400	45.10062	98.00	300.00
프로그램	50	1.5000	.50508	1.00	2.00

다음으로 이제 두 표본에 대한 콜모고로브-스미르노브 검정 결과를 살펴보도록 하자. 〈표 15-3〉은 월소득 변수에 대해 두 집단의 표본수를 빈도표로 보여 주고 있다. 〈표 15-4〉는 프로그램 1과 프로그램 2에 참여한 사람들의 빈도를 알려 주고 있다.

〈표 15-4〉

2표본 Kolmogorov-Smirnov 검정

빈도분석

	프로그램	N
월소득	프로그램1	25
	프로그램2	25
	합계	50

이제 콜모고로브-스미르노브 검정 결과를 살펴보도록 하자. 이 예에서 우리는 두 프로그램 간의 효과성에 차이가 있는지를 살펴보는 것이다. 따라서 영가설이 두 프로그램 간의 월가구소득에는 차이가 없다라는 영가설과, 두 프로그램 간의 월가구소득에는 차이가 있다는 대립가설을 설정할 수 있을 것이다.

이러한 가설을 바탕으로 콜모고로브-스미르노브 검정결과, 통계량 값은 2.263값이 나타났고, 이에 해당하는 유의확률값은 .000으로 나타났다. 일반적으로 유의수준을 .05로 설정한다고 했을 때, 콜모고로브-스미르노브 검정을 통해 얻은 유의확률값은 유의수준보다 낮은 수준임을 알 수 있다.

이와 같은 경우, 우리는 이미 설정해 놓은 영가설을 기각하고 대립가설을 채택해야 한다는 것을 알고 있다. 따라서 표본자료로부터 두 월가구소득 확률분포가 동일하다는 가설을 뒷받침할 수 있는 증거를 찾지 못했다. 즉, 우리는 두 프로그램에 참여한 가구 간 월소득에는 유의한 차이가 있다는 것을 알 수 있다.

〈표 15-5〉

검정통계량[a]

		월소득
최대극단차	절대값	.640
	양수	.000
	음수	-.640
Kolmogorov-Smirnov의 Z		2.263
근사 유의확률(양측)		.001

a. 집단변수: 프로그램

3. 중앙값 검정

중앙값 검정(Median Test)은 서로 독립인 k개 모집단의 중앙값이 동일한지의 여부를 검정하는 비모수검정기법이다. 모수검정기법 중에서는 분산분석, 즉 k개 모집단의 모수를 비교하는 F검정과 매우 유사한 검정기법이지만 평균값을 구할 수 없는 자료를 사용해야 하는 상황에서 평균값 대신 중앙값을 사용한다는 차이점이 있다.

중앙값 검정을 통해서 검정하게 되는 영가설과 대립가설은 다음과 같이

H_o : K개 모집단의 중앙값이 같다.

H_a : K개 모집단의 중앙값이 다르다. [15-4]

설정된다.

[15-4]의 가설을 검정하기 위해서 서로 독립인 k개의 모집단 각각으로부터 크기가 n_i인 표본 i를 뽑은 다음, 모든 표본을 합쳐 총 N개의 관찰값을 바탕으로 구한 중앙값을 구하여 중앙값과 i번째 표본 여부를 기준으로 N개 관찰값을 다음과 같이 $2 \times k$ 표로 분류한다고 가정해 보자.[4)]

	≤중앙값	>중앙값	합계
표본 1	X_1	$n_1 - X_1$	n_1
표본 2	X_2	$n_2 - X_2$	n_2
⋮	⋮	⋮	⋮
표본 k	X_k	$n_k - X_k$	n_k
합계	$N/2$	$N/2$	N

위의 표에서 X_i는 셀$_{i1}$에 해당하는 관찰값의 수를 나타내는데 만일 영가설이 사실이라면 개의 중앙값은 모두 동일할 것이므로 X_i의 기댓값은 다음과 같이 정의된다.

$$N\text{이 짝수일 때 : } E(X_i) = E(n_i - X_i) = \frac{n_i}{2}$$

$$N\text{이 홀수일 때 : } E(X_i) = \frac{n_i(N+1)}{2N},\ \ E(n_1 - X_i) = \frac{n_i(N-1)}{2N}$$

또한 만일 영가설이 사실이라면 각각의 $2 \times k$개 셀에서 X_i의 기대값과 실제 X_i의 값은 같거나 매우 유사할 것이라 예상해 볼 수 있다.

이러한 논리를 바탕으로 중앙값 검정에서는 $2 \times k$개 셀 각각에서 X_i의 실제 분포가 영가설이 사실일 때 기대되는 X_i의 분포와 얼마나 차이를 보이는지 나타내는, 다음과 같은 카이제곱값을 가설검정을 위한 검정통계량으로 사용한다.

$$\sum_{i=1}^{k}\sum_{j=1}^{2}\frac{(O_{ij} - E_{ij})^2}{E_{ij}} \sim \chi^2_{df=k-1}\quad \text{단, } O_{ij}\text{와 } E_{ij}\text{는 각각 셀}_{ij}\text{의 관찰값과 기대값}$$

예를 들어, 다음과 같은 표본자료를 이용하여 [15-4]의 가설을 검정할 때

	≤중앙값	>중앙값	합계
표본 1	3	7	10
표본 2	2	8	10
표본 3	6	4	10
합계	11	19	$N=30$

4) 위의 표는 N이 짝수일 때에 해당하는 표이다. 만일 N이 홀수라면 열의 합계는 $(N+1)/2$, $(N-1)/2$가 된다.

표본의 전체 크기가 $N=30$이고 짝수이므로

$$E(X_i)=E(n_i-X_i)=\frac{10}{2}=5$$

이다. 따라서 검정통계값은

$$\chi^2_{df=2}=\frac{(3-5)^2}{5}+\frac{(7-5)^2}{5}+\frac{(2-5)^2}{5}+\frac{(8-5)^2}{5}+\frac{(6-5)^2}{5}+\frac{(4-5)^2}{5}=\frac{28}{5}=5.6$$

이 된다. 만일 가설검정을 위한 유의수준을 .05로 설정한다면 자유도 $df=2$인 χ^2분포에서 이에 해당하는 임계값은 부록 [표 $A2$]에 따르면 .103이며, 표본을 바탕으로 구한 검정통계값 5.6은 임계값보다 큰 값이므로 유의수준 .05에서 영가설은 기각된다. 따라서 중앙값 검정 결과, 3개 모집단의 중앙값이 같음을 뒷받침하는 증거를 표본자료로부터 찾을 수 없다는 결론을 내릴 수 있다.

1) *SPSS*를 이용한 중앙값 검정

지금까지 우리는 중앙값 검정을 수리적으로 살펴보았다. 이제 실제 *SPSS* 예를 통해 중앙값 검정을 연습해 보도록 하자. [그림 15-6]는 중앙값 검정을 연습해 보기 위한 자료이다. 이 자료는 흡연자를 대상으로 3개의 프로그램에 참여한 사람들의 흡연횟수를 조사한 자료이다. 그렇다면 이 집단들 간에 흡연횟수에 차이가 있는지를 중앙값 검정을 통해 살펴보도록 하자. 자료 CD에서 'C15-비모수-중앙값검정'을 불러들여 보자.

	ID	흡연횟수	프로그램	변수	변수	변수	변수
1	1	.00	프로그램1				
2	2	.00	프로그램1				
3	3	.00	프로그램1				
4	4	.00	프로그램1				
5	5	.00	프로그램2				
6	6	33.00	프로그램2				
7	7	26.00	프로그램2				
8	8	.00	프로그램2				
9	9	.00	프로그램3				
10	10	.00	프로그램3				

[그림 15-6]

중앙값 검정을 분석하기 위해서는 분석메뉴의 하위메뉴인 비모수검정을 누른다. 그리고 비모수검정 메뉴의 하위메뉴 중 레거시 대화상자를 클릭하면 나타나는 K-독립표본(K)분석을 클릭하면 된다.

독립 2-표본 비모수검정 분석을 누르면 [그림 15-8] 창이 나타난다. 제시된 그림을 살펴보면, 오른쪽에 변수명들이 보인다. 반드시 확인할 것은 K-독립표본 비모수검정을 처음 실행하면 검정유형이 Kruskal-Wallis의 H(K)가 기본값으로 설정되었다는 점이다. 이것을 반드시 바로 옆에 위치한 중위수(M) 검정으로 변경시켜야 한다.

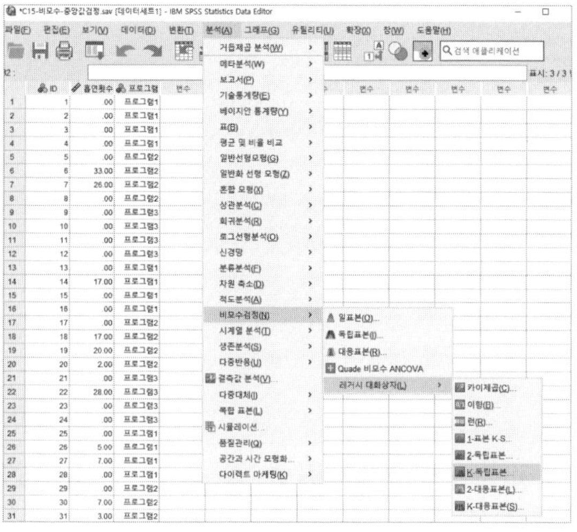

[그림 15-7]

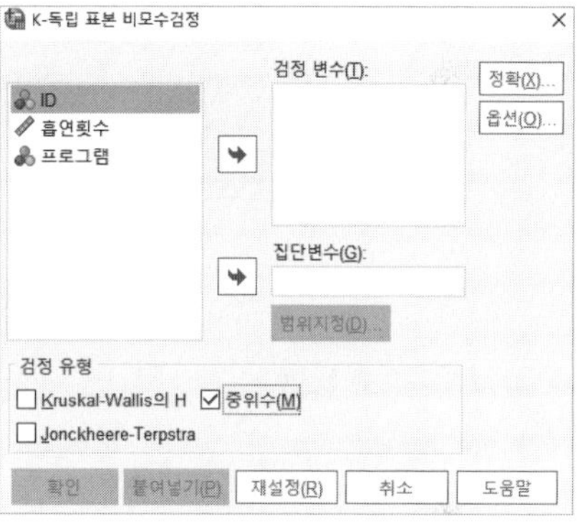

[그림 15-8]

변수명 중 검정변수에 '흡연횟수' 변수를 옮겨 놓고, 집단변수에 '프로그램' 변수를 옮겨 놓는다. 프로그램 변수를 옮겨 놓으면 물음표가 두 개 나타난다. 그때, 집단정의 아이콘을 누르면, [그림 15-9]처럼 집단을 정의하는 창이 새롭게 나타난다. 이때 최소값에 '1', 최대값에 '3'를 입력하고 계속을 누른다. 이는 현재 집단이 3개이고, 각 집단에 부여된 변수값이 1부터 3까지이기 때문이다.

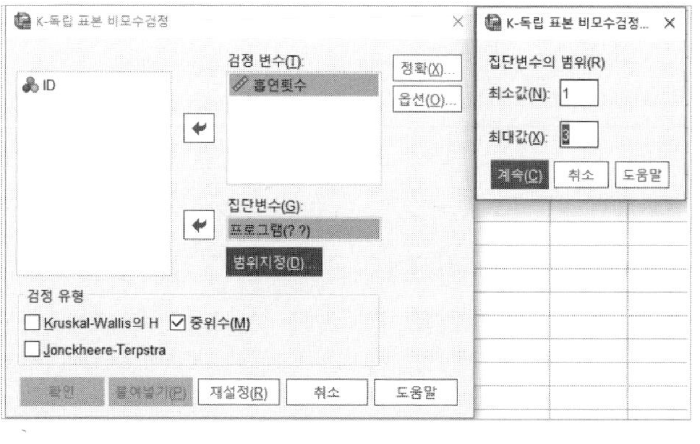

[그림 15-9]

그리고 한 가지 더 해야 할 작업은 오른쪽의 옵션메뉴를 누르면 [그림 15-10]과 같은 새로운 창이 나타난다. 이 창에는 보이는 것처럼 통계량과 결측값에 대해 지정하게 되어 있음을 확인할 수 있다. 이때 반드시 기술통계값을 클릭하기를 권장한다. 그래야만 집단에 따른 검정변수에 대한 기술통계량값들에 대해 살펴볼 수 있기 때문이다. 여기까지 작업이 완료되면 최종적으로 확인 아이콘을 누른다.

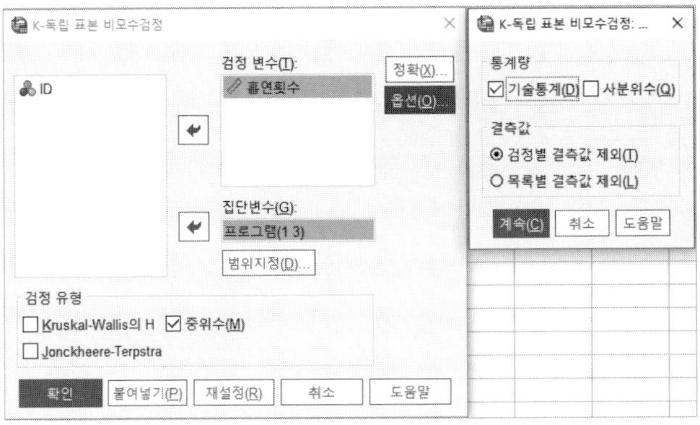

[그림 15-10]

중앙값 검정분석을 실행시키면 다음과 같은 분석결과들이 제시된다. 〈표 15-6〉은 중앙값 검정을 해서 얻을 수 있는 기술통계량 표이다. 표의 내용 중에서 흡연횟수 변수는 비율변수로서 제시된 평균, 표준편차, 최소값, 최대값이 모두 통계적으로 의미있는 값이라고 할 수 있다. 분석결과, 표본 36명의 평균 흡연횟수는 약 5.7회인 것으로 나타났다. 기술통계량 표에 제시된 프로그램에 해당하는 모든 값은 통계적으로 의미가 없다. 그 이유는 이 변수가 명목변수이기 때문에 그 숫자가 산술적인 의미를 갖지 못하기 때문이다.

〈표 15-6〉

기술통계량

	N	평균	표준편차	최소값	최대값
흡연횟수	36	5.6667	9.66880	.00	33.00
프로그램	36	2.0000	.82808	1.00	3.00

다음의 〈표 15-7〉은 흡연횟수를 중위값을 기준으로 두 집단으로 나눈 후 프로그램유형과 교차분석한 표이다. 표를 살펴보면, 프로그램 1은 흡연횟수의 중앙값보다 많이 피우는 사람이 3명, 프로그램 2는 8명, 프로그램 3은 2명의 빈도라는 것을 보여 주고 있다.

〈표 15-7〉

중위수 검정

빈도분석

		프로그램		
		프로그램 1	프로그램 2	프로그램 3
흡연횟수	>중위수	3	8	2
	<=중위수	9	4	10

이제 중앙값 검정 결과를 살펴보도록 하자. 이 예에서 우리는 세 프로그램 간의 효과성에 차이가 있는지를 살펴보는 것이다. 따라서 영가설은 세 프로그램 간의 흡연횟수에는 차이가 없다는 영가설과, 두 프로그램 간의 흡연횟수에는 차이가 있다는 대립가설을 설정할 수 있을 것이다.

이러한 가설을 바탕으로 중앙값 검정결과, 통계량 값은 7.465값이 나타났고, 이에 해당하는 유의확률값은 .024로 나타났다. 일반적으로 유의수준을 .05로 설정한다고 했을 때, 중앙값 검정을 통해 얻은 유의확률값은 유의수준보다 낮은 수준임을 알 수 있다.

이와 같은 경우 우리는 이미 설정해 놓은 영가설을 기각하고 대립가설을 채택해야 한다는 것을 알고 있다. 따라서 표본자료로부터 세 프로그램 간의 흡연횟수 간 확률분포가 동일하다는 가설을 뒷받침할 수 있는 증거를 찾지 못했다. 즉, 우리는 두 프로그램에 참여한 가구 간 흡연횟수에는 유의한 차이가 있다는 것을 알 수 있다.

〈표 15-8〉

검정통계량[a]

	흡연횟수
N	36
중위수	.0000
카이제곱	7.465[b]
자유도	2
근사유의확률	.024

a. 집단변수 : 프로그램 3

b. 셀 (50.0%)은(는) 5보다 작은 기대빈도를 가집니다.
최소 셀 기대빈도는 4.3입니다.

4. R을 이용한 비모수검정 II

1) R을 이용한 콜모고로브-스미르노브 검정

콜모고로브-스미르노브 검정을 실시하기 위해 아래와 같이 haven 패키지의 read_save 함수를 사용하여 'C15-비모수-콜모고로브스미르노브검정.sav' 파일을 불러들여 c15_df 데이터프레임에 저장한다. View 함수를 사용하여 데이터를 살펴보면, ID, 월소득, 프로그램의 세 변수로 구성되어 있다.

```
c15_df <- read_sav(file.choose())
View(c15_df)
```

[그림 15-11]

프로그램별 월소득에 대한 콜모고로브-스미르노브 검정을 실시하기 위해서 에서는 [그림 15-12]와 같이 ks.test 함수를 사용한다. 검정 결과를 ks_result로 저장한 후, ks_result를 실행하여 내용을 살펴볼 수 있다.

```
        Exact two-sample Kolmogorov-Smirnov test

data:  월소득 by 프로그램
D = 0.64, p-value = 3.57e-05
alternative hypothesis: two-sided
```

[그림 15-12]

2) R을 이용한 중앙값 검정

중앙값 검정을 실시하기 위해 아래와 같이 haven 패키지의 read_save 함수를 사용하여 'C15-비모수-중앙값검정.sav' 파일을 불러들여 c15_1df 데이터프레임에 저장한다. View 함수를 사용하여 데이터를 살펴보면, ID, 흡연횟수, 프로그램의 세 변수로 구성되어 있다.

```
c15_1df <- read_sav(file.choose())
View(c15_1df)
```

[그림 15-13]

프로그램별 흡연횟수에 차이가 있는지 중앙값 검정을 하기 위해 R에서는 agricolae 패키지의 Median.test 함수를 사용한다. 따라서 먼저 agricolae 패키지를 설치한 후, library 함수를 사용하여 패키지를 현재의 세션에 로드한다.

```
install.packages("agricolae")
library(agricolae)

Median.test(c15_1df$흡연횟수, c15_1df$프로그램)
```

[그림 15-14]

명령문을 실행하면 [그림 15-15]와 같은 결과를 얻을 수 있다.

```
The Median Test for c15_1df$흡연횟수 ~ c15_1df$프로그램

Chi Square = 7.464883   DF = 2   P.Value 0.02393433
Median = 0

  Median  r Min Max Q25   Q75
1      0 12   0  17   0  1.25
2      5 12   0  33   0 18.50
3      0 12   0  28   0  0.00

Post Hoc Analysis

Groups according to probability of treatment differences and alpha l
vel.

Treatments with the same letter are not significantly different.

  c15_1df$흡연횟수 groups
2                5      a
1                0      b
3                0      b
```

[그림 15-15]

참고문헌

Agresti, A. (1984). *Analysis of Ordinal Categorical Data*. New York, NY: John Wiley

Agresti, A. (1990). *Categorical Data Analysis*. New York, NY: John Wiley & Sons Inc.

Chiang, C., Langhauser, C., & Selvin, S.(1990). Introduction to Probability and Statistics in Biology and Public Health. Unpublished Manuscript. University of California at Berkeley.

Conover, W. (1980). *Practical Nonparametric Statistics*. New York, NY: John Wiley & Sons, Inc.

Gibbons, J. (1985). *Nonparametric Methods for Quantitative Analysis* (2nd ed.). Syracuse, NY: American Science Press.

Gibbons, J. (1992). *Nonpaarametric Statistics: An Introduction*. Newbury Park, CA: Sage publications Inc.

Goodman, L., & Kruskal, W. (1980). *Measures of Association for Cross-Classifications*. New York, NY: Springer-Verlag.

Reynolds, H. (1977). *Analysis of Nominal Data*. Newbury Park, CA: Sage Publications Inc.

Siegel, S., & Castellan, N. (1988). *Nonparametric Statistics for the Behavioral Sciences* (2nd ed.). New York, NY: McGraw-Hill.

| 연습문제 |

01 어떤 확률변수 X의 모집단이 정규분포를 따르는지의 여부를 검정하고자 할 때 콜모고로브 검정과 χ^2 적합성 검정 가운데 어떤 검정기법을 사용할지를 판단할 수 있는 기준을 제시하고 설명하십시오.

02 콜모고로브 검정의 기본 원리를 설명하십시오.

03 다음의 자료를 바탕으로 확률변수 X가 표준정규분포 $N(0, 1)$을 따르는지의 여부를 유의수준 .05에서 검정하십시오.

−2.782, −2.445, −1.975, −1.347, −1.201, −.972, −.445,
−.016, .027, .0376, 1.394, 1.606, 1.953, 2.335, 2.873

04 고용보험으로부터 실업급여를 지급받는 실직자가 실직 후 재취업하기까지 걸리는 기간(일수) Y의 모집단이 $N(16, 121)$인 정규분포를 따른다는 주장의 타당성을 다음과 같은 표본자료를 바탕으로 유의수준 .05에서 검정하십시오.

12.06, 12.87, 13.85, 14.28, 14.56, 15.63, 15.92,
16.77, 16.99, 18.57, 20.93, 21.26, 27.36, 28.0

05 콜모고로브-스미르노브 검정의 기본 원리를 설명하십시오.

06 다음의 표본자료를 이용하여 두 확률변수 X와 Y의 모집단이 동일한 확률분포를 따른다고 볼 수 있는지를 유의수준 .05에서 검정하십시오.

X	21.23, 22.56, 23.00, 23.37, 24.88, 25.53, 27.16, 28.56, 29.17
Y	20.59, 23.78, 25.04, 27.45, 28.11, 28.54, 30.17, 31.30, 32.75

07 두 가지 상이한 사회복지실천이론 A와 B 각각을 기반으로 하는 집단대상 사회복지실천 프로그램 A와 B의 표본을 뽑아 프로그램 참여자들의 참여지속률을 조사한 자료가 다음과 같을 때, 두 프로그램 참여지속률의 모집단이 동일한 확률분포를 따르는지를 유의수준 .05에서 검정하십시오.

프로그램 A	21.2, 28.7, 32.5, 33.1, 35.2, 38.4, 39.5
프로그램 B	24.3, 26.5, 27.7, 30.2, 31.6, 33.4, 41.1

08 중앙값 검정과 콜모고로브-스미르노브 검정의 검정목적을 비교하여 설명하십시오.

09 다음의 표본자료를 뽑은 $k = 4$개 모집단의 분포가 동일한지를 유의수준 .05에서 검정하십시오.

표본 1	12.2, 13.6, 15.5, 18.1, 22.7, 28.3
표본 2	15.6, 17.4, 19.5, 20.3, 22.8, 23.5
표본 3	13.6, 14.8, 17.9, 18.0, 23.6, 27.7
표본 4	12.8, 13.4, 17.5, 18.9, 24.6, 29.2

10 어떤 종합사회복지관에서 저소득층 아동들을 위한 방과 후 공부방 프로그램을 운영한 후, 복지관을 이용하는 아동들 가운데 공부방 프로그램에 참여한 아동들로 이루어진 집단 A와 프로그램에 참여하지 않은 아동들로 이루어진 두 집단 B, C의 학기말 시험성적을 비교한 자료가 다음과 같다고 가정할 때, 각 표본이 뽑혀져 나온 세 모집단이 동일한 확률분포를 따른다는 가정을 유의수준 .05에서 검정하십시오.

프로그램 참여집단 A	45, 48, 52, 60, 67, 69, 77, 79, 80, 81
프로그램 비참여집단 B	41, 51, 59, 61, 62, 65, 72, 73, 75, 76
프로그램 비참여집단 C	39, 40, 47, 50, 56, 60

부록

A1. Z분포

A2. χ^2분포

A3. t분포

A4.1. F-Max 검정통계량의 임계값

A4.2. F분포

A5. 표준범위통계량 q의 임계값

A6. 피어슨 상관계수 r의 임계값

A7. 스피어맨 상관계수 r_s의 임계값

A8. 이항분포

A9. 윌콕슨 대응표본 부호-순위 검정통계량 T의 임계값

A10. 윌콕슨 독립표본 부호-순위 검정통계량 R_1의 임계값

A11. 맨휘트니 검정통계량 U의 임계값

A12. 콜모고로브 검정통계량 K의 임계값

A13. 콜모고로브-스미로노브 검정통계량 K의 분위수

A1. *Z*분포

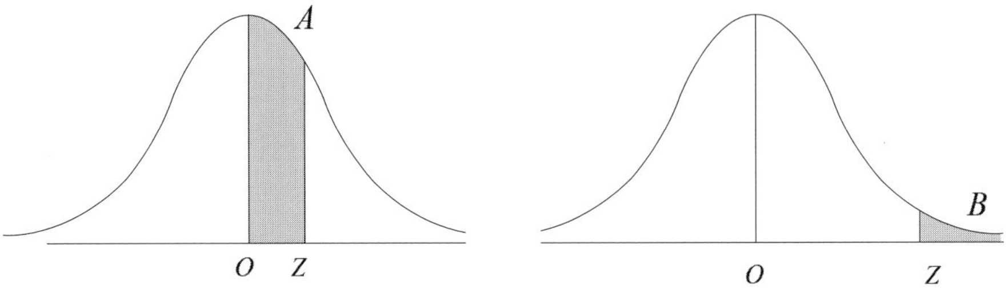

*Z*값	(*A*) 0~*Z*값	(*B*) *Z*값~∞	*Z*값	(*A*) 0~*Z*값	(*B*) *Z*값~∞	*Z*값	(*A*) 0~*Z*값	(*B*) *Z*값~∞	*Z*값	(*A*) 0~*Z*값	(*B*) *Z*값~∞
0.00	0.0000	0.5000	0.44	0.1700	0.3300	0.88	0.3106	0.1894	1.32	0.4066	0.0934
0.01	0.0040	0.4960	0.45	0.1736	0.3264	0.89	0.3133	0.1867	1.33	0.4082	0.0918
0.02	0.0080	0.4920	0.46	0.1772	0.3228	0.90	0.3159	0.1841	1.34	0.4099	0.0901
0.03	0.0120	0.4880	0.47	0.1808	0.3192	0.91	0.3186	0.1814	1.35	0.4115	0.0885
0.04	0.0160	0.4840	0.48	0.1844	0.3156	0.92	0.3212	0.1788	1.36	0.4131	0.0869
0.05	0.0199	0.4801	0.49	0.1879	0.3121	0.93	0.3238	0.1762	1.37	0.4147	0.0853
0.06	0.0239	0.4761	0.50	0.1915	0.3085	0.94	0.3264	0.1736	1.38	0.4162	0.0838
0.07	0.0279	0.4721	0.51	0.1950	0.3050	0.95	0.3289	0.1711	1.39	0.4177	0.0823
0.08	0.0319	0.4681	0.52	0.1985	0.3015	0.96	0.3315	0.1685	1.40	0.4192	0.0808
0.09	0.0359	0.4641	0.53	0.2019	0.2981	0.97	0.3340	0.1660	1.41	0.4207	0.0793
0.10	0.0398	0.4602	0.54	0.2054	0.2946	0.98	0.3365	0.1635	1.42	0.4222	0.0778
0.11	0.0438	0.4562	0.55	0.2088	0.2912	0.99	0.3389	0.1611	1.43	0.4236	0.0764
0.12	0.0478	0.4522	0.56	0.2123	0.2877	1.00	0.3413	0.1587	1.44	0.4251	0.0749
0.13	0.0517	0.4483	0.57	0.2157	0.2843	1.01	0.3438	0.1562	1.45	0.4265	0.0735
0.14	0.0557	0.4443	0.58	0.2190	0.2810	1.02	0.3461	0.1539	1.46	0.4279	0.0721
0.15	0.0596	0.4404	0.59	0.2224	0.2776	1.03	0.3485	0.1515	1.47	0.4292	0.0708
0.16	0.0636	0.4364	0.60	0.2257	0.2743	1.04	0.3508	0.1492	1.48	0.4306	0.0694
0.17	0.0675	0.4325	0.61	0.2291	0.2709	1.05	0.3531	0.1469	1.49	0.4319	0.0681
0.18	0.0714	0.4286	0.62	0.2324	0.2676	1.06	0.3554	0.1446	1.50	0.4332	0.0668
0.19	0.0753	0.4247	0.63	0.2357	0.2643	1.07	0.3577	0.1423	1.51	0.4345	0.0655
0.20	0.0793	0.4207	0.64	0.2389	0.2611	1.08	0.3599	0.1401	1.52	0.4357	0.0643
0.21	0.0832	0.4168	0.65	0.2422	0.2578	1.09	0.3621	0.1379	1.53	0.4370	0.0630
0.22	0.0871	0.4129	0.66	0.2454	0.2546	1.10	0.3643	0.1357	1.54	0.4382	0.0618
0.23	0.0910	0.4090	0.67	0.2486	0.2514	1.11	0.3665	0.1335	1.55	0.4394	0.0606
0.24	0.0948	0.4052	0.68	0.2517	0.2483	1.12	0.3686	0.1314	1.56	0.4406	0.0594
0.25	0.0987	0.4013	0.69	0.2549	0.2451	1.13	0.3708	0.1292	1.57	0.4418	0.0582
0.26	0.1026	0.3974	0.70	0.2580	0.2420	1.14	0.3729	0.1271	1.58	0.4429	0.0571
0.27	0.1064	0.3936	0.71	0.2611	0.2389	1.15	0.3749	0.1251	1.59	0.4441	0.0559
0.28	0.1103	0.3897	0.72	0.2642	0.2358	1.16	0.3770	0.1230	1.60	0.4452	0.0548
0.29	0.1141	0.3859	0.73	0.2673	0.2327	1.17	0.3790	0.1210	1.61	0.4463	0.0537
0.30	0.1179	0.3821	0.74	0.2704	0.2296	1.18	0.3810	0.1190	1.62	0.4474	0.0526
0.31	0.1217	0.3783	0.75	0.2734	0.2266	1.19	0.3830	0.1170	1.63	0.4484	0.0516
0.32	0.1255	0.3745	0.76	0.2764	0.2236	1.20	0.3849	0.1151	1.64	0.4495	0.0505
0.33	0.1293	0.3707	0.77	0.2794	0.2206	1.21	0.3869	0.1131	1.65	0.4505	0.0495
0.34	0.1331	0.3669	0.78	0.2823	0.2177	1.22	0.3888	0.1112	1.66	0.4515	0.0485
0.35	0.1368	0.3632	0.79	0.2852	0.2148	1.23	0.3907	0.1093	1.67	0.4525	0.0475
0.36	0.1406	0.3594	0.80	0.2881	0.2119	1.24	0.3925	0.1075	1.68	0.4535	0.0465
0.37	0.1443	0.3557	0.81	0.2910	0.2090	1.25	0.3944	0.1056	1.69	0.4545	0.0455
0.38	0.1480	0.3520	0.82	0.2939	0.2061	1.26	0.3962	0.1038	1.70	0.4554	0.0446
0.39	0.1517	0.3483	0.83	0.2967	0.2033	1.27	0.3980	0.1020	1.71	0.4564	0.0436

A1. Z분포(계속)

Z값	(A) 0~Z값	(B) Z값~∞	Z값	(A) 0~Z값	(B) Z값~∞	Z값	(A) 0~Z값	(B) Z값~∞	Z값	(A) 0~Z값	(B) Z값~∞
0.40	0.1554	0.3446	0.84	0.2995	0.2005	1.28	0.3997	0.1003	1.72	0.4573	0.0427
0.41	0.1591	0.3409	0.85	0.3023	0.1977	1.29	0.4015	0.0985	1.73	0.4582	0.0418
0.42	0.1628	0.3372	0.86	0.3051	0.1949	1.30	0.4032	0.0968	1.74	0.4591	0.0409
0.43	0.1664	0.3336	0.87	0.3078	0.1922	1.31	0.4049	0.0951	1.75	0.4599	0.0401
1.76	0.4608	0.0392	2.20	0.4861	0.0139	2.64	0.4959	0.0041	3.08	0.4990	0.0010
1.77	0.4616	0.0384	2.21	0.4864	0.0136	2.65	0.4960	0.0040	3.09	0.4990	0.0010
1.78	0.4625	0.0375	2.22	0.4868	0.0132	2.66	0.4961	0.0039	3.10	0.4990	0.0010
1.79	0.4633	0.0367	2.23	0.4871	0.0129	2.67	0.4962	0.0038	3.11	0.4991	0.0009
1.80	0.4641	0.0359	2.24	0.4875	0.0125	2.68	0.4963	0.0037	3.12	0.4991	0.0009
1.81	0.4649	0.0351	2.25	0.4878	0.0122	2.69	0.4964	0.0036	3.13	0.4991	0.0009
1.82	0.4656	0.0344	2.26	0.4881	0.0119	2.70	0.4965	0.0035	3.14	0.4992	0.0008
1.83	0.4664	0.0336	2.27	0.4884	0.0116	2.71	0.4966	0.0034	3.15	0.4992	0.0008
1.84	0.4671	0.0329	2.28	0.4887	0.0113	2.72	0.4967	0.0033	3.16	0.4992	0.0008
1.85	0.4678	0.0322	2.29	0.4890	0.0110	2.73	0.4968	0.0032	3.17	0.4992	0.0008
1.86	0.4686	0.0314	2.30	0.4893	0.0107	2.74	0.4969	0.0031	3.18	0.4993	0.0007
1.87	0.4693	0.0307	2.31	0.4896	0.0104	2.75	0.4970	0.0030	3.19	0.4993	0.0007
1.88	0.4699	0.0301	2.32	0.4898	0.0102	2.76	0.4971	0.0029	3.20	0.4993	0.0007
1.89	0.4706	0.0294	2.33	0.4901	0.0099	2.77	0.4972	0.0028	3.21	0.4993	0.0007
1.90	0.4713	0.0287	2.34	0.4904	0.0096	2.78	0.4973	0.0027	3.22	0.4994	0.0006
1.91	0.4719	0.0281	2.35	0.4906	0.0094	2.79	0.4974	0.0026	3.23	0.4994	0.0006
1.92	0.4726	0.0274	2.36	0.4909	0.0091	2.80	0.4974	0.0026	3.24	0.4994	0.0006
1.93	0.4732	0.0268	2.37	0.4911	0.0089	2.81	0.4975	0.0025	3.30	0.4995	0.0005
1.94	0.4738	0.0262	2.38	0.4913	0.0087	2.82	0.4976	0.0024	3.40	0.4997	0.0003
1.95	0.4744	0.0256	2.39	0.4916	0.0084	2.83	0.4977	0.0023	3.50	0.4998	0.0002
1.96	0.4750	0.0250	2.40	0.4918	0.0082	2.84	0.4977	0.0023	3.60	0.4998	0.0002
1.97	0.4756	0.0244	2.41	0.4920	0.0080	2.85	0.4978	0.0022	3.70	0.4999	0.0001
1.98	0.4761	0.0239	2.42	0.4922	0.0078	2.86	0.4979	0.0021	3.80	0.49993	0.00007
1.99	0.4767	0.0233	2.43	0.4925	0.0075	2.87	0.4979	0.0021	3.90	0.49995	0.00005
2.00	0.4772	0.0228	2.44	0.4927	0.0073	2.88	0.4980	0.0020	4.00	0.49997	0.00003
2.01	0.4778	0.0222	2.45	0.4929	0.0071	2.89	0.4981	0.0019			
2.02	0.4783	0.0217	2.46	0.4931	0.0069	2.90	0.4981	0.0019			
2.03	0.4788	0.0212	2.47	0.4932	0.0068	2.91	0.4982	0.0018			
2.04	0.4793	0.0207	2.48	0.4934	0.0066	2.92	0.4982	0.0018			
2.05	0.4798	0.0202	2.49	0.4936	0.0064	2.93	0.4983	0.0017			
2.06	0.4803	0.0197	2.50	0.4938	0.0062	2.94	0.4984	0.0016			
2.07	0.4808	0.0192	2.51	0.4940	0.0060	2.95	0.4984	0.0016			
2.08	0.4812	0.0188	2.52	0.4941	0.0059	2.96	0.4985	0.0015			
2.09	0.4817	0.0183	2.53	0.4943	0.0057	2.97	0.4985	0.0015			
2.10	0.4821	0.0179	2.54	0.4945	0.0055	2.98	0.4986	0.0014			
2.11	0.4826	0.0174	2.55	0.4946	0.0054	2.99	0.4986	0.0014			
2.12	0.4830	0.0170	2.56	0.4948	0.0052	3.00	0.4987	0.0013			
2.13	0.4834	0.0166	2.57	0.4949	0.0051	3.01	0.4987	0.0013			
2.14	0.4838	0.0162	2.58	0.4951	0.0049	3.02	0.4987	0.0013			
2.15	0.4842	0.0158	2.59	0.4952	0.0048	3.03	0.4988	0.0012			
2.16	0.4846	0.0154	2.60	0.4953	0.0047	3.04	0.4988	0.0012			
2.17	0.4850	0.0150	2.61	0.4955	0.0045	3.05	0.4989	0.0011			
2.18	0.4854	0.0146	2.62	0.4956	0.0044	3.06	0.4989	0.0011			
2.19	0.4857	0.0143	2.63	0.4957	0.0043	3.07	0.4989	0.0011			

A2. χ^2 분포

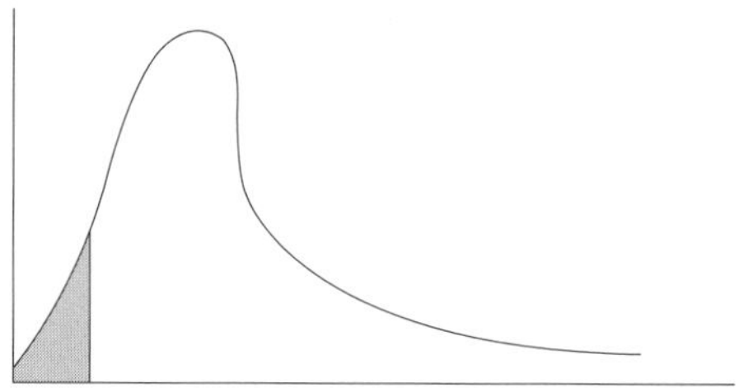

df	왼쪽 임계값				
1	0.0000393	0.0001571	0.0009821	0.0039321	0.0157908
2	0.0100251	0.0201007	0.0506356	0.102587	0.210721
3	0.0717218	0.114832	0.215795	0.351846	0.584374
4	0.206989	0.297109	0.484419	0.710723	1.063623
5	0.411742	0.554298	0.831212	1.145476	1.61031
6	0.675727	0.872090	1.237344	1.63538	2.20413
7	0.989256	1.239042	1.68987	2.16735	2.83311
8	1.344413	1.646497	2.17973	2.73264	3.48954
9	1.734933	2.087901	2.70039	3.32511	4.16816
10	2.15586	2.55821	3.24697	3.94030	4.86518
11	2.60322	3.05348	3.81575	4.57481	5.57778
12	3.07382	3.57057	4.40379	5.22603	6.30380
13	3.56503	4.10692	5.00875	5.89186	7.04150
14	4.07467	4.66043	5.6287	6.57063	7.78953
15	4.60092	5.22935	6.2621	7.26094	8.54676
16	5.14221	5.81221	6.9077	7.96165	9.31224
17	5.69722	6.40776	7.5642	8.67176	10.0852
18	6.26480	7.01491	8.2307	9.39046	10.8649
19	6.84397	7.63273	8.9065	10.1170	11.6509
20	7.43384	8.26040	9.5908	10.8508	12.4426
21	8.03365	8.89720	10.2829	11.5913	13.2396
22	8.64272	9.54249	10.9823	12.3380	14.0415
23	9.26042	10.19572	11.6886	13.0905	14.8480
24	9.88623	10.8564	12.4012	13.8484	15.6587
25	10.5197	11.5240	13.1197	14.6114	16.4734
26	11.1602	12.1981	13.8439	15.3792	17.2919
27	11.8076	12.8785	14.5734	16.1514	18.1139
28	12.4613	13.5647	15.3079	16.9279	18.9392
29	13.1211	14.2565	16.0471	17.7084	19.7677
30	13.7867	14.9535	16.7908	18.4927	20.5992
40	20.7065	22.1643	24.4330	26.5093	29.0505
50	27.9907	29.7067	32.3574	34.7643	37.6886
60	35.5345	37.4849	40.4817	43.1880	46.4589
70	43.2752	45.4417	48.7576	51.7393	55.3289
80	51.1719	53.5401	57.1532	60.3915	64.2778
90	59.1963	61.7541	65.6466	69.1260	73.2911
100	67.3276	70.0649	74.2219	77.9295	82.3581

A2. χ^2 분포(계속)

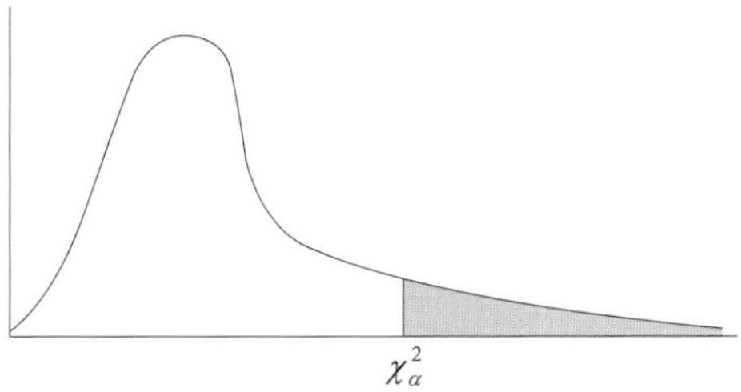

오른쪽 임계값					df
2.70554	3.84146	5.02389	6.63490	7.87944	1
4.60517	5.99146	7.37776	9.21034	10.5966	2
6.25139	7.81473	9.34840	11.3449	12.8382	3
7.77944	9.48773	11.1433	13.2767	14.8603	4
9.23636	11.07050	12.8325	15.0863	16.7496	5
10.6446	12.5916	14.4494	16.8119	18.5476	6
12.0170	14.0671	16.0128	18.4753	20.2777	7
13.3616	15.5073	17.5345	20.0902	21.9550	8
14.6837	16.9190	19.0228	21.6660	23.5894	9
15.9872	18.3070	20.4832	23.2093	25.1882	10
17.2750	19.6751	21.9200	24.7250	26.7568	11
18.5493	21.0261	23.3367	26.2170	28.2995	12
19.8119	22.3620	24.7356	27.6882	29.8195	13
21.0641	23.6848	26.1189	29.1412	31.3193	14
22.3071	24.9958	27.4884	30.5779	32.8013	15
23.5418	26.2962	28.8454	31.9999	34.2672	16
24.7690	27.5871	30.1910	33.4087	35.7185	17
25.9894	28.8693	31.5264	34.8053	37.1565	18
27.2036	30.1435	32.8523	36.1909	38.5823	19
28.4120	31.4104	34.1696	37.5662	39.9968	20
29.6151	32.6706	35.4789	38.9322	41.4011	21
30.8133	33.9244	36.7807	40.2894	42.7957	22
32.0069	35.1725	38.0756	41.6384	44.1813	23
33.1962	36.4150	39.3641	42.9798	45.5585	24
34.3816	37.6525	40.6465	44.3141	46.9279	25
35.5632	38.8851	41.9232	45.6417	48.2899	26
36.7412	40.1133	43.1945	46.9629	49.6449	27
37.9159	41.3371	44.4608	48.2782	50.9934	28
39.0875	42.5570	45.7223	49.5879	52.3356	29
40.2560	43.7730	46.9792	50.8922	53.6720	30
51.8051	55.7585	59.3417	63.6907	66.7660	40
63.1671	67.5048	71.4202	76.1539	79.4900	50
74.3970	79.0819	83.2977	88.3794	91.9517	60
85.5270	90.5312	95.023	100.425	104.215	70
96.5782	101.879	106.629	112.329	116.321	80
107.565	113.145	118.136	124.116	128.299	90
118.498	124.342	129.561	135.807	140.169	100

A3. t 분포

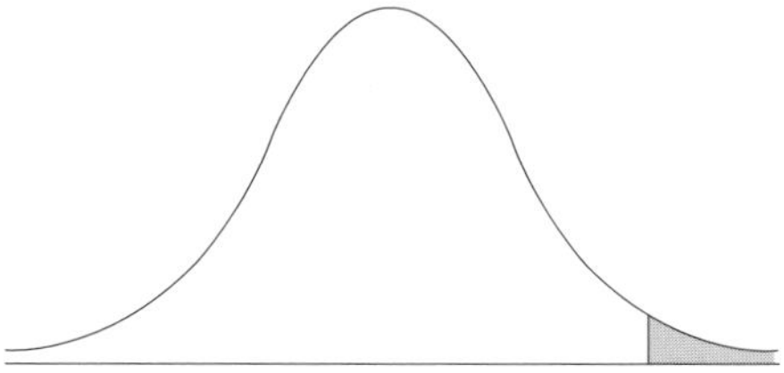

df						
1	3.078	6.314	12.706	31.821	63.656	318.289
2	1.886	2.920	4.303	6.965	9.925	22.328
3	1.638	2.353	3.182	4.541	5.841	10.214
4	1.533	2.132	2.776	3.747	4.604	7.173
5	1.476	2.015	2.571	3.365	4.032	5.894
6	1.440	1.943	2.447	3.143	3.707	5.208
7	1.415	1.895	2.365	2.998	3.499	4.785
8	1.397	1.860	2.306	2.896	3.355	4.501
9	1.383	1.833	2.262	2.821	3.250	4.297
10	1.372	1.812	2.228	2.764	3.169	4.144
11	1.363	1.796	2.201	2.718	3.106	4.025
12	1.356	1.782	2.179	2.681	3.055	3.930
13	1.350	1.771	2.160	2.650	3.012	3.852
14	1.345	1.761	2.145	2.624	2.977	3.787
15	1.341	1.753	2.131	2.602	2.947	3.733
16	1.337	1.746	2.120	2.583	2.921	3.686
17	1.333	1.740	2.110	2.567	2.898	3.646
18	1.330	1.734	2.101	2.552	2.878	3.610
19	1.328	1.729	2.093	2.539	2.861	3.579
20	1.325	1.725	2.086	2.528	2.845	3.552
21	1.323	1.721	2.080	2.518	2.831	3.527
22	1.321	1.717	2.074	2.508	2.819	3.505
23	1.319	1.714	2.069	2.500	2.807	3.485
24	1.318	1.711	2.064	2.492	2.797	3.467
25	1.316	1.708	2.060	2.485	2.787	3.450
26	1.315	1.706	2.056	2.479	2.779	3.435
27	1.314	1.703	2.052	2.473	2.771	3.421
28	1.313	1.701	2.048	2.467	2.763	3.408
29	1.311	1.699	2.045	2.462	2.756	3.396
∞	1.282	1.645	1.960	2.326	2.576	3.091

A4.1. F-Max 검정통계량의 임계값

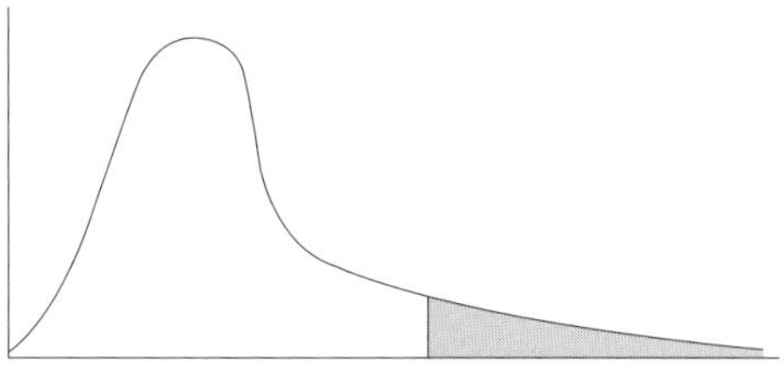

F_α

n		k = 표본의 수										
		2	3	4	5	6	7	8	9	10	11	12
3	.05	39.0	87.5	142	202	266	333	403	475	550	626	704
	.01											
4	.05	15.4	27.8	39.2	50.7	62.0	72.9	83.5	93.9	104	114	124
	.01											
5	.05	9.60	15.5	20.6	25.2	29.5	33.6	37.5	41.1	44.6	48.0	51.4
	.01	23.2	37.0	49.0	59.0	69.0	79.0	89.0	97.0	106.0	113.0	120.0
6	.05	7.15	10.8	13.7	16.3	18.7	20.8	22.9	24.7	26.5	28.2	29.9
	.01	14.9	22.0	28.0	33.0	38.0	42.0	46.0	50.0	54.0	57.0	60.0
7	.05	5.82	8.38	10.4	12.1	13.7	15.0	16.3	17.5	18.6	19.7	20.7
	.01	11.1	15.5	19.1	22.0	25.0	27.0	30.0	32.0	34.0	36.0	37.0
8	.05	4.99	6.94	8.44	9.70	10.8	11.8	12.7	13.5	14.3	15.1	15.8
	.01	8.89	12.1	14.5	16.5	18.4	20.0	22.0	23.0	24.0	26.0	27.0
9	.05	4.43	6.00	7.18	8.12	9.03	9.78	10.5	11.1	11.7	12.2	12.7
	.01	7.50	9.9	11.7	13.2	14.5	15.8	16.9	17.9	18.9	19.8	21.0
10	.05	4.03	5.34	6.31	7.11	7.80	8.41	8.95	9.45	9.91	10.3	10.7
	.01	6.54	8.5	9.9	11.1	12.1	13.1	13.9	14.7	15.3	16.0	16.6
11	.05	3.72	4.85	5.67	6.34	6.92	7.42	7.87	8.28	8.66	9.01	9.34
	.01	5.85	7.4	8.6	9.6	10.4	11.1	11.8	12.4	12.9	13.4	13.9
13	.05	3.28	4.16	4.79	5.30	5.72	6.09	6.42	6.72	7.00	7.25	7.48
	.01	4.91	6.1	6.9	7.6	8.2	8.7	9.1	9.5	9.9	10.2	10.6
16	.05	2.86	3.54	4.01	4.37	4.68	4.95	5.19	5.40	5.59	5.77	5.93
	.01	4.07	4.9	5.5	6.0	6.4	6.7	7.1	7.3	7.5	7.8	8.0
21	.05	2.46	2.95	3.29	3.54	3.76	3.94	4.10	4.24	4.37	4.49	4.59
	.01	3.32	3.8	4.3	4.6	4.9	5.1	5.3	5.5	5.6	5.8	5.9
31	.05	2.07	2.40	2.61	2.78	2.91	3.02	3.12	3.21	3.29	3.36	3.39
	.01	2.63	3.0	3.3	3.5	3.6	3.7	3.8	3.9	4.0	4.1	4.2
61	.05	1.67	1.85	1.96	2.04	2.11	2.17	2.22	2.26	2.30	2.33	2.36
	.01	1.96	2.2	2.3	2.4	2.4	2.5	2.5	2.6	2.6	2.7	2.7
∞	.05	1.00	1.00	1.00	1.00	1.00	1.00	1.00	1.00	1.00	1.00	1.00
	.01											

A4.2. F분포

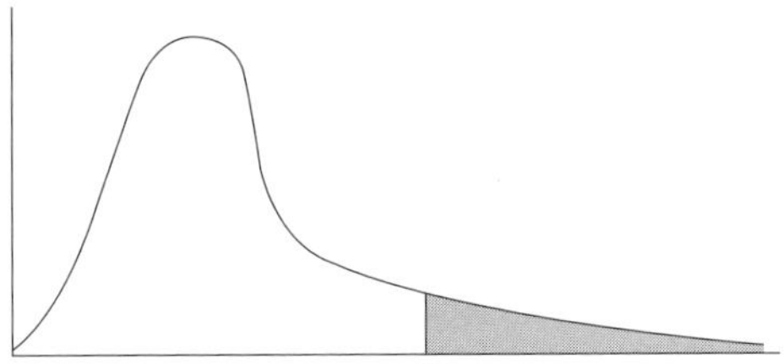

F_α

df_2		df_1								
	α	1	2	3	4	5	6	7	8	9
1	.100	39.86	49.50	53.59	55.83	57.24	58.20	58.91	59.44	59.86
	.050	161.4	199.5	215.7	224.6	230.2	234.0	236.8	238.9	240.5
	.025	647.8	799.5	864.2	899.6	921.8	937.1	948.2	956.7	963.3
	.010	4052	4999.5	5403	5625	5764	5859	5928	5982	6022
	.005	16211	20000	21615	22500	23056	23437	23715	23925	24091
2	.100	8.53	9.00	9.16	9.24	9.29	9.33	9.35	9.37	9.38
	.050	18.51	19.00	19.16	19.25	19.30	19.33	19.35	19.37	19.38
	.025	38.51	39.00	39.17	39.25	39 .30	39.33	39.36	39.37	39.39
	.010	98.50	99.00	99.17	99.25	99.30	99.33	99.36	99.37	99.39
	.005	198.5	199.0	199.2	199.2	199.3	199.3	199.4	199.4	199.4
3	.100	5.54	5.46	5.39	5.34	5.31	5.28	5.27	5.25	5.24
	.050	10.13	9.55	9.28	9.12	9.01	8.94	8.89	8.85	8.81
	.025	17.44	16.04	15.44	15.10	14.88	14.73	14.62	14.54	14.47
	.010	34.12	30.82	29.46	28.71	28.24	27.91	22.67	27.49	27.35
	.005	55.55	49.80	47.47	46.19	45.39	44.84	44.43	44.13	43.88
4	.100	4.54	4.32	4.19	4.11	4.05	4.01	3.98	3.95	3.94
	.050	7.71	6.94	6.59	6.39	6.26	6.16	6.09	6.04	6.00
	.025	12.22	10.65	9.98	9.60	9.36	9.20	9.07	8.98	8.90
	.010	21.20	18.00	16.69	15.98	15.52	15.21	14.98	14.80	14.66
	.005	31.33	26.28	24.26	23.15	22.46	21.97	21.62	21.35	21.14
5	.100	4.06	3.78	3.62	3.52	3.45	3.40	3.37	3.34	3.32
	.050	6.61	5.79	5.41	5.19	5.05	4.95	4.88	4.82	4.77
	.025	10.01	8.43	7.76	7.39	7.15	6.98	6.85	6.76	6.68
	.010	16.26	13.27	12.06	11.39	10.97	10.67	10.46	10.29	10.16
	.005	22.78	18.31	16.53	15.56	14.94	14.51	14.20	13.96	13.77
6	.100	3.78	3.46	3.29	3.18	3.11	3.05	3.01	2.98	2.96
	.050	5.99	5.14	4.76	4.53	4.39	4.28	4.21	4.15	4.10
	.025	8.81	7.26	6.60	6.23	5.99	5.82	5.70	5.60	5.52
	.010	13.75	10.92	9.78	9.15	8.75	8.47	8.26	8.10	7.98
	.005	18.63	14.54	12.92	12.03	11.46	11.07	10.79	10.57	10.39
7	.100	3.59	3.26	3.07	2.96	2.88	2.83	2.78	2.75	2.72
	.050	5.59	4.74	4.35	4.12	3.97	3.87	3.79	3.73	3.68
	.025	8.07	6.54	5.89	5.52	5.29	5.12	4.99	4.90	4.82
	.010	12.25	9.55	8.45	7.85	7.46	7.19	6.99	6.84	6.72
	.005	16.24	12.40	10.88	10.05	9.52	9.16	8.89	8.68	8.51

df_1 10	12	15	20	24	30	40	60	120	∞	α	df_2
60.19	60.71	61.22	61.74	62.00	62.26	62.53	62.79	63.06	63.33	.100	1
241.9	243.9	245.9	248.0	249.1	250.1	251.1	252.2	253.3	254.3	.050	
968.6	976.7	984.9	993.1	997.2	1001	1006	1010	1014	1018	.025	
6056	6106	6157	6209	6235	6261	6287	6313	6339	6366	.010	
24224	24426	24630	24836	24940	25044	25148	25253	25359	25465	.005	
9.39	9.41	9.42	9.44	9.45	9.46	9.47	9.47	9.48	9.49	.100	2
19.40	19.41	19.43	19.45	19.45	19.46	19.47	19.48	19.49	19.50	.050	
39.40	39.41	39.43	39.45	39.46	39.46	39.47	39.48	39.49	39.50	.025	
99.40	99.42	99.43	99.45	99.46	99.47	99.47	99.48	99.49	99.50	.010	
199.4	199.4	199.4	199.4	199.5	199.5	199.5	199.5	199.5	199.5	.005	
5.23	5.22	5.20	5.18	5.18	5.17	5.16	5.15	5.14	5.13	.100	3
8.79	8.74	8.70	8.66	8.64	8.62	8.59	8.57	8.55	8.53	.050	
14.42	14.34	14.25	14.17	14.12	14.08	14.04	13.99	13.95	13.90	.025	
27.23	27.05	26.87	26.69	26.60	26.50	26.41	26.32	26.22	26.13	.010	
43.69	43.39	43.08	42.78	42.62	42.47	42.31	42.15	41.99	41.83	.005	
3.92	3.90	3.87	3.84	3.83	3.82	3.80	3.79	3.78	3.76	.100	4
5.96	5.91	5.86	5.80	5.77	5.75	5.72	5.69	5.66	5.63	.050	
8.84	8.75	8.66	8.56	8.51	8.46	8.41	8.36	8.31	8.26	.025	
14.55	14.37	14.20	14.02	13.93	13.84	13.75	13.65	13.56	13.46	.010	
20.97	20.70	20.44	20.17	20.03	19.89	19.75	19.61	19.47	19.32	.005	
3.30	3.27	3.24	3.21	3.19	3.17	3.16	3.14	3.12	3.10	.100	5
4.74	4.68	4.62	4.56	4.53	4.50	4.46	4.43	4.40	4.36	.050	
6.62	6.52	6.43	6.33	6.28	6.23	6.18	6.12	6.07	6.02	.025	
10.05	9.89	9.72	9.55	9.47	9.38	9.29	9.20	9.11	9.02	.010	
13.62	13.38	13.15	12.90	12.78	12.66	12.53	12.40	12.27	12.14	.005	
2.94	2.90	2.87	2.84	2.82	2.80	2.78	2.76	2.74	2.72	.100	6
4.06	4.00	3.94	3.87	3.84	3.81	3.77	3.74	3.70	3.67	.050	
5.46	5.37	5.27	5.17	5.12	5.07	5.01	4.96	4.90	4.85	.025	
7.87	7.72	7.56	7.40	7.31	7.23	7.14	7.06	6.97	6.88	.010	
10.25	10.03	9.81	9.59	9.47	9.36	9.24	9.12	9.00	8.88	.005	
2.70	2.67	2.63	2.59	2.58	2.56	2.54	2.51	2.49	2.47	.100	7
3.64	3.57	3.51	3.44	3.41	3.38	3.34	3.30	3.27	3.23	.050	
4.76	4.67	4.57	4.47	4.42	4.36	4.31	4.25	4.20	4.14	.025	
6.62	6.47	6.31	6.16	6.07	5.99	5.91	5.82	5.74	5.65	.010	
8.38	8.18	7.97	7.75	7.65	7.53	7.42	7.31	7.19	7.08	.005	

A4.2 *F*분포(계속)

df_2	α	df_1 1	2	3	4	5	6	7	8	9
8	.100	3.46	3.11	2.92	2.81	2.73	2.67	2.62	2.59	2.56
	.050	5.32	4.46	4.07	3.84	3.69	3.58	3.50	3.44	3.39
	.025	7.57	6.06	5.42	5.05	4.82	4.65	4.53	4.43	4.36
	.010	11.26	8.65	7.59	7.01	6.63	6.37	6.18	6.03	5.91
	.005	14.69	11.04	9.60	8.81	8.30	7.95	7.69	7.50	7.34
9	.100	3.36	3.01	2.81	2.69	2.61	2.55	2.51	2.47	2.44
	.050	5.12	4.26	3.86	3.63	3.48	3.37	3.29	3.23	3.18
	.025	7.21	5.71	5.08	4.72	4.48	4.32	4.20	4.10	4.03
	.010	10.56	8.02	6.99	6.42	6.06	5.80	5.61	5.47	5.35
	.005	13.61	10.11	8.72	7.96	7.47	7.13	6.88	6.69	6.54
10	.100	3.29	2.92	2.73	2.61	2.52	2.46	2.41	2.38	2.35
	.050	4.96	4.10	3.71	3.48	3.33	3.22	3.14	3.07	3.02
	.025	6.94	5.46	4.83	4.47	4.24	4.07	3.95	3.85	3.78
	.010	10.04	7.56	6.55	5.99	5.64	5.39	5.20	5.06	4.94
	.005	12.83	9.43	8.08	7.34	6.87	6.54	6.30	6.12	5.97
11	.100	3.23	2.86	2.66	2.54	2.45	2.39	2.34	2.30	2.27
	.050	4.84	3.98	3.59	3.36	3.20	3.09	3.01	2.95	2.90
	.025	6.72	5.26	4.63	4.28	4.04	3.88	3.76	3.66	3.59
	.010	9.65	7.21	6.22	5.67	5.32	5.07	4.89	4.74	4.63
	.005	12.23	8.91	7.60	6.88	6.42	6.10	5.86	5.68	5.54
12	.100	3.18	2.81	2.61	2.48	2.39	2.33	2.28	2.24	2.21
	.050	4.75	3.89	3.49	3.26	3.11	3.00	2.91	2.85	2.80
	.025	6.55	5.10	4.47	4.12	3.89	3.73	3.61	3.51	3.44
	.010	9.33	6.93	5.95	5.41	5.06	4.82	4.64	4.50	4.39
	.005	11.75	8.51	7.23	6.52	6.07	5.76	5.52	5.35	5.20
13	.100	3.14	2.76	2.56	2.43	2.35	2.28	2.23	2.20	2.16
	.050	4.67	3.81	3.41	3.18	3.03	2.92	2.83	2.77	2.71
	.025	6.41	4.97	4.35	4.00	3.77	3.60	3.48	3.39	3.31
	.010	9.07	6.70	5.74	5.21	4.86	4.62	4.44	4.30	4.19
	.005	11.37	8.19	6.93	6.23	5.79	5.48	5.25	5.08	4.94
14	.100	3.10	2.73	2.52	2.39	2.31	2.24	2.19	2.15	2.12
	.050	4.60	3.74	3.34	3.11	2.96	2.85	2.76	2.70	2.65
	.025	6.30	4.86	4.24	3.89	3.66	3.50	3.38	3.29	3.21
	.010	8.86	6.51	5.56	5.04	4.69	4.46	4.28	4.14	4.03
	.005	11.06	7.92	6.68	6.00	5.56	5.26	5.03	4.86	4.72

df_1											df_2
10	12	15	20	24	30	40	60	120	∞	α	
2.54	2.50	2.46	2.42	2.40	2.38	2.36	2.34	2.32	2.29	.100	8
3.35	3.28	3.22	3.15	3.12	3.08	3.04	3.01	2.97	2.93	.050	
4.30	4.20	4.10	4.00	3.95	3.89	3.84	3.78	3.73	3.67	.025	
5.81	5.67	5.52	5.36	5.28	5.20	5.12	5.03	4.95	4.86	.010	
7.21	7.01	6.81	6.61	6.50	6.40	6.29	6.18	6.06	5.95	.005	
2.42	2.38	2.34	2.30	2.28	2.25	2.23	2.21	2.18	2.16	.100	9
3.14	3.07	3.01	2.94	2.90	2.86	2.83	2.79	2.75	2.71	.050	
3.96	3.87	3.77	3.67	3.61	3.56	3.51	3.45	3.39	3.33	.025	
5.26	5.11	4.96	4.81	4.73	4.65	4.57	4.48	4.40	4.31	.010	
6.42	6.23	6.03	5.83	5.73	5.62	5.52	5.41	5.30	5.19	.005	
2.32	2.28	2.24	2.20	2.18	2.16	2.13	2.11	2.08	2.06	.100	10
2.98	2.91	2.85	2.74	2.77	2.70	2.66	2.62	2.58	2.54	.050	
3.72	3.62	3.52	3.42	3.37	3.31	3.26	3.20	3.14	3.08	.025	
4.85	4.71	4.56	4.41	4.33	4.25	4.17	4.08	4.00	3.91	.010	
5.85	5.66	5.47	5.27	5.17	5.07	4.97	4.86	4.75	4.64	.005	
2.25	2.21	2.17	2.12	2.10	2.08	2.05	2.03	2.00	1.97	.100	11
2.85	2.79	2.72	2.65	2.61	2.57	2.53	2.49	2.45	2.40	.050	
3.53	3.43	3.33	3.23	3.17	3.12	3.06	3.00	2.94	2.88	.025	
4.54	4.40	4.25	4.10	4.02	3.94	3.86	3.78	3.69	3.60	.010	
5.42	5.24	5.05	4.86	4.76	4.65	4.55	4.44	4.34	4.23	.005	
2.19	2.15	2.10	2.06	2.04	2.01	1.99	1.96	1.93	1.90	.100	12
2.75	2.69	2.62	2.54	2.51	2.47	2.43	2.38	2.34	2.30	.050	
3.37	3.28	3.18	3.07	3.02	2.96	2.91	2.85	2.79	2.72	.025	
4.30	4.16	4.01	3.86	3.78	3.70	3.62	3.54	3.45	3.36	.010	
5.09	4.91	4.72	4.53	4.43	4.33	4.23	4.12	4.01	3.90	.005	
2.14	2.10	2.05	2.01	1.98	1.96	1.93	1.90	1.88	1.85	.100	13
2.67	2.60	2.53	2.46	2.42	2.38	2.34	2.30	2.25	2.21	.050	
3.25	3.15	3.05	2.95	2.89	2.84	2.78	2.72	2.66	2.60	.025	
4.10	3.96	3.82	3.66	3.59	3.51	3.43	3.34	3.25	3.17	.010	
4.82	4.64	4.46	4.27	4.17	4.07	3.97	3.87	3.76	3.65	.005	
2.10	2.05	2.01	1.96	1.94	1.91	1.89	1.86	1.83	1.80	.100	14
2.60	2.53	2.46	2.39	2.35	2.31	2.27	2.22	2.18	2.13	.050	
3.15	3.05	2.95	2.84	2.79	2.73	2.67	2.61	2.55	2.49	.025	
3.94	3.80	3.66	3.51	3.43	3.35	3.27	3.18	3.09	3.00	.010	
4.60	4.43	4.25	4.06	3.96	3.86	3.76	3.66	3.55	3.44	.005	

A4.2 *F*분포(계속)

df_2	α	1	2	3	4	5	6	7	8	9
15	.100	3.07	2.70	2.49	2.36	2.27	2.21	2.16	2.12	2.09
	.050	4.54	3.68	3.29	3.06	2.90	2.79	2.71	2.64	2.59
	.025	6.20	4.77	4.15	3.80	3.58	3.41	3.29	3.20	3.12
	.010	8.68	6.36	5.42	4.89	4.56	4.32	4.14	4.00	3.89
	.005	10.80	7.70	6.48	5.80	5.37	5.07	4.85	4.67	4.54
16	.100	3.05	2.67	2.46	2.33	2.24	2.18	2.13	2.09	2.06
	.050	4.49	3.63	3.24	3.01	2.85	2.74	2.66	2.59	2.54
	.025	6.12	4.69	4.08	3.73	3.50	3.34	3.22	3.12	3.05
	.010	8.53	6.23	5.29	4.77	4.44	4.20	4.03	3.89	3.78
	.005	10.58	7.51	6.30	5.64	5.21	4.91	4.69	4.52	4.38
17	.100	3.03	2.64	2.44	2.31	2.22	2.15	2.10	2.06	2.03
	.050	4.45	3.59	3.20	2.96	2.81	2.70	2.61	2.55	2.49
	.025	6.04	4.62	4.01	3.66	3.44	3.28	3.16	3.06	2.98
	.010	8.40	6.11	5.18	4.67	4.34	4.10	3.93	3.79	3.68
	.005	10.38	7.35	6.16	5.50	5.07	4.78	4.56	4.39	4.25
18	.100	3.01	2.62	2.42	2.29	2.20	2.13	2.08	2.04	2.00
	.050	4.41	3.55	3.16	2.93	2.77	2.66	2.58	2.51	2.46
	.025	5.98	4.56	3.95	3.61	3.38	3.22	3.10	3.01	2.93
	.010	8.29	6.01	5.09	4.58	4.25	4.01	3.84	3.71	3.60
	.005	10.22	7.21	6.03	5.37	4.96	4.66	4.44	4.28	4.14
19	.100	2.99	2.61	2.40	2.27	2.18	2.11	2.06	2.02	1.98
	.050	4.38	3.52	3.13	2.90	2.74	2.63	2.54	2.48	2.42
	.025	5.92	4.51	3.90	3.56	3.33	3.17	3.05	2.96	2.88
	.010	8.18	5.93	5.01	4.50	4.17	3.94	3.77	3.63	3.52
	.005	10.07	7.09	5.92	5.27	4.85	4.56	4.34	4.18	4.04
20	.100	2.97	2.59	2.38	2.25	2.16	2.09	2.04	2.00	1.96
	.050	4.35	3.49	3.10	2.87	2.71	2.60	2.51	2.45	2.39
	.025	5.87	4.46	3.86	3.51	3.29	3.13	3.01	2.91	2.84
	.010	8.10	5.85	4.94	4.43	4.10	3.87	3.70	3.56	3.46
	.005	9.94	6.99	5.82	5.17	4.76	4.47	4.26	4.09	3.96
21	.100	2.96	2.57	2.36	2.23	2.14	2.08	2.02	1.98	1.95
	.050	4.32	3.47	3.07	2.84	2.68	2.57	2.49	2.42	2.37
	.025	5.83	4.42	3.82	3.48	3.25	3.09	2.97	2.87	2.80
	.010	8.02	5.78	4.87	4.37	4.04	3.81	3.64	3.51	3.40
	.005	9.83	6.89	5.73	5.09	4.68	4.39	4.18	4.01	3.88

Column header df_1 spans columns 1–9.

df_1											df_2
10	12	15	20	24	30	40	60	120	∞	α	
2.06	2.02	1.97	1.92	1.90	1.87	1.85	1.82	1.79	1.76	.100	15
2.54	2.48	2.40	2.33	2.29	2.25	2.20	2.16	2.11	2.07	.050	
3.06	2.96	2.86	2.76	2.70	2.64	2.59	2.52	2.46	2.40	.025	
3.80	3.67	3.52	3.37	3.29	3.21	3.13	3.05	2.96	2.87	.010	
4.42	4.25	4.07	3.88	3.79	3.69	3.58	3.48	3.37	3.26	.005	
2.03	1.99	1.94	1.89	1.87	1.84	1.81	1.78	1.75	1.72	.100	16
2.49	2.42	2.35	2.28	2.24	2.19	2.15	2.11	2.06	2.01	.050	
2.99	2.89	2.79	2.68	2.63	2.57	2.51	2.45	2.38	2.32	.025	
3.69	3.55	3.41	3.26	3.18	3.10	3.02	2.93	2.84	2.75	.010	
4.27	4.10	3.92	3.73	3.64	3.54	3.44	3.33	3.22	3.11	.005	
2.00	1.96	1.91	1.86	1.84	1.81	1.78	1.75	1.72	1.69	.100	17
2.45	2.38	2.31	2.23	2.19	2.15	2.10	2.06	2.01	1.96	.050	
2.92	2.82	2.72	2.62	2.56	2.50	2.44	2.38	2.32	2.25	.025	
3.59	3.46	3.31	3.16	3.08	3.00	2.92	2.83	2.75	2.65	.010	
4.14	3.97	3.79	3.61	3.51	3.41	3.31	3.21	3.10	2.98	.005	
1.98	1.93	1.89	1.84	1.81	1.78	1.75	1.72	1.69	1.66	.100	18
2.41	2.34	2.27	2.19	2.15	2.11	2.06	2.02	1.97	1.92	.050	
2.87	2.77	2.67	2.56	2.50	2.44	2.38	2.32	2.26	2.19	.025	
3.51	3.37	3.23	3.08	3.00	2.92	2.84	2.75	2.66	2.57	.010	
4.03	3.86	3.68	3.50	3.40	3.30	3.20	3.10	2.99	2.87	.005	
1.96	1.91	1.86	1.81	1.79	1.76	1.73	1.70	1.67	1.63	.100	19
2.38	2.31	2.23	2.16	2.11	2.07	2.03	1.98	1.93	1.88	.050	
2.82	2.72	2.62	2.51	2.45	2.39	2.33	2.27	2.20	2.13	.025	
3.43	3.30	3.15	3.00	2.92	2.84	2.76	2.67	2.58	2.49	.010	
3.93	3.76	3.59	3.40	3.31	3.21	3.11	3.00	2.89	2.78	.005	
1.94	1.89	1.84	1.79	1.77	1.74	1.71	1.68	1.64	1.61	.100	20
2.35	2.28	2.20	2.12	2.08	2.04	1.99	1.95	1.90	1.84	.050	
2.77	2.68	2.57	2.46	2.41	2.35	2.29	2.22	2.16	2.09	.025	
3.37	3.23	3.09	2.94	2.86	2.78	2.69	2.61	2.52	2.42	.010	
3.85	3.68	3.50	3.32	3.22	3.12	3.02	2.92	2.81	2.69	.005	
1.92	1.87	1.83	1.78	1.75	1.72	1.69	1.66	1.62	1.59	.100	21
2.32	2.25	2.18	2.10	2.05	2.01	1.96	1.92	1.87	1.81	.050	
2.73	2.64	2.53	2.42	2.37	2.31	2.25	2.18	2.11	2.04	.025	
3.31	3.17	3.03	2.88	2.80	2.72	2.64	2.55	2.46	2.36	.010	
3.77	3.60	3.43	3.24	3.15	3.05	2.95	2.84	2.73	2.61	.005	

A4.2 *F*분포(계속)

df_2	α	1	2	3	4	5	6	7	8	9
		df_1								
22	.100	2.95	2.56	2.35	2.22	2.13	2.06	2.01	1.97	1.93
	.050	4.30	3.44	3.05	2.82	2.66	2.55	2.46	2.40	2.34
	.025	5.79	4.38	3.78	3.44	3.22	3.05	2.93	2.84	2.76
	.010	7.95	5.72	4.82	4.31	3.99	3.76	3.59	3.45	3.35
	.005	9.73	6.81	5.65	5.02	4.61	4.32	4.11	3.94	3.81
23	.100	2.94	2.55	2.34	2.21	2.11	2.05	1.99	1.95	1.92
	.050	4.28	3.42	3.03	2.80	2.64	2.53	2.44	2.37	2.32
	.025	5.75	4.35	3.75	3.41	3.18	3.02	2.90	2.81	2.73
	.010	7.88	5.66	4.76	4.26	3.94	3.71	3.54	3.41	3.30
	.005	9.63	6.73	5.58	4.95	4.54	4.26	4.05	3.88	3.75
24	.100	2.93	2.54	2.33	2.19	2.10	2.04	1.98	1.94	1.91
	.050	4.26	3.40	3.01	2.78	2.62	2.51	2.42	2.36	2.30
	.025	5.72	4.32	3.72	3.38	3.15	2.99	2.87	2.78	2.70
	.010	7.82	5.61	4.72	4.22	3.90	3.67	3.50	3.36	3.26
	.005	9.55	6.66	5.52	4.89	4.49	4.20	3.99	3.83	3.69
25	.100	2.92	2.53	2.32	2.18	2.09	2.02	1.97	1.93	1.89
	.050	4.24	3.39	2.99	2.76	2.60	2.49	2.40	2.34	2.28
	.025	5.69	4.29	3.69	3.35	3.13	2.97	2.85	2.75	2.68
	.010	7.77	5.57	4.68	4.18	3.85	3.63	3.46	3.32	3.22
	.005	9.48	6.60	5.46	4.84	4.43	4.15	3.94	3.78	3.64
26	.100	2.91	2.52	2.31	2.17	2.08	2.01	1.96	1.92	1.88
	.050	4.23	3.37	2.98	2.74	2.59	2.47	2.39	2.32	2.27
	.025	5.66	4.27	3.67	3.33	3.10	2.94	2.82	2.73	2.65
	.010	7.72	5.53	4.64	4.14	3.82	3.59	3.42	3.29	3.18
	.005	9.41	6.54	5.41	4.79	4.38	4.10	3.89	3.73	3.60
27	.100	2.90	2.51	2.30	2.17	2.07	2.00	1.95	1.91	1.87
	.050	4.21	3.35	2.96	2.73	2.57	2.46	2.37	2.31	2.25
	.025	5.63	4.24	3.65	3.31	3.08	2.92	2.80	2.71	2.63
	.010	7.68	5.49	4.60	4.11	3.78	3.56	3.39	3.26	3.15
	.005	9.34	6.49	5.36	4.74	4.34	4.06	3.85	3.69	3.56
28	.100	2.89	2.50	2.29	2.16	2.06	2.00	1.94	1.90	1.87
	.050	4.20	3.34	2.95	2.71	2.56	2.45	2.36	2.29	2.24
	.025	5.61	4.22	3.63	3.29	3.06	2.90	2.78	2.69	2.61
	.010	7.64	5.45	4.57	4.07	3.75	3.53	3.36	3.23	3.12
	.005	9.28	6.44	5.32	4.70	4.30	4.02	3.81	3.65	3.52

df_1											df_2
10	12	15	20	24	30	40	60	120	∞	α	
1.90	1.86	1.81	1.76	1.73	1.70	1.67	1.64	1.60	1.57	.100	22
2.30	2.23	2.15	2.07	2.03	1.98	1.94	1.89	1.84	1.78	.050	
2.70	2.60	2.50	2.39	2.33	2.27	2.21	2.14	2.08	2.00	.025	
3.26	3.12	2.98	2.83	2.75	2.67	2.58	2.50	2.40	2.31	.010	
3.70	3.54	3.36	3.18	3.08	2.98	2.88	2.77	2.66	2.55	.005	
1.89	1.84	1.80	1.74	1.72	1.69	1.66	1.62	1.59	1.55	.100	23
2.27	2.20	2.13	2.05	2.01	1.96	1.91	1.86	1.81	1.76	.050	
2.67	2.57	2.47	2.36	2.30	2.24	2.18	2.11	2.04	1.97	.025	
3.21	3.07	2.93	2.78	2.70	2.62	2.54	2.45	2.35	2.26	.010	
3.64	3.47	3.30	3.12	3.02	2.92	2.82	2.71	2.60	2.48	.005	
1.88	1.83	1.78	1.73	1.70	1.67	1.64	1.61	1.57	1.53	.100	24
2.25	2.18	2.11	2.03	1.98	1.94	1.89	1.84	1.79	1.73	.050	
2.64	2.54	2.44	2.33	2.27	2.21	2.15	2.08	2.01	1.94	.025	
3.17	3.03	2.89	2.74	2.66	2.58	2.49	2.40	2.31	2.21	.010	
3.59	3.42	3.25	3.06	2.97	2.87	2.77	2.66	2.55	2.43	.005	
1.87	1.82	1.77	1.72	1.69	1.66	1.63	1.59	1.56	1.52	.100	25
2.24	2.16	2.09	2.01	1.96	1.92	1.87	1.82	1.77	1.71	.050	
2.61	2.51	2.41	2.30	2.24	2.18	2.12	2.05	1.98	1.91	.025	
3.13	2.99	2.85	2.70	2.62	2.54	2.45	2.36	2.27	2.17	.010	
3.54	3.37	3.20	3.01	2.92	2.82	2.72	2.61	2.50	2.38	.005	
1.86	1.81	1.76	1.71	1.68	1.65	1.61	1.58	1.54	1.50	.100	26
2.22	2.15	2.07	1.99	1.95	1.90	1.85	1.80	1.75	1.69	.050	
2.59	2.49	2.39	2.28	2.22	2.16	2.09	2.03	1.95	1.88	.025	
3.09	2.96	2.81	2.66	2.58	2.50	2.42	2.33	2.23	2.13	.010	
3.49	3.33	3.15	2.97	2.87	2.77	2.67	2.56	2.45	2.33	.005	
1.85	1.80	1.75	1.70	1.67	1.64	1.60	1.57	1.53	1.49	.100	27
2.20	2.13	2.06	1.97	1.93	1.88	1.84	1.79	1.73	1.67	.050	
2.57	2.47	2.36	2.25	2.19	2.13	2.07	2.00	1.93	1.85	.025	
3.06	2.93	2.78	2.63	2.55	2.47	2.38	2.29	2.20	2.10	.010	
3.45	3.28	3.11	2.93	2.83	2.73	2.63	2.52	2.41	2.29	.005	
1.84	1.79	1.74	1.69	1.66	1.63	1.59	1.56	1.52	1.48	.100	28
2.19	2.12	2.04	1.96	1.91	1.87	1.82	1.77	1.71	1.65	.050	
2.55	2.45	2.34	2.23	2.17	2.11	2.05	1.98	1.91	1.83	.025	
3.03	2.90	2.75	2.60	2.52	2.44	2.35	2.26	2.17	2.06	.010	
3.41	3.25	3.07	2.89	2.79	2.69	2.59	2.48	2.37	2.25	.005	

A4.2 F분포(계속)

df_2	df_1									
	α	1	2	3	4	5	6	7	8	9
29	.100	2.89	2.50	2.28	2.15	2.06	1.99	1.93	1.89	1.86
	.050	4.18	3.33	2.93	2.70	2.55	2.43	2.35	2.28	2.22
	.025	5.59	4.20	3.61	3.27	3.04	2.88	2.76	2.67	2.59
	.010	7.60	5.42	4.54	4.04	3.73	3.50	3.33	3.20	3.09
	.005	9.23	6.40	5.28	4.66	4.26	3.98	3.77	3.61	3.48
30	.100	2.88	2.49	2.28	2.14	2.05	1.98	1.93	1.88	1.85
	.050	4.17	3.32	2.92	2.69	2.53	2.42	2.33	2.27	2.21
	.025	5.57	4.18	3.59	3.25	3.03	2.87	2.75	2.65	2.57
	.010	7.56	5.39	4.51	4.02	3.70	3.47	3.30	3.17	3.07
	.005	9.18	6.35	5.24	4.62	4.23	3.95	3.74	3.58	3.45
40	.100	2.84	2.44	2.23	2.09	2.00	1.93	1.87	1.83	1.79
	.050	4.08	3.23	2.84	2.61	2.45	2.34	2.25	2.18	2.12
	.025	5.42	4.05	3.46	3.13	2.90	2.74	2.62	2.53	2.45
	.010	7.31	5.18	4.31	3.83	3.51	3.29	3.12	2.99	2.89
	.005	8.83	6.07	4.98	4.37	3.99	3.71	3.51	3.35	3.22
60	.100	2.79	2.39	2.18	2.04	1.95	1.87	1.82	1.77	1.74
	.050	4.00	3.15	2.76	2.53	2.37	2.25	2.17	2.10	2.04
	.025	5.29	3.93	3.34	3.01	2.79	2.63	2.51	2.41	2.33
	.010	7.08	4.98	4.13	3.65	3.34	3.12	2.95	2.82	2.72
	.005	8.49	5.79	4.73	4.14	3.76	3.49	3.29	3.13	3.01
120	.100	2.75	2.35	2.13	1.99	1.90	1.82	1.77	1.72	1.68
	.050	3.92	3.07	2.68	2.45	2.29	2.17	2.09	2.02	1.96
	.025	5.15	3.80	3.23	2.89	2.67	2.52	2.39	2.30	2.22
	.010	6.85	4.79	3.95	3.48	3.17	2.96	2.79	2.66	2.56
	.005	8.18	5.54	4.50	3.92	3.55	3.28	3.09	2.93	2.81
∞	.100	2.71	2.30	2.08	1.94	1.85	1.77	1.72	1.67	1.63
	.050	3.84	3.00	2.60	2.37	2.21	2.10	2.01	1.94	1.88
	.025	5.02	3.69	3.12	2.79	2.57	2.41	2.29	2.19	2.11
	.010	6.63	4.61	3.78	3.32	3.02	2.80	2.64	2.51	2.41
	.005	7.88	5.30	4.28	3.72	3.35	3.09	2.90	2.74	2.62

df_1											df_2
10	12	15	20	24	30	40	60	120	∞	α	
1.83	1.78	1.73	1.68	1.65	1.62	1.58	1.55	1.51	1.47	.100	29
2.18	2.10	2.03	1.94	1.90	1.85	1.81	1.75	1.70	1.64	.050	
2.53	2.43	2.32	2.21	2.15	2.09	2.03	1.96	1.89	1.81	.025	
3.00	2.87	2.73	2.57	2.49	2.41	2.33	2.23	2.14	2.03	.010	
3.38	3.21	3.04	2.86	2.76	2.66	2.56	2.45	2.33	2.21	.005	
1.82	1.77	1.72	1.67	1.64	1.61	1.57	1.54	1.50	1.46	.100	30
2.16	2.09	2.01	1.93	1.89	1.84	1.79	1.74	1.68	1.62	.050	
2.51	2.41	2.31	2.20	2.14	2.07	2.01	1.94	1.87	1.79	.025	
2.98	2.84	2.70	2.55	2.47	2.39	2.30	2.21	2.11	2.01	.010	
3.34	3.18	3.01	2.82	2.73	2.63	2.52	2.42	2.30	2.18	.005	
1.76	1.71	1.66	1.61	1.57	1.54	1.51	1.47	1.42	1.38	.100	40
2.08	2.00	1.92	1.84	1.79	1.74	1.69	1.64	1.58	1.51	.050	
2.39	2.29	2.18	2.07	2.01	1.94	1.88	1.80	1.72	1.64	.025	
2.80	2.66	2.52	2.37	2.29	2.20	2.11	2.02	1.92	1.80	.010	
3.12	2.95	2.78	2.60	2.50	2.40	2.30	2.18	2.06	1.93	.005	
1.71	1.66	1.60	1.54	1.51	1.48	1.44	1.40	1.35	1.29	.100	60
1.99	1.92	1.84	1.75	1.70	1.65	1.59	1.53	1.47	1.39	.050	
2.27	2.17	2.06	1.94	1.88	1.82	1.74	1.67	1.58	1.48	.025	
2.63	2.50	2.35	2.20	2.12	2.03	1.94	1.84	1.73	1.60	.010	
2.90	2.74	2.57	2.39	2.29	2.19	2.08	1.96	1.83	1.69	.005	
1.65	1.60	1.55	1.48	1.45	1.41	1.37	1.32	1.26	1.19	.100	120
1.91	1.83	1.75	1.66	1.61	1.55	1.50	1.43	1.35	1.25	.050	
2.16	2.05	1.94	1.82	1.76	1.69	1.61	1.53	1.43	1.31	.025	
2.47	2.34	2.19	2.03	1.95	1.86	1.76	1.66	1.53	1.38	.010	
2.71	2.54	2.37	2.19	2.09	1.98	1.87	1.75	1.61	1.43	.005	
1.60	1.55	1.49	1.42	1.38	1.34	1.30	1.24	1.17	1.00	.100	∞
1.83	1.75	1.67	1.57	1.52	1.46	1.39	1.32	1.22	1.00	.050	
2.05	1.94	1.83	1.71	1.64	1.57	1.48	1.39	1.27	1.00	.025	
2.32	2.18	2.04	1.88	1.79	1.70	1.59	1.47	1.32	1.00	.010	
2.52	2.36	2.19	2.00	1.90	1.79	1.67	1.53	1.36	1.00	.005	

A5. 표준범위통계량 q의 임계값

df	k =집단의 수											
	α	2	3	4	5	6	7	8	9	10	11	12
5	.05	3.64	4.60	5.22	5.67	6.03	6.33	6.58	6.80	6.99	7.17	7.32
	.01	5.70	6.98	7.80	8.42	8.91	9.32	9.67	9.97	10.24	10.48	10.70
6	.05	3.46	4.34	4.90	5.30	5.63	5.90	6.12	6.32	6.49	6.65	6.79
	.01	5.24	6.33	7.03	7.56	7.97	8.32	8.61	8.87	9.10	9.30	9.48
7	.05	3.34	4.16	4.68	5.06	5.36	5.61	5.82	6.00	6.16	6.30	6.43
	.01	4.95	5.92	6.54	7.01	7.37	7.68	7.94	8.17	8.37	8.55	8.71
8	.05	3.26	4.04	4.53	4.89	5.17	5.40	5.60	5.77	5.92	6.05	6.18
	.01	4.75	5.64	6.20	6.62	6.96	7.24	7.47	7.68	7.86	8.03	8.18
9	.05	3.20	3.95	4.41	4.76	5.02	5.24	5.43	5.59	5.74	5.87	5.98
	.01	4.60	5.43	5.96	6.35	6.66	6.91	7.13	7.33	7.49	7.65	7.78
10	.05	3.15	3.88	4.33	4.65	4.91	5.12	5.30	5.46	5.60	5.72	5.83
	.01	4.48	5.27	5.77	6.14	6.43	6.67	6.87	7.05	7.21	7.36	7.49
11	.05	3.11	3.82	4.26	4.57	4.82	5.03	5.20	5.35	5.49	5.61	5.71
	.01	4.39	5.15	5.62	5.97	6.25	6.48	6.67	6.84	6.99	7.13	7.25
12	.05	3.08	3.77	4.20	4.51	4.75	4.95	5.12	5.27	5.39	5.51	5.61
	.01	4.32	5.05	5.50	5.84	6.10	6.32	6.51	6.67	6.81	6.94	7.06
13	.05	3.06	3.73	4.15	4.45	4.69	4.88	5.05	5.19	5.32	5.43	5.53
	.01	4.26	4.96	5.40	5.73	5.98	6.19	6.37	6.53	6.67	6.79	6.90
14	.05	3.03	3.70	4.11	4.41	4.64	4.83	4.99	5.13	5.25	5.36	5.46
	.01	4.21	4.89	5.32	5.63	5.88	6.08	6.26	6.41	6.54	6.66	6.77
15	.05	3.01	3.67	4.08	4.37	4.59	4.78	4.94	5.08	5.20	5.31	5.40
	.01	4.17	4.84	5.25	5.56	5.80	5.99	6.16	6.31	6.44	6.55	6.66
16	.05	3.00	3.65	4.05	4.33	4.56	4.74	4.90	5.03	5.15	5.26	5.35
	.01	4.13	4.79	5.19	5.49	5.72	5.92	6.08	6.22	6.35	6.46	6.56
17	.05	2.98	3.63	4.02	4.30	4.52	4.70	4.86	4.99	5.11	5.21	5.31
	.01	4.10	4.74	5.14	5.43	5.66	5.85	6.01	6.15	6.27	6.38	6.48
18	.05	2.97	3.61	4.00	4.28	4.49	4.67	4.82	4.96	5.07	5.17	5.27
	.01	4.07	4.70	5.09	5.38	5.60	5.79	5.94	6.08	6.20	6.31	6.41
19	.05	2.96	3.59	3.98	4.25	4.47	4.65	4.79	4.92	5.04	5.14	5.23
	.01	4.05	4.67	5.05	5.33	5.55	5.73	5.89	6.02	6.14	6.25	6.34
20	.05	2.95	3.58	3.96	4.23	4.45	4.62	4.77	4.90	5.01	5.11	5.20
	.01	4.02	4.64	5.02	5.29	5.51	5.69	5.84	5.97	6.09	6.19	6.28
24	.05	2.92	3.53	3.90	4.17	4.37	4.54	4.68	4.81	4.92	5.01	5.10
	.01	3.96	4.55	4.91	5.17	5.37	5.54	5.69	5.81	5.92	6.02	6.11
30	.05	2.89	3.49	3.85	4.10	4.30	4.46	4.60	4.72	4.82	4.92	5.00
	.01	3.89	4.45	4.80	5.05	5.24	5.40	5.54	5.65	5.76	5.85	5.93
40	.05	2.86	3.44	3.79	4.04	4.23	4.39	4.52	4.63	4.73	4.82	4.90
	.01	3.82	4.37	4.70	4.93	5.11	5.26	5.39	5.50	5.60	5.69	5.76
60	.05	2.83	3.40	3.74	3.98	4.16	4.31	4.44	4.55	4.65	4.73	4.81
	.01	3.76	4.28	4.59	4.82	4.99	5.13	5.25	5.36	5.45	5.53	5.60
120	.05	2.80	3.36	3.68	3.92	4.10	4.24	4.36	4.47	4.56	4.64	4.71
	.01	3.70	4.20	4.50	4.71	4.87	5.01	5.12	5.21	5.30	5.37	5.44
∞	.05	2.77	3.31	3.63	3.86	4.03	4.17	4.29	4.39	4.47	4.55	4.62
	.01	3.64	4.12	4.40	4.60	4.76	4.88	4.99	5.08	5.16	5.23	5.29

A6. 피어슨 상관계수 r의 임계값

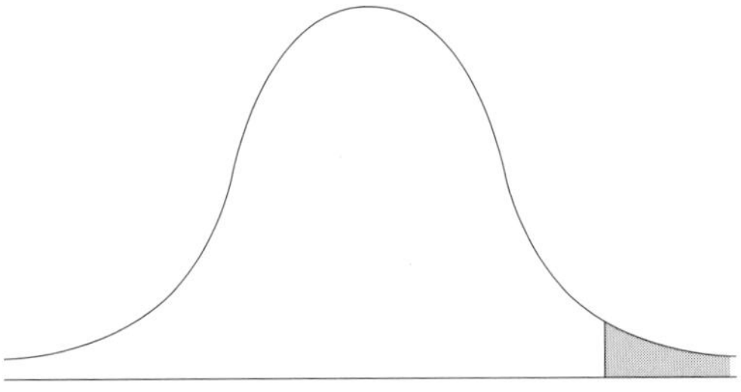

$df = n-2$	단측검정 유의수준			
	.05	.025	.01	.005
1	.988	.997	.9995	.9999
2	.900	.950	.980	.990
3	.805	.878	.934	.959
4	.729	.811	.882	.917
5	.669	.754	.833	.874
6	.622	.707	.789	.834
7	.582	.666	.750	.798
8	.549	.632	.716	.765
9	.521	.602	.685	.735
10	.497	.576	.658	.708
11	.476	.553	.634	.684
12	.458	.532	.612	.661
13	.441	.514	.592	.641
14	.426	.497	.574	.623
15	.412	.482	.558	.606
16	.400	.468	.542	.590
17	.389	.456	.528	.575
18	.378	.444	.516	.561
19	.369	.433	.503	.549
20	.360	.423	.492	.537
21	.352	.413	.482	.526
22	.344	.404	.472	.515
23	.337	.396	.462	.505
24	.330	.388	.453	.496
25	.323	.381	.445	.487
26	.317	.374	.437	.479
27	.311	.367	.430	.471
28	.306	.361	.423	.463
29	.301	.355	.416	.456
30	.296	.349	.409	.449
35	.275	.325	.381	.418
40	.257	.304	.358	.393
45	.243	.288	.338	.372
50	.231	.273	.322	.354
60	.211	.250	.295	.325
70	.195	.232	.274	.302
80	.183	.217	.256	.283
90	.173	.205	.242	.267
100	.164	.195	.230	.254

A7. 스피어맨 상관계수 r_s의 임계값

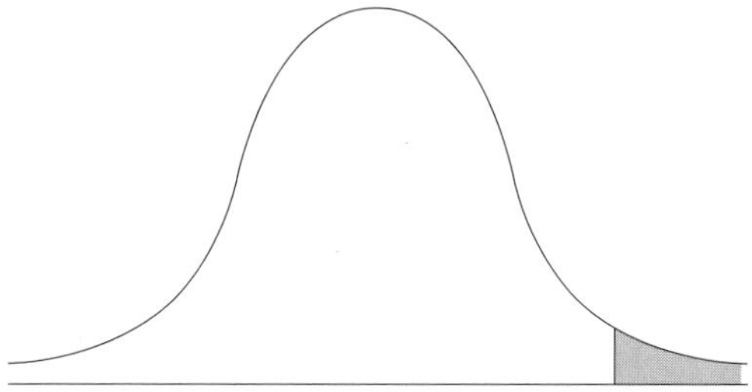

n	.1	.05	.025	.01	.005
4	0.8000	0.8000	–	–	–
5	0.7000	0.8000	0.9000	0.9000	–
6	0.6000	0.7714	0.8286	0.8857	0.9429
7	0.5357	0.6786	0.7500	0.8571	0.8929
8	0.5000	0.6190	0.7143	0.8095	0.8571
9	0.4667	0.5833	0.6833	0.7667	0.8167
10	0.4424	0.5515	0.6364	0.7333	0.7818
11	0.4182	0.5273	0.6091	0.7000	0.7455
12	0.3986	0.4965	0.5804	0.6713	0.7203
13	0.3791	0.4780	0.5549	0.6429	0.6978
14	0.3626	0.4593	0.5341	0.6220	0.6747
15	0.3500	0.4429	0.5179	0.6000	0.6500
16	0.3382	0.4265	0.5000	0.5794	0.6324
17	0.3260	0.4118	0.4853	0.5637	0.6152
18	0.3148	0.3994	0.4696	0.5480	0.5975
19	0.3070	0.3895	0.4579	0.5333	0.5825
20	0.2977	0.3789	0.4451	0.5203	0.5684
21	0.2909	0.3688	0.4351	0.5078	0.5545
22	0.2829	0.3597	0.4241	0.4963	0.5426
23	0.2767	0.3518	0.4150	0.4852	0.5306
24	0.2704	0.3435	0.4061	0.4748	0.5200
25	0.2646	0.3362	0.3977	0.4654	0.5100
26	0.2588	0.3299	0.3894	0.4564	0.5002
27	0.2540	0.3236	0.3822	0.4481	0.4915
28	0.2490	0.3175	0.3749	0.4401	0.4828
29	0.2443	0.3113	0.3685	0.4320	0.4744
30	0.2400	0.3059	0.3620	0.4251	0.4665

A8. 이항분포

n	k	p .01	.02	.03	.04	.05	.06	.07	.08	.09
2	0	.9801	.9604	.9409	.9216	.9025	.8836	.8649	.8464	.8281
	1	.0198	.0392	.0582	.0768	.0950	.1128	.1302	.1472	.1638
	2	.0001	.0004	.0009	.0016	.0025	.0036	.0049	.0064	.0081
3	0	.9703	.9412	.9127	.8847	.8574	.8306	.8044	.7787	.7536
	1	.0294	.0576	.0847	.1106	.1354	.1590	.1816	.2031	.2236
	2	.0003	.0012	.0026	.0046	.0071	.0102	.0137	.0177	.0221
	3				.0001	.0001	.0002	.0003	.0005	.0007
4	0	.9606	.9224	.8853	.8493	.8245	.7807	.7481	.7164	.6857
	1	.0388	.0753	.1095	.1416	.1715	.1993	.2252	.2492	.2713
	2	.0006	.0023	.0051	.0088	.0135	.0191	.0254	.0325	.0402
	3			.0001	.0002	.0005	.0008	.0013	.0019	.0027
	4									.0001
5	0	.9510	.9039	.8587	.8154	.7738	.7339	.6957	.6591	.6240
	1	.0480	.0922	.1328	.1699	.2036	.2342	.2618	.2866	.3086
	2	.0010	.0038	.0082	.0142	.0214	.0299	.0394	.0498	.0610
	3		.0001	.0003	.0006	.0011	.0019	.0030	.0043	.0060
	4						.0001	.0001	.0002	.0003
	5									
6	0	.9415	.8858	.8330	.7828	.7351	.6899	.6470	.6064	.5679
	1	.0571	.1085	.1546	.1957	.2321	.2642	.2922	.3164	.3370
	2	.0014	.0055	.0120	.0204	.0305	.0422	.0550	.0688	.0833
	3		.0002	.0005	.0011	.0021	.0036	.0055	.0080	.0110
	4					.0001	.0002	.0003	.0005	.0008
	5									
	6									
7	0	.9321	.8681	.8080	.7514	.6983	.6485	.6017	.5578	.5168
	1	.0659	.1240	.1749	.2192	.2573	.2897	.3170	.3396	.3578
	2	.0020	.0076	.0162	.0274	.0406	.0555	.0716	.0886	.1061
	3		.0003	.0008	.0019	.0036	.0059	.0090	.0128	.0175
	4				.0001	.0002	.0004	.0007	.0011	.0017
	5								.0001	.0001
	6									
	7									
8	0	.9227	.8508	.7837	.7214	.6634	.6096	.5596	.5132	.4703
	1	.0746	.1329	.1939	.2405	.2793	.3113	.3370	.3570	.3721
	2	.0026	.0099	.0210	.0351	.0515	.0695	.0888	.1087	.1288
	3	.0001	.0004	.0013	.0029	.0054	.0089	.0134	.0189	.0255
	4			.0001	.0002	.0004	.0007	.0013	.0021	.0031
	5							.0001	.0001	.0002
	6									
	7									
	8									

A8. 이항분포(계속)

n	k	p								
		.10	.15	.20	.25	.30	.35	.40	.45	.50
2	0	.8100	.7225	.6400	.5625	.4900	.4225	.3600	.3025	.2500
	1	.1800	.2550	.3200	.3750	.4200	.4550	.4800	.4950	.5000
	2	.0100	.0225	.0400	.0625	.0900	.1225	.1600	.2025	.2500
3	0	.7290	.6141	.5120	.4219	.3430	.2746	.2160	.1664	.1250
	1	.2430	.3251	.3840	.4219	.4410	.4436	.4320	.4084	.3750
	2	.0270	.0574	.0960	.1406	.1890	.2389	.2880	.3341	.3750
	3	.0010	.0034	.0080	.0156	.0270	.0429	.0640	.0911	.1250
4	0	.6561	.5220	.4096	.3164	.2401	.1785	.1296	.0915	.0625
	1	.2916	.3685	.4096	.4219	.4116	.3845	.3456	.2995	.2500
	2	.0486	.0975	.1536	.2109	.2646	.3105	.3456	.3675	.3750
	3	.0036	.0115	.0256	.0469	.0756	.1115	.1536	.2005	.2500
	4	.0001	.0005	.0016	.0039	.0081	.0150	.0256	.0410	.0625
5	0	.5905	.4437	.3277	.2373	.1681	.1160	.0778	.0503	.0313
	1	.3280	.3915	.4096	.3955	.3602	.3124	.2592	.2059	.1563
	2	.0729	.1382	.2048	.2637	.3087	.3364	.3456	.3369	.3125
	3	.0081	.0244	.0512	.0879	.1323	.1811	.2304	.2757	.3125
	4	.0004	.0022	.0064	.0146	.0284	.0488	.0768	.1128	.1562
	5		.0001	.0003	.0010	.0024	.0053	.0102	.0185	.0312
6	0	.5314	.3771	.2621	.1780	.1176	.0754	.0467	.0277	.0156
	1	.3543	.3993	.3932	.3560	.3025	.2437	.1866	.1359	.0938
	2	.0984	.1762	.2458	.2966	.3241	.3280	.3110	.2780	.2344
	3	.0146	.0415	.0819	.1318	.1852	.2355	.2765	.3032	.3125
	4	.0012	.0055	.0154	.0330	.0595	.0951	.1382	.1861	.2344
	5	.0001	.0004	.0015	.0044	.0102	.0205	.0369	.0609	.0937
	6			.0001	.0002	.0007	.0018	.0041	.0083	.0156
7	0	.4783	.3206	.2097	.1335	.0824	.0490	.0280	.0152	.0078
	1	.3720	.3960	.3670	.3115	.2471	.1848	.1306	.0872	.0547
	2	.1240	.2097	.2753	.3115	.3177	.2985	.2613	.2140	.1641
	3	.0230	.0617	.1147	.1730	.2269	.2679	.2903	.2918	.2734
	4	.0026	.0109	.0287	.0577	.0972	.1442	.1935	.2388	.2734
	5	.0002	.0012	.0043	.0115	.0250	.0466	.0774	.1172	.1641
	6		.0001	.0004	.0013	.0036	.0084	.0172	.0320	.0547
	7				.0001	.0002	.0006	.0016	.0037	.0078
8	0	.4305	.2725	.1678	.1001	.0576	.0319	.0168	.0084	.0039
	1	.3826	.3847	.3355	.2670	.1977	.1373	.0896	.0548	.0313
	2	.1488	.2376	.2936	.3115	.2965	.2587	.2090	.1569	.1094
	3	.0331	.0839	.1468	.2076	.2541	.2786	.2787	.2568	.2188
	4	.0046	.0185	.0459	.0865	.1361	.1875	.2322	.2627	.2734
	5	.0004	.0026	.0092	.0231	.0467	.0808	.1239	.1719	.2188
	6		.0002	.0011	.0038	.0100	.0217	.0413	.0703	.1094
	7			.0001	.0004	.0012	.0033	.0079	.0164	.0312
	8					.0001	.0002	.0007	.0017	.0039

A8. 이항분포(계속)

n	k	p .01	.02	.03	.04	.05	.06	.07	.08	.09
9	0	.9135	.8337	.7602	.6925	.6302	.5730	.5204	.4722	.4279
	1	.0830	.1531	.2116	.2597	.2985	.3292	.3525	.3695	.3809
	2	.0034	.0125	.0262	.0433	.0629	.0840	.1061	.1285	.1507
	3	.0001	.0006	.0019	.0042	.0077	.0125	.0186	.0261	.0348
	4			.0001	.0003	.0006	.0012	.0021	.0034	.0052
	5						.0001	.0002	.0003	.0005
	6									
	7									
	8									
	9									
10	0	.9044	.8171	.7374	.6648	.5987	.5386	.4840	.4344	.3894
	1	.0914	.1667	.2281	.2770	.3151	.3438	.3643	.3777	.3851
	2	.0042	.0153	.0317	.0519	.0746	.0988	.1234	.1478	.1714
	3	.0001	.0008	.0026	.0058	.0105	.0168	.0248	.0343	.0452
	4			.0001	.0004	.0010	.0019	.0033	.0052	.0078
	5					.0001	.0001	.0003	.0005	.0009
	6									.0001
	7									
	8									
	9									
	10									
12	0	.8864	.7847	.6938	.6127	.5404	.4759	.4186	.3677	.3225
	1	.1074	.1922	.2575	.3064	.3413	.3645	.3781	.3837	.3827
	2	.0060	.0216	.0438	.0702	.0988	.1280	.1565	.1835	.2082
	3	.0002	.0015	.0045	.0098	.0173	.0272	.0393	.0532	.0686
	4		.0001	.0003	.0009	.0021	.0039	.0067	.0104	.0153
	5				.0001	.0002	.0004	.0008	.0014	.0024
	6							.0001	.0001	.0003
	7									
	8									
	9									
	10									
	11									
	12									
15	0	.8601	.7386	.6333	.5421	.4633	.3953	.3367	.2863	.2430
	1	.1303	.2261	.2938	.3388	.4658	.3785	.3801	.3734	.3605
	2	.0092	.0323	.0636	.0988	.1348	.1691	.2003	.2273	.2496
	3	.0004	.0029	.0085	.0178	.0307	.0468	.0653	.0857	.1070
	4		.0002	.0008	.0022	.0049	.0090	.0148	.0223	.0317
	5			.0001	.0002	.0006	.0013	.0024	.0043	.0069
	6						.0001	.0003	.0006	.0011
	7								.0001	.0001
	8									
	9									
	10									
	11									
	12									
	13									
	14									
	15									

A8. 이항분포(계속)

n	k	p .10	.15	.20	.25	.30	.35	.40	.45	.50
9	0	.3874	.2316	.1342	.0751	.0404	.0207	.0101	.0046	.0020
	1	.3874	.3679	.3020	.2253	.1556	.1004	.0605	.0339	.0176
	2	.1722	.2597	.3020	.3003	.2668	.2162	.1612	.1110	.0703
	3	.0446	.1069	.1762	.2336	.2668	.2716	.2508	.2119	.1641
	4	.0074	.0283	.0661	.1168	.1715	.2194	.2508	.2600	.2461
	5	.0008	.0050	.0165	.0389	.0735	.1181	.1672	.2128	.2461
	6	.0001	.0006	.0028	.0087	.0210	.0424	.0743	.1160	.1641
	7			.0003	.0012	.0039	.0098	.0212	.0407	.0703
	8				.0001	.0004	.0013	.0035	.0083	.0176
	9						.0001	.0003	.0008	.0020
10	0	.3487	.1969	.1074	.0563	.0282	.0135	.0060	.0025	.0010
	1	.3874	.3474	.2684	.1877	.1211	.0725	.0403	.0207	.0098
	2	.1937	.2759	.3020	.2816	.2335	.1757	.1209	.0763	.0439
	3	.0574	.1298	.2013	.2503	.2668	.2522	.2150	.1665	.1172
	4	.0112	.0401	.0881	.1460	.2001	.2377	.2508	.2384	.2051
	5	.0015	.0085	.0264	.0584	.1029	.1536	.2007	.2340	.2461
	6	.0001	.0012	.0055	.0162	.0368	.0689	.1115	.1596	.2051
	7		.0001	.0008	.0031	.0090	.0212	.0425	.0746	.1172
	8			.0001	.0004	.0014	.0043	.0106	.0229	.0439
	9					.0001	.0005	.0016	.0042	.0098
	10							.0001	.0003	.0010
12	0	.2824	.1422	.0687	.0317	.0138	.0057	.0022	.0008	.0002
	1	.3766	.3012	.2062	.1267	.0712	.0368	.0174	.0075	.0029
	2	.2301	.2924	.2835	.2323	.1678	.1088	.0639	.0339	.0161
	3	.0852	.1720	.2362	.2581	.2397	.1954	.1419	.0923	.0537
	4	.0213	.0683	.1329	.1936	.2311	.2367	.2128	.1700	.1208
	5	.0038	.0193	.0532	.1032	.1585	.2039	.2270	.2225	.1934
	6	.0005	.0040	.0155	.0401	.0792	.1281	.1766	.2124	.2256
	7		.0006	.0033	.0115	.0291	.0591	.1009	.1489	.1934
	8		.0001	.0005	.0024	.0078	.0199	.0420	.0762	.1208
	9			.0001	.0004	.0015	.0048	.0125	.0277	.0537
	10					.0002	.0008	.0025	.0068	.0161
	11						.0001	.0003	.0010	.0029
	12								.0001	.0002
15	0	.2059	.0874	.0352	.0134	.0047	.0016	.0005	.0001	.0000
	1	.3432	.2312	.1319	.0668	.0305	.0126	.0047	.0016	.0005
	2	.2669	.2856	.2309	.1559	.0916	.0476	.0219	.0090	.0032
	3	.1285	.2184	.2501	.2252	.1700	.1110	.0634	.0318	.0139
	4	.0428	.1156	.1876	.2252	.2186	.1792	.1268	.0780	.0417
	5	.0105	.0449	.1032	.1651	.2061	.2123	.1859	.1404	.0916
	6	.0019	.0132	.0430	.0917	.1472	.1906	.2066	.1914	.1527
	7	.0003	.0030	.0138	.0393	.0811	.1319	.1771	.2013	.1964
	8		.0005	.0035	.0131	.0348	.0710	.1181	.1647	.1964
	9		.0001	.0007	.0034	.0116	.0298	.0612	.1048	.1527
	10			.0001	.0007	.0030	.0096	.0245	.0515	.0916
	11				.0001	.0006	.0024	.0074	.0191	.0417
	12					.0001	.0004	.0016	.0052	.0139
	13						.0001	.0003	.0010	.0032
	14								.0001	.0005
	15									

A8. 이항분포(계속)

n	k	p .01	.02	.03	.04	.05	.06	.07	.08	.09
20	0	.8179	.6676	.5438	.4420	.3585	.2901	.2342	.1887	.1516
	1	.1652	.2725	.3364	.3683	.3774	.3703	.3526	.3282	.3000
	2	.0159	.0528	.0988	.1458	.1887	.2246	.2521	.2711	.2818
	3	.0010	.0065	.0183	.0364	.0596	.0860	.1139	.1414	.1672
	4		.0006	.0024	.0065	.0133	.0233	.0364	.0523	.0703
	5			.0002	.0009	.0022	.0048	.0088	.0145	.0222
	6				.0001	.0003	.0008	.0017	.0032	.0055
	7						.0001	.0002	.0005	.0011
	8								.0001	.0002
	9									
	10									
	11									
	12									
	13									
	14									
	15									
	16									
	17									
	18									
	19									
	20									

n	k	p .10	.15	.20	.25	.30	.35	.40	.45	.50
20	0	.1216	.0388	.0115	.0032	.0008	.0002	.0000	.0000	.0000
	1	.2702	.1368	.0576	.0211	.0068	.0020	.0005	.0001	.0000
	2	.2852	.2293	.1369	.0669	.0278	.0100	.0031	.0008	.0002
	3	.1901	.2428	.2054	.1339	.0716	.0323	.0123	.0040	.0011
	4	.0898	.1821	.2182	.1897	.1304	.0738	.0350	.0139	.0046
	5	.0319	.1028	.1746	.2023	.1789	.1272	.0746	.0365	.0148
	6	.0089	.0454	.1091	.1686	.1916	.1712	.1244	.0746	.0370
	7	.0020	.0160	.0545	.1124	.1643	.1844	.1659	.1221	.0739
	8	.0004	.0046	.0222	.0609	.1144	.1614	.1797	.1623	.1201
	9	.0001	.0011	.0074	.0271	.0654	.1158	.1597	.1771	.1602
	10		.0002	.0020	.0099	.0308	.0686	.1171	.1593	.1762
	11			.0005	.0030	.0120	.0336	.0710	.1185	.1602
	12			.0001	.0008	.0039	.0136	.0355	.0727	.1201
	13				.0002	.0010	.0045	.0146	.0366	.0739
	14					.0002	.0012	.0049	.0150	.0370
	15						.0003	.0013	.0049	.0148
	16							.0003	.0013	.0046
	17								.0002	.0011
	18									.0002
	19									
	20									

A9. 윌콕슨 대응표본 부호-순위 검정통계량 T 의 임계값

예: 표본의 크기가 $n = 20$일 때 = .05에 해당하는 양측검정 임계값은 $P(T \le 52) < .05$이고 단측검정 임계값은 $P(T \le 60) < .05$이다.

n	단측 .075 양측 .15	.05 .1	.025 .05	.02 .04	.015 .03	.01 .02	.005 .01
4	0						
5	1	0					
6	2	2	0	0			
7	4	3	2	1	0	0	
8	7	5	3	3	2	1	0
9	9	8	5	5	4	3	1
10	12	10	8	7	6	5	3
11	16	13	10	9	8	7	5
12	19	17	13	12	11	9	7
13	24	21	17	16	14	12	9
14	28	25	21	19	18	15	12
15	33	30	25	23	21	19	15
16	39	35	29	28	26	23	19
17	45	41	34	33	30	27	23
18	51	47	40	38	35	32	27
19	58	53	46	43	41	37	32
20	65	60	52	50	47	43	37
21	73	67	58	56	53	49	42
22	81	75	65	63	59	55	48
23	89	83	73	70	66	62	54
24	98	91	81	78	74	69	61
25	108	100	89	86	82	76	68
26	118	110	98	94	90	84	75
27	128	119	107	103	99	92	83
28	138	130	116	112	108	101	91
29	150	140	126	122	117	110	100
30	161	151	137	132	127	120	109
31	173	163	147	143	137	130	118
32	186	175	159	154	148	140	128
33	199	187	170	165	159	151	138
34	212	200	182	177	171	162	148
35	226	213	195	189	182	173	159
36	240	227	208	202	195	185	171
37	255	241	221	215	208	198	182
38	270	256	235	229	221	211	194
39	285	271	249	243	235	224	207
40	302	286	264	257	249	238	220
41	318	302	279	272	263	252	233
42	335	319	294	287	278	266	247
43	352	336	310	303	293	281	261
44	370	353	327	319	309	296	276
45	389	371	343	335	325	312	291
46	407	389	361	352	342	328	307
47	427	407	378	370	359	345	322
48	446	426	396	388	377	362	339
49	466	446	415	406	394	379	355
50	487	466	434	425	413	397	373

A10. 윌콕슨 독립표본 부호-순위 검정통계량 R_1의 임계값

예: 표본의 크기가 $n_1 = 2$, $n_2 = 9$일 때, $R_1 = 6$이면 $R_2 = ((11)(12)/2-6) = 60$이고 $P(R_1 \leq 6) = .109$이다. 또한 $n_1 = 2$, $n_2 = 9$이고 $R_1 = 18$이면 $R_2 =((11)(12)/2-18) = 48$이고 $P(R_1 \geq 18) = .109$이다.

R_p	R_{1-p}	$\overline{P}$	R_p	R_{1-p}	$\overline{P}$	R_p	R_{1-p}	$\overline{P}$	R_p	R_{1-p}	$\overline{P}$
	(1,1)			(2,2)			(2,8)(계속)			(3,5)(계속)	
1	2	0.500	3	7	.167	8	14	.267	8	19	.071
	(1,2)		4	6	.333	9	13	.356	9	18	.125
1	3	.333	5	5	.667	10	12	.444	10	17	.196
2	2	.667		(2,3)		11	11	.556	11	16	.286
	(1,3)		3	9	.100		(2,9)		12	15	.393
1	4	.250	4	8	.200	3	21	.018	13	14	.500
2	3	.500	5	7	.400	4	20	.036		(3,6)	
	(1,4)		6	6	.600	5	19	.073	6	24	.012
1	5	.200		(2,4)		6	18	.109	7	23	.024
2	4	.400	3	11	.067	7	17	.164	8	22	.048
3	3	.600	4	10	.133	8	16	.218	9	21	.083
	(1,5)		5	9	.267	9	15	.291	10	20	.131
1	6	.167	6	8	.400	10	14	.364	11	19	.190
2	5	.333	7	7	.600	11	13	.455	12	18	.274
3	4	.500		(2,5)		12	12	.545	13	17	.357
	(1,6)		3	13	.047		(2,10)		14	16	.452
1	7	.143	4	12	.095	3	23	.015	15	15	.548
2	6	.286	5	11	.190	4	22	.030		(3,7)	
3	5	.428	6	10	.286	5	21	.061	6	27	.008
4	4	.571	7	9	.429	6	20	.091	7	26	.017
	(1,7)		8	8	.571	7	19	.136	8	25	.033
1	8	.125		(2,6)		8	18	.182	9	24	.058
2	7	.250	3	15	.036	9	17	.242	10	23	.092
3	6	.375	4	14	.071	10	16	.303	11	22	.133
4	5	.500	5	13	.143	11	15	.379	12	21	.192
	(1,8)		6	12	.214	12	14	.455	13	20	.258
1	9	.111	7	11	.321	13	13	.545	14	19	.333
2	8	.222	8	10	.429		(3,3)		15	18	.417
3	7	.333	9	9	.571	6	15	.050	16	17	.500
4	6	.444		(2,7)		7	14	.100		(3,8)	
5	5	.556	3	17	.028	8	13	.200	6	30	.006
	(1,9)		4	16	.056	9	12	.350	7	29	.012
1	10	.100	5	15	.111	10	11	.500	8	28	.024
2	9	.200	6	14	.167		(3,4)		9	27	.042
3	8	.300	7	13	.250	6	18	.028	10	26	.067
4	7	.400	8	12	.333	7	17	.057	11	25	.097
5	6	.500	9	11	.444	8	16	.114	12	24	.139
	(1,10)		10	10	.556	9	15	.200	13	23	.188
1	11	.091		(2,8)		10	14	.314	14	22	.248
2	10	.182	3	19	.022	11	13	.429	15	21	.315
3	9	.273	4	18	.044	12	12	.571	16	20	.387
4	8	.364	5	17	.089		(3,5)		17	19	.461
5	7	.455	6	16	.133	6	21	.018	18	18	.539
6	6	.545	7	15	.200	7	20	.036			

R_p	R_{1-p}	$\overline{P}$	R_p	R_{1-p}	$\overline{P}$	R_p	R_{1-p}	$\overline{P}$	R_p	R_{1-p}	$\overline{P}$
	(3,9)			(4,6)			(4,9)(계속)			(5,6)(계속)	
6	33	.005	10	34	.005	15	41	.025	17	43	.009
7	32	.009	11	33	.010	16	40	.038	18	42	.015
8	31	.018	12	32	.019	17	39	.053	19	41	.026
9	30	.032	13	31	.033	18	38	.074	20	40	.041
10	29	.050	14	30	.057	19	37	.099	21	39	.063
11	28	.073	15	29	.086	20	36	.130	22	38	.089
12	27	.105	16	28	.129	21	35	.165	23	37	.123
13	26	.141	17	27	.176	22	34	.207	24	36	.165
14	25	.186	18	26	.238	23	33	.252	25	35	.214
15	24	.241	19	25	.305	24	32	.302	26	34	.268
16	23	.300	20	24	.381	25	31	.355	27	33	.331
17	22	.363	21	23	.457	26	30	.413	28	32	.396
18	21	.432	22	22	.545	27	29	.470	29	31	.465
19	20	.500		(4,7)		28	28	.530	30	30	.535
	(3,10)		10	38	.003		(4,10)			(5,7)	
6	36	.003	11	37	.006	10	50	.001	15	50	.001
7	35	.007	12	36	.012	11	49	.002	16	49	.003
8	34	.014	13	35	.021	12	48	.004	17	48	.005
9	33	.024	14	34	.036	13	47	.007	18	47	.009
10	32	.038	15	33	.055	14	46	.012	19	46	.015
11	31	.056	16	32	.082	15	45	.018	20	45	.024
12	30	.080	17	31	.115	16	44	.026	21	44	.037
13	29	.108	18	30	.158	17	43	.038	22	43	.053
14	28	.143	19	29	.206	18	42	.053	23	42	.074
15	27	.185	20	28	.264	19	41	.071	24	41	.101
16	26	.234	21	27	.324	20	40	.094	25	40	.134
17	25	.287	22	26	.394	21	39	.120	26	39	.172
18	24	.346	23	25	.464	22	38	.152	27	38	.216
19	23	.406	24	24	.538	23	37	.187	28	37	.265
20	22	.469		(4,8)		24	36	.227	29	36	.319
21	21	.531	10	42	.002	25	35	.270	30	35	.378
	(4,4)		11	41	.004	26	34	.318	31	34	.438
10	26	.014	12	40	.008	27	33	.367	32	33	.500
11	25	.029	13	39	.014	28	32	.420		(5,8)	
12	24	.057	14	38	.024	29	31	.473	15	55	.001
13	23	.100	15	37	.036	30	30	.527	16	54	.002
14	22	.171	16	36	.055		(5,5)		17	53	.003
15	21	.243	17	35	.077	15	40	.004	18	52	.005
16	20	.343	18	34	.107	16	39	.008	19	51	.009
17	19	.443	19	33	.141	17	38	.016	20	50	.015
18	18	.557	20	32	.184	18	37	.028	21	49	.023
	(4,5)		21	31	.230	19	36	.048	22	48	.033
10	30	.008	22	30	.285	20	35	.075	23	47	.047
11	29	.016	23	29	.341	21	34	.111	24	46	.064
12	28	.032	24	28	.404	22	33	.155	25	45	.085
13	27	.056	25	27	.467	23	32	.210	26	44	.111
14	26	.095	26	26	.533	24	31	.274	27	43	.142
15	25	.143		(4,9)		25	30	.345	28	42	.177
16	24	.206	10	46	.001	26	29	.421	29	41	.217
17	23	.278	11	45	.003	27	28	.500	30	40	.262
18	22	.365	12	44	.006		(5,6)		31	39	.311
19	21	.452	13	43	.010	15	45	.002	32	38	.362
20	20	.548	14	42	.017	16	44	.004	33	37	.416

R_p	R_{1-p}	$\overline{P}$	R_p	R_{1-p}	$\overline{P}$	R_p	R_{1-p}	$\overline{P}$	R_p	R_{1-p}	$\overline{P}$
	(5,8)(계속)			(6,6)			(6,8)(계속)			(6,10)(계속)	
34	36	.472	21	57	.001	31	59	.041	29	73	.008
35	35	.528	22	56	.002	32	58	.054	30	72	.011
	(5,9)		23	55	.004	33	57	.071	31	71	.016
15	60	.000	24	54	.008	34	56	.091	32	70	.021
16	59	.001	25	53	.013	35	55	.114	33	69	.028
17	58	.002	26	52	.021	36	54	.141	34	68	.036
18	57	.003	27	51	.032	37	53	.172	35	67	.047
19	56	.006	28	50	.047	38	52	.207	36	66	.059
20	55	.009	29	49	.066	39	51	.245	37	65	.074
21	54	.014	30	48	.090	40	50	.286	38	64	.090
22	53	.021	31	47	.120	41	49	.331	39	63	.110
23	52	.030	32	46	.155	42	48	.377	40	62	.132
24	51	.041	33	45	.197	43	47	.426	41	61	.157
25	50	.056	34	44	.242	44	46	.475	42	60	.184
26	49	.073	35	43	.294	45	45	.525	43	59	.214
27	48	.095	36	42	.350		(6,9)		44	58	.246
28	47	.120	37	41	.409	21	75	.000	45	57	.281
29	46	.149	38	40	.469	22	74	.000	46	56	.318
30	45	.182	39	39	.531	23	73	.001	47	55	.356
31	44	.219		(6,7)		24	72	.001	48	54	.396
32	43	.259	21	63	.001	25	71	.002	49	53	.437
33	42	.303	22	62	.001	26	70	.004	50	52	.479
34	41	.350	23	61	.002	27	69	.006	51	51	.521
35	40	.399	24	60	.004	28	68	.009		(7,7)	
36	39	.449	25	59	.007	29	67	.013	28	77	.000
37	38	.500	26	58	.011	30	66	.018	29	76	.001
	(5,10)		27	57	.017	31	65	.025	30	75	.001
15	65	.000	28	56	.026	32	64	.033	31	74	.002
16	64	.001	29	55	.037	33	63	.044	32	73	.003
17	63	.001	30	54	.051	34	62	.057	33	72	.006
18	62	.002	31	53	.069	35	61	.072	34	71	.009
19	61	.004	32	52	.090	36	60	.091	35	70	.013
20	60	.006	33	51	.117	37	59	.112	36	69	.019
21	59	.010	34	50	.147	38	58	.136	37	68	.027
22	58	.014	35	49	.183	39	57	.164	38	67	.036
23	57	.020	36	48	.223	40	56	.194	39	66	.049
24	56	.028	37	47	.267	41	55	.228	40	65	.064
25	55	.038	38	46	.314	42	54	.264	41	64	.082
26	54	.050	39	45	.365	43	53	.303	42	63	.104
27	53	.065	40	44	.418	44	52	.344	43	62	.130
28	52	.082	41	43	.473	45	51	.388	44	61	.159
29	51	.103	42	42	.527	46	50	.432	45	60	.191
30	50	.127		(6,8)		47	49	.477	46	59	.228
31	49	.155	21	69	.000	48	48	.523	47	58	.267
32	48	.185	22	68	.001		(6,10)		48	57	.310
33	47	.220	23	67	.001	21	81	.000	49	56	.355
34	46	.257	24	66	.002	22	80	.000	50	55	.402
35	45	.297	25	65	.004	23	79	.000	51	54	.451
36	44	.339	26	64	.006	24	78	.001	52	53	.500
37	43	.384	27	63	.010	25	77	.001		(7,8)	
38	42	.430	28	62	.015	26	76	.002	28	84	.000
39	41	.477	29	61	.021	27	75	.004	29	83	.000
40	40	.523	30	60	.030	28	74	.005	30	82	.001

R_p	R_{1-p}	$\overline{P}$	R_p	R_{1-p}	$\overline{P}$	R_p	R_{1-p}	$\overline{P}$	R_p	R_{1-p}	$\overline{P}$
	(5,8)(계속)			(6,6)			(6,8)(계속)			(6,10)(계속)	
34	36	.472	21	57	.001	31	59	.041	29	73	.008
35	35	.528	22	56	.002	32	58	.054	30	72	.011
	(5,9)		23	55	.004	33	57	.071	31	71	.016
15	60	.000	24	54	.008	34	56	.091	32	70	.021
16	59	.001	25	53	.013	35	55	.114	33	69	.028
17	58	.002	26	52	.021	36	54	.141	34	68	.036
18	57	.003	27	51	.032	37	53	.172	35	67	.047
19	56	.006	28	50	.047	38	52	.207	36	66	.059
20	55	.009	29	49	.066	39	51	.245	37	65	.074
21	54	.014	30	48	.090	40	50	.286	38	64	.090
22	53	.021	31	47	.120	41	49	.331	39	63	.110
23	52	.030	32	46	.155	42	48	.377	40	62	.132
24	51	.041	33	45	.197	43	47	.426	41	61	.157
25	50	.056	34	44	.242	44	46	.475	42	60	.184
26	49	.073	35	43	.294	45	45	.525	43	59	.214
27	48	.095	36	42	.350		(6,9)		44	58	.246
28	47	.120	37	41	.409	21	75	.000	45	57	.281
29	46	.149	38	40	.469	22	74	.000	46	56	.318
30	45	.182	39	39	.531	23	73	.001	47	55	.356
31	44	.219		(6,7)		24	72	.001	48	54	.396
32	43	.259	21	63	.001	25	71	.002	49	53	.437
33	42	.303	22	62	.001	26	70	.004	50	52	.479
34	41	.350	23	61	.002	27	69	.006	51	51	.521
35	40	.399	24	60	.004	28	68	.009		(7,7)	
36	39	.449	25	59	.007	29	67	.013	28	77	.000
37	38	.500	26	58	.011	30	66	.018	29	76	.001
	(5,10)		27	57	.017	31	65	.025	30	75	.001
15	65	.000	28	56	.026	32	64	.033	31	74	.002
16	64	.001	29	55	.037	33	63	.044	32	73	.003
17	63	.001	30	54	.051	34	62	.057	33	72	.006
18	62	.002	31	53	.069	35	61	.072	34	71	.009
19	61	.004	32	52	.090	36	60	.091	35	70	.013
20	60	.006	33	51	.117	37	59	.112	36	69	.019
21	59	.010	34	50	.147	38	58	.136	37	68	.027
22	58	.014	35	49	.183	39	57	.164	38	67	.036
23	57	.020	36	48	.223	40	56	.194	39	66	.049
24	56	.028	37	47	.267	41	55	.228	40	65	.064
25	55	.038	38	46	.314	42	54	.264	41	64	.082
26	54	.050	39	45	.365	43	53	.303	42	63	.104
27	53	.065	40	44	.418	44	52	.344	43	62	.130
28	52	.082	41	43	.473	45	51	.388	44	61	.159
29	51	.103	42	42	.527	46	50	.432	45	60	.191
30	50	.127		(6,8)		47	49	.477	46	59	.228
31	49	.155	21	69	.000	48	48	.523	47	58	.267
32	48	.185	22	68	.001		(6,10)		48	57	.310
33	47	.220	23	67	.001	21	81	.000	49	56	.355
34	46	.257	24	66	.002	22	80	.000	50	55	.402
35	45	.297	25	65	.004	23	79	.000	51	54	.451
36	44	.339	26	64	.006	24	78	.001	52	53	.500
37	43	.384	27	63	.010	25	77	.001		(7,8)	
38	42	.430	28	62	.015	26	76	.002	28	84	.000
39	41	.477	29	61	.021	27	75	.004	29	83	.000
40	40	.523	30	60	.030	28	74	.005	30	82	.001

R_p	R_{1-p}	$\overline{P}$	R_p	R_{1-p}	$\overline{P}$	R_p	R_{1-p}	$\overline{P}$	R_p	R_{1-p}	$\overline{P}$
	(7,8)(계속)			(7,9)(계속)			(8,8)(계속)			(8,9)(계속)	
31	81	.001	54	65	.303	45	91	.007	67	77	.336
32	80	.002	55	64	.340	46	90	.010	68	76	.371
33	79	.003	56	63	.379	47	89	.014	69	75	.407
34	78	.005	57	62	.419	48	88	.019	70	74	.444
35	77	.007	58	61	.459	49	87	.025	71	73	.481
36	76	.010	59	60	.500	50	86	.032	72	72	.519
37	75	.014		(7,10)		51	85	.041		(8,10)	
38	74	.020	28	98	.000	52	84	.052	36	116	.000
39	73	.027	29	97	.000	53	83	.065	41	111	.000
40	72	.036	30	96	.000	54	82	.080	42	110	.001
41	71	.047	31	95	.000	55	81	.097	43	109	.001
42	70	.060	32	94	.001	56	80	.117	44	108	.002
43	69	.076	33	93	.001	57	79	.139	45	107	.002
44	68	.095	34	92	.001	58	78	.164	46	106	.003
45	67	.116	35	91	.002	59	77	.191	47	105	.004
46	66	.140	36	90	.003	60	76	.221	48	104	.006
47	65	.168	37	89	.005	61	75	.253	49	103	.008
48	64	.198	38	88	.007	62	74	.287	50	102	.010
49	63	.232	39	87	.009	63	73	.323	51	101	.013
50	62	.268	40	86	.012	64	72	.360	52	100	.017
51	61	.306	41	85	.017	65	71	.399	53	99	.022
52	60	.347	42	84	.022	66	70	.439	54	98	.027
53	59	.389	43	83	.028	67	69	.480	55	97	.034
54	58	.433	44	82	.035	68	68	.520	56	96	.042
55	57	.478	45	81	.044		(8,9)		57	95	.051
56	56	.522	46	80	.054	36	108	.000	58	94	.061
	(7,9)		47	79	.067	40	104	.000	59	93	.073
28	91	.000	48	78	.081	41	103	.001	60	92	.086
29	90	.000	49	77	.097	42	102	.001	61	91	.102
30	89	.000	50	76	.115	43	101	.002	62	90	.118
31	88	.001	51	75	.135	44	100	.003	63	89	.137
32	87	.001	52	74	.157	45	99	.004	64	88	.158
33	86	.002	53	73	.182	46	98	.006	65	87	.180
34	85	.003	54	72	.209	47	97	.008	66	86	.204
35	84	.004	55	71	.237	48	96	.010	67	85	.230
36	83	.006	56	70	.268	49	95	.014	68	84	.257
37	82	.008	57	69	.300	50	94	.018	69	83	.286
38	81	.011	58	68	.335	51	93	.023	70	82	.317
39	80	.016	59	67	.370	52	92	.030	71	81	.348
40	79	.021	60	66	.406	53	91	.037	72	80	.381
41	78	.027	61	65	.443	54	90	.046	73	79	.414
42	77	.036	62	64	.481	55	89	.057	74	78	.448
43	76	.045	63	63	.519	56	88	.069	75	77	.483
44	75	.057		(8,8)		57	87	.084	76	76	.517
45	74	.071	36	100	.000	58	86	.100		(9,9)	
46	73	.087	37	99	.000	59	85	.118	45	126	.000
47	72	.105	38	98	.000	60	84	.138	50	121	.000
48	71	.126	39	97	.001	61	83	.161	51	120	.001
49	70	.150	40	96	.001	62	82	.185	52	119	.001
50	69	.175	41	95	.001	63	81	.212	53	118	.001
51	68	.204	42	94	.002	64	80	.240	54	117	.002
52	67	.235	43	93	.003	65	79	.271	55	116	.003
53	66	.268	44	92	.005	66	78	.303	56	115	.004

R_p	R_{1-p}	$\overline{P}$	R_p	R_{1-p}	$\overline{P}$	R_p	R_{1-p}	$\overline{P}$
	(9,9)(계속)			(9,10)(계속)			(10,10)(계속)	
57	114	.005	74	106	.106	97	113	.289
58	113	.007	75	105	.121	98	112	.315
59	112	.009	76	104	.139	99	111	.342
60	111	.012	77	103	.158	100	110	.370
61	110	.016	78	102	.178	101	109	.398
62	109	.020	79	101	.200	102	108	.427
63	108	.025	80	100	.223	103	107	.456
64	107	.031	81	99	.248	104	106	.485
65	106	.039	82	98	.274	105	105	.515
66	105	.047	83	97	.302			
67	104	.057	84	96	.330			
68	103	.068	85	95	.360			
69	102	.081	86	94	.390			
70	101	.095	87	93	.421			
71	100	.111	88	92	.452			
72	99	.129	89	91	.484			
73	98	.149	90	90	.516			
74	97	.170		(10,10)				
75	96	.193	55	155	.000			
76	95	.218	63	147	.000			
77	94	.245	64	146	.001			
78	93	.273	65	145	.001			
79	92	.302	66	144	.001			
80	91	.333	67	143	.001			
81	90	.365	68	142	.002			
82	89	.398	69	141	.003			
83	88	.432	70	140	.003			
84	87	.466	71	139	.004			
85	86	.500	72	138	.006			
	(9,10)		73	137	.007			
45	135	.000	74	136	.009			
52	128	.000	75	135	.012			
53	127	.001	76	134	.014			
54	126	.001	77	133	.018			
55	125	.001	78	132	.022			
56	124	.002	79	131	.026			
57	123	.003	80	130	.032			
58	122	.004	81	129	.038			
59	121	.005	82	128	.045			
60	120	.007	83	127	.053			
61	119	.009	84	126	.062			
62	118	.011	85	125	.072			
63	117	.014	86	124	.083			
64	116	.017	87	123	.095			
65	115	.022	88	122	.109			
66	114	.027	89	121	.124			
67	113	.033	90	120	.140			
68	112	.039	91	119	.157			
69	111	.047	92	118	.176			
70	110	.056	93	117	.197			
71	109	.067	94	116	.218			
72	108	.078	95	115	.241			
73	107	.091	96	114	.264			

A11. 맨휘트니 검정통계량 U의 임계값

예: 표본의 크기가 $n_1 = 7$, $n_2 = 10$일 때, 유의수준 = .05에 해당하는 양측검정 임계값은 $P(U \leq 14$ 또는 $U \geq 56) = .05$이다.

n_2		n_1 1	2	3	4	5	6	7	8	9	10	11	12	13	14	15	16	17	18	19	20
1	.05																			0	0
	.025																				
2	.05					0	0	0	1	1	1	1	2	2	2	3	3	3	4	4	4
	.025								0	0	0	0	1	1	1	1	1	2	2	2	2
3	.05			0	0	1	2	2	3	3	4	5	5	6	7	7	8	9	9	10	11
	.025					0	1	1	2	2	3	3	4	4	5	5	6	6	7	7	8
4	.05			0	1	2	3	4	5	6	7	8	9	10	11	12	14	15	16	17	18
	.025				0	1	2	3	4	4	5	6	7	8	9	10	11	11	12	13	13
5	.05		0	1	2	4	5	6	8	9	11	12	13	15	16	18	19	20	22	23	25
	.025			0	1	2	3	5	6	7	8	9	11	12	13	14	15	17	18	19	20
6	.05		0	2	3	5	7	8	10	12	14	16	17	19	21	23	25	26	28	30	32
	.025			1	2	3	5	6	8	10	11	13	14	16	17	19	21	22	24	25	27
7	.05		0	2	4	6	8	11	13	15	17	19	21	24	26	28	30	33	35	37	39
	.025			1	3	5	6	8	10	12	14	16	18	20	22	24	26	28	30	32	34
8	.05		1	3	5	8	10	13	15	18	20	23	26	28	31	33	36	39	41	44	47
	.025		0	2	4	6	8	10	13	15	17	19	22	24	26	29	31	34	36	38	41
9	.05		1	3	6	9	12	15	18	21	24	27	30	33	36	39	42	45	48	51	54
	.025		0	2	4	7	10	12	15	17	20	23	26	28	31	34	37	39	42	45	48
10	.05		1	4	7	11	14	17	20	24	27	31	34	37	41	44	48	51	55	58	62
	.025		0	3	5	8	11	14	17	20	23	26	29	33	36	39	42	45	48	52	55
11	.05		1	5	8	12	16	19	23	27	31	34	38	42	46	50	54	57	61	65	69
	.025		0	3	6	9	13	16	19	23	26	30	33	37	40	44	47	51	55	58	62
12	.05		2	5	9	13	17	21	26	30	34	38	42	47	51	55	60	64	68	72	77
	.025		1	4	7	11	14	18	22	26	29	33	37	41	45	49	53	57	61	65	69
13	.05		2	6	10	15	19	24	28	33	37	42	47	51	56	61	65	70	75	80	84
	.025		1	4	8	12	16	20	24	28	33	37	41	45	50	54	59	63	67	72	76
14	.05		2	7	11	16	21	26	31	36	41	46	51	56	61	66	71	77	82	87	92
	.025		1	5	9	13	17	22	26	31	36	40	45	50	55	59	64	67	74	78	83
15	.05		3	7	12	18	23	28	33	39	44	50	55	61	66	72	77	83	88	94	100
	.025		1	5	10	14	19	24	29	34	39	44	49	54	59	64	70	75	80	85	90
16	.05		3	8	14	19	25	30	36	42	48	54	60	65	71	77	83	89	95	101	107
	.025		1	6	11	15	21	26	31	37	42	47	53	59	64	70	75	81	86	92	98
17	.05		3	9	15	20	26	33	39	45	51	57	64	70	77	83	89	96	102	109	115
	.025		2	6	11	17	22	28	34	39	45	51	57	63	67	75	81	87	93	99	105
18	.05		4	9	16	22	28	35	41	48	55	61	68	75	82	88	95	102	109	116	123
	.025		2	7	12	18	24	30	36	45	48	55	61	67	74	80	86	93	99	106	112
19	.05	0	4	10	17	23	30	37	44	51	58	65	72	80	87	94	101	109	116	123	130
	.025		2	7	13	19	25	32	38	45	52	58	65	72	78	85	92	99	106	113	119
20	.05	0	4	11	18	25	32	39	47	54	62	69	77	84	92	100	107	115	123	130	138
	.025		2	8	13	20	27	34	41	48	55	62	69	76	83	90	98	105	112	119	127

A12. 콜모고로브 검정통계량 K의 임계값

예: 표본 관찰값의 개수가 $n = 10$일 때 $= .05$에서 양측검정을 하고자 한다면 이에 해당하는 임계값은 $P[\text{최대}|F_0(x) - S_n(x)| \geq .409] = .05$이다.

단측검정		p=.90	.95	.975	.99	.995
양측검정		p=.80	.90	.95	.98	.99
n	1	.900	.950	.975	.990	.995
	2	.684	.776	.842	.900	.929
	3	.565	.636	.708	.785	.829
	4	.493	.565	.624	.689	.734
	5	.447	.509	.563	.627	.669
	6	.410	.468	.519	.577	.617
	7	.381	.436	.483	.538	.576
	8	.358	.410	.454	.507	.542
	9	.339	.387	.430	.480	.513
	10	.323	.369	.409	.457	.489
	11	.308	.352	.391	.437	.468
	12	.296	.338	.375	.419	.449
	13	.285	.325	.361	.404	.432
	14	.275	.314	.349	.390	.418
	15	.266	.304	.338	.377	.404
	16	.258	.295	.327	.366	.392
	17	.250	.286	.318	.355	.381
	18	.244	.279	.309	.346	.371
	19	.237	.271	.301	.337	.361
	20	.232	.265	.294	.329	.352
	21	.226	.259	.287	.321	.344
	22	.221	.253	.281	.314	.337
	23	.216	.247	.275	.307	.330
	24	.212	.242	.269	.301	.323
	25	.208	.238	.264	.295	.317
	26	.204	.233	.259	.290	.311
	27	.200	.229	.254	.284	.305
	28	.197	.225	.250	.279	.300
	29	.193	.221	.246	.275	.295
	30	.190	.218	.242	.270	.290
	31	.187	.214	.238	.266	.285
	32	.184	.211	.234	.262	.281
	33	.182	.208	.231	.258	.277
	34	.179	.205	.227	.254	.273
	35	.177	.202	.224	.251	.269
	36	.174	.199	.221	.247	.265
	37	.172	.196	.218	.244	.262
	38	.170	.194	.215	.241	.258
	39	.168	.191	.213	.238	.255
	40	.165	.189	.210	.235	.252

$n > 40$일 때의 근사값

A13. 콜모고로브-스미로노브 검정통계량 K의 분위수

단측검정		p=.90	.95	.975	.99	.995
양측검정		p=.80	.90	.95	.98	.99
n	3	2/3	2/3			
	4	3/4	3/4	3/4		
	5	3/5	3/5	4/5	4/5	4/5
	6	3/6	4/6	4/6	5/6	5/6
	7	4/7	4/7	5/7	5/7	5/7
	8	4/8	4/8	5/8	5/8	6/8
	9	4/9	5/9	5/9	6/9	6/9
	10	4/10	5/10	6/10	6/10	7/10
	11	5/11	5/11	6/11	7/11	7/11
	12	5/12	5/12	6/12	7/12	7/12
	13	5/13	6/13	6/13	7/13	8/13
	14	5/14	6/14	7/14	7/14	8/14
	15	5/15	6/15	7/15	8/15	8/15
	16	6/16	6/16	7/16	8/16	9/16
	17	6/17	7/17	7/17	8/17	9/17
	18	6/18	7/18	8/18	9/18	9/18
	19	6/19	7/19	8/19	9/19	9/19
	20	6/20	7/20	8/20	9/20	10/20
	21	6/21	7/21	8/21	9/21	10/21
	22	7/22	8/22	8/22	10/22	10/22
	23	7/23	8/23	9/23	10/23	10/23
	24	7/24	8/24	9/24	10/24	11/24
	25	7/25	8/25	9/25	10/25	11/25
	26	7/26	8/26	9/26	10/26	11/26
	27	7/27	8/27	9/27	11/27	11/27
	28	8/28	9/28	10/28	11/28	12/28
	29	8/29	9/29	10/29	11/29	12/29
	30	8/30	9/30	10/30	11/30	12/30
	31	8/31	9/31	10/31	11/31	12/31
	32	8/32	9/32	10/32	12/32	12/32
	34	8/34	10/34	11/34	12/34	13/34
	36	9/36	10/36	11/36	12/36	13/36
	38	9/38	10/38	11/38	13/38	14/38
	40	9/40	10/40	12/40	13/40	14/40

$n > 40$일 때의 근사값

찾아보기

A

ASCII 파일(*.txt) 93

F

F 검정 268
F 분포 268
F 비 276
F값 245

G

goodness-of-fit test 512
Hartley's F-max 검정 283
HSD 285

K

Kolmogorove-Smirnov의 Z(K) 검정 606
K-독립표본 591

L

Levene 245
LSD 285

M

Mann-Whitney의 U 606

P

p값 196

R

R 53
R^2 420
Rstudio 53
R로 데이터 불러오기 107
R을 이용하여 회귀분석에서 이상점 찾기 456
R을 이용한 χ^2검정 535
R을 이용한 단순회귀분석 454
R을 이용한 단일표본 t검정 222
R을 이용한 맨휘트니 U검정 592
R을 이용한 변수 145
R을 이용한 선형성 검정과 변수변환 458
R을 이용한 윌콕슨 부호순위검정 593

R을 이용한 이원분산분석 334
R을 이용한 이항검정 555
R을 이용한 자료의 변환 178
R을 이용한 중앙값 검정 614
R을 이용한 콜모고로브-스미로노브 검정과 사피로-윌크 검정 396
R을 이용한 콜모고로브-스미르노브 검정 614
R을 이용한 크러스컬-윌리스 검정 594
R을 이용한 피어슨 상관분석 388

S

Scheffé 289
SPSS를 이용한 단순회귀분석 421
SPSS를 이용한 대응표본 t검정 254
SPSS를 이용한 독립표본 t검정 241
SPSS를 이용한 맨휘트니 U 검정 585
SPSS를 이용한 스피어맨 상관분석 357
SPSS를 이용한 윌콕슨 부호순위검정 588
SPSS를 이용한 이원분산분석 329
SPSS를 이용한 이항분석 552
SPSS를 이용한 중앙값 검정 610
SPSS를 이용한 콜모고로브-스미르노브 검정 605
SPSS를 이용한 크러스컬-윌리스 검정 590
SPSS를 이용한 피어슨 상관분석 355
SSB 271
SST 270
SSW 271

T

Tukey 289
t값 205
t검정 203
t분포 205

X

χ^2검정 522
χ^2분포 162, 164, 511
χ^2분포를 이용한 독립성 검정 518

Z

Z값 193, 205
Z변수 82
Z분포표 82

ㄱ

가설 185
가우스-마코브 정리 409
가우스분포 80
가중치 77
검정력 199, 200
결과 38
결정계수 419
결측값 50
결합확률변수 86, 121
결합확률분포 86, 87
결합확률분포의 기대값 88
결합확률분포의 분산 89
고전적 확률개념 63
공리 66
공분산 90, 348
공분산행렬포함 429
공차한계 491, 497
과추정 477
관계 343
관계의 정도 343
관찰 23
관찰값 117, 406, 512
관찰빈도 523
교차분석 522
구간추정 151, 155
구간추정값 156

구간추정량 155
구성원소 22
귀무가설 185
극이상점 371
기각 194
기각역 193, 195
기대값 75, 512
기대되는 값 406
기대빈도 523
기술통계 28
기술통계량 40

ㄴ

누적확률분포 600

ㄷ

다변량자료 27
다변량자료분석기법 475
다중공선성 491, 497
다중공선성 진단 492
다중상관계수 419
다중회귀분석 403, 475
다중회귀분석에 앞서 점검해야 할 사항 503
단계적 투입 499, 501
단순무작위표본추출 116
단순회귀분석 403
단순회귀식 403
단위화 345
단일 모분산 212
단일표본 t검정 215
단측검정 201, 209
대립가설 186
대응표본 윌콕슨 부호-순위검정 568
대표본법칙 129
더미변수화 482
데이터 보기 41
데이터 편집기 38, 39
데이터탐색 분석 364
독립변수 27
독립성 66
독립성 검정 511
독립표본 윌콕슨 부호-순위검정의 정규근사 575
동일 발생 가능성 62
등간척도 25
등분산성 408
등분산성 비모수검정 579

ㄹ

레버리지값 428
로그변환 438

ㅁ

마할라노비스 거리 428
맥니마검정 566
맨휘트니 U검정 577
명령문 38
명목척도 24
명제 185
모분산 추정 164
모수 22, 115
모수검정기법 511
모수추정 가능성 161
모집단 21
모표준편차 34
모회귀모형 404
모회귀식 405
무작위 실험 61
무작위성 116

ㅂ

방향 343
백분위수 33
범위 32
베르누이 실험 545
베이즈 정리 70
변량 34, 91
변수 23
변수 계산하기 145
변수값 23
변수값 정의 47
변수계산 130
변수변환 130, 377
변수의 공분산 344
변수의 소수점 길이 47

변환 136
변환의 종류와 방법 380
복원추출방식 116
부적첨도 374
부호검정 563
분산 33
분산팽창계수 491, 497
분석결과 내보내기 102
분포 28
불편성 152
불편추정량 152
비대칭계수 36
비대칭도 35
비모수검정 591
비모수검정기법 203, 511
비선형 회귀분석 450
비선형관계 431
비율척도 25
빈도 28
빈도분석 40

ㅅ

사건 62
사분위수 33
사피로-윌크 검정 375
산술평균값 30
산점도 430
산포도 32
상관계수 345
상관분석 355
상관분석-산점도 이용하기 359
상관의 정도 344
상대빈도 확률개념 64
상한추정값 155
상호배타성 66
상호배타적인 범주 546
서열척도 24
선형관계 343, 403
선형성 검정과 해석 433
선형함수 117
순위 570
순위검정 561
순위자료 562
순위합 570
스피어맨 상관분석 388
스피어맨 순위상관 352
신뢰계수 156
신뢰수준 156
실재 186
실험 61, 71

ㅇ

양의 방향으로 편향 35
양의 상관 344
양적변수 27
양적왜도 374
양적첨도 374
양측검정 201, 209
연구가설 186
연속변수 27
연속확률변수 73
영가설 185
예이츠 수정 값 532
오차 34
오차분포 80
오차한계 165
완전한 양의 상관 346
완전한 음의 상관 346
왜도 374
우편향 35
원자료 130
윌콕슨 부호-순위검정: 대응표본 568
윌콕슨 부호-순위검정: 독립표본 572
윌콕슨 부호-순위검정의 정규근사 571
유의수준 156
유의수준 α 198
음의 방향으로 편향 35
음의 상관 344
음적왜도 374
이변량 상관계수 355
이변량자료 27
이변량정규분포 347
이변량정규분포의 분산 348
이산변수 27
이산확률변수 72

이상값에 대한 진단과 처치 364
이상점 428
이상점 진단 364
이원분산분석 308
이원분산분석의 모형 312
이원분산분석의 원리 307
이원분산분석의 표본구조 310
이항검정 545
이항검정-단일 모비율 548
이항검정-두 모비율 550
이항변수 545
이항분포 565
이항자료 545, 546
일관성 154
일관적 추정량 154
일변량자료 27
임계값 194

ㅈ

자료 27
자료 재구조화 166
자유도 163, 204
잔차 406
잔차제곱합 322, 407
잔차제곱합 *SSE* 416
적합성 검정 413, 511
전진선택투입 499
전체투입 499
절대영점 25
점추정 151
정규근사 547, 571
정규분포 80
정규분포 특성 371
정규성 371
정규성 확인 371
정리 66
정보 27
제1종 오류확률 199
제2종 오류확률 199
제곱합 118, 205
조건확률 70
종속변수 27
종형분포 80
좌편향 35
중립적 가설 209
중심경향도 29, 117
중앙값 30, 81
중앙값 검정 608
중앙극한정리 125
질적변수 27

ㅊ

채택 194
채택역 193
척도 24
첨도 374
총제곱합 414
최빈값 30, 81
최소제곱 407
최소제곱추정 407
최소제곱추정법 407, 410
최적 회귀계수 409
추론 19
추론통계 28
추정량 22
측도 24, 52
측정 23

ㅋ

케이스 선택 168, 178
코딩변경 130, 136, 146
콜모고로브 64
콜모고로브 검정 599
콜모고로브-스미로노브 검정 375, 602
쿡의 거리 428
크러스컬-월리스 검정 581

ㅌ

통계량 22
통계학 19
통합추정량 551

ㅍ

파일 분할 175
편차 34

편추정량 152
편향 35
평균값 29
평균값절대편차 35
포괄성 66
표본 21, 113
표본결과 62
표본공간 S 61, 67
표본관찰값 23
표본구성원소 117
표본분산분포의 기대값 124
표본분산분포의 분산 125
표본분산의 표본분포 123
표본분포 118
표본의 누적확률분포 600
표본의 수 22
표본의 크기 22, 129, 165
표본의 특성 113
표본추정량 409
표본평균분포 119
표본평균분포의 기대값 121
표본평균분포의 분산 122
표본표준편차 34
표준오차의 크기 129
표준정규분포 82, 125, 126
표준편차 33, 34
표준화 82
표준확률변수 125
표집오차 115
프리드만 검정 583
피어슨 상관 345
피어슨 적률상관계수 345
피어슨 카이제곱 값 526

ㅎ

하한추정값 155
행렬대수 475
확률개념 61
확률변수 71
확률분포 74
확률분포의 분산 78
확률분포의 평균: 기대값 75
확률질량함수 73
확률표본 115, 116
회귀계수 404
회귀분석에서 이상점 찾기 428
회귀식의 설명력 419
회귀식의 적합성 검정 413
회귀제곱합 414
회귀제곱합 SSR 416
효율성 153
후진제거투입 499

저자 소개

유태균(Yoo Tae Kyun)

연세대학교 사회복지학과를 1988년에 졸업한 후, 미국 Oregon주 Portland State University에서 사회복지학 석사학위(M.S.W., 1990)를 받은 다음, University of California, Berkeley에서 사회복지학 박사학위(Ph.D., 1995)를 받았다. 현재 숭실대학교 사회복지학부 교수로 재직하고 있으며, 주로 사회복지정책과 연구방법론에 관한 강의를 하고 있고, 지난 2000년부터는 사회서비스보장에 깊은 관심을 가지고 연구를 진행하고 있다.

이선우(Lee Sun Woo)

서울대학교 사회복지학과를 1985년에 졸업한 후, 서울대학교 대학원에서 사회복지학 석사학위(문학석사, 1987)를 받은 다음, University of California, Berkeley에서 사회복지학 박사학위(Ph.D., 1995)를 받았다. 현재 인제대학교 사회복지학과 교수로 재직하고 있으며, 주로 장애인복지와 연구방법론에 관한 강의를 하고 있고, 최근에는 장애인복지서비스와 그 목표로서 행복감을 주제로 하는 연구를 하고 있다.

김경휘(Kim Kyoung Huy)

군산대학교 사회복지학과를 2002년에 졸업한 후, 숭실대학교 대학원에서 석사학위(문학석사, 2005)를 받은 다음, 동대학원에서 박사학위(Ph. D., 2007)를 받았다. 2008년부터 현재까지 예수대학교 사회복지학부에서 교수로 재직하고 있으며, 주로 빈곤과 자활, 연구방법론에 관한 강의를 진행하고 있고, 최근에는 국제개발협력 사업 및 연구를 하고 있다.

사회복지 연구방법론 시리즈 II

사회복지 자료분석론
-원리와 활용-

Statistics in Social Welfare: Principles and Applications

2025년 2월 25일 1판 1쇄 인쇄
2025년 3월 1일 1판 1쇄 발행

지은이 • 유태균 · 이선우 · 김경휘
펴낸이 • 김진환
펴낸곳 • (주) 학지사
04031 서울특별시 마포구 양화로 15길 20 마인드월드빌딩
대표전화 • 02)330-5114 팩스 • 02)324-2345
등록번호 • 제313-2006-000265호

홈페이지 • http://www.hakjisa.co.kr
인스타그램 • https://www.instagram.com/hakjisabook

ISBN 978-89-997-3459-5 93330

정가 32,000원